雨花年鉴

YUHUA ALMANAC

长沙市雨花区年鉴编纂委员会　编

2021

方志出版社
Publishing House of Local Records

图书在版编目（CIP）数据

雨花年鉴. 2021 / 长沙市雨花区年鉴编纂委员会编. —
北京 ： 方志出版社， 2021.12
ISBN 978-7-5144-5187-0

Ⅰ. ①雨… Ⅱ. ①长… Ⅲ. ①区(城市)－长沙－
2021－年鉴 Ⅳ. ①Z526.44

中国版本图书馆 CIP 数据核字(2021)第 275582 号

责任编辑：齐笑
责任校对：刘玉霞
责任印制：梅中英
出 版 者：方志出版社
地　　址：北京市朝阳区潘家园东里 9 号（国家方志馆 4 层）
邮　　编：100021
网　　址：http://www.zgfzcb.cn
发　　行：方志出版社图书营销中心（010-67110500）
印　　刷：长沙市雅捷印务有限公司
开　　本：889 毫米×1194 毫米　　1/16
印　　张：23
字　　数：1004 千字
版　　次：2021 年 12 月第 1 版
印　　次：2021 年 12 月第 1 次印刷
定　　价：130.00 元

重要事件

2020 年 1 月 1 日，湖南省植物园“省市共建 免费开放”启动仪式 （康用权 摄）

2020 年 3 月 9 日，雨花区“万商联动 振业兴市”系列活动“两湖一家亲 星暖湘鄂情”启动 （杨 杰 摄）

2020 年 2 月 23 日，长沙雨花经开区重点产业项目签约仪式

（张文香　供图）

2020 年 3 月 10 日，长沙市雨花工业软件及智能机器人装备产业基地合作共建签约仪式（张文香　供图）

2020 年 3 月 20 日，“万商联动·振业兴市”系列活动之嗨购雨花 2020 春季购物消费节暨名花名车展在省植物园世界名花广场启幕

（杨　杰　摄）

2020 年 3 月 27 日，雨花区与湖南联通签署“智慧城市”战略合作协议　（岳　珊　摄）

2020 年 4 月 22 日，雨花区知识产权宣传周活动在长沙创新设计产业园启动　（袁鑫欣　供图）

2020 年 4 月 23 日，长沙市雨花区高铁新城片区绿地长沙城际空间站 绿地自有品牌入驻签约仪式（钟智敏　供图）

2020 年 4 月 26 日，雨花区“网联四方、云引凤栖”首次软件产业云招商云服务活动在湖湘精英会举行（杨　杰　摄）

2020 年 4 月 28 日，长沙市重大项目集中开工活动雨花区项目会场

（张文香　供图）

2020 年 4 月 28 日，湖南中南智能装备有限公司与华为技术有限公司签署全面合作协议　（张文香　供图）

2020 年 4 月 29 日，雨花区“嗨购雨花”平台上线暨玩赏雨花黄金季系列活动启动仪式　（钟智敏　供图）

2020 年 5 月 19 日，湖南·中国旅游日活动暨“邂逅美景 畅游雨花”嗨玩旅游季启动

（彭 轶 摄）

2020 年 5 月 26 日，雨花区政协举行民主评议“蓝天保卫战”实施精准管控制度体系工作推进会暨生态环境助力营开营仪式

（罗 宁 供图）

2020 年 5 月 30 日，长沙市庆祝“六一”儿童节主题活动暨建设长沙儿童友好型城市儿童论坛在雨花区砂子塘万科魅力之城举行

（匡春林 摄）

2020年5月30日，雨花经开区银企结对联建，6家银行为6家企业授信4.5亿元助力产业升级，9家行业龙头企业与金融机构签约，牵手开展党组织联建行动 （张文香 供图）

2020年6月2日，湖南宇新能源科技股份有限公司登陆深圳证券交易所 （钟智敏 供图）

2020年6月4日，“创响雨花·梦想直达”企业服务季系列活动启动仪式暨创客中国·雨花赛区决赛在长沙顺天凯宾斯基酒店举行 （石文龙 供图）

2020 年 6 月 11 日，“开放雨花·梦想直达”2020 年长沙市雨花区软件信息产业招商推介会在深圳举行

（石文龙　供图）

2020 年 6 月 17 日，浏阳河国际文化科创基地招商签约暨项目启动仪式　（戴　丹　摄）

2020 年 6 月 19 日，雨花经开区首届“同升湖杯”职业技能大赛

（张文香　供图）

2020 年 6 月 19 日，第四届“中国创翼”创业创新大赛雨花区选拔赛决赛

（刘雅婷　摄）

2020 年 6 月 28 日，红星片区城市更新项目首开区合作开发协议签约仪式

（陈　静　摄）

2020 年 6 月 30 日，湖南高桥大市场“市场采购贸易方式试点”推介会暨湖南出口产品集聚区招商推介会　（钟志敏　供图）

2020 年 6 月 30 日，雨花区成立全省首个劳动争议一站式调解工作室　（刘雅婷　供图）

2020 年 7 月 31 日，雨花区人民法院“一站式”工作站授牌仪式　　（刘　锋　供图）

2020 年 8 月 18 日，湖南－非洲三国贸易合作推介会暨非洲咖啡街、可可营销中心开业仪式在湖南高桥大市场举行

（李长宏　摄）

2020 年 8 月 21 日，雨花区 2020 软件和信息技术服务业招商推介会在上海举行　　（陈　静　摄）

2020 年 8 月 21 日，雨花经开区推进制造业高质量发展大会，发布头羊计划、凤凰行动计划、深蓝计划等 6 个高质量发展计划

（张文香　供图）

2020 年 9 月 6 日，“2020 年湖南省启动消费扶贫月活动暨消费扶贫示范中心开馆仪式”在雨花区高桥中部（国际）农博园举行

（高　慧　摄）

2020 年 9 月 17 日，雨花区第十一届“中国统计开放日”暨第七次全国人口普查宣传月活动启动仪式

（李　刚　供图）

2020年9月17日，长沙市2020年“质量月”主题活动在雨花区启动（袁鑫欣　供图）

2020年9月19日，雨花区“网络安全　创意快闪”快闪日活动（张胜娟　供图）

2020年9月24日，高桥大市场纳入中国(湖南)自由贸易试验区长沙片区（高　慧　摄）

2020年9月24日，高铁会展新城区块纳入中国(湖南)自由贸易试验区长沙片区（陈　静　摄）

2020年9月28日，非洲坚果交易中心开业庆典在中非经贸合作促进创新示范园举行　　（陈　静　摄）

2020年9月28日，丹麦生活（长沙）中心项目与雨花区商务局合作框架协议签约仪式　　（钟智敏　供图）

2020年9月29日，长沙市重大项目集中开竣工（雨花区会场）活动在雨花区浏阳河国际文化科创基地举行

（彭　浪　供图）

2020年10月23日，湖南省长沙市技术合同认定登记点（雨花区）授牌仪式在雨花区中机国际工程设计研究院有限责任公司举行

（谭文萍　供图）

2020 年 10 月 23 日，雨花区首届园艺技能人才比武大赛在跳马镇育景园举行（胡　靖　供图）

2020 年 10 月 24 日，“开放雨花　国际红星”雨花电商物流园暨红星全球农批中心品牌发布会（吴欣宇　供图）

2020 年 11 月 1 日，中南智能子公司长泰机器人公司与长沙理工大学、湖南大学等单位联合申报的项目“复杂铸件机器人柔性生产线智能打磨加工技术及装备”获得全国商业科技进步奖一等奖（张文香　供图）

2020 年 11 月 3 日，雨花区 桑植县“携手奔小康”第五次联席会议暨消费扶贫签约仪式（陈　静　摄）

2020年11月5日，中国（湖南）自由贸易试验区长沙市雨花片区·高桥中非经贸合作创新示范园及市场采购贸易试点推介对接会在上海举行（陈 静 摄）

2020年11月12日，湖南省中非经贸合作研究会第一次会员大会及专家座谈会在雨花区召开

（胡杏子 摄）

2020年11月25日，活力雨花·绽放红星——2020年雨花区红星片区世界500强（华润）产业项目对接会举行

（钟智敏 供图）

2020年12月1日，新松机器人华中区域总部项目签约落户雨花经开区

（李朝晖 摄）

2020 年 12 月 11 日，雨花区政府与中国电建集团中南院合作框架协议签约仪式举行　（杨　婷　摄）

2020 年 12 月 22 日，雨花区与株洲经开区区域一体化发展联席会议召开　（何　勇　摄）

2020 年 12 月 22 日，长沙市雨花区—株洲市石峰区区域一体化发展框架协议签约仪式举行　（高　兴　摄）

2020 年 12 月 24 日，雨花区“小蓓蕾”公益项目启动　（邝　鋆　摄）

2020 年 12 月 25 日，全球首款首批定制网约车 D1 在长沙比亚迪基地新车交付　（熊其雨　摄）

2020 年 12 月 28 日，2020 年湖南出口产品转内销展销对接会暨市场采购贸易试点推介会在湖南高桥大市场出口产品集聚区举办
（杨　婷　供图）

2020 年 12 月 29 日，长沙市产业项目观摩大会观摩长步道机器视觉光电产业基地　（张文香　供图）

2020 年 12 月 30 日，雨花区成立长沙市首家婚姻家庭指导服务中心
（邝　鋆　摄）

重要会议

2020 年 1 月 3 日，雨花区重点工程建设领导小组会议　（熊其雨　摄）

2020 年 1 月 9 日，2020 年雨花区食品安全委员会第一次全体会议
（谢　芳　摄）

2020 年 1 月 13 日，2020 年雨花区教育工作会议　（何兵生　摄）

2020 年 1 月 15 日，雨花区"不忘初心、牢记使命"主题教育总结会议
（熊其雨 摄）

2020 年 1 月 17 日，雨花区 2020 年区委经济工作会议 （罗华杰 摄）

2020 年 1 月 17 日，2020 年长沙市雨花区安全生产工作会议
（罗华杰 摄）

2020 年 3 月 5 日，雨花区公安工作会议 （李 波 摄）

2020 年 4 月 1 日，2020 年雨花区卫生健康工作会议 （罗 利 摄）

2020 年 4 月 8 日，雨花区 2019 年度镇（街道）和区属党（工）委、党组书记抓基层党建暨落实意识形态工作责任制述职评议会议

（熊其雨 摄）

2020 年 4 月 9 日，雨花区委全面深化改革委员会 2020 年第一次会议

（熊其雨 摄）

2020 年 4 月 10 日，雨花区统一战线（民族宗教）工作会议　　（龚　鹏　供图）

2020 年 4 月 20 日，雨花区第十五届“4·20”廉政文化节开幕暨廉政专题教育大会　　（邓　辉　供图）

2020 年 4 月 24 日，2020 年雨花区文明委全体（扩大）会议　　（张胜娟　供图）

2020 年 4 月 29 日，2020 年雨花区组织工作暨“三零”社区（村）建设推进会
（熊其雨　摄）

2020 年 6 月 16 日，雨花区社区（村）警务工作会议
（李　波　摄）

2020 年 7 月 30 日，雨花城管执法队伍“走过辉煌二十年，重整行装再出发”主题教育暨城市管理品质提升行动推进大会（张珊珊　摄）

2020 年 8 月 28 日，雨花区电网 2020 年“630 攻坚”总结暨现代化智慧电网建设动员会（谢 旺 摄）

2020 年 9 月 8 日，雨花区庆祝第 36 个教师节暨优秀教师表彰大会（何兵生 供图）

2020 年 12 月 26 日，政协长沙市雨花区第五届委员会第五次会议第一次全体会议（罗　宁　供图）

2020 年 12 月 29 日，长沙市雨花区第五届人民代表大会第五次会议第四次全体会议（陈　静　摄）

品质雨花

2020 年 1 月 1 日，长沙汽车南站综合交通枢纽投入运营　　（区交通运输局　供图）

2020 年 1 月 17 日，雨花区跳马镇石燕湖村入选第一批国家森林乡村　　（刘希贤　供图）

2020 年 4 月 15 日，雨花区援建的龙山县石牌镇卫生院桶车分院投入运营　　（熊其雨　摄）

2020 年 4 月 19 日，长沙市雨花路立交桥主体完工　　　（谢长贵　摄）

2020 年 4 月 29 日，建设中的圭塘河海绵公园
（姚园园　供图）

2020 年 5 月 1 日，凯德广场雨花亭商场外景
（刘　莹　摄）

2020 年 5 月 31 日，雨花区保障性住房星城新宇·川和苑交房，交付房屋 3154 套，安置人口 3700 余人
（陈　月　供图）

2020 年 6 月 11 日，比亚迪车间焊装自动化柔性生产线

（张文香　供图）

2020 年 8 月 6 日，长沙火车南站武广线与湘府路高架交叉区域

（肖　巍　摄）

2020 年 8 月 28 日，长沙市雨花区育新第二小学建成开学

（何兵生　供图）

2020 年 9 月 1 日，长沙市雨花区泰禹第三小学建成开学　　（何兵生　供图）

2020 年 9 月 28 日，长沙市最大城中村改造项目雅塘片区首批拆迁居民领取安置保障性住房钥匙　　（郭康丽　摄）

2020 年 11 月 12 日，高桥医药流通园　　（熊其雨　摄）

2020 年 11 月 20 日，跳马镇新田村被评为第六届全国文明村镇　　（刘希贤　供图）

文化雨花

2020 年 1 月 2 日，“决胜小康，幸福雨花”雨花区迎新春美术、书法、摄影作品展开幕　（陈　红　供图）

2020 年 1 月 3 日，东山街道黎郡社区第十届群众艺术节
（陈　宇　摄）

2020 年 1 月 5 日，井湾子街道井旺社区迎新春活动
（王诗雨　供图）

2020 年 1 月 8 日，同升街道第五届乡情文化节（肖海群　摄）

2020 年 1 月 8 日，同升街道 2020 全国社区网络春晚新聚园专场（肖海群　摄）

2020 年 1 月 9 日，雨花区“手拉手真情守护　心连心共建家园”守护者日活动启动仪式

（宋彧颖　供图）

2020 年 1 月 10 日，东塘街道政院社区“银发春晚”

（宋彧颖　供图）

2020 年 1 月 10 日，雨花区“家国红”百姓春节联欢会

（刘　俊　摄）

2020 年 1 月 11 日，雨花区第五届“非遗”传承人春晚

（张胜娟　供图）

2020 年 1 月 13 日，圭塘街道“崇德向善迎新春、红红火火过大年”暨“亲情季·雷锋家乡学雷锋”活动

（吴　伟　供图）

2020 年 1 月 14 日，左家塘街道牛角塘社区“幸福长亭宴” （陈 飞 摄）

2020 年 1 月 14 日，雨花巾帼读书会——雨花家园社区分会授牌 （邝 鋆 供图）

“我和我的祖国——百团进百村·百艺惠万民”长沙群众文艺轻骑队走基层活动走进雨花区跳马镇 （陈 红 供图）

2020 年 1 月 17 日，雨花税务“诗情花意迎新春”插花活动 （彭 芳 供图）

2020 年 1 月 19 日，雨花区“文化迎春 艺术为民”群众文化活动

（杨 烨 摄）

2020 年 1 月 21 日，高桥街道康乃馨居家养老服务中心 2020 新春音乐会

（黄 磊 供图）

2020 年 4 月 23 日，第十二届“书香雨花”读书节启动仪式

（陈红 供图）

2020 年 5 月 10 日，2020 湖南世界名花生态文化节·夏之恋假日音乐会

（彭　炜　摄）

2020 年 5 月 19 日，雨花区第四届全民健身文化旅游节启动

（彭　轶　摄）

2020 年 5 月 20 日，侯家塘街道韶山路社区“520 社区邻里节”

（郭立亮　摄）

2020 年 5 月 20 日，砂子塘街道金科园社区和润居家养老中心老年活动　　（朱青梅　供图）

2020 年 5 月 27 日，东塘街道东塘社区送戏下乡惠民演出　　（宋彧颖　供图）

2020 年 6 月 5 日，同升街道景环社区"孝老爱亲　向上向善"关爱老人志愿活动　　（陈　岚　供图）

2020 年 6 月 9 日，雨花区中小学生校园文化艺术节（薛　鞠　供图）

2020 年 6 月 10—11 日，雨花区“中国著名作家雨花行”2020 年采风活动举行（陈　红　供图）

2020 年 6 月 16 日，洞井街道“安全出行·平安你我”骑行智跑活动（石梦霞　供图）

2020 年 6 月 23 日，东塘街道枫树山社区端午节活动（宋彧颖　供图）

2020 年 6 月 23 日，圭塘街道“粽叶飘香话端午　居民齐心抗疫情”端午节活动
（杨婧　摄）

2020 年 7 月 7 日，雨花区爱心护考志愿服务活动　（吴祎玮　摄）

2020 年 7 月 23 日，砂子塘街道 2020 年红色潇湘露天电影季活动启动　（朱青梅　供图）

2020 年 7 月 24 日，雨花区 2020“新时代乡村阅读季”活动启动仪式　（雷敏　摄）

2020 年 7 月 26 日，井湾子街道“全家总动员·快乐嗨翻天”亲子趣味嘉年华活动（王诗雨　供图）

2020 年 8 月 3 日，“决战脱贫 决胜小康”雨花区乡村艺术节（杨　烨　摄）

2020 年 8 月 20 日，雨花区工间操云比赛（陈　红　供图）

2020 年 8 月 22—25 日，雨花区开展“七夕话佳节，共筑鹊桥缘”主题活动　（刘　琛　摄）

2020 年 9 月 7 日，雨花区“真情五助·圆梦雨花”助学活动（肖立志　供图）

2020 年 9 月 18 日，“缅怀先烈·继承遗志”——雨花区纪念中国人民抗日战争暨世界反法西斯战争胜利 75 周年美术、书法、摄影作品展（徐　林　摄）

2020年10月1日，雨花区开展"我们的节日·中秋"系列民俗主题活动（刘寅珠 摄）

2020年10月1日 雨花区第四届"飞梦雨花"文化艺术节活动（杨 烨 供图）

2020年10月1日，井湾子街道德馨园社区好人多粉店免费发放国庆面（陈 宇 摄）

2020 年 10 月 1 日，“秋天有韵”漫慢夜生活“雨”您相约之复地夜喵新生启幕，长沙南城首个 24 小时全开放街区开业（李 杰 摄）

2020 年 10 月 14 日，2020 年雨花区中小学校园文化艺术节展演活动器乐专场（黄思华 摄）

2020 年 10 月 17 日，雨花区 2020 年“健康雨花”乒乓球比赛（秦 俭 供图）

2020 年 10 月 17 日，“健康雨花”乒乓球团体比赛　（周　研　摄）

2020 年 10 月 25 日，高桥街道康乃馨居家养老服务中心重阳节活动
（胡雅倩　摄）

2020 年 10 月 28 日，井湾子街道井巷社区花鼓戏演出　（王诗雨　供图）

2020 年 10 月 30 日，“传承红色基因　弘扬革命精神　培养爱国情操”雨花区红色爱国教育宣传活动　（龙　莉　摄）

2020 年 11 月 4 日，雨花区 2020 年度“骨干教师引领工程”名优特教师展示活动
（曾梦蕾　摄）

2020 年 11 月 18 日，雨花区少儿图书馆挂牌成立　（陈　红　供图）

2020 年 11 月 19 日，2020 年“百姓大舞台·有艺你就来”雨花区选拔赛

（杨　烨　供图）

2020 年 11 月 21 日，“健康雨花”篮球比赛

（周　研　摄）

2020 年 11 月 27 日，雨花区“培育好家风·传承好家训”暨跳马镇“文明家庭”评选表彰活动

（蒋刚云　摄）

2020 年 11 月 28 日，第七届全国道德模范故事汇基层巡演长沙专场雨花区代表队　　（张胜娟　供图）

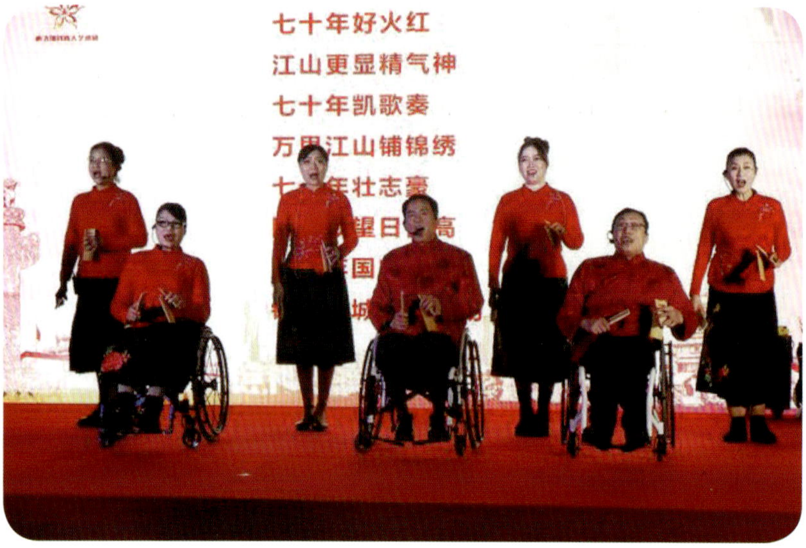

2020 年 11 月 29 日，左家塘街道窑岭社区心飞翔残疾人艺术团才艺秀
（黄　玲　摄）

2020 年 11 月 29 日，雨花区“阅奋斗阅青春”读书分享会
（陈　飞　摄）

2020 年 11—12 月，雨花区“非遗”进校园系列活动　　（吴祎玮　摄）

2020 年 12 月 10 日，“聚力开放雨花　决胜全面小康”长沙市第四届篆书篆刻展　　（吕传友　摄）

2020 年 12 月 10 日，雨花区学雷锋志愿服务文化节　　（张胜娟　供图）

2020 年 12 月 11 日，雨花区第二届“凝心聚力、建功雨花”职工气排球比赛　　（彭　芳　供图）

2020 年 12 月 11 日，湖南省宋旦汉字艺术博物馆华文教育基地授牌仪式　　（龚　鹏　供图）

2020 年 12 月 19 日，黎托街道“邻里喜乐会·共享幸福年”文艺演出活动　　（杨佩英　摄）

2020 年 12 月 25 日，雨花区“医保三句半”民间艺术表演　　（何　静　摄）

2020 年 12 月 30 日，2021“湖南设计师之夜”文艺晚会　　（张文香　供图）

数据雨花

地区生产总值及增速

单位：亿元、增速 /%

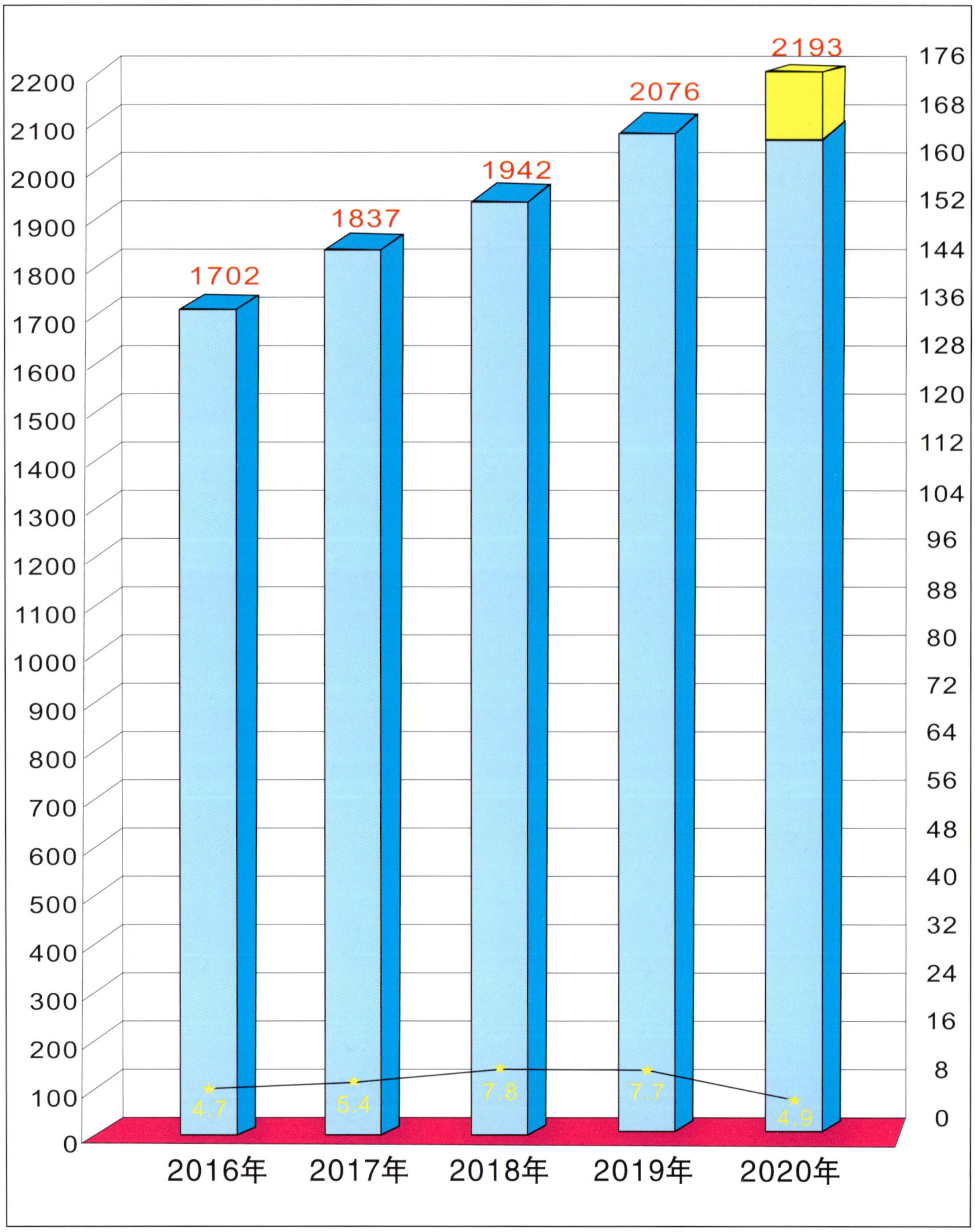

规模工业总产值增速

单位：增速 /%

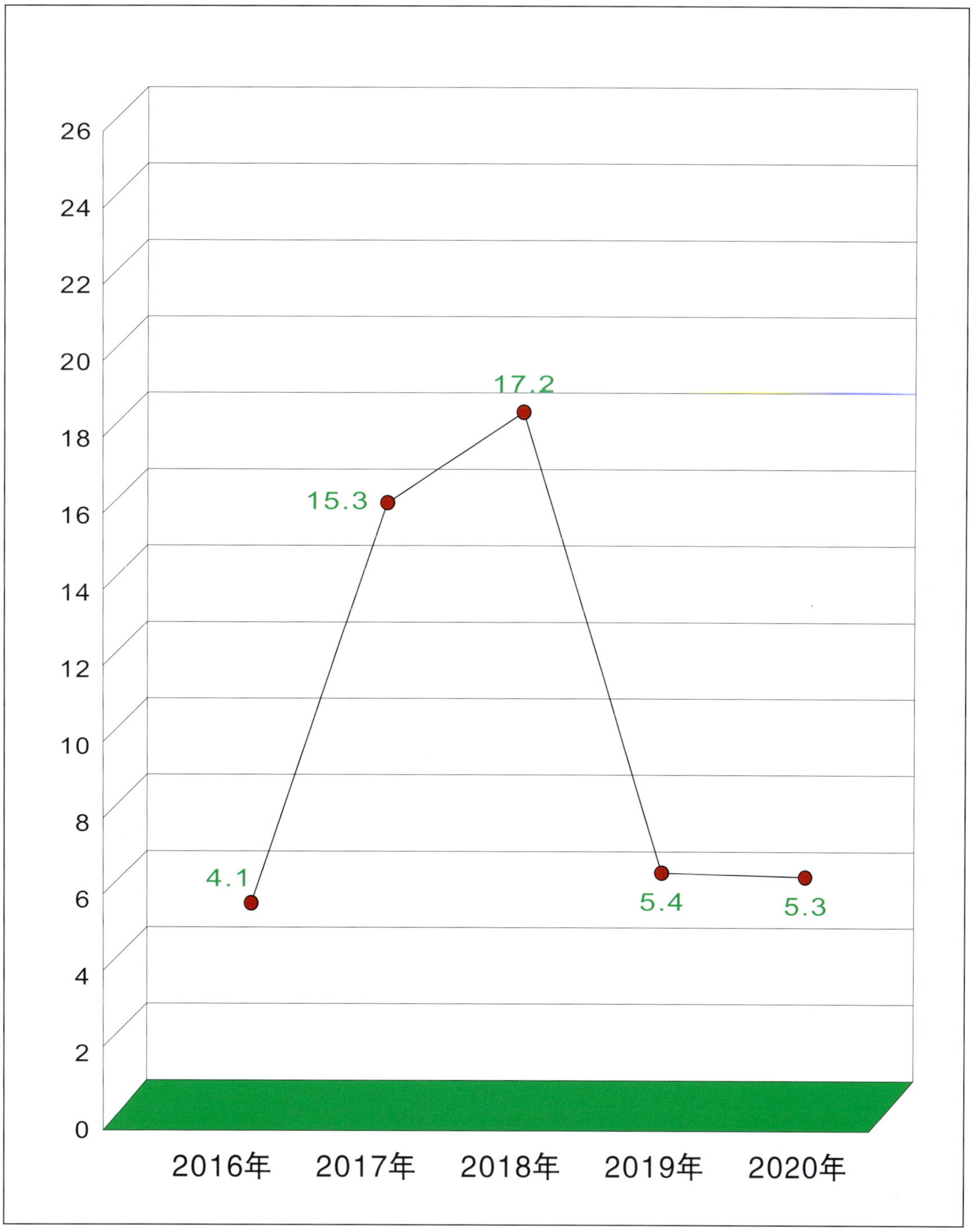

社会消费品零售总额

单位：亿元

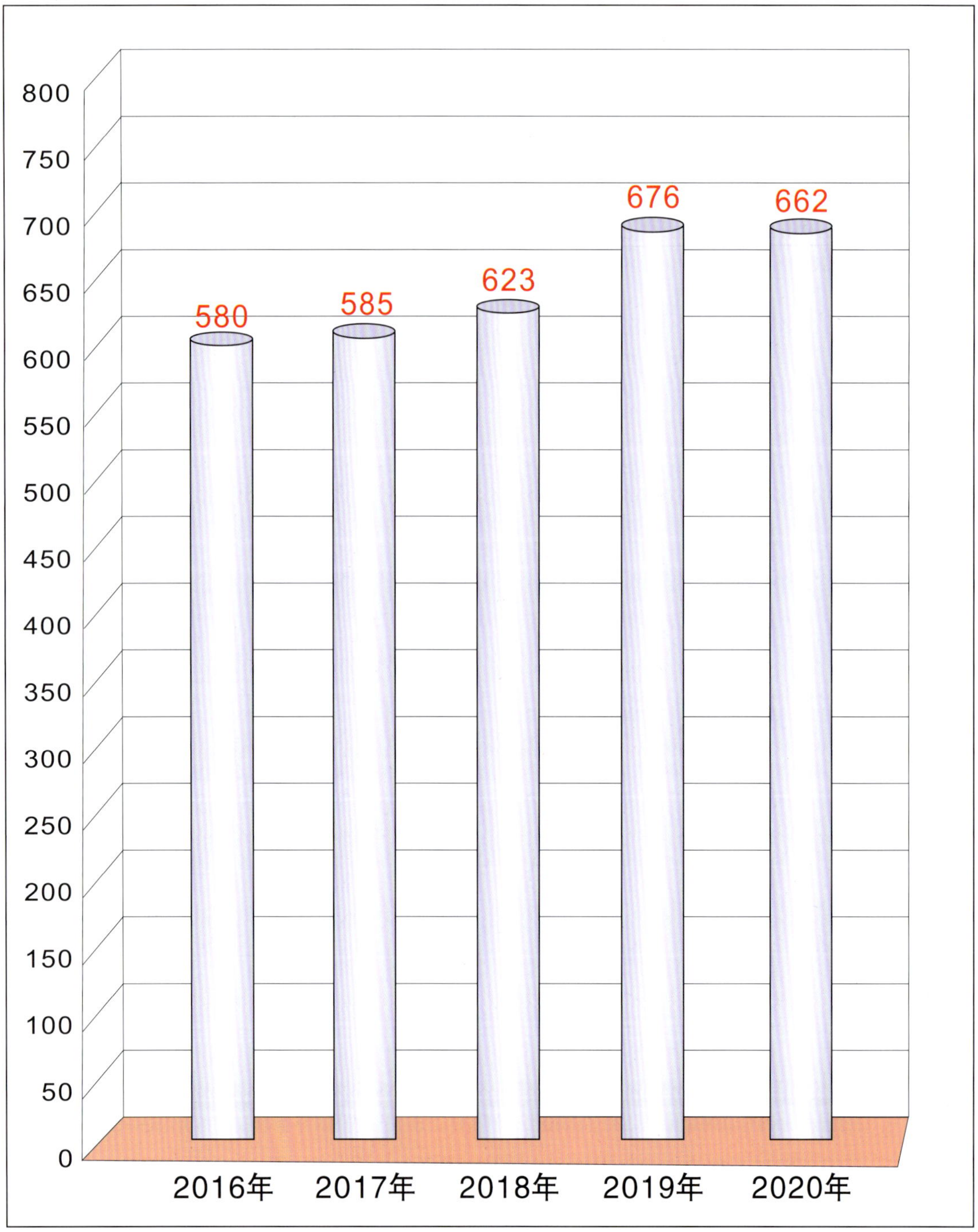

地方一般公共预算收入

单位：万元

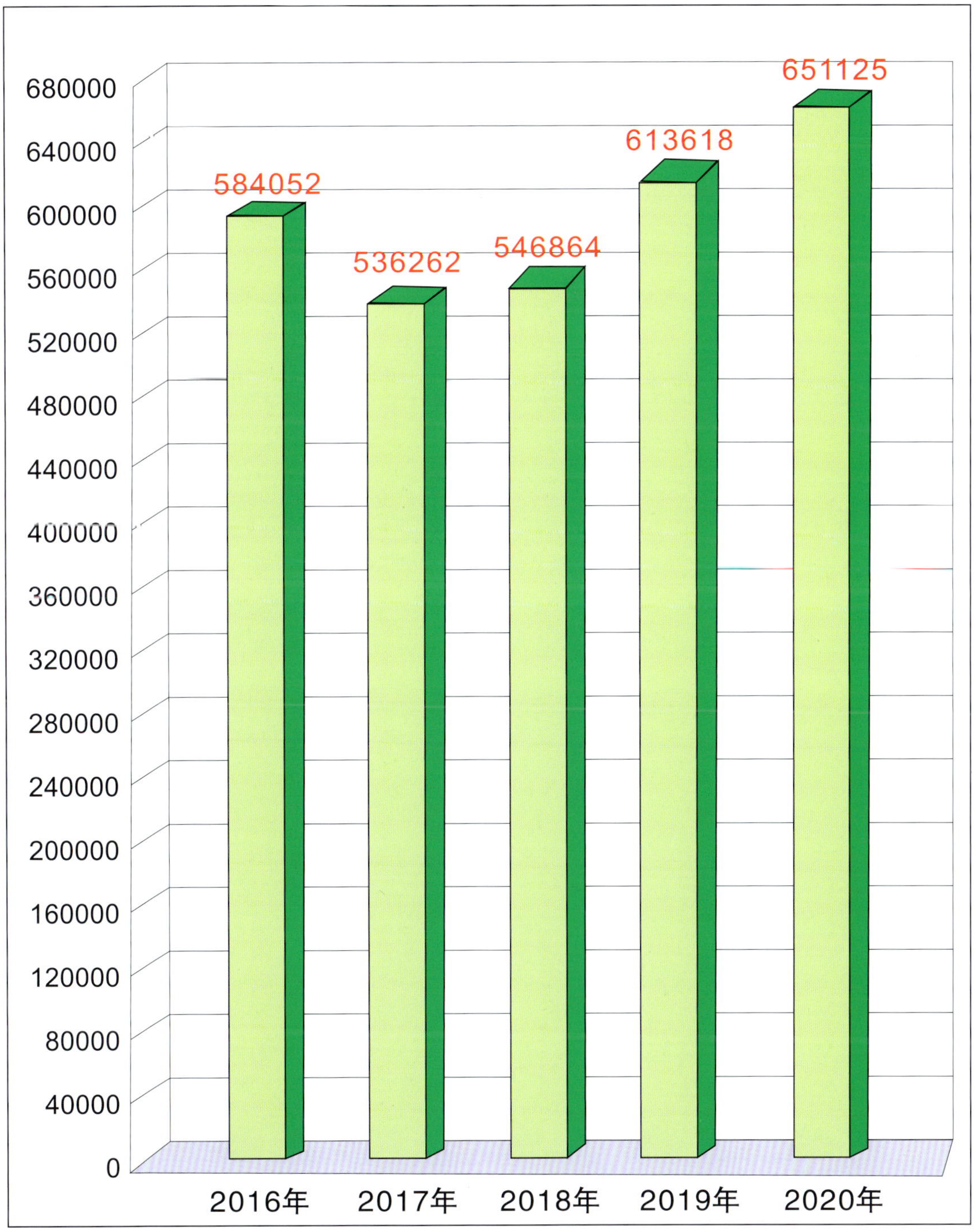

城镇居民人均可支配收入

单位:元

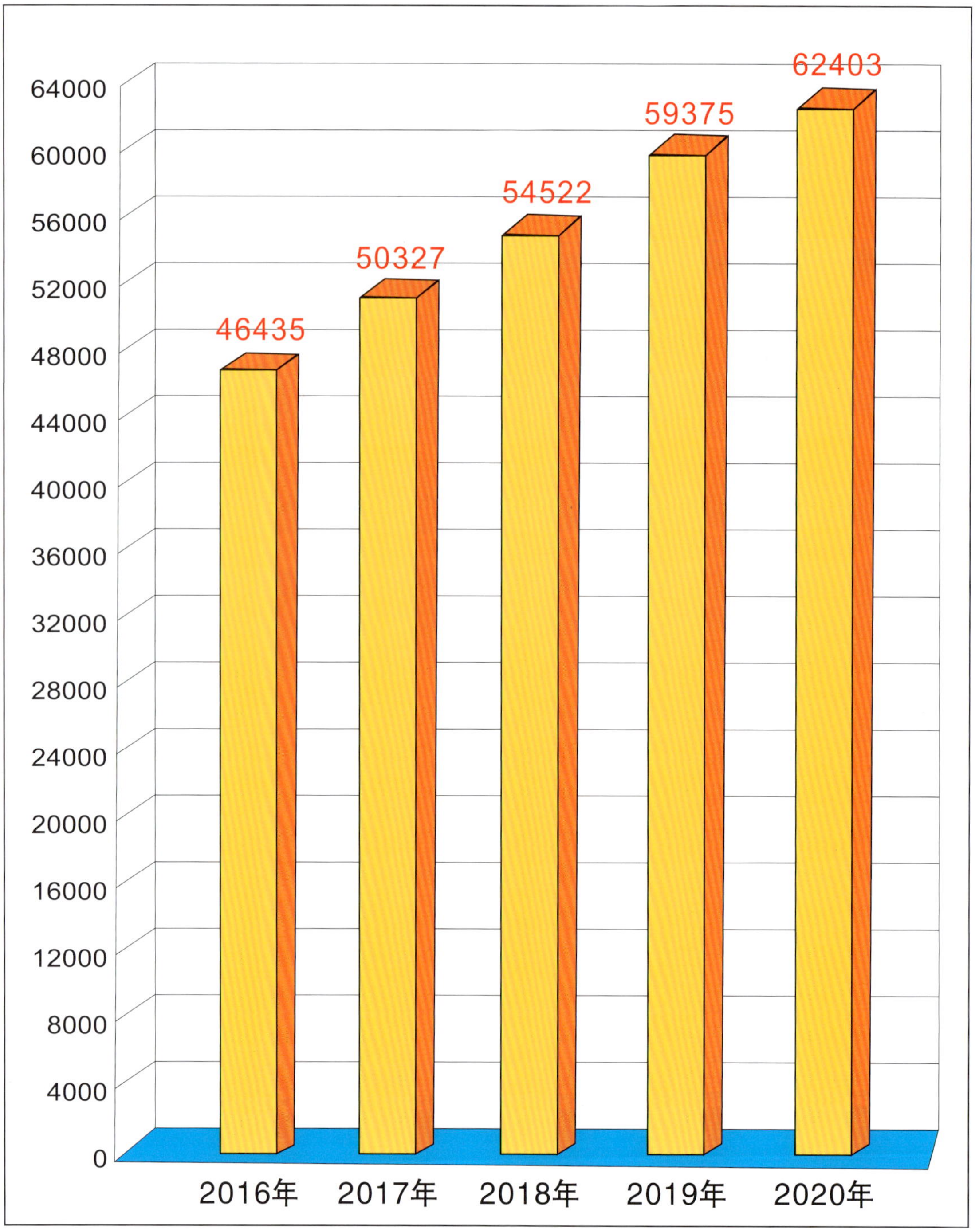

《雨花年鉴》编纂委员会

《雨花年鉴（2021）》编辑部

《雨花年鉴（2021）》组稿人员

（按篇目顺序排列）

柯　戈	刘科明	柳　旻	李　灿	任启友	张胜娟	周　慧
刘　群	李　文	丁雨晨	曾　鑫	尹兰君	尹丹平	李　元
李　奕	李玉琴	龚　鹏	刘　麟	陆　朗	唐清明	夏　青
罗奇林	陈湘海	刘青帝	刘雅婷	孙　琴	肖思敏	刘　莉
唐　倩	罗　宁	邓　辉	彭玥莹	宁皇青	张　乐	肖立志
邝　鋆	李　杨	曾灿红	陈文婷	黄丽莉	李　波	丁　翔
周　静	刘　锋	钟　毅	秦　俭	邹　蛟	冷冰然	张　丽
李湘林	周永平	张珊珊	余　意	欧代敏	黄　芳	黄　菲
符梓薇	张　波	颜　丹	李清晗	隋小阳	刘子溶	栗常云
张文香	刘超超	吴欣宇	王慧娟	张海波	汤　丽	刘　拧
彭　浪	李　刚	杨茂富	王　艳	熊　娟	彭怡丰	陈思光
张海亚	刘　鹏	袁鑫欣	彭　礼	钟智敏	罗立志	石文龙
胡　靖	陈　璐	彭　芳	邓　昶	李牧婷	杨　焕	何兵生
谭文萍	陈　红	刘思敏	胡　蓉	谭晖甫	唐品佳	邓颖晴
陈　灿	何　静	吴文静	刘希贤	姚园园	黄　磊	陈晓芳
杨梦婷	朱青梅	宋彧颖	吴　伟	陈　月	石梦霞	王诗雨
胡　琼	陈　岚					

编 辑 说 明

一、《雨花年鉴》以马克思列宁主义、毛泽东思想、邓小平理论、“三个代表”重要思想、科学发展观、习近平新时代中国特色社会主义思想为指导，坚持辩证唯物主义和历史唯物主义的立场、观点和方法，系统反映雨花区自然、政治、经济、文化、社会等方面情况。

二、《雨花年鉴（2021）》记载2020年雨花区各部门、各行业的主要工作、重要事件，收录若干文献和统计资料。

三、本年鉴采用分类编辑法。设类目、分目、条目3个层次，部分分目下设子目，条目为记述基本层次。

四、本年鉴统计资料由区统计局提供。年鉴中有些地区性、部门性数据，由于统计数据的来源、口径、时间不同等原因，因此与统计局公布的可能不完全一致，请读者在查阅和引用时注意，以统计局提供的资料为准。

五、本年鉴资料收录时间为2020年1月1日至2020年12月31日；县级以上领导和区直单位、各街道负责干部名单以2020年12月31日在职者为准，有任免的分别予以注明。

六、本年鉴时间表述采用公元纪年。各种名称，第一次出现时用全称，名称过繁者，括注简称，再次出现时用简称。计量单位使用国家法定计量单位。凡文中党、党组织如无特殊说明，均指中国共产党及其各级组织。

目　　录

中共雨花区委员会

重要会议

重大活动

工作纪要

组织工作

宣传工作

统战工作

机构编制

党校教育

史志档案

机关党建

雨花区人民代表大会

主要工作

重要会议

雨花区人民政府

重要会议

重大活动

工作纪要

信　访

人力资源和社会保障

行政审批服务

数据资源

中共雨花区纪委

民主党派·工商联

群众团体

法　　治

交通管理

检　察

法　院

司法行政

军　事

人民武装

城乡建设

建设管理

火车南站地区综合管理

生态环境保护

人居环境管理

“两型社会”建设

园区建设

雨花经开区

统计调查

审　计

市场监督管理

国有资产管理

产业经济

商　务

现代服务业

工业和信息化

农村和农业

财政·税收·金融

财　政

税　务

社会生活

民政事务

退役军人事务

医疗保障

民族宗教事务

乡镇·街道

跳马镇

雨花亭街道

高桥街道

左家塘街道

侯家塘街道

砂子塘街道

东塘街道

圭塘街道

黎托街道

洞井街道

井湾子街道

人　物

一、人物简介

二、人物表

统计资料

附　录

索　引

大事记

1月

1 日　湖南省森林植物园正式免费开放。

2 日　“决胜小康，幸福雨花” 雨花区迎新春美术书法摄影作品展开幕。

3 日　雨花区重点工程建设领导小组会议召开。

7—9 日　雨花区完成 2020 年首批公租房摇号选房工作，279 户保障对象签约办完相关手续后即可入住。

8 日　湖南省副省长陈飞到长沙汽车南站综合交通枢纽、京港澳高速公路昭山服务区、雨花收费站和长沙火车南站、长沙地铁站等地检查长沙春运准备工作，仔细检查旅客购票、进站、托运、候车、乘车环境及春运服务保障情况。

9 日　长沙市政府副市长、市公安局党委书记、局长唐向阳暗访检查圭塘派出所基层基础工作。

10 日　雨花区就业服务中心被评为全省人力资源社会保障工作先进集体。

11 日　雨花区“我们的节日・春节”暨“多样非遗展民俗相竞彩”第四届非遗传承人春晚在湖南雨花非遗馆举行。

13 日　2020 年雨花区教育工作会议召开。

14 日　雨花巾帼读书会——雨花家园社区分会授牌。

15 日　雨花区“不忘初心、牢记使命”主题教育总结会召开。

16 日　雨花区 2019 年度绩效考核述职测评会召开。

17 日　区委经济工作会议召开。

同日　跳马镇石燕湖村入选第一批国家森林乡村。

同日　2020 年雨花区安全生产工作会议召开。

18 日　雨花区被评为 2019 年度“全省养老服务体系发展成效明显的市、县市区”。

同日　长沙市人大常委会党组书记、主任谢卫东到雨花区慰问老红军吴国厚、困难群众周文娟和困难职工许德荣。

20 日　区委副书记、区长刘素月带队督查春节前安全生产工作落实情况并走访慰问困难群众。

同日　湖南省高级人民法院党组书记、院长田立文，在长沙中级人民法院党组书记、院长肖新平陪同下，考察雨花区法院“两个一站式”建设，亲身体验 24 小时法院。

23 日　雨花区新型冠状病毒感染肺炎疫情防控工作调度会召开。

同日　湖南省副省长、省公安厅党委书记、厅长许显辉到高桥城市快警执勤点看望慰问一线执勤民警。

29 日　中央电视台新闻频道《朝闻天下》栏目专题报道雨花区定点服务场所跳马镇天赐园酒店安置湖北籍滞留人员的特色举措和暖心做法。

31 日　湖南省副省长陈文浩到红星大市场、省森林植物园督查新型冠状病毒感染的肺炎疫情防控工作。

2月

8 日　雨花公安分局对确诊为新冠肺炎病例唐某元涉嫌过失以危险方法危害公共安全罪立案侦查，该案系全市首例。

18 日　雨花区经济运行暨投资工作调度会召开。会议强调，要突出疫情防控、复工复产两手抓、两手硬，确保“时间过半、任务过半”。

23 日　雨花区委书记张敏主持召开区疫情防控工作调度视频会，第一时间传达学习贯彻习近平总书记在统筹推进新冠肺炎疫情防控和经济社会发展工作部署会议上的重要讲话精神，部署当前和下阶段疫情防控工作。

同日　长沙雨花经开区重点产业项目签约仪式举行。可孚智能医疗装备产业新基地、湖南恒康智慧医疗产业基地、中机申亿检验检测及智能制造生产基地 3 个重点项目签约。

26 日　雨花区防控指挥部在全区设置 9 个指定隔离点为湖北省返长人员进行集中医学观察。

同日　区委理论学习中心组开展统筹推进新冠肺炎疫情防控和经济社会发展工作专题学习。

3月

3日　雨花区妇联开展纪念“三八”国际妇女节活动。

5日　第五届雨花区人民政府第44次常务会议审议通过《长沙市雨花区加快软件产业高质量发展扶持办法》。

同日　雨花区公安工作（视频）会议召开。

6日　区委常委会2020年第7次（扩大）会议审议并原则通过《雨花区“大干一百天　实现双过半”竞赛活动工作方案》；会议强调，要统筹抓好“三零”社区（村）建设、纪检监察工作、网格化管理、特殊困难群众关爱帮扶等工作。

9日　雨花区“万商联动·振业兴市”系列活动之“两湖一家亲·星暖湘情”活动启动，湖南高桥大市场、湖南红星大市场两大市场联手保供，促进消费升级。

10日　长沙雨花工业软件及智能机器人装备产业基地授牌签约活动举行，中软国际蜂巢互联等12个项目现场签约，工业软件及智能机器人装备产业基地开工，《促进工业软件发展三年行动计划》《关于加快工业软件产业发展的若干政策》等惠企政策同时出台。

11日　张敏调研全区防涝排渍、防汛备汛相关工作。

12日　雨花区召集部分生活性服务类企业代表参加疫情防控和复工复产座谈会。

20日　“万商联动·振业兴市”系列活动之嗨购雨花2020春季购物消费节暨名花名车展启幕。

21日　雨花区项目建设工作会议召开。

24日　湖南省人大常委会党组书记、副主任刘莲玉率队视察调研雨花区重大交通项目建设和复工复产工作。

25日　张敏主持召开全区征拆工作推进暨土地督察整治工作会。

26日　区纪委五届五次全会召开。

同日　湖南省工商联党组成员、副主席漆平波一行到雨花区开展“万企大走访、同心促发展”活动。

27日　雨花区委统一战线工作领导小组召开全体会议。

同日　湖南省委组织部副部长肖百灵实地调研高桥大市场疫情防控及复工复产工作，慰问各级防控驻企联络员，长沙市委常委、组织部部长张宏益，雨花区委书记张敏参加调研慰问。

同日　雨花区与湖南联通签署“智慧城市”战略合作协议。

30日　雨花区重点工作调度会召开，部署安排一季度经济工作运行、5G建设和电网“630攻坚”、软件业发展、防汛和防涝排渍、安全生产、网格化工作、“蓝天保卫战”等重点工作。

4月

1日　2020年雨花区卫生健康工作会议召开。

2日　湖南省扶贫办党组副书记、副主任贺丽君带队调研雨花区脱贫攻坚工作。

3日　雨花区2020年打击传销工作联席会议召开。

8日　2019年度镇、街道和区属党（工）委、党组书记抓基层党建暨落实意识形态工作责任制述职评议会议召开。

9日　区委全面深化改革委员会2020年第1次会议召开。

10日　雨花区全区统一战线(民族宗教)工作会议召开。

13日　长沙市人大常委会副主任罗衡宁率调研组调研《长沙市生活垃圾分类管理条例（草案）》立法工作。

15日　雨花区援建的龙山县石牌镇卫生院桶车分院投入运营。

20日　雨花区第十五届“4·20”廉政文化节开幕暨廉政专题教育大会召开。

22日　2020年雨花区知识产权宣传周活动在长沙创新设计产业园启动。

同日　雨花区人民法院“两个一站式”工作站授牌仪式举行。

23日　雨花区高铁新城片区绿地长沙城际空间站绿地自有品牌入驻签约仪式举行。

同日　第十二届“书香雨花”读书节启动仪式举行。

24日　雨花区文明委全体会议（扩大）召开。

同日　雨花区网格化管理服务平台试运行演示暨试点上线会议召开，正式启动东塘、圭塘试点街道上线运行。

26日　雨花区“网联四方、云引凤栖”首次软件产业云招商云服务活动举行。

27日　湖南省政协副主席、省工商联主席张健一行到雨花区就“建立和完善民营企业合法权益维权平台”课题进行调研和座谈。

同日　长沙市政府副市长李蔚现场调度跳马镇脱贫攻坚普查工作。

同日　刘素月以“四不两直”方式督查走访辖区内部分农贸市场，就调研情况组织召开农贸市场整治调度会。

28日　2020年第九届长沙金融服务节开幕式暨“人工智能及机器人（含传感器）”产业链银企对接会在雨花区召开。长沙市委副书记、代市长、湖南湘江新区党工委书记郑建新宣布开幕，长沙市委常委、常务副市长夏建平出席活动并讲话。

同日　长沙市重大项目集中开工（雨花区会场）活动在雨花经开区举行，8个重大项目集中开工。

29日　长沙市委常委、组织部部长张宏益调研雨花区“一门式”受理、“一站式”服务、“一网通办”全覆盖工作。

同日　“嗨购雨花”平台上线暨玩赏雨花黄金季系列活动启动式举行。

同日　2020年雨花区组织工作暨“三零”社区（村）建设工作推进会召开。

30日　雨花区疫情防控、安全生产、城市管理、“蓝天保卫战”工作调度会召开。

5月

6日　湖南省委副书记乌兰调研指导雨花区脱贫攻坚工作。

12日　雨花区“大干一百天　实现双过半”竞赛活动讲评会议召开。

同日　雨花区质量强区暨创建国家食品安全示范城市工作推进会召开，区内5家农贸市场获“2019年度人民满意农贸市场”奖牌。

同日　雨花区打击传销工作推进会召开。

13日　湖南省人大常委会副主任周农调研雨花区全民健身工作。

同日　郑建新到雨花区、雨花经开区，深入企业调研督导疫情防控和经济社会发展。副市长邱继兴参加。

14日　雨花区出台《关于全面落实关心关爱疫情防控一线社区（村）工作人员各项政策具体措施的实施方案》。

19日　湖南·中国旅游日活动暨“邂逅美景　畅游雨花”嗨玩旅游季启动，省委宣传部副部长、省文化和旅游厅党组书记禹新荣宣布活动开幕。

20日　雨花区委全面依法治区委员会第三次会议暨全区法治政府建设工作推进会召开。

同日　雨花区进行涵闸漏水除险、冲锋舟转移群众、大堤管涌处置3个项目演练。

21日　湖南省委常委、长沙市委书记胡衡华调研雨花区经济社会发展情况。

26日　雨花区脱贫攻坚工作调度会召开，特派14个脱贫攻坚帮扶工作组驻村，确保脱贫攻坚质量高、成色足、可持续。

同日　雨花区政协举行民主评议“蓝天保卫战”实施精准管控制度体系工作推进会暨生态环境助力营开营仪式。

30日　雨花区妇联承办长沙市庆祝“六一”儿童节主题活动暨建设长沙儿童友好型城市儿童论坛。

同日　雨花经开区银企结对联建，6家银行为6家企业授信4.5亿元，9家行业龙头企业与金融机构签约。

31日　雨花区保障性住房星城新宇·川和苑交房。

6月

1日　雨花区委审计委员会第四次会议召开。

2日　湖南宇新能源科技股份有限公司正式登陆深圳证券交易所。

3日　区网格化助力“蓝天保卫战”工作调度会召开，全区全面推开网格化工作。

4日　“创响雨花·梦想直达”企业服务季系列活动启动仪式暨创客中国·雨花赛区决赛在长沙顺天凯宾斯基酒店举行。

5日　区委常委会专题研究部署新时代县域警务工作，会议审议通过《2020年雨花区社区（村）政治安全和社会稳定风险报告（送审稿）》《雨花区关于加强新时代县域警务工作的若干措施（送审稿）》。

6日　雨花区2020年防范非法集资集中宣传月暨雨花区防范和处置非法集资工作咨询服务中心揭牌仪式举行。

8日　共青团湖南省委副书记李志超调研雨花区基层团建工作。

9日　雨花区中小学生校园文化艺术节举行。

10日　长沙市政协副主席、市工商联主席彭继球，市中级人民法院党组书记、院长肖新平联合调研雨花区总商会商事调解中心。

10—11日　“中国著名作家雨花行”2020年采风活动举行。

11日　开放雨花·梦想直达——2020年长沙市雨花区软件信息产业招商深圳推介会举行。

12日　雨花区文学艺术界联合会成立暨第一次代表大会召开。

同日　雨花区第一批入网单位观摩网格化工作。

16日　雨花区社区（村）警务工作会议召开。

同日　雨花区开展2020年安全宣传咨询日活动。

17日　“盛启湖湘，共见未来——浏阳河国际文化科创基地招商签约暨项目启动仪式”在雨花区举行。

18日　雨花区意识形态工作联席会议暨社会宣传工作推进会召开。

同日　雨花区委统战部、区工商联（总商会）、区金融事务中心在湖湘精英会创新中心联合举办“民企大走访 同心促发展”暖企活动之银企对接会。

19日　雨花经开区首届“同升湖杯”职能技能大赛举行。

同日　第四届“中国创翼”创业创新大赛雨花区选拔赛决赛举行。

22日　雨花区24小时政务自助服务大厅正式投入运行。

24日　雨花区“你我同参与，共建无毒职校”主题活动举行。

28日　红星片区城市更新项目首开区合作开发协议签约仪式举行。

29日　湖南省委常委、组织部部长王少峰调研雨花区基层党建工作。

30日　雨花区企业上市工作调度会召开。

同日　雨花区法院、雨花区人力资源和社会保障局联合成立全省首个“劳动争议调解工作站”。

同日　湖南高桥大市场“市场采购贸易方式试点”推介会暨湖南出口产品集聚区招商推介会举行。

7月

1日　张敏、刘素月督导检查高考考点准备及有关工作。

3日　雨花区委网络安全和信息化委员会第二次会议召开。

8日　湖南省扫黑除恶专项斗争督导反馈问题整改部署调度会暨雨花区新时代乡镇街道警务工作会议召开。

9日　2020年区属党组织书记培训班开班。

11日　雨花区安全生产工作会议召开。

15 日　刘素月带队调研东塘商圈并座谈复兴东塘商圈工作。

17 日　第 37 届全国青少年信息学奥林匹克竞赛开幕式在长沙市一中雨花新华都学校举行。

22 日　雨花区妇儿工委全会暨新一轮妇女儿童发展规划编制动员会议召开。

23 日　雨花区 2020 年“质量诊断”服务启动仪式暨专家见面会在高桥大市场召开。

28 日　长沙市“一府两院”向市人大代表雨花联组通报 2020 年上半年工作。

30 日　雨花区 2020 年上半年经济形势分析暨“大干一百天　实现双过半”竞赛活动总结会议召开。

同日　雨花城管执法队伍“走过辉煌二十年，重整行装再出发”主题教育暨城市管理品质提升行动推进大会召开。

31 日　雨花区人民法院“一站式”工作站授牌仪式举行。

8 月

3 日　雨花区“决战脱贫　决胜小康”2020 年乡村艺术节在跳马镇启幕。

4 日　湖南省民政厅走访调研雨花区民办养老机构运营情况。

同日　长沙市委宣传部调研指导雨花区文明创建工作。

7 日　雨花区人大常委会第三十五次决定任命龚畅为副区长，决定免去邹春林副区长的职务。

19 日　雨花区省级卫生城市复评暨蚊、蝇密度控制水平 A 级达标技术评估迎检再动员大会召开。

18 日　湖南—非洲三国贸易合作推介会暨非洲咖啡街、可可营销中心开业仪式在湖南高桥大市场举行。

20 日　雨花区圭塘河流域综合治理暨河长制工作推进会召开。

21 日　“开放雨花·梦想直达”雨花区 2020 软件和信息技术服务业招商推介会在上海举行。

同日　“狠抓三季度 奋战下半年”2020 年雨花经开区先进制造业高质量发展暨“四百工程”总结推进大会召开。

22—25 日　雨花区开展“我们的节日——七夕话佳节·共筑鹊桥缘”主题活动。

26 日　雨花区暑期教育工作会议召开。

同日　区委常委班子专题民主生活会召开。

28 日　雨花区电网 2020 年“630 攻坚”总结暨现代化智慧电网建设动员会召开。

同日　雨花区育新第二小学建成开学。

31 日　雨花区 2020 年生态环境保护市考指标和省级环保督察“回头看”工作调度会召开。

9 月

1 日　胡衡华调研雨花区市场流通工作。

同日　雨花区泰禹第三小学建成开学。

3 日　雨花区 2020 年全国文明城市测评工作部署会召开。

6 日　2020 年湖南省启动消费扶贫月活动暨消费扶贫示范中心开馆仪式在雨花区举行。

7 日　湖南省住房和城乡建设厅党组成员、总工程师易继红一行调研雨花区网格化综合管理平台工作。

8 日　雨花区庆祝第 36 个教师节暨优秀教师表彰大会召开。湖南省教育厅党组成员、工委副书记王建华，市人大常委会副主任提名人选、市教育局党委书记、局长卢鸿鸣等出席会议并为获奖代表颁奖。

10 日　区委常委会 2020 年第 22 次会议专题研究部署公安机关“坚持政治建警 全面从严治警”教育整顿。

同日　2020 年中国城区高质量发展水平百强榜单重磅发布，雨花区位居全国第 20 名，全省第 1 名。

14—20 日　雨花区 2020 年国家网络安全宣传周活动举行。

15 日　湖南省人大常委会到雨花区调研《湖南省中小学幼儿园规划建设管理条例》修订工作。

同日　2020年雨花区对口扶贫龙山县基层干部班开班，龙山县石排等乡镇村一线基层干部 50 余人参加学习。

17 日　雨花区迎接国家营商环境评价工作动员部署会议召开。

同日　雨花区第十一届“中国统计开放日”暨第七次全国人口普查宣传月启动仪式举行。

同日　长株潭三市人大代表视察圭塘河生态公园。

18 日　刘素月带队调研区网格化工作。

同日　“缅怀先烈·继承遗志”——雨花区纪念中国人民抗日战争暨世界反法西斯胜利 75 周年美术、书法、摄影作品展在雨花非遗馆开幕。

19 日　雨花区“网络安全·创意快闪”快闪日活动举行。

21 日　雨花区召开全区党政负责干部会议，传达学习习近平在湖南考察调研时的系列重要讲话指示精神。

同日　中国（湖南）自由贸易试验区正式获批，雨花区高铁新城区块和高桥区块被纳入湖南自贸区重点板块。

22 日　中组部组织一局副局长皮仄郑等调研雨花区党员分类管理工作。

24 日　中国（湖南）自由贸易试验区长沙片区揭牌仪式暨建设动员大会举行，高铁会展新城、高桥大市场等区块正式纳入中国（湖南）自由贸易试验区长沙片区。

27 日　雨花区 2020 年行政执法专题讲座培训会举行。

28 日　2020 年全国科普日雨花主场启动式在湖南省森林植物园世界名花广场举行。

同日　非洲坚果交易中心开业庆典在中非经贸合作促进创新示范园举行。

同日　丹麦生活（长沙）中心项目与雨花区商务局合作框架协议签约仪式举行。

同日　长沙市最大城中村改造项目雅塘片区首批拆迁居民领取到安置保障性住房钥匙。

同日　2020 年雨花区禁毒委全会暨工作推进会召开。

29 日　长沙市重大项目集中开竣工（雨花区会场）活

动在雨花区浏阳河国际文化科创基地项目举行。

30日 中国（湖南）自由贸易试验区长沙片区雨花区建设专题研究会召开。

10月

1日 复地星光天地开业。

9日 雨花区市场监管局互联网监管系统——雨花智网正式上线。

13日 雨花区绩效考核工作推进会召开。

16日 雨花区自贸试验区工作推进会第二次会议召开。

17日 雨花区第十一届“中国统计开放日”暨第七次全国人口普查宣传月启动仪式举行。

同日 雨花区2020年“健康雨花”乒乓球团体比赛举行。

19日 湖南省副省长朱忠明调研雨花区工作。

20—23日 张敏率雨花区第一支考察团考察学习上海和浙江自由贸易试验区建设发展经验。

22日 雨花区迎接市对区营商环境评价工作动员会召开。

同日 雨花区首届园艺技能人才比武大赛在跳马镇举行。

23日 湖南省长沙市技术合同认定登记点（雨花区）授牌仪式在雨花区中机国际工程设计研究院有限责任公司举行。

24日 “开放雨花·国际红星”雨花区电商物流园暨红星全球农批中心品牌发布会举行。

26—27日 刘素月率领第二支考察团考察调研天津城市更新、自贸试验区建设情况。

27日 湖南省统计局党组书记、局长刘文杰，长沙市委常委、常务副市长夏建平一行走访调研高桥大市场。

28日 国家市场监督管理总局纪检监察组组长杨逸铮一行调研雨花区市场监管工作。

29日 雨花区“三零”建设工作推进会召开。

30日 为期5天的“办好中部农博会 助力脱贫奔小康”第二十二届中国中部（湖南）农业博览会在长沙国际会展中心开幕。

11月

3—4日 刘素月率队到桑植县、龙山县调研对接协作帮扶工作。

5日 中国（湖南）自由贸易试验区长沙市雨花片区·高桥中非经贸合作创新示范园及市场采购贸易试点推介对接会在上海举行。

9日 桑植县委书记刘卫兵一行调研雨花区“携手奔小康”工作。

10日 雨花区核发首张“一业一照”营业执照，证照合办，核准即准营。

12日 湖南省中非经贸合作研究会第一次会员大会暨成立大会及专家座谈会在高桥大市场召开。

13日 中央组织部副部长、中编办主任周祖翼一行调研雨花区基层管理及综合行政执法体制改革工作。

17日 第五届雨花区人民政府第52次常务会议，集中研究环保督察“回头看”整改、食品安全、矿坑矿洞生态修复、老旧小区改造等工作。

18日 2020年雨花区全民终身学习活动周启动仪式暨少儿图书馆开馆仪式活动举行。

同日 雨花区政府与星沙海关工作交流会召开。

19日 刘素月率队调研自贸试验区高铁新城片区工作。

21—27日 2020年长沙市雨花区“健康雨花”篮球赛举行。

22日 区“十四五”规划纲要区政府专题研究会召开。

23日 长沙市委常委、市委政法委书记廖建华一行调研雨花区网格化工作。

25日 活力雨花·绽放红星——2020年长沙市雨花区红星片区世界500强（华润）产业项目对接会在雨花区举行。

30日 雨花区2020年“志愿服务，你我同行”国际志愿者日主题活动举行。

是月 雨花区获评长沙市2020年度禁毒工作成绩突出单位。

12月

1日 新松机器人华中区域总部项目签约落户雨花经开区。

3日 雨花区人民检察院党组书记、检察长马贤兴被授予“2020年湖南省最美公益普法个人”称号。

6日 湖南省商务厅厅长徐湘平在高桥大市场召开专题调度会，调度中非经贸深度合作先行区相关工作。

7日 村（社区）“两委”换届工作动员部署会召开。

8日 长沙市委副书记、市长、湖南湘江新区党工委书记郑建新调研湖南自贸区长沙片区建设发展及食品安全城市创建工作。

9日 郑建新调研雨花区食品安全工作。

10日 雨花区安全生产工作暨三年行动推进会召开。

同日 雨花区离退休老干部代表座谈会召开，就《政府工作报告（征求意见稿）》听取老干部意见和建议。

同日 雨花区学雷锋志愿服务文化节举行。

10—11日 雨花区第二届“凝心聚力·建功雨花”职工气排球比赛举行。

11日 雨花区科学技术协会第四次代表大会召开。

同日 雨花区政府与中国电建集团中南院合作框架协议签约仪式举行。

同日 湖南省宋旦汉字艺术博物馆华文教育基地授牌仪式举行。

16日 红星全球农批中心一期开业调度会召开。

同日 刘素月到长沙高铁南站西广场和花侯路沿线调研品质提升“五纵五横”项目建设情况。

17日 雨花区委五届二十五次全体（扩大）会议召开。全会审议并通过《中共长沙市雨花区委关于制定雨花区国民经济和社会发展第十四个五年规划和二〇三五年远景目标的建议》。

同日 跳马镇白竹片区管理工作调度会召开。

22日 雨花区与株洲市石峰区、株洲经开区签订区域一体化发展框架协议，双方将在重点产业协作、城际交通互联、生态绿心保护、文旅康养合作、乡村振兴推进、营商环境优化等重要领域展开合作。

23日 第五届雨花区人民政府第四次全体（扩大）会议召开。

24日 雨花区“小蓓蕾”公益项目启动。

25日 中核长沙核特色医疗项目签约仪式举行。

同日 全球首款定制网约车D1在长沙比亚迪基地正式投产，首批新车交付。

26—28日 雨花区政协第五届委员会第五次会议召开。

27—29日 雨花区第五届人民代表大会第五次会议召开。

28日 2020年湖南出口产品转内销展销对接会暨市场采购贸易试点推介会在湖南高桥大市场的出口产品集聚区举办。

29日 第五届雨花区人民政府第五次全体（扩大）会议召开。

30日 长沙市雨花区婚姻家庭指导服务中心揭牌仪式举行。

（柯　戈）

雨花区概况

自然地理

【区域位置】 长沙市雨花区位于湖南省东部偏北，长沙市东南部，是1996年7月长沙市行政区划调整设立的新城区。雨花区区名源自长沙城东南古佛道圣地之名胜雨花亭，建置沿革于原长沙市郊区。2014年，境域范围为北纬28° 02′ 30″ ~ 28° 11′ 30″，东经112° 57′ 30″ ~ 113° 06′ 30″。边界线全长67.72千米，其中，与芙蓉区边界线13.1千米，与天心区边界线18.8千米，与长沙县边界线35.82千米。2015年，长沙县跳马镇划归雨花区，全区面积扩大至292.2平方千米。东面以浏阳河为界，与长沙县榔梨镇和黄兴镇相望，以跳马镇为界，与浏阳市柏加镇相邻；南部以跳马镇为界，与株洲市石峰区相邻，与湘潭市昭山镇接壤；西面以芙蓉路、韶山路（至井湾子）和井湾子街道与文源、青园两街街界、洞井街道与桂花坪街道街界、同升街道与先锋街道街界、跳马镇与暮云街道街界为界，与天心区接壤；北以人民路（识字岭至花桥）和浏阳河为界，与芙蓉区毗邻。至2020年，雨花区无区域变化。 （刘科明）

【地质地貌】 雨花区地域呈南北长、东西较窄的地理走向。地形呈波状起伏，地势南高北低，境内最高点为跳马镇金坑岭，海拔274.6米，最低点为浏阳河曙光垸，海拔35米。全区地貌类型多样，主要为堆积地貌（平原）、侵蚀剥蚀地貌（岗地、丘陵）和侵蚀构造地貌（低山）。平原主要分布在洞井街道的白田铺至圭塘的溪谷平原和浏阳河黎托冲积平原；岗地主要分布在雨花亭街道、井湾子街道、同升街道、洞井街道、黎托街道和东山街道及跳马镇，跳马镇南边诸山与株洲隆起带相接。境内分布红色砂岩、砂砾岩、粉砂岩和页岩。全区成土母质以第四纪红土、河流冲积物为主。第四纪红土主要分布在洞井街道、井湾子街道、雨花亭街道一带，经垦殖后成为浅红黄泥、红黄泥、耕型红土红壤等十属，一般土层深厚，养分缺乏，呈酸性，耕性较差；河流冲积物主要分布于浏阳河两岸冲积平原，由其发育而成的土壤有河沙泥、耕型河潮土等土属，一般土层深厚，质地沙壤至壤土，呈酸性、微酸性或中性，肥力高，适种性广；紫色风化岩风化物零星散布于同升街道全境，洞井街道的和平、鄱阳、天华、牛头，黎托街道的大桥，东山街道的边山、侯照，由其发育而成的紫色土，土壤抗蚀力差，土层较浅，不耐旱，易坼裂，磷、钾含量较丰富。 （刘科明）

【气候河流】 雨花区属亚热带季风性湿润气候区，由于位居盆地内部，距海较远，受冬夏季风转换，地势向北倾斜等因素的影响，冬冷夏热，季节变化明显。年平均气温为17.2℃，积温为5457℃。全年日照充足，年平均日照时数为1762.64小时，年平均无霜期为296 ~ 298天。全年雨水充沛，多集中在春、夏两季，年均降水量为1361.6毫米。夏、冬季长，春、秋季短，夏季118 ~ 127天，冬季117 ~ 122天，春季61 ~ 64天，秋季59 ~ 69天。春温变化大，夏初雨水多，伏秋高温久，冬季严寒少。3月下旬至5月中旬，冷暖空气相互交绥，形成连绵阴雨低温寡照天气。从5月下旬起，气温显著提高，夏季日平均气温在30℃以上有85天，气温高于35℃的炎热日，年平均约30天，盛夏酷热少雨。9月下旬后，白天较暖，入夜转凉，降水量减少，低云量日多。从11月下旬至第二年3月中旬，节届冬令，长沙气候平均气温低于0℃的严寒期很短暂，全年以1月最冷，月平均气温为4.4℃ ~ 5.1℃，越冬作物可以安全越冬，缓慢生长。2020年，雨花区年平均气温为18.23℃，极端最高气温为42℃，极端最低气温为-4℃；年降水量1685.5毫米。境内有浏阳河、圭塘河、双溪港三大水系。浏阳河自长沙县团头河入境跳马镇，经黎托街道花桥进入芙蓉区后注入湘江，蜿蜒32.6千米。圭塘河位于长沙市的东南部，系浏阳河一级支流，也是最后一条支流，发源于雨花区跳马镇鸭巢冲（石燕湖水库），由南向北贯穿雨花区，在人民东路浏阳河大桥处汇入浏阳河，起止均在雨花区境内，全程约28千米，是长沙唯一一条城市内河。双溪港水系发源于跳马镇百倍冲水库，流经复兴、关刀、三仙岭、喜雨、团然、冬斯港6个村进入浏阳河，全长22千米。

（刘科明）

建置·区划

【建置沿革】 清末，长沙市郊区境地分属长沙、善化两县。1912年起，统属长沙县管辖。民国前期，长沙城郊属长沙县管辖。1927年3月，国民党湖南省党部正式划定长沙近郊区管辖范围。5月21日长沙“马日事变”后，长沙近郊区被迫撤销。1928年8月，长沙市政筹备处划勘市区范围，在沿界设立32处钢筋水泥标界，城区与标界之间地域成为郊区正式区划的基础。1933年，长沙市政府成立，重新划勘市区范围。城郊从长沙县划归长沙市内4区管辖。1938年8月，长沙市改区坊保甲制为镇（乡）保甲制，因城区难以管辖城郊农村，故实行城区与城郊分治，城区划为8镇，城郊从城区划出，改建为文艺、金盆、岳麓、会春4乡，由市政府直辖，即为郊区建置之始。1939年2月，裁撤长沙市政府，城区镇和城郊4乡划归长沙县管辖。1941年10月，恢复长沙市政府，城区镇和城郊4乡重归长沙市管辖，并将4乡改建为4镇。1943年12月，废镇改区，4镇改为相应的4区。

1949年8月4日，长沙和平解放，辖城东、城南、城西、城北、文艺、金盆、会春、岳麓8个区。10月，设立文艺、金盆、岳麓、会春人民区公所，直属长沙市人民政府领导。1950年3月30日，设立长沙市人民政府郊区办事处，统辖文艺、金盆、岳麓、会春4区，是为郊区建置之始。6月，撤销郊区办事处，成立郊区工作委员会。1954年9月，撤销郊区工作委员会，恢复郊区办事处。1959年1月，撤销郊区并入长沙县。1962年1月12日，恢复长沙市郊区建置。1968年4月，郊区办事处改为郊区革命委员会。1980年，郊区革命委员会改为长沙市郊区人民政府。1996年6月19日，长沙市市辖区调整，撤销郊区，设立雨花区。7月10日，雨花区挂牌成立。（刘科明）

【行政区划】 1950年3月30日，设立长沙市人民政府郊区办事处，统辖文艺、金盆、岳麓、会春4区。8月，废除保甲制，农业、半农业地区划分为18个乡，分别建立乡人民政府，居民区设立11个居民委员会。郊区始有真正的政权体系和独立的行政区划。1951年5月，从长沙县辖划入5个乡，改建为9个乡，郊区区划调整为4区27乡。1952年调整为4区24乡4街。1953年3月，郊区区划调整为4区22乡6个街道办事处。8月，郊区区划调整为4区25乡1镇。1956年5月，郊区撤区并乡，撤销文艺、金盆、岳麓、会春4区，所辖各乡镇区划调整为文艺、金盆岭、雨花亭、会春、岳南、岳北6乡和溁湾镇，管辖长沙农场。10月，会春乡划分为会春、洪山2乡。7个乡下设24个高级农业合作社。11月，建立44个居委会，分属各乡镇人民委员会管辖。次年，析出洪山乡太阳升高级农业社，成立长沙市国营综合农场。1958年3月，长沙农场收归省、市管理。9月，郊区撤销乡镇，建立工农兵学商五位一体、政社合一的人民公社体制，实行人民公社化。全郊设立东风、万年红、岳麓山3个公社，下辖19个大队和3个街道居委会，保留长沙市国营综合农场。1959年1月，郊区并入长沙县。1962年，恢复长沙市郊区建置，郊区辖岳麓区和雨花亭、东屯渡、伍黑路、岳麓山、洞井、南托、大托、高塘、榔梨、长冲、黎托、望仙桥、望岳、谷山14个公社及榔梨镇，共193个大队和3个居委会。10月，望仙桥公社分为望新、东岸2个公社，望岳公社分为望岳、天顶2个公社，天顶、大托、南托、洞井、望新、榔梨、高塘、长冲8个公社和榔梨镇划归长沙县。次年10月，划出黎托、谷山、望岳3个公社，郊区下设1个区5个公社共48个大队和3个居委会。1964年，伍黑路公社改为上大垅公社，并将东屯渡公社渔场、岳麓山公社岳麓渔场、上大垅公社史家湖渔业队从所在公社划出，扩建为国社合营湘湖渔场、岳麓渔场和史家湖渔场（1966年更名为红色渔场）。1965年在岳麓山公社大干岭兴建长沙市养鹿场。1968年2月，雨花亭公社改名韶山路公社。3月，岳麓山公社湘江大队划归西区管辖。12月，综合、东屯渡2个国营农场和长沙市园艺场、长沙市养鹿场划归郊区管辖。1970年，湖南农学院、农科院所属农场划归郊区，改建为团结、立新2个大队，划归东岸公社管辖。望城县境内国营东方红农场划归郊区，省高级兽医研究所下放郊区管辖，并与市园艺场合并为长沙市良种繁殖场。郊区下辖5个公社、5个农场、3个渔场、1个养鹿场，共50个大队，16个管区。1971年10月，市良种繁殖场划归市管（1973年分设为市园艺场和市畜牧农场）。1972年5月，岳麓山公社、岳麓渔场划归岳麓区。1973年6月，重新划归郊区。12月，将岳麓山公社咸家湖、望麓桥2个大队和麓山大队及望岳公社望岳大队一部分划出，建成国社合营西湖渔场。1974年3月，国营综合、东方红农场划归市管。1975年，国营综合、东屯渡、东方红、畜牧农场，园艺场，养鹿场重归郊区管辖。1978年1月，长沙县大托、洞井、黎托公社和望城县望岳公社划归郊区管辖。至此，郊区行政区划相对稳定，辖9个公社、5个国营农场、4个国社合营渔场、1个养鹿场。1983年5月，郊区开展政社分设，建立乡、村政权的试点工作。韶山路公社改称雨花亭乡。1984年2月，历时25年的人民公社体制改制为乡人民政府。东屯渡公社更名为马王堆乡，上大垅公社更名为福安乡，其余仍以原名命乡，原大队改为村民委员会，生产队改为村民小组。1990年，经市政府批准，成立火星镇。1993年6月，福安乡胜利村划归北区。10月，雨花亭乡石马村划归南区，望岳乡咸嘉湖划归西区。1994年12月，马王堆乡五一村划归东区管辖。

1996年7月10日，雨花区挂牌成立。雨花区下辖左家塘、侯家塘、井湾子、圭塘4个街道，黎托、洞井、雨花亭3个乡和高桥乡筹备领导小组。12月，雨花区本着“优化配置，城乡一体，成块连片，界限分明，便于管理，有利发展”的原则，进行区域微调，新设立东塘、砂子塘2个街道，保留左家塘、侯家塘、圭塘、井湾子4个街道建制；对城区街道作切块调整，以东塘广场为中心，以韶山路和劳动路为轴划为4块，东北角为左家塘街道，西北角为侯家塘街道，西南角为东塘街道，东南角为砂子塘街道；井湾子街道与雨花亭乡合并以乡建制，将洞井乡大塘、圭塘、月塘3个村划归圭塘街道。洞井乡改称为洞井镇。新建高桥乡，保留黎托乡。1997年7月，长沙市政府决定设立雨花亭街道和高桥街道，2个乡的建置撤销。2010年，雨花区撤销洞井镇、黎托乡，以街道建制；撤销全区行政村建制成立社区筹委会。雨花区辖9个街道办事处、90个社区、37个社区筹委会。2011年，雨花区调整部分街道行政区划，将洞井街道析置为洞井、同升2个街道办事处，将黎托街道析置为黎托、东山2个街道办事处，同时启用原与雨花亭街道合署办公的井湾子街道办事处，将雨花亭街道拆分为雨花亭、井湾子2个街道办事处。2012年1月，同升街道、东山街道、井湾子街道分别挂牌成立。2015年，长沙市区划微调，长沙县跳马镇整体划归雨花区管辖。2020年年底，雨花区辖跳马镇1个镇，雨花亭、高桥、左家塘、侯家塘、东塘、砂子塘、圭塘、洞井、黎托、同升、东山、井湾子12个街道；计13个行政村、134个社区、15个社区筹委会、11个农村经济合作社、7个集体资产管理委员会。其中，跳马镇辖金屏、斑竹塘2个社区，跳马、关刀新、杨林新、复兴、三仙岭、石桥、喜雨、团然、冬斯港、白竹、石燕湖、新田、田心桥13个行政村。雨花亭街道辖曲塘、雨新路、路桥、正圆、新星、自然岭、华云、雅塘村、香南郡、麻塘桥、雨花亭11个社区，井塘1个社区筹委会，自然、石马2个集体资产管理委员会。高桥街道辖火焰、金环、怡园、高桥大市场、五一、永定、永祥、鑫华8个社区，友谊、高桥2个社区集体资产管理委员会。左家塘街道辖赤岗、长钢、曹家坡、长岭、阿弥岭、桂花、官塘冲、嘉园、红花坡、湖橡、荷叶塘、牛角塘、曙光、树木岭、车站南路、长铁、狮子山、王公塘、窑岭、营山巷、左家塘21个社区。侯家塘街道辖梓园、湘农桥、电院、枫树岸、韶山路、活力、麻园湾、广济桥、廖家湾、侯家塘、水院、泉塘12个社区。砂子塘街道辖茶园坡、野坡、砂子塘、桔园、梨子山、金地、白沙、金科园8个社区。东塘街道辖七里庙、牛婆塘、枫树山、新雨、东塘、芙蓉南路、省人大、政院、浦沅、华银园10个社区。圭塘街道辖长重、劳动东路、雨花家园、美林景园、体院路、中南院、大塘、景程、泰安、圭塘、金福、升达、和润、广顺源14个社区，圭塘、月塘、大塘湾3个经济合作社。黎托街道辖广益、东澜湾、体育新城、黎锦苑、阳河、明城、幸福里7个社区，粟塘、合丰、潭阳、川河4个社区筹委会，花桥、大桥、平阳3个集体资产管理委员会。洞井街道辖高升、新城、商贸城、丰园、新裕、湘天、植物园、南庭、龙庭、歇马亭、星苑、天际岭、仙岭、天华荟14个社区，牛头、洞井、桃花、和平、鄱阳5个社区筹委会，天华、板塘2个经济合作社。井湾子街道辖冯家冲、赤岗岭、三湘、香樟路、德馨园、井湾子、融城苑、红星村、井湘、井圭路、井巷、井旺、湘莲、农博、金盾15个社区。东山街道辖东山镇、黎雅、高铁新城、南雅、东恒、黎郡6个社区，东山、渔场、黎托、长托4个经济合作社，边山、侯照2个社区筹委会。同升街道辖景环、同升湖、古樟树、联盟、新聚园、仙姑岭6个社区，白田、洪塘、金井3个社区筹委会，同升、桃阳2个经济合作社。（刘科明）

【区治】 郊区区治位于人民中路245号、芙蓉路与人民路相交处的东南角，占地8229平方米。原有办公楼3栋，建筑面积9492.14平方米。因场地窄小，中栋办公楼于1991年下半年爆破拆除。1995年4月，爆破拆除前栋办公楼，兴建综合楼。综合楼原设计为框剪结构，主楼28层、裙楼5层。因财力问题，1995年7月至1997年4月，建成主楼10层（地下3层，地上7层）、裙楼5层，建筑面积3万平方米。雨花区成立后，规划将区治从区的西北角迁建于区腹地。2002年2月，与湖南弘欣置业有限公司联合，续建30层综合楼，面积2.6万平方米，由弘欣置业有限公司独资续建23层，其中8～14层归区政府所有，并将综合楼改成雨花大厦。

雨花新区治位于全区中心腹地、万家丽路与香樟路交汇处的东南角，东靠香莲路，南接玉竹路，西临火星大道（万家丽路），北傍香樟路。雨花区建区以后，原区治处在区的西北角顶端，且办公场地狭小，近半数的直属部门在区治外办公，群众到机关办事十分不便。同时，为加速雨花区腹地城市化进程，1997年12月，雨花区第一届人民代表大会一次会议提出抓好新区治的规划和建设，5年内完成整个机关搬迁的设想。2000年，新区治选址圭塘，2002年9月新区治奠基，2004年4月竣工。整个区治占地22万平方米，11个单体建筑，总建筑面积13.4万平方米。大院内建有2万平方米的水、旱喷泉和1.2万平方米的山水园艺景观，大院西北角建有1.3万平方米水体喷泉和市民休闲广场。院区内绿化面积11.2万平方米，绿化率53%。主楼及中心广场地下建有人防设施和356个车位的停车库。2014年，区政府接收位于香樟路的原湖南省武警总队直属支队营院，改建为区政府"二办"，区民政局、区城市管理和行政执法局及其城市管理执法大队、区征地办公室、区残联等单位迁往办公。2020年，启动市民之家建设。（刘科明）

国民经济和社会发展

【综合】 2020年，雨花区积极融入"一带一路"、长江经济带、粤港澳大湾区等战略，引进3类500强企业投资项目13个、亿元项目30个。自贸试验区建设初见成效，中非经贸合作研究会、跨境人民币中心等服务平台启动运营，中非可可、咖啡、坚果交易中心建成开业，营业额达8.8亿元。自贸试验区工作经验在全省推介。高质量发展位列全国百强区第20位，位居中部地区第一。全区实现地区生产总值2193亿元，同比增长4.5%。第一产业实现增加值5.45亿元，下降0.4%；第二产业实现增加值1210.22亿元，增长4.6%；第三产业实现增加值977.57亿元，增长4.3%。一、二、三次产业分别拉动地区生产总值增长0个、2.6个、1.9个百分点，对地区生产总值增长的贡献率分别为0、57.3%、42.7%。实现一般公共预算收入162.84亿元，同比增长2.98%，其中地方一般公共预算收入78.05亿元，增长4.91%。一般公共预算支出106.38亿元，增长16.13%。40个重点民生实事项目全面完成。其中增加公办幼儿园学位、开展政府补贴性职业技能培训、开展农村适龄妇女和城镇低保适龄妇女“两癌”免费检查、实现城镇新增就业、扶残助学等16个项目超额完成任务。（柳 旻）

【人口】 根据第七次全国人口普查结果显示，2020年，雨花区常住人口1264895人，与2010年第六次全国人口普查相比，增加540847人，增长74.70%，年平均增长率5.74%。全区家庭户420370户1060296人，集体户43108户204599人。平均每个家庭户人口2.52人，比2010年第六次全国人口普查减少0.13人。全区常住人口中，男性人口632486人，占50.00%；女性人口为632409人，占50.00%。总人口性别比（以女性为100，男性对女性的比例）为100.01，比2010年第六次全国人口普查下降2.52。全区常住人口中，0~14岁人口为214837人，占16.98%；15~59岁人口为875198人，占69.19%；60岁及以上人口为174860人，占13.82%，其中65岁及以上人口为123270人，占9.75%。与2010年第六次全国人口普查相比，0~14岁人口的比重上升4.92个百分点，15~59岁人口的比重下降7.74个百分点，60岁及以上人口的比重上升2.82个百分点，65岁及以上人口的比重上升2.64个百分点。（柳 旻）

【农业】 2020年，雨花区以全域旅游为统揽，建设美丽乡村，北部跳马镇初步形成布局美、产业美、环境美、生活美、风尚美的乡村格局；中心城区神农茶都文化产业园打造集购物、品茗、休闲、旅游于一体的文化消费综合体。实现农林牧渔业增加值8.49亿元，同比下降0.5%，其中农业增加值7.63亿元，下降1.7%；牧业增加值0.26亿元，增长12.9%；渔业增加值0.23亿元，增长54.1%；农林牧渔专业及辅助性活动增加值0.36亿元，下降3.4%。促进跳马花卉苗木产业与文旅、康养深度融合发展，石燕湖村、新田村、金屏社区3个民宿示范片初具规模。（柳 旻）

【工业和建筑业】 2020年，雨花区持续发力“一主一特”产业链，重点打造新能源汽车、机器人、电子信息等产业集群，以新能源汽车及零部件主导产业、机器人及智能装备特色产业为代表的智能产业蓬勃发展，规模以上工业实现增加值同比增长2.8%；其中雨花经开区规模以上工业增加值增长5.5%。建筑业增加值同比增长8.7%，具有建筑业资质等级的独立核算企业完成建筑业总产值2184.37亿元，同比增长14.2%；其中在外省完成的产值1494.35亿元，同比增长19.9%。房屋施工面积19189.78万平方米，同比增长10.8%。雨花区加快产业转型升级，稳步提升发展质量。深耕“一主一特”产业链，新能源汽车及零配件产业链产值增长6%。人工智能及机器人产业链产值增长28%。长步道机器视觉光电产业生产基地竣工投产，大族激光二期、可孚医疗二期等项目加快建设。制定软件业发展三年行动计划，推动软件经济、工业经济、楼宇经济融合发展。新入驻软件和信息技术服务企业1800余家。新增“四上”企业120家，完成智能制造试点企业技术改造12家，引进新松机器人华中区域总部等“一主一特”产业链项目27个。运达中央广场、商会大厦纳入长沙市特色楼宇和重点楼宇，引进中国照相馆等品牌首店20余个，楼宇去库存18万平方米。雨花经开区获评国家绿色工业园区，综合评价位居全省省级园区前列。（柳 旻）

【固定资产投资】 2020年，雨花区固定资产投资同比增长5.7%，其中房地产开发投资增长3.1%。商品房销售面积371.81万平方米，同比增长4.7%，其中住宅销售面积321.79万平方米，增长1.8%；实现商品房销售额406.49亿元，增长11.7%，其中住宅销售额348.63亿元，增长14.5%。（柳 旻）

【国内贸易】 2020年，雨花区开展“万商联动·振业兴市”消费活动，推出“嗨购雨花”线上平台。承办第22届中部农博会。湖南消费扶贫示范中心正式开馆。持续推动消费升级，进一步优化营商环境，推行企业开办“线上线下”双通道“即办”改革，实现线上即传即办、线下2小时办结。探索企业注销改革，实现“简易注销全程网办、一次都不跑；普通注销一窗通办、最多跑一次”。实施水电气“一张表单+联合踏勘”审批改革，探索工程项目审批承诺制、容缺制，有力保障项目建设加速推进。常态化开展企业（项目）服务日，雨花区市场主体总量19.2万户，每万人拥有市场主体2007户，位居中部地区第一。社会消费品零售总额661.70亿元，同比下降2.0%。其中，城镇实现消费品零售额651.54亿元，同比下降2.1%；乡村实现消费品零售额10.16亿元，同比增长2.7%；批发业实现零售额81.35亿元，同比增长0.9%；零售业实现零售额528.92亿元，同比下降1.7%；住宿业实现零售额3.91亿元，同比下降15.8%；餐饮业实现零售额47.51亿元，同比下降8.8%。全部限额以上企业实现消费品零售总额258.55亿元，同比增长8.6%，占全部消费品零售总额的39.07%。大型商品交易市场稳定发展，全区拥有亿元以上商品交易市场9个。全部限额以上批零企业实现的零售额增长分类中，粮油、食品类同比增长94.5%；服装、鞋帽、针纺织品类同比下降7.6%；化妆品类同比增长12.5%；金银珠宝类同比下降27.4%；体育、娱乐类同比下降1.4%；中西药品类同比增长46.8%；石油及制品类同比下降21.1%；通讯器材类同比下降30.2%；家用电器和音像器材类同比下降9.5%；汽车类同比增长0.9%。（柳 旻）

【对外经济和旅游】 2020年，雨花区实际利用外资金额8.8亿美元，同比增长8.3%。全年实际引进境内省外资金190.1亿元，同比增长11.8%。引进亿元以上省外境内项目36个，比上年增加8个。受新冠肺炎疫情影响，旅游总收入332.34亿元，同比下降15.7%。实现国内旅游收入331.91

亿元，同比下降14%。国内旅游人数为2983.97万人次，同比增长2.2%，境外入境人数1.2万人次，同比下降95.4%。（柳　旻）

【其他服务业】 2019年，雨花区实施服务业占比提升两年计划，服务业占GDP比重提高1个百分点。长沙高铁会展新城、中国（长沙）创新设计产业园获批全省第三批服务业示范集聚区，湖南商会大厦、万博汇云谷、御溪国际等商务楼宇纳入“三百工程”重点楼宇库，税收5000万元以上楼宇15栋，商务楼宇去库存35万平方米。引进盒马鲜生、中铝国际、红星美凯龙爱琴海购物公园等500强企业（项目）9个。（柳　旻）

【教育和科学技术】 2020年，雨花区拥有普通高中4所；初中学校15所；普通小学75所，比上年增加3所；幼儿园266所，比上年增加38所。普通高中在校生4449人，初中在校生22866人，普通小学在校生94034人，幼儿园在园幼儿52858人。全区各类民办学校3所，培训学校189所。小学话龄儿童入学率100%，初中适龄人口入学率100%，高中阶段教育毛入学率100%。落实义务教育保障资金14.02亿元，义务教育阶段合格学校建设2所。全社会研发经费投入增长31.8%。完成技术合同累计成交金额62.38亿元，增长34.4%。全省唯一一家区县级技术合同认定登记点落户雨花区。2家企业获批省级工程研究中心，省、市科技创新平台达63个。认定高新技术企业173家，和顺石油、宇新能源成功上市。专利申请4940件，同比增加51件；授权专利3955件，增加1110件；签订技术合同655项，同比增加268.0%。实现高新技术产业增加值同比增长15.9%。（柳　旻）

【文化体育卫生】 2020年，雨花区艺术表演团体13个，文化馆1个。拥有公共图书馆（区级）1个，图书分馆（含街道、社区两级）11个。拥有档案馆1个，已开放各类档案1.3万卷（件）。体育场地1189个，比上年增加185个；面积282.58万平方米，比上年增加17.58万平方米，拥有体育馆19座。开展全民健身项目27项次，全区全民健身运动参加人数56.7万人。医疗卫生机构624个。卫生技术人员19562人，同比增长3.9%；执业医师和执业助理医师2722人，增长3.8%；注册护士3494人，增长7.1%。医院、卫生院54个，床位1510张；社区卫生服务中心11个，床位607张；拥有疾病预防控制中心（防疫站）、卫生监督机构、妇幼保健院各1个。落实高铁南站疫情防控措施，守住长沙“外防输入”重要防线。抓实社区常态化疫情防控，累计排查房屋63.4万套，管控重点地区来（返）长人员1.58万人、境外到（返）长人员4390人，核酸筛查16.8万人，免费发放中药近10万份。完成境外包机接机5趟975人，妥善安置湖北滞留长沙人员，为长沙参与雷神山医院援建人员提供集中医学观察服务。（柳　旻）

【三大攻坚战】 2020年，雨花区三大攻坚战取得突破。强化政府债务风险防控，风险等级处于绿色安全区域；加快推进国有平台公司市场化转型；政府债务规模逐步压减，风险等级处于绿色安全区域。做好金融、社会等领域风险防控工作，坚决打击非法集资、传销、电信网络诈骗等违法犯罪行为，化解非法集资积案4起，捣毁涉传销窝点4个，破获电信网络诈骗案593起。深化产业扶贫、就业扶贫等举措，“两不愁三保障”全面落实，保障水平位居全省前列。发展民宿旅游、苗木种植等产业帮扶项目24个，就业帮扶200余人；建立“1+3”精准帮扶工作机制，有力保障高质量、可持续脱贫；湖南消费扶贫示范中心正式开馆。建档立卡贫困户361户1025人全部脱贫，脱贫攻坚圆满收官。雨花区代表湖南迎接国务院脱贫攻坚普查，实现入户登记主要指标达标率、贫困户满意率、省级事后质量抽查合格率三个100%。以产业扶持为重点开展对口帮扶，携手奔小康工作走在省市前列，连续两年获省“携手奔小康先进单位”。全区烟尘控制区5个，面积47.60平方千米。环境噪声达标区7个，比上年增加2个；面积30.15平方千米，比上年增加1.15平方千米。持续推进蓝天碧水净土保卫战，严格落实“六控十严禁”，完成169台锅炉低氮改造、1.7万户餐厨油烟净化治理等项目，全区空气质量良好天数315天，空气质量优良率87.4%，空气质量位居中心城区前列。工业项目环保“三同时”执行合格率达100%；工业固体废物综合利用率100%。浏阳河水质稳定达到Ⅲ类标准、圭塘河年度水质首次达到Ⅲ类标准，总体水质满足Ⅲ类标准的断面比例（省控）为100%。井塘海绵示范公园建设加快推进；完成跳马6个矿洞整治工作。完成时代阳光大道北幅截污干管扩容、石碑大港片区截污干管改造等工程，井塘海绵示范公园即将完成主体建设，51号、53号和石坝路排口启动智慧化改造。重点水域禁捕工作常态开展。违法用地整改强力推进，长江经济带废弃露天矿山生态修复项目全部完成，发放生态补偿资金1000万余元。深入推进农村“五治”，无害化卫生厕所改造6730座，农村垃圾分类减量村覆盖率100%，新田村小微水体管护示范片完成建设。（柳　旻）

【安全生产】 2020年，雨花区发生各类安全生产事故10起，死亡人数9人，全区亿元CDP生产安全事故死亡人数0.0041人。发生道路交通事故死亡人数同比下降17.8%。（柳　旻）

【人民生活】 2020年，雨花区城镇居民人均可支配收入62403元，同比增长5.1%。其中，工资性收入33350元，经营净收入8753元，财产净收入5320元，转移净收入14980元。全年城镇居民人均消费支出48746元。分类别看，食品烟酒消费12836元，占比26.3%；衣着消费2959元，占比6.1%；居住消费9180元，占比18.8%；生活用品及服务消费6034元，占比12.4%；交通和通信消费4382元，占比8.9%；教育文化娱乐服务消费8821元，占比18.1%；医疗保健消费3654元，占比7.5%；其他用品和服务消费880元，占比1.8%。（柳　旻）

【社会保障】 2020年，雨花区新增就业1.68万人，其中，城镇新增就业1.47万人。年末城镇登记失业率3.4%，安排失业人员再就业8019人。年末城镇职工基本养老保险参保人数29.07万人，城乡居民社会养老保险参保人数6.95万人，工伤保险参保人数23.83万人，失业保险参保人数20.09万人，生育保险参保人数21.02万人。退役军人服务保障体系不断健全，建成退役军人服务中心（站）176个。各类收养性社会福利单位收养人员1153人，共有床位1695张。城镇各种社区服务设施1038个，其中综合性社区服务中心134个。筹集社会福利资金28.3万元，直接接收社会捐赠307.74万元。全年社会救济5139人，其中居民最低生活保障人数4573人、特困供养保障人数566人。农村低保覆盖率100%。（柳 旻）

【城乡品位】 2020年，雨花区有效提升城乡品质。组织百日征拆大会战，38个集体土地项目拆除清零，13个国有土地项目签约清零。完成市重大项目投资310亿元，占年度计划137%。先锋路等10条市政道路竣工并交付使用。开展片区建设竞赛活动，高铁片区开展十大攻坚行动，加快推进44个新建（续建）项目，吾悦广场建成营业，绿地城际空间站等项目加快建设。浏阳河国际文化科创基地加快建设，黎托生态公园、浏阳河风光带建设进展顺利。电商物流园骨干路网基本贯通，盒马鲜生、东百集团等12家总部企业项目加快建设。红星片区首开区与省植物园总体规划优化提升，步步高星城天地项目快速推进，复地星光天地商业街开业运营。雅塘片区石马文化公园基本建成，雅塘冲路、车站南路即将竣工，市儿童福利院完成主体建设。南部融城片区洞株路快速化改造竣工通车，时代阳光大道东延线、雨花大道即将通车，完成绿心地区退出工业企业用地处置146.3公顷。电网“630攻坚”三年行动圆满完成，建成5G基站4845个，37个电网“630攻坚”项目按时序进度完成。紫薇路、石坝路、官寺冲路等10条市政道路竣工通车，花侯路、长沙大道、劳动西路等道路空间品质提升项目加快实施，洞井路人行天桥、航空职院地下通道等过街设施投入使用。打造“一圈两场三道”升级版，新建15分钟生活圈项目28个。老旧小区加装电梯200余部。完成赤新、五一等10个农贸市场周边街区“微改造”。完成桂花公园提质改造。城市管理更加精细。扎实开展城市体检，市政管网排水检测全部完成，主次干道路面隐患排查基本完成。深入推进户外广告、农贸市场、渣土运输、违法建设等领域专项整治，办理行政执法案件4000余起。依托城管数字化平台整改问题13万余个。高铁、高速沿线环境整治任务全部完成，普铁沿线环境整治有力推进。深入推进垃圾分类，抓实前端分流，完善分类设施，严格分收分运，垃圾分类效果走在全市前列。（柳 旻）

深化改革

【概况】 2020年，雨花区贯彻落实中央、省委、市委改革工作决策部署，以破解发展中的长远问题、全局问题和体制机制问题为重点，推进7个重点改革项目，29个统筹实施改革项目，推动雨花区高质量发展，增强群众获得感。年初，区委书记、区委深改委主任张敏组织召开全面深化改革委员会会议，及时传达学习中央和省委改革会议精神，研究制定《中共长沙市委全面深化改革委员会工作要点》《长沙市雨花区全面深化改革督察办法》，听取改革推进情况汇报，及时解决重大问题，打通改革落实的“最后一公里”。通过建立区领导领衔改革项目机制，区领导亲自挂帅各个改革项目推进改革落地生根。区委深改委和各改革牵头单位发挥各自协调推进功能，分级调度各项改革项目，协调解决改革推进中的困难和问题。建立台账调度机制，将每项改革任务落实到责任领导、牵头单位和参与单位，明确完成时间节点和成果形式，实行销号处理。对已经出台的重大改革方案开展跟踪问效，做到既督任务、督进度、督成效，又察认识、察责任、察作风。科学设置评价项目和评分标准，对各单位实施分类考评，结果作为单位评先评优的重要依据。开展企业“即来即办”改革，在原有企业开办“五合一”基础上再次整合优化，做到“线上即传即办”和“线下即来即办”，实现企业开办全流程2小时办结，达到全省最快，中部地区领先，全区新增企业同比增长22.3%；率先出台支持“品牌首店”入驻的产业新政，从平台搭建、企业引进、品牌集聚等多个维度，给予一揽子扶持，有效推动雨花区消费市场品质化发展。完善矛盾纠纷多元化解机制，推进两个“一站式”建设改革，率先将“两个一站式”建设阵地前移，“多元调解＋速裁”让民众更为方便快捷地解决纠纷；深化党建引领“三零”社区（村）建设，103个社区保持“三零”目标，占比67%；推进网格化综合治理建设改革，通过“人在网中走、事在格中办”的管理模式，巡查上报和督办解决基层治理问题8万件。深化公共卫生服务改革，探索医疗卫生“乡村一体化”管理改革，为维护人民健康提供有力保障；推进“三点半”课后服务改革，实现辖区内85所中小学100%全覆盖，着力解决家长后顾之忧，服务学生健康成长；探索环境保护体制改革，通过推进城市垃圾分类管理、生态环保督察“天天在线”机制、智慧化手段推进环卫精细化管理等改革举措，人居环境得到有效改善。提高改革试点实效性，以试点工作倒逼改革。推行高桥大市场市场采购贸易方式改革试点，以高桥大市场为载体，通过制度创新、管理创新、服务创新，构建具有特色的市场采购贸易方式改革试点，市场采购贸易出口放行19332票，出口放行总额9.4亿美元，以点带面，有效地推动全省产业与商贸流通市场、对外贸易的协调发展，探索形成内陆地区扩大对外开放新高地。抓好宣传引导，对改革工作中的创新举措、特殊经验、主要做法和成效及时总结和提炼。开展“全面深化改革成果奖”和“全面深化改革创新奖”大评比活动，鼓励改革、鼓励创新，宣传推广创新典型事例和人物。深挖细掘，发现典型、改革亮点举措，《人民法院“一站式”服务，方不方便？好不好用？》《小网格、构建起‘三零’街区》《雨花区实现企业开办“一日办结”》《创新“三点半”课后服务》《雨花区率先实行“企业注销最多跑一次”改革》等改革经验被新华社、《人民日报》、《湖南日报》、澎湃新闻、红网等多家中央、省级以上重量级媒体宣传报道，在全社会形成想改革、谋改革、善改革的良好氛围。（李　灿）

【区委全面深化改革委员会会议】 2020年4月9日，雨花区委书记、区委全面深化改革委员会主任张敏主持召开区委全面深化改革委员会2020年第一次会议，传达学习中央和省委、市委全面深化改革委员会有关会议精神和部署要求，听取2019年雨花区全面深化改革工作总结和2020年工作安排情况汇报；审议通过《中共长沙市雨花区委全面深化改革委员会2020年工作要点》等相关文件。会议强调，做好全面深化改革工作，要进一步提高站位、深化认识；要进一步突出重点、攻坚推进；要进一步压实责任、务求实效。（任启友）

精神文明建设

【品质雨花建设】 2020年，雨花区出台《雨花区志愿者管理办法》《雨花区各级文明单位管理办法》等文件制度，实施《雨花区文明城市建设以奖代拨经费实施细则》，推动文明创建常态长效保持。补损提档各类基础设施，部署开展“牛皮癣”、车辆违停等“6+1”专项整治百日行动，对重点难点问题、老旧小区、农安小区、市场片区开展重点整治，全面综合整治马家冲小区、高桥五一片区、桂花小区、白田小区；下发督查通报57期，督查发现问题3400余条，确保设施设备和环境秩序对表达标；分类开展“文明在楼道”“文明在市场”等爱国卫生运动5000余次；定期编制《雨花区文明创建重要工作报告》，获长沙市委常委、宣传部部长陈刚肯定性批示。着力培育和践行社会主义核心价值观，制作好人模范事迹宣传片；举办群众性精神文明创建活动98次，其中第六届“守护者”主题活动、“雨花区学雷锋志愿服务文化节”等活动在“学习强国”、中国文明网、湖南文明网推介；通过主题活动开展、公益广告宣传等方式，大力弘扬传统文化、法治文化、红色文化、先进文化和湖湘文化；编印《党的十八大以来习近平总书记关于精神文明建设的重要讲话摘要汇编》《党的十八大以来习近平总书记关于志愿服务的重要讲话 关于未成年人思想道德建设的重要讲话摘要汇编》，获得市委宣传部（市文明办）高度肯定。国检期间，成立创建领导小组和创建指挥部，加强全区统一调度指挥，全面铺排迎检工作；投入1229万元进行专项整治。压实辖区各单位的主体责任、街镇村社的属地责任、行业部门的监管责任、主要领导的牵头责任、分管领导的直接责任、县级领导的联点责任；建立健全常态迎检、督查通报、调度整改讲评考核、力量保障等机制，圆满高质量完成全国文明城市测评工作。区文明创建工作3次获市委常委、宣传部部长陈刚肯定性批示，获市对区文明创建绩效考核一类。打造“文明三新”（传播新思想、弘扬新风尚、推动新实践）新时代文明实践区级品牌，深化“追梦人”宣讲团、“星星点灯”课堂等6大站点品牌建设，发挥各级试点示范作用，推动形成“1+6+X”新时代文明实践中心建设新格局。实施《雨花区文明城市建设以奖代拨经费实施细则》，从活动开展、宣传上稿、品牌打造等方面对各部门单位提供经费支持；评选各级文明单位（校园），并对市级以上文明单位（校园）职工发放奖励金，通过经费奖励、荣誉表彰等形式，让干部干事有保障、有动力、有激情。（张胜娟）

【典型推评】 2020年，雨花区聚焦群众身边的典型模范，对持续做善事的“好人多米粉店”店主刘国兴、身残志坚的“美人鱼”肖卓作、护航青少年远离毒品的“孟妈妈”孟繁英等凡人善举进行重点宣传，对涌现出的美人鱼公益服务中心、孟妈妈青少年保护家园、“老口子”亲情服务队等优秀志愿服务组织进行常态化推介，推出《为爱战“疫”，雨花群英会4000余名志愿者开展爱心行动逾千次》等重磅报道，引导群众见贤思齐、向上向善。推评各级文明单位〔其中省级3个、市级（标兵）14个〕、文明校园〔其中省级2所、市级（标兵）16所〕，推介湖南好人28名、长沙好人5名，经验文章《健全机制 保持定力 推动文明创建工作高质量发展》《长沙市雨花区：着力构建“1+6+X”新时代文明实践中心建设新格局》在“学习强国”、中国文明网、湖南文明网、《精神文明报》和《精神文明导刊》登载；《做实“六”字文章 推动文明创建工作高质量发展》在中国文明网、湖南文明网登载。（张胜娟）

【志愿服务活动】 2020年，雨花区组建1000名“雨花时代先声”理论宣讲志愿服务队，采取现场讲、流动传、广播响等方式，广泛传播新思想；褒扬好人好事，培育时代新人，着力弘扬新风尚；搭建志愿服务供需对接平台，组建“雷锋志愿者”，发挥“群英会”“和谐号”“美人鱼”等核心志愿服务组织牵引作用，积极推动新实践。培育打造群英会、高铁南站志愿服务联盟、孙建华工作室、美人鱼公益团队等优秀志愿服务组织品牌；打造“文明在楼道”“文明在小区”“文明在市场”等志愿服务活动品牌。钟亮红等6名志愿者被评为最美逆行志愿者，高慧明被评为“湖南省新冠肺炎疫情防控学雷锋志愿服务最美志愿者”，雨花群英会被评为“全省疫情防控先进志愿服务组织”。（张胜娟）

【未成年人工作】 2020年，雨花区坚持以社会主义核心价值观引领文化建设，依托爱国主义教育基地、社会主义核心价值观主题广场、长廊、社区活动室、道德讲堂等阵地，通过活动开展、公益广告宣传等形式，大力弘扬传统文化、法治文化、红色文化、先进文化和湖湘文化，擦亮雨花城市文化底色。开展“我们的节日”“新文明餐桌”“红色爱国教育”“学雷锋志愿服务”等区级及以上级别的文明创建主题活动98次。推介长沙市“新时代好少年”4名，枫树山大桥小学学生陈羽析被评为2020年度“全国优秀

少先队员”。（张胜娟）

【区文明委全体会议】 2020年4月24日，雨花区文明委全体（扩大）会议召开，深入学习贯彻习近平总书记关于精神文明建设的重要思想，认真落实中央、省、市相关会议部署要求，进一步推进全区精神文明建设工作。区委书记、区文明委主任张敏强调，全区上下要真抓实干，担当作为，把精神文明建设相关工作抓细抓实抓到位，为高质量建设“三个雨花”贡献力量。要提高站位，深化认识，强化举措，务实推进，要责任上肩，全力迎检。（张胜娟）

【全国文明城市测评工作部署会】 2020年9月3日，雨花区召开专题会议，传达全市精神文明建设表彰暨深化文明创建工作推进会精神，并对全区文明创建工作和全国文明城市测评工作进行再动员、再部署、再推进。会议强调，深化文明创建工作，要持之以恒、久久为功。要以决战决胜的姿态，做好全国文明城市测评各项工作。要以常态长效的举措，抓紧抓细抓实疫情防控各项工作。要以合心合力的担当，确保工作落细、落小、落到实处。（任启友）

组织机构及负责人名录

·中共雨花区委员会·

书记	张　敏
副书记	刘素月（女）
	陈永高
常委	郭四军（挂职）
	王清政
	龚　畅
	邹春林（9月免）
	余宏卿
	周海毅（9月免）
	成　钢
	刘端平（7月转业）
	胡　斌（8月任）
	王明玖
	李　颖（7月任）

·雨花区人大常委会·

党组书记、主任	龚景顺
副书记、副主任	谢爱龙
党组成员、副主任	杨　平（女）
	杨仕斌
	李劲松
副主任	莫志刚

·雨花区人民政府·

党组书记、区长	刘素月（女）
副书记、常务副区长	邹春林（11月免）
	龚　畅（11月任）
党组成员、副区长	黄健元
	陈怀宇
	刘江红
	蔡泽敏
	吴平辉
副区长	易　静（女）

·政协长沙市雨花区委员会·

党组书记、主席	冯聪龙
副书记、副主席	康长萍（女）
党组成员、副主席	彭可佳（8月免）
副主席	周凌云（女）
	廖云伟
	罗艳辉（女）
党组成员	彭可佳（8月任）
	钟智宏（5月免）
	王广安（5月任）
秘书长	钟智宏（6月免）
	王广安（6月任）

·中共雨花区纪委、雨花区监察委员会·

区纪委书记、区监委主任	王清政
区纪委常务副书记	谢国富（9月免）
	张辉煌（9月任）
区纪委副书记	尹　红
区纪委常委	傅丹成（女）
	张建平
	谢新德
	李　婷（女）
	何红辉（女）
	王　勇（11月免）
区监察委员会副主任	谢国富（10月免）
	张辉煌（10月任）
	尹　红
区监察委员会委员	傅丹成（女）
	宁　毅
	曾爱云
	王　勇（11月免）

办公室主任　赵　铭
党风政风监督室主任　陈伯华（5月免）
刘晓峰（5月任）
信访室主任　周德平（5月免）
彭炬勋（5月任）
案件监督管理室主任　曾伟波
案件审理室主任　张艳君（女）
第一纪检监察室主任　乔雪峰（5月免）
李练红（5月任）
第二纪检监察室主任
第三纪检监察室主任　黄　洪
第四纪检监察室主任　吴志坚（5月免）
王金柱（5月任）
第五纪检监察室主任　陈　集
派驻区委办公室纪检监察组组长　胡永谦
派驻区委组织部纪检监察组组长
朱旻芙（女，5月免）
派驻区委宣传部纪检监察组组长　黄够多
派驻区委政法委机关纪检监察组组长
段　萍（女）
派驻区政府办公室纪检监察组组长
梨　薇（女，5月免）
派驻区发展和改革局纪检监察组组长
廖丽莉（女）
派驻区住房和城乡建设局纪检组组长　陈　超
派驻区财政局纪检监察组组长　郭　勇
派驻区城管执法局纪检监察组组长　刘中华

·长沙雨花经济开发区·

党工委书记　郭四军
副书记、管委会主任　曾红鹰（女）
委员、管委会副主任　李剑刚
邓　波
委员、工会联合会主席　傅建辉
委员、纪工委书记　姜泽红
委员、纪检监察室主任　李逾之
办公室主任　张　磊
办公室副主任　王　健
杜　江
何健泉
招商合作局局长　董玲玲（女，5月免）
朱旻芙（女，5月任）
招商合作局副局长　刘黎黎（女）
李　甜（5月任）
经济发展局局长　沈　敏
经济发展局副局长　高志勇
董　卫
规划建设局局长　蔡贤俊
规划建设局副局长　彭　晖（5月免）
谢娇梅（女，5月任）
工务局局长　莫　伟
工务局副局长
社会事务局局长　黄红军
社会事务局副局长　丁恒秋
企业党委书记　傅建辉
专职副书记　戴江南（女）
纪检监察室副主任　余锡辉

雨花经开开发建设公司

党委书记、董事长　廖昌规
副书记、副董事长、总经理　王　坤
党委委员、监事会主席　谢　曙
党委委员、董事、副总经理　郭兆捷
杭　东
董事、副总经理　黄　宁
副总经理　汪武静

雨花经开创新投资有限公司

党委书记、董事长　刘　庄（女）
副书记、副董事长、总经理　谢文勇
党委委员、监事会主席　谢　曙（兼）
党委委员、纪委书记　李登高
董事、副总经理　胡　杨（常务）
杜明鲜
盘　瑶
副总经理　吴　磊
洛　杨

·长沙火车南站地区综合管理办公室·

党工委书记、主任　吴平辉（7月免）
谢国富（7月任）
副书记、副主任　罗龙忠（6月任）
党工委委员、副主任　肖建璋
副主任　夏晓波（6月免）
党工委委员、纪工委书记　游　伟
综合管理部部长　黄　磊（6月免）
梨　薇（女，6月任）
社会事务部部长　李朝晖
执法协调部部长　邓文欢（6月免）
黄　磊（6月任）
综合管理部副部长　范年慧
社会事务部副部长　袁　首（女）
执法协调部副部长　刘　旺（8月免）
向　斌（8月任）

·区委工作机构·

区委办公室［区直属机关工作委员会、区档案局、区委台湾工作办公室（区政府台湾事务办公室）］
主任　周海毅（11月免）
常务副主任　周洪灵（5月免）
　谢冬波（5月任）
副主任　谢冬波（兼）（5月免）
　李　敏（女，5月任）
　单东霞（5月免）
　肖　瑞（5月免）
　尹美娜（女）
　肖上峰（8月任）
主任会议成员　杨　平（女）
　周红雨（女）
　黄利萍（女）
　胡永谦（5月任）

区直属机关工作委员会
书记　周海毅（11月免）
专职副书记　单东霞（5月任）

区接待服务中心
主任　杨　平（女）
副主任　杨　莎（女，5月免）
　何　明
　李　茜（女，5月任）

区档案局
局长　谢冬波（兼）（7月任）

区档案馆（区委党史研究室、区地方志编纂室）
馆长　周红雨（女）
副馆长　尹亿民
　向　斌（8月免）
　黄子彧（女，8月任）

区群众工作指导办公室
主任　黄利萍（女，7月免）
副主任　喻浩浩（7月免）
　李　茜（女，5月免）

区网格化综合服务中心（区群众工作服务中心）
主任　黄利萍（女，7月任）
副主任　喻浩浩（7—8月任）
　谭水平（5月任）
　车　伟（女，8月任）

区直属机关党员教育服务中心
主任　黄子彧（女，9月免）
　毛　明（女，8月任）

区委全面深化改革委员会办公室
副主任　刘　艺（女，8月免）
　罗　宇（兼）（女，5月免）
专职副主任　刘　旺（8月任）

区委外事工作委员会办公室
主任　肖　瑞（兼）（5月免）
　李　敏（女，5月任）

区委财经委员会办公室
主任　单东霞（兼）

区委政策研究室（区委财办财经科）
专职副主任　刘希颖

区委督查室
主任　谢冬波（5月免）
　罗　宇（女，5月任）

区委机要局
局长　尹美娜（女）
专职副局长　刘　群

区委组织部（区委非公有制经济组织和社会组织工作委员会、区委老干部局、区公务员局）
部长　龚　畅（7月免）
　李　颖（7月任）
副部长　李杏仁（常务）（女，3—11月任）
　李　芳（常务）（女，11月任）
　李杏仁（兼）（女，3月免）
　蒋多利（女）
　李　敏（女，5月免）
　肖　瑞（5月任）
部务会成员　易光明（兼）（3月任）
　胡国强（3月免）
　毛玉生
部务会成员、派驻纪检监察组组长
　于新鑫（5月任）

区委非公有制经济组织和社会组织工作委员会
书记　李　敏（女，5月免）
　肖　瑞（5月任）
副书记　周　扬（女）

区委基层党建工作领导小组办公室
主任　李　敏（兼）（女，5月免）
　肖　瑞（5月任）
副主任　彭　帅

区绩效考核工作办公室

主任　　胡国强（3月免）

副主任　　李　娜（女）

区委党员干部现代远程教育中心（区委组织部党员教育中心）

主任　　贺　耀

区人才队伍建设工作中心

主任　　饶洁琳（女，5月任）

区委老干部局

副局长　　李　奕（女）

区离退休干部党工委

书记　　蒋多利（兼）（女）

区老干部活动中心

主任　　李玉琴（女）

区委宣传部〔区新闻出版局（区版权局）、区文明办〕

部长　　余宏卿

常务副部长　　李绍萍（女）

副部长　　别必雄

　　昌名林

区文明办

主任　　昌名林（兼）

专职副主任　　钟吉星

区新闻中心（区融媒体中心）

主任　　吴　潇

区文化创意产业发展中心

主任　　彭　畅（女）

区未成年人思想道德建设中心

主任　　张达唯

区委统战部

部长　　成　钢

副部长　　李　芳（常务）（女，11月免）

　　谢淑贞（常务）（女，11月任）

　　程　缅

　　唐荣欢（女，7月免）

　　谢　锋（8月任）

区委政法委员会

书记　　王明玖

副书记　　王恩铣（常务）（5月免）

　　宁　璐（常务）（5月任）

　　陈大勇

　　黄建文（5月免）

　　乔雪峰

委员　　周　晨

　　徐国武

　　李练红（5月免）

政工室主任　　余　奕（女）

区法制教育中心（区法学会办公室）

主任　　陈石泉

区委网络安全和信息化委员会办公室（区互联网信息办公室）

主任　　易方顿

副主任　　常　晖

　　廖　莎（女）

区委机构编制委员会办公室

主任　　章　波（女，3月免）

　　黄春艳（女，3月任）

副主任　　李伟才

　　邹希敏（女）

区实名制信息中心主任　　邓　滴（5月免）

　　唐天明（5月任）

区委巡察工作领导小组办公室

主任　　章志刚

副主任　　张新其

　　彭　芬（女）

第一巡察组组长　　姚正清（11月免）

　　陈春华（女，11月任）

第一巡察组副组长　　李健球

第二巡察组组长　　郑迎春（女，3月免）

第二巡察组副组长　　刘非平（3月免）

第三巡察组组长　　赵振平（5月免）

　　刘曙林（5月任）

第三巡察组副组长　　蒲新林

区委党校（区行政学校）

校长　　陈永高（兼）

常务副校长　　周　敏（女）

副校长　　张兴义（8月免）

　　龚剑新

　　王　超（9月任）

教育长　　彭飞龙（11月任）

办公室主任　　邓集林

·区人大工作机构·

区人大常委会办公室

党组成员、主任　彭劲宇
副主任　佘宗龙
周　宇（5月免）
张海燕（5月任）

区人大监察和司法委员会（区人大法制委员会）

主任委员　刘松山
副主任委员　陈　伟（女）

区人大民族华侨外事委员会

主任委员　赵　灿（女）

区人大财政经济委员会（区人大常委会预算工作委员会）

主任委员（主任）　仇　莹（女）

区人大教育科学文化卫生委员会

主任委员　邹开其（12月免）
石远康（12月任）

区人大环境与资源保护委员会

主任委员　刘素娟（女）
副主任委员　蒋　平（女）

区人大农业与农村委员会

主任委员　彭　知（女）

区人大社会建设委员会

主任委员　黎大强

区人大常委会选举任免联络工作委员会

主任　郭彤莉（女）
副主任　王赞谊（女）

·区政府工作机构·

区政府办公室

党组书记、主任　钟　波
副主任　万　多
杨万敏
张业武
刘　伟
王铁龙（5月免）
杨　胜（5月免）
黄　桦（女）
黄　坚
王　卓
言自平（兼）
党组成员、副主任　董玲玲（女）（5月任）
黄建文（5月任）
党组成员、派驻纪检监察组组长
邹建娇（女，5月任）

区优化营商环境协调事务中心

主任　黄行健

区会展业发展中心

主任　禹　婕（女）

区数据资源中心

主　任　钟　波
副主任　李最好
总工程师　周观佑

区政府研究室（政府办综合科）

专职副主任　叶　坚

区政府督查室（政府办督察科）

主任　杨　龙

区禁毒委员会办公室

常务副主任　王铁龙
副主任　喻英俊

区发展和改革局

党组书记、局长　贺　芳（女）
副书记、副局长　黄　杰（5月免）
黄　芳（女）
党组成员、副局长　李文昭（5月任）
党组成员　周秋国
廖丽莉（女，5月任）
副局长　肖　英（女）
李文昭（5月任）
派驻纪检监察组组长　廖丽莉（女）

区教育局

党委书记、局长　张新卫
副书记、副局长　许慧芝（女）
委员、副局长　谢述飞
黄　华
委员、主任督学　朱紫彪（女）
委员　李宏伟
刘翔贵

区科学技术局

党组书记、局长　彭谱城（8月免）
余静雯（8月任）
副书记、副局长　刘望峰（女）

党组成员、副局长　黄小元
副局长　李江涛

区工业和信息化局
党组书记、局长　张辉煌（8月免）
彭谱城（8月任）
副书记、副局长　魏　然（5月免）
吴海平（5月任）
党组成员　喻向东（11月免）
李跃权（5月任）
党组成员、副局长　吴海平（5月免）
副局长　李跃权（5月免）
赵春芳（女）
梅响利
郑　瑾（女，6月任）

区民族宗教事务局
党组书记、局长　冯　粤（女）
副书记、副局长　谢　锋（8月免）
王海军（8月任）
党组成员、副局长　王海军（8月免）
李　雄（8月任）
副局长　周　剑（女）
李　雄（8月免）
林　畅（女，10月任）

区民政局
党组书记、局长　易光明（3月免）
章　波（女，3月任）
副书记、副局长　汤　勇
区政府督办员　李应强
副局长　余铁光
阳伟军
党组成员、区社会救助事务中心主任　赖庆龙
区生活无着人员救助站站长　李　玲（女）

区司法局
党组副书记、局长　梁云伟
党组书记　朱江梅（女）
副书记、副局长　杨　涟（女）
李　博
党组成员　黄　滔
贺立云
李　勇（5月任）
副局长　周子贤（6月免）
李　勇（6月任）
工会主席　胡东晖

区财政局
党组书记、局长　周　宏
副书记、副局长　喻小健（5月免）
党组成员、副局长　张孟晗
罗红星（5月任）
党组成员　陈　清（女）
郭　勇（6月任）
文艺明
副局长　张　柱
党组成员、总会计师　史　良

经开区财政分局局长　陈　清（女）
副局长　曾伟平
区财政事务中心主任　游　斌
区国库集中支付中心（工资统发中心）主任　周海林

区人力资源和社会保障局
党组书记、局长　李杏仁（女，3月免）
易光明（3月任）
党组成员、副局长　颜怀亮
周　亮（女）
方　婷（女）
副局长　李小冬
区就业服务中心（区创业服务中心）主任　刘　宏
区社会保险服务中心主任　王微艳（女）

区住房和城乡建设局（区人民防空办公室）
党组书记、局长（主任）　张学军
副书记、副局长　周小英（女，3月免）
黄国富（3月免）
党组成员、总工程师　孔建军
党组成员、副局长　付光雄
何　军
刘真烝（女）
党组成员　罗　能
赵文武
罗明军
陈　超（5月任）
副局长　余　伍（女）
李　勇
区建筑工程质量安全监督站站长　湛　滨
区城乡建设执法监察大队大队长
严　磊（2月免）
胡　波（2月任）
区物业维修资金管理中心主任　王　冰（女）
区住房保障服务中心主任　刘　霞（女）

区交通运输局
党组书记、局长　赵正坤
副书记、副局长　陈春华（女，11月免）
党组成员、副局长　谭　波（女）
赵　迪（5月免）

副局长　许用方（女）
　杨国辉

区农业农村局（区林业水利局、区扶贫开发办公室）

党组书记、副局长　陈　智
局长　陈伟奇
党组成员、副局长　刘　娟（女）
　石　浩
　伍　勇
　刘　炯（女，1月任）
党组成员、总工程师　谢志强
副局长　向荣立
　戴　阳

区商务局

党组书记、局长　黄春艳（女，3月免）
　刘　虎（3月任）
副书记、副局长　李泽友（5月免）
　陈　敏（女，9月任）
党组成员、副局长　陈　敏（女，9月免）
党组成员　胡　凯（7月任）
　骆　毅（7月任）
副局长　胡　凯
　唐妙玲（挂职）（女）
　骆　毅

区文化旅游体育局

局长　王　琳（女）
党组书记、副局长　程　献
副书记、副局长　黄　超
党组成员、副局长　陈　珊（女）
　邓　波
区图书馆馆长　汤海清
区文化馆主任　唐天明（5月免）
　陈嘉琪（5月任）

区卫生健康局

党组书记、局长　周宏伟（女）
党组成员、副局长　陈云清
　武振刚
　罗　宁（女）
　陈泽香
　张丽娜（女）
副局长　陈　军（兼）
　陈　谨（兼）

区疾病和预防控制中心

主任、书记　周建湘
副书记　吴　军（女）
副主任　何　韬
　黄　芬（女）
　范文广

区卫生计生综合监督执法局

支部书记　陈琳波（女）
局长　黎雪军（3月免）
　李　志（3月任）

区妇幼保健计划生育服务中心（区妇幼保健所）

支部书记、所长　肖　卫
副所长　刘建伟（女）
　陈　霞（女）

区计生协会

专职副会长　尹　平（女）
秘书长　李丽萍（女）

区审计局

党组书记、局长　舒　畅（女）
副书记、副局长　吴海林
副局长　杨胜艳（女）
党组成员、副局长　刘勇志
党组成员　张倍源（11月任）
政府投资审计中心主任　张倍源

区退役军人事务局

党组书记、局长　潘　武
党组成员、副局长　周果平
　彭　彬（女）
　邱　明
区退役军人服务中心主任　李　田

区应急管理局［区防汛抗旱指挥部办公室、开发区（园区）应急管理局］

党组副书记、局长　刘　归（6月免）
党组书记　杨　忠（6月免）
党组书记、局长　刘　归（6月任）
副书记、副局长　陈乾坤
党组成员、副局长　杨飞宇（女）
　喻海奎
　开　拓
党组成员　刘建新
副局长　杨自强
　刘志伟
　周永浩

区市场监督管理局（区知识产权局）

党组副书记、局长　王金山
党组书记　韩　哲
副书记、副局长　王　强

党组成员、副局长	周雄伟
	李海舟
	李小群（6月退休）
	蔡建双
	胡逐波
	宋　明
	周舞云（女）
	邱晓峰
党组成员	张海清
	陈晓东
副局长	吴　冕
	汤正国
	李志忠
	吴伟民
	魏学峰

区统计局

党组书记、局长	刘　波（女）
党组成员、副局长	钱永刚
	韩彬彬（女）
副局长	朱　慧（女）
区普查中心主任	程钰超

区城市管理和综合执法局

党组书记、局长	石远康（11月免）
	喻鹏飞（11月任）
副书记、副局长	张　勇
副书记	喻鹏飞（兼）（11月免）
党组成员、副局长	易恒良
党组成员	刘中华（5月任）
副局长	周祖辉
	李　浬
	赵红专
	刘　勇（3月任）

区城管执法大队

党委书记	石远康（11月免）
	喻鹏飞（11月任）
大队长	石远康（12月免）
	喻鹏飞（12月任）
委员、教导员	喻鹏飞（11月免）
委员、常务副大队长	周新元
委员、副大队长	夏勇文
	姜胜才
委员（兼）、副大队长	徐　浪
党委委员	陶建华（5月免）
	张　靖（女）
	冀治宇
副科职干部	季正章

区市容环境卫生维护中心

党委书记、主任	石　华
党委委员	肖佐邦（7月任）
	孔　尧（8月任）
副主任	罗志德
	肖佐邦
	郑　谨（女，6月免）
	刘　庆（6月任）

区市政设施维护中心

党委书记、副主任	罗龙忠（3月免）
党委书记、主任	彭　晖（3月任）
党委副书记、副主任	罗龙忠（3—6月任）
委员、副主任	孙三林
	宋兴武
	王志爱
副主任	周清香（女）
	林　畅（女，10月免）
	徐　英（6月任）
	谢佳曦（10月任）

区园林绿化维护中心

党委书记、主任	李　勇（3月免）
	胡国强（3月任）
副书记、副主任	刘鹏飞
委员、副主任	杜令德
副主任	唐术江
	杨　志
	伍金国

桂花公园管理处

党支部书记、管理处主任	曹锟宇
支部委员、副主任	徐小青（女）
	马　芳（女）
支部委员、纪检员	彭　超

沙湾公园管理处

党支部书记、主任	许　军
副书记	周　伟
委员、副主任	彭晓林（12月免）
	涂安娜
副主任	陈　瑾（女）
	周　伟（2月任）
纪检员	唐义民（11月任）

区行政审批服务局

党组书记、局长	朱映凯
副书记、副局长	陈　琳（女）
党组成员、副局长	袁鸿斌
	杨　莎（女，6月任）

区信访局

党组书记、局长　言自平
党组成员　黄　乐（6月任）
　张　奎
党组成员、副局长　张贻俊
副局长　宁资国
　陈　明
　陈志刚
　周晓辉

区医疗保障局

党组书记、局长　彭　灿（女）
副书记、副局长　李金国
党组成员、副局长　肖跃武

区城市人居环境局

党组书记、局长　尹江华
副书记、副局长　陶静湘（3月免）
党组成员、副局长　张锡泉
党组成员　黄姿子（女，5月任）
副局长　蒋勇壮
　黄姿子（女，6月任）

区机关事务中心

党组书记、主任　周智婷（女）
副书记、副主任　周佳祥
党组成员、副主任　钟小平
　李普得
　王玉文
　何　芳（女）
政府督办员　邱小定

区征地服务中心

主　任　吴海军
党组书记、副主任　彭聪颖（女）
党组成员　彭　文
副主任　柏珍柱（5月免）
　彭炬勋（5月免）
　谢铁罗（5月任）
　万时舟（5月任）
　杜　刚（5月任）
　黄子洋（挂职）（女）

区金融事务中心

党组书记、主任　李　文
副主任　曾宪锋
　罗　琳（女）
　李朝晖（女）

区公共工程建设中心

党组书记、主任　黄练文
副主任　李清红（女）
党组成员、副主任　邓　卓
　黄姿子（女，6月免）
总会计师　缪卉芬（女）
总工程师　资　伟

区现代服务业发展中心（区市场采购贸易服务中心）

主任　周　彬
副主任　谢建姣（女）
　陈志龙
　熊婷婷（女）

区国有资产商务中心

党组书记、主任　邹　鹏
党组成员、副主任　李俊龙
　罗红星（6月免）
副主任　王　琪（女）
　肖　飞（6月任）

长沙市雨花国有资产经营集团有限公司

党委书记、董事长　陈　萍（女）
副书记、副董事长、总经理　黄　超
委员、监事会主席　邓　友
委员、副总经理　甘　硕
　王东山
党委委员、纪委书记　胡炜阳（女，11月免）
　肖　明（11月任）
董事、副总经理　王东山
副总经理　陆文钦

长沙市雨花城市建设投资集团有限公司

党委书记、董事长　李国庆
副书记、副董事长、总经理　刘双果
监事会主席　马　晖（女）
委员、董事、副总经理　方明星
　黄　斌
党委委员、纪委书记　朱剑锋
副总经理　游晋源
董事、副总经理　胡天蛟

区两型社会建设服务中心

党组书记、主任　杨万敏
副主任　龚　错（5月免）
　杨　旦（女）
　许欣媛（女，9月任）

长沙雨花现代电子商务物流管委会

党工委书记　董正军
副书记、主任　余　忠

委员、副主任　　肖建国（5月免）
　　　　　　　　王铁龙（5月任）
副主任　　　　　张　康

区城市房屋征收和补偿办公室

党组书记、主任　张希林（5月免）
　　　　　　　　杨　胜（5月任）
副主任　　　　　刘　琨（女）
　　　　　　　　陈　泽

·政协工作机构·

区政协办公室

主任　　　　　　钟智宏（6月免）
　　　　　　　　王广安（6月任）
副主任　　　　　侯　莉（女）

委员学习联络委员会

主任　　　　　　汤艳辉（女）
副主任　　　　　聂庆媛（女）

提案委员会

主任　　　　　　邓运娥（女）
副主任　　　　　李晓梅（女）

农业农村和人口资源环境委委员会

主任　　　　　　谢国文

文教卫体和文史委员会

主任　　　　　　谢淑贞（女，12月免）
　　　　　　　　李杏仁（女，12月任）

经济科技和外事委员会

主任　　　　　　袁　林（6月免）
　　　　　　　　张希林（6月任）

社会法制和民族宗教委员会

主任　　　　　　莫志刚（6月免）
　　　　　　　　夏晓波（6月任）

·长沙市雨花区人民法院·

党组书记、院长　凌　云
副书记、副院长　彭智勇
党组成员、副院长　宋月清（女，4月免）
　　　　　　　　李　勇（4月任）
　　　　　　　　肖述华
副院长　　　　　梁　平（5月免）
　　　　　　　　隆政平（5月任）
党组成员　　　　钟红梅（女）
　　　　　　　　黄　森
　　　　　　　　聂志强
　　　　　　　　赵红霞（挂职）（女，4月免）
审判委员会专职委员　蒋忠良
　　　　　　　　张朝晖

·长沙市雨花区检察院·

党组书记、检察长　马贤兴
副书记、副检察长　吴正文（4月免）
　　　　　　　　尹跃连（4月任）
党组成员、副检察长　李　勇（4月免）
　　　　　　　　周　新（4月任）
　　　　　　　　曾永清
副检察长　　　　张明秀（女）
党组成员　　　　杨　东（5月免）
党组成员、专职委员　姜　农（5月免）
政治部主任　　　曾永清（4月任）
专职委员　　　　王世萍（女）
　　　　　　　　李小乔（女，5月任）

·群团组织·

区总工会

主席　　　　　　杨　平（女）
党组书记、常务副主席　李　悦（女）
党组成员、副主席　谭洪波
　　　　　　　　刘　伟
党组成员　　　　郭绍炎

共青团雨花区委员会

书记　　　　　　余静雯（女，9月免）
　　　　　　　　李章博（9月任）
副书记　　　　　钟之兴（9月免）
　　　　　　　　肖安妮（女，9月任）
　　　　　　　　傅　利（挂职）
　　　　　　　　吴希欣（兼）（女）
　　　　　　　　徐　卓（兼）
　　　　　　　　彭　泽（兼）

区妇女联合会

主席　　　　　　喻思旭（女）
副主席　　　　　刘　娣（女）
　　　　　　　　龚　政（挂职）（女）
　　　　　　　　仓　萍（兼）（女）
　　　　　　　　李　理（兼）（女）
　　　　　　　　龙　燕（兼）（女）

工商业联合会（商会）

主席（会长）　莫志刚（6月任）
党组书记、副主席（副会长）　程　缅
副主席（副会长）　戴　鹰（女）
　汤　菁（女）
　邓　勇
　曾　范

区残疾人联合会

理事长　张福新（5月免）
　杨　忠（5月任）
副理事长　肖曙光
　蒙正国

区归侨侨眷联合会

主席　邹　霞（女）

区科学技术协会

主席　刘新辉（9月免）
　刘　艺（女，9月任）
副主席　彭飞龙（11月免）
　王　勇（11月任）
　陈　军（兼）（12月任）
　刘翔贵（兼）（12月任）
　周　帅（兼）（12月任）
　杜俊鸿（兼）（12月任）
　贺　礼（兼）（12月任）

区红十字会

常务副会长　陈　军

·垂直管理单位·

长沙市公安局雨花分局

党委书记、局长　黄健元
副书记、政委　杜　剑
副书记、副局长　师建伟
党委委员、副局长　金志勋
　祝新喜
　成劲林
　何建文
　陈昌和
　周　巍
　李振宇
委员、副政委、纪委书记　范　竹

长沙市自然资源和规划局雨花分局

党组书记、局长　朱　光
副书记、副局长　贺念虎
党组成员、副局长　文新平
　张立强
　全学文
　杨凌云

长沙市生态环境局雨花分局

党组书记、局长　陈　昊
副书记、副局长　蒋朝东
党组成员、副局长　刘佩良
　王　强
党组成员　邓光明
副局长　周吉成
　邹志军

国家税务总局长沙市雨花区税务局

党委书记、局长　周　兵
党委副书记、副局长　吕雅君
　李文虎
党委委员、副局长　邓　明
　张左文（10月免）
　张　靖
　周　歌（女）
　冯　斌
　邓曙光
　彭　欣（女）
　饶玉华
党委委员、纪检组长　董　谦（女）
工会主席　郝　玲（女，2月免）

国家统计局雨花调查队

队长　廖建明（3月免）
　左建军（3月任）
副队长　吕　伟
纪检员　张海亚

区消防救援大队

党委书记、教导员　高　涛
副书记、大队长　刘立宪
副大队长　黄　稀（12月任）

区交警大队

大队长　陶里新
教导员　李　乐
副大队长　李　林
　彭星顺
　李　卫
　李拓宇

长沙农商银行雨花支行

总支书记、行长　伍月红
委员、副行长　邓志刚

委员、协理员　　张中豪

·民主党派·

民革雨花区工委

主委　　陈　泽

民盟雨花区工委

主委　　周凌云（女）

民建雨花区工委

主委　　莫志刚

民进雨花区工委

主委　　夏晓波

农工党雨花区工委

主委　　罗发明

致公党雨花区工委

主委　　易　静（女）

九三学社雨花工委

主委　　吴海军

·镇、街道·

跳马镇

党委书记　　谭爱兵
副书记、镇长　　刘志平
副书记　　张四平（女）
　　曾　理（兼）
党委委员、人大主席团主席　　黄杰刚
党委委员、政协联络处主任、副镇长　　林中胜
党委委员、纪委书记　　黄文钦
党委委员、副镇长　　张新良
党委委员、组织委员　　殷　昊
政法委员　　林中胜（11月任）
副镇长　　李　娜（女）
　　严　磊
人大主席团副主席　　李　奕

雨花亭街道

工委书记　　张杰军
副书记、办事处主任　　王广安(5月免）
　　周洪灵（5月任）
副书记　　韦育华（女）
　　肖　朗（兼）
工委委员、人大工委主任　　杨　丹（5月免）
　　邓文欢（5月任）
工委委员、政协联络处负责人　　陈　锐
工委委员、纪工委书记　　宁　璐（5月免）
　　柏贞柱（5月任）
工委委员、组宣委员　　周　智
工委委员　　彭　伟
　　王振凯（兼）
政法委员　　陈　锐（11月任）
办事处副主任　　陈　锐（2月任）
　　曹永忠
　　刘贤兵（6月免）
　　蒋福山
　　陈石泉（6月任）

高桥街道

工委书记　　向　星（女）
副书记、办事处主任　　罗　闽
副书记　　喻浩浩（9月任）
　　彭　飞（兼）
副书记、人大工委主任　　刘曙林（5月免）
工委委员、人大工委主任　　吴志坚（5月任）
工委委员、副主任、政协联络处负责人
　　肖上峰（8月免）
　　杨远高（9月任）
工委委员、纪工委书记
　　邹建姣（女，5月免）
　　刘贤兵（5月任）
工委委员、副主任　　杨远高（10月免）
　　李铁新
工委委员、组宣委员　　黄　河
政法委员　　杨远高（11月任）
办事处副主任　　何伟华
　　彭益波
人大工委副主任　　黄　庆（女）

左家塘街道

工委书记　　周建雄
副书记、办事处主任　　聂文涛
副书记、政协联络处主任　　常　曙
副书记　　徐建文
工委委员、人大工委主任　　莫正文
工委委员、纪工委书记　　王　炯
工委委员、组宣委员　　苏继纯
工委委员、办事处副主任　　李德祥（6月免）
　　余勇峰
政法委员　　余勇峰（11月任）
办事处副主任　　李文昭（6月免）
　　黄赤松（6月任）
　　邓　滴（5月任）
人大工委副主任　　王　宇（女）

侯家塘街道

工委书记　王青春
副书记、办事处主任　刘助斌
副书记、政协联络处负责人　陈　勇
工委委员、人大工委主任　喻伯正
副书记、纪工委书记　李　勇（5月免）
工委委员、纪工委书记　高稳固（5月任）
副书记、武装部部长　杨　勇
工委委员　杨建立（8月免）
政法委员　陈勇（11月任）
工委委员、办事处副主任　孙　雷
于新鑫（5月免）
钟之兴（8月任）
工委委员、组织委员　田　莺（女）
办事处副主任　王　磊（4月任）
人大工委副主任　周湘玉（女）

砂子塘街道

工委书记　刘燕妮（女）
副书记、办事处主任　苏　波（3月免）
李　勇（3月任）
副书记　徐　安（女）
杨大有（兼）
工委委员、人大工委主任　朱海波
工委委员、副主任、政协联络负责人　鲁伏华
工委委员、纪工委书记　李章博（8月免）
刘伟峰（8月任）
工委委员、组织委员　丁志勇（5月免）
井　璟（5月任）
政法委员　鲁伏华（11月任）
办事处副主任　谭　琰
井　璟（6月免）
陈　伟
龚　错（6月任）
人大工委副主任　李杏红（女）

东塘街道

工委书记　黄　金（女）
副书记、办事处主任　胡　开
工委委员、人大工委主任　熊　灿
工委委员、政协联络处主任　宁世平
副书记　袁　贤（兼）
工委委员、纪工委书记　陈燕武
工委委员　王　况
工委委员、办事处副主任　刘伟峰（8月免）
杨建立（8月任）
工委委员、组宣委员　匡喜乐（女）
政法委员　杨建立（11月任）
办事处副主任　寻伟阳
陈建军
邹　祎（女）
人大工委副主任　涂柏林（女）

圭塘街道

工委书记　肖向东
副书记、办事处主任　刘明生
副书记、政协联络处主任　张　良
工委委员、人大工委主任　黄　蔚
工委委员、纪工委书记　杨　柳（女）
工委委员、办事处副主任　罗飞跃
工委委员、组宣委员　彭　可
政法委员　张　良（11月任）
工委委员　李　盛（8月任）
办事处副主任　陈　泽
李　盛
黄金山（女）
周子贤
人大工委副主任　朱红梅（女）

黎托街道

工委书记　王润虎
副书记、办事处主任　段灿军
副书记　孙俊宗
杨跃华（兼）
工委委员、人大工委主任　刘泳麟
工委委员、副主任、政协联络工作负责人
兰川烨
工委委员、纪工委书记　袁师泽
工委委员、办事处副主任　张光祥
张竣飞
工委委员、组宣委员　王庭松
政法委员　张光祥（11月任）
办事处副主任　邹轶亮
王　磊（6月免）
肖建国（6月任）
张文斌（挂职）（6月免）

洞井街道

工委书记　张小军
副书记、办事处主任　宋　电
副书记、人大工委主任　文健雄
副书记　李德祥
石永强（兼）
工委委员、办事处副主任、政协联络处负责人
万建军
工委委员、纪工委书记　杨　文
工委委员　张　琳（兼）
工委委员、组宣委员　王　扬（女）
政法委员　李德祥（11月任）
办事处副主任　孙军涛

	张　莹
	肖　骞
	张　科（挂职）
人大工委副主任	周凭姿（女）
区国有资产中心副主任	唐　静（挂职）（女）

井湾子街道

工委书记	龙峥嵘
副书记、办事处主任	陈建良
工委委员、人大工委主任	李应飞
副书记、政协联络处负责人	李　卫
工委委员、纪工委书记	刘舜乾
副书记	曾　频（女）
工委委员、组宣委员	许文智
工委委员	胡　刚（挂职）（6月任）
政法委员	许文智（11月任）
办事处副主任	杨铁辉
	高稳固（5月免）
	胡祥松
	贺丽琴（女，5月任）
人大工委副主任	黄赤松（5月免）
	李超旭（5月任）

同升街道

工委书记	刘昌军
副书记、办事处主任	邓　星
副书记、人大工委主任	曹旭鑫
副书记、政协联络处主任	陈　明
副书记、纪工委书记	王红艳（女）
副书记	刘革新
工委委员、组织委员	刘小龙
工委委员、办事处副主任	雷灵军
政法委员	陈　明（11月任）
办事处副主任	曾　涛
	陈丹丹（女）
	师　俊（挂职）
人大工委副主任	彭　特

东山街道

工委书记	周少敏（3月任）
副书记、办事处主任	周少敏（3月免）
	苏　波（3月任）
副书记	陈　朔
工委委员、人大工委主任	张　浩
工委委员、政协联络处主任	李　继
工委委员、纪工委书记	张　敬
政法委员	李　继（11月任）
工委委员、副主任	黎　华
办事处副主任	许　浩
	谭振波
	周　宇（6月任）
人大工委副主任	龚雅莉（女）

中共雨花区委员会

重要会议

【区委全体会议】 2020年，中共长沙市雨花区委员会第五次代表大会召开4次全体会议。3月13日，区委五届二十二次全体会议通过相关人事任免决议。5月14日，区委五届二十三次全体会议通过相关人事任免决议。8月28日，区委五届二十四次全体会议通过相关人事任免决议。12月17日，区委五届二十五次全体会议召开，受区委常委会委托，区委书记张敏向全会作工作报告。全会回顾总结“十三五”时期和2020年全区经济社会发展情况，明确“十四五”时期奋斗目标是贯彻“三高四新”战略、打造全国一流强区，明确2021年工作主题是“聚焦新战略、勇当排头兵”，并就2021年工作进行安排部署。全会审议并通过《中共长沙市雨花区委关于制定雨花区国民经济和社会发展第十四个五年规划和二〇三五年远景目标的建议》。全会强调，要深入贯彻“三高四新”战略，立足新阶段，抢抓“十四五”发展的战略机遇；要全力以赴抓好明年经济社会发展各项工作，勇当排头兵，实现“十四五”发展的精彩开局；要驰而不息推进全面从严治党，坚持严要求，为“十四五”发展提供坚强的组织保障。（任启友）

【区委常委会议】 2020年，雨花区委召开常委会议30次。主要内容是：

传达学习习近平在中共中央政治局“不忘初心、牢记使命”专题民主生活会上的讲话精神，中央、省、市“不忘初心、牢记使命”主题教育总结会议精神；区委“不忘初心、牢记使命”主题教育评估测评；听取全区主题教育相关情况汇报，通报区委常委班子专题民主生活会相关情况，研究部署有关工作。

学习2月26日、3月4日、3月18日中共中央政治局常务委员会会议及有关文件精神；学习习近平在中共中央政治局第二十一次集体学习时的讲话精神和防汛救灾、长江流域禁捕、高考冒名顶替等相关工作的指示批示；学习习近平在安徽考察调研时的指示、在扎实推进长三角一体化发展座谈会上的讲话、在经济社会领域专家座谈会上的讲话、在湖南考察调研时的讲话、在基层代表座谈会上的讲话、在全国抗击新冠肺炎疫情表彰大会上的讲话、在中央财经委员会第八次会议上的讲话、在科学家座谈会上的讲话、在教育文化卫生体育领域专家代表座谈会上的讲话、在深圳经济特区建立40周年庆祝大会上的讲话、在企业家座谈会上的讲话、在纪念中国人民志愿军抗美援朝出国作战70周年大会上的讲话、在全面推动长江经济带发展座谈会上的讲话、在中央全面依法治国工作会议上的讲话；学习7月30日中共中央政治局会议精神、习近平对脱贫攻坚工作的指示。学习中央政治局委员、中纪委副书记、国家监委主任杨晓渡在全国纪检监察干部监督工作培训班上的讲话。

学习中共十九届五中全会精神。学习中共湖南省委十一届十一次全会、全省市州委书记市州长座谈会、全省坚决克服疫情灾情影响确保脱贫攻坚如期圆满收官电视电话会议、省委党建工作领导小组2020年第二次会议精神及省委关于城市基层党建工作相关指示要求，学习中共长沙市第十三届委员会第十次全体会议精神，长沙市人大、政协“两会”精神，全市“领导接访下访推动矛盾化解”攻坚年活动推进会精神，全市意识形态工作联席会议暨形势分析研判会议精神。

学习《纪检监察机关处理检举控告工作规则》《党委（党组）落实全面从严治党主体责任规定》《中国共产党党和国家机关基层组织工作条例》《中国共产党国有企业基层组织工作条例（试行）》《党委（党组）意识形态工作责任制实施办法》《中国共产党基层组织选举工作条例》；学习湖南省纪委《党风政风监督工作简报》、省纪委关于党员干部网络行为“十条戒律”、《中共长沙市委宣传部关于印发〈关于加强重大舆情应急处置工作的实施方案〉的通知》。

传达中共中央办公厅、国务院办公厅、省委办公厅、省政府办公厅《关于做好2020年元旦春节期间有关工作的通知》等文件精神，研究部署安全稳定相关工作；学习中央关于巡视巡察工作的新部署、新要求，听取2019

年巡察工作和第七轮巡察工作情况汇报，研究部署有关工作；传达学习十九届中央纪委四次全会和十一届省纪委五次全会精神，听取2019年党风廉政建设和反腐败工作以及五届区纪委五次全会准备情况汇报，研究部署有关工作；传达学习省市征兵工作会议精神，研究部署有关工作。学习中央政治局常委会会议、省委常委会会议、省政府疫情防控工作视频调度会、市委常委会会议精神，研究部署全区新型冠状病毒感染的肺炎疫情防控工作。学习习近平在统筹推进新冠肺炎疫情防控和经济社会发展工作部署会议上的讲话，以及省委常委会会议、市委常委会会议、市新冠肺炎疫情防控工作调度会议精神，研究部署有关工作；学习3月27日、4月8日、4月17日中共中央政治局常务委员会会议精神，听取全区新冠肺炎疫情防控工作情况汇报，研究部署落实常态化疫情防控举措。学习习近平关于政法工作的指示精神和中央、省、市有关政法工作会议精神，听取全区政法工作情况汇报，研究部署有关工作；传达学习全国、全省宣传部部长会议精神和全市宣传网信工作会议精神，听取全区宣传思想工作情况汇报，研究部署有关工作；传达学习全市组织部部长会议精神，听取全区组织工作情况汇报，研究部署有关工作；学习全国、全省、全市统战部部长会议精神，听取全区统战工作情况汇报，研究部署有关工作；听取全区防汛备汛和防涝排渍工作情况汇报，研究部署有关工作。学习全市“蓝天保卫战”一季度工作讲评会精神，听取全区“蓝天保卫战”工作情况汇报，研究部署有关工作；听取全区河长制和防汛工作情况汇报，研究部署有关工作；学习习近平总书记关于安全生产工作的指示精神，听取全区安全生产工作情况汇报，研究部署有关工作；学习全市质量强市暨创建国家食品安全示范城市工作推进会精神，听取质量强区暨食品安全工作情况汇报，研究部署有关工作；听取全区信访工作情况汇报，研究部署领导下访解决信访问题和群众困难问题；传达学习全国、全省有关会议精神，研究部署全区扫黑除恶专项斗争工作；学习中央有关文件精神，听取全区信访工作情况汇报，研究部署有关工作；听取高铁新城片区开发建设、圭塘河治理、“三零”社区（村）创建三项重点工作情况汇报，研究部署有关工作；传达听取全区上半年意识形态工作情况汇报、全区老干部工作情况汇报，研究部署有关工作；学习《中共湖南省委关于贯彻〈中国共产党政法工作条例〉扎实做好新时代政法工作的意见》精神，听取全区贯彻落实《中国共产党政法工作条例》工作情况汇报，研究部署有关工作；听取全区“坚持政治建警全面从严治警”教育整顿工作情况汇报，研究部署有关工作；听取全区第七次全国人口普查工作情况汇报，研究部署有关工作。

审议区委经济工作会议工作报告；审议2019年度促进区域产业发展政策兑现情况和2020年度重点项目（企业）联点帮扶实施方案；审议2019年度服务经济发展工作考评结果；审议生态环保有关文件；审议表彰2019年度“三零”社区（村）的通报；审议区文化产业先进单位及优秀个人评选奖励结果情况；审议网格化管理有关文件；审议三大片区竞赛办法；审议《雨花区“大干一百天 实现双过半”百日大竞赛工作方案》；审定2019年度党政领导班子和科级干部绩效考核结果、2020年度市考体系责任分解和区内考核体系；审议《2019年度区委主要领导向市委述职落实意识形态工作责任制中有关问题整改方案》；审议《关于进一步规范和加强社会宣传监督管理的通知》；审议《2020年雨花区“三大片区”考核评价指标体系》。审议《中国共产党宣传工作条例》实施情况和意识形态工作责任制落实情况自查报告；听取全区深化整治形式主义官僚主义工作情况汇报，研究部署有关工作；审议《关于深化雨花区纪委监委派驻机构改革的实施意见》等文件；传达省纪委有关通报精神；审议面向社区（村）党组织书记考核招聘街道（镇）事业编制拟聘用人员名单；审议《关于进一步加强城市基层党建工作十条措施》；审议《关于以叶松案为镜鉴深入开展警示教育和“以案促改”工作的通知》；审议《雨花区纪检监察机关专案补贴发放实施办法》；审议《湖南省长沙市雨花区自然保护地整合优化预案》。审议《区委五届二十五次全体（扩大）会议工作报告》《中共长沙市雨花区委关于制定雨花区国民经济和社会发展第十四个五年规划和二〇三五年远景目标的建议》；听取雨花区2021年财政预算情况汇报，研究部署有关工作；审议《长沙市雨花花区文联深化改革方案》。审议《在区五届五次人大会议上的政府工作报告》；审议《长沙市雨花区国民经济和社会发展第十四个五年规划纲要》；

2020年1月3日，雨花区委常委会2020年第1次（扩大）会议　（杜　野摄）

审议《雨花区服务联系重点税源企业（楼宇）工作实施方案》。听取区委党内规范性文件第二次集中清理工作情况汇报，审议《关于废止和宣布失效一批区委党内规范性文件的决定》；审议《关于深入学习贯彻习近平总书记考察湖南重要讲话精神 在奋力谱写新时代坚持和发展中国特色社会主义湖南新篇章中展现雨花担当作为的实施意见》；审议《长沙市雨花区党政领导干部食品安全工作责任清单》；审议《党的十九届五中全会精神学习宣传工作方案》。

听取区人大常委会党组、区政府党组、区政协党组、区法院党组、区检察院党组工作情况汇报，研究部署有关工作；听取市域社会治理现代化试点工作情况汇报，研究部署有关工作；研究干部人事有关工作。学习湖南省委十一届十二次全会精神；听取全区村（社区）党组织和村（居）民委员会换届工作情况汇报，研究部署有关工作，听取全区村（社区）党组织书记人选方案情况汇报，研究部署有关工作。

研究部署疫情防控工作、退役军人事务及双拥工作、领导干部报告个人有关事项填报工作、迎接国务院脱贫攻坚普查工作、落实湖南省委常委、长沙市委书记胡衡华及长沙市市长郑建新调研雨花区的相关指示精神工作、全区脱贫攻坚工作、全国“两会”期间信访维稳工作、加强新时代县域警务工作、全区办公室工作和机要保密工作、全区基层党建工作、全区统计工作成立区文学艺术界联合会的工作、区融媒体中心建设、区冷链食品相关企业疫情防控工作。

审议区脱贫攻坚优秀干部建议人选名单，研究关于终止一名党代会代表资格的提议，研究干部推荐工作、干部人事有关工作。（任启友）

【雨花区“不忘初心、牢记使命”主题教育总结会议】 2020年1月15日，雨花区“不忘初心、牢记使命”主题教育总结会议召开。会议指出，主题教育开展以来，全区上下严格对标对表中央和省、市部署要求，高质量完成各项任务。雨花区聚焦理论学习，思想政治得到深刻洗礼；强化政治引领，政治建设得到切实加强；突出担当作为，干事状态得到全面提升；始终情系民生，群众期盼得到积极回应；狠抓整改落实，政治生态得到持续改善。主题教育积累宝贵经验、提供重要启示：聚焦主题主线才能坚定方向；注重引领示范才能上下联动；坚持一体推进才能走深走实；突出自我革命才能祛病强身；始终依靠群众才能经受检验。会议强调，要以主题教育为新的起点，敬终如始，推动“不忘初心、牢记使命”常态化制度化。要将“不忘初心、牢记使命”作为加强党的建设永恒课题和党员干部终身课题，一以贯之、常抓不懈；要坚定不移用习近平新时代中国特色社会主义思想武装头脑、指导实践、推动工作；要切实把初心和使命转化为高质量推进“三个雨花”建设的实际行动；要回应人民群众对美好生活向往，下大力气解决群众身边的操心事烦心事揪心事；要驰而不息推动全面从严治党向基层延伸向纵深发展。区委书记张敏作总结报告，区委副书记、区长刘素月主持会议，全体在职县级领导、各区直部门单位、街道（镇）负责人参加，市委“不忘初心、牢记使命”主题教育第五指导组全体成员出席，组长杜中塔发表讲话。（任启友）

【履行基层党建和意识形态工作责任述职测评大会】 2020年4月8日，雨花区2019年度镇（街道）和区属党（工）委、党组书记抓基层党建暨落实意识形态工作责任制述职评议会议召开。13个镇（街道）党（工）委书记、7个部门党委（党组）书记现场述职抓基层党建和落实意识形态工作，区委书记张敏逐一进行点评。（任启友）

【区委全面依法治区委员会第三次会议】 2020年5月20日，雨花区委书记、区委全面依法治区委员会主任张敏主持召开区委全面依法治区委员会第三次会议暨全区法治政府建设工作推进会。传达学习中央全面依法治国委员会第三次会议、省委全面依法治省委员会第三次会议、市委全面依法治市委员会第三次会议精神，听取雨花区依法治区工作情况汇报，审议并通过《中共长沙市雨花区委全面依法治区委员会2020年工作要点》《关于为统筹推进疫情防控和经济社会发展提供法治保障的实施方案》《关于全面推进依法治区若干问题的实施方案》。会议强调，要提高站位谋划工作，要突出重点抓好落实，要责任上肩增强合力。会议部署疫情防控、安全生产、信访工作。（任启友）

【区委审计委员会召开第四次会议】 2020年6月1日，雨花区委审计委员会第四次会议召开，会议深入学习贯彻中共中央总书记习近平关于审计工作的指示精神、国务院总理李克强在听取审计署工作汇报时的讲话，以及上级有关会议精神，听取全区审计工作情况汇报，审议有关文件。会议审议并原则通过《雨花区2020年审计项目计划》《关于2019年度区管领导干部经济责任审计情况的综合报告》《关于建立区经济责任审计工作联席会议制度的通知》。会议要求，要始终扛牢政治责任，持续在重点上发力，突出抓好责任落实，切实加强队伍建设。（任启友）

【区委网络安全和信息化委员会第二次会议】 2020年7月3日，雨花区委书记张敏主持召开区委网络安全和信息化委员会第二次会议。会议传达学习中央和省委、市委网信委会议精神；听取全区网信工作情况汇报；审议并通过了相关文件，研究部署全区网信工作。会议强调，要深刻把握网信工作目标任务，准确聚焦网信工作关键重点，全面提升网信工作能力水平。（任启友）

【全区党政负责干部会议】 2020年9月21日，雨花区召开全区党政负责干部会议，传达学习中共中央总书记习近平在湖南考察调研时的系列讲话指示精神，以及省委、市委相关会议精神，就安全生产、信访维稳、文明创建、疫情防控等工作进行安排部署，通报区委常委会专题民主生活会情况。会议要求，要深入学习宣传和贯彻落实习近平总书记在湖南考察调研时的系列重要讲话指示精神，要提高政治站位，切实抓好学习贯彻；要务实工作举措，推动重点任务落地见效；要主动担当责任，展示雨花的担当和作为。会议强调，要主动担当抓好信访工作，要积极负责抓好安全生产工作，要决战决胜抓好文明城市建设工作，要常态长效抓好疫情防控工作，要持之以恒抓好全面从严治党。（任启友）

【全区组织工作会议】 2020年4月29日，雨花区全区组织工作暨“三零”社区（村）建设推进会召开。会议总结2019年组织工作成效，部署2020年工作。会议明确，2020年全区组织工作要突出用习近平新时代中国特色社会主义思想武装党员干部，着力增强“四个意识”、坚定“四个自信”、做到“两个维护”；要突出党管干部、选贤任能，着力建设忠诚干净担当的高素质干部队伍；要突出党的基层组织体系建设，切实提升基层党组织政治功能和组织力；要突出“三零”社区（村）建设，提升基层治理体系和治理能力现代化水平。会议强调，2020年，全区组织工作要突出抓好抓思想政治建设、班子队伍建设、纪律自身建设、特色品牌建设。（任启友）

【区委经济工作会议】 2020年1月17日，雨花区委经济工作会议召开，会议总结全区2019年经济工作，部署2020年经济工作。会议预期，2020年，地区生产总值增长7%以上；地方一般公共预算收入增长6%以上；固定资产投资增长7%以上；社会消费品零售总额增长7%左右；城镇居民人均可支配收入增长7.5%以上；城镇登记失业率控制在4%以内；全社会研发经费投入占地区生产总值比重稳步提升；节能减排等约束性指标全面完成。会议要求，2020年要坚持稳中求进工作总基调，坚持新发展理念，围绕“聚焦发展，奋力攻坚”工作主题，以供给侧结构性改革为主线，以改革开放为动力，以“全面小康决胜年”为抓手，推动高质量发展，坚决打赢“三大攻坚战”，全面做好“六稳”等工作。精准发力抓园区。紧盯“一主一特”产业定位，精准开展产业链招商，加快推进项目建设，推动园区提质增效，充分发挥园区主战场、主阵地、主力军作用，全力推动产业迈向中高端。全力攻坚抓片区。把片区攻坚作为检验干部能力和作风的赛场，举全区之力打好高铁新城、雅塘、红星等片区攻坚战，在比学赶超中实现竞相发展。精明增长抓城区。树牢精明增长理念，抓好精细管理，着力引进培育新产业、新业态，大力发展总部经济、首店经济、楼宇经济、夜间经济，让城市更加宜居、更加洁净、更有活力。绿色发展抓生态区。坚持在保护中发展，在发展中保护，严守绿心生态红线，加快发展绿心产业，建设美丽宜居乡村，真正让绿水青山变成金山银山。会议强调，保障雨花经济高质量发展，要持续优化营商环境，提速服务效能，以企业需求作为根本导向，最大限度地减事项、减环节、减材料、减时间，让企业办事更方便、更快捷；抓好企业帮扶，发扬“店小二”精神，践行“四到”服务，切实解决企业堵点、痛点、难点问题；维护公平正义，坚决保护好企业家的人身和财产权益，保障企业合法经营；要打好三大攻坚战，切实抓好脱贫攻坚、污染防治、风险防范等工作；要深化基层社会治理，全面实施网格治理，深入推进“三零”社区（村）建设，切实抓好安全生产等工作。（任启友）

【经济形势分析会】2020年7月30日，雨花区2020年上半年经济形势分析暨“大干一百天　实现双过半”竞赛活动总结会议召开，会议传达学习全省产业项目建设推进现场观摩会精神，总结上半年经济工作，分析研判形势，安排部署下阶段工作。会议安排部署做好常态化疫情防控、脱贫攻坚等工作。（任启友）

【“三零”社区（村）建设工作会议】 2020年1月15日，雨花区“三零”社区（村）建设工作领导小组第一次会议召开。会议强调，要以党建工作为总抓手，从党的组织建设、队伍建设、“五化”支部建设等方面入手，建强基层党组织，发挥党组织战斗堡垒和党员先锋模范作用，以党建引领“居民零上访、安全零事故、治安零发案”“三零”社区（村）建设；要坚持问题导向，务实工作标准；健全完善化解居民矛盾的机制和方法，通过多种方式和途径，解决居民身边的实际问题；以“三零”社区（村）创建为契机，建立问题化解机制，加强日常巡查，切实做好安全生产等工作。加强对“三零”社区（村）建设工作的宣传力度，结合相关时间节点，通过发放倡议书和媒体宣传等形式，引导居民积极参与。5月20日，雨花区“三零”社区（村）建设示范点现场观摩调研座谈会召开，会议强调，要把基层党建工作摆在更加突出的位置，深入推进“三零”社区（村）建设，不断提高基层社会治理水平，为高质量建设“三个雨花”提供坚实保障。区委书记张敏要求，要解决“怎么抓”“抓什么”“抓落实”的问题。（任启友）

【村（社区）“两委”换届工作动员部署会】 2020年12月7日，雨花区村（社区）“两委”换届工作动员部署会召开。会议深入学习贯彻全省、全市村（社区）“两委”换届工作电视电话会议精神，动员部署全区村（社区）“两委”换届工作。会议强调，要抓紧抓实推进，突出选优配强，严肃工作纪律，压紧压实责任。（任启友）

【电网“630攻坚”工作会议】 2020年8月28日，雨花区电网2020年“630攻坚”总结暨现代化智慧电网建设动员会召开。会议总结2020年电网“630攻坚”工作、部署现代化智慧电网建设。会议强调，2020年是“现代化智慧电网三年行动计划”的开篇之年，全区上下要进一步提高思想认识，进一步突出工作重点，在“实”字上下功夫，加强配套路由建设的进度管控，确保路由建设与电网项目时序匹配；抓好项目投产，紧盯投产时间，确保按时投产达效；抓好项目开工，要做好协议签订、选址选线、拆迁腾地、站址场平等工作，既抓好开工，也抓好建设进度；抓好项目核准，加快完成项目的选址意见书和用地预审手续办理等；抓好项目储备，要以国网“十四五”规划研究为契机，结合区情实际，科学规划、合理布局，提前储备一批项目；抓好项目腾拆，要加快拆迁腾地，确保如期交地，为项目招商和落地打下基础，要统筹推进电动汽车充电桩、综合能源建设、数据中心站等相关工作。县级领导要带头联点项目、调度工作、破解难题；区电建办要牵头抓总，加强统筹调度、督促指导；园区、部门和街镇要主动作为、密切配合，确保成效。要建立健全智慧电网建设联席会议制度，及时研究解决电网建设和运行过程中的困难。要积极对接，加快审批流程，依法保障项目正常进度。（任启友）

【公安工作会议】 2020年3月5日，雨花区公安工作会议召开，全面总结2019年雨花公安工作，研究部署2020年公安工作。区委书记张敏强调，全区公安机关和公安干警要坚持政治建警，筑牢忠诚警魂，把牢政治方向，提高政治素养，强化政治担当；聚焦主责主业，服务雨花发展，持续强化疫情防控，积极服务经济发展，全力守护群众安全，切实维护社会稳定；狠抓队伍建设，提升能力水平，深化法治建设，推进治理创新，全面从严治警。长沙市公安局党委委员、政治部主任陈定佳，雨花区委常委、政法委书记王明玖出席会议。（任启友）

【社区（村）警务工作会议】 2020年6月16日，雨花区社区（村）警务工作会议召开。雨花区委副书记、区长刘素月主持会议，区政府副区长、区公安分局局长黄健元解读《2020年雨花区社区（村）政治安全和社会稳定风险报告》的出台背景、基本内容等方面，区委常委、政法委书记王明玖安排部署全区社区（村）警务工作。长沙市公安局党委委员、副局长韦树恒要求，提高政治站位，充分认识抓好县域警务工作的重要性、迫切性；坚持对标对表，准确把握县域警务目标任务；加强组织协调，坚持“一盘棋”谋划，“一体化”实施，“一张网”推进。区委书记张敏强调，突出问题导向，防范化解风险；强化工作举措，夯实基层基础；加强组织领导，推动责任上肩。各街道（镇），区直有关部门、单位主要负责人、分管负责人，区县域警务办有关负责人，162个社区（村）书记，市公安局干部处负责人，区公安分局全体党委班子成员、各科室队（所）长、全体社区民警400余人参加会议。（任启友　李　波）

【安全生产工作会议】 2020年8月11日，雨花区安全生产工作会议暨第三季度安全生产例会举行。会议传达中央和省、市安全生产会议精神，讲评全区上半年安全生产工作情况，通报渣土运输行业交通事故处置和渣土专项整治工作情况，部署下半年工作。区委书记张敏强调，全区上下思想上务必高度重视，行动上务必迅速有力，责任上务必落实到位。12月10日，雨花区安全生产工作暨三年行动推进会召开，会议传达学习湖南省委书记许达哲在耒阳煤矿事故现场的讲话精神和全省安全生产紧急视频会议及省委常委、常务副省长谢建辉的讲话精神，分析全区火灾形势，研究加强冬春火灾防控和消防安全专项整治三年行动工作；安排部署推进专项整治三年行动和开展冬季安全生产大排查等工作。区委书记张敏强调，全区上下要提高思想认识，吸取教训，查找差距；突出重点、强化监管；要落实责任，确保实效。（任启友）

【脱贫攻坚会议】 2020年7月9日，雨花区脱贫攻坚普查动员大会召开，会议动员全区上下全力做好脱贫攻坚普查工作，区委书记张敏强调，时间节点要全面把握，问题整改要全面清零，满意程度要全面提升，普查登记要全面过细，数据审核要全面真实，后勤保障要全面到位，工作责任要全面压实。10月26日，雨花区召开迎接省脱贫攻坚考核动员大会，动员全区上下全力做好脱贫攻坚考核工作。会议同时研究部署疫情防控、省级环保督察“回头看”、社会稳定等。（任启友）

【自贸试验区工作推进会】 2020年11月11日，自贸试验区雨花片区工作推进会召开。雨花区自贸办汇报《湖南自贸试验区长沙市雨花片区近期重点工作推进表》《湖南自贸试验区长沙片区改革事项责任分解表（雨花区牵头项目）》推进落实情况，区直各部门汇报任务清单和重点工作推进情况，分析探讨雨花区可自主提出的改革创新项目清单。区委副书记、区长刘素月指出，要善于学习，主动作为，问需于企，整合资源，加大宣传力度。（任启友）

【“十四五”规划纲要座谈会】 2020年11月20日，雨花区召开“十四五”规划纲要座谈会，会议听取规划编制课题组对雨花区“十四五”规划纲要基本思路和框架情况介绍，与会人员为“十四五”规划纲要编制工作出谋划策、贡献智慧。区委书记张敏强调，从目标定位上，要“跳出雨花看雨花”；从规划谋划上，要“走进雨花看雨花”；从规划实施上，要“立足雨花看雨花”。（任启友）

【城市管理品质提升行动推进大会】 2020年7月30日，雨花区召开雨花城管执法队伍“走过辉煌二十年，重整行装再出发”主题教育暨城市管理品质提升行动推进大会，会议总结回顾区城管执法队伍20年工作历程，动员城管战线全体人员进一步振奋精神、砥砺奋进、再接再厉，推动全区城市管理水平大提升、城市品质面貌实现大跨越。区委书记张敏强调，要在强化党建引领上再发力，在服务中心大局上再聚焦，在城市管理执法上再提升，在体制机制配套上再完善，在干部队伍建设上再过硬。（任启友）

重大活动

【乌兰调研脱贫攻坚工作】 2020年5月6日，湖南省委副书记乌兰调研雨花区脱贫攻坚工作，实地考察跳马镇关刀新村苗木种植扶贫项目，询问贫困户生产生活情况，参观企业智慧医疗设备研发生产情况。乌兰主持召开脱贫攻坚调研座谈会，强调要以强烈的责任感紧迫感高度重视普查工作，把工作做实做细；要以问题清零为抓手，结合脱贫质量“回头看”，扎实抓好问题排查整改；要压实工作责任，抓好政策落实，以优良作风确保脱贫攻坚成效经受住普查检验；要继续做好对口帮扶工作，为全省夺取脱贫攻坚全面胜利做贡献。（任启友）

【郑建新调研督导经济社会发展】2020年5月13日，长沙市委副书记、代市长、湖南湘江新区党工委书记郑建新到雨花区、雨花经开区，深入企业调研督导疫情防控和经济社会发展。郑建新一行考察湖南大族智能装备有限公司、长沙市比亚迪汽车有限公司等企业，了解企业发展情况。郑建新希望雨花进一步提升产业实力，提升城市品质，提升治理水平。（任启友）

【胡衡华调研督导经济社会发展】2020年5月21日，湖南省委常委、长沙市委书记胡衡华调研雨花区经济社会发展情况。他强调，要深入学习贯彻习近平总书记系列重要讲话精神，保持定力、激发动力，统筹推进疫情防控和经济社会发展，为实现“双胜利”发挥更大作用、贡献更大力量。胡衡华实地查看湖南云畅网络科技有限公司、吾悦广场等单位，强调要推动城市商业综合体高品质发展，引进高端业态，打造现代服务业集聚区，加快形成新的经济增长点。胡衡华座谈强调，要坚定不移推进产业发展，突出抓制造业发展，做大做强“一主一特”；突出抓软件业发展，打造高质量软件产业生态圈。全力以赴抓好扩大内需，聚焦重大片区抓投资，聚焦重点商圈抓消费。以基层党建为引领，以大数据为支撑，以生态环境为保障，抓好生态绿心保护，扎实有效提升治理水平，抓好常态化疫情防控、安全稳定和脱贫攻坚等工作。副市长邱继兴参加调研。雨花区委书记张敏，区委副书记、区长刘素月等参加调研或座谈。（任启友）

【王少峰调研城市基层党建工作】2020年6月29日，湖南省委常委、省委组织部部长王少峰调研雨花区城市基层党建工作，实地考察韶山路社区、井巷社区，了解社区党组织建设、公共服务事项办理、党建引领基层治理等情况；看望慰问老党员宋显明、许立毅、吴固根；与基层干部座谈。王少峰强调，要全面落实省委“1+5”文件，继续简政赋权增效，强化统筹协调，紧紧围绕增强政治功能和组织力，健全完善四级联动体系，落实社区与单位、行业党建互联互动机制、与新兴领域党建融合共享机制。要充分发挥党组织领导作用，构建自治、法治、德治相结合的城乡基层治理体系；要强化资源保障、经费投入和激励关爱，切实选优配强基层党组织带头人，打造素质优良的专业化社区工作者队伍，为夯实党在城市的执政根基、更好造福群众提供坚强组织保证。长沙市委常委、市委组织部部长张宏益陪同调研。（任启友）

【党组织书记培训班】2020年7月9日，雨花区2020年区属党组织书记培训班开班，培训以“学习贯彻中共十九届四中全会精神”为主题，旨在通过培训学习，坚定不移宣传党的主张、贯彻党的决定、领导基层治理、团结动员群众、推动改革发展。区委书记张敏出席开班动员仪式并做专题授课，围绕学习贯彻十九届四中全会精神，结合自己的学习和工作体会，从认识和把握中共十九届四中全会的重大意义、推动中共十九届四中全会精神在雨花落地生根和怎样实现基层治理体系和治理能力现代化3个方面，进行交流探讨，强调要认真学习领悟，提高履职本领，为“三个雨花”建设作出积极贡献。（任启友）

【高铁新城片区建设座谈】2020年9月4日，雨花区委书记张敏调研高铁新城片区恒大都汇（原周大生）项目、浏阳河文创基地一期、川河学校项目建设部、育新二小（七里小学）等重点项目，并召开座谈会听取片区开发建设情况汇报。张敏强调，要深入贯彻省委、市委主要领导指示精神，按照建设精致精美高铁新城的要求，进一步打造产业发展新高地、城市品质新标杆、片区管理新形象。要全力加速项目建设、奋力攻坚征地拆迁、加快推进产业招商、全面加强片区管理。（任启友）

【学习贯彻中共十九届五中全会精神】2020年，雨花区成立由区委常委、宣传部部长余宏卿任团长，省市宣传部门专家、雨花区直有关部门、街道（镇）领导、市区党校教师等27人组成的中共十九届五中全会精神区委宣讲团，区委宣传部下发在全区组织开展中共十九届五中全会精神集中宣讲的通知，将组织区委宣讲团到全区各级各部门开展集中宣讲。12月2日，雨花区学习贯彻中共十九届五中全会精神市委宣讲团报告会暨区委理论学习中心组第14次集中学习召开。长沙市委宣讲团成员、市发改委二级调研员胡圣国作宣讲报告。胡圣国从多个方面对中共十九届五中全会精神进行系统解读，帮助大家更为全面地认识、更加深刻地理解全会精神。区委书记张敏主持，全体在职县级领导，雨花经开区、火车南站综管办分管负责人，区直各单位、市垂直管理单位、区属国企主要负责人，各街道（镇）党政主要负责人、宣传委员参加学习。（任启友）

【对接区域一体化发展】2020年12月22日，雨花区委书记张敏，区委副书记、区长刘素月到株洲市对接长株潭城市群一体化发展工作，以实际行动助推长株潭一体化向纵深发展。雨花区一行考察株洲市石峰区九郎山绿心保护和株洲经济开发区产业规划等情况，召开长沙市雨花区一株洲市石峰区区域一体化发展座谈会和长沙市雨花区一株洲经开区区域一体化发展联席会议，签署区域一体化发展框架协议。协议约定，按照省委、省政府“一体化规划纲要”，根据长沙、株洲经济社会发展第十四个五年规划以及城市发展规划的要求，聚焦要素，整合资源、融合互补，将雨花区和石峰区、株洲经济开发区共同建设成为长株潭一体化的样板区、高端服务业的集聚区、创新开放的自贸协同示范区、宜居宜游的休闲度假区。双方进一步深化共识，要合力突破长株潭一体化发展瓶颈，更加有力地打通快捷交通堵点、打造产业协同支点、提升共同服务融点、破解科技创新难点、壮大发展平台的结合点，完善联席会议机制体制，充分发挥长株潭城市群在实施

"三高四新"战略、建设现代化新湖南中的核心引擎和辐射带动作用。三方将紧紧围绕"一体化""高质量"两个关键词，在重点产业协作融合、营商环境同步推进、城际交通便利互联、生态绿心保护发展、文旅康养合作发展、乡村振兴统筹推进等重点领域深度合作。双方将以新能源汽车、人工智能及机器人等产业为主，促进核心技术取得突破、产业规模化发展，同时以信息技术、人工智能为纽带，促进智能制造相互补充。积极打通两地通行瓶颈，加快推进昭云大道、林科路、红旗路南延线等道路建设，同时构筑互联互通的乡村道路网络，推进乡村道路"白改黑"升级改造，并在轨道交通、城际公交等方面共同谋划、争取支持。加大绿心保护，在绿色基础设施建设、产业发展和民生改善等对绿心地区加大倾斜力度；利用好石燕湖、跳马民宿、九郎山、石峰山、方特等景区资源，推进文旅康养合作；建设好特色小镇、田园综合体等，加快推进农业农村现代化，共建城乡融合发展示范区；围绕服务好市场主体"全生命周期"的职能职责，实现营商环境融合发展、不断优化。

（任启友）

工作纪要

【政策研究】 2020年，雨花区委政研室撰写各类文稿300余篇，完成领导讲话、会议文稿、重要汇报等各类文字起草任务。湖南省委常委、长沙市委书记胡衡华调研汇报材料、城市基层党建汇报材料、脱贫攻坚汇报材料、区委全会报告等一批材料稿件。组织服务区委常委会会议30次，印发《区委常委会会议纪要》2期、《区委常委办公会议纪要》5期、《雨花调研》3期。注重抓好区委重大工作成果和经验的总结，加大与中央、省、市各类媒体的对接力度，在各级报刊发表经验材料和署名文章20余篇。做好市委、市人大、市政府、市政协等领导考察调研雨花区的文稿任务，做好市对区项目观摩、农博会等重大活动服务；完成区委和区委办部署的疫情防控、百日竞赛、文明创建等中心工作任务。

（任启友）

【综合调研】 2020年，雨花区委办公室坚持把调查研究作为服务区委和全区工作大局的重要抓手，统筹区"四大家"政研力量，调研融资化债、电商物流园、全面小康等重点工作，形成《降成本 控风险 积极稳妥做好新形势下融资化债工作》《打造现代物流核心区 增添雨花发展新动能》等一批具有参考价值的调研报告，为区委、区政府决策提供高质量的参谋服务。参与区委、区政府的重大决策的落实，了解各方面的反映，牵头起草《关于制定雨花区国民经济和社会发展第十四个五年规划和二〇三五年远景目标的建议》，为雨花区"十四五"及未来发展谋篇布局提供重要参考，为领导出台政策提供重要依据。推动调研成果进决策、进讲话、进文件，及时转化为推动当前工作和长远发展的政策意见、工作计划和具体措施，为区委科学决策、民主决策、依法决策当好参谋。

（任启友）

【全面建成小康社会推进工作】 2020年，雨花区推进全面建成小康社会工作。紧扣全省全面建成小康社会的总体目标，全面梳理区全面小康指标，调度所有指标，调研困难指标责任单位，及时了解掌握全面小康推进情况，及时查找到工作推进薄弱环节，及时提出可操作合理化工作建议，及时加大向上对接力度。在任务更重、挑战更大、难度更高的不利条件下，确保小康工作高质量、高标准、高效率推进，主要指标都保持良好态势，稳中有增，建档立卡贫困户全部实现脱贫。

（任启友）

【督查工作】2020年，雨花区印发《关于公布2020年督查检查考核事项的通知》，严格按照督检考数量"不增加"的要求"督检考"事项仅保留20项，年度计划之外确需开展的落实"一事一报"制度，减轻基层负担。区委督查室跟踪督办区委领导指示批示件184件，定期专题报告进展情况。印发专报21期、通报34期，获得区委主要领导批示6次，做到事事有回应，件件有着落。办理红网"问政湖南"书记信箱495件（其中市委书记信箱284件、区委书记信箱211件），信件回复率100%、群众满意率100%，连续被评为市委网络问政留言办理工作"优秀单位"。开展防疫督查，保持每周必查、每周通报的频率深入基层、企业、各类场所等，密切开展防疫工作点穴式督查和指导，对发现的问题、整改建议等进行汇总，印发涉及疫情的《雨花督查（通报）》26期，第一时间反馈到各责任单位，并督促其及时整改。

（周 慧）

【保密工作】 2020年，雨花区推进保密宣传教育，全年通过机关大院电子显示屏滚动播放保密常识2万余条，向党员干部普及保密法规10万余人次。区国家保密局获"2020年度长沙市保密工作优秀单位"、湖南省"十三五"时期保密工作成绩突出单位。6月5日，区委常委会专题研究部署全区保密工作。6月10日，雨花区委保密委成员（扩大）会议暨全区保密工作会议召开。7—8月，对全区74家单位进行进驻式保密检查，现场指正并限时整改不足之处，下发《全区保密工作情况通报》。7—10月，监督和指导考试保密主要环节，确保"三考"（高考、中考、学考）、"新三考"（成考、自考、教考）保密工作无漏洞、无差错。8月3—5日，开展"增强法治意识·提升保密能力"保密知识网上答题竞赛活动，5000余名干部群众参与答题，60名优胜者获得奖励。11月，印发《雨花区机关、单位保密工作管理业务指南》，全面指导保密工作开展。

（刘 群）

【信息工作】 2020年，雨花区委办公室向省、市委办公厅报送日常信息340余条，疫情期间，报送的全区疫情防控和复工复产特色经验信息，30余篇市专报采用，8篇被省专报采用；坚持24小时信息值班备勤，紧急信息未出现一起迟报、漏报、瞒报、误报情况。召开业务培训会议，并邀请到市委办公厅信息处处长进行党委信息授课。编发《雨花要情》269期，年初两办联合编发《疫情防控动态专报》；3—6

月设置“大干一百天 实现双过半”专栏，强化本级党委信息参谋服务作用，全区党委信息采用得分全市排名第一，连续9年被评为省、市党委信息工作先进单位。（李 文）

【外事工作】2020年，雨花区制定因公出国（境）规范性审批表格，健全因公出国（境）制度和流程。落实中央和省、市、区关于规范因公出国（境）管理的要求，坚持“总量控制、计划管理、因事定人”的原则，要求因公出国（境）组团单位在出访前内部公示团组信息、在归国1个月内完成出访报告并公示，加强对出访人员国家安全、意识形态、外事规定、保密纪律等教育引导和警示提醒。成立区防控境外疫情输入工作领导小组，下设外事、数据、防疫、宣传4个工作小组，制定《关于加强外籍人员和归国人员疫情联防联控工作的实施方案》等“1+4”系列政策文件，建立区、街镇、社区（村）三级联动机制，聘请专业翻译人员参与雨花区境外疫情输入防控工作，稳妥处置广汽三菱汽车有限公司35名日籍员工返回长沙等多起疫情防控涉外事件，协助完成5批次境外来长沙航班975名入境人员集中隔离观察任务。完成中非经贸博览会湖南（高桥）非洲商品展销馆开馆仪式、第二十一届中国中部（湖南）农业博览会主体活动“大国朋友圈·大使逛农博”的外事服务和组织保障工作；推动自贸区发展建设，配合参与雨花区高桥中非经贸合作促进创新示范园推介、对接等各项工作。加大对非交流交往，走访驻非湖南商（协）会，对接几内亚比绍等6位国家驻华官员到自贸区高桥片区考察。（丁雨晨）

【港澳台工作】2020年，雨花区接待澳门特别行政区湖南省政协委员到雨花区考察澳门中心项目选址，协助推进湖南首家“港澳法律服务大厦”项目在雨花落地。搭建雨花台商沙龙平台，建立线上（设立专门微信群、专门热线）、线下（召开座谈会、发放宣传册）多渠道沟通交流形式，系统宣传涉台法律法规、中央惠台“31条”“26条”“11条”、省惠台“59条”、长沙惠台“60条”等政策和复工复产期间社保减免、稳岗补贴、减免租金、复工补助等具体惠企措施，并协调街道（镇）、社区（村）驻企联络员帮助申报、办理相关证照、手续3批次，建立9个基层涉台教育基地。2020年，引进台资企业2个；解决台胞、台商、台属在生产经营、生活保障中遇到的突出困难和问题24个，开展重点台商和困难台胞、台属春节走访慰问。搭建台胞、台商、台属与政府职能部门的交流平台，协调、督促相关职能部门全力支持台企发展，为台商投资兴业和工作生活提供更为高效、优质、贴心的服务。（丁雨晨）

【网格化工作】2020年，雨花区克服疫情带来的不利影响，攻克顶层设计、机制建设、平台建设、队伍组建、数据建设等多道难关，按照三年推进计划，顺利实现“一年打基础”的目标，形成“一个高规格智慧化综合指挥平台、一张区—街镇（部门）—社区—单元网格四级覆盖的立体网格、一套规范有序的运行体系”，构建“党建引领、街镇吹哨，部门报到”的网格化治理“雨花模式”，成为全市平台建设试点区县。区基层治理网格化工作领导小组由区委书记任组长，区委副书记、区长任常务副组长，相关区委常委任副组长，网格化综合服务中心具体负责，街道（镇）书记挂帅的网格化工作领导小组和网格化服务中心；设立社区网格化工作服务站（群众工作服务站）。建立区—部门、街镇—社区三级指挥平台，根据权限区分设计不同功能模块，其中区级平台着眼全区指挥、调度、督查、考核重点，主要包含“雨花区情—四套机制—指挥调度—分析研判—中心工作”5个核心模块。街镇（部门）和社区网格平台着眼于事项处置、调度和办理功能。建立巡派办闭环处置机制、群工联点融合机制、三级联席会议机制、督查考核机制，环环相扣，形成有机闭环体系。运用信息化手段对入网事项和业务数据综合分析，加强研判，定期向街镇和有关部门通报，助推社会治理动能增效。按照“统一建设，多网融合，资源整合”的原则，充分共享“智慧雨花”现有硬件、场地和数据资源，全区网格化工作按照“1+1+7”的顶层设计体系，划分社区网格178个，单元网格953个，将城管、环保、公安、应急、市监等13个部门8大类86小类事项第一批入网，覆盖基层党组织349个，“1+4”网格员队伍网格员队伍7028人，其中网格长167人，专职巡查员178人，专职网格员178人，执法网格员142人，志愿网格员6363人。围绕疫情防控、“蓝天保卫战”、防汛救灾、环保督察、城市管理、文明创建、安全生产等中心工作，运用巡办分离机制主动巡查上报各类问题232397件，结案232228件，结案率99.93%。运用群工融合机制，收集民生实事问题531件基本办结，助力“12345”热线不满意问题督促回访。网格化工作得到长沙市委常委、政法委书记廖建华以及省住建厅、市委改革办、市数据资源管理局调研组的肯定，《长沙通讯》《决策咨询》《长沙改革交流》《政情参阅》等内刊专门刊发雨花区经验。新华网、中新网、红网、“学习强国”湖南学习平台、《长沙晚报》等多家网站、宣传平台报道雨花区网格化工作。（曾 鑫）

组织工作

【概况】中共长沙市雨花区委组织部负责全区党的基层组织建设、领导班子建设、干部队伍建设、人才队伍建设、公务员管理、党员教育、老干部工作等。设区人才队伍建设工作中心、区绩效考核工作办公室、区委非公有制经济组织与社会组织工作委员会办公室、区党员干部现代远程教育管理中心、区老干部活动中心5个二级事业单位。

2020年，雨花区坚持把抓好党建作为做好一切工作的“牛鼻子”，把抓党建与促发展、强治理、保稳定、推民生有机结合起来，抓实推进全区党建工作高质量发展，连续6年在全市区县（市）委书记抓基层党建工作述职评议考核中排名一类。区委组织部围绕区委、区政府决策部署，建强班子队伍、夯实基层基础，统筹推进基层党建、绩效考核、公务员管理、人才工作、老干部服务等各项工作。区委组织部按照“讲政治、重公道、业务精、作风好”的要求，持续推进模范部门建设。组织召开全区组织工作会议，召开部务会25次，部长办公会21次、办理收文1600余件，办理发文22件。制定完善财务管理、请休假、重大事项请示报告、部务会议题审批、部长批示件督办等制度，确保工作件件有落实。强化意识形态工作责任，抓好部领导班子理论中心组学习，加大宣传推介，强化舆情引导，在《中国组织人事报》《湘组研究》等媒体刊发文章50余篇。建设学习型机关，组织“火花集”研讨。邀请省委党校、市委组织部专家教授，讲授《中华人民共和国民法典》、组织工作的政策业务及优良传统。推动组工干部上讲台，动员部机关业务骨干讲授办文、办会、财务等业务知识，提升干部能力素质。（李　元）

【组织建设】 2020年，雨花区推行《雨花区加强城市基层党建工作十条措施》，推动全区基层党建工作均衡发展、整体进步。重点打造侯家塘街道基层党建“试验田”，总结推广党建微家、左邻右里等品牌，投入600万元全力建设广济桥社区党建示范点。落实省委《关于全面加强基层组织建设的若干意见》及其5个配套性文件，将文件要求分解成39条，明确责任、限期完成，每月调度、每季讲评、年底考核。推动40个高频政务服务事项全部下沉社区，8个在社区直接办结；区财政安排70万元落实264名社区主职体检待遇。面向社区主职考录公务员3人，招聘街镇事业编制5人。探索推广党建引领“三零”社区（村）建设做法，被全市推广，《人民日报》《中国组织人事报》等媒体推介。全区108个社区实现“三零”目标，较上年同期增加15个。创新探索网格综合治理机制，依托全区953个网格单元、7000余名网格员，解决群众身边难题18万余个，民生实事550余件。在井巷、韶山路、浦沅等5个社区开展党员分类管理试点，探索ABCD四分类法、“五式”（“目标式”管理，让社工党员有“责”；“设岗式”管理，让居家党员有“位”；“灵活式”管理，让从业党员有“为”；“关爱式”管理，让年老体弱党员有“爱”；“跟踪式”管理，让流动党员有“家”）管理等工作经验，迎接中组部组织一局对党员分类管理的调研。按要求、按节点接转约占全市三分之一的国企退休党员8000余名。区委主要领导专题调度、区换届工作领导小组挂图作战，派出6个工作指导组下沉指导，扎实完成162个社区（村）财务清查与干部任期经济责任审计，完成社区（村）党组织选举。坚持党建引领脱贫攻坚，向跳马镇每个村派驻党员干部开展驻村帮扶及结对帮扶，做好“两不愁三保障”（不愁吃、不愁穿；保障义务教育、基本医疗和住房安全）各项工作，严格落实“四个不摘”（摘帽不摘责任、摘帽不摘政策、摘帽不摘帮扶、摘帽不摘监管）政策要求，实现全区建档立卡贫困户361户1025人全部脱贫。作为全市唯一区（县市），迎接国务院脱贫攻坚普查，入户登记主要指标达标率、贫困户满意率、省级事后质量抽查合格率均为100%。接受省脱贫攻坚工作实地考核，效果良好。（李　元）

【“两新”组织党建】 2020年，雨花区有“两新”组织1923个，党组织401个，直管党员3556名，选派党建指导员424名。坚持年初铺排、每月走访调研、每季示范观摩、年底考核验收，推动“两新”党建底数清、情况明。坚持“一企（社、楼）一策”原则，通过单独建、联合建、选派建等方式，调整“两新”党组织13个，新建22个。实行领导包点、指导员包片、党员包建、年底考核的“三包一考”工作法，推进全区375个“两新”党支部“五化”达标率100%。建立“两新”党建经费增长机制，下拨两新党建经费328.35万元，为“两新”组织党建工作提供保障。按照分类培育、一街一品的思路，采取区级统筹、行业指导、街镇创建的模式，推进已建成的11个楼宇商圈市场党组织、2个社会组织“三基”基地提质提档；打造潇影大厦楼宇“红色文化教育基地”，推出“光影铸魂”电影党课特色课程，在运达中央广场、旭辉国际广场等新经济聚合体新建楼宇党群服务中心。潇影大厦楼宇党委被评为长沙市先进基层党组织，周扬等人被评为市优秀党务工作者、优秀共产党员。鑫融国际广场党总支和晓光工匠学院党建经验获全国非公党建杂志推介。全区“两新”党组织在疫情期间捐款192.6万元，捐赠口罩、酒精等物资折合人民币359.61万元。26个“两新”组织与跳马镇14个村（社区）结对帮扶，在产业、就业扶贫等方面的持续发力。持续优化营商环境，组织开展人才座谈会、“春风行动”专场招聘会等活动3次。（李　元）

【绩效考核】 2020年，雨花区加强与市绩效办的纵向对接，加强与区直相关部门的横向对接，召开全区市考指标调度会3次。采取责任分解、以会代训、挂图作战等方式，强力调度、强势推进市考工作。优化考核办法，赋予牵头部门更加灵活的考核权，促进各单位考核责任上肩。针对个别复杂问题，联合指标牵头责任部门点对点调度，压实考核责任。区绩效办联合两办督查室，专门集中督导，发出预警函11份，督办函21份。统筹谋划，量身定制规定街镇指标、个性指标，充分体现各街镇不同的特点以及工作重心，引导各街镇发挥优势资源，实现“错位”发展。通过季度进度通报、讲评等方式，及时通报各单位指标完成情况，强化指导，增加考核透明度。针对2020年疫情特殊情况，以“百日攻坚大竞赛”为抓手，对相关部门、街镇设置相应考核指标，赋予较大权重，引导竞赛成员单位抓牢考核重点、把牢工作方向。贯彻落实区委《关于进一步加强城市基层党建工作十条措施》，调优社会公认评估考核权重，区领导评价权重提升至35%，街镇对职能部门的评价权重提升至25%，赋予街镇更多的话语权。（李　元）

【干部工作】 2020年，雨花区坚持把政治标准放在首位，调整干部11批次113人，从疫情防控、脱贫攻坚、项目征拆、百日竞赛等急难险重一线提拔重用、职级晋升干部117人，其中提拔“85后”年轻干部20人，占比

40%，提拔“90后”干部5人，其中1名提拔任正科职，班子结构持续优化。从严管理监督干部，紧抓省委巡视选人用人专项整改，完成7个问题销号，28个问题中仅1个问题为阶段性销号。抓好领导干部重大事项即时报告工作，严格规范因私出国（境）证照管理，干部因私出国（境）备案1597名，领导干部任期经济责任审计11名。下发《新任职乡镇（街道）党政正职履职用权主要风险提示清单》，压实乡镇（街道）干部责任。选送干部参加省市委党校主体班培训学习，配合做好18名干部调训工作。挑选51名年轻干部，量身定制7天培训计划，提高年轻干部解决实际问题能力，提升年轻干部综合素质能力。抽调555名干部下沉疫情防控一线，主动推动复工复产，派驻880名驻企联络员（含市直干部30人），在雨花经开区、各街镇设立14支驻企防疫联络组，向154个社区（村）增派驻企防疫联络小分队，做到“四上”企业和中小微企业全覆盖。做好公务员登记、调任、转任、考核、工资福利等工作，完成全区公务员信息采集统计任务。做好4名新招录公务员资格审查及考察工作。统筹全区职级职数，职级晋升9批次135人次。

（李 元）

【老干部工作】 2020年，雨花区独立及联合离退休党支部379个，离退休党员6498名。雨花区坚持把政治建设放在首要位置，采取组织形势政策教育、银发先锋大课堂、座谈研讨会，参加区内重大会议活动、项目观摩等多种形式，教育引导老干部始终在思想上政治上行动上同以习近平为核心的中共中央保持高度一致。落实习近平考察湖南重要讲话精神，紧紧围绕“脱贫攻坚战”“疫情防控阻击战”等中心工作，组织引导老干部工作者和离退休党员向中心聚焦，为大局发力。为2000余名离退休干部订阅党报党刊、《老年人》杂志，发放各类政治学习资料400余册。结合疫情防控需要，依托全区老年教育网络以及微信、QQ等平台，采取网络课堂、支部集中学习、座谈讨论、知识竞赛等多种形式加强对老干部的党性教育，通过“线上、线下”双向发力推进学习宣传全覆盖。向媒体报刊上推送各类正能量信息80余条。区离退休干部党工委创新宣传方式，精心打造网络平台“秋韵之声”，通过有声读物的方式，让老干部们足不出户即可轻松获取各种热点资讯。区委常委会专题听取老干部工作汇报，召开离退休工委联席会和离退休党建工作推进会各1次，组织全区62名离退休支部书记述职评议；开展离退休支部走访调研，完成对71个支部的逐一走访，离退休党建工作群扩充至136人，强化区、街、社区三级联动，推动离退休党建工作统筹谋划、落实见效。以推进党支部“五化”建设为抓手，扶持争创省级示范点支部2个，成功创建市级示范支部5个，配套支持区级示范支部5个。选定政院和广济桥2个社区进行分类管理试点，区委离退休工委21次赴实地调研指导，形成居家党员目标式管理、外出党员跟踪式管理、老龄党员关爱式管理、流动党员动态式管理“四类四式”管理模式。推进“美在金秋”老党员之家建设，建成省级示范点1个（韶山路社区）、建成市级示范点2个（金科园社区、广济桥社区），率全市之先在区级老干部活动中心建设“美在金秋”老党员之家，为广大老干部提供学习阵地和活动场所。韶山路社区示范点接受省市（州）领导和单位参观学习近百次。打造一批以离退休干部党员为主体的党建品牌，圭塘街道“红管家”工作室创新“三员八岗”（“三员”是根据小区治理中政治引领、管理约束、互助服务的需要，设置的党的政策的宣传员、社会治理的指导员、造福群众的服务员；“八岗”，将党的政策的宣传员细分为党的政策的宣讲岗、信息共享的采集岗，将社区治理的指导员细分为民主议事的召集岗、排忧解难的热心岗、矛盾问题的化解岗，将造福群众的服务员细分为邻里平安的守望岗、先进文化的践行岗、优美环境的公益岗）服务模式，成为密切党群关系的纽带、服务居民的生力军；井湾子街道井巷社区开通“邻帮一号通”，“红马甲”成为社区微治理的主力军，《人民日报》等媒体宣传推介；“122社区协商”“邻里帮帮团”“爱车自治协会”等一批协商自治工作品牌深入人心，为构建和谐社区贡献银发力量。重要节日、重点时期、特殊人员走访慰问700余人次，看望慰问住院老干部50余人次。新冠肺炎疫情特殊时期，每月对全区离休及副县级以上退休干部、区离退休支部书记逐一电话慰问共600余人次，疫情平稳后对89名高龄、患病及特困离退休干部进行上门走访；在全国人民纪念抗日战争暨世界反法西斯战争胜利75周年之际，对区内8名抗战时期参加革命的老干部逐一慰问。分两批组织142名离退休干部开展健康体检。落实困难帮扶机制，定期走访有特殊困难的老干部，拨付特困帮扶资金4.2万元。建立老干部服务台账，提供购书学习、医保报销、补办退休证、退休政策咨询等个性化服务10余人次。组织开展“七一寄语”、区属离退休军转干部“八一”建军节参观学习、红色教育基地及美丽乡村参观学习、收看抗日战争75周年纪念仪式等活动。为抗美援朝老战士逐一上门送上“中国人民志愿军抗美援朝出国作战70周年”纪念章，特制相框拍照留念。有效整合离退休党组织、关工委、老干部大学、涉老协会组织等多方资源和力量，构建离退休干部服务工作“同心圆”。通过共享“银发先锋大课堂”、老干部大学“微课堂”、老年教育网络课堂等线上线下学习资源，夯实离退休党员学习教育。依托区老干部大学阵地，探索平台共建模式，与社会组织合作打造“秋韵红”志愿服务活动阵地和“美在金秋”老党员之家示范点，为老干部、老党员、老学员提供多元化的活动场所。组织离退休党支部书记和老干部工作者2批次111人次到浏阳市、宁乡市开展培训，采取集中学习与座谈交流相结合、政策解读与任务布置相结合、党建工作交流与现场观摩相结合的方式，激发基层离退休党务工作者队伍做好新时代老干部工作的热情，提升老干部工作业务素质和服务能力。组织老干部工作者参加“长沙市离退休干部党支部书记培训班”“全省老干部宣传工作人员网络专题培训班”等专项学习，提高谋划工作、统筹服务和创新发展的能力。出台《"秋韵红"志愿者招募注册登记制度》《志愿者星级评定制度》《志愿者积分管理和嘉许回馈机制》，分类分级实现志愿服务组织精细化管理。全区"秋韵红"志愿服务组织形成包括区老干部大学、区涉老协会组织和镇（街）在内的21支志愿服务分队，招募"秋韵红"志愿者1500余名，构建"区级总队驱动、涉老协会联动、基层队伍带动、广大志愿者行动"的志愿服务体系；志愿服务在助力基层治理、开展理论宣讲、保护生态环境、关心下一代、培树文明新风、疫情防控及脱贫攻坚等方面发挥推动作用，推荐评选市区两级最佳志愿服务组织19支、最美志愿者32人，评定一星级至五星级志愿者657人，打造和培育"邻里帮帮团""红管家"等一批优秀志愿服务品牌。老干部大学实现"停课不停学"，暂停区老干部大学线下教学计划，出台《2020年下学期雨花区老干部大学抗击疫情期间微课教学实施方案》，实施线上课程互动教学；老年教学点提质扩面再上台阶，组织对各街镇老年教育教学点进行集中调研，全区共有基层教学点39个，培育市级老年教育基层教学点5个；网络课堂示范点创建有序推进，调研指导各教学点适应疫情防控常态化，老年教育网络课堂60个站点开课，其中保持全勤观看站点20个，指导梓园、华云、丰园3个站点创市级示范站点，构建全覆盖、可持续的老年教育网络，为老年人提供便捷的文化养老服务。（李　元）

【关心下一代工作】 2020年，雨花区关工委始终坚持党建引领、教育引领、关爱引领、平台引领"四个引领"，推动工作平稳有序开展。发文明确基层关工委人员职务、职责，选优配强基层领导班子，推动基层基础巩固提升；开展春节和高温走访慰问、优秀"五老"（老干部、老战士、老专家、老教师、老模范）表彰会等活动，扶持培育"五老"典型；树立"爱国爱家"价值导向，开展"万众一心、共克时艰、星城在行动"线上主题作品征集活动和"隔代家庭教育经验和体会"征文活动，多篇文章获市关工委奖项；成立隔代家庭教育讲师团，为每个街道（镇）送一堂隔代家庭教育讲座，汇编《雨花区隔代家庭教育36计》等学习资料，免费发放至社区、学校；走访慰问留守儿童，为跳马镇及18所中小学购赠价值18万元的课外书籍，开展"情暖六一慰问留守儿童"关爱活动；开展贫困大学新生助学活动，为17名大学新生争取市、区两级关工委助学金每人5000元，为单亲家庭优秀大学生提供3000元的助学金；广大"五老"依托志愿服务队开展志愿护学、高考护考等活动助力关心下一代工作；组织各街镇申报本年度特色项目20个，择优向市关工委申报项目1个，组织全区关工委系统黎托街道东澜湾社区"恰同学少年汇"项目等进行观摩学习；通过以奖代补扶持项目建设，累计拨付扶持经费近30万元。（李　元）

【涉老协会工作】 2020年，雨花区老年保健协会依托省市专家教授团及自身资源，开展老年保健知识下基层义诊咨询活动，发挥各基层分会"健康兴趣小组"优势，发动中老年人积极参与社会活动和全民健身活动中。区诗词书画协会开展推动优秀传统文化进校园、进社区活动，举办《抗疫扶贫颂雨花》诗词书画作品展，运用传统文化的艺术形式呈现出"雨花故事、雨花美景、雨花情怀"。区老科协开展"创建百岁健康村（社区）"活动，新创3个百岁健康村（社区）；参与精准扶贫和以乡村振兴为重点的"三农"服务，在跳马镇举办2场"振兴乡村战略"科技知识讲座。（李　元）

【人才工作】 2020年，雨花区突出政策引领，开展人才政策宣讲11场，举办"长沙人才政策"宣讲暨人才工作培训会，走访全区企业3682家，开展人才政策知晓度调查，实现"规上企业"政策上门全覆盖。组织到上海开展"开放雨花·梦想直达"软件和信息技术服务业招才引智活动，推介长沙人才政策、雨花区软件信息产业政策及雨花区商业楼宇，推动政策走出去。突出"一主一特"产业链、软件信息产业等领域，研究制定对领军人才、创业团队等激励措施，出台先进制造业、软件和信息技术人才引进办法，释放聚才效应。盘活辖区资源，重点打造职教城等2个实用技能人才孵化基地。依托晓光工匠学院定向培养输送技能人才近2万人。承办全市"十行状元、百优工匠"竞赛，张向波、张翔、黄军、吴才松4人获全市"十行状元"称号，唐博杰等13人获"百优工匠"称号。跳马镇成功创建市级乡村振兴人才联系点，举办首届园艺技能人才比武大赛，开展"致富带头人""村播带货"等技能培训，激发乡村人才活力。落实"长沙人才政策22条"，新增认定高层次人才、紧缺急需人才22名，开展"一对一"贴心服务，联系服务人才4392人次，兑现奖补2897万元。按照专业技术人才、企业经营管理人才、农村实用人才、社会工作人才等5个类别，在全区开展人才摸底，初步建立人才库，全面掌握人才需求。在12个街道分别建设1个楼宇人才服务站，实现政策宣传、活动开展、诉求回应等多功能服务，打造德思勤、潇影大厦等一批楼宇人才服务站示范点。广泛发动宣传，选树可孚医疗科技股份有限公司董事长、总裁张敏和湖南高桥大市场股份有限公司总经理罗晓等一批爱国奉献人才。（李　元）

【"长沙人才政策"宣讲会】 2020年9月29日，雨花区在长沙创新设计产业园举行"长沙人才政策"宣讲暨人才工作培训会。长沙市委组织部三级调研员刘怀彧从个人可享受政策、企业可享受政策、人才政策实施以来取得的成绩3个方面，将"长沙人才新政"覆盖人才"引、育、管、用"全生命周期的"1+5+32"政策体系向与会人员进行解读。雨花经开区、各街道（镇）及全区13个楼宇人才服务站的50余名人才工作者和比亚迪、晓光模具、中轻长沙公司等70余家"一主一体"产业链龙头企业负责人代表参加。

（李　元）

【首届园艺技能人才比武大赛】 2020年10月23日，雨花区首届园艺技能人才比武大赛在跳马镇育景园举行，比武大赛展示乡村振兴人才的新风新貌，培育弘扬园艺工匠精神，推动园艺工匠人才队伍提质，带动园艺人才就业创业，促进跳马镇花卉苗木产业转型升级，跳马镇14支村(社区)参赛团队的园艺技能选手参加活动。活动分设盆景造型、嫁接、识别3项比赛，邀请湖南农业大学、省盆景协会、湖南花卉协会、省森林植物园等相关单位专家教授担任评委。通过激烈的角逐，专业评委打分，最后评选出优秀技能人才奖、盆景造型、嫁接、识别一、二、三等奖和优秀奖，现场颁发荣誉证书和奖金。（李　元）

【老干部迎春座谈会】 2020年1月16日(农历二零一九年十二月廿二日)，雨花区离休和副县级以上退休干部迎春座谈会在区会议中心中型会议室召开。会议听取老干部对全区工作的意见和建议，区委副书记、区长刘素月通报2019年全区经济形势，区委书记张敏向老干部们致以春节问候和崇高敬意。（李　奕）

【“秋韵红”志愿服务经验交流会】 2020年12月4日，雨花区“秋韵红”最佳志愿组织、最美志愿者评选总结、星级评定暨经验交流会召开。会议表彰最佳志愿服务队16支、最美五老志愿者22名，激励和促进“五老”志愿服务工作，让更多的老年人参与社区基层治理工作，发挥“五老”优势。长沙市“五老红”志愿服务队队长刘耀杰、长沙市委老干部局副局长唐安石等参加活动。雨花区“秋韵红”志愿服务队积极发动基层“五老”优势，成立“五老”志愿服务分队21支、支队54支，登记在册志愿者1100余名。（李玉琴）

2020年12月4日，雨花区“秋韵红”最佳志愿组织、最美志愿者评选总结、星级评定暨经验交流会（李玉琴　供图）

【离退休干部党支部书记述职评议会议】 2020年12月8日，雨花区离退休干部党支部书记述职评议会议在区老干部大学会议室召开，旨在贯彻落实“党要管党、从严治党”要求，坚持书记抓、抓书记，推动离退休干部党建工作水平再上新台阶。8名离退休干部党支部书记分别代表区直部门、镇（街）机关和基层社区离退休干部党支部进行现场述职，其他支部书记进行书面述职。会议由区委老干部局专职副局长、区离退休干部党工委专职副书记李奕主持，区委组织部副部长、区离退休干部党工委书记蒋多利进行述职讲评并讲话。全区62个离退休党支部书记和12名镇（街）分管领导参加。（李　奕）

【政院社区离退休干部党支部获授全省离退休干部先进集体】 2020年10月14日，中共湖南省委组织部、中共湖南省委老干部局湘老干〔2020〕28号文件表彰雨花区东塘街道政院社区离退休干部党支部为全省离退休干部先进集体。政院社区离退休干部党支部坚决贯彻习近平新时代中国特色社会主义思想，坚持“坚定信仰，发挥余热，弘扬新风，促进和谐”的服务宗旨和“扎根社区、服务社会”的发展方向，组织老党员、老干部、老军人积极投身主题教育和“五老四教”活动，参与基层党建和社区治理，推进公益建设和群众文化活动。为机关学校和企事业单位讲课，发表散文和诗词；组织文艺骨干参与公益演出。4人被评为长沙市“最美基层宣讲人”。该党支部被评为“全省示范离退休干部党支部”、长沙市“示范化‘五化’党支部”。该党支部参与联手打造的“五老”志愿服务组织——“老首长”工作室被评为湖南省“最佳志愿服务组织”和“学雷锋百强社团”。（李　元）

宣传工作

【概况】 中共长沙市雨花区委宣传部（简称“区委宣传部”）负责全区宣传思想文化和意识形态工作。统一管理新闻出版、版权工作，对外加挂区新闻出版局（区版权局）、区精神文明建设指导委员会办公室牌子；指导区委网络安全和信息化委员会办公室（区互联网信息办公室）互联网宣传和信息内容管理方面的工作；归口领导长沙市雨花区文化旅游体育局。受区委委托，指导区文化艺术界联合会、区社会科学界联合会、区文产协会、区书法家协会、区美术家协会、区中国字拟人书写研究会、区诗词书画协会。下设雨花区未成年人思想道德建设中心、雨花区文化创意产业发展中心、雨花区新闻中心（雨花区融媒体中心）3个副科级公益一类事业单位。

2020年，雨花区委宣传部推动宣传思想工作高质量发展。借力主流媒体的权威力和影响力全方位宣传推介雨花区，在中央、省、市主流媒体上稿21382篇。完成2020年全国文明城市测评工作。区文明创建工作3次获市委常委、宣传部部长陈刚肯定性批示，获市对区文明创建绩效考核一类。创新打造“雨花时代先声”宣讲品牌，打造“文明三新”新时代文明实践区级品牌，深化“追梦人”宣讲团、“星星点灯”课堂等6个站点品牌建设，发挥各级试点示范作用，推动新时代文明实践中心建设，组建1000名“雨花时代先声”理论宣讲志愿服务队。组织开展“中国著名作家雨花行”活动，邀请12名著名作家到圭塘河、高铁新城等实地采风。区委宣传部获全市“新时代乡村阅读季”活动中优秀单位组织奖。雨花区融媒体中心获新华号2020年度最具影响力县级融媒号。

（张胜娟）

【理论教育】 2020年，雨花区委宣传部组织区委理论学习中心组学习14次（含“新时代雨花大学堂”2次），每月为区委中心组成员赠阅理论书籍，规范全区各级党委（党组、工委）中心组学习程序，开展学习督查和旁听，学习经验在全市党委（党组）理论学习中心组学习秘书培训班上推介。坚持马克思主义在意识形态领域的指导地位，用党的创新理论教育教化广大党员干部群众，广泛开展“就认这个理”等基层宣讲活动，全年开展《习近平谈治国理政》第三卷、习近平总书记考察湖南重要讲话精神、中共十九届五中全会精神等主题宣讲活动1070场，直接受众10万人次；创新打造“雨花时代先声”宣讲品牌，吸收专家学者、领导干部、道德模范、草根名嘴等，建立宣讲人才库，量身设置理论政策、红色记忆、初心使命、文明风尚、爱国奋进、专业知识6大类100堂精品宣讲课程，制作印发宣讲菜单供基层自主点课。抓好“学习强国”平台推广使用，推荐洞井街道植物园社区民政专干沈诚忱代表长沙市参加湖南省“学习强国”学习达人挑战答题比赛。压实党委（党组、工委）主要负责人和直接主管的班子成员以及班子其他成员的领导责任，落实联席会议、专项巡察和述职评议三项制度，组织召开区属党（工）委、党组书记落实意识形态工作责任制述职评议考核会议1次，开展意识形态工作专项督查1次，严格运用考核结果。全市率先下发《关于进一步规范和加强社会宣传监督管理的通知》，明确实施流程和工作原则，全面加强社会宣传监督管理。

（张胜娟）

【新闻宣传】 2020年，雨花区围绕统筹推进疫情防控和经济社会发展、习近平考察湖南、中共十九届五中全会、脱贫攻坚、自贸区建设、片区建设等中心重点工作，策划推出系列重点报道。聚焦抗击疫情，推出《精准施策织密网——长沙雨花区全力抗击疫情扫描》《长沙雨花区：5000名网格员奔走在防疫抗疫第一线》等报道5000余条、新媒体作品70余个。4月22日，央视《新闻联播》刊播《为基层降压减负，促干部担当作为》，点赞雨花区基层减负工作。推出《“小巷总理”变身“前敌总指挥”看“雨花模式”的“五不论”》《长沙的厚道：“雨与花”的温度》等大型特稿。“百日竞赛活动”期间，推出《长沙高铁新城签约落户100亿元投资项目》《分组打擂！雨花区敲响战鼓，全面“破阵”！确保百天“双过半”》等报道；开设“一村一品”专栏，全力助推跳马镇全域旅游；围绕“中部第一强区”热点，推出《雨花怒放！解读“中部第一强区”发展密码》等报道。借力主流媒体的权威力和影响力，全方位宣传推介雨花，在中央、省、市主流媒体上稿21382篇，主流媒体上稿首次突破2万篇；融通区融媒体中心和新时代文明实践中心，打通政务办理系统，推动“开放雨花”APP、“飞梦雨花”微信公众号、“@雨花发布”微博号、头条号、抖音号深度融合，顺利通过省委宣传部县级融媒体中心建设验收；充分利用辖区电子显示屏、分众传媒、广播喇叭等形式广泛宣传，营造浓厚社会舆论氛围；疫情防控期间，创作新媒体产品70余个、文艺作品3000余件，动员各街镇出动宣传车400余辆，发放宣传单（页）200万册，张贴宣传横幅标语9000余条，利用电子显示屏800余个，转发疫情防控信息11500余次等，为取得抗击新冠肺炎疫情斗争重大战略成果贡献宣传战线力量。积极创作动画、视频、Vlog、H5等新媒体作品，出品众多屡屡刷屏的“爆款”，《打卡雨花》《雨花力》等作品，点击量均为百万次以上；推出《无价青春（雨花版）》《你笑起来真好看》《海报丨920，我们都是文明“花”》《长图丨“920”润物无声道德力量驻人心》等新媒体作品，受到社会热议和广泛好评。

（张胜娟）

【舆论引导】 2020年，雨花区针对涉区的谣言和不实传言，迅速组织力量，多角度、多维度、多平台用事实真相进行回击和澄清，及时遏制杂音噪声。充分利用行业优势，第一时间掌握采访动向、动态，做到舆论监督与正面引导相统一。指导涉事部门单位做好问题处理及回复引导，抓好新闻纪律强调及媒体采访应对技巧培养，做好一般日常性舆情应对。对突发性重大舆情，联动区委网信办和相关部门单位，采取“三三制”（成立舆情监控、分析研判、答复处置3个小组；3个小时之内予以初步回复，最迟不超过3天在线答复办理情况；力争达到群众、企业和社会三方满意）处置办法，进行快速有效妥善处理。对敏感涉警舆情，在“三三制”基础上，联动刑侦、网安、国安、“110”指挥中心等部门做到信息互通、联动处置、处早处小。实现全年“零案例”“零事故”“零通报”。

（张胜娟）

【文化建设】 2020年，雨花区打造汇艺文创、潇影大厦、中国（长沙）创新设计产业园等6个文化创意产业示范楼宇（基地），潇影文创园和天闻数媒分别获评长沙市媒体艺术示范园区及示范企业；加大对规上文化企业扶持力度，推动石燕湖生态景区提质改造、“字源天地”系列文创等17个项目入选市文创产业发展项目库；根据《长沙市雨花区促进文化产业发展扶植奖励办法》，对6家企业、34个项目给予693万元资金扶持，争取各类政策资金140万余元；加速传统文化产业转型升级，指导雨花非遗馆等重点文化企业探索线上、线下相结合的发展模式；主动融入湖南自贸区长沙片区建设，依托高桥大市场打造“一站式”文体用品采购贸易服务平台，重点建设浏阳河国际文化科创基地。组织开展“中国著名作家雨花行”活动，邀请谭谈、王跃文等12名著名作家到圭塘河、高铁新城等实地采风，推出15篇作品，出版作品集《中国著名作家雨花行》，市委常委、宣传部部长陈刚为作品集作序；举办区作家协会采风活动、“美丽圭塘河”写生采风活动等；美术作品《忽念山人》入选第十二届全国水彩·粉画作品展、《幸福大妈》入选全国第十一届工笔画作品展、《十八洞的春天》获湖南省青年文化艺术节金奖，全年创作获国家级、省市级奖项文艺精品38个；开展抗疫主题文艺创作，创作各类文艺作品3000余件，其中3件作品获“让人间充满爱”抗疫原创歌曲银奖，800余件作品在主流媒体报道；成立区文联，核定机构编制2名、专项预算30万元，吸纳各方面人才会员128人，指导成立区作家协会、开心之佳艺术团等协会团队，加强对区文联所属协会及其他19个文艺团队的指导。修订完善《长沙市雨花区促进文化产业发展扶植奖励办法》《长沙市雨花区促进群众文化发展扶持奖励办法》等政策文件，加大对文艺团队建设、文艺精品创作、文化企业入驻、文化产业发展等的扶持奖励力度。举办“青春芒果节打卡长沙城”雨花专场活动、“老长沙·新味道”草莓音乐节雨花专场活动、“文化迎春 艺术为民”群众文化活动、“讴歌新时代 奋斗向未来”学习贯彻中共十九届五中全会精神文艺会演活动、“雨花追梦”快闪活动、“聚力开放雨花·决胜全面小康”长沙市第四届篆书篆刻展、“决胜小康，幸福雨花”雨花区美术书法摄影作品展、“缅怀先烈·继承遗志”雨花区纪念中国人民抗日战争暨世界反法西斯战争胜利75周年区美术书法摄影作品展、“抗疫扶贫颂雨花”雨花区诗词书画作品展等活动。（张胜娟）

【雨花非遗民俗艺术特色街区建设】 2020年，雨花区做强“天下非遗聚雨花”品牌。打造“非遗”专业场馆——雨花非遗馆，组织“非遗”项目及传承人参展“外交部湖南全球推介会”“中非经贸博览会”等国际性展会；参加中央电视台经济频道《是真的吗》节目录制，对国家级“非遗”项目江永女书、市级“非遗”项目中华泥书等进行宣传推介；参与红网开展的“文脉颂中华”系列活动，选送滩头木版年画、中华泥书、望城皮影、湖湘剪纸、湘西竹编等项目。文化和旅游部副部长李群、湖南省政府副省长吴桂英、全国政协副主席刘新成调研雨花非遗馆；11月27日，中共中央政治局常委、全国政协主席汪洋主持召开“推动中华优秀传统文化进课本、进课堂、进校园”网络议政远程协商会，国家级“非遗”项目滩头木版年画创新课程视频亮相大会，并获得中央电视台《新闻联播》推介。打造地铁2号线雨花“非遗”地铁专刊。开展“湖南省抗击疫情剪纸作品展览”“草莓音乐节雨花区专场巡演”等10余场大型“非遗”宣传展示活动。每月举办2~4场“非遗”常规活动，内容多为家庭、婚姻、心理等公益课堂及讲座，成人读书会，亲子手工，脸谱，扎染，中国结，扇面画等“非遗”研学课。雨花非遗馆“宝庆瓷刻”代表性传承人刘金铎制作的瓷刻“普京总统”，作为国礼赠送给俄罗斯总统普京本人。（张胜娟）

【出版印刷发行和版权管理】 2020年，雨花区下拨资金218万余元，专项补贴受疫情影响的19家影院。组织开展“湘观影”、“光影铸魂”、第八届公益电影放映月等活动，发放18万元观影券给全区特定人群，为每个影院配备1000元防疫物资。举办《半条被子》雨花区首映式，促进电影行业全面复苏，全区影院票房5562万元，票房位居全省县（市、区）第二。作为联合摄制单位拍摄的爱国主义教育题材影片《绝密工程》取得国家电影局公映许可证“龙标”。组织策划少年强则国强——电影《棒！少年》长沙市电影德育课堂观摩雨花专场活动。开展各类行政执法54件次。其中行政许可（含行政许可初审）54件，主要为出版物零售经营许可证办理。受理行政许可（不含行政许可初审）62件，其中准予许可54件，申请人不符合办证条件不予许可8件。与民营企业壹间书屋联合打造第一家以少年儿童为主要服务对象的特色书屋雨花区少儿图书馆。在全区开展全民阅读公益活动暨“品古典诗词 扬传统文化”读书、观影分享会系列活动，探索“书店+影院”新模式，结合纪录片《掬水月在手》在影院举办读书、观影分享会，举办雨花区2020“新时代乡村阅读季”活动启动仪式。（张胜娟）

【群众文化活动】 2020年1月19日，雨花区2020年“文化迎春、艺术为民”群众文化活动在雨花非遗馆举行，活动通过群众文艺展演，弘扬时代精神，传播党的声音，引导和激励广大干部群众不忘初心、不负韶华、齐心协力为雨花发展书写精彩故事。所有节目均由雨花文艺团队、文艺爱好者创编演绎，他们用欢歌热舞传递新年的喜悦，表达美好的祝愿。活动邀请雨花区书法家协会、区美术家协会、区诗词书画协会等现场创作，给观众们送春联、送福字，把年味和祝福送到百姓的家门口。（张胜娟）

【宣传网信文化工作会议】 2020年3月18日，雨花区宣传网信文化工作会议以电视电话会议形式召开。会议落实全国、全省宣传部部长会议和全市宣传网信工作会议、区委常委会会议精神，总结2019年全区宣传网信文化工作情况，安排部署2020年工作任务。区委宣传部、区委网信办、区文旅体局相关负责人对重要工作进行总结与安排。会议强调，要全面加强党对宣传思想工作的领导，加强政治建设，强化责任落实，建强干部人才队伍，抓好能力建设。（张胜娟）

【知识产权宣传周活动】 2020年4月22日，雨花经开区、区委宣传部（区版权局）、区市场监管局（区知识产权局）联合主办2020年雨花区知识产权宣传周活动，庆祝第20个世界知识产权日，加强版权宣传普及，助力全区“大干一百天　实现双过半”大竞赛。现场邀请4位知识产权方面的专家为全区创新型企业与文化企业进行培训，就雨花的知识产权保护和运用进行讲解。（张胜娟）

【“雨花时代先声”宣讲活动】 2020年，雨花区委宣传部牵头组织“雨花时代先声”宣讲活动，聚焦政策理论、红色记忆、初心使命、文明风尚、爱国奋进、专业知识6个内容，旨在把党的声音第一时间送到群众中，打通

2020年5月15日，“雨花时代先声”宣讲活动启动仪式　（张胜娟　供图）

政策理论进基层“最后一公里”。5月15日，“雨花时代先声”宣讲活动启动仪式在湖南雨花非遗馆举行。“雨花时代先声”宣讲团10名宣讲员代表接受受聘证书；长沙市党史馆宣讲员周蕾、翁心晨分别宣讲红色故事《54封家书永续不变的信仰》、抗疫故事《没来得及脱下的毛线衣》；上演原创诗朗诵、小品、音诗画等节目。长沙市委宣传部副部长、市社科联党组书记李卫政，雨花区委常委、宣传部部长余宏卿，区人大常委会副主任杨平，区政府副区长刘江红参加。启动仪式以线上直播方式进行，观看量3.51万次。　（张胜娟）

【电影《半条被子》首映】　为2020年7月31日，雨花区委宣传部在长沙横店IMAX影城圭塘店举行“就认这个理——雨花时代先声”红色电影宣讲暨电影《半条被子》首映式活动，庆祝中国人民解放军建军93周年。区委党校骨干教师李德贵带来微宣讲《一封值守63年青春的红色家书——感怀陈毅安烈士的生死约定》。驻地解放军指战员、武警部队官兵、军校学员、民兵预备役人员、退役军人代表等参加活动。　（张胜娟）

【作家采风活动】　2020年6月10日至11日，“中国著名作家雨花行”2020年采风活动举行，谭谈、王跃文等10余名作家用脚步丈量雨花，用独特视角解读雨花的人文历史、创新发展的文化价值和推动社会进步的治理能力。作家们实地“打卡”井巷社区、雨花非遗馆、德思勤24小时书店、圭塘河羽燕湖、泰禹小学、绿地城际空间站、高桥大市场、长沙比亚迪生产基地等地，见证和感受财富雨花、品质雨花、幸福雨花的独特魅力。　（张胜娟）

【雨花区文联成立】2020年6月12日，雨花区文学艺术界联合会成立大会暨第一次代表大会召开，选举产生雨花区文学艺术界联合会第一届委员会委员27人，区委宣传部副部长别必雄当选为主席，聘请省文联副主席、省作协副主席、市文联主席为雨花区文学艺术界联合会第一届委员会名誉主席。区委书记张敏为区文联授牌，希望大家始终坚定文化自信，始终突出守正创新，始终展示担当作为，始终加强组织领导。市文联党组书记、副主席王俏，市文联党组成员、副主席唐樱，市委宣传部文艺处处长邓文娟，市文联组联处处长刘保山，相关区领导、区直相关单位、各街道（镇）党（工）委书记、各文学艺术界代表出席大会。　（张胜娟）

【“湘观影”活动】　2020年7月30日，雨花区2020年电影行业复业兴业工作推进会召开，会议下发《关于开展2020年雨花区观影活动的通知》等文件，对全区电影党课、“湘观影”、惠民观影、专场观影等观影活动进行部署安排，要求全区相关部门单位和各街道（镇）高度重视、加强督导、创新宣传、积极发动，全力推动“湘观影”活动开展。截至11月底，全区40余个单位开展活动，参加会员2500余人，购买电影券金额60万余元。　（张胜娟）

【快闪活动】　2020年8月5日，“青春芒果节 打卡长沙城”快闪第六站在雨花区“和+”共享图书馆举行，表演遵循古礼的“开笔礼”，感受河畔书香。10月1日，雨花区“向祖国献礼，志愿者在行动”快闪歌唱祖国活动在火车南站西广场举行，雨花区志愿者和千余名旅客一同放歌，庆祝国庆节。　（张胜娟）

【美术、书法、摄影作品展】　2020年9月18日，“缅怀先烈 继承遗志”——雨花区纪念中国人民抗日战争暨世界反法西斯胜利75周年美术、书法、摄影作品展在雨花非遗馆开幕。参展作品150幅，其中，书法作品60幅、绘画作品50幅，摄影作品40幅，包含革命老兵的个人风貌、和平年代的军事演练等内容，以此纪念世界人民为反抗法西斯侵略而做出的不懈努力、中国人民解放军保家卫国的使命担当。　（张胜娟）

【第八届公益电影放映月活动】　2020年10月，雨花区开展第八届公益电影放映月活动，为群众送上家门口的视听体验。区委宣传部集中购买一批18万元的电影票，统一赠送给区直机关工委和13个街道（镇），并由区直机关工委和街镇自行组织发放给全区抗疫人员、道德模范、优秀志愿者、优秀基层干部、优秀共产党员，以及社区低收入者和进城务工人员家庭未成年人子女等特定人群，让更多的人走进影院看电影；购买一批医用口罩、医用酒精和免洗洗手液等防疫物资，共计1.7万元，统一赠送给全区17家复业商业影院，主动为其排忧解难，积极为“黄金档期”护航。（张胜娟）

【文艺骨干“精品创作”研修班】　2020年10月28日到29日，由雨花区委宣传部、区文学艺术界联合会举办的雨花区深入学习贯彻习近平新时代中国特色社会主义思想专题培训暨文艺骨干“精品创作”研修班开班。湖南省政协原副主席，省文联原主席谭仲池作《用时代精神引领现实主义创作》专题讲座，省文联主席、省书法家协会主席、中国书法家协会理事鄢福初讲授《艺术家的修养》，省作家协会副主席、省毛泽东文学院管理处副主任、省散文学会副会长谢宗玉讲授《后科技时代的文学生活和写作模式》，中国音乐协会会员、省音乐创作委员会副会长，长沙市音乐协会副主席、湖南师范大学音乐学院音乐创作中心主任唐勇强讲授《音乐赏析》。通过研修学习，提高雨花区文艺骨干的艺术修养、综合素质和业务水平，促进学员之间的交流与合作，进一步提升创作水平，助推文艺事业繁荣发展。（张胜娟）

【全民阅读公益活动】 2020年12月16日，长沙市雨花区全民阅读公益活动暨“品古典诗词 扬传统文化”读书、观影分享会在圭塘河畔举行，近200名传统诗词和古典文化爱好者共聚一堂，观看古典文学诗词大师叶嘉莹的传纪电影《掬水月在手》，在分享中感受来自古典诗词的温暖滋润。《广州诗词》杂志主编、曾国藩研究会特聘专家、诗词专家刘安定，以及青年文史学者、长沙图书馆特约讲师刘智，分享对影片和古典诗词的心得体会。燕子与向日葵、U42支长沙本土人文乐队，将古典诗词融入现代音乐风格，唱响《在水一方》《明月几时有》《将进酒》《青玉案·元夕》等经典诗词。长沙市文明办副主任梁飞彩，雨花区委常委、宣传部部长余宏卿参加。12月18日，雨花区全民阅读公益活动暨“品古典诗词 扬传统文化”诗词大赛活动举办，活动以“诗词青春、赛出风采”为主题。（张胜娟）

【“光影铸魂”电影党课】 2020年，雨花区委宣传部发动全区各部门单位、各街道（镇）开展“光影铸魂”电影党课活动，将电影党课纳入全年主题党日活动计划，全区开展光影铸魂党课活动437次，参与人数逾1.5万余人，其中，区直机关2020年各级党组织开展活动213次，参与人数6002人；各街道（镇）开展活动224次，参与人数9336人。（张胜娟）

统战工作

【概况】 中共长沙市雨花区委统一战线工作部（简称“区委统战部”）主管雨花区统一战线工作，统一管理侨务工作，对外使用长沙市雨花区人民政府侨务办公室名称，统一领导和管理区民族宗教事务局（简称“区民宗局”），下设雨花区党外人士服务中心。

2020年，雨花区加强党对统一战线的领导。召开区委统一战线工作领导小组会议，审议并通过《2020年全区统一战线工作要点》《2020年全区民族宗教工作要点》。召开全区统一战线（民族宗教）工作会议。统一战线、民族宗教理论政策纳入区委理论学习中心组、区属各党（工）委（党组）理论中心组理论学习内容。邀请全国政协委员袁爱平向统战系统单位党员干部及党外代表人士宣讲全国“两会”精神。举办党外代表人士能力素质提升班，组织统一战线各界代表人士学习习近平在湖南考察期间讲话精神和中共十九届四中、五中全会精神。区委统战部严格落实意识形态工作责任制，明确班子成员分管意识形态及网信工作，加强对统一战线意识形态领域隐患的排查治理，强化重点领域阵地管理，开展宗教活动场所“中共十九大精神、国旗国歌、社会主义核心价值观、政策法规、中华优秀传统文化进宗教活动场所，宗教教职人员努力做到政治品格好、守法遵规好、文明友善好、传承文化好、服务社会好”的“五进五好”主题实践活动和“平安寺庙”创建活动，指导驻区高校职校开展民族宗教政策宣传。深入贯彻全面从严治党部署要求，督促统战系统各单位主要负责人抓严抓实党风廉政建设，认真执行党纪党规，坚持“三重一大”事项由部务（扩大）会集体研究讨论决定，及时传达学习中央、省、市以及区纪委全会精神，围绕汲取叶松案件教训召开“以案促改”警示教育会议。引导各民主党派（知联会）完善内部监督机制，贯彻落实中央八项规定等精神。（龚 鹏）

【多党合作】 2020年，中共雨花区委强化大统战格局，突出政党协商优势，提升在区委领导下合作共事能力。举行统一战线2020年暑期谈心活动，组织全区党外代表人士调研花垣县新寨村和十八洞村，重温习近平“事实求是、因地制宜、分类指导、精准扶贫”重要论述，考察学习两地精准扶贫工作经验，深入村民家感受精准扶贫带来的乡村巨变，各统战团体负责人和党外代表人士围绕“认清形势，坚定信心，共克时艰，争做贡献”专题开展谈心谈话，结合考察调研，围绕雨花区脱贫攻坚、营商环境、以商引商、招才引智等中心工作建言献策，为高质量建设“三个雨花”凝聚共识和力量。支持引导各民主党派、知联会开展“不忘合作初心，继续携手前进”主题教育，指导7个民主党派完成基层组织换届和政治交接，实行“50岁不新进、60岁不留任”（年龄超过50岁不新进支委班子，超过60岁不留任支委班子）举措，调优各民主党派基层组织班子队伍。引导民主党派参政议政，撰写提案建议、调研报告、社情民意等177篇，被国家和省、市等采用34篇。开展特约人员工作，营商环境特约监督团开展监督活动，协助区监察委员会聘请第一届特约监察员20名并建立特约监察员机制。组织助力乡村振兴战略专题调研活动20余次，区政协委员、非公经济代表人士左维新撰写的《关于跳马镇发展生态绿色文旅康养产业的建议》作为重点提案，在区政协第五届五次大会作交流发言。（龚 鹏）

【经济统战】 2020年，雨花区聚焦高质量发展助力营商环境优化。开展“民企大走访、同心促发展”暖企活动，开展调研座谈7次，上门走访115人次，收集各类问题诉求164个并全部予以办结，开展银企、政企、律企等纾困惠企对接活动6场次。区企业家学院联合湖南仁本律师事务所发布“防控疫情，企业用工操作指引手册”“疫情期间企业法律合规注意事项”等线上课程。区商事调解中心受理纠纷1018起，调结551起，结案标的金额

6200万余元，获评长沙市“查隐患、解纠纷、护稳定、促发展”专项活动表现突出集体。“建立健全多元化商事纠纷调解机制，护航法治营商环境”获评2020年度全省统战工作实践创新成果，“创新商事调解工作机制 助推非公经济‘两个健康’”专题调研获长沙市工商联系统优秀调研成果二等奖。现场成功调解的一起高难度案件，由最高人民法院与中央电视台社会与法频道联合推出的湖南法院《一站解纷争》节目全程直播并被人民网、中新网、央广网等76家媒体转发。加强非公经济人士理想信念教育，广泛开展《中华人民共和国民法典》进企业、全国“两会”精神、《关于加强新时代民营经济统战工作的意见》等宣讲活动20余场，举办民营经济代表人士“迎中秋 庆国庆”茶话会、基层商会拟任会长谈心谈话沙龙等活动。指导13个街镇商会和女企业家商会完成换届工作，周晓州、郭志光获评长沙市“四好”商会优秀会长，女企业家商会获评长沙市“四好”商会，实现市级“四好”商会全覆盖。引进京师（长沙）律所落户洞井街道，协助岳阳县商会将岳商大厦落户长沙总部基地。

（龚　鹏）

【党外干部工作】 2020年，雨花区委坚持把党外干部的教育培养、履职考察、提拔使用纳入重要议事日程，通过健全制度保障、抓好发现储备、加强教育培养、推进安排使用，推进党外代表人士队伍建设。对区人大、政府、政协、法院、检察院领导班子和人大、政协委室主任、副主任党外领导干部全部实现应配尽配。向长沙市委统战部推荐民主党派市级层面代表人士5名。

（龚　鹏）

【民族宗教工作】 2020年，雨花区制定《关于贯彻落实〈驻长高校与当地党委政府民族宗教工作联席会议制度〉的实施方案》，召开驻区高校民族宗教工作联席会议，举办驻区高校职校民族宗教政策专题培训班。雨花区城市民族工作得到国家民委党组成员、副主任赵勇，湖南省民宗委党组书记、主任向恩明的高度评价。《坚持三个融入，做好城市民族工作》被省委统战部专刊推荐。创新开展民族团结进步创建，桂园小学获评2020年度全市民族团结进步创建工作优秀示范单位。

（龚　鹏）

【新的社会阶层人士工作】 2020年，雨花区加强对新的社会阶层人士思想政治引领，在宋旦汉字艺术博物馆承办长沙市“百人同心耀星城”主题活动之“汉字让你爱上中国”；开展“宣传习近平法治思想 大力弘扬宪法精神”“雨花区全民阅读公益活动”“中国梦·劳动美——2020青春雅集”“奋斗有我·2021新年诗会”等系列主题实践活动，引导全区新阶层人士增强“四个自信”和爱国主义情怀。加强新的社会阶层人士实践创新基地建设，雨花非遗馆被评为首批湖南省新的社会阶层人士统战工作实践创新基地；协调解决长沙群英会活动场地问题，提供英维创新大厦整层1000平方米场地，支持打造全省社会组织统战工作示范阵地。

（龚　鹏）

【“同心”工程】 2020年，雨花区在全区统一战线实施“部务会成员联系民主党派（知联会），民主党派（知联会）联系街镇，同创一流业绩，共创特色品牌”为主要内容的“双联双创”活动，开展“文明素质提升十大行动”和“志愿服务惠民十件实事”的“双十”活动，引导和支持全区统战成员围绕雨花区2020年经济社会发展中心任务和重点工作，做好打造区级商事调解机制“升级版”等10件实事，完成“红星片区城市更新的探索与实践”“突发公共卫生事件中统一战线优势作用发挥问题研究”等10个调研课题。指导砂子塘街道砂子塘社区成功创建省级同心社区；“同心雨花之家”项目和“绿房子·童心氧吧”青少年关爱服务项目被评为市级同心创建示范点，“‘雨’你同行·心手相牵”教育帮扶工程被评为市级同心项目，“驻外之家”中非经贸服务平台被评为市级同心基地。宋旦汉字艺术博物馆、“‘雨’你同行·心手相牵”教育帮扶同心工程、火焰社区、“驻外之家”中非经贸服务平台、“和+”共享图书馆分别被评为区级同心创建示范点、同心项目、同心社区、同心基地。发挥统一战线优势帮助跳马镇实施乡村振兴战略，引荐邵阳县商会的湖南农投旅游有限公司与跳马镇田心桥村签约，整体流转土地6.8公顷，打造田园综合体项目。引导区政协委员“真情五助”联点帮扶困难群众，动员社会力量开展各类主题帮扶活动10余次，捐建同心书屋2个，为跳马镇各村捐款捐物价值30万余元。

（龚　鹏）

【雨花区委统一战线工作领导小组会议】 2020年3月27日，雨花区委统一战线工作领导小组全体会议召开，

2020年5月18日，雨花区民主党派工作专题协商会　（龚　鹏　供图）

区委书记、区委统一战线工作领导小组组长张敏主持会议并讲话。会议传达学习全国、全省、全市统战部部长会议精神，听取2019年全区统战工作情况及2020年工作思路汇报，审议通过《2020年全区统一战线工作要点和民族宗教工作要点》等文件。会议研究部署统一战线工作，率全市之先将宗教领域意识形态工作责任落实情况纳入区属党委（工）书记、党组书记年度党建述职评议；在疫情结束后启动全区各基层商会换届工作，发挥商会作用助推经济发展。（龚　鹏）

【“民企大走访，同心促发展”暖企活动】 2020年4月10—30日，雨花区开展“民企大走访、同心促发展”暖企活动。区委统战部、区工商联组成6个区级工作组以及13个街镇工作组，按照“五访五促”（访重点企业、促创新发展；访一线企业、促精准服务；访扶贫企业、促全面小康；访小微企业，促稳定就业；访商会协会，促互帮互助）要求，对全区100家民营企业和商协会进行走访调研。其间，开展调研座谈7次，走访民营企业和商协会115家，发放书面调查问卷240份、收回162份，收集各类问题诉求164个并全部予以办结，开展银企、政企、律企等纾困惠企对接活动6场次。（龚　鹏）

【长沙市统一战线青年读书论坛】 2020年7月28日，长沙市统一战线青年读书论坛（第五季）在雨花区举行，由长沙市委统战部主办、雨花区委统战部承办。读书论坛以“希望”为主题，来自市委统战部、民主党派市委机关、市直统战系统单位和区县（市）委统战部的青年干部，通过情景剧、音诗画、朗诵等多种形式分享学习感悟，并结合自身工作、生活，讲述如何在读书中思考人生、汲取力量、实现希望。长沙市委常委、统战部部长谭小平，市政协副主席、市工商联主席彭继球，市政协副主席、民进市委主委李平，市政协副主席、民盟市委主委张庆和，民建市委主委李舜出席，雨花区委书记张敏致欢迎辞。（龚　鹏）

【暑期谈心活动】 2020年8月30日至9月2日，雨花区委统战部举行统一战线2020年暑期谈心活动，区委常委、统战部部长成钢，致公党区工委主委、区政府副区长易静，民盟区工委主委、区政协副主席周凌云参加。各民主党派和无党派、新的社会阶层等领域的党外代表人士及基层统战工作者，在花垣县新寨村和十八洞村重温习近平“事实求是、因地制宜、分类指导、精准扶贫”重要论述，考察学习两地精准扶贫工作经验；参观中国人民抗战胜利纪念馆和湖南通道转兵纪念馆、粟裕故居及粟裕大将纪念馆等爱国主义教育基地。成钢率区委统战部部务会成员，与参加活动的党外代表人士开展深度谈心谈话，以“认清形势，坚定信心，共克时艰，争做贡献”为主题，共同学习习近平总书记在2020年全国“两会”上系列重要讲话精神以及5月8日、7月28日两次在党外人士座谈会上对各民主党派、工商联和无党派人士重要指示精神。与会人员畅谈领会贯彻习近平总书记讲话精神、立足岗位推动发展心得体会。（龚　鹏）

2020年5月14日，长沙百人会“百人同心耀星城”主题实践活动（龚　鹏　供图）

【党外代表人士能力提升培训班】 2020年10月21日，雨花区开办统一战线党外代表人士能力提升培训班，学习习近平新时代中国特色社会主义思想和习近平关于统一战线工作重要论述、习近平在湖南考察时的讲话精神等内容。长沙市委党史研究室副主任、知名作家、电影《半条被子》编剧蒋志飞作关于“人民的利益高于一切”主题报告，分享《半条被子》的故事以及创作历程。各民主党派雨花区工委和基层组织（总支、支部、支社）班子成员、区党外知识分子联谊会班子成员、区少数民族、宗教界代表、区工商联正副主席、各基层商会班子成员、区新的社会阶层人士代表、区归侨侨眷侨企代表、区欧美同学会代表共300人参加培训。（龚　鹏）

【全省新阶层统战工作实践创新基地建设经验交流现场观摩】 2020年12月29日，湖南省新的社会阶层人士统战工作实践创新基地建设经验交流会在长沙召开。与会人员集中考察雨花非遗馆，现场开展经验交流活动，湖南省委统战部副部长邓建华为雨花非遗馆颁发“省级新的社会阶层人士统战工作实践创新基地”牌匾。（龚　鹏）

机构编制

【概况】 中共长沙市雨花区机构编制委员会办公室（简称“区委编办”）为区机构编制委员会的正科级办事机构，承担区委编委日常工作，负责全区行政体制机制运行和机构改革以及机构编制日常管理等工作，列入区委工作机关，对外使用长沙市雨花区事业单位登记管理局名称，归口区委组织部管理。下设区机构编制实名制信息中心，副科级全额拨款事业单位，负责全区机构编制实名制工作。

2020年，雨花区落实《中国共产党机构编制工作条例》，推进机构职能优化协同高效，狠抓各项工作落实，为全面建设“三个雨花”提供有力的体制机制支撑。区委编办严格落实党风廉政建设责任制，贯彻落实“三重一大”事项决策制度和“一岗双责”制度要求，严格执行“一把手”不直接分管人事、财务、工程建设等制度。定期向派驻纪检组报告办内领导干部廉政谈话情况和提醒谈话情况，及时完成廉洁家访活动。通过“微党课”和观看警示教育片等形式，进一步加强廉政宣传教育。加强党建工作，全面落实新时代党的建设总要求。重视党员学习教育。组织党员干部认真学习政治理论，充分用好报刊、板报、宣传栏等传统媒体和“学习强国”学习平台，做大做强正面宣传。开展疫情防控、主动请缨下沉企业和重点项目一线促进复工复产、立足职能履职尽责为中心大局搞好服务，对联点社区近300家的企业门店开展复工复产帮扶工作。抽调2人参与征地拆迁、高铁新城招商引资工作，支援全区重点工程建设工作。区委编办被授予“重点工程建设协调服务先进单位”“百日征拆大会战”服务支援单位、网格化工作（群众工作）先进单位、全区综治工作考评优秀等次单位。（刘 麟）

【体制改革】 2020年，雨花区完成市场监管、生态环境保护、文化市场、交通运输、农业等领域改革，推进“六个领域”综合行政执法改革。生态环境、文化市场、交通运输、农业领域实行“市一级”执法为主，减少层级，机构精简瘦身。下设若干执法大队，实行市区双重管理体制，以市级管理为主。有关执法机构不再保留，涉及的执法职能、人员编制上收市级。区环境保护局及所属事业单位调整由市生态环境局管理；区文化市场综合执法局人员移交划转，不再保留区文化市场综合执法局（市文化市场综合执法局雨花区分局），职数予以核销。市场监管领域实行以“区一级”执法为主，整合市、区两级的工商、质监、食品、药品、物价、商标、专利、商务等领域执法职责和执法队伍，在区市场监督管理局加挂区市场监督管理综合行政执法大队牌子，实行“局队合一”体制，实现一个领域“一支队伍管执法”。整合市场监管领域在街镇的力量和资源，组建13个市场监督管理所，作为区市场监督管理局派出机构，负责基础性监管工作，依法行使行政处罚权，强化基层一线执法力量。改革后，配置街镇市场监督管理所行政编制78名。雨花区动物卫生监督所（雨花区动物疫病预防控制中心、雨花区跳马镇动物防疫站）更名为雨花区动物疫病预防控制中心。雨花区动物卫生监督所（雨花区动物疫病预防控制中心、雨花区跳马镇动物防疫站）原承担的行政执法职能剥离。经验文章《统筹推进六大领域综合行政执法体制改革》在“飞梦雨花”微信公众号登载。

（刘 麟）

2020年10月21日，雨花区统一战线党外代表人士能力提升培训班（龚 鹏 供图）

【机构编制管理】 2020年，雨花区落实《雨花区2019—2023年控编减编方案》，从严控制编制数额使用；建立区级“人才编制池”，制订出台《雨花区人才编制周转池管理办法（试行）》；将可统筹调剂使用的编制统筹至周转池，动态周转于重点领域，原则上若部门单位出现自然减员后及时收回动态编制，以有效缓解部分单位行政编制超编问题，推进重点领域人才队伍建设，为全区经济社会可持续健康快速发展提供强有力的编制保障。坚持“专编专用、单列管理、动态调整、人走编收”原则，调剂行政编制20名、全额拨款事业编制50名纳入区级编制周转池，有效破解人才引进瓶颈，为满编单位及时补充紧缺人才打开绿色通道。根据区教育局拟订的教职工编制分配表，以“基本+动态”的编制管理模式，定期将全区中小学教职工编制全部核编到校，持续完善“区管校聘”管理模式，充分保障教育事业发展，推动教职工编制有序流动、合理利用。突出需求侧保障，破解难点热点，为疾控、妇幼等医疗卫生机构提供52名事业编制用编计划；加强纪检监察、巡察及宣传、文化等领域用编保障。调剂部分行政编制先行保障2018年以前团职以上军转干部安置用编需求，妥善解决2008—2012年无编安置的部分随军家属编制问题以及退役士兵安置用编需求。办理各街道（镇）所属事业单位工作人员转隶调整工作，做好街道调整改革“后半篇”文章。加强街道（镇）编制保障，使用65名编制用于公开招聘、选调等，加强基层高素质、复合型专业人才引进。组建街道（镇）综合行政执法队，逐步实现一支队伍管执法，强化基层一线执法力量；改革经验性文章《“四个+”改革激发街（镇）工作新动能》被《中国机构改革与管理》刊发推介。

（刘 麟）

2020 年 5 月 24 日，雨花区事业单位机构编制评估工作部署会　（刘　麟　供图）

【数据库建设】 2020 年，雨花区全面推广全省机构编制管理平台。在全区范围内分 3 个批次、5 个阶段，开展湖南省机构编制综合管理平台推广工作培训会，将实名制系统推广至各部门单位，做到机构、人员信息随时更新、随机审核，实现“一册一账一平台”数据一一对应。完成 2019 年机构改革人员转隶编制审核、全区事业单位公开招聘用编计划、区内人员流动调配编制审核等多项机构编制的审核工作，以机构编制实名制管理为依托，实现全区人员编制程序规序管理到位，开具个人编单 349 份，单位集体编单 23 份，涉及人数 1139 人。（刘　麟）

【事业单位登记管理】 2020 年，雨花区办理事业单位法人设立登记 22 家，变更登记 153 家，补领登记 1 家，注销登记 8 家，完成全区 177 家事业单位法人年度报告公示。为 19 家利用国有资产举办的幼儿园办理设立登记，赋予其独立法人地位，助力解决社会急需的公益服务问题，更大程度地满足群众生活的实际需求。办理机关、群团统一社会信用代码信息变更 13 家，注销机关统一社会信用代码 1 家。全面清理规范中文域名注册和网站挂标工作，为单位注册中文域名 24 家，注销已与单位信息不符域名 160 条，完成中文域名续费 316 条，注销网站标识 49 个，确保全区中文域名注册和网站挂标全覆盖，内容真实准确规范。（刘　麟）

【编外合同制人员管理】 2020 年，雨花区启动全区编外人员管理系统升级建设。利用信息化技术手段，探索分类分级管理办法，精准控制用工额度，压实规范化管理责任，做到实名制雇员“总量控制，只减不增”。开展全区编外人员管理调查摸底工作。由区委编办牵头，区财政局、区人力资源和社会保障局联合对全区编外人员情况进行调查摸底工作。区委编办对全区编外实名制管理人员跨单位使用进行严格管理。凡抽借调实名制管理人员要求及时到区委编办、区人力资源和社会保障局进行备案，强化编外人员使用管理。（刘　麟）

党校教育

【概况】 中共长沙市雨花区委党校是区委领导下培养党员干部和理论骨干的学校。长沙市雨花区行政学校是雨花区公务员和专业技术人员的重要培训基地，承担全区党员干部的培训和教育工作；两校合署办公，一套人马、两块牌子，简称“区委党校”。总建筑面积 12500 平方米，拥有办公楼一层 13 间，教学楼（教室 5 间）、能容纳 300 人学习的多功能报告厅 1 个、装配电脑 40 台的多媒体教室一间，实训室一个，图书藏量 2 万册，光纤网络和教学监控相连，天地两网设备齐全。党校实行校委负责制，校长由区委副书记担任。

2020 年，雨花区委党校贯彻落实《中国共产党党校（行政学院）工作条例》，围绕打造一流品牌、创新一套机制、锤炼一支队伍、推出一批经验“四个一”办学目标，为建设财富、品质、幸福雨花，打造中部领先、国内一流的现代化强区提供坚强的思想政治保证和人才智力支持。突出习近平新时代中国特色社会主义思想的学习教育，围绕习近平新时代中国特色社会主义思想主题，举办主体班 11 期，培训人数 2140 人次，承办联合班 137 期，培训人数 10200 人次。（陆　朗）

【干部培训】 2020 年，雨花区委党校建立和完善包括高校教师、上级党校教师、各级领导干部、专家顾问团成员、本校优秀教师、普通党员干部在内的师资信息库，为教学提供师资保障。坚持党校姓“党”，把党的理论教育，特别是习近平新时代中国特色社会主义思想、马克思主义基础理论作为主课主业，将“习近平新时代中国特色社会主义思想”作为独立单元模块进行系统深入学习，把最新的理论成果纳入培训体系。围绕《习近平谈治国理政》（第三卷）、“两会精神解读”、“学深悟透习近平总书记考察湖南的重要讲话精神”，邀请省市委党校的知名专家进行讲解，使党员干部紧跟党的理论创新步伐，自觉使用习近平新时代中国特色社会主义思想武装头脑、指导实践、推动工作，不断提高运用科学理论解决实际问题的能力。第一时间打造《中国共产党的光辉历程及伟大成就》等课程，深入基层一线宣讲。坚持用学术讲政治，重点打造出“马克思主义为什么行”“中国共产党问责条例亮点解读”等学术味浓郁的精品课程。综合运用讲授式和案例式、模拟式、体验式等互动式教学方法，加大案例教学力度，推动案例库建设。结合区情、因地制宜地开发两堂现场教学。在昔日的“臭水沟”、今日的“风光带”——圭塘河生态公园讲述“绿水青山就是金山银山——圭塘河流域综合治理经验与启示”，在1930年红军第二次攻打长沙时的前敌指挥部——白田肖家祠堂缅怀历史，开展“红军两次攻打长沙的历史回顾与价值启示”现场教学。（陆 朗）

【教师队伍】 2020年，雨花区委党校落实师资队伍建设五年计划，加快名师名课打造。统筹兼顾党校发展需要与教师个人发展相结合，制定个人成长计划，主动对接省、市党校，与省、市党校名师开展师徒结对。克服疫情影响，安排党校骨干教师赴山东、浙江等地开展培训和调研；到北京市参加中共十九届五中精神培训班。鼓励教师参加各种教学竞赛，优化课程开发流程，丰富“校精品课”资源库。马列主义、党史党章、习近平新时代中国特色社会主义思想等学科精品课日益成熟。加大与区委组织部、区委宣传部、各镇街道以及学校企业的合作力度，争取年轻教师走上授课讲台的机会，丰富年轻教师的授课实战经验，提升能力技巧，教师在各级比赛和名师名课中多次获奖。完成岗位设置，选聘骨干教师为党校中层干部，为教师队伍的职业发展和专业技术的提高提供更宽广的舞台，注入更强劲的动力。（陆 朗）

【意识形态】 2020年，雨花区高举党建引领大旗，以党建统筹各方资源，推动党校的意识形态工作，保证最大限度地发挥政治优势。区委党校完善一把手抓意识形态的机制体制，坚持一把手重要任务亲自部署、关键环节亲自把关、落实情况亲自督查，把意识形态工作纳入重要议事日程，定期召开专题会议研究意识形态工作。把思想政治和理论宣传工作列入干教计划和党校支部年度工作计划，确保意识形态工作稳步推进，营造信念坚定、担当作为、奋勇争先的良好氛围。组织班子成员和骨干教师开展理论宣讲，突出意识形态工作主题，区委党校、区委宣传部联合举办宣传与意识形态工作主体班3期，向全区党员干部群众宣传党的路线、方针、政策，切实做好全区意识形态宣传和舆论引导工作。区委党校支部在做好五化支部建设的基础上，结合党校实际，充分利用党校的教学科研资源，创造性地进行“四型”支部（即学习型支部、智库型支部、调研型支部、教育型支部）建设，在全区实现支部党课有质量，党建科研有成果。立足党校主业主课和教育宣讲主职，全校骨干教师积极对接区委宣传、防疫部门，录制30堂以上防疫宣讲视频课，对全区防疫骨干开展宣传教育，提高全区干部的常态化防疫意识和技能。（陆 朗）

【科研创新】 2020年，雨花区委党校围绕《中国共产党党校（行政学院）工作条例》，推行科研创新，把党校办学、学员管理最终落脚在推进区域经济社会发展上，以课题研究促成果转化，形成可操作的具体举措。聚焦党委和政府重大决策部署，制定科研规划、确定科研任务、设置科研内容、创新科研方法，将科研成果向党委政府报送，充分发挥好新型智库作用。“雨花区坚持基层党建引领创建‘零上访、零事故、零发案’街道社区的调查与思考”课题成功申请长沙市哲学社会科学研究经费资助项目。实行中层干部竞聘上岗，选任骨干教师担任科研科科长。制订《科研工作规划》，举办3次科研论坛、组织教师外出调研、年尾将科研工作纳入教师岗位年度考核，使科研工作逐步制度化、规范化、科学化。《城市社区楼栋长队伍建设的思考与探索——基于长沙市雨花区井湾子街道的实证研究》获全市党校（行政学院）系统主题征文一等奖。《绿水青山就是金山银山——圭塘河流域综合治理经验与启示》《雨花区现代商贸物流发展的调查与思考》获得省级征文二等奖。加大与市委党校的课题合作力度，深度合作开展“精准扶贫在雨花”“雨花区统战工作向基层商会组织有效覆盖的调查与思考”2个课题；与区纪委联合开展的“廉洁文化进小学的实践路径探析”课题成功入选雨花区科技计划项目。（陆 朗）

【科研课题会议】 2020年4月16日，雨花区委党校2020年科研课题会议召开，副校长龚剑新主持。课题组负责人汇报“新时代发扬斗争精神，增强斗争本领，着力推进长沙治理体系、治理能力现代化”“雨花区基层社会治理领头雁培养教育的调查与思考”“精神病人、流浪人员等社会边缘群体帮扶服务管理的调研与思考”“雨花区对口帮扶桑植县的工作实践及其成效考察”“机关青年干部的群体镜像与培养路径探析以雨花区为例”“党的理论进基层的工作现状与思考”等课题的选题方案、研究价值意义、初步思路及下一步调研计划。长沙市委党校科研处处长李丽纯专题指导，针对各位教师的选题和内容提出看法和修改意见。龚剑新表示，市委党校专家与教师进行面对面的辅导和交流互动，提升了教师的思维层次，开阔了教师的学术视野，进一步把握了写作的方法和途径，全面提高科研理论水平。（陆 朗）

【对口扶贫龙山县基层干部班开班】 2020年9月15日，为期6天的2020年雨花区对口扶贫龙山县基层干部班在雨花区委党校开班。培训班开设解开浔龙河村治理有效的“密码”、宏观经济形势与热点问题的解读等专题课程，并到许光达故居、红星村社区、圭塘河、橘子洲头等地进行现场教学，全面提升龙山县基层干部的综合素质和履职能力。龙山县石排等乡镇村一线基层干部50余人参加学习。（陆 朗）

【党校专题会议】 2020年11月9日，雨花区委副书记、区委党校校长陈永高组织召开专题会议，认真学习贯彻落实全市党校（行政学院）校（院）长会议精神。雨花区委党校常务副校长周敏传达学习长沙市委常委、市委组织部部长张宏益在全市党校（行政学院）校（院）长会议上的讲话精神。党校班子成员和教职员工结合自身工作开展讨论。陈永高指出，要切实领会好全市党校（行政学院）校（院）长会议精神，结合习近平总书记关于党校办学治校系列重要指示精神和全省党校（行政学院）校（院）长会议精神进行系统学习，真正学懂弄通。要对照《中国共产党党校（行政学院）工作条例》和全市党校（行政学院）校（院）长会议要求，查找存在的不足，学习其

2020年9月15日，雨花区对口扶贫龙山县基层干部班开班　（陆　朗　供图）

他地区党校先进的经验做法，加强和改进党校工作；要找准自身定位，加强党校队伍建设和体制机制创新，打造品牌，办出特色，充分发挥新时代党校理论研究的主阵地、干部教育培训的主渠道作用。　（陆　朗）

史志档案

【概况】 长沙市雨花区档案馆为区委办公室所属正科级公益类事业单位，对外加挂区委党史研究室、区地方志编纂室牌子，负责全区档案管理和保护、利用、档案宣教执法、史志编研及党史、区志宣传教育工作。

2020年，区档案馆加强编史修志和档案管理利用工作，以数字档案建设、年鉴编纂、街镇简志编纂工作为重点，推动史志档案工作不断向前发展。推进红军攻打长沙纪念园正式开园，开展“雨花记忆”图片展征集活动，实现《雨花年鉴（2019）》公开出版，《雨花街镇简志》定稿，接收3家单位文书档案移交进馆，查阅利用档案3500余卷，接待档案查阅人员2000余人。　（唐清明）

【党史工作】 2020年，雨花区注重以党课的形式从党史国史中汲取强大精神力量，区委中心组多次开展“学党史、忆初心”主题集中学习，区直机关党员培训将《不忘初心、继续前行——中国共产党的历史担当》作为党课的重要内容，入党积极分子培训将党史作为必修内容，全区各支部书记讲党课主要以讲党史为主。区委党史研究室向全区各单位推荐跳马石燕支部、寻淮洲故居、红一方面军成立旧址、刘少奇天华调查纪念馆、陈树湘烈士故居等红色教育基地，其中区委书记张敏专门参加区委办机关第一党支部主题党日活动，在陈树湘烈士纪念广场重温入党初心。全区在打造党建阵地时，将党史作为核心内容进行展示，同升街道建设金井社区筹委会红色示范阵地，洞井街道植物园社区以“毛主席像章”为主题，打造长沙首个社区红色展览馆；高桥街道火焰社区建设党建馆，反映火焰人在党的旗帜下走过的艰辛历程和取得的重要成就；砂子塘街道梨子山社区建设马克思主义中国化游园，展现中国共产党多年的探索和实践历程，与潇影电影集团合作打造潇影楼宇红色文化教育基地。雨花区委党史研究室开展党史“四进”活动，向社区赠送大量党史宣传资料。党史联络组成员多次到区直单位、街道、社区等以党史为主题讲党课，讲述中国共产党99年发展历程。弘扬抗疫精神，通过多途径、多方式全面收集整理有关疫情的相关资料。红军攻打长沙纪念园项目验收合格并开园，成为长沙唯一的专题展示红军攻打长沙重大历史事件的纪念园区。在全区范围内启动“雨花记忆”图片征集工作，收集到30家单位照片近万张。完成《中共湖南省委工作纪事》《长沙市委工作纪事》雨花部分的组稿工作。　（唐清明）

【地方志工作】 2020年，雨花区地方志编纂室开展“史志档案在你身边”网上答题竞赛活动，到雨花非遗馆开展史志宣传活动。《雨花年鉴（2019）》《雨花年鉴（2020）》完成公开出版。《雨花街镇简志》完成样稿并送方志出版社校审。向全区发放《点墨长沙》《雨花年鉴（2019）》等地方志书籍，扩大地方志影响力。开展雨花区2019年度人物、年度事件推荐活动，收集整理到年度人物8个、年度事件9个，由雨花区推送的同升街道同升湖社区副主任张双被评为《长沙年鉴》2019年度人物。　（唐清明）

【档案工作】 2020年，雨花区完善湖南省政务一体化平台政务服务事项目录清单、权利清单及实施清单的填报、修改工作，上报行政职权17项，行政许可（地方志）2项，行政检查、行政奖励各1项、行政处罚2项，其他职权4项，公共服务7项；完成部门权责清单的清理及填报工作共10项；完成《法律、法规或国务院决定设定的证明事项清单备案表》的填报工作；完成2019年度全国档案事业统计调查工作。开展“6·9”国际档案日宣传活动，扩大档案影响力。收集12家单位所执行的现行文件104份。在全区办公室系统培训班上组织学习档案法律法规；举办全区社区、村档案人员业务培训，164个社区、村档案人员参加培训；对区直部门单位，13个街道（镇）开展档案管理情况抽检和业务工作指导。组织区直部门、街道、镇档案工作分管领导和档案工作人员310余人次，参加“新修订档案法公益大讲堂”直播课程的学习。制定《雨花区档案馆档案安全工作应急预案》，对档案馆库进行档案安全风险自查自评工作。对馆藏1964—1990年形成的期满30年的档案进行鉴定、编目、整理，鉴定81个全宗3765卷档案，其中确定开放档案1993卷，控制使用档案1772卷。接收3家单位156盒文书档案移交进馆，均为机构改革后应移交进馆的档案。整理归档雨花区上一年度重大活动和重要会议声像档案215张、第21届中国中部（湖南）农业博览会照片光盘17个。（唐清明）

【档案服务】 2020年，雨花区明确新型冠状病毒肺炎疫情防控档案的归档范围，确保疫情防控档案应收尽收、应归尽归；指导农村集体产权制度改革的档案材料收集整理。联合开展档案、保密和文电工作业务指导，对不符合规范的单位提出整改意见。为洞株公司3个标段的档案员进行业务培训，讲解对项目档案的收集、整理、归档及进行数字化处理的相关问题。对区交通运输管理局工作人员进行业务培训。区档案馆提供查阅利用档案3500余卷，接待电话咨询1300余人，为档案利用者提供征地拆迁查考、单位巡察、退休、房产交易、机关干部档案核查等事项服务，发挥档案馆查档窗口咨询服务的作用。（唐清明）

【“5·18”地方志宣传活动】 2020年5月18—20日，雨花区地方志编纂室开展“史志档案在你身边”党史、地方志、档案知识网上答题竞赛活动，庆祝国务院《地方志工作条例》颁布14周年。答题竞赛活动依托雨花区官方APP“开放雨花”与官微“飞梦雨花”进行转发，全区干部群众参与答题。在区政府机关文化中心开辟地方志宣教主阵地，悬挂宣传横幅，在区档案馆大厅摆放宣传展板，在区档案馆查询窗口向群众介绍地方志工作并赠送史志书籍。（唐清明）

【“6·9”国际档案日宣传活动】 2020年6月9—16日，雨花区开展“6·9”国际档案日宣传活动。组织参加“档案见证小康路、聚焦扶贫决胜期”主题征文活动，推选优秀作品参与评选，发放档案宣传册《兰台小红工作记》；推出“聚焦扶贫决胜期”专题档案展览，宣传扶贫工作典型和感人事迹；利用沙湾公园、区政务服务中心等单位的电子显示屏播出档案宣传标语；在雨花非遗馆进行档案宣传，摆放有关家庭档案的展板4块，实现档案与“非遗”的有效结合。（唐清明）

【《雨花年鉴（2019）》公开出版】 2020年8月，由长沙市雨花区人民政府主办，长沙市雨花区年鉴编纂委员会编纂的《雨花年鉴（2019）》，由方志出版社公开出版发行。该书系统反映雨花区2018年度自然、政治、经济、文化、社会、生态等方面情况。《雨花年鉴（2019）》设类目29个、分目120个、条目1352个。全书共414页，111万余字；彩页54页，图片223帧；正文插图113帧；表格32个。该年鉴将正文每版文字由两栏调整为三栏，并调小文字间距与字体，有效提升书籍的便携性。（唐清明）

【红军攻打长沙纪念园开园】 2020年9月，雨花区红军攻打长沙纪念园开园。红军攻打长沙纪念园位于雨花区同升街道环保东路与圭塘河交汇处东南侧（红一方面军总前委指挥部遗址附近），占地面积800余平方米，建有军旗雕塑（精神堡垒）、情景沙盘、场景浮雕、刻字景石、历史陈列展示长廊等，专题展示红军攻打长沙重大历史事件，全面、客观、真实展现红军攻打长沙的指挥场景、战役场景、战役精神、历史史实及思想意义等，成为雨花区又一个红色爱国主义教育基地。《长沙晚报》以《“八块光洋”见证军民鱼水情——“红军攻打长沙纪念园”成为城南重要的爱国主义教育基地》专题报道该园。（唐清明）

【市委党史联络组调研党史工作】 2020年12月11日，长沙市委党史联络组组长李咏芳一行8人，调研雨花区党史和党史联络工作。调研组实地考察雨花区红军攻打长沙纪念园，了解红军两次攻打长沙历史事件，缅怀牺牲的红军战士；考察参观同升街道金井社区筹委会红色文化阵地。市委党史联络组副组长刘耀杰主持召开座谈会，区委办公室主任会议成员、区档案馆馆长周红雨汇报雨花区党史暨党史联络工作情况，区委党史联络组组长杜正国介绍区委党史联络组基本情况和工作开展情况，区委办常务副主任谢冬波表示将按照上级指示要求，进一步落实好各项工作。市委党史联络组成员、市政协原副主席姚五零建议，党史工作应与关工委工作融合起来，让更多的青少年接受党史熏陶。市委党史联络组副组长、市委党史研究室原主任宋俊湘建议，围绕中国共产党成立100周年，讲好雨花红色故事。李咏芳要求，要挖掘党史资源，提升红色阵地的地位和影响力；要适应新形势的要求，做好结合文章；要扩大党史工作网络，构建“大党史”的格局；

2020年6月9日，雨花区“6·9”国际档案日宣传活动 （唐清明 供图）

充实党史工作队伍，不断推进党史工作高质量发展。（唐清明）

【《雨花年鉴（2020）》公开出版】2020年12月，由长沙市雨花区人民政府主办，长沙市雨花区年鉴编纂委员会编纂的《雨花年鉴（2020）》，在方志出版社的审核批准下公开出版发行。该书是一部系统反映雨花区2019年度自然、政治、经济、文化、社会等方面情况的年度资料性文献。《雨花年鉴（2020）》设26个类目，116个分目，1242个条目。全书共356页，99.1万余字；彩页60页，图片223张；正文插图114张；地图1张；表格15个；随书附带光盘。《雨花年鉴（2020）》是自2014年创刊以来连续出版发行的第8卷，是首卷实现“一年一鉴、年内出版”的年鉴。（唐清明）

机关党建

【机关组织建设】2020年，雨花区落实《中国共产党支部工作条例（试行）》，推进基层党组织支部建设标准化、组织生活正常化、管理服务精细化、工作制度体系化、阵地建设规范化“五化”党支部建设。3个新成立机关支部和19个离退休支部达到“五化”标准，区直机关102个支部实现“五化”建设全面达标。区直属机关工委全面走访调研区直各党组织党建工作，及时督促指导整改落实，基层党建质量进一步提升。指导成立临时党支部2个，撤销支部2个，47个支部换届、改选补选工作，35个部门单位落实由单位主要负责人担任支部书记，其余支部均由班子成员担任书记，逐步规范支部队伍建设。发展新党员28人，5名表现突出的入党积极分子火线发展为预备党员。按期转正党员15人，审批188名党员党组织关系转接。组织28名发展对象参加区委组织部、区委党校联合举办的发展对象培训班，成绩均合格。摸底统计区直机关入党积极分子，建立区直机关入党积极分子信息库，举办区直机关2020年度入党积极分子培训班，组织58名入党积极分子参加培训。规范党费的收缴、使用、管理。返还各离退休党支部2019年度离退休党支部党费3.88万元；对走访调研过程中发现党费管理和使用中的问题，及时督促整改。组织党建专干党员统计工作培训，部署党员统计工作，确保应统尽统，53个区直机关单位完成党员统计工作，保障统计数据质量。（夏　青）

【党员干部教育】2020年，雨花区直机关工委，组织区直机关党组织书记和党员参加专题学习班，编发“党建微党课”10期，组织区直各部门开展宣讲180余场，实现党员教育全覆盖。疫情期间，加强线上学习，指导机关单位用实“学习强国”等学习载体，推送学习通报15期。区直机关工委开展长沙红色文化和“新思想”理论宣讲培训，长沙市委党校教授徐少兵讲解怎样讲好微党课，邀请宣讲员上台展示，通过现场点评、指导，让大家充分了解到微党课的核心是“党”，更让大家清楚微党课的大作用。开展区直机关工委党员培训，坚定党员的理想信念，提高党员干部的履职能力。（夏　青）

【机关文化建设】2020年，雨花区加强机关精神文明建设，坚持党建带群建，活跃机关党建文化氛围。区直机关妇工委开展区直机关“最美家庭”评选活动，推荐4户“最美抗疫家庭”参与2020年度雨花区“最美抗疫家庭”评选。组织区直机关开展“党建引领垃圾分类”应知应会知识学习及知识测试。开展机关大院环境卫生、垃圾分类、节能降耗、车辆停放等规范办公区域流动红旗评比活动，改善机关大院整体面貌，规范垃圾分类投放，厉行节约能耗，整治车辆停放秩序，塑造舒适、整洁、文明、绿色的机关形象。开展区直机关“弘扬党史文化，传承红色基因，坚定理想信念”红色文化宣讲比赛，宣讲展示湖湘红色文化。开展区直机关“新思想进基层”理论宣讲比赛，55名参赛选手用身边小故事，阐述习近平新时代中国特色社会主义思想蕴含的大道理。开展区直机关党建知识竞赛，区直62个部门单位168名党员组队参赛，取团队总分前10名进决赛，比赛进一步促进区直机关党务干部学党务、懂党务、用党务，实现以赛促学、以学促行；区直机关工委组织区直部门开展“光影铸魂”电影党课活动213场次，组织党员赴横店影院观看《半条棉被》《我和我的家乡》《夺冠》3部电影，运用电影党课教育新形式，提升学习教育效果。征集和展评主题党日优秀案例57篇，汇编成册，实现资源共建共享。（夏　青）

【机关志愿服务】2020年，雨花区筑牢疫情防控防线，组织区直机关党员干部1873人下沉一线，参与防疫防控工作，1486人参与复工复产；发动机关党员1823人为疫情自愿捐款21.86万元，为社区筹集物资若干。组织区直机关120余人参加“抗疫情、捐热血、献爱心、当先锋”无偿献血活动，经过初筛体检，95人无偿献血3.47万毫升。制定2020年“雷锋家乡学雷锋 雷锋精神代代传”主题党日志愿服务活动方案，组织区直机关干部到雨花区社会福利中心、雨花区跳马镇敬老院、雨花区雨聆聋儿康复中心、长沙市爱福自闭症儿童教育中心、雨花区晨阳自闭症康复中心、长沙市希望之家脊髓损伤者服务中心、长沙市恒爱之家助残公益服务中心、雨花区跳马镇喜雨村党支部、雨花区晴天公益就业援助中心、雨花区美人鱼公益服务中心、雨花区星苑自闭症儿童康复中心、雨花区爱萌特殊儿童康复中心12个志愿服务基地开展医疗义诊、文艺演出送健康、送文化等志愿活动60余场次，捐赠款项及慰问物资29.49万元。组织区直机关1700余名在职党员进社区参与社区抗疫志愿服务。做好党内帮扶各项工作，组织区直各部门走访慰问困难党员、群众3596户，慰问金及物资总金额136.5万元，及时传递党组织的温暖。（夏　青）

【基层党组织书记述职评议】2020年4月21日，雨花区直机关2019年度基层党组织书记抓基层党建述职评议暨2020年度机关党建工作会议召开，区直部门（单位）机关党组织书记及党建专干160余人参加会议。区委常委、区委办主任、区直机关工委书记周海毅主持会议，区医疗保障局、区市政设施维护中心、区委宣传部、区民宗局、区城管执法局、区法院、区市场监督管理局、区城市建设投资集团公司8个单位的机关党组织书记，就2019年抓基层党建工作进行口头述职，其余区直部门（单位）机关党组织书记进行书面述职。周海毅指出，政治机关要突出政治属性，各级党政机关首先是政治机关，政治性是第一属性，讲政治是第一要求；机关党建要体现机关水平，要以“三个表率”“四个意识”等为抓手，深化认识、强化认同、互相启发，坚持问题导向，杜绝形式主义、官僚主义等不良作风，要做实做细各项具体工作；“关键少数”要发挥关键作用，党支部书记要认真履职，党建专干要发挥主观能动性，通过以上率下，层层递进，不断推动机关党建高质量发展。区委常委、组织部部长龚畅强调，区直单位要树牢政治机关意识，在落实管党治党上尽责任；要树立大抓基层导向，在夯实基层基础上下功夫，推动支部“五化”建设全面达标，实现机关党员教育、管理、监督、服务100%全覆盖；要发挥党建引领作用，在促进科学发展上谋大局，在服务高质量发展、服务和加强群众工作、服务“三零”社区（村）建设等方面展现新作为；区直机关党员干部要围绕“聚集发展、奋力攻坚”工作主题，在“三大片区”建设、“百日攻坚”大竞赛等工作上打头阵、当先锋；要抓好区直部门单位联系帮扶社区（村）工作。（夏 青）

2020年4月21日，雨花区直机关2019年度基层党组织书记抓基层党建述职评议暨2020年度机关党建工作会议（夏 青 供图）

【机关党员培训】 2020年11月，雨花区直机关工委组织开展2020年度党员培训暨党建知识竞赛活动，旨在进一步坚定党员理想信念，提高党务干部履职能力，提升党建工作业务水平。11月26日，长沙市直机关工委委员易红玉讲授《做中华优秀传统文化的捍卫承传者——学习“四个自信”的体会交流》，激励党员干部进一步坚定文化自信，捍卫优秀传统文化。长沙市社科联副主席赵景利分享《不忘初心、继续前行——中国共产党的历史担当》，从“为什么出发”和“怎么样前行”两个方面，讲述中国共产党发展的伟大历程及当前强大中国的来之不易，勉励年轻党员干部一如既往地明信仰、讲政德、提素质，不断增强使命感与责任感，以实际行动践行初心使命。区直机关62个部门单位的在职党员参加。27日，区直机关工委组织党员开展党建知识竞赛，以赛促学、以学促行，推动党员干部学习常态化；区直机关各党组织书记、委员、党务干部、党员代表组成60支队伍参赛。竞赛采取闭卷形式，内容包含区直机关工委每月编发的《党建业务微课堂》等应知应会党务知识。组织党员分别观看《半条棉被》《我和我的家乡》《夺冠》3部电影，运用电影党课形式，提升学习教育效果，提升党员干部干事创业的精气神。（夏 青）

【入党积极分子培训】 2020年9月27—29日，雨花区直机关工委举办2020年度入党积极分子培训班。来自区直机关各党组织的58名入党积极分子参加培训。区直机关工委常务副书记单东霞在开班仪式上作动员讲话。培训邀请教学经验丰富的市委党校和区委党校教师进行授课，培训内容涉及党章党规，“四史”及十九届四中全会相关知识，并组织针对性较强的理论测试。通过培训，丰富党的理论知识，增强责任感和使命感。（夏 青）

【理论宣讲比赛决赛】 2020年7月3日，雨花区直机关“新思想进基层”理论宣讲比赛决赛在市场监管局401会议室开赛，旨在进一步贯彻习近平新时代中国特色社会主义思想，加强基层理论宣讲队伍，让新思想在雨花区真正落地生根。经过前期分3组预赛，16名选手进入决赛。参赛选手结合本单位工作实际，从小处着手切入大主题，以点带面，由浅入深，用一个个身边故事，阐述习近平新时代中国特色社会主义思想蕴含的大道理。比赛评出一等奖3名、二等奖5名、三等奖8名。区政府办夏思《人民至上，安全至上》、区应急管理局谢雨婷《生命至上，安全第一》、区交通运输局陈春华《信中国》获得一等奖，并代表区直机关参加雨花区“新思想进基层”理论宣讲比赛。区委常委、区委办主任、区直机关工委书记周海毅出席活动并讲话。（夏 青）

雨花区人民代表大会

主要工作

【概况】 长沙市雨花区人民代表大会（简称“区人大”）设民族华侨外事委员会、监察和司法委员会、财政经济委员会、教育科学文化卫生委员会、环境与资源保护委员会、农业与农村委员会、社会建设委员会。长沙市雨花区人民代表大会常务委员会（简称“区人大常委会”）设办公室、选举任免联络工作委员会。12个街道设立人大工作委员会，跳马镇设人大主席团。

2020年，雨花区召开人民代表大会1次、区人大常委会召开常委会议9次、主任会议17次，作出决议决定11项，任免地方国家机关工作人员158人次，开展专项工作评议1次、专题询问1次，组织视察和调研12次，开展专项工作评议2次、专题询问1次，组织视察和调研13次，完成区五届人大四次会议确定的目标任务，为建设财富品质幸福雨花作出新贡献。

（罗奇林）

【监督工作】 2020年，雨花区人大常委会按照《中华人民共和国各级人民代表大会常务委员会监督法》的规定，依法监督、突出重点、注重实效，认真行使监督职权。坚持以全面建成小康社会和区域治理为主线，开展精准监督、有效监督，落实中共中央关于改革发展的部署，确保宪法法律的有效实施。听取全区市场监管工作汇报，调研企业开办流程和“一件事一次办”改革情况，要求区市场监管局主动适应经济发展新形势，激发市场主体活力。主任会议成员到天心区、芙蓉区考察，调研高桥商圈、红星商圈，召开夜间经济座谈会，督促政府将发展夜间经济纳入雨花区“十四五”规划。主任会议成员考察林科路、中城苑、雨花市民之家、红星全球农批中心等项目，督促加快建设进度，发挥重大项目对经济复苏、企稳回升的带动作用。听取区税务局关于税收和征管工作汇报，督促扛起落实疫情防控税收政策的政治责任，加大减税降费政策的宣传和落实力度，切实为中小企业纾难解困。调研文化创意产业发展情况，提出建议意见。听取区人民政府关于旧城改造的议案，作出《批准将雨花农村商业银行洞井支行办公楼及其职工宿舍旧城改造项目纳入国民经济和社会发展计划报告的决议》，支持改善群众居住条件。完善预算联网监督系统功能，率全省之先出台预算联网监督数据分析报告制度，通过精准的数据分析，对政府财政预算执行情况提出专业的审议审查建议，实现大数据监督成果的有效运用。听取审议预算执行、调整、决算等报告，针对复杂多变的国际环境和新冠肺炎疫情的不利影响，督促政府科学安排和规范使用特殊抗疫中央直达资金，加大对基本民生和重点项目支出力度。首次听取审议全区企业国有资产管理情况的专项报告，审查全区国有资产管理情况的综合报告，实现预算审查的全口径，摸清国有资产的“家底”。听取区人民政府关于《2019年度区本级预算执行和其他财政收支审计查出问题整改工作情况汇报》，组织对16个整改单位开展满意度测评，督促审计查出问题应改尽改。听取全区脱贫攻坚工作汇报，督促政府落实“两不愁、三保障”和高质量脱贫工作，接续推进脱贫攻坚与乡村振兴有效衔接。听取2019年度全区生态环境保护工作报告，推动生态环境持续改善。落实中央关于“长沙要于2020年底前实行生活垃圾强制分类”的部署，区人大常委会在走访46个部门街镇社区、收集52个问题的基础上，召开生活垃圾分类专项工作评议大会，推动垃圾分类工作法治化规范化、科学化。听取全区债务工作情况汇报，推动政府完善债务管控机制，妥善处置隐性债务，增强防范抵御风险能力。考察区园林中心工作，要求更好提供人民满意的绿色福利。调研农村人居环境整治工作，助力改善农村群众生活环境。深度跟踪教育专项工作评议有关问题的整改落实情况，督促校园周边安全、队伍建设、基础设施建设等问题逐步有效解决。调研全区医疗保障工作，提出深化改革、强化监管、提升服务水平的建议。听取区交通运输局工作汇报，针对农村公路管养难问题，向政府提出《关于区交通运输局申请成立农村公路建养中心的交办意见》。

区人民政府成立区农村公路建养中心。指导跳马镇人大成功开展民生实事项目代表票决制，老百姓从6件候选项目中投票选取5件交政府办理。贯彻十九届四中全会关于推进国家治理体系和治理能力现代化的部署，开展社区公共服务工作专题询问。主任会议成员到汝城县、桂东县，开展“民族团结进步行”活动；区人大常委会听取全区宗教工作汇报，督促政府全面落实宗教政策法规，提升依法管理服务能力。开展“司法公正长沙·雨花行”活动，配合市人大常委会开展《台湾同胞投资保护法》等7部法律的执法检查或立法调研，审查规范性文件10件；听取网信、机关事务、全民健身、公共法律服务、退役军人事务、刑事司法活动法律监督、推进“一站式”多元解纷和诉讼服务体系建设等工作汇报，督促“一府两院”依法行政、公正司法，推动形成共建共治共享的区域治理新格局。（罗奇林）

【决定重大事项】 2020年，雨花区人大常委会坚持议大事决大事的原则，听取和审议预算、审计、财政、环境保护、政府债务、税收、营商环境等工作报告，并根据“一府一委两院”的提请和工作需要，适时作出决议决定11个。听取和审议区人民政府《关于长沙市雨花区2019年财政预算调整方案（草案）的报告》，作出《长沙市雨花区人民代表大会常务委员会关于批准雨花区2019年财政预算调整方案（草案）的决议》。（罗奇林）

【决定与任免工作】 2020年，雨花区人大常委会支持全面深化改革，坚持党管干部和人大依法任免干部的有机统一，健全完善任前调查、法律考试、任前陈词、颁发任命书、奏唱国歌、宪法宣誓等程序，依法履行人事任免工作职责，任命国家机关工作人员140人、免去15人，接受各级人大代表辞职8人、补选8人，依法终止区人大代表资格2名。（罗奇林）

【代表工作】 2020年，雨花区人大常委会加强代表工作制度机制建设，做好服务保障工作，发挥代表主体作用。组织75名市、区两级人大代表，分3批次到深圳人大干部培训中心、全国人大会议中心、深圳大学参加业务学习培训，提升人大代表履职能力。下发《关于组织区、镇人大代表开展“三讲三做当表率”活动的通知》，引领人大代表争做坚守初心、推动发展、服务人民的表率。组织市、区两级人大代表分别听取市、区“一府两院”年中工作情况通报，保障人大代表的知情权知政权。评选2020年度优秀人大代表、优秀建议议案，向《人民之友》、长沙电视台等媒体推介一批优秀的人大代表，激发人大代表履职的主动性、积极性、创造性。组织各级人大代表投身疫情防控和复工复产，捐款捐物达480万余元。组织省人大代表长沙第一组代表，考察雨花非遗馆、沙湾公园等项目；配合长株潭三市人大代表考察湘江保护和治理“一号重点工程”；组织市人大代表雨花联组调研公共卫生应急管理建设情况；指导全区13个人大代表小组开展活动54次。邀请区人大代表列席人大常委会会议，参加工作评议、专题询问、执法检查等监督工作200余人次。组织86名市、区人大代表分别向原选举单位和原选区选民述职，实现市、区两级人大代表述职的全覆盖。全区13个街镇人大代表活动室正常运行，接待选民1525人次、解决问题343个。推进代表建议办理“领衔督办、重点交办、跟踪查办”工作机制，督促代表建议抓好落实，提升建议办理质量。区五届人大四次会议收到立案件1件、建议件93件。针对代表提出的《关于加强跳马道路交通建设管理，解决交通顽疾问题的议案》，政府投资1.4亿元，提质改造跳马镇境内7条约54千米的主要道路，解决跳马片区群众出行难问题；针对代表提出的《关于关注校园周边出行安全，修建黎郡小学人行天桥的建议》，督促人行天桥抓紧施工，主体工程完成；东塘街道马家冲小区停车位由原来的170个增加到280个，香樟路至体院北路口车道划分得到调整优化。（罗奇林）

【“两法一决定”执法检查】 2020年4月8日，雨花区人大常委会开展《中华人民共和国野生动物保护法》《中华人民共和国动物防疫法》《全国人大关于全面禁止非法野生动物交易、革除滥食野生动物陋习、切实保障人民群众生命健康安全的决定》的贯彻实施情况执法检查。区人大常委会副主任莫志刚率执法检查组成员，实地查看树木岭农贸市场、红星盛业有限公司、跳马镇杨林新村贺家岭农庄，了解区野生动物市场交易和野生动物驯养繁殖的监管、动物及动物产品检疫工作的开展情况。专题听取区人民政府关于执行“两法一决定”自查情况的汇报。相关职能部门作补充发言，区人大代表提出建议意见。（罗奇林）

【市人大调研垃圾分类立法】 2020年4月13日，长沙市人大常委会副主任罗衡宁率调研组调研《长沙市生活垃圾分类管理条例（草案）》立法工作。座谈听取雨花区区生活垃圾分类管理体制机制，财政投入，设施建设，分类投放、收集、运输、处置模式，促进与保障措施，农村生活垃圾处理模式以及生活垃圾管理工作中的经验和做法等情况汇报。与会人员围绕《长沙市生活垃圾分类管理条例（草案）》，提出加强宣传教育、增加财政投入、落实主体责任、完善设施设备等7个方面的建议。（罗奇林）

【社会治理创新讲座】 2020年9月22日，雨花区人大常委会举办“雨花时代先声”宣讲活动人大专场暨党组理论学习中心组（扩大）第7次集体学习，长沙市委宣讲团成员、省委党校青年与社会建设教研部主任、教授朱雄君作题为“推进新时代社会治理创新”的专题讲座。朱雄君从现实困境、关键问题、经验借鉴、着力方向4个方面，结合丰富的案例，系统阐述新时代推进社会治理创新的实践和方向，为区人大常委会开展社会治理方面的监督工作奠定理论基础。（罗奇林）

【全国“两会”精神宣讲】 2020年6月4日，雨花区人大常委会举办2020年全国“两会”精神专题宣讲会，全国政协委员、长沙市人大常委会副主任王国海从“特别的‘两会’”“‘两

会'主要精神""驻湘委员履职和我的履职"3个方面，结合自身履职经历，解读"两会"精神。（罗奇林）

【社区公共服务专题询问】 2020年10月28日，雨花区人大常委会组织开展社区公共服务工作专题询问会。在筹备阶段，区人大常委会首次启用电子调查问卷，设计问题20个，发放问卷1146份；成立3个专题调研组，走访社区21个，召开座谈会23场次，围绕公共服务事项，聚焦工作机制建设、运行管理、实际效果等方面开展调研，全面了解社区职能职责及其依据、存在的困难和问题、政府提供的保障情况。询问现场采用"一问一答"的形式进行，6位区人大常委会组成人员、区人大代表围绕社区减负、公共文化服务、环境治理、物业管理、居家养老等16个社区公共服务热点问题，向部门主要负责人进行询问。区民政局、区卫生健康局、区城管执法局等25个部门单位坦诚作答，回答有关方面的工作情况，提出改进思路和解决问题的办法，共同推动解决社区公共服务存在的深层次体制机制问题。（罗奇林）

2020年10月28日，雨花区人大常委会社区公共服务工作专题询问会
（罗奇林　供图）

重要会议

【雨花区第五届人民代表大会第五次会议】 2020年12月27—29日，长沙市雨花区第五届人民代表大会第五次会议在雨花大会堂召开。会议听取和审议《区人民政府工作报告》《区人大常委会工作报告》《区人民法院工作报告》《区人民检察院工作报告》，书面审议《区国民经济和社会发展第十四个五年规划纲要（草案）》《区2020年财政预算执行情况和2021年财政预算（草案）的报告》，并通过关于6个报告的决议（草案）。大会表决通过长沙市雨花区第五届人民代表大会有关专门委员会主任委员名单，任命区人民代表大会教育科学文化卫生委员会主任委员1名；依照法定程序补选区第五届人民代表大会常务委员会委员2名。雨花区委书记张敏在大会闭幕式上强调，要坚持党的领导，提高政治站位；要强化责任担当，服务中心大局；要恪守为民情怀，推动民生改善；要突出从严从实，加强自身建设。（罗奇林）

【区五届人大常委会第三十一次会议】 2020年3月26日，雨花区五届人大常委会第三十一次会议召开。会议听取和审议区人民政府关于2019年财政预算调整方案（草案）的报告；听取全区生态环境保护工作报告；审议通过《长沙市雨花区第五届人民代表大会常务委员会2020年工作要点（草案）》《长沙市雨花区人民代表大会常务委员会制度汇编》（修订本）；讨论通过有关人事任免事项。（罗奇林）

【区五届人大常委会第三十二次会议】 2020年5月28日，雨花区五届人大常委会第三十二次会议召开。会议表决通过《关于提请决定任免周宇等职务的议案》《关于提请任免李勇等职务的议案》《关于提请任免尹跃连等职务的议案》《关于提请接受杨丹、刘曙林辞去雨花区第五届人民代表大会代表职务的议案》。会议听取《区人民政府关于雨花区2019年专项工作评议教育工作问题落实情况的报告》。（罗奇林）

【区五届人大常委会第三十三次会议】 2020年6月30日，雨花区五届人大常委会第三十三次会议召开。会议听取和审议关于长沙市雨花区2019年度企业国有资产管理情况的专项报告；书面审查关于长沙市雨花区2019年度国有资产管理情况的综合报告。26名市人大代表向区人大常委会述职，并接受民主评议测评。（罗奇林）

【区五届人大常委会第三十四次会议】 2020年7月16日，雨花区五届人大常委会第三十四次会议召开。会议讨论通过有关人事任免事项，决定接受李丽雄辞去长沙市第十五届人民代表大会代表职务，接受王维宁辞去长沙市雨花区第五届人民代表大会代表职务。（罗奇林）

【区五届人大常委会第三十五次会议】 2020年8月7日，雨花区五届人大常委会第三十五次会议召开。会议听取和审议区人民政府《关于提请决定任免龚畅等同志职务的议案》，决定免去邹春林的长沙市雨花区人民政府副区长职务，决定任命龚畅为长沙市雨花区人民政府副区长；听取和审议区人民法院《关于提请任免刘昕等职务的议案》和《关于提请任命陈博能等职务的议案》，任免区人民法院副庭长以上职务17人次，任命陪审

员120人。会议听取和审议区人民政府《关于2019年财政决算草案和2020年1—6月预算执行情况的报告》《关于2019年度区本级预算执行和其他财政收支的审计工作报告》，表决通过《长沙市雨花区人民代表大会常务委员会关于批准2019年雨花区财政决算草案的决议》。（罗奇林）

【区五届人大常委会第三十六次会议】 2020年9月28日，雨花区五届人大常委会第三十六次会议召开。会议听取和审议区人民政府《关于提请审议将雨花农村商业银行洞井支行办公楼及其宿舍旧城改造项目纳入国民经济和社会发展计划的议案》，表决通过《长沙市雨花区人大常委会关于批准雨花区人民政府将雨花农村商业银行洞井支行办公楼及其宿舍旧城改造项目纳入国民经济和社会发展计划报告的决议》。会议听取区人民政府《关于2019年度区本级预算执行和其他财政收支审计查出问题整改工作情况汇报》。（罗奇林）

【区五届人大常委会第三十七次会议】 2020年10月28日，雨花区五届人大常委会第三十七次会议召开。会议听取和审议区人民政府《关于长沙市雨花区2020年1—9月财政预算执行情况和2020年财政预算调整方案（草案）的报告》，表决通过《长沙市雨花区人大常委会关于批准雨花区2020年财政预算调整方案的决议》。会议表决通过有关人事任免事项。（罗奇林）

【区五届人大常委会第三十八次会议】 2020年11月26日，雨花区五届人大常委会第三十八次会议召开。会议讨论通过有关人事任免事项；听取和审议区人民政府关于区五届人大四次会议议案和建议办理工作情况汇报；听取和审议区人民政府关于2019年度区本级预算执行情况和其他财政收支情况的审计报告指出问题整改情况的报告，并对16个审计查出问题整改责任单位开展满意度测评。（罗奇林）

【区五届人大常委会第三十九次会议】 2020年12月18日，雨花区五届人大常委会第三十九次会议召开。会议听取和审议雨花区第五届人民代表大会第五次会议筹备工作报告（草案）、区人大常委会工作报告（草案）；审议通过雨花区第五届人民代表大会第五次会议日程和议程（草案）、质询案的提出和办理程序（草案）、议案和质询案提出截止时间的决定（草案）、主席团成员和秘书长名单（草案）、特邀和列席人员建议范围（草案）；书面审议区五届人大有关专门委员会工作报告。会议决定长沙市雨花区第五届人民代表大会第五次会议于2020年12月26日下午召开预备会议、29日上午闭幕，会期4天。会议听取和审议区人民政府关于长沙市雨花区2020年财政预算调整方案（草案）的报告、关于长沙市雨花区2020年财政预算执行情况和2021年财政预算（草案）的报告、关于长沙市雨花区国民经济和社会发展第十四个五年规划纲要（草案）编制情况的报告。会议表决通过长沙市雨花区人大常委会关于批准雨花区2020年财政预算调整方案（草案）的决议。会议讨论通过有关人事任免事项。（罗奇林）

【垃圾分类专项工作评议会议】 2020年9月28日，雨花区人大常委会召开垃圾分类专项工作评议大会。区政府副区长蔡泽敏代表区人民政府报告全区生活垃圾分类工作情况。廖海涛、邹瑛、方艳平、邹文英4位代表，站在人民群众的角度，指出存在居民源头分类意识不强、专项经费不足、混装混运混投等实施“最后一公里”的具体问题，并提出相关工作建议意见。90名区人大代表和人民群众对区城管局、区发改局、区环卫中心等13个部门进行投票测评。（罗奇林）

【街镇人大工作联系会议】 2020年9月29日，雨花区2020年街镇人大工作联系会议在圭塘街道召开。各街镇的人大工作负责人汇报2020年人大工作开展情况和下一阶段工作打算。会议安排下阶段的相关工作提出工作要求，强调各街镇人大工作一定要聚焦主责主业，坚持党的领导，正确行使监督职权。（罗奇林）

雨花区人民政府

重要会议

【区政府全体会议】 2020年12月23日，长沙市雨花区第五届人民政府第四次全体（扩大）会议召开。会议审议通过《政府工作报告（审议稿）》《长沙市雨花区国民经济和社会发展第十四个五年规划纲要（草案）》。会议肯定2020年全区各项工作。会议强调，要紧扣规划谋发展，高起点、高标准谋划2021年和之后五年工作，为“十四五”赢得开门红；聚焦主题谋发展，紧紧围绕“聚焦新战略、勇当排头兵”的工作主题，强化责任担当，找准切入点和发力点，上紧思想“发条”、开足工作“马力”，勇当雨花经济社会发展的“排头兵”；提早铺排谋发展，围绕2021年重点任务，抓紧研究、抓紧调度，确保各项工作有序、有力推进；集中工作精力，以加速冲刺姿态打好收官之战，重点抓好冬春季疫情防控、安全生产排查整治、特护期大气污染防治、雨雪冰冻天气防范应对、社会救助等工作，确保岁末年初各项工作平稳有序推进。12月29日，第五届雨花区人民政府第五次全体（扩大）会议召开，雨花区政府贯彻落实区“两会”精神，对《政府工作报告》主要目标任务进行责任分解，明确牵头领导、责任单位，实行目标责任管理，进行跟踪督查，实行季度通报，纳入年度绩效考核。区委副书记、区长刘素月要求，各部门、各街镇务必提高政治站位、对标对表，把任务领回去、把担子担起来，确保各项工作任务落到实处；抓好项目征拆、项目引进、项目服务等工作，以高质量的项目建设支撑雨花高质量发展；强化奋勇争先的意识、攻坚克难的斗志、团结拼搏的精神、整合资源的能力，更好地落实《政府工作报告》各项工作任务。会议部署安排疫情防控、大气污染防治、低温冰雪天气应对、安全生产、关爱困难群体、节假日值班值守等工作。 （陈湘海）

【区政府第52次常务会议】 2020年11月17日，区委副书记、区长刘素月主持召开区第五届人民政府第52次常务会议，集中研究环保督察“回头看”整改、食品安全、矿坑矿洞生态修复、老旧小区改造等工作。会议听取雨花区配合省级生态环境保护督察“回头看”整改工作。会议强调，要快改真改，坚持以最快的速度、最实的举措抓问题整改，确保取得实实在在的整改成效；要举一反三，源头治理，重点对垃圾件、噪声件等与人民群众生活息息相关的问题进行分析，找准症结，标本兼治，从源头上巩固整改成果。会议审议通过《长沙市雨花区党政领导干部食品安全工作责任清单（送审稿）》。会议强调，要以创建国家食品安全示范城市工作为抓手，按照“党政同责、一岗双责”的要求主动履职到位，与区政府工作同部署、同推进、同落实，全力防范食品安全事故。会议审议通过《雨花区绿心地区矿山矿洞暨长江经济带废弃露天矿山生态修复工作方案（送审稿）》。会议强调，要坚持依法修复、保护优先、一矿一策、规范管理和“谁破坏、谁修复”的原则，全面完成长江经济带废弃露天矿山和绿心地区矿山矿洞的生态修复工作。会议审议通过《2021年雨花区老旧小区改造项目计划（送审稿）》。2021年计划对13个老旧小区提质改造4312户，预计投资1.1亿余元。会议强调，要把老旧小区改造与“三供一业”移交、电梯加装、停车设施等统筹考虑，整体推动人居环境改善；要整合资源，引导产权单位、社会力量、物业公司、小区居民积极参与改造，形成工作合力；要着眼长远，既考虑当前提质改造，又考虑后期运营管理，确保建设、维护、管理一体化，确保改造后可持续、专业化管理。 （陈湘海）

【质量强区暨创建国家食品安全示范城市工作推进会】 2020年5月12日，雨花区质量强区暨创建国家食品安全示范城市工作推进会召开。会议总结回顾2019年全区质量强区及食品安全工作，安排部署下一步工作进行。区教育局、区市场监管局、左家塘街道、同升街道、湖南中南智能装备有限公司、红星农副产品大市场、赤新农贸市场7家单位作表态发言。会议表彰通报2019年第2—4季度农贸市场获奖名单及2019年年度“人民满意农贸市场”获奖名单。其中，马家冲农贸市场、桂花农贸市场、佳兆业便民生鲜市场、活力生鲜市场、新星小区农贸市场5家市场获得“2019年度人民满意农贸市场”奖牌。区委副书记、区长刘素月强调，深化思想认识，切实增强紧迫感责任感；聚焦工作重点，持续提升食品安全治理水平；强化质量意识，扎实开展质量强区建设；主动担当作为，着力健全齐抓共管工作格局。长沙市市场监督管理局党组成员、副局长肖磊等出席会议。（陈湘海）

【“大干一百天　实现双过半”竞赛活动讲评会议】 2020年5月12日，雨花区“大干一百天　实现双过半”竞赛活动讲评会议召开。区委副书记、区长刘素月讲评全区竞赛活动开展情况，指出现有差距，分析研判形势，提出后段工作明确要求。刘素月指出，全区上下要紧盯目标、巩固优势、补齐短板、加强调度，通过主动作为、倒排时间、全力冲刺，确保百日竞赛取得优异成绩。区委书记张敏强调，要紧盯目标，抓牢工业、固投、项目建设、服务业、税收等重点工作，抓攻坚、抓赶超，精准分析研判各项指标构成，细化工作抓好落实；紧盯问题，把困难和问题想在前，针对短板和瓶颈，认真分析，排名靠前的巩固基础，排名靠后的迎头赶上，拿出过硬措施，推动问题解决；紧盯责任，区竞赛活动领导小组要发挥牵头抓总、协调各方作用；紧盯考核，要一项项按竞赛要求推进，务求工作成效。切实做好防汛备汛、安全生产、领导下访接访、脱贫攻坚和困难群众帮扶等工作，确保社会大局和谐稳定。张敏强调，要常态长效抓好疫情防控，做好企业防控，做好外来务工人员健康监测、核酸检测、上下班管理等，加强学校防控，强化值守、排查、管控、预警和处置常态化机制，确保联防联控、常态长效。（陈湘海）

【脱贫攻坚工作调度会】 2020年5月26日，雨花区脱贫攻坚工作调度会召开。区委组织部宣读《雨花区派驻脱贫攻坚帮扶工作组实施方案》，雨花区向跳马镇14个村（社区）派驻脱贫攻坚帮扶工作组干部开展结对帮扶。会议明确各工作组的派驻时间2020年5—9月，以每个村不低于4人的标准配备力量，其中组长1名，组员若干名，工作组人员每月在村工作时间不少于20天，确保将所有贫困户包干到人。要求工作组人员了解掌握贫困户家庭情况、致贫原因等，并制定脱贫工作计划，做到“一户一策”。要细化帮扶措施，确保贫困户政策享受不漏项，确保贫困户增收稳定脱贫。要充分发挥自身优势，尽心尽力地为贫困户排忧解难，在提供农副产品销售、就业就医等信息方面发挥力所能及的作用，加强思想引导，帮助贫困户树立自力更生、勤劳致富的观念，增强脱贫致富的信心和决心。14名脱贫攻坚帮扶工作组组长总结汇报前段工作，表态将不负使命、勇挑重担，确保如期高质量完成脱贫攻坚收官任务。区委副书记、区长刘素月要求，要提高脱贫攻坚的质量与成色，重点抓好产业扶贫和就业扶贫；要以问题为导向，坚持“回头看”，在规定的时间节点内，实现问题100%清零；要提高群众满意度，带着感情和责任去帮扶贫困户，在工作中要目标清晰，端正工作作风；要做好基础工作，认真再认真，细致再细致，做到人、账、卷、实完全相符；要强化组长负责制，以组长为中心，牵头带动全组工作人员，全力以赴投入脱贫帮扶工作中去；要加强工作调度，实行一周一调度，一周一排名，及时交流，及时点评；要严格奖惩制度，将帮扶小组工作人员的表现、态度与作风，作为重要指标纳入年底绩效评优考核中。（陈湘海）

【自贸试验区雨花片区工作推进会】 2020年11月11日，自贸试验区雨花片区召开工作推进会。区自贸办汇报《湖南自贸试验区长沙市雨花片区近期重点工作推进表》《湖南自贸试验区长沙片区改革事项责任分解表（雨花区牵头项目）》推进落实情况。区直各部门就任务清单和重点工作推进情况作详细汇报，分析探讨雨花区可自主提出的改革创新项目清单。区委副书记、区长刘素月指出，要善于学习，对区自贸办汇编的学习资料，要结合职能职责认真学习、深入研究，力争学透、学专、学精；要主动作为，各牵头单位、责任单位要按照任务清单、职责分工，主动谋划，主动对接，确保各项工作加快推进；要问需于企，围绕企业对外贸易、金融、投资等实际需求，为企业创造更好的发展条件、更优的营商环境；要整合资源，充分整合政府、行业组织、市场、企业等各方资源，形成工作合力；要加大宣传，及时跟进报道自贸试验区工作亮点、成果、创新举措等，营造浓厚氛围。12月3日，自贸试验区雨花片区工作推进会召开。区自贸办汇报近期几项重点工作推进情况。区政府副区长易静传达12月2日长沙片区工作督导会会议精神，部署自贸试验区雨花片区块下一步重点工作。会议要求，加强宣传推介，助推招商引资；把握时间节点，严格按照省市要求，加快推进雨花区可承接改革试点任务落地；建立长效机制，形成一周一次碰头、一次培训（自贸知识大讲堂），两周一次主要领导调度，以及一月一次领导走访、企业座谈机制。（陈湘海）

【“十四五”规划纲要专题研究会】 2020年11月22日，雨花区政府“十四五”规划纲要专题研究会召开。规划编制课题组介绍区“十四五”规划编制进展情况。与会人员围绕指导思想、发展定位、主要指标、重点内容进行交流探讨。区委副书记、区长刘素月主持会议，强调要把规划编制作为当前重点工作来抓，加强调度，倒排时间，集中修改完善；要统筹组织区委办、区政府办、区直有关部门等各方力量深度参与，集思广益，群策群力；要科学测算未来5年主要指标，既科学合理，又振奋人心，使规划真正成为未来五年把脉定向、指路引航的纲领性文件。区政府全体班子成员，规划编制课题组成员，区政府办、区发改局相关负责人参加会议。（陈湘海）

【圭塘河流域综合治理暨河长制工作推进会】 2020年8月20日，雨花区圭塘河流域综合治理暨河长制工作推进会举行。区河长办汇报全区河长制工作任务完成情况，部署下一步工作计划。会议要求，各责任单位进一步责任上肩，抓好市级河湖长制暗访问题整改，同时做到举一反三，杜绝类似问题再次发生；要进一步统筹推进工作，紧盯“截污、提标、调水、监管”方向，在推进河长制工作中明晰举措，落实落地；要全力推进涉水项目建设，为圭塘河水质提标打下坚实基础；要整体谋划流域综合治理，加快推进管网功能性普查、雨污分流改造、海绵城市示范公园建设等工作，提前谋划好圭塘河新三年行动治理方案，打造圭塘河治理升级版。会议强调，河流河长要主动牵头、谋划、推进各项工作，带头开展巡河巡查，做到守河有责、守河担责、守河尽责；各街镇要按照工作要求，逐项推进，确保落实；各部门要强化联动配合、协同作战，凝聚工作合力。河长办要发挥组织协调、督促落实作用，认真抓好问题督办、考核考评等工作。雨花区委书记、第一总河长张敏，相关区领导、相关街（镇）负责人参加会议。（陈湘海）

重大活动

【区政府党组调研脱贫攻坚】 2020年5月9日，雨花区政府党组开展走访建档立卡贫困户活动，区委副书记、区长刘素月，副区长邹春林、黄健元、陈怀宇、刘江红、易静、蔡泽敏、吴平辉，党组成员、区政府办公室主任钟波分别带队深入跳马镇走访贫困户。各组以“四不两直”（不发通知、不打招呼、不听汇报、不用陪同接待、直奔基层、直插现场）方式随机抽查走访贫困户，主要考察贫困户家庭环境卫生干净整洁、住房安全、饮水便利、享受产业扶贫政策、精准扶贫资料袋资料齐全、家庭人员健康状况、子女享受义务教育情况、帮扶政策精准、村里道路和环境改变等情况，并对驻村扶贫干部工作履职情况进行打分、排名。走访结束后，刘素月召集9个走访小组以及跳马镇、相关区直部门、各帮扶工作组召开走访情况现场点评会，9个走访小组详细汇报、点评走访情况，各点评组点问题、指不足、讲经验、谈变化、提建议。刘素月强调，要加强培训力度，确保所有帮扶干部对国家帮扶政策精准掌握，并考核过关；要加强走访频率，全面掌握建档立卡贫困户的基本情况、生活变化、发展需求等信息；要加强排查力度，实施动态管理，全方位排查并解决贫困户遇到的困难与问题；要加快整改速度，对所有排查出来的问题，确保在5月30日前全部清零；要提高脱贫攻坚的成色与质量，重点抓好产业扶贫和就业扶贫，让贫困户实现可持续脱贫、高质量脱贫。（陈湘海）

【“蓝天保卫战”工作讲评】 2020年雨花区开展4次“蓝天保卫战”工作讲评。

1月3日，区委常委会传达市委“蓝天保卫战”讲评部署会精神，统筹规划和全面安排2020年雨花区“蓝天保卫战”工作。

4月21日，雨花区“蓝天保卫战”第一季度工作讲评会议召开。雨花区委副书记、区长刘素月主持会议。区政府副区长蔡泽敏传达长沙市“蓝天保卫战”第一季度讲评会会议精神，安排部署雨花区“蓝天保卫战”工作。雨花区委书记张敏、区领导、区直各部门及街道（镇）负责人参会。

7月16日，雨花区2020年第二季度“蓝天保卫战”工作讲评会举行。区市场监管局、区住建局、区城管执法局等“十大”专项整治行动牵头单位汇报工作情况，与会领导进行讲评并给出意见。会议强调，紧盯目标任务，坚持目标不变、力度不减，一个指标一个指标抓，一天盯着一天干，确保全面完成各项任务。狠抓问题整改，对于项目建设进度滞后、污染问题出现反弹、监管执法不够严格等问题，一项一项整改到位，确保不反弹。强化站点管控，区国控站点、各街镇小微站点要认真落实“点长制”各项工作要求，以问题反馈为工作导向，精准发力，从源头上解决问题。攻坚臭氧治理，要紧盯车辆，加快淘汰老旧柴油货车、推进渣土车电动化改造、更新升级非道路移动机械等；要加快推进锅炉低氮改造；加强行业、企业挥发性有机物治理；要督促建筑工地开启喷淋雾炮设备、落实降尘降温要求；要充分利用大数据，加强实时监测、精准研判，有效应对风险问题。聚焦专项整治，区市场监管局、区住建局、区城管执法局、区生态环境分局、区交警大队、区交通运输局等牵头单位要认真履职、牵头推进；各配合单位、落实单位要协同联动、齐抓共管，确保专项整治行动取得实效。深化群防群治，要发挥区网格化管理平台作用，网格员下沉一线，发现问题，做到第一时间交办、第一时间整改。要发动环保志愿者、居民群众共同参与巡逻检查，形成群防群治的良好局面。压实工作责任，相关领导要靠前指挥，加强工作统筹；区蓝天办要科学研判，精准调度；区直部门要根据职责分工认真履职，加强配合，解决实际问题；

2020年10月19日，雨花区“蓝天保卫战”第三季度工作讲评会
（区融媒体中心　供图）

各街镇主要负责同志要亲自抓、抓到底，针对臭氧污染治理等重点任务，一项一项抓到位；区蓝天办、“两办”督查室要严格开展督查、督促整改落实，确保工作落实落地。

10月19日，雨花区“蓝天保卫战”第三季度工作讲评会召开。会议传达全长沙市“蓝天保卫战”第三季度工作讲评会议精神，讲评全区三季度工作情况，安排部署第四季度“蓝天保卫战”和迎接省级环保督察“回头看”工作。区委书记张敏肯定前三季度取得的优良成绩，全区空气优良率达到91%，二氧化氮（NO_2）、可吸入颗粒物（PM_{10}）、细颗粒物（$PM_{2.5}$）均值和空气质量综合指数排名全市中心城区第一。张敏强调，全面抓牢特护期防控。进入秋冬季大气污染防治特护期，要重点加强可吸入颗粒物（PM_{10}）、细颗粒物（$PM_{2.5}$）等颗粒物污染管控；重点抓好工地扬尘、渣土扬尘、道路扬尘治理，施工工地扬尘防治措施必须严格落实到位；开展渣土车、混凝土车、高排货车等高排车辆集中整治，科学开展交通疏导，减少车辆怠速排放；加强对涉气企业的巡查执法，严格落实行业标准和管控要求，必要时引导企业错峰生产；继续加强“散乱污”企业整治，防止反弹；加大监管力度，严禁焚烧露天垃圾、秸秆等，严控露天烧烤，做好烟花爆竹禁燃限放；督促餐饮门店油烟净化设施安装、使用和维护到位；要加强预警调度和应急管控，制定详细的应急预案，一旦指标有风险，立即采取措施，确保管控精准有效。加快推进重点项目建设，相关责任单位务必要加强调度、全力攻坚，按照时间节点保质保量完成任务。保持高压态势，持续开展氮氧化物、挥发性有机物等专项整治，加强对汽修、包装印刷、建筑工地、道路运输等管控，为2021年臭氧污染防治工作打好基础。落实“三级执法、两级巡查”要求，县级领导带队开展巡查，区蓝天办、相关职能部门和各街镇组织开展专项执法、联合执法，做到精准打击、重拳整治；对巡查执法中交办的问题，必须迅速整改到位，确保不反弹。压紧压实点位责任，各部门、街镇负责人要统筹调度、督促落实；针对特护期的防控任务，要一项项抓到位，确保工作落实落地。（陈湘海）

【协作帮扶调研】 2020年11月，雨花区委副书记、区长刘素月率队调研对接协作帮扶工作。11月3日，刘素月一行到张家界市桑植县，实地考察张家界九天生物科技有限公司和万宝山茶业有限公司，参加雨花区·桑植县“携手奔小康”第五次联席会议暨消费扶贫签约仪式。11月4日，刘素月一行到湘西土家族苗族自治州龙山县石牌镇，考察桃源村人居环境整治、石牌镇敬老院、百合仓储物流园3个雨花区援建项目和佳湘源百合专业合作社。刘素月一行看望雨花区派驻桑植县、龙山县石牌镇的扶贫工作队，听取扶贫工作队相关情况汇报，询问工作队队员工作和生活情况。刘素月要求，扶贫队在桑植县、石牌镇的精神面貌、工作实绩等各项工作都要走在前列；区财政局、区扶贫办等部门要加强统筹调度，从工会、机关和街道等预算单位做起，进一步规范消费扶贫支持方向；派驻工作队要对标对表，全面梳理，查找漏洞短板；全区各部门要从资金帮扶、产业发展、消费扶贫等方面加大支持力度，全力支持工作队打好脱贫攻坚战。区委常委、组织部部长李颖，区政府副区长陈怀宇，区政府办、区财政局、区农业农村局等部门负责人参加调研。

（陈湘海）

【建设“智慧雨花”】 2020年，雨花区人民政府贯彻落实国家“互联网+”行动和大数据、云计算发展的战略部署，推动互联网创新成果与城市发展深度融合，加快推进“智慧雨花”建设，促进区域经济跨越发展。3月27日，雨花区与中国联合网络通信有限公司湖南省分公司（简称“湖南联通”）签署“智慧城市”战略合作协议，双方坚持“市场主导、政府引导，聚焦重点、突出特色，开放共享、融合创新，效率优先、惠及民生，立足发展、保障安全”的合作原则，充分发挥各自特点，利用湖南联通精品网络、两大云数据基地优势及强大的系统集成实力，在公共服务管理、城市治理、城市运营管理、智慧城市应用、城市承载平台等多个领域，通过智能化应用全面提升资源利用效率，优化城市管理和服务，推动智慧城市可持续发展。深化在无人机联合创新产业基地、通讯基础设施建设、智慧城市治理等各领域的合作，推动产业智能化、决策科学化、治理精准化、服务高效化。11月16日，雨花区与湖南联通“智慧城市”战略合作推进会议召开。湖南联通介绍“智慧城市”建设合作情况，双方探讨交流进一步加强合作。区委副书记、区长刘素月指出，“智慧城市”建设是未来城市发展的必然趋势，是“十四五”规划的重点方向。要以编制“十四五”规划纲要为契机，共同谋划、携手共建，推动“智慧城市”建设合作走向更深层、更广领域；科学布局项目，重点推进5G新基建、流动人口智慧管理、社会信用信息体系建设；开展“智慧城市”建设微创新征集大赛，集思广益、汇聚民智，推动更多优秀设计方案落地实施，不断提升城市治理和服务水平，进一步提升人民群众的幸福感获得感。（陈湘海）

【学习自贸区经验】 2020年10月，雨花区派团考察上海、浙江、天津等地自由贸易试验区，学习各自贸区在深化体制机制改革、发展开放型经济、打造一流营商环境、激活创新创业要素等方面的先进做法，借鉴参考已获批自贸试验区建设成功经验，为雨花区自贸试验区的布局、探索与实践积累经验。10月20—23日，区委书记张敏率雨花区考察团考察学习上海和浙江自由贸易试验区建设发展经验，考察上海绿地全球商品贸易港、上海自由贸易试验区陆家嘴管理局、陆家嘴金融城党群服务中心、杭州跨境电商综合试验区、考察杭州“城市大脑”指挥中心等地，学习上海和浙江自贸试验区的机构设置，工作经费保障和专项资金使用，自贸区管理模式和管理办法，保障机制、平台建设，政策研究、招商引资、改革创新等工作推进做法和典型经验等；学习跨境电商发展模式、跨境电商相关政策、智慧城市管理等方面的经验和做法。10月26—27日，区委副书记、区长刘素月率考察团考察天津城市更新及自贸试验区建设、有关政策等情况。考察天津自贸试验区滨海新区政务服务中心、天津（空港）欧洲贸易中心等地，详细了解自贸试验区加快政府职能转变、扩大投资领域开放、推进贸易发展方式转变、深化金融领域开放创新、完善法治领域制度保障、优化营商环境、优化人才管理、制定产业规划、推进招商引资、完善城市建设与管理等方面的经验和做法。（陈湘海）

【浏阳河国际文化科创基地招商签约暨项目启动仪式】 2020年6月17日，“盛启湖湘，共见未来”浏阳河国际文化科创基地招商签约暨项目启动仪式在雨花区举行，骏德商业集团、深圳市电子行业协会、深圳今日人才信息科技有限公司、深圳加推科技有限公司、中国南航集团文化传媒股份公司、瑰丽酒店集团、穆勒国际控股、铜锣湾集团、投资家、大器资本、华夏电视传播有限公司等32家来自文化、科创、金融等领域的企业现场签约，正式进驻浏阳河国际文化科创基地，长沙高铁新城片区的开发建设开启新的篇章。基地开发主体天集容德公司与佳兆业集团进行工程代建签约。天集产城集团董事长兼CEO、天集容德地产开发有限公司董事长李可致欢迎辞。中共长沙市雨花区委副书记、区长刘素月致辞表示，“大干一百 天实现双过半”——大竞赛如火如荼，稳增长使命在肩，开放的雨花正以实干为桨、信心为帆，朝着全年目标任务乘风破浪砥砺前行，作为雨花区重点项目，浏阳河国际文化科创基地，将助力雨花书写这个伟大奋进时代的“时代篇章”。会后，雨花区组织参加活动的科技投资企业考察雨花经开区部分重点招商项目和雨花区部分重点楼宇招商项目，相关区领导与各位企业主进行深入的面对面交流。湖南省委宣传部副部长、湖南省文化旅游厅党组书记、副厅长禹新荣，长沙市人大常委会党组书记、主任谢卫东，长沙市人大常委会党组成员、秘书长、办公厅主任柳美景，雨花区委书记张敏等出席活动现场。（陈湘海）

【重大项目集中开竣工】 2020年9月29日，长沙市重大项目集中开竣工（雨花区会场）活动在雨花区浏阳河国际文化科创基地项目举行。长沙市人大常委会党组书记、主任谢卫东出席活动并宣布开竣工。开工项目代表长沙市天集容德地产开发有限公司董事长钟烨发言，介绍浏阳河国际文化科创基地项目，表达致力把项目建设好、运营好、发展好的决心。竣工项目代表湖南工业4.0创新中心副总经理谢赛表态，要以项目建成为新的起点，以更强的技术、更优的服务、更快的变化、更多的奉献来回馈雨花、反哺长沙，助力湖南打造先进制造业高地。雨花区委书记张敏致辞指出，雨花区坚决贯彻省、市决策部署，坚持一手抓疫情防控、一手抓经济发展。66家规上企业2月底全部复工，产能恢复率100%，以“百日竞赛”活动为抓手，以强有力的项目建设稳增长、促发展。1—9月，全区纳入市重大项目计划库的110个项目中，59个续建项目全面复工，36个新建项目提前开工，11个预备项目实现转化开工，形成较好的形象进度和实物工作量。集中开竣工项目包括浏阳河国际文化科创基地等7个开工项目和湖南工业4.0（中南智能）创新中心等9个竣工项目，总投资163亿元，涵盖智能制造、文化科创、市政交通基础、社会民生、城市综合体等多个领域。雨花区委副书记、区长刘素月等市、区相关领导、项目建设要素保障部门、开竣工项目代表、建设单位及施工单位有关负责人近200人参加活动。（陈湘海）

【上海招商】 2020年8月21日，“开放雨花·梦想直达”长沙市雨花区2020软件和信息技术服务业招商推介会在上海举行，推介会注重引资、引智、引技相结合，聚焦全产业链合作，助力雨花经济高质量发展。现场吸引包括上海哔哩哔哩科技有限公司、中南高科产业集团、中国五冶集团、深兰科技有限公司等60多家软件信息行业翘楚及百余名知名软件信息企业嘉宾“大咖”参加，促成一批优质、高端企业和项目落户雨花。现场签署落户企业7家，战略合作企业2家，意向投资金额近10亿元。雨花区委副书记、区长刘素月从历史文化、经济发展、产业优势、地理位置等方面全面推介雨花。她表示，雨花区积极响应长沙市“软件业再出发”部署，制定软件和信息技术服务业三年行动计划，谋划圭塘河数字经济带、雨花经开区工业软件及智能机器人装备产业基地“一带一基地”软件产业布局，出台软件业高质量发展扶植政策，致力引进和培育一批软件业龙头企业和人才，为建设财富品质幸福雨花赋智赋能。欢迎投资置业雨花，雨花区将提供最好的政策、最优质的服务、最有力的保障。招商小组详细推介长沙市人才政策、雨花区软件信息产业政策及雨花区商业楼宇。上海菲伽智能科技有限公司董事长应继伟和上海微京信息科技有限公司董事长杨剑波作为签约企业代表发言。湖南省人民政府驻上海办事处副主任姚晓翔对活动的成功举办表示热烈祝贺，简要介绍湖南近年来经济社会发展情况。他表示，湖南省政府驻上海办事处将围绕省委、省政府中心工作和战略部署，努力促进湘沪交流合作，继续竭诚为包括长沙市、雨花区在内的全省各地来沪开展各类商务活动提供支持和保障，为上海及华东地区在湖南投资的企业提供更加优质的服务。并向参加推介会的企业家发出邀请，欢迎他们多到湖南观光旅游、投资兴业、创新创业。长沙市人民政府副秘书长王体泽、长沙市驻上海办事处主任苏准、长沙市工业和信息化局总经济师熊祥林、雨花区人民政府副区长易静等出席活动。（陈湘海）

工作纪要

【概况】 长沙市雨花区人民政府办公室是区人民政府的工作机关，负责政府各部门的综合协调和调度；协助起草和审核以区政府、区政府办名义发布的文件；研究区政府各部门请示区政府的事项，提出审核意见；负责起草《政府工作报告》、区政府重要综合性材料和区政府领导的重要讲话；负责区政府各种例会和大型综合会议的会务；负责国务院、省政府、市政府和区政府重要决策、决定贯彻落实情况的督查检查，督促有关部门办理好人大代表、政协委员提出的建议、意见和提案；对经济建设与社会发展重大问题进行调查研究，为区政府领导决策提供服务；负责值班和接待，协助区政府领导组织处理信访、突发事件和重大事件；负责全区政府系统办公信息化的规划、建设、管理；负责管理区数据资源中心、会展业发展服务中心、优化营商环境协调事务中心；承办上级交办的其他事项。设区禁毒委办公室1个议事机构，区数据资源中心、区会展业发展服务中心、区优化营商环境协调事务中心3个事业单位。（陈湘海）

【综合调研】2020年，雨花区政府办公室紧盯疫情防控、百日竞赛、自贸区建设、生态治理、城市建管等中心任务、重点工作，组织开展调研21次，形成一系列调研成果，为领导决策提供参考。做好综合文字材料起草工作，完成经济社会发展情况通报、《政府工作报告》等各类文稿300余篇、80余万字。积极做好雨花形象推介，组织申报全国百强区创建工作，向上级报送政务信息200余篇，被国办、省办采用20余篇，被评为全市政务信息工作先进单位。（陈湘海）

【政令畅通】2020年，雨花区政府办公室进一步提升精细办文、高效办会、协调服务的能力，严格规范办文程序，依托办公协同平台，审核制发各类公文1063件，办理收文2602件，处理涉密文件57件，基本做到“案无积卷，事不过夜”。按照“零差错、零失误”要求，高质高效完成区政府常务会议、区长办公会议等重要会议会务组织。合理安排区政府领导公务活动，协助制订区领导周工作安排表48份，编撰大事记78条。严格落实“基层减负年”相关要求，区政府办下发的可控性公文同比下降19.8%，大中型会议同比减少26.7%。组织开展“七五”普法学习，抓好政府办对外文件的法律审核审查，涉法事务全年“零差错”。（陈湘海）

【督查工作】2020年，雨花区政府办公室围绕区委、区政府重大决策，深入一线，真督实查、跟踪问效，开展疫情防控、作风建设、“蓝天保卫战”、安全生产、征地拆迁、城管环保网格化、农贸市场、财税问题等督查147次，强化鼓励真抓实干的导向，有力保障政令畅通、令行禁止。提升建议提案办理水平，承办市、区人大建议94件、政协提案76件。（陈湘海）

【优化营商环境】2020年，雨花区建立健全区级“指标长”机制，制定《雨花区2020年优化营商环境工作行动方案》，构建“指标长牵头抓总、指标办具体推进、责任部门全面配合”的工作格局，接受国家营商环境测评工作，区企业开办速度达到沿海发达地区水平，企业注销改革走在全省前列。（陈湘海）

【会展工作】2020年，雨花区政府办公室加强疫情期间展会管理指导，积极参与第二十二届中国中部（湖南）农业博览会会务组织，实现圆满闭会。（陈湘海）

【禁毒工作】2020年，雨花区顺利完成禁毒示范城市创建实地迎检任务，推进禁毒预防宣传教育，开展“6·26”国际禁毒日、“禁毒第一课”、禁毒社区巡讲等禁毒“六进”宣传活动121场次，污水涉毒成分检测实现全市最低值，禁毒民调成绩排名长沙中心城区前列。（陈湘海）

【数据资源管理】2020年，雨花区加快推进“智慧雨花”建设，进一步规范全区信息化项目、政务数据资源、政务外网等领域管理。区政府网站“政民互动”、“幸福雨花便捷生活”微信公众号被全国电子政务理事会评为“2020年政府网站政民互动类精品栏目”，获“2020年微服务卓越奖”；区数据资源中心被评为“2020年互联网+政务服务先进单位”。（陈湘海）

【应急值班】2020年，雨花区严格落实值班制度，实行一般干部24小时坐班、“两办”主任带班、县级领导节假日值班的三级值班制度，值班值守工作进一步规范化、科学化、制度化，向市政府总值班室上报事件信息96条，周工作简报87条，省、市领导批示落实情况4条，收集、处理下级报送的紧急信息562条，信息报送和处理做到及时、精准、高效。（陈湘海）

信　访

【概况】长沙市雨花区信访局为区政府归口管理机构，负责受理、交办、转送、协调处理信访人提出的信访事项，承办上级和本级人民政府交由处理的信访事项，指导本级人民政府其他工作部门和下级人民政府信访工作机构信访工作。下设区人民来访接待中心，承担接访、办信、办案、复查复核、网络信访、督查督办等职能。

2020年，区信访局围绕控增量、去存量、减总量的工作思路，着力强化源头防控、积案化解、交办件办理等工作举措，全区信访总量明显下降，妥善劝返进京赴省到市非访群体，做好全国、省、市“两会”期间、中共十九届五中全会期间信访工作任务。同比分别下降17%、4.8%；办理上级交办件43件，办结率100%。办理网上投诉1660件，办结率97.5%，群众满意率98.5%；办理人民来信149件，办结率100%；开展复查复核案件21件，有效维护群众合法权利。（刘青帝）

【领导接访】2020年，雨花区坚持县级领导坐班接访制度，印发《雨花区2020年县级领导坐班接访工作时间安排表》，每个工作日和重大特护期（含节假日）均安排一名副县级职以上（含）领导干部到区人民来访接待中心接待信访群众。落实县级领导接访日156个，接待群众606批1421人次。按照县级领导包案化解信访问题的安排，把坐班接访与包案约谈、预约接访相结合，通过党政领导接访集中解决中央、省、市、区交办的信访老案难案。区信访局做好会前准备、保障对接，交办反馈，确保领导接访批示迅速传达到责任单位，办理情况及时反馈到领导，推动接访领导的再次调度和协调，确保上访人

的合理诉求得到有效维护。（刘青帝）

【复查复核】 2020年，雨花区信访局通过召开协调会、见面会、现场调查等方式，积极为申请人提出的诉求进行合理合法性审查。接到复查复核申请22件，同比下降45%，其中化解满意5件，依法分类处理9件，退回责任单位重新办理4件，对不属于复查范围事项不予受理2件，对申请人不合理诉求不予支持2件，所有文书均送达申请人。（刘青帝）

【督查督办】 2020年，雨花区坚持“以督促化、以督促稳”，赴街道（镇）实地督导，确保雨花区积案化解活动顺利开展，区信访工作联席会议对督查中发现的12个落实信访责任不到位、工作存在问题的单位的主要负责人进行约谈，对6个化解稳控责任落实不到位的单位进行全区通报批评，推动信访工作责任落实。（刘青帝）

【积案化解】 2020年，雨花区开展积案化解攻坚年活动。开展“三无”街镇和“三零”社区创建活动，坚持每月开展一次信访工作专项督查，推动群众工作落实在街镇、社区（村）一线、将矛盾纠纷化解在基层，154个社区实现“零上访”。开展信访矛盾隐患滚动排查18次，摸排重要矛盾隐患信息100余条，对出现的信访领域新形势、新动向第一时间呈报区信访联席会议，并通报至责任单位，一一交办至责任单位进行化解、稳控，确保矛盾隐患及时交办、及时处置。以市领导下沉督访和全省集中化解房地产办证信访突出问题为契机，主动“亮丑”，将特别复杂又涉及重大民生的5个房地产领域办证信访问题率先呈请省委常委、市委书记胡衡华，市委副书记、市长郑建新，市人大常委会主任谢卫东，市委常委、宣传部部长陈刚分别下沉督访。区委书记张敏召开各类调度会21次，区委副书记、区长刘素月进行专题调度17次，区委副书记陈永高到市向联点市领导、有关市直部门专题汇报6次，主持召开区信访联席会议专题调度8次；副区长吴平辉对5个案件坚持“一周一调度、一日一通报”，促推市资规局10个处室专程到雨花“把脉会诊”。同升湖山庄已办理好部分产权证，泰禹家园四期产权证办理问题得到妥善解决，加速推动利璞大厦、汇景豪庭产权证办理相关工作，问题基本得到化解。融程花园酒店信访事项依法依规导入司法途径。雨花区积案化解工作得到市委督查室、市信访联席办高度认可，在全市做经验发言。针对雨花区信访积案化解已进入啃“硬骨头”的新形势，雨花区成立由区委副书记、区信访工作联席会议第一召集人陈永高任组长的五人小组，进一步加大信访积案攻坚力度。区信访工作联席会议将全区摸排出的63件重点信访积案，全部交由县级领导包案领办、属地责任单位党政一把手直接负责，并严格落实“一件案子、一名领导、一个方案、一套班子、一包到底”制度，区委副书记陈永高、副区长吴平辉牵头，坚持一月一调度，重点分析研判信访工作形势、研究解决复杂信访问题，有效加强工作统筹，积案攻坚进入快车道。（刘青帝）

【信访问题调研】 2020年，雨花区信访局与区政协成立专门课题组开展信访工作调研活动。通过对全区所有街道（镇）走访，梳理出雨花区征地拆迁安置、物业管理矛盾、房地产领域纠纷、劳动保障、产权制度改革、国有企业改制、居民子女入学、环保投诉、涉众型经济纠纷等10类重点问题，分析总结信访工作中的主要做法，化解典型信访问题的难点和症结。走访浏阳市、望城区兄弟区县市，重点收集上海、宁波、杭州、绍兴先进地区的典型做法，整理出一些较为成功经验做法供雨花区参考借鉴。提出深抓思想统一，提升积案化解共识；力抓机制创新，提升规范运行水平；狠抓源头治理，提升初信初访处置能力；精抓科学铺排，提升治理攻坚效能；实抓协同配合，提升共管共治合力；硬抓综合保障，提升管理服务质量的“六抓、六提升”化解典型信访问题的建议。（刘青帝）

【信访工作考核】 2020年，雨花区实行信访工作差异化考核机制，根据街镇信访基数和工作差异，设置信访绩效考核特别指标，鼓励信访量大的街镇争创先进，一大批信访积案得到化解，为雨花区信访积案基数大幅下降奠定坚实的基础，信访工作压力减轻。对拆迁任务重，新老信访问题多的黎托街道，专门设置信访积案化解40%即加分奖励指标，该街道年初领办的19件信访积案化解过半。建立信访救助资金使用政策执行联审机制，规范信访救助资金使用程序，对需要使用救助资金的信访问题，规定由包案县级领导主持召开案件协调会，明确解决方案，涉及单位进行政策审核并签字盖章，再提请区信访工作联席会议审定。使用信访救助资金153.5万元，涉及问题全部息访息诉，杜绝简单“花钱买平安”思想，提高资金使用效率与质量，从体制机制上实现和完成省信访局提出的“四个转变”“六个强化”工作目标。建立拟出让地块信访隐患前置审查机制，对全区拟供应地块进行严格的涉信涉访审查、备案登记，信访隐患前置审查拟供应地块20余块，在充分研判拆迁信访隐患的同时，进一步压实建设单位主体责任。（刘青帝）

【信访法治宣传】 2020年，雨花区坚持把法治宣传工作纳入重要议事日程，做到常议、常抓、常监督。成立以区信访工作联席会议召集人为组长，联席会议其他成员为组员的信访法治化建设领导小组，领导小组下设办公室，由区信访局党组书记、局长任办公室主任，各街道（镇）信访办主任、区直各单位信访专干及区信访局各科室长任办公室成员。实行主要领导负总责、亲自抓，分管领导负全责、直接抓，其他领导“一岗双责”具体抓，各科室负责人各负其责的组织领导体系，宣传工作列入所有业务口，落实责任追究。落实领导干部信访接待工作制度，每天安排县级领导坐班接待来访群众，在接访过程中向信访群众发放《信访条例》《依法分类处理信访诉求工作规则》《湖南省信访事项复查复核办法》《网上信访全知晓》等宣传手册，利用大屏幕滚动播出各种信访法律法规、宣传视频，进行信访法治宣传。聘请资深专职律师任区信访局法律顾问，实行定期窗口坐班接待信访群众，参与领导接访、案件讨论、案件复查，为信访群众提供法律咨询，引导群众依法合理维权，将法治概念贯穿信访事项处理全过程，利用法律法规监督，确保信访案件办理、答复依法依规。在人民来访接待中心建立便民信箱、查询机器、投诉电话、网上信访专用电脑等，宣传《网上信访操作规程》，张贴操作流程图，安排工作人员帮助群众进行网上投诉，提供投诉便利，确保民情、民意、民智顺畅上达。区信访局专门制作《依法信访讲秩序 理性维权促和谐》动画宣传片，在全区范围内进行播放。5月，印发《雨花区2020年关于施行“信访法治宣传月”活动的方案》，开展信访法治宣传月暨《信访条例》修订15周年宣传活动启动仪式。6月，区信访局联合区检察院开展“民有所呼 我有所应”——群众信访件件有回复宣传活动，在人民来访接待中心设立宣传点，接受来访群众咨询，现场发放各类宣传资料120份。雨花区信访局、圭塘街道办事处、雨花家园社区在喜盈门商场G层中厅，开展《信访条例》修订15周年暨信访法治宣传月活动，营造学法、知法、守法、用法的浓厚氛围，稳步推进信访法治落地见效，助力“三个雨花”建设创造和谐的社会环境，通过舞蹈表演、宣传片播放、《信访条例》知识问答、信访成果展示、宣传资料发放、现场咨询等内容丰富、形式多样的活动方式，宣传《信访条例》，营造学条例、用条例、守条例的氛围，促进群众依法、文明、有序信访，为雨花经济社会全面健康发展营造和谐稳定的环境。全区13个街道（镇），以及国土、征地、司法等区直部门单位，通过各种方式开展信访法治宣传活动。全区悬挂宣传标语、横幅562条，展出宣传展板321块，发放宣传单56780张，宣传册41051本，制作微视频1个，通过电子显示屏滚动播出宣传标语1020条，广播宣传58条，通过手机短信宣传28610条，组织送法下乡10场，户外宣传活动50场，法治讲堂20场。坚持运用法治引领和保障性工作制度改革，坚持以抓好信访事项办理和信访行为依法“双向规范”为主线，全面落实诉访分离、依法分类处理信访诉求为重点，加大《信访条例》《湖南省信访事项复查复核办法》及相关法律法规宣传，规范信访秩序，引导群众依法维权，切实维护群众合法利益。（刘青帝）

人力资源和社会保障

【概况】长沙市雨花区人力资源和社会保障局（简称“区人社局”）为正科级政府工作部门，负责全区社会保障、就业服务、事业单位人事管理、事业单位工资福利、人才服务、劳动监察、仲裁维权等工作。下设社会保险服务中心、就业服务中心（创业服务中心）、劳动保障监察大队、人力资源公共服务中心，设置人力资源和社会保障经办大厅对外业务经办窗口14个。

2020年，区人社局切实主动发挥人社部门职能作用，全面落实优化营商环境工作要求，在切实降低企业用工成本、强化企业人才保障、增强人社公共服务能力上出实招、收实效，实现疫情防控和业务工作两手抓、两手硬，开创雨花人社事业发展的崭新局面。开展主题教育，打造“春风晨读”“党建+就业扶贫”等独具特色的党建品牌。联点跳马镇金屏社区开展就业扶贫、民情走访、志愿服务等活动，在全区群众工作推进会上作为先进单位进行典型发言。组织干部职工参加全区工间操云比赛，获评二等奖。组织近300名基层人社平台工作人员进行业务培训，参与全市人社系统技能大比武活动，提升干部职工业务水平。派出40名干部，分设3个重点企业和项目帮扶小组、8个驻村联络帮扶小组，到跳马镇开展疫情防控工作，实现跳马镇无一例疫情感染人员。采取“全天候”24小时服务模式，对跳马镇11家“四上”企业，172家其他各类企业、项目实现走访帮扶全覆盖，确保企业复工统筹推进。高度重视意识形态工作，发挥思想引领、舆论推动、精神激励的作用，推动各项工作落实到位。充分发挥人社宣传主阵地作用，进一步提升人民群众对人社政策的知晓率，多项工作被《人民日报》《劳动保障报》等媒体报道100余篇次。获评长沙市示范化“五化”党支部、全区“2020年事业单位脱贫攻坚集体嘉奖”“全民国防教育工作先进单位”“机关五化党支部”等表彰奖励，继续保持“长沙市文明标兵单位”。（刘雅婷）

【人事人才】2020年，雨花区坚持凡进必考、过程公开、全程监督原则，面向社会组织事业单位招聘选调工作4次，公开招聘（选调）工作人员、文字综合人员86名，选聘特殊人才13名、名优骨干教师67名，招聘教师270名、卫生专业技术人员16名。首次面向社区（村）党组织书记考核招聘5名街道（镇）事业单位工作人员。牵头做好2019年度机关事业单位6500余名工作人员的考核工作，审核嘉奖333人，记三等功（记功）86人。继续完善长沙市机关事业单位人事人才综合信息管理平台建设，严格办理新进人员、人员异动、职务晋升、技术岗位等级晋升等各类异动手续。疫情期间，广泛动员湖南愿景、长沙泰启等人力资源服务机构短期内招工3200余人，大力缓解企业用工难题。落实人才政策，为3624人发放高校毕业生租房和生活补贴1941.3万元、为189人发放留学归国人员租房和生活补贴148.4万元、为526人发放职业技能晋级奖励163.7万元。开展政府补贴性职业技能培训16396人次，其中农村转移就业劳动者培训1546人，排名内五区第一，线上职业技能培训被湖南都市频道专题报道。落实专业技术人员职称评审各项政策，完成土建工程、教育、卫生、大工程等各系列资格审核，全年向省市推荐申报大工程系列中级职称710人，教育、土建等系列高级职称309人，认定初级职称39人、中级职称54人，评审通过教育系列中级职称238人。（刘雅婷）

【就业创业】2020年，雨花区实施就业优先战略，启动“乐业雨花、职赢未来”高校毕业生就业服务季专题就业服务活动，推进高校毕业生、就业困难人员等重点群体就业，高效完成比亚迪、晓光模具等重点企业的用工服务。全区新增城镇就业14734人、失业人员再就业8019人、就业困难对象再就业3504人，城镇登记失业率3.4%，控制在内五区最低位。全面助力高校毕业生和就业困难对象灵活就业，为6723位就业困难人员和高校毕业生发放灵活就业社保补贴3970万元。推进创新创业发展，组织第四届“中国创翼”创新创业大赛雨花区选拔赛，为21个项目和10个优秀组织单位发放奖金24.3万元。指导区内122家企业申报长沙市创新创业带动就业项目，向长沙市人社局推荐创新创业带动就业项目30个、一次性创业补贴14家单位、场租补贴13家单位。率全市内五区之先，开展区一级创新创业带动就业项目申报，集中评选优秀创业项目40个，扶持资金195万元。服务企业抗击疫情，对接可孚医疗、比亚迪汽车等区内重点企业，利用网络平台线上发布招工信息，满足企业复工、产能扩大的需求，支持防疫物资生产企业，保障民生企业稳定有序，实现用工需求动态清零。率先推出“互联网+就业”的线上招聘平台，开展“春风行动”暨就业援助月网络双选会，求职、面试等环节均实现“零接触”“不见面”沟通，为574家企业发布岗位信息26210个，达成就业意向8020人。派出4支小分队赴桑植、凤凰、龙山、溆浦等地开展用工招聘，达成就业意向484人。在区市场监督管理局注册大厅设置社保专窗，开展企业开办、注销“一站式”服务；配合雨花经开区一站式服务中心开展“帮代办”服务，方便园区企业办理社保业务。落实疫情期间社保减免政策，为2万余家参保单位减免社会保险费8.36亿元（不含医疗保险）。（刘雅婷）

【社会保障】 2020年，雨花区承担重点民生实事项目指标40项，其中省考项目15项、“一圈两场三道”项目7项、市考项目18项。雨花区坚持“真情实感、真抓实干、真金实银”的理念，切实加强统筹、强化责任到位、加大协调力度、狠抓督查落实，确保40项指标圆满、超额完成任务，整体情况居长沙市内五区前列。确保社会保障全面覆盖，全区正常参保单位2.476万家，企业基本养老、工伤、失业参保人数分别为29万人、23万人、20万人，机关事业单位养老保险在职参保人数10505人，城乡居民养老参保70020人。全区企业养老保险征缴基金12.76亿元（不含减免的7.2亿元）。被征地农民社会保障工作完成97个项目（批次）4056人的社保纳入。配合区退役军人事务局完成1777人次的资格核查，实际完成企业职工基本养老保险补缴1127人次。按质按量完成央企、省企退休人员社会化管理移交工作，接收167家企业28048人。坚持“重预防、畅渠道、严执法、强制度”的工作方针，形成部门联点、考核驱动的工作格局。创新启动一次拉网排查、一次温馨提示、一次全域宣传、一次重点约谈、一次集中执法、一次联合惩戒、一次“无欠薪项目”评比“七个一”专项行动，实现源头防控。强化与刑事司法衔接，打击恶意欠薪行为，向公安部门移送涉嫌犯罪案件7起，实施联合惩戒欠薪企业2家。办理农民工劳动报酬保证金核费130家，完成缴费7588.02万元，确保新开工项目开设农民工工资专用账户覆盖率100%，未发生一起农民工讨薪群体性或极端事件。依据《保障农民工工资支付条例》，办理全省首例责令施工总承包单位先行清偿农民工工资的案件，总包单位长沙友仁建筑工程有限公司提起诉讼，长沙铁路法院一审当庭宣判，驳回该公司的诉讼请求。全区2.38万人企业退休人员养老金顺利实现“十五”连调，人均养老金待遇1779元。发放企业养老金4.7亿元，机关事业单位养老金3.8亿元。城乡居民基本养老保险对符合参保条件且有意愿参保的人群覆盖率100%，享受待遇2万余人，基础养老金标准达到每人每月228元。优化审核流程，采取养老、医疗一体化的退休审批措施，建立多岗复审的联合审批制度，将退休审批业务由固定时段改为工作日实时办理。严格把好退休审批关、待遇核发关，做到养老金发放准确、安全。按照“收支两条线”严格管理社保基金，开展社保基金专项检查活动，加强社保基金监管软件的实施应用，严厉打击欺诈行为。指导全区退休人员通过手机下载APP、自助办理养老金人脸识别资格认证，从源头上防止基金流失，排查重复领取养老金待遇17人，死亡违规领取待遇人员11人，服刑人员违规领取待遇4人，追回基金35.91万元。组织开展200余家企业进行薪酬调查，完成数量排名全市第一。组织区内45家企业建立劳动关系监测点，实时搜集企业存在困难并帮助解决。办理劳动用工备案92件，市委书记信箱、区长信箱75件，“12345”工单5566件，信访99件。为24个人力资源机构颁发许可证，为2个职业技能培训机构办理许可，1个职业技能培训机构办理增项。完成116项行政权力、113项公共服务的清理，简化办事流程，提高办事效率。

（刘雅婷）

【劳动维权】 2020年，雨花区重视维护劳动者合法权益。通过线上网络直播宣讲、线下组织企业培训的方式，组织劳动法规培训17次。受理群众举报、投诉548起，做到有案必查，有查必果，为832人追回劳动报酬1589.87万元。坚持“调解为主、效率优先”原则，充分发挥兼职仲裁员队伍积极性，公平、公正处理劳动争议案件1691起，为劳动者挽回经济损失5000余万元。联合区人民法院，成立全省首个劳动争议“一站式”调解工作室。完善基层“互联网+”调解机制，成立一支由法院、人社局、街道（镇）人社站调解员及社区人社服务中心调解员组成的队伍，采取线上、线下相结合的方式，对劳资纠纷就近、靠前调解。立案前成功调解案件200余件，庭审前调撤案件75件。（刘雅婷）

【精准扶贫工作】 2020年，雨花区严格按照为每个有劳动能力的贫困户提供3次职业介绍、1次就业指导、1次免费培训机会的“311”就业援助标准，围绕“稳定就业、就近就业、提升就业”，4次到村摸底核实，更新389名贫困劳动力个人信息。点对点上门走访，并指导就业362户1086人次，推送岗位信息5500条。新增挂牌4家就业扶贫车间，实现跳马镇42名贫困劳动力就近稳定就业。疫情期间，出台《雨花区疫情防控临时性岗位开发实施方案》，为贫困劳动力设置疫情防控临时性公益岗位105个。9月，迎接国家脱贫攻坚工作普查，区内贫困户满意度、省级普查事后质量抽查合格率均为100%。11月，接受省脱贫攻坚考核组的实地考核，实现就业扶贫迎检工作零差错、零失误、评满分。（刘雅婷）

【基层人社平台业务培训会】 2020年6月10日，雨花区召开基层人社平台业务培训会，助推"放管服"改革，提升为民办事效率，扎实推进就业创业、社会保障、人事人才和劳动关系等各项人社工作取得新突破。区社局分管负责人总结梳理2020年上半年工作，具体安排和部署下半年工作。相关业务科室负责人对农民工工作、人社技能练兵比武、创新创业带动就业项目申报、"互联网+调解"服务平台的推广与使用等业务进行详细的讲解。培训突破以往系统梳理理论知识为主的培训模式，以当场演示具体实操业务的方式，构造业务办理场景，帮助人社工作人员现场模拟办事流程，改变培训内容停留在理论阶段的情况，把培训内容真正装进人社工作人员的脑里，从而达到培训目的。授课内容上更加注重"目标性"，针对前期摸底的难点问题，重点讲解，并将业务实操过程中可能会遇到的问题，进行分析和提示，提升为民办事效率。在"你问我答"环节，人社局业务骨干和人社站工作人员对相关业务进行激烈的讨论，加深对业务的理解。区人力资源社会保障局主要负责人、分管负责人，各相关科室、中心负责人，各街道（镇）人社站副站长、人社专干，共计30余人参加会议。（刘雅婷）

2020年6月10日，雨花区基层人社平台业务培训会召开 （刘雅婷 供图）

【线上招聘】 2020年2月9日，雨花区"春风行动暨就业援助月"活动正式启动。雨花区人力资源和社会保障局做好调查摸底，实时充实招聘单位和岗位，创新实施"不打烊"政策宣传，推介一批就业创业项目，使服务对象了解就业政策和服务措施，掌握申请享受政策支持和服务的具体流程，享受就业创业扶持政策，推出线上招聘平台，举办线上双选会，500余家企业上线，提供岗位8000余个。投简历、面试等环节，均实现"零接触""不见面"沟通。企业在"人才大厅"中主动搜寻目标人才，与求职者互动沟通；意向求职者可发起即时在线面试，利用"电脑+网络环境"云端操作面试结果且随时查看招聘进程，招聘系统自动生成分析报告，帮助企业可视化监控人才引入进度，实现企业和求职者的有效对接。该平台可支持上千余求职者同时面试。（刘雅婷）

行政审批服务

【概况】 长沙市雨花区行政审批服务局为区政府正科级工作部门，负责贯彻落实中央、省、市和区关于行政审批服务工作的方针政策和决策部署。雨花区政务服务中心为区行政审批服务局所属副科级公益一类事业单位。

2020年度，雨花区行政审批服务局强化基层党组织的服务、保障作用，持续深化简政放权放管结合、监管创新、行政审批制度改革和"互联网+"政务服务等领域改革，形成管理创新、制度创新和工作创新成果，以透明高效的政府服务换取更具活力的市场和更强劲持久的发展动能。（孙琴）

【行政审批】 2020年，雨花区深层次、宽领域推进行政审批制度改革，构建全面开放的营商环境。梳理权责清单，发布《雨花区区本级权责清单》《雨花区镇街权责清单》《雨花区区本级公共服务清单》《雨花区镇街公共服务清单》4类清单。梳理镇街赋权经济管理权限清单，推动基本公共服务事项向村（社区）延伸办理。做好省、市下放的200件"一件事一次办"事项事的承接、落地及实施工作；推进"一件事一次办"高频政务服务事项跨域通办事项清理，统筹公安、民政、卫健、医保、人社等部门涉及民生的政务服务事项，并进一步拓展区级"一件事一次办"套餐配置，做到权力事项"承接能落地、落地能办事、办事能满意"。成立"中非经贸深度合作先行区全程代办服务中心"并在示范园首批入驻企业集中签约仪式上作重点推介，突出商事登记、对外贸易2个政务服务事项，为企业提供全天候、全流程、全领域、全周期的一站式帮代办服务。在全市试点推行行政审批服务网上中介超市工作，公布《雨花区行政审批中介服务事项目录（2020版）》（61项）。全面摸清底数，详细制定评价标准和合同文本。全面推广使用，扩大系统平台在行业主管部门和中介服务机构的知晓率和使用率。做好"互联网+政务服务"一体化平台的事项引用和清单的填报指导工作，平台填报率100%。强化平台应用，纵深推进市级"一网通办"系统区、街道、社区（村）三级全覆盖。利用基层"一门式"全覆盖改革工作契机，推进社区"综合窗"改革到位，实现社区窗口“一窗多能”，工作人员“全科全能”。梳理村（社区）高频政务服务事项40个并编制办事指南。形成效能监督上下联动机制，明确专人专责，通过QQ、微信、电话、系统提醒等方式督促各社区及时办件。（孙 琴）

【政务服务】 2020年，雨花区以各级政务大厅为载体，完善服务体系、规范审批行为，努力实现审批效率和服务水平的新突破。拟建“5G+”智慧式服务厅，开展新“市民之家”设计调研，按照“三集中三到位”(将部门行政审批职能向一个科室集中、承担审批职能的科室向区行政服务中心集中、行政审批事项向电子政务平台集中,审批事项进驻中心到位、授权到位、电子监察到位)原则、“综合窗”改革、不动产登记业务下沉有关工作部署，商议“市民之家”政务大厅的布局方案，高标准谋划大厅布局，为建设高效便民、信息智慧的政务服务大厅做好准备。及时设立“复工复产政策兑现专窗”，推出优惠利率贷款、银企合作模式、专项资金补助等多项举措，破解生产原料短缺、交通运输受阻、企业复工难等问题，推进区级涉及复工复产政策兑现13个事项的落地实施，办结事项2000余个、兑现金额约38亿元，全面释放政策扶持红利。压缩工程建设项目审批时限，工业项目全流程审批时限压缩至企业投资备案项目36个工作日，企业投资核准项目38个工作日；事项由47个压缩至41个，可并联办理的事项26个。整合简化工程项目报建申报材料清单，推行“一张表单”。试点免办许可项目、扩大免办范围条件、探索低风险项目审批办法、容缺受理审批二次装修项目、简化开工条件审查程序。率先推行“水电气报装”综合窗改革，采取减环节、减材料、减时间、部门并联办理等举措，通过“水电气报装及外线审批业务一窗受理、四个部门联合踏勘、一张表单审批许可、交通疏解方案容缺办理”等措施，实现3天领证，办理速度外线工程审批实现全省最快。（孙 琴）

【政府信息公开】 2020年，雨花区全面推进行政权力在决策、执行、管理、服务、结果的公开，强化政策解读、积极回应关切、扩大公众参与。在政府门户网站上建立基层政务公开标准化规范化政务公开专栏，及时公开基础信息、信息公开保障、解读回应、办事服务等事项目录；完善基层公开平台中的政策解读、回应关切、便民服务等事项。推进26个基层政务公开事项的工作安排部署，完善政务公开事项梳理。全区26个领域公开目录全部梳理完成并提交长沙市级平台审核完毕。规范区、街两级政务公开专区标准化建设，积极打造示范样本。对公开载体配置与应用进行重点规范，对各类载体上公开展示内容予以明确。在区政务大厅高规格建设政务公开专区，有效拓宽基层政务公开渠道。

（孙 琴）

【行政效能监督】 2020年，雨花区推进“互联网＋监管”工作，加强监管信息梳理归集共享。区本级梳理“互联网＋监管”23个区直部门事项571项，事项认领率100%；行政检查类事项实施清单填报541项，填报、发布率100%。依托省“互联网＋政务服务”一体化平台开展政务服务“好差评”工作，通过“12345”市民服务热线、窗口“好差评”二维码及相关投诉电话等措施，达到线上线下全面覆盖，数据和结果全面汇聚、公开。全程穿透式监管一体化平台政务服务事项的办理时限，给予超期件、预警件发放“红黄牌”，增加各部门单位对政务服务事项办理效率的重视程度、落实力度，实现政务服务法定办理时间和承诺办理时间提速率稳步提升。（孙 琴）

【“12345”市民服务热线】 2020年度，雨花区完善市民服务热线工作制度建设、建立监督考核体系，完善市民服务热线的受理、办理、督办、考核及监督等工作机制。开展热线工作业务人员系统性培训，实行热线跟班学习制度，在实践中提升办单人员的业务素质。完成区级“12345”市民服务热线平台的扩容与升级，“12333”（人社）、“12315”（消费维权）、“市长信箱”“人民网留言”“政务服务好差评”等受理渠道全部整合至“12345”热线平台。坚持每月一讲评通报，每季度一调度分析，实行热线工单联合办理，由各自办理变为牵头单位与配合单位协作办理，从单兵突进到协同作战，加快消化不满意工单。采取包案机制，针对重点问题，由分管副区长抓紧牵头开展专项整治。区长实行末位约谈，推动有关问题的解决，全面提升工作实效。树立大热线理念，充分发挥“飞梦雨花”融媒体、网格化工作（群众工作）等平台作用，通过“12345热线办理大家谈”网络宣传，网络化助力热线等形式，促进信息、人力、执法与管理资源的整合、集约和共享，提高处理解决问题的能力、效率与质量。区“12345”市民服务热线签收工单69951件，按时办结率100%，办理满意工单68235件，工单回访满意度97.55%，位列9个区县（市）办理工单量第一、涨幅第三。

（孙 琴）

【自助式服务厅】 2020年，雨花区创新探索优化营商环境、建设人民满意的服务型政府举措，设立24小时政务自助服务厅。6月22日，雨花区24小时政务自助服务厅正式投入运行，实现政务服务从8小时向“白＋黑”“全天候”服务的转变，是全市最便捷、功能最全、服务最优的区级24小时政务自助服务厅。自助厅位于区政府机关大院西门，毗邻圭塘河风光带、喜盈门范城商圈和地铁5号线出口处，对外开放程度高、交通位置便利，能够更好地为广大市民办事提供全天候服务。自助厅面积约100平方米，涵盖政务服务一体机、营业执照自助打印机、办税自助服务机、交通违章查询机、公交卡充值机、国家电网智能服务云等自助服务终端19台，可自助办理政务服务事项近200个。配备触摸屏电子设备1台，专门开发与“互联网＋政务服务”平台互通的自助服务系统，可随时查询所办事项的进度情况。配备智能收件柜1台，通过刷身份证即可安全放置申办政务服务事项所需纸质资料。安排专职导办人员，让服务更加贴心、暖心。2020年，群众自助办理各类事项1000余个。

（孙 琴）

2020年6月22日，雨花区24小时政务自助服务大厅正式投入运行（孙 琴 供图）

【网上中介服务超市】 2020年，雨花区在全市率先试点推行行政审批服务网上中介超市工作，10月22日，雨花区网上中介服务超市推进工作会议召开，标志着长沙市中介服务超市在雨花区正式启动运行。全面梳理中介服务事项，公布《雨花区行政审批中介服务事项目录（2020版）》（61项）。全面摸清底数，了解辖区内中介机构行业情况，详细制定评价标准和合同文本。全面推广使用，引导辖区内各类中介机构应进必进，扩大系统平台在行业主管部门和中介服务机构的知晓率和使用率，进一步提升网上中介服务超市运行效能，进一步规范辖区内行政审批中介服务标准化规范化建设，切实优化营商环境。（孙 琴）

数据资源

【概况】 长沙市雨花区数据资源中心为雨花区人民政府办归口正科级公益一类事业单位，主要负责统筹推进智慧城市建设、数据资源管理、服务器机房与电子政务外网、内网运维、全区性应用建设等工作，区政府门户网站及集约化体系的建设与管理、政府信息公开工作以及信息安全保障等工作。

2020年，雨花区以优化营商环境推进和发展大数据产业、打造智慧城市为重点，以推进“互联网＋政务服务”工作为主线，狠抓为民服务体系标准化建设，为公众提供优质、高效、便捷的政务服务，推进大数据产业发展和智慧雨花建设。全年累计进行网络终端运维1832次，提供视频会议保障共187次；及时发现并整改加固托管系统高危漏洞21个，测试新上线系统12个；确保“湖湘杯”、“护网行动”，网信、公安网络安全工作顺利进行。雨花区政府网站在第十九届中国政府网站绩效评估中，雨花区在全国区县政府排名第42位；2020年度，雨花区政府门户网站在全市政府网站绩效考核中排名第一；区数据资源中心被评为全市网站管理优秀单位和全市网络安全保障优秀单位，并获得全国电子政务理事会颁发的“2020年政府网站政民互动类精品栏目”、2020年“互联网＋政务”先进单位、2020“微服务”卓越奖。网站建设管理工作被湖南日报社“新湖南”客户端正面宣传报道。（易风波）

【网络管理】 2020年，雨花区改善基础网络环境，提高网络管理水平。全年进行网络及终端维护2000余次，各种现场会议网络保障146次。保障疫情防控指挥部基础网络、设备良好运行，处理网络及终端维护213次，保障指挥部区、街镇视频调度会议41次，保障市区两级防疫调度会22次。（易风波）

【项目审查】 2020年，雨花区落实《雨花区电子政务工程建设项目管理办法（试行）》，严格执行“统一规划、统一标准、统一平台、集约高效、共享协同、安全可靠”的电子政务项目建设原则，审查电子政务项目191件，为区级财政节约资金近570万元。优化项目技术审查和管理工作，避免重复建设和重复投资，提高财政资金使用效益。（易风波）

【应用管理】 2020年，雨花区推进市“互联网＋政务服务”一体化平台的应用，在保障平台正常运行的基础上，及时解决工作人员在办事服务中所遇到的各类平台操作问题，提升政务服务效率和水平。部署雨花区网格化综合管理平台，利用雨花区网格化综合管理平台，实现基层精细治理、提升社会管理效能。根据区委、区政府各部门、街镇的实际需求，保障智慧政务协同办公平台在各部门单位的常态化使用，推进智慧政务协同办公平台的应用。协助区纪委做好“互联网＋监督”工作，负责区级业务部门、街道平台账号管理以及日常技术指导等工作。（易风波）

【网站管理】 2020年，雨花区政府网站全年更新政府网站信息15067条，上报市政府阅评报告12篇，信息公开总评10篇，办理“领导信箱”信件614封，总浏览量200万余次，推送微信信息275条。围绕自贸区建设、教育、环保、交通、市政等热点领域，新建“复工复产政策兑现‘一件事一次办’惠企专栏”“自贸试验区专栏”“教育服务办事专题”“社会保障办事专题”等12个专题栏目。制定《关于做好雨花区政府网站年度考核内容保障工作的通知》《关于进一步加强雨花区政府网站“领导信箱”工作的通知》等文件，在政民互动栏目中增设信件联办申办及法制审核环节，健全信件发布四审制。（易风波）

【数据资源管理】 2020年，雨花区初步建成区数据治理与安全管理平台，规范数据资源产生、采集、存储、交换、加工、整合、使用、反馈等环节的管理，实现与市级平台的双向数据互联互通，完成对城管、民政、网格化、环卫等业务系统的数据资源目录整理，共整理63个数据资源目录，信息项1666个，数据梳理入库586.75万条，通过清洗比对治理后，共归集人口相关数据160万余条、法人数据18万余条、建筑物数据2万余条，初步形成雨花区基础数据库，2020年在全市数据管理能力成熟度评估中以71分成绩排名第一。

（易风波）

【疫情大数据排查】 2020年疫情防控期间，雨花区累计接收数据6万余条，在全市下发数据量中最大，均按照相关要求核查到位。制定《关于应对秋冬季新冠肺炎疫情防控工作方案》《关于应对突发新冠肺炎疫情防控应急预案》等工作方案，为区疫情防控工作起到数据支撑和辅助决策的作用。

（易风波）

【视频资源整合汇集】 2020年，雨花区整合汇集视频资源，完成公安天网、住建、学校等视频资源近1.9万个；以智慧雨花运行管理中心为依托，建立应急指挥调度中心，接入视频会议专线3路，实现“一专多用”。（易风波）

【区政府网站集约化迁移】 2020年3月26日，雨花区政府网站顺利完成长沙市政府网站集约化迁移，区内51家单位子网站上线正常运行。市政府网站集约化平台通过汇聚内容发布、互动交流、运维监控等子系统，采用查询替换、错别字批量修改、智能校对、敏感词提示等便捷功能，简化信息发布工作流程，提高工作效率，提升网站整体安全系数，实现统一标准体系、统一技术平台、统一安全防护、统一运维监管。（易风波）

【雨花区与湖南联通携手推进“智慧雨花”建设】 2020年3月，雨花区与湖南联通双方签订“智慧城市”建设战略合作协议。11月16日，雨花区与湖南联通“智慧城市”战略合作推进会议召开。雨花区委副书记、区长刘素月，区直相关部门、湖南联通等单位负责人参加。湖南联通就“智慧城市”建设合作情况作介绍。双方就如何进一步加强合作进行探讨交流。刘素月指出，要以编制“十四五”规划纲要为契机，推动“智慧城市”建设合作走向更深层、更广领域；要科学布局项目，重点推进5G新基建、流动人口智慧管理、社会信用信息体系建设；要开展“智慧城市”建设微创新征集大赛，推动更多优秀设计方案落地实施，提升城市治理和服务水平。

（易风波）

应急管理

【概况】 长沙市雨花区应急管理局（简称“区应急局”），区政府正科级工作部门，负责全区应急管理工作，指导全区各级各部门应对安全生产类、自然灾害类等突发事件和综合防灾减灾救灾工作；负责安全生产综合监督管理和工矿商贸行业安全生产监督管理工作。承担区安全生产委员会、区防汛抗旱指挥部、区减灾委员会、区抗震救灾指挥部、区森林防火指挥部的日常工作。

2020年，雨花区印发《雨花区安全生产专项整治三年行动实施方案》，深入推进安全生产专项整治三年行动，编制《雨花区突发事件总体应急预案》，对全区42个专项预案进行明确，加强预案管理。持续推进“强执法防事故”行动，重点开展各类集中整治、专项整治、打非治违行动。实施经济处罚1537.62万元。开展国家防灾减灾日、国际减灾日宣传活动，指导全区开展各类应急演练2000余场，分类分批组织工贸行业四类企业共400余人开展4项专题培训，印发安全生产专项整治三年行动各类指导手册5万余册；组织323名企业职工开展应急避险安全培训；组织109名应急系统干部开展安全监管和监督执法专题培训；组织78名轨道公司负责人和安全员开展轨道安全专项培训。（肖思敏）

【安全宣教】 2020年，雨花区组织全区党政领导干部、安全监管干部、社区安全专干、企业职工、居民全覆盖学习宣传贯彻习近平关于安全生产重要论述精神，压实责任、推进三年行动。创新形式开展安全生产月宣传，借助抖音平台策划安全话题。34个安全视频点击量22万人次。组织智跑宣传打卡活动，消防大比武、安全小主播、文明交通视频大赛等活动，推动安全宣教“五进”，进一步加强安全生产法律法规宣传、知识普及，浓厚安全氛围。与红网签订战略合作协议，在各类媒体上发布稿件948篇，编制《雨花区交通安全出行事故警示录》5000余册，下发至党政领导、辖区企业，强化警示教育、压实责任。利用区级、街道镇、社区、物业、业主517个五级微信群发布安全信息10万余条，切实打通安全知识宣传教育“最后一公里”，让安全走进千家万户。（肖思敏）

【安全生产】 2020年，雨花区召开区委常委会2次、区政府常务会议7次，专题调度安全生产和应急管理、安全生产专项整治三年行动工作，强化安全意识和履职意识。重大节会期间，区委、区政府领导班子率先垂范，采取“四不两直、分片挂钩”形势，深入一线进行检查指导，有序推进安全生产和应急管理工作。区政府常务会审议通过，成立10个安全生产专业委员会，印发《雨花区安全生产专项整治三年行动实施方案》，明确专委会组织架构和工作职能，进一步推动安全生产责任和措施落实。下发考核细则，对街镇实施半年度考核，并延伸考核社区、企业，层层分解任务，层层责任上肩；实行社区工作经费拨付与日常工作严格挂钩，对日常工作落实不力的实行扣分制，并扣除相应的工作经费，采取“四不两直”方式督促履责，落实属地管理责任。采取专家授课、现场观摩、分享交流等多种形式，开展企业标准化班组创建，申报的155家企业实现85%以上验收达标；严格督促企业落实“一会三卡”（安全班前会，体检卡、动工卡、应急处置卡）制度，着力压实企业主体责任。

（肖思敏）

【安全监管】 2020年，雨花区发生生产经营性事故7起，死亡8人，未发生较大及以上生产安全事故，基本实现减少一般事故，遏制和杜绝较大及以上事故的目标。全区应急系统执法检查2140次，下达现场处理措施决定书18份，责令限期整改指令书545份，整改复查意见书565份。处罚272起，处罚金额108.29万元，其中一般程序行政处罚35起，处罚金额86.06万元；简易程序行政处罚237起，处罚金额22.23万元。无处罚当事人对处罚决定提出听证、行政诉讼。雨花区针对工贸企业动火、有毒有害、受限空间、高处作业四类危险作业环节，强化“责任、准入、制度、审批、监护、设备”6大体系建设，针对春节复工复产、“五一”、“十一”假期、两节两会及高温汛期特殊时段和城郊结合部消防安全“三合一”场所、“厂中厂、园中园”、仓储、涉氨涉氯、使用危险化学品重点风险部位，把有可能存在燃烧、爆炸、中毒及厂房坍塌隐患的企业作为安全防范工作的重中之重，采取执法、暗访、督查、考核的有效方式和果断的霹雳处置手段，加强“人、机、物、环、管”五项安全管控措施，确保危险作业管控“四不”（即不到位、不开工、不生产、不经营），依法依规督促企业采取行之有效的措施治理各类安全隐患和问题，把事故隐患消灭在萌芽状态之中。印发《2020年雨花区工贸行业有限空间作业专项整治方案》《2020年雨花区工贸行业粉尘防爆专项整治方案》《2020年雨花区工贸行业动火作业集中专项整治方案》《雨花区工贸行业“厂中厂、园中园”安全生产专项整治工作实施方案》，将“四项”专项整治工作进行分工和细化，明确责任单位和重点时段，提出工作标准和要求。雨花区应急局组织召开工贸行业有限空间作业、粉尘涉爆、动火作业、“厂中厂、园中园”四类企业安全生产专题培训，相关企业负责人和安全生产管理人员400余人参训，印发《2020年雨花区工贸企业安全生产专项整治工作指导手册》5000册，详细指导企业开展专项整治自查自改工作，逐个企业开展专项整治验收，分类进行指导，对工贸企业需要应急预案备案的企业逐个指导，备案企业32家。开展年度计划执法，开展检查企业118家，其中计划执法检查企业80家、非计划执法检查6家、四项专项执法检查32家，检查发现隐患230处，现场督促整改48处，限期整改182处，下达限期整改指令书75份，移交执法大队立案处罚企业11家，违法事项15个，直接移交企业10家，违法事项14个，逾期未整改移交企业1家，违法事项1项。聘请专业机构和专家在全区开展交通运输、住建、消防、工矿商贸、城管5个行业领域14家次企业的安全生产检查视频拍摄工作，制作警示视频，召开讲评会，促进安全生产隐患整治。聘请专业机构和专家拟定雨花区突发事件总体应急预案，率先在内五区启动和完成区级突发事件应急预案的编制工作。（肖思敏）

【应急救援】2020年，雨花区增强基层应急管理体系建设，在区、街道、社区三级分两期建设1976个可管可控的应急云广播系统，预计项目总投资约900万元。按照省、市标准，优化多媒体会议系统+24小时值班室建设工作，实现值班管理制度上墙，统一背景、照明等氛围建设，提高视频会议及应急值班保障水平。编制《雨花区突发事件总体应急预案》，对全区42个专项预案进行明确，加强预案管理。建立隐患协调处置机制、应急救援联动机制、突发事件应急救援机制、应急管理值班值守等工作机制，进一步完善应急管理体系建设，保障全区应急联动响应。科学制定应急值班表，落实领导带班、值班员24小时值班值守的应急值班制度和突发事件报告制度，做到15分钟电话报告、1小时文字报告，快速有效控场控舆，避免次生事故和重大舆情。（肖思敏）

【防灾减灾】2020年，雨花区争取上级资金107.5万元，用于防灾减灾救灾工作。及时报送自然灾害信息，无漏报错报情况。创建国家级综合减灾示范社区2个。开展综合减灾日、国际减灾日宣传活动。做好防汛抗旱工作。采购一批防灾救灾装备，整合区人民武装部民兵力量作为应急队伍，提升应急能力。组织森林防灭火巡查巡护493次，悬挂宣传横幅280条，开展鲜花换鞭炮工作，兑换鲜花2万支，未发生一起森林火灾。全区开展防灾减灾及森林防灭火实战演练52场。做好防灾减灾救灾工作，全年未发生因自然灾害人员死亡。（肖思敏）

【区委常委会专题研究部署安全生产】2020年1月3日，雨花区委常委会第1次（扩大）会议召开，传达国家、省、市“两节”期间有关工作精神，专题研究部署安全生产、“蓝天保卫战”等重点工作。区应急管理局局长刘归汇报岁末年初安全生产和应急管理工作情况。区委常委、常务副区长邹春林指出，安全生产工作任务艰巨，事关人民群众的生命财产安全，自满不得、懈怠不得、大意不得，各部门、街镇要深刻汲取近期各类事故的惨痛教训，强化主体责任落实，紧盯重点行业、重点领域、重点企业的风险隐患，列出清单，逐项整改，确保全区平安稳定。区委副书记、区长刘素月要求，全区各部门、街镇重点关注居民小区、道路交通、建筑工地等重点部位、重点领域的安全问题，对照区安委办梳理出的风险责任清单，全面抓好落实。区委书记张敏强调，每个人身上都肩负安全生产责任，安全生产工作要求“党政同责、一岗双责”，是一项极为重要的政治工作，全区上下务必牢固树立牵头意识、忧患意识、担当意识“三个意识”，防止作风不实、畏难情绪、麻痹大意“三大问题”。要切实抓好统筹协调发挥有力，切实维护社会稳定，从严抓好队伍建设“三项工作”。坚决抓好各项工作落实，紧盯道路交通、马路市场、人流物流等领域，深入开展监管执法、专项整治、宣传教育、应急演练等工作，确保社会大局平安和谐稳定。（肖思敏）

【安全生产工作会议】2020年1月13日，雨花区召开冬春消防专项整治工作调度暨汽车南站综合整治问题交办会，专门调度冬春消防安全工作，交办汽车南站发现的问题。副区长黄健元，副调研员、区安委办主任陈立参加。1月17日，雨花区安全生产工作会议召开。会议通报2019年度全区安全生产和应急管理工作考核结果，表彰和奖励25个优秀单位，26个优秀社区（村）、102名优秀（企业）个人，并对春节前后的安全生产和应急管理工作进行部署。3月13日，雨花区召开安全生产工作调度会。会议下发《关于加强企业全面复工复产之后安全生产工作的通知》，传达贯彻近期省市相关会议精神，对全面推进企业标准化班组建设、切实抓好“一会三卡”等工作提出具体工作要求，明确各单位要持续推进安全生产集中整治行动，抓好马路市场等领域专项整治，强化执法检查，做好事故防控工作。会议梳理各街道（镇）安全生产和应急能力现状，座谈了解各街道（镇）应急管理机构设置、人员配备、职能职责等情况。3月30日，雨花区召开应急管理和安全生产工作例会，传达市安全生产相关会议精神，部署全区应急管理和安全生产工作。会议要求，全区各级各部门务必将防汛防渍保安放在第一位，全面压实责任，全面排查隐患，全面度汛准备。要紧盯老问题，抓好马路市场、公路隐患和超载限载等交通安全顽瘴痼疾整治取缔工作；加大地铁施工、建筑工地深基坑、小区危房老楼等领域检查排查力度；全面排查高层建筑、敬老院、公交地铁和文娱设施场所的安全隐患，做好森林防灭火工作；加强对危化品生产、储存、运输和销售等环节的安全监管。要关注新问题，结合近期极端恶劣天气频发情况，加强地质灾害领域的安全防范；深刻吸取前期桂花路路面坍塌事故教训，加强安全监管，防止城区道路和小区地面道路塌陷等问题；点关注园区工业厂房及集体宿舍、环境污染、电梯运行、校外培训学校等其他领域的安全问题，防止发生事故，为全区“大干一百天 实现双过半”竞赛提供坚实的安全保障。6月3日，雨花区消防安全专项整治工作调度会召开，区应急管理局解读《雨花区消防安全专项整治三年行动工作方案》，要求区消安委各成员单位因地制宜地制定好本单位工作方案，并主动把责任履行到位；区消防救援大队通报2020年上半年火灾情况，分析存在的问题及原因，明确下一步防火灭火救火措施；会议要求，思想上不松懈，进一步增强紧迫感；工作上不松劲，进一步增强责任感；目标上不松动，进一步增强使命感。会议强调，事前预防，要提高安全意识，增强自救能力，健全管理制度，消除当前隐患；事中救援，消防队伍要覆盖全，消防设施要铺排早，火灾损失要降最低；事后处置，要汲取教训，举一反三，对成灾的火灾事故坚决做到事故原因未查清不放过、责任人员未处理不放过、整改措施未落实不放过、有关人员未受到教育不放过，防止类似事故再次发生。6月21日，雨花区安全生产工作调度会召开，全面铺排部署中非经贸博览会期间安全生产工作，并对“强执法防事故”“夯实企业主体责任年”“三大行动”“打非治违专项整治”等重点工作落实情况和加强汛期、高温时段安全生产工作进行有关强调。会议通报雨花区各街镇、各部门“打非治违”“三大行动”等各类执法行动开展情况，要求各单位务必提高政治站位，全面部署应急预案，全面落实安全防范措施，全面进行检查排查，做好应急处突准备。要进一步加强安全管理和防范，针对居民小区电动车充电、危险化学品的运输、储存、道路交通安全等不同行业领域强化排查检查，及时整治隐患，严防事故发生。8月11日，雨花区安全生产工作会议暨第三季度安委会例会召开，会议传达中央和省、市电视电话会议精神和市安委办第3次例会要求；通报市对区、区对街镇安全生产半年度考核情况；部署下半年安全生产工作。通报全区渣土运输行业交通事故处置和渣土专项整治工作情况。会议印发区安全生产专业委员会、区直部门及街镇安全生产工作清单，明确下阶段安全生产工作思路，并对工作任务和要求进行进一步细化。8月27日，雨花区安全生产专项整治三年行动推进会召开，区消防救援大队、区交通运输局、区交警大队总结汇报消防安全、交通运输、交通顽瘴痼疾等专项整治推进情况；区安委办讲评部署全区专项整治三年行动、行业安全隐患大排查、已拆迁地块废品收购点清理排查和“一情况两清单”填报工作。4位副区长就分管的建设建材、渣土运输、道路交通和执法保障等领域落实“管行业必须管安全”提出具体要求。会议强调，安全生产责任重于泰山，绝不可以掉以轻心。要有忧患意识。对职工规范操作不能估计过高；对企业抓安全生产的积极性不能估计过高；对各级干部抓安全生产的重要性认识不能估计过高；要有清晰思路，一定要落实属地责任，抓好宣传、严格执法，经常开展交叉检查；要有攻坚举措。领导干部对问题隐患做到心中有数，具体做到亲自参会、亲自部署、亲自带队检查、亲自督促整改、亲自抓应急演练“五个亲自”。（肖思敏）

2020年1月17日，长沙市雨花区安全生产工作会议　（罗华杰 摄）

【交通问题顽瘴痼疾整治】 2020年，雨花区围绕“人、车、路、企、政”等方面存在的交通问题顽瘴痼疾，在全区开展为期一年的集中整治行动。成立由区委常委、常务副区长为组长的整治领导小组，由应急、交运、交警、市监、教育、城管和宣传7个部门的脱产骨干组成办公室专班，建立严格的工作制度，制定整体工作计划；全面摸排辖区内重点车辆隐患、超限超载、非法营运、马路市场、违法驾驶等问题情况，发现交通问题城区67个、跳马地区344个，马路市场问题城区14个、跳马地区14个。通过收集、汇总、分类和梳理，形成详细的工作责任清单；重点针对“地铁施工导致人行通道被围”“流动商贩善用机动车道”“人行道上共享单车乱停”等21个长期困扰道路交通安全的顽瘴痼疾问题进行第一批任务交办，有关部门和街镇对照责任清单逐项分批进行整治整改，路面交通更加有序，有效推进“降事故、保安全、保畅通”目标的实现。（肖思敏）

【安全生产检查】 2020年1月，雨花区应急管理局联合洞井、跳马等多个街镇持续开展烟花爆竹领域的“打非治违”行动，通过群众举报、突击检查、巡查排查等多种形式，对辖区内五金日杂店、南食店、废旧厂房仓库、超市便利店和京花寿服店等重点场所进行执法检查，出动执法人员86人次，检查烟花爆竹销售门店42家，查处无证非法经营烟花爆竹门店11家，收缴扣押烟花爆竹196件、盘鞭70余条，转运超量存储烟花爆竹700件，严肃处理一批非法售卖和超量储存烟花爆竹经营企业，确保春节前烟花爆竹行业领域安全平稳。检查执法过程中，通过上门走访、宣传海报、电视媒体等形式，区、街、社区注重提醒辖区居民一定要通过正规渠道购买质量合格的烟花爆竹产品，燃放过程中要注意过往行人及自身安全。3月13日，区应急管理局会同交警大队对辖区内重点危化企业进行春节后复工以来第一次联合检查。通过查阅资料、实地检查等形式，检查危化企业安全生产制度落实、安全教育培训开展、安全隐患台账建立、危险化学品运输车辆管理等情况。检查发现个别企业存在的安全教育培训计划不完善、危险化学品运输车辆资质过期的问题，检查组现场严肃指出并责令限期改正。9月21日，雨花区开展连续10天的危险化学品领域安全专项整治联合执法行动，制定专项联合检查方案，重点检查工业气体充装企业、加油站以及大桥物流市场，查出安全隐患5处，执法人员均及时下达整改通知。9月28日，区应急局联合区市场监督管理局、区交警大队、区交运局、区消防大队和黎托街道开展大桥物流市场联合安全检查。（肖思敏）

【安全生产督查】 2020年1月14日，雨花区委书记张敏采取“四不两直”（不发通知、不打招呼、不听汇报、不用陪同接待、直奔基层、直插现场）方式，实地督查节前安全生产工作落实情况。张敏督查黎托街道安全生产相关工作落实情况，查看黎托大桥物流市场货运车辆运载、日常维护记录和危货物品装载情况、询问安全操作规程等内容，检查门店安全情况；查看井湾子街道阳光在线小区护坡安全隐患及整改情况。张敏强调，各单位要切实提高安全意识，加大检查、排查和执法力度，多角度、全方位进行安全监管，确保春节期间辖区平安稳定。各街道（镇）要进一步强化属地管理责任，抓好各行业领域的安全生产工作。对违法行为，时刻保持严管重罚高压态势，形成震慑。县级领导要带队检查安全生产工作，各部门、街道（镇）要深入社区和企业等，全面排查，精准发现隐患，做好清单式管理，确保问题及时整改到位。1月20日，雨花区委副书记、区长刘素月带队督查春节前安全生产工作落实情况。刘素月一行查看三湘社区居民楼栋消防设施、消防通道和社区微型消防站建设情况，现场测试社区微型消防站应急响应能力；查看阳光在线小区护坡隐患整改工程的进展情况、小区单元楼栋消防安全宣传入户、消防设施、消防通道等情况。4月28日，由市住建局副局长陈杰刚带队，采取“四不两直”方式到雨花区开展“五一”节前安全生产督查暗访，督查跳马镇石燕铺集市马路市场存在的问题整改进度、石燕湖大道交通顽瘴痼疾整治情况以及保利茉莉公馆建设工地项目安全生产工作落实情况，对检查发现存在的部分问题进行现场交办。了解雨花区疫情期间复工复产、汛期安全防范、安全生产集中整治、“强执法防事故”等重点工作部署落实情况，听取雨花区安全生产工作汇报。6月16日，雨花区委常委、常务副区长邹春林四不两直”方式督查雨花区大桥物流市场，抽查市场门店危险化学品12家，了解危化品企业对于危化品运输规定的落实情况；查看运输车辆有无违规夹带危险化学品问题；检查物流市场整治办公室物流市场每月安全巡查和发现危险化学品的处置情况台账，现场提问执法人员对危险货物熟知程度等相关专业问题。邹春林详细了解全区物流市场的现状和执法力量的配备情况，要求深刻吸取事故教训，敲响安全警钟；加强执法检查，消除事故隐患；安全管控到位，熟知全区安全风险点；做好经验总结，完善工作机制。9月15日，长沙市应急局党组书记骆正平带领第五巡察组专题巡查雨花区安全生产专项整治三年行动，巡查组宣贯习近平总书记关于安全生产应急救援、责任追究、干部建设等10项重要论述，说明巡查的目的意义、方式方法、工作要求，听取雨花区安全生产专项整治三年行动工作情况汇报，座谈交流了解三年行动履职和推进情况。市巡查组分为两个小组，现场查阅有关行业三年行动工作资料，现场巡查雨花经开区、井湾子街道、雷锋校车及井湾子家具城。（肖思敏）

【推进安全生产专项整治三年行动】 2020年，雨花区全面启动安全生产专项整治三年行动工作，分动员部署、集中行动、巩固提升3个阶段推进。召开区委常委会、政府常务会等相关会研究部署工作，制定《雨花区安全生产专项整治三年行动实施总方案》《学习宣传贯彻习近平总书记关于安全生产重要论述专题》《落实企业安全生产主体责任专题》3个专题实施方案、《危险化学品安全整治》《烟花爆竹安全整治》等10个专项整治实施方案和《交通顽瘴痼疾安全整治》《市场监管领域安全整治》等7个风险隐患排查治理工作方案。各镇街、城市管理职能部门制定细化方案300余个，确保专项整治行动落地落实，打通“最后一公里”。推进化工、危险化学品、工贸、交通运输、建筑施工、危废固废等17个行业领域的专项整治。通过全面摸排风险隐患、定期召开专题会议、开展督查检查、科学研判本行业领域重大安全风险，推动综合性、区域性重大安全隐患整治，切实强化“管行业必须管安全、管业务必须管安全、管生产经营必须管安全”的要求，严格落实安全生产“一票否决”制度，全力预防重点行业领域事故发生，确保安全生产形势平稳。巡查企业33969家，发现问题隐患4733个，重大隐患问题纳入“一单四制”11个，督促指导企业落实整改，确保问题闭环。将企业主体责任落实工作纳入对企业日常执法检查范围，督促指导企业落实安全生产责任、隐患排查治理、安全生产投入、教育培训、风险管理、应急管理、一会三卡、企业负责人履职、安全生产承诺、职业病防治10项主体责任，对辖区企业负责人和安全生产管理人员进行宣传发动和专题培训，指导企业对照标准化班组建设细则开展工作。深入开展企业主要负责人落实企业安全生产主体责任警示约谈、重要节点风险警示约谈制度，对安全意识不高、安全管理不到位、未履行安全生产承诺的企业负责人进行警示约谈，倒逼企业安全生产主体责任落实。多措并举开展安全理念大宣传、大培训。全区各部门、街镇掀起学习习近平总书记关于安全生产重要论述的热潮。全区各部门结合工作实际，深刻领悟习近平总书记强调的“把安全生产摆到重要位置”的重要原则，坚决落实“层层压实责任，狠抓整改落实，强化风险防控，从根本上消除事故隐患，有效遏制重特大事故发生”的工作要求，将理论与工作实际相结合，全面推进安全生产专项整治三年行动的开展；组织全区109名安监系统干部、街镇安监员，开展安全监管专题培训，着力提升基层安监人员发现隐患能力和监管执法水平，加强专业应急队伍建设。利用主题公园、文化长廊、社区服务中心、居民楼栋等场所，设置学习习近平关于安全生产重要论述专题板报、标语、小喇叭，宣传贯彻习近平关于安全生产重要论述精神，积极推进安全宣传进企业、进社区、进学校、进家庭、进农村。各街道牵头以社区为单元，组织辖区企业、居民集中观看“生命重于泰山——学习习近平总书记关于安全生产重要论述”电视专题片，撰写学习心得，推动活动深入开展；组织开展普通类企业人员安全培训，强化企业人员安全意识，提升应急避险能力，参训员工63239人。雨花区组织开展轨道公司负责人和安全员专项培训，78人参加培训并获得安全培训合格证书，确保地铁3号线、5号线顺利开通。搭建媒体矩阵，多渠道宣传安全知识，传递安全理念。与红网签订战略合作协议，依托省级专业媒体优势，在各类媒体上发布稿件485篇；利用“区—街—社区—物业—业主”517个五级微信群发布安全信息8万余条，切实打通安全知识宣传教育“最后一公里”，让安全走进千家万户；开展第三季安全小主播活动，以点带面传播各类安全知识；借助抖音平台策划拍摄34个安全创意小视频，吸引22万的点击量，使安全成为热议话题，安全氛围空前浓厚。（肖思敏）

【马路市场整治】 2020年，雨花区采取“领导高位铺排、部门联动执法、属地专人巡防、媒体宣传发动、政府督查落实”的“五位一体”工作方法，重拳出击，强力推进马路市场整治工作。制定下发《长沙市雨花区马路市场安全隐患专项整治方案》，明确和理顺各成员单位和街镇的责任和分工，打造“一盘棋”的工作格局。区委书记、区长多次听取安全生产工作汇报，4次专项调度和全面部署马路市场专项整治工作。马路市场整治领导小组通过召开专题会、调度会、碰头会等形式，实打实地分析全区形势，研究具体问题，明确整治重点，优化力量分配，部署相关工作，共同推动顽瘴痼疾集中整治工作向纵深挺进。雨花区立足实际，取缔马路市场的同时，科学规划便民商贸集中经营区域，杜绝影响环境卫生、道路交通和消防安全的现象，解决市场扰民和生活不便等问题。位于人行道和占用马路的马路市场，予以强制取缔；对菜市场前定点开展整治巡查，发现一起，整治一起；部门联合开展整治，坚决取缔王家冲等违规马路市场，消除马路市场扰民的问题。对采取宣传、劝导和强制执行等方式，对违规摊贩进行耐心细致的劝导；实施红黄绿牌管理，设规范点为绿牌，整治点为黄牌，取缔点为红牌，让整治对象、过程、成效一目了然；设置夜市规范点，引导门店有序开展店外经营，确保店外经营期间无安全隐患，不影响正常交通。各街镇分管领导按照分区包片方式，对辖区重点马路市场进行点对点精准布控，常态化指导监督执法和巡查督查，确保整治成效。对树木岭菜市场等重点路段进行全天24小时不间断巡查值守，确保专人交接班值守形成常态。设立取缔马路市场的标志牌，公示举报电话，安排专人采取守点管控、动态管控等方式，常态化整治流动摊贩问题，重点巩固整治成效。进一步深化保洁机制，加强常态管理维护和整治，巩固环境卫生水平。整章建制，常态维护，实现长效管理。在街镇主次干道、小区等悬挂“整治交通问题顽瘴痼疾”宣传横幅、宣传展板、宣传单；在各街道社区举办主题宣传活动，发放宣传折页和居民调查问卷；通过社区广播喊话、设置提示牌、张贴宣传公告等形式宣传马路市场占道摆摊、店外经营带来的安全隐患；充分发挥社区网格员的巡防巡查作用，通过网格员“线上+线下”全线宣传，深入小区、企业、单位、楼宇、学校，广泛开展顽瘴痼疾集中整治宣传，营造浓厚氛围。强化互联网、物联网、应急云广播等媒体监督手段，利用传统和新型媒体渠道，开展马路市场安全宣传，提高居民群众安全防范意识。2020年，雨花区开展马路市场专项整治行动530余次，出动人员1300余人次，劝离占道摊贩8760余人，暂扣经营工具1100余起，清除乱堆乱挂14300余处，发放宣传资料46800份，悬挂宣传横幅650余条，发放居民普发性问卷9100余份。全区23处马路市场全部完成取缔，新建的黎托街道大桥农贸市场营业。（肖思敏）

【马路市场整治工作督查】 2020年3月24日，长沙市应急管理局安全生产综合协调处处长王小平带队督查跳马镇地区马路市场整治情况，实地查看跳马镇石燕铺集市整治情况，了解集市周边市场设置，取缔公告、举报电话设置等内容，向雨花区提出规范市场经营、完善市场基础设施建设、保证周边群众正常生活需求等有关建议。4月2日，湖南省安委办采取“四不两直”的方式督查跳马镇石燕铺马路市场整治情况，实地查看跳马镇石燕铺集市整治管控情况，对市场及周边建筑主体架构设置、规范道路安全防范设施等提出指导意见，现场听取雨花区整治工作情况汇报。省督查组表示，要全力做好马路市场整治工作，健全马路市场长效管控机制，加大宣传引导力度，防止出现已取缔马路市场抬头，商贩重返经营的现象；要高度关注长下坡（急弯）等重点路段，增设减速带、反光镜等安防设施，确保安全；要对规范后的集中点进行引导，强调经营秩序，从根本上消除人员混乱、车辆违停、垃圾乱放等问题，实现“人清摊清路畅”。（肖思敏）

【岁末年初安全生产宣教活动】 2020年1月，雨花区开展岁末年初系列安全宣传，有效防范和坚决遏制事故。宣传活动以社区（村）为单元，覆盖全区居民小区、生产经营单位、人员密集场所，入户上门科普安全知识，提醒居民安全用电用气用火，帮助居民排查安全隐患，在全区形成全覆盖、全天候的浓厚宣传氛围，让广大群众知安全、懂安全、重安全。利用宣传栏、横幅、短信、QQ群、微信、安全小喇叭、现场宣传演练、媒体等多种方式进行宣传。全区印制发放《关于电缆井火灾你应知道的那些事》《安全用气、幸福万家》《严防高层建筑消防安全隐患》等安全生产宣传材料5.66万份，制作宣传海报9830张，宣传横幅300余条；开展安全讲座10场、演练14场，参加人数3000余人；利用电子显示屏和微信发送安全常识温馨提示1.99万条，红网、新湖南等知名媒体发布宣传稿件30余篇，及时发布防火、防盗、道路交通安全、消防安全等预警提示信息和常识普及。印制《雨花区重大风险点防范指导手册》，指导和帮助企业防范安全风险，提高安全防范应急处置能力；组织群众观看警示教育片，感知事故危害、提高应急避险能力；深入行业部门，分线约谈企业，区应急、住建、消防、发改、工信等部门组织行业部门约谈50余次，660余家企业，时刻敲响企业安全生产警钟，要求企业汲取事故教训，落实安全生产责任。（肖思敏）

【安全生产月宣传活动】2020年6月，雨花区开展“消除事故隐患，筑牢安全防线”安全生产月宣传活动。安全生产月期间，雨花区为提高应对和预防事故发生能力，切实增强干部队伍应急救援能力以及广大群众和企业自防、自救、互救能力，开展应急演练100余场，不断强化安全意识和应急处置能力。充分利用“12350”隐患举报热线和“12345”市民服务热线，推动企业对重点场所、关键环节安全风险隐患进行全面深入排查整治，从源头防范生产安全事故发生。结合边执法边普法和强执法防事故行动，进行大检查、大宣传，严厉打击、曝光一批安全生产反面典型，将存在严重安全生产违法违规行为的企业纳入雨花区社会信用体系黑名单和灰名单，形成安全生产警示震慑效果。全区治理重大安全隐患113个，严惩违法违规企业226家，问责曝光责任不落实、措施不力的单位18家。同升街道组织辖区所有仓库企业负责人开展“5·29”火灾现场现场警示教育。侯家塘街道电院社区联合物业公司开展安全知识和应急救援培训及现场演练。砂子塘街道对顺特变压器厂仓库安全隐患进行整治行动，约谈教育户外违规搭建货架负责人，现场责令限期拆除；约谈废品回收站负责人，责令立即整改隐患问题。开展雨花区2020年安全宣传咨询日活动，活动采取主会场+分会场遍地开花的模式开展，在全区范围内传播安全知识、传递安全理念、营造安全氛围的热潮；活动采用骑行加智跑的形式，吸引大批市民朋友参与。参赛队伍拍摄的34个创意小视频，在抖音发布后吸引22万人次的点击量，安全成为雨花热议话题，社会各界进一步关注安全、参与安全、守护安全。（肖思敏）

【安全宣传咨询日活动】 2020年6月16日，雨花区2020年安全宣传咨询日活动举行。安全骑行参赛队伍列队黎托街道保利MALL西广场，在交警的带领下宣读《遵守交通规则，做文明出行人》安全倡议书，庄严承诺严格遵守交通规则，从自我做好示范，提醒、监督他人，影响和守护身边人。区安委办主任陈立给电动车骑行代表赠送头盔，6支骑行队伍头戴头盔、身穿统一安全文化服，在交警的带领下骑着后座插有安全标语旗帜的电动车到黎托街道指定交警岗亭进行打卡。骑行过程中，6支队伍通过小喇叭的形式沿途提醒道路上的民众遵守交通规则，践行“一盔一带”，守护生命安全。60支参赛队伍在沙湾公园举行安全智跑，智跑活动将安全生产、顽瘴痼疾等安全知识点结合起来，现场设置“顽瘴痼疾集中整治、隐患排查、危化品安全”等10个安全专业知识关卡，形成一条充满挑战与欢乐的“安全智跑线”，参赛队伍在指定时间内协作闯关完成5个以上“安全任务点”关卡，获得积分并回到终点签到。活动现场分发应急救援相关宣传品和安防物品，倡议大家提高安全意识，提升应急自救能力。（肖思敏）

【安全生产法治宣传周活动】 2020年12月4日，雨花区2020年安全生产法治宣传周在天虹CCMALL举办。全体人员观看电视专题片《生命重于泰山》；区应急局局长刘归现场宣讲新《中华人民共和国安全生产法》，倡导大家真正做到学法守法，依法治安，并以发生在身边的安全生产典型案例进行现场交流。现场设置3轮答题互动环节。活动现场下发安全生产宣传资料2000份，设置主题宣传展板、咨询台等方式，进一步浓厚宣传氛围，传播安全理念。（肖思敏）

【企业安全生产标准化班组创建】 2020年，雨花区推进建设本质安全型、技术过硬型、学习创新型的安全生产标准化班组，按照政府引导、部门推动、企业落实的原则，组织各安委成员单位、各街镇到比亚迪（湖南）有限公司和德思勤商业管理有限公司开展企业标准化班组创建示范观摩活动。通过学习观摩两家企业的先进经验，以点带面，示范引领，推进雨花区企业安全生产标准化班组建设全面铺开。分步施策，夯实企业安全生产基础，切实提高企业安全生产标准化班组建设水平，有效增强安全管理、事故防范和应急处置能力。分栏目设计记录手册，设计《雨花区企业安全生产标准化班组记录本》，把工作日志、安全例会和班组文化等建设事项整合到“一本”中，便于记录、索引、检查和保存。分类别设置创建标准，搭建“制度标准体系”“督查考核体系”“安全教育体系”“培训演练体系”“设备维护体系”“项目公示体系”6个标准体系，有效促进班组建设的规范化、标准化、流程化。分班组构建责任体系，整合内外资源，搭建企业安全生产标准化班组责任体系，创建企业按照经营性质和生产实际，将班组细分为“工程维修班组”“安全管理班组”“环境管理班组”等类型，并在班组之间开展“技能比武”，在竞争中不断完善自我建设，加速实现比学赶超，切实打造企业安全生产标准化班组特色名片。分层级搭建交流平台，针对一线工人，开展业务技能大比武，将“请进来讲”与“走出去学”相结合，广泛开展“同行对标”“班组结对”“横向交流”等取长补短、共促进步活动，形成典型班组“传帮带”、落后班组对标提升的新气象；针对管理人员，本着“突出重点、兼顾全面”原则，积极推进班组荣誉之家建设，开展丰富多彩的竞赛活动，选拔优秀典型、示范标杆、模范引领的力量影响员工，进一步增强职工荣誉感、归属感、获得感。分功能推行看板管理，实施“可视化”建设，在规范班组建设的同时，丰富文化阵地建设，依托文化凝心，让班组创建更生动、更接地气。月度职工之星、职工生活剪影、才艺展示、目标愿景等一目了然；车间文化墙、公示栏、办公楼道墙壁上，处处可见宣贯精神、会议部署、阶段业绩及职工关注事项等，“可视化”与“标准化”融合互促。雨花区155家企业参与示范班组创建，其中危险化学品企业31家，机械加工企业2家，工贸行业其他加工制造企业37家，建筑施工企业20家，人员密集场所企业35家，其他行业30家。（肖思敏）

【企业标准化班组创建示范观摩活动】2020年6月18日，雨花区安委办组织开展安全生产工作调度会暨企业标准化班组创建示范观摩活动。区安委办副主任杨自强详细解读2020年度安全生产考核细则，安排部署2020年市对区半年考评迎检和企业安全生产标准化班组建设工作；区安委办常务副主任、应急管理局党组书记、局长刘归传达省市区领导关于深刻吸取“6·13”事故教训的会议精神，并从“迅速开展节前暗访督查”“认真开展三年专项整治”“持续强化隐患排查整治”“切实加强值班值守处突”4个方面，进一步要求各单位扎实做好事故防范。比亚迪公司安全生产讲解员带领大家参观生产车间，介绍企业标准化班组建设情况，组织观看班组人员安全演练；德思勤广场安全生产工作负责人带领大家参观企业消防站建设、应急逃生通道、配电室、锅炉房和制冷机房，讲解安全生产管理班组组织体系和地下安全逃生线路，介绍安全检查流程和资料规范情况。各安委成员单位、各街（镇）共76名安全生产分管负责人参加活动。（肖思敏）

【灾害信息员培训】2020年6月19日，雨花区应急管理局组织举办全区灾害信息员培训班，有效提高全区灾害信息员的责任意识和业务技能。长沙市应急管理局业务专家进行专题授课，重点讲解自然灾害识别、灾情统计报送、自然灾害救助以及自然灾害预警等内容，具体演示灾情报送系统实际操作。13个街镇共计204名业务骨干参加培训。（肖思敏）

【社区微型消防站技能比武】2020年7月24日，雨花区2020年社区微型消防站技能比武决赛在湖南税务高等专科学校举行。26支队伍、156名微型消防站队员参加技能比武。裁判口令响起后，各参赛队员迅速穿戴好头盔、防护服、外腰带、作战靴和防护手套。全套消防服穿戴完毕后，每组的3名队员迅速行动，接力完成甩水带、接水枪、拼水带、开分水器以及射靶心等一系列初期火灾扑救操作；2名参赛队员接力完成油锅灭火。高桥街道高桥队获得比赛冠军。（肖思敏）

【森林防灭火实战操演】2020年10月13日，雨花区在跳马镇承办2020长沙市国际减灾日森林防火应急救援实战演练。演练的科目为干粉灭火器扑灭初起火源、消防水泵引水上山灭山火、风力灭火机扑灭零星火3个项目，演练现场无人机进行全程拍摄。现场赛道长150米，上山赛段坡度超过60度，“出水点”的垂直高度约40米，参赛队伍沿规定比赛线路，完成森林消防水泵取水、水带铺设、水泵串联接力、出水灭火、零星山火扑灭和受困伤员应急救援演练等项目。省应急管理厅风险监测和综合减灾处处

2020年7月24日，2020年度雨花区微型消防站技能大比武　（刘莉　供图）

长黄永恒、省应急管理厅救灾和物资保障处处长章民、市应急管理局火灾防治管理处处长张建辉出席演练活动。区人武部、区应急局、区农业农村局、区卫健局、区消防救援大队、各涉林街镇联合参演。（肖思敏）

消防救援

【概况】 长沙市雨花区消防救援大队（简称“区消防救援大队”）集火灾防控、火灾扑救、抢险救援、社会救助等多种功能于一体，担负辖区298.23平方千米、140万人口、597个消防安全重点单位的消防安保任务。辖红星、高桥、同升3个消防救援站，洞井、跳马2个消防站在建，有执勤车辆25辆，皮卡车3台，执法检查车2台，各类装备器材5096件。

2020年，区消防救援大队被评为长沙市“2020年度重点工程建设协调服务先进单位”、“2020年洞井街道平安守护共建单位”、“2020年全市消防救援队伍重点工作任务先进集体”、“百日攻坚行动”先进大队、全市消防救援队伍2020年度消防监督管理先进大队、全市消防救援队伍2020年度后勤建设先进大队，高桥消防救援站、红星消防救援站被评为市级青年文明号单位，高桥消防救援站被评为2020年全省消防救援队伍先进基层党组织、2020年全国消防救援队伍先进基层党组织。（刘 莉）

【火灾防控】 2020年，雨花区发生成灾火灾54起，死亡2人，受伤3人，直接财产损失1687万元，过火面积4129平方米。区消防救援大队开展消防安全专项整治“三年行动”，坚决守住消防安全基本盘，持续推进打通消防“生命通道”工程，推动住建、公安、城管、消防等部门出台消防车通道联合执法机制，对全区597家重点单位和596处住宅小区进行消防车道划线，建成万科金域华府消防安全示范住宅小区。对符合条件的单位全部纳入消防安全重点监管单位，在2019年基础上消防安全重点单位新增100家。逐一摸排全区2568栋高层建筑、8家5万平方米以上大型商业综合体消防安全情况；开展新业态消防安全风险评估，排查电商网点128个、校外托管培训机构175个。检查单位1939家，发现火灾隐患或违法行为1078处，督促整改火灾隐患或违法行为930处，下发责令改正通知书714份，下发行政处罚决定书123份，下发临时查封决定书128份，责令“三停”单位10家，罚款92.55万元。组织火灾调查54起，延伸调查12起，其中以失火案移交公安2起，约谈4起，对存在过失行为引发火灾的相关当事人处予警告处罚3次，临时查封8家，“三停”（责令停止施工、停止使用或者停产停业）5家，罚款3万元。重大火灾隐患立案14家，销案9家，所有新立案重大火灾隐患全部按照“一单四制”（建立重大事故隐患清单，实行交办制、台账制、销号制、通报制）进行交办。（刘 莉）

【执勤备战】 2020年，雨花区消防救援队伍接警出动2066起，出动车辆3178辆，出动警力19155人次，抢救被困人员200人，疏散被困人员982人，抢救财产价值1346.8万元，完成红星水果市场仓库、汽车南站过渡站三维胶带仓库等火灾的处置。全区消防站组织联合演练100余次，开展大跨度大空间厂房、大型城市综合体、石油化工、地下商场、超高层建筑等类型场所联合演练15次，提高全区各单位、部门间的协同处置灾害能力，真正实现“全灾种、大应急”的工作要求。（刘 莉）

【基础建设】 2020年，雨花区消防救援大队按照“保障有力”的总目标，规范后勤管理，提高装备建设水平，加强基层基础设施建设，为指战员日常生活和执勤训练提供充分保障。建成全区最大消防站洞井中心站，规划建设跳马消防站。增添各类执勤车辆9台、特种装备658件、常规器材600余件、防护装备2295件套。（刘 莉）

【消防宣传】 2020年，雨花区在省植物园建成消防科普教育馆并对全区中小学生开放，围绕“关注消防、生命至上”主题，在“3·15”国际消费者权益日、“5·12”防灾减灾日、“119”全国消防宣传日、开学第一课等特殊时间段，开展大型消防宣传50场次，发放宣传资料10万余份。组建消防宣传服务队，招募400余名消防宣传志愿者，达标率为200%，开展社区巡回宣传60余场次，将消防宣传触角延伸到全区各个角落，在《中国应急管理报》《湖南日报》《潇湘晨报》、湖南消防“中央厨房”云平台、湖南消防总队网、“飞梦雨花”等各类媒体上稿400余篇。4月，中广天择传媒股份有限公司、字节跳动西瓜视频综艺栏目在高桥消防救援站拍摄制作全国首档消防员纪实真人秀《冲呀，蓝朋友》，9月9日首播，播放点击量超110亿人次，12月28日获得中国电视媒体综合实力大型调研“年度优秀记录片”奖项。（刘 莉）

【微型消防站比武】 2020年7月24日，2020年度雨花区微型消防站比武竞赛活动举行。比武竞赛坚持“注重基础、贴近实战”的原则，结合单位、社区日常消防安全工作实际，设置初期火灾扑救操和灭火器油锅接力灭火操两个操法业务竞技项目。采取预赛选拔、优胜者集中比拼的方式进行，各街道组织辖区社区、重点单位微型消防站进行比武，分别选派2支优胜队伍，参加全区的比赛，全区26支微型消防站竞赛队伍同场竞技，分场角逐。比武竞赛活动比赛过程中，区微型消防站队员严格遵守竞赛纪律和要求，发挥不怕苦、不怕累，奋力拼搏，团结协作的精神，赛出风格，赛出友谊，展现较强的业务技能和优良的战斗作风，达到“互相学习、优势互补，全面提高”的效果。经过激烈角逐，高桥街道高桥社区队获得一等奖，井湾子街道红星大市场队、黎托街道运达中央广场队获得二等奖，洞井街道桃花队、砂子塘街道砂子塘社区队、黎托街道保利商场队获得三等奖。在2020年全市微型消防站技能比武竞赛中，雨花区井湾子街道农博社区、砂子塘街道砂子塘社区、高桥街道高桥社区社微型消防站分别取得第二名、第三名、第五名。（刘 莉）

【陈飞慰问消防人员】 2020年1月19日，湖南省人民政府副省长陈飞慰问长沙市雨花区消防救援大队，听取区消防救援大队关于春节期间执勤备战等方面的情况汇报，看望慰问红星消防救援站一线指战员并赠送春节慰问物资，代表省政府向全省消防救援指战员致以亲切慰问和新春祝福。与指战员面对面交谈交流，勉励消防指战员时刻保持应急值守状态，发扬优良作风，树牢战斗力标准，确保队伍随时拉得出、冲得上、打得赢。省应急管理厅厅长李大剑陪同慰问，湖南消防总队总队长高宁宇、政治委员李浩，长沙市消防救援支队支队长温国坤等参加慰问。（刘 莉）

机关事务

【概况】 雨花区机关事务中心（简称“区机关事务中心”）为区政府直属正科级事业单位。负责区直机关大院后勤服务保障工作，包括机关食堂管理、安全保卫、物业管理、公务车辆管理、区治机关大院公共机构节能、垃圾分类、办公用房及设施改造维修、国有资产管理、计划生育等工作。

2020年，区机关事务中心服务财富品质幸福雨花建设主题，以“管理有序、保障有力、服务有情”为目标，坚持强化“服务”意识，抓住“安全”“规范”两个关键，精准分类施策，打造凝心聚力型、依法依规型、贴心服务型、精心细致型、节能环保型的“五型”服务团队，不断提高机关事务中心工作水平。通过制定方案、加强宣传、规范标识、督查评比等完善垃圾分类管理体系，采取联名承诺、志愿服务、奖励积分、兑换奖品等方式，推进垃圾分类全覆盖工作。健全安全管理网络和安全检查机制，建立应急联动机制，落实大院消防、治安、安全管理责任，确保机关安全。每月严格按考核细则和物业服务合同约定考核物业公司，提升服务保障水平。依法依归抓好公车管理，严格控制公务车辆各项开支，做到疫情防控和工作推进两不误，加强驾驶员安全培训、纪律教育、车辆安全检查和消毒工作，严格实行健康报送、网络调度、定点停放和监督检查，推进保障能力建设。机关食堂全力做好新冠肺炎疫情防控期间后勤保障工作，确定规范操作，统一服务标准，建立信息反馈，开展厨艺比武练兵和菜品创新，开展“光盘行动”，推进绿色餐饮，保证服务水平提档、用餐满意提升。开展覆盖“环境卫生、垃圾分类、节能降耗、车辆停放”四个方面的流动红旗评比活动，进一步改善机关大院环境面貌，规范垃圾分类投放，整治车辆停放秩序，营造整洁、文明、舒适、健康的工作环境。2020年，区机关事务中心先后被评为长沙市文明标兵单位，获长沙市脱贫攻坚专项奖励。（唐 倩）

【食堂管理】 2020年，雨花区机关事务中心对机关食堂从食品安全、菜品质量、营养搭配、服务礼仪、员工培训等方面实行标准化管理，完善食堂日常管理制度，落实食堂卫生巡查制和菜品留样制，严格管理食品采购、保管、操作、盘点等环节，对食材配送、质量检测、清洗加工、出菜盛放、卫生消毒5个“关口”实行严格把关，确保食品安全进行360度无死角管理。按照健康营养的原则科学搭配编排食谱，丰富菜品种类，中餐增加小炒和蒸菜窗口，多方位满足就餐需求。设立意见箱，定期进行满意度调查，多方听取意见，开展“强创新意识 展工匠精神”厨艺比武练兵，不断创新菜品。通过广泛宣传、控量采购、控量备餐、提供打包服务、现场督导等方式，推行“光盘行动”，对不文明行为进行劝导及制止，杜绝一切浪费行为，推行“光盘行动”后，各办机关食堂每日厨余垃圾同比前期减少40%。严应对新冠肺炎疫情，制定工作方案，安排值班值守，落实清洁消毒、进出人员体温筛检等防控措施，调整疫情期间食堂就餐，采取错时分批就餐、打包单位派人自取方式，保障防疫加班用餐，做好新冠肺炎疫情防控期间各项后勤保障工作。机关食堂为近40个单位保障防疫加班用餐人数68931人次，实行错峰恢复食堂后，就餐人数同比增加4%。全年完成接待餐、工作餐536桌次，培训简餐盒饭680人次，食堂就餐满意率90%以上。（唐 倩）

【安全保卫】 2020年，雨花区机关事务中心严格落实落细安全管理制度，加强安全管理责任落实和督促检查，做好各项安全保障工作。健全安防、消防、物防、技防安全监督管理网络和安全检查机制，及时发现、排除各类安全隐患。实行每月、每季度、节假日、极端天气预警前对各办公区域建筑物、护坡、围墙等安全情况进行排查，对视频监控室、电梯控制机房、食堂锅炉房、中央空调设备房等操作间进行全面检查，确保办公区域安全，消防、电梯、水电气设施设备正常运行。定期对各部门单位进行消防安全宣传，节假日进行消防安全书面提醒和督促检查。动态开展消防安全隐患排查，对各类消防设施、消防应急通道、用电线路等进行检查，加强消防器材、水电线路、电器等设施设备的维护。每月定期组织物业人员开展消防安全知识培训和演练。消防安全严密防范，确保各办公区域安全无事故。区治管理实行24小时定时巡查制度，实行静态站岗和动态巡查相结合，实行办公区域出入人员询问登记制度，确保第一时间发现机关院内存在的问题和突发情况，有效引导上访群众，确保机关大院平安有序。处理上访311余次，大型上访100余次。要求各物业服务机构按照“热情周到、事无巨细”的原则，设立固定客服电话，随时接收、受理各部门单位工程维修服务，接待来电来访1090次，安装维修服务746单。（唐 倩）

【公车管理】 2020年，雨花区对全区53家单位的247台公务用车坚持日常监管，随机检查定点维修、定点保险、定点加油、定点洗车、定点停放和节假日封存情况。实行24小时值班制，对驾驶员从内部管理、制度执行、安全服务、文明礼仪等方面进行严格规范，定期组织驾驶员进行培训和谈心谈话，组织开展故障排除技能比赛。疫情防控期间，梳理完善《公务用车管理服务中心制度汇编》，对公车平台75辆公车实行全程在线监管，为58家区直部门单位提供用车服务；驾驶员24小时值班待命，做好车辆消毒，全力保障一线指挥人员第一时间奔赴防控现场，全力保障火车南站、黄花机场境外人员接送工作，做到“零缓冲”“零耽误”。全年保障防疫用车902台次，为各部门单位提供安全保障任务4400余次，安全行驶44万余千米，提供大中型车辆租赁服务800多台次，全年公务用车出行安全零事故。

（唐 倩）

【物业管理】 2020年，雨花区机关事务中心按照“环境优美、保洁到位、操作规范、管理科学”的要求，加强对各办物业服务部门的监督和考核。公共区域实行分楼层分区域监督检查，保证清扫及时、路面干净、窗明几净的办公环境；绿化植物实行分类管理和定时跟踪，加大养护、修剪、补栽力度，保证大院绿树成荫、碧草如茵的优美环境，绿化完好率98%，院内古树存活率100%；机关大院补种各类苗木1300株；草坪补栽300平方米，白蚁防治4次。各物业服务机构坚持实行24小时值班制，实现“一站式”即时服务，制定会务管理制度和会议服务流程，专业训练会务服务人员，规范会务服务，完成会议服务516场，含雨花区新冠肺炎疫情联防联控工作调度大会、企业复工复产工作调度会、区委常委会会及接待省委常委胡衡华、省委常委乌兰调研等重大会议20场、“四大家”会议服务1162场。建立健全雨花区党政机关办公用房基础信息数据库和区直机关各部门单位办公用房台账，按照公平公正、资源尽用的原则，对区直机关各部门单位办公用房实行常态化动态化管理，统一管理、统一调配。做好疫情防控工作，重点完成大院各门岗、大堂、会议室、办公室、公共区域等相关消毒工作，重大会议着重消毒，保证会议正常召开。对所有员工、大院工作人员及外来人员体温测量、“行程码”“健康码”查验及登记工作。（唐 倩）

【基建维修】 2020年，雨花区机关事务中心承担区直机关房屋本体、办公用房、公共设施设备、院内道路及附属设施等方面的维修改造等基建维修项目。针对房屋安全隐患、各部门单位改造需求，按照单位申请、现场勘查、集体审议、严格审批、合同签订、工程施工、工程验收、工程结算的流程，统筹安排各项基建维修项目，加强与需求单位沟通，优化设计方案，严格预算审批流程，加强日常施工监督，杜绝重复施工、超标维修和改扩建。收到维修改造报告62份，合并为44个合同项目。完成区渣土治尘办公楼维修、机关大院绿化补栽、政府办101会议室及组织部322会议室等改造、会议中心卫生间改造、地下车库维修、火车南站综管办工作用房建设、区市场监督管理局中央空调主机更换及其附属改造项目等项目36个，施工中项目3个，待施工项目5个。（唐 倩）

【计划生育】 2019年，区机关事务中心注重强化沟通联系，建立48个部门单位计生工作联系网，宣传女性免费“两癌”筛查、免费产前筛查和新生儿疾病筛查等惠民政策，推进区机关大院晚婚妇女机关生育管理服务和人员计生审核工作。对区机关大院育龄妇女随访、全面放开“二孩”政策解释工作，做好机关大院和流动人口中婚育妇女计划生育管理及优质服务；开展“生育关怀”活动，经常性地开展跟踪随访慰问服务，及时上报人口计生信息。上报怀孕信息4人次、生育信息14人次，随访慰问23人次，审核计生信息476人次，办理“生育服务证”7本。（唐 倩）

【垃圾分类】 2020年，雨花区研究制定公共机构生活垃圾强制分类管理制度和工作措施，建立激励机制，强化行为约束，细化生活垃圾分类、存放、回收、运输、处置等流程和制度。通过制定方案、加强宣传、规范标识、督查评比等完善垃圾分类管理体系，推进垃圾分类全覆盖工作。在机关公共区域更新四分类、两分类垃圾桶标识和公示栏标识1000余处，开展专业培训2次，组织知识竞赛2次，提高垃圾分类意识，确保投放准确率；加大公共区域督查力度，每周定期对各部门单位进行检查，机关大院里300多名志愿者主动作为，提醒、引导、分拣覆盖到每栋每层每个区域。可回收垃圾2.24吨，生活垃圾可回收利用率25%，持续保持长沙市垃圾分类公共机构示范单位称号。（唐 倩）

【绿色节能】2020年，雨花区按照“绿色节能”的理念，主动树立过紧日子的思想，带头节约行政成本，降低能耗，推进绿色办公、绿色出行、持续做好节水、节电、节气工作。张贴节能提示小标识、设置节能宣传栏，发动“绿色食堂”“文明餐桌”行动，加大对厉行节约、反对浪费、节能环保宣传，提高机关干部职工节约节能意识。强化节能管理，从细节入手，加强对水电气使用的管理。合理调控办公空调温度和开放时间，合理控制阀门、龙头出水量，加强水电气相关设施设备维护和故障维修，尽量杜绝“跑、冒、漏、滴”现象出现。对机关大院中央空调能源托管项目实施技改，更新调冷却塔及3台供热锅炉，有效解决噪声扰民问题，最大限度降低锅炉排放对大气的污染。同比2019年，用电节省84304.8千瓦，同比下降7.5%，用气节省49770.54立方米，同比下降13%，真正做到财力、物力的节约。（唐 倩）

【垃圾分类培训会】2020年5月7日，雨花区机关事务中心组织开展垃圾分类培训工作会议，推动雨花区生活垃圾分类工作。长沙市快乐义工协会会长、长沙市优秀两型公益宣讲员刘光永进行垃圾分类宣讲，结合国家、省、市对垃圾分类的立法要求和法规细则，从生活垃圾分类背景、处理现状、垃圾分类对保护环境的价值意义及具体分类的方法、在日常家庭生活中如何把垃圾减量等进行深入浅出的讲解，就大家关心的问题进行解答。会议重申长沙市、雨花区对垃圾分类的具体工作要求，组织开展垃圾分类知识抢答。会议强调，垃圾分类是“我为人人、人人为我，功在当代、利在千秋”的长期工作，各单位、各党员志愿者思想重视有作为、行动落实在常态，要形成领导重视、压实责任、讲效果的常态化；要有创新、有特色地开展垃圾分类宣传工作，把垃圾分类工作切实做实、做细，从源头上减量，有

2020年10月23日，《长沙市生活垃圾管理条例》宣传培训会议　（唐 倩 摄）

效地节约利用资源。党员干部要从讲政治、讲大局、讲科学的角度，充分认识开展好生活垃圾分类的重要意义，率先垂范，做落实法规政策的排头兵，当垃圾分类的先行者，成全区市民的榜样人，做到单位生活垃圾分类投放准确率100%。要广泛发动身边的人讲文明，树新风。引导工作同事、提醒左邻右舍、带动大小家人，党员干部在家庭生活垃圾分类参与率100%，做到垃圾分类知识人人知晓、深入人心，宣传到位，齐心践行。　（唐 倩）

【安全生产】 2020年，雨花区机关事务中心抓紧抓实抓细机关安全生产工作，确保安全防范无死角。安全生产有关知识纳入党组理论学习中心组学习内容，每月召开班子（扩大）会，强调安全生产工作，时刻紧绷安全生产弦，做到“人人关注安全，事事强调安全”。向区直机关各部门单位发放《机关安全倡议书》65份、安全用电温馨提醒1000份。在各办公楼醒目处张贴宣传海报，电子显示屏滚动播放宣传标语，全面提高机关干部职工安全意识。制定安全应急预案，组织物业、食堂、公车、基建等人员进行消防安全、食品安全、平安驾驶、规范施工、防汛抗汛等知识培训，定期开展应急演习演练，提高各岗位人员应急处置能力。制定隐患排查制度，安排专人每日24小时不间断巡查，每周对重点部位进行检查，每月对所有部位进行全面排查，及时发现并整改安全隐患问题，创建安全、和谐、有序的办公环境。　（唐 倩）

【计划生育管理工作培训会】 2020年10月30日，雨花区机关事务中心组织召开区治机关大院2020年计划生育管理工作培训会。长沙市卫生健康委员会人口监测与家庭发展处处长谢靖授课，重点解读计划生育工作的执行依据和政策口径，详细讲解励扶助和生育服务登记的办理要求及材料规范、办理流程、申请及计划生育审核流程等，解答工作人员在实施工作中遇到的具体问题。培训会要求，提高认识，做好计划生育管理服务工作；强化政策宣传，各项工作切实落实到位；计生工作人员温故而知新，进一步提高自身的业务素质，切实做好优质服务。区机关事务中心副主任何芳主持，42个部门单位的计生专干和相关工作人员参加培训。　（唐 倩）

【助力脱贫攻坚】 2020年，雨花区机关事务中心多措并举推深做实消费扶贫工作，推进消费扶贫工作进度，助力脱贫攻坚。通过“采购一批、代购一批、推销一批”，对口扶贫单位桑植县、龙山县、跳马镇生猪、土鸡、高山土豆、蔬菜、有机大米等农副产品成为机关食堂优先采购的原材料。与雨花区驻桑植县、龙山县扶贫工作组的精准对接，详细了解当前农家自产的各类农副产品情况，提前预定认购、定点采购等方式，让贫困户的农副产品得到及时消费。在机关食堂设立专柜，开展宣传引导，鼓励干部职工自发购买贫困地区农副产品，推动机关干部带头支持消费扶贫工作，并为帮扶对象产品进行代言，拓宽销售渠道。在做好疫情防控的前提下，主动对接优先采购国家扶贫832平台和对口帮扶地区农副产品，及时化解贫困家庭的生猪、土鸡等农副产品出栏滞留、滞销的困难，累计消费扶贫采购农副产品120万元。区机关事务中心被授予长沙市脱贫攻坚专项奖励集体记功。　（唐 倩）

【“光盘行动”】 2020年，雨花区机关事务中心通过“加减乘除法”在机关食堂开展“光盘行动”，制止餐饮浪费现象。在理念入心上做“加法”，通过电子屏滚动播放、摆放宣传海报、张贴温馨提示、增加文明桌签等，多渠道在机关食堂形成“珍惜粮食、勤俭节约”的浓厚氛围，将“‘光盘行动’有你有我”理念带入机关。在控量备餐上做“减法”，完善食堂管理制度，规范采购、存储、加工、备餐等流程；做好用餐情况分析，征求干部职工意见建议，严格登记每日厨余垃圾量，精准采购备餐，有针对性地调整菜单菜品及备餐份量；加强食堂员工培训，提供“半份菜”“小份菜”，合理利用剩余饭菜，最大限度控制采购备餐量。在文明用餐上做“乘法”，餐前，安排文明引导志愿者，增设“一米”软隔离，多途径倡导文明排队，推行公筷公勺，提醒适量打餐点餐，做到文明绿色用餐；餐后，主动提供打包服务，方便干部职工将吃不完的饭菜打包带回食用，干部职工形成“盘中饭菜要吃尽，剩余饭菜要打包”的用餐自觉。在制止浪费上做“除法”，增加“光盘行动”督导员，现场流动巡查，对不文明行为进行劝导及制止，杜绝一切浪费行为，各机关食堂每日厨余垃圾同比前期减少40%。　（唐 倩）

政协雨花区委员会

主要工作

【概况】2020年，中国人民政治协商会议长沙市雨花区委员会（简称“区政协”）设办公室（委员服务中心）和委员学习联络、经济科技和外事、文教卫体和文史、农业农村和人口资源环境、提案、社会法制和民族宗教6个专门委员会。街道、镇设政协工作联络处。

2020年，区政协始终遵循“中国共产党的领导是全体中国人民的共同选择，是成立政协时的初心所在，是人民政协事业发展进步的根本保证”，始终把坚持党的领导贯穿到政协工作全过程。区政协党组严格执行重大事项请示报告制度，定期向区委报告工作，区委高度重视政协工作，区委常委会多次专题研究、给予支持。创新形成“区政协党组+机关党支部+街镇活动组+临时党支部”工作体系，实现党的组织对党员委员的全覆盖、党的工作对政协委员的全覆盖。不断完善委员履职考评等制度，创新履职举措，分类分层级实行委员年度述职，常委向政协常委会述职，其他委员向街道（镇）政协工作联络处委员会议述职。坚持党的创新理论武装，着力加强政治、思想、组织、作风建设，把学习贯彻习近平新时代中国特色社会主义思想作为首要政治任务，召开政协常委会议专题4次，通过政协党组理论学习中心组示范学、主席会议集体学、政协常委专题学、选派委员培训学、全体委员集中学、机关党员带头学等，推动学习走深走实。以“红心向党·务实为民·助力雨花”为主题，到韶山、陈树湘纪念馆等地开展委员革命传统教育，邀请委员参加主题党日活动、中心组学习，依托“政协云”平台、委员读书会、政协之友沙龙等，“线上+线下”提升委员履职“四种能力”（政治把握能力、调查研究能力、联系群众能力、合作共事能力）。区政协党组成员、主席会议成员、全体机关党员干部和驻街道（镇）政协委员积极参加南部融城绿心片区规划和产业发展以及高铁新城、红星、雅塘片区项目拆迁建设、招商引资，全方位参与安全生产、文明创建、联点帮扶等工作，助推雨花经济社会高质量发展。全区政协系统捐款捐物560万余元，助力新冠肺炎疫情防控、复工复产，郭贵雄、彭拥军、李仁杰等200多名委员想方设法购买募集口罩、酒精、手套等一线紧缺防疫物资；泰阳医药、振兴中药、元亨科技、咿呀实业、养天和大药房、华晨集团等100多家委员企业和单位在稳产稳岗、保障供应、帮扶群众等方面作出积极贡献。委员履职实践基地雨花非遗馆作为全国政协“推动中华优秀传统文化进课本、进课堂、进校园”专题协商会的远程连线会场，“非遗”文化的传承保护获得全国政协主席汪洋高度评价，中央电视台《新闻联播》专题报道。区政协持续助力基层治理和乡村振兴，改善民生、社会治理、法制建设等工作经验在全国地方政协社法委工作座谈会上交流。区政协党组作为长沙市唯一区（县市）代表参加省政协党建工作座谈会，作《以党建引领推动政协工作高质量发展》主题交流发言。

（罗　宁）

【政治协商】2020年，雨花区政协按照“区委点题、政协做题”原则，选取提升区域应急救援能力建设作为重点协商课题，组建以委员为主体的课题组，邀请专家学者和党政部门负责人参加，通过座谈协商、实地调研、专家论证等方式，形成《理顺基层应急管理体系，提升区域应急救援能力》的调研报告，提出建议30条，区委主要领导亲自批示，推进协商成果高效转化。对历年重点课题“回头看”，助推成立全省首个劳动争议一站式调解工作室，调研成果获省政协优秀调研报告二等奖。围绕医疗保障、园区经济发展、人居环境优化、法治政府建设、“河长制”责任落实等开展11次主席会议视察，围绕夜间经济、产教融合、村规民约助力基层治理等开展16次专委会专题调研，相关意见建议得到采纳。按照“协商于民、协商为民”的宗旨，各街道（镇）政协工作联络处结合工作实际，选择创建一流非公党建品牌、助推绿心产业发展、社区公园建设、农安小区排污、樱园北门建设等16个主题开展线下民情热点难题协商，有效助推浦沅小区加装电梯、井巷社区安装电动车

2020 年 6 月 12 日，雨花区政协视察应急救援工作　　（罗　宁　供图）

充电桩、砂子塘社区禁止不文明养犬、茶园坡社区啤酒公寓水改、全州药业及花卉市场路段桥梁修建等一批民生问题的解决。针对城南路水管严重渗水、盛世华章小区门口流水成河等突发情况，委员线上反映，部门迅速联动解决。委员与部门单位坚持应点协商、应症协商、应时协商，及时回应群众呼声。政协委员朱鸿雁所在吉联小学开展省政协“体验协商民主，做时代主人”协商民主活动，获得省政协主席李微微高度评价。

（罗　宁）

【民主监督】 2020 年，雨花区政协组织开展民主评议，提升民主监督实效。坚持边调研边掌握问题，边协商边研究问题，边监督边解决问题，民主监督实现高效“闭环运行”。区政协连续第三年开展民主评议“蓝天保卫战”工作，汇集各专委会、各街道（镇）政协工作联络处、政协委员、政协之友力量，邀请高校专家、环保企业，吸纳绿色湘军、善飞公益等 10 余家公益组织共同参与。通过专家联动、委员集中查看、网络现场测评等方式，运用无人机监测、“快闪”活动等新方法新手段进行评议。省市政协领导多次指导并给予充分肯定，各主流媒体多次报道。成立“雨花政协生态环境助力营”，举办委员助力“蓝天保卫战”分享会，开展构建实施“蓝天保卫战”精准管控制度体系建设民主测评，25 个被评议单位接受省市区政协委员的现场讲评和线上测评，满意和基本满意率达到 97.02%。三年助推“蓝天保卫战”重点件、重复件、反复件整改落实，共提出整改意见 130 余条，助推解决环境污染问题 170 余个。

（罗　宁）

【参政议政】 2020 年，雨花区政协征集提案 126 件，审查立案 94 件，委员对办理态度满意和基本满意率为 100%，对办理结果满意和基本满意率为 98.7%。区政协围绕委员提出的问题，引导相关单位与委员提前协商，鼓励各专委会、各界别、各联络处等结合履职过程中发现的热点难点问题，找准角度，深入调研。充分发挥优秀提案引领作用，提案撰写质量不断提高。区委、区政府高度重视，充分协商立案交办，区政协持续深化督办促办，提案协商与专题协商、对口协商、界别协商有机融合。王东华、钟智宏等委员关于《公职人员政务处分法》的修改意见、疫情期间帮助留学生渡过难关、改进对 70 周岁以上违反治安管理行为人处罚的建议等多篇社情民意被全国政协采用。开展《关于重振悠游小镇产业发展的建议》《关于加强我区中小学生应急救护能力培训的建议》和《关于加快推进跳马镇“五治”工作的建议》等重点提案专题协商，跨木莲路人行天桥已获批立项，悠游小镇产业架构更加明晰；全区中小学校应急救护能力培训工作实现“两个全覆盖”，惠及全区 12 万余名中小学生；跳马“五治”基础不断夯实，工作推进有条不紊。各专委会基础作用和界别独特作用进一步发挥，提案工作精品意识、质量意识、成果意识进一步强化，提案工作取得更大实效。收到委员社情民意信息 98 篇，向上报送 96 篇，吴建安、彭谱诚等委员关于大力发展共享网课促进教育公平、公积金增加冲还贷提取方式、帮助特种养殖产业渡过难关、紧急生产儿童医用口罩、在疫情中考察识别社区（村）换届人选、取消长株潭水上公交项目、改进账户管理等多篇社情民意信息被全国及省市政协采用。创新“和协商”机制，委员关注的联圭路砂子塘嘉和小学段严重交通安全隐患等问题得到区政府主要领导批示，相关问题正在逐步解决。关于磁悬浮高铁携带喷雾规定与其他相关规定不兼容、逐步推行智慧灯杆多杆合一等 60 余条反映群众“急难愁盼”问题的网上微建议通过“政协云”平台相继得到转办落实。

（罗　宁）

【公益活动】 2020 年，雨花区政协联合区人社局、区妇联、团区委、区残联等开展“真情五助 +”活动 60 余场次，捐款捐物 300 万余元。比亚迪、梓红酒家、成中和服饰等委员企业积极提供就业岗位，委员蔡鑫莹企业云畅网络科技有限公司搭建“湘就业”线上平台，链接工作岗位 9100 余个，2 万余人在线参与，上千人达成就业意向。各街道（镇）政协工作联络处与群英会等社会组织积极开展“真情五助 + 关爱女孩守望未来”活动，在腾讯平台获数万人点赞。真情五助 + 温暖雨花、春蕾助学、爱心 1+1、湘西少年雨花行、同心助困 · 携手奔小康、助残脱贫 · 共享文明、以书为媒传递爱心、援鄂医行卡免费停车等活动引领雨花公益新风尚。全区政协系统开展帮扶行动，捐赠物资近 700 万元，区政协常委刘雄获评全省政协扶贫行动先进个人，先进事迹编入省政协《亲历扶贫》一书。组建66个帮扶小组，结对跳马镇66户建档立卡贫困户，从就业扶贫、产业扶贫、消费扶贫、教育扶贫入手，不断提升贫困家庭自我造血功能。委员龙燕、何新海等创办扶贫车间，为建档立卡贫困户提供就业机会；委员陈明、方文斌等帮助困难群众打开农产品、花卉苗木销路；委员吴尚、周建新、何凯、兰川烨、李万强等结对帮扶多名贫困学子完成学业；委员张福新、吴军、王青春、龚炜、李芳等为贫困家庭送去慰问物资和慰问金；委员李玉琴关爱跳马镇留守儿童，救助病重儿童；委员言海先、莫艳芝等多次购买扶贫产品；委员康静连续多年帮扶一户贫困户，通过解决住房、提供创业资金等方式，帮助该户村民脱贫致富。66户建档立卡贫困户已全部脱贫，在迎接国务院脱贫攻坚普查中，入户登记主要指标达标率、贫困户满意率、省级考核合格率均为100%。对口帮扶桑植和龙山，捐建龙山县上母小学、桑植县谷罗山中心小学和实竹坪教学点3个同心绿色书屋，捐赠上万册图书和文体器材，结对帮扶困难学生50余名。委员周谊深入两地组织文旅产业扶贫调研，倡导传承红色基因，助推文旅发展。委员吴炜企业地腾勘查设计有限公司建立对业务覆盖贫困地区“一对一”帮扶制度，每完成一个项目，都将项目款的3%捐给当地教育基金会，助力贫困学子。湖南和平体育、长沙和谐体育、湖南拓合广告传媒、长沙市众焱助学公益服务中心等委员企业、社会组织和砂子塘东澜湾小学等为贫困地区开展教育扶贫、特产品牌宣传，共同助力巩固脱贫攻坚成果。（罗 宁）

【“和”系列智慧委员工作室】 2020年，雨花区推进打造“和”系列智慧委员工作室品牌。全区18个“和”系列智慧委员工作室探索线下线上联动履职，不断拓展履职的宽度和深度，提升履职频率，成为群众身边的“解忧便利店”。委员驻室制度进一步完善，主席会议成员带头深入社区，省、市、区政协委员积极参与，轮流驻室值班，收集民情、调研座谈等，界别特色日益凸显，三级联动走深走实。和享、和馨智慧委员工作室服务基层治理、开展特色帮扶，委员周湘玉、仓萍等助力社区居家养老、美丽乡村建设。委员陈军、李炎辉、朱移生参与政协云线上工作室值班，就改革完善公共卫生防控体系、企业营商环境、企业法律治理与增强文化自信等主题在线答疑并分享雨花经验。金牌帮女郎、委员陈旭工作室被评为全省示范性政协委员工作室。一批委员被评为“雨花阅读推广形象代言人”“全国助人为乐好人”等。（罗 宁）

政协会议

【区政协五届四次会议】 2020年12月26—28日，政协长沙市雨花区第五届委员会第五次会议在雨花区会议中心召开。区委书记张敏，区委副书记、区长刘素月，区委副书记陈永高等，及区委、区人大、区政府、区政协班子成员、区人武部部长、区人民法院院长、区人民检察院检察长，历届区政协主席和全体区政协常委出席；来自全区各条战线的243多名政协委员及所有特邀、列席人员、政协之友成员参加会议。会议由区政协副主席康长萍主持。区政协主席冯聪龙受政协长沙市雨花区第五届委员会常务委员会委托，全面总结2020年的工作情况，提出2021年的工作思路。区政协副主席周凌云受政协长沙市雨花区第五届委员会常务委员会委托，向大会报告2020年提案工作。区政协党组成员彭可佳代表区政协宣读《2020度“三好”政协工作联络处、“六优”政协委员、“五佳”委员工作室、优秀提案、民主评议“蓝天保卫战”工作、社情民意、“真情五助”活动先进单位和先进个人评选结果的通报》。陈旭、陈伟奇、陈军、左维新、朱明、蒋浪、安忠、彭拥军、陈容、刘翔贵、蔡鑫莹等政协委员和政协之友围绕打造委员工作室公益服务品牌、着力“四个聚焦”让一城之水更“韵味”、推进中小学生应急救护能力培训、生态绿色文旅康养产业发展、自贸区建设、助推乡村治理、城市15分钟和农村30分钟健身圈健身步道提质升级、垃圾站废液废水收集处理、“三位一体”推进新时代劳动教育、推动小程序软件产业跨越发展等作大会现场发言和书面发言。会议审议并通过区政协第五届委员会常务委员会工作报告和区政协第五届委员会常务委员会提案工作报告；与会委员列席区五届人大五次会议，听取并协商讨论区人民政府工作报告、区国民经济和社会发展第十四个五年规划纲要、区人民法院工作报告、区人民检察院工作报告、2020年区财政预算执行情况和2021年财政预算报告，并对以上报告表示一致赞同。会议补选区政协秘书长和政协常委。会议期间，组织委员认真参与由省委党校教授杨娜曼主讲的《2020年经济形势与十九届五中全会精神解读》专题讲座，全体委员以高度的政治责任感和历史使命感，紧紧围绕经济社会发展的重大问题和人民群众普遍关心的热点问题，提出许多富有建设性的意见和建议。区委书记张敏在闭幕会上强调，全区政协组织和广大政协委员自觉服从区委的统一领导，坚持发扬民主和增进团结相互贯通、建言资政和凝聚共识双向发力，围绕中心，服务大局，扎实开展重点协商、提案协商和民情协商，持续开展“蓝天保卫战”民主监督，推动解决经济社会发展和群众身边的难题，全国政协专题协商会现场连线区政协委员履职实践基地雨花非遗馆，非遗文化的传承保护得到高度评价；尤其是在疫情防控和脱贫攻坚工作中，全区政协系统和广大政协委员挺身而出、主动作为，充分体现了责任和担当。要把牢正确政治方向，提高政治站位，扛牢政治责任，强化政治担当；要主动服务中心大局，凝聚改革发展合力，强化桥梁纽带作用，维护社会大局稳定；要提高协商质量水平，狠抓制度建设，聚焦主责主业，广泛凝聚共识；要切实强化委员担当，坚持忠诚履职，担当尽职，主动投身区域经济社会发展第一线，以实际行动展现新时代政协委员的风采。（罗 宁）

【区政协常务会议】 2020年4月8日，政协长沙市雨花区第五届委员会常务委员会第十三次会议传达学习《关于新时代加强和改进人民政协工作的实施意见》和《长沙市政协提案办理协商实施办法》；通报区政协系统新冠肺炎疫情防控工作情况；审议通过《政协长沙市雨花区委员会2020年工作要点》。10月22日，区政协理论学习中心组第九次（扩大）集中学习暨政协雨花区第五届委员会常务委员会第十五次会议，邀请中共长沙市委党校马列教研部副教授徐良根授课，专题学习解读《习近平谈治国理政》（第三卷）有关精神。12月16日，政协雨花区第五届委员会常务委员会第十六次会议召开。会议审议、通过区政协五届五次会议委员异动、增补情况说明和有关人事任免事项；区政协五届五次会议常委会工作报告（讨论稿）；区政协五届五次会议提案工作报告（讨论稿）；关于召开区政协五届五次会议的决定（草案）以及会议议程（草案）、日程（草案）、大会秘书处领导成员及各组正、副组长建议名单；区政协五届五次会议大会执行主席建议名单，秘书长、副秘书长建议名单，讨论分组办法和各组召集人建议名单。通报区政协五届四次会议以来提案办理情况；区政协五届五次会议临时党委、临时党支部建议名单；区政协五届五次会议提案截止时间（草案）；区政协五届五次会议表彰2020年度"三好"政协联络处、"六优"政协委员、民主评议"蓝天保卫战"等先进集体、先进个人名单等；区政协常委向常委会会议述职。

（罗　宁）

【全国政协网络议政远程协商会】2020年11月27日，全国政协召开"推动中华优秀传统文化进课本、进课堂、进校园"网络议政远程协商会，11位政协委员和1位基层群众代表分别在全国政协机关主会场及湖南等3个分会场通过视频连线等方式发言。长沙市政协委员、雨花区文化旅游体育局局长王琳作为湖南分会场两位发言代表之一，在视频连线点湖南雨花非遗馆作题为《积极探索社会力量助力"三进"新途径》的发言及在全国政协机关主会场同步播放的砂子塘湘天小学学生现场体验国家级非遗项目滩头木版年画创新课程视频，得到全国政协主席汪洋的充分肯定。教育部部长陈宝生、文化和旅游部党组成员王晓峰对王琳等委员所提建议进行回应。

（罗　宁）

【民主评议"蓝天保卫战"】2020年11月5日，雨花区政协民主评议"蓝天保卫战"精准管控制度体系建设工作大召开。区政协主席冯聪龙主持会议，他提出，各被评议单位要以评议为动力，坚持问题导向，跟进问题解决，吸纳意见建议，深入推进工作落实。雨花区政府副区长蔡泽敏代表区蓝天办对被评议单位精准管控体系建设工作开展情况进行介绍，25个被评议单位作书面汇报，并当场接受28名省、市、区政协委员的点评和67名评议人员的电子测评。省政协人口资源环境委员会驻会副主任廖瑞芳认为雨花区政协民主评议选题精准，是贯彻落实习近平生态文明思想和考察调研湖南时重要讲话精神的体现，符合人民群众对美好生活的追求；群策群力，汇集党政部门和政协委员、公益组织、环保企业等社会各界的智慧和力量；坚持问题导向，朝着问题去，盯着问题改；久久为功，连续三年坚持不懈，多管齐下，多措并举，取得了骄人成绩；建议雨花区政协认真总结工作经验，加强宣传推介，为全省各级政协提供有益借鉴。区委副书记、区长刘素月表示，区政协连续三连聚焦"蓝天保卫战"民主评议工作，是贯彻落实污染防治攻坚战的重要举措，运用多种形式展开测评，提出整改意见，为"蓝天保卫战"从治标到治本提供强有力的支撑。区政协民主评议"蓝天保卫战"工作，帮助找准问题、精准施策、补齐短板发挥重要作用，各部门、街镇要自觉接受监督，形成问题清单，集中进行整改，使评议的过程变成改进工作的过程。"蓝天保卫战"是一场攻坚战、群众战、持久战，需要全社会持久努力，久久为攻。科技治污、精准治污需进一步集思广益，为持续打赢污染防治攻坚战贡献更多的智慧和力量。要进一步从根本上消减存量、严控增量，切实形成"蓝天保卫战"的常态长效的精准管控体系和机制。市政协副主席龚振湘出席会议。

（罗　宁）

中共雨花区纪委

工作纪要

【概况】 中共长沙市雨花区纪律检查委员会（简称“区纪委”）是党内监督专责机关，履行监督执纪问责职责；长沙市雨花区监察委员会（简称“区监委”）是行使国家监察职能的专责机关，履行监督调查处置职责。区纪委与区监委合署办公，简称“区纪委监委”。

2020年，雨花区全面落实党风廉政建设责任制，推动党委主体责任和纪委监督责任（简称“两个责任”）的落实，专项督查部门单位落实主体责任情况，督促相关单位针对主体责任缺失问题整改落实、建章立制。区纪委监委贯彻落实中央、省、市纪委全会精神和区委决策部署，忠实履行党章和宪法赋予的职责，以党的政治建设为统领，协助区委全面从严治党，坚持稳中求进、实事求是、依规依纪依法，一体推进不敢腐、不能腐、不想腐，推动纪检监察工作高质量发展，不断巩固和发展反腐败斗争压倒性胜利。

（邓 辉）

【组织建设】 2020年，雨花区纪委监委持续深化纪检监察体制改革，提高工作法治化、规范化水平。推进双重领导体制具体化、程序化、制度化，完善和落实查办腐败案件以上级纪委监委领导为主，线索处置和案件查办在向同级党委报告的同时必须向上级纪委监委报告，各级纪委书记、副书记，监委主任、副主任的提名和考察以上级纪委监委会同组织部门为主，全面落实案件查办、干部提名“两为主一报告”机制，向市纪委监委请示报告4次，向区委专题汇报党风廉政建设和反腐败工作情况2次，提请区委常委会研究审议事项2次，主动报告线索处置、案件查办等事项9次。严格落实领导班子理论学习中心组学习制度，开展集中学习12次。统筹安排派驻纪检监察组组长担任驻在部门党委（党组）成员，建立健全派驻组参加（列席）驻在单位会议工作办法，通过参加会议、审阅文件、分析研判、督促巡视巡察反馈问题整改落实等方式，持续强化日常监督。贯彻落实《关于区（市、区）监委向乡镇（街道）派出监察办公室的指导意见》等文件精神，向雨花经开区派出监察机构，成立区监委派出街镇监察办公室，推动监察工作向基层延伸。强化反腐败协调小组职能，加强成员单位协同配合。着力加强自身建设。持续用“拙诚笃实”机关文化涵养精气神，构建多元融合的培训模式，采取集中学、自主学、专题学、在线学等多种方式，持续学习贯彻“两法三规”，参加省纪委监委组织的“纪检监察云课堂”培训，前往湖南大学举办全区纪检监察系统履职能力提升班，前往兄弟区县纪委监委开展“纪法贯通、法法衔接”考察调研，开展党纪法规知识在线学习测试、在线培训年终测试等，通过以学代练，以考代学，以战代训的方式，检验学习研究成果。探索建立科级以下纪检监察干部“推—审—考”模式，加强日常管理，坚持“刀刃向内”，办理纪检监察干部问题线索6条，发出函询2封，谈话提醒2人次。

（邓 辉）

【宣传教育】 2020年，雨花区纪委监委聚焦主业，加强廉政文化建设，开展以案明纪、以案促改，做好执纪执法“后半篇文章”，把警示教育贯穿监督执纪全程、融入日常学习教育，推动不敢腐的斗争成果、不能腐的制度设计转化为不想腐的内在敬畏和行动自觉。坚持巩固舆论阵地，注重以正面舆论引领和助推纪检监察工作，在原则问题上敢于发声，提高新闻舆论影响力，在各级各类媒体上发稿88篇。举行第十五届“4·20”廉政文化节，召开警示教育大会4场，推动召开叶松案“以案促改”专题民主生活会9场，通报曝光典型问题5期17起25人，用身边事警示身边人。成立课题研究组，推进“廉洁文化进校园”理论创新和实践探索。（邓 辉）

【党风廉政建设】 2020年，雨花区纪委监委坚持贯彻习近平新时代中国特色社会主义思想，不断增强“四个意识”、坚定“四个自信”、自觉扛起“两个维护”重大政治责任，加强政治建设，提高政治能力，坚守人民情怀。领导班子以永远在路上的韧劲和执着，协助区委推进全面从严治党，加强党风廉政建设和组织协调反腐败工作。主要负责人带头对照党章党规找差距。领导班子及成员深入检视问题，查摆116个问题，全部整改并长期坚持。聚焦决胜全面小康、决战脱贫攻坚、“大干一百天 实现双过半”等开展政治监督，围绕统筹推进疫情防控和经济社会发展开展监督检查，下发督查专报58期，处置雨花亭街道7名公职人员防控失职失责问题，督促减税降费等涉企优惠政策及时落地兑现。发挥查办案件治本功能，以叶某案为镜鉴，深入开展“以案促改”工作。制发纪检监察建议书9份，堵塞制度漏洞，督促区属国有企业完善工程招标、公务用车油费管理等内控机制，督促相关街道完善财务管理、三资监管审批流程、专项经费使用监管等制度机制。持续推动扫黑除恶“打伞破网”，对问题线索一律提级核查、班子成员包案核查，优先分办、重点督办，建立问题线索双向移送、查办结果双向反馈机制，督促提醒公检法机关落实“三长”签字背书制度要求，形成强大合力。（邓　辉）

【党风政风监督】 2020年，雨花区纪委区监委持之以恒落实“中央八项规定”精神，大力整治形式主义、官僚主义。持之以恒抓好作风建设。深入整治形式主义、官僚主义，紧盯“老问题、新动向”和各类节点，开展人防系统腐败问题专项治理和工程项目招投标突出问题专项整治，既剑指要害，又对症下药。整治隐形变异问题，不定期对部门单位、特定场所进行“点穴式”“暗访式”检查。在每一个重要时间节点，均成立检查组、暗访组，对全区各单位、街镇开展节前作风专项监督检查。共查处违反“中央八项规定”精神问题32起，党纪政务处分33人，组织处理14人。持续推行“全民监督”，健全检举举报平台处置子平台运行管理办法，班子成员坐班接访、包案办信，受理业务内信访举报87件，注重专题分析，重点解决重复访、越级访问题，《做好“深”字文章，破解征地拆迁信访难题》专题报告受到省市纪委好评。严格执行提醒谈话制度，完善更新廉政档案，用好廉政意见回复，加大函询结果抽查核实力度。（邓　辉）

【案件查办】 2020年，雨花区纪委监委一体推进不敢腐、不能腐、不想腐，持续深化标本兼治，巩固发展反腐败斗争压倒性胜利。重点查处政治问题和经济问题交织、“提篮子”“打牌子”等腐败问题，加大国有企业反腐力度。处置问题线索276件，立案139件，涉及科级干部10人，给予党纪政务处分109人，采取留置措施4人，移送检察机关审查起诉3人。2020年立案审查调查139人，其中涉及科级干部10人，采取留置措施4人，给予党纪政务处分109人，移送检察机关审查起诉3人。（邓　辉）

【专项整治】 2020年，雨花区纪委监委着力巩固拓展扶贫领域腐败和作风问题专项治理成果，持续推进扶贫领域腐败和作风问题专项治理。结合日常监管、随机检查和专项督查，推进“一季一专题”集中治理。围绕工作作风、政策落实、基层“微腐败”等，深入跳马镇开展专项督查，走访贫困户40户，实地查看贫困户帮扶项目6处，下发通报1期，督促整改问题12个。为巩固“国检”验收成果，开展入村督查“回头看”，接待群众30人次，督促做到不松劲、不降标，护航脱贫攻坚决战决胜。（邓　辉）

【雨花区破解征地拆迁信访难题】 2020年，雨花区纪委准确把握拆迁形势，聚焦黎托街道拆迁信访举报重点区域，在做深做实上下功夫，有效破解基层征地拆迁中重复访、越级访难题，未收到黎托街道征地拆迁重复访、越级信访件。区纪委和黎托街道纪工委针对征地拆迁领域呈爆发式增长的信访举报件，对反映问题的类别和区域（村、社区）进行深入分析研判，逐件剖析重复越级举报的原因，形成《黎托街道越级访重复访问题情况分析报告》，提交党委和职能部门决策参考。对反映干部在征地拆迁过程中违反廉洁纪律、工作纪律、群众纪律引发的信访举报问题，采取重点督办、督促履职等措施，进行专项整治。对反映的问题逐一核实，通过调取相关资料、与相关人员谈话、多部门联合调查等多种途径，全面调查核实群众反映的问题，把事情查清楚查透彻，形成科学严谨的调查核实报告。对基层纪检监察机关办理的信访举报件，实行层层审核机制，由区纪委纪检监察室、信访室、联系领导、分管信访工作的领导逐一审核，质量不过关的不予结案。区纪委和街道纪工委下沉一线走村入户，到拆迁户中面对面听取建议意见，了解征地拆迁干部是否存在作风问题和违纪情况，提高人民群众对基层纪检监察工作的信任度和满意度。在调查前、调查中、调查后联系反映人反馈情况，调查结束后，调查组第一时间联系实名举报人，约定时间地点当面答复。对部分匿名举报情况，调查组视情况将调查结果以书面形式公布在公示栏，消除群众误解。在征得反映人同意的基础上，对调查情况公开答复公开评议，调查组与反映人、群众见面，公布调查核实情况，当场解答反映人及群众的质疑。2018年以来，黎托街道纪工委针对越级信访件共召开信访见面会10余次、公开答复会4次，涉及4个村（社区），通过公开答复化解12件越级信访件。邀请办案人员，到拆迁一线为征地拆迁干部开展警示教育活动，组织村支部书记到法庭旁听征拆领域案子庭审，用身边人、事教育身边人，取得良好的教育效果，提高了广大党员干部廉洁自律、用权为公的意识，切实改进了工作作风。紧盯征地拆迁过程入户调查、资料核实、资金发放等广大群众关心的关键环节，查找制度漏洞。针对征地拆迁公开不到位、群众不信任的问题，建立三轮会审、三榜公示的阳光拆迁制度，各户的房屋面积、人员结构、补偿金额、分户情况、安置指标、个案处理等拆迁补偿安置明细予以张榜公示，为群众监督提供方便，从源头上减少信访举报。通过举办“4·20”廉政文化节、廉洁动漫设计大赛、廉洁公益广告词征集等系列廉政文化活动，引导人民群众积极参与反腐败斗争。（邓　辉）

重要会议

【中共雨花区第五届纪委第五次全会】 2020年3月26日，中共长沙市雨花区第五届纪律检查委员会第五次全体会议召开。区委副书记、区长刘素月主持会议。会议深入学习贯彻落实习近平新时代中国特色社会主义思想和中共十九届四中全会精神，认真贯彻中央、省、市纪委全会部署，总结全区2019年纪检监察工作，部署2020年任务，审议通过区委常委、区纪委书记、区监委主任王清政代表区纪委常委会所作的《提升监督效能，确保制度执行，为决胜全面建成小康社会提供坚强保障》工作报告。王清政表示，要坚决做到“两个维护”，持续强化政治监督；要坚守人民立场，深入整治群众身边的腐败和作风问题；要坚持破立并举，一刻不松打好作风建设持久战；要切实履行监督专责，强化对权力运行的制约监督；要强化系统施治，一体推进不敢腐不能腐不想腐；要落实巡察全覆盖，提高巡察监督质效；要持续深化纪检监察体制改革，确保监督体系协同高效；要加强纪检监察干部队伍能力建设，锻造高素质专业化纪检监察铁军。区委书记张敏强调，要认真学习中央和省、市会议精神，推动各项决策部署在雨花落到实处，不断夺取全面从严治党新胜利，为高质量建设“三个雨花”作出新的贡献。要认清形势、保持定力，坚定不移把全面从严治党引向深入；要明晰重点，夯实举措，以全面从严治党新成效推进治理系统和治理能力现代化；要责任上肩，引领示范，争当新时代落实全面从严治党的表率。因疫情影响，区纪委全会首次以视频会议方式召开。出席全会的区纪委委员17人，列席178人。区委常委、区人大、区政府、区政协领导出席会议。 （邓　辉）

2020年12月30日，雨花区委反腐败协调小组2020年度会议 （邓　辉　供图）

2020年3月26日，中共长沙市雨花区第五届纪律检查委员会第五次全体会议召开 （邓辉　供图）

【廉政教育大会】 2020年4月20日，雨花区第十五届“4·20”廉政文化节开幕暨廉政专题教育大会举行，区委书记张敏主持会议，湖南省委党校教授谭鹏以“夺取反腐败斗争压倒性胜利”为题授课。谭鹏从反腐败斗争面临的严峻形势、中共十八大以来反腐败斗争成就经验、当前开展反腐败斗争的使命责任3个方面阐述反腐败斗争形势和主要任务，勉励全区各级党组织和党员领导干部要强体、循法、取势、承责，对雨花区党风廉政建设和反腐败斗争具有很强现实意义和指导作用。本届廉政文化节以“强化制度执行，提高治理水平”为主题，持续三个月时间。全区各部门单位将深入学习贯彻习近平新时代中国特色社会主义思想，开展思想道德和党纪国法宣传教育活动，推进“以案促改”和警示教育，广泛开展廉洁文化活动，打造廉政文化教育阵地，着力梳理、排查、防控本地域、本单位、本行业廉政风险点，营造浓厚的崇廉尚廉氛围。 （邓　辉）

【反腐败协调小组会议】 2020年12月30日，雨花区委反腐败协调小组2020年度会议召开。会议深入贯彻落实区委五届二十五次全会精神，总结2020年反腐败协调工作，研究部署2021年工作，进一步凝聚共识、增强合力，推动反腐败工作深入开展。 （邓　辉）

2020年9月8日，雨花区委第八轮、第九轮巡察情况集中通报会（彭玥莹　摄）

巡　察

【概况】 中共长沙市雨花区委巡察工作领导小组办公室(简称"区委巡察办")是区委巡察工作领导小组的日常办事机构，作为区委工作机关，设在中共长沙市雨花区纪律检查委员会。区委巡察办负责向区委巡察工作领导小组、市委巡察工作领导小组办公室报告巡察工作情况，传达贯彻中央、省委、市委、区委和区委巡察工作领导小组的决策和部署，承担巡察工作有关政策研究、制度建设等工作；统筹、协调、指导区委巡察组开展工作；对区委、区委巡察工作领导小组决定的事项及巡察移交事项进行督办；配合有关部门对巡察工作人员进行培训、考核、监督和管理等。

2020年，雨花区委巡察工作始终坚持"发现问题、形成震慑、推动改革、促进发展"原则，在探索中不断改进工作方式方法，推动巡察工作高效发展。区委开展第九轮、第十轮、第十一轮常规巡察，巡察区直部门党组织33个、村（社区）党组织83个，一届任期内村级巡察全覆盖，巡察发现问题763个、线索24条。开展巡察整改督查3次，清退违规发放及开支的费用约101.51万元。（彭玥莹）

【组织建设】 2020年，雨花区委深化政治巡察，及时组织学习贯彻习近平总书记关于巡视工作重要讲话及中央、省、市有关会议精神，学习领会十九届五中全会精神，强化政治监督，发挥巡察监督优势，强化治理效能，注重从政治上找偏差，把"两个维护"作为巡察工作的根本政治任务。制定行之有效的组办"并联"审核制度，巡察期间，巡察组每周将发现的问题同步报送巡察办，实现办、组对问题的"并联初审"，使问题定性、证据完善达到同步把关，撰写报告前，对巡察问题清单及底稿进行组办"二审"，对问题的定性与描述及线索的固定进一步把关，报告成稿后，对巡察报告进行组办"三审"，从整体结构、定性、证据、文字等方面加大对巡察报告事实把关、文字把关的力度。根据省委巡视办对浏阳市委巡察工作指导督导情况的反馈内容，区委巡察办根据实际情况，制订对标对表整改实施方案，制定整改任务分解表，明确责任单位，要求任务到人、责任到岗、落实到位，18个问题全部整改完成，健全内部管理制度2个。定期内部通报各个巡察组的工作指标，作为巡察干部评先评优参考依据。以问题为导向，建立开放式的巡察系统问题自查自纠工作机制，在每轮巡察期间和巡察结束，均组织巡察组开展经验交流会，分享发现问题的方法和巡察小故事，总结当轮巡察工作的经验和不足，及时固定、推广各组好的经验和做法，建立问题清单，明确整改责任人、整改措施及整改时限，推进队伍专业化水平的提升。定期对巡察干部进行廉政警示教育，定期向被巡察单位收集对巡察工作和巡察干部的意见建议，做到常打招呼常提醒，纪律作风常抓不懈。（彭玥莹）

【业务建设】 2020年，雨花区委推进巡察监督与其他监督贯通融合，统筹协调做好思想贯通、责任贯通、机制贯通、组织贯通"四贯通"工作，特别是在机制贯通上下功夫，巡察前突出信息情况沟通，用好已有监督成果；巡察中突出监督手段支持，加强对问题的深入了解；巡察后突出整改日常监督，综合用好巡察成果。通过巡察发现，多个街道支付给垂管部门的经费缺乏监督，区委巡察办指出问题，推动区财政局、区审计局研究制定出台《雨花区关于规范街镇财务管理的操作细则》，对该类经费预算做出严格规范。区审计局参考区委巡察办的建议，对全区惠民资金使用情况进行专项审计。区纪委监委对巡察移交的问题线索采取优先办理、限期办结、定期通报等方式，综合运用监督执纪"四种形态"，切实抓好移交问题线索的处置工作，移送问题线索174件，党纪政务处分42人，移送司法3人。召集区直、街镇、国有企业等单位召开巡察情况集中通报会2次，将巡察发现的问题通报各单位，要求未被巡察的单位对照问题开展自查自纠，通过问题早查找、早发现，推动问题早纠正、早解决，确保共性问题未巡先改，整改到位。强化纪检、审计、信访、政法等部门的信息交流，综合运用"互联网+监督"、信访及公安司法案件等平台信息，对数据进行比对、筛选，提高发现问题的广度、深度和精准度。巡察进驻前，对已审未巡的单位，梳理归纳审计前期发现的问题，巡察时重点了解，加强对审计整改情况的检查；对未审未巡的单位，尽可能争取巡审联动。在巡察区住建局时，巡察、审计队伍同时进驻，专人对接，发现工程监管失职等线索2条。按照巡察全覆盖的要求，出台《村级交叉巡察考核细则》，编订村级巡察业务指南，与街镇合力采用"联合行动、协同作战"的交叉巡察方式，分两轮成立10个交叉巡察组，巡察48个村级党组织，全面完成区内154个村级党组织的巡察，发现“三个聚焦”方面问题738个，移交问题线索52条，党纪政务处分10人，挽回经济损失280余万元，村级巡察全覆盖率100%。（彭玥莹）

【市委巡察】 2020年9月，第十三届长沙市委开展为期两个月的第十二轮巡察，派出第五提级交叉巡察组交叉巡察雨花区人民法院、雨花区洞井街道。9月18日，市委第五提级交叉巡察组进驻洞井街道，召开巡察洞井街道党工委工作动员会，聚焦贯彻落实党的理论路线方针政策和党中央、省、市委重大决策部署情况，聚焦群众身边腐败问题和不正之风情况，聚焦党组织领导班子和干部队伍建设情况，开展政治监督。主要受理反映洞井街道党工委领导班子及其成员、下一级党组织领导班子主要负责人和其他重要岗位领导干部问题的来信来电来访，重点是关于违反政治纪律、组织纪律、廉洁纪律、群众纪律、工作纪律和生活纪律等方面的举报和反映。巡察组组长陈智恺作动员讲话，副组长李国栋宣读巡察工作纪律，洞井街道党工委书记张小军表态发言。9月21日，市委第五提级交叉巡察组进驻雨花区人民法院，陈智恺主持召开与院党组领导班子见面沟通会，传达中央和省、市委领导同志有关巡察工作的重要讲话精神，通报巡察工作任务和工作安排。雨花区人民法院党组书记、院长凌云主持召开巡察雨花法院工作动员会。陈智恺作动员讲话，副组长范伟霞宣读巡察工作纪律；凌云表态发言。巡察组组织法院参会人员进行民主测评和问卷调查。9月28日，市委第五提级交叉巡察组组长陈智恺主持会议，听取雨花区人民法院党组工作情况汇报。凌云汇报雨花法院党组近三年工作情况，区法院党组副书记、副院长彭智勇汇报雨花法院近三年司法工作情况。范伟霞重点提出财务规范方面的要求；巡察组副组长李晴就司法巡查的11个方面逐一进行点评并提出要求。陈智恺小结巡察组进驻后了解的情况，提出工作要求。区纪委监委派驻政法委纪检组长段萍介绍法院纪检监察情况。会后，区法院召开专题党组会，安排部署下一步工作。

（彭玥莹）

民主党派·工商联

民革雨花区工委

【组织建设】 2020年，中国国民党革命委员会雨花区工作委员会（简称“民革雨花区工委”）以组织建设为抓手，以参政议政为核心，加强社会服务，凸显雨花特色。做好基层组织换届工作，经过充分酝酿、商议讨论、集体表决，顺利产生新一届各支部工作班子。做好基层组织工作，区工委多个支部被评为优秀基层党支部，一、四支部积极推进示范支部创建。全年新发展党员5名。（龚 鹏）

【参政议政】 2020年，民革雨花区工委报送社情民意80余条，被各级各部门采纳14篇。民革党员徐煦撰写的《统一采购防疫物资有偿向复工复出企业供应的建议》被市政协采用，吴建安撰写的《建议加快生产医用标准儿童口罩》被民革中央、省委办公厅、民革省委采用。王振林、常航各有2篇被民革省委采用。民革党员刘雄、彭拥军被雨花区政协评选为“六优委员”，陈泽、将戊生等党员被评为区“蓝天保卫战”评议工作先进个人。（龚 鹏）

【服务社会】 2020年，民革雨花区工委开展“蓝马甲”志愿服务活动，动员各支部党员捐款捐物132万余元。民革党员徐煦、刘雄被评为省抗疫先进个人，蒋志军、汪彤、郑炜、梁赛等8名党员被评为民革市委抗疫先进个人，区工委及区工委一支部被评为民革市委抗疫先进集体。区工委三支部携手众淼助学公益服务中心，捐建“中山希望书屋”50余座，刘雄获得“湖南民革十佳志愿者”称号。区工委牵头、副主委王彤负责、二支部为主要力量的“雨你同行、心手相牵”石门县洞国学校教育帮扶，成功打造同心创建新模式。参加民革长沙市委中山杯羽毛球赛，获得优秀组织奖。（龚 鹏）

2020年7月11日，民革雨花区工委支部换届选举大会（龚 鹏 供图）

民盟雨花区工委

【组织建设】 2020年，中国民主同盟雨花区工作委员会（简称“民盟雨花区工委”）组织支部负责人到跳马镇石燕湖村调研乡村经济发展，到郴州市汝城县“半条被子的温暖”专题陈列馆开展主题学习活动，并向老年盟员赠送一年的《长沙晚报》。区工委以民盟基层组织换届年为主题，对雨花区综合一、二支部进行建制拆分，结合综合支部盟员的职业特点和要求，成立4个新支部，即以政府机关体制内人员为主的第一综合支部、以老盟员为主的第二综合支部、以社会新阶层经济界人士为主的第三综合支部和以雨花区基础教育届人士为主的教育支部。二十一中学支部被民盟中央评为盟务工作先进基层组织，雅礼中学支部被民盟中央评为“思想政治建设和宣传工作先进集体”。盟员郭存勇创办的“雨花非遗馆”被评为委员优秀履职实践基地。（龚 鹏）

2020年7月25日，民盟雨花区综合支部换届暨建制调整会议代表合影（龚 鹏 供图）

【参政议政】 2020年，民盟雨花区工委有人大代表3人、政协委员16人。财政职院支部原主委、市政协委员杨建明撰写的《关于编内编外教师同城同工同酬的提案》和《关于在中学校园普及应急救护知识的提案》2篇联合提案获评长沙市政协优秀提案；雨花区工委提交的集体提案《关于加快推进跳马镇“五治”工作的建议》被评为雨花区2020年度优秀提案。民政职院支部盟员吴夕晖主持并完成民盟湖南省委《湖南省基于大数据的金融风险防控网格化管理》和民盟长沙市委《长沙市金融风险网格管理研究》2项重大课题。（龚 鹏）

【服务社会】 2020年，民盟雨花区工委联合雨花亭街道社工站和寸草心社会服务中心开展“疫”见真情、爱不“蔬”离爱心慰问活动，与外国语支部一起开展慰问卫健协管员的活动，以实际行动助力打赢新冠肺炎疫情防控阻击战。关注跳马镇关刀小学留守儿童的心理健康，在跳马镇关刀小学设立雨花区第一个专业的小学心理咨询室。第二综合支部联合盟员孟繁英主持的孟妈妈青护园，开展关怀青少年的系列活动。为庆祝第36个教师节，由民盟雨花区工委、雨花区教育局主办，由教育支部承办的青少年心理健康教育微论坛在长沙市雅境中学举行。（龚 鹏）

民建雨花区工委

【组织建设】 2020年，中国民主建国会雨花区工作委员会（简称“民建雨花区工委”）把加强思想建设和组织建设放在首要位置，以中国民主建国会成立75周年暨长沙市级组织成立70周年纪念为契机，组织各支部集中学习习近平系列重要讲话精神及《中国共产党统一战线工作条例》《中华人民共和国民法典》等法律法规及政策文件。雨花区工委、一支部、三支部获得市级先进基层组织称号，5人获评省级优秀会员，19人获评市级优秀会员，10人获评市级优秀会务工作者，6人获评市级抗击疫情先进个人，1人获市级脱贫攻坚先进个人。筹备民建基层组织换届工作，对接民建市委组织处和各个支部，协商基层组织负责人提名人选，对支委新一届支委班子组成名单和人数进行反复酝酿，完成基层组织建设换届。（龚 鹏）

2020年5月19日，民建雨花区工委指导开展防汛抗洪应急演练（龚 鹏 供图）

【参政议政】 2020年，民建雨花区工委做好社情民意信息和建言献策工作，参与雨花区委统战部“双十活动”，完成《关于健全雨花区社会力量应急救援抢险协同服务平台的调研报告》，三支部会员王东华提出的《雨花区社区基层治理存在的问题及对策研究》列为雨花区政协重点提案。（龚 鹏）

【服务社会】 2020年，民建雨花区工委带领会员及其企业参与新冠肺炎疫情防控和复工复产，会员谢志农捐献医用口罩8200个，李勇捐献2万个口罩及消毒液、酒精等防疫用品；一支部会员捐款3万余元；三支部捐款5.2万元，支持会员企业妮儿府大酒店作为新冠肺炎集中隔离点接收隔离对象270人，获得全省抗击新冠肺炎疫情先进集体称号。参与社会公益，保险支部开展“扶贫手拉手，你我心连心”脱贫攻坚活动。民建立承应急抢险救援队参与雨花区防汛演练及一线救灾救援支援行动和急救医疗志愿服务活动，成为民建市委及雨花区统一战线“双联双创”活动的新品牌和新亮点。配合砂子塘社区和民建省委机关成功创建省级“同心社区”。（龚 鹏）

民进雨花区工委

【组织建设】 2020年，中国民主促进会雨花区工作委员会（简称“民进

2020 年 11 月 13 日，民进雨花区工委政治交接座谈会　　（龚　鹏　供图）

雨花区工委”）专题学习《习近平谈治国理政》（第三卷）、视察湖南时的讲话和中共十九届五中全会、民进十四届四中全会等会议精神。完成区工委及所属支部换届工作，信息学校支部、艺术实验学校支部合并为长沙高等师范专科学校支部，新成立民进湖南省森林植物园支部，并召开政治交接座谈会。安排新任工委、支部班子成员和骨干会员参加民进湖南省委会就“十四五”规划前景展望组织集体学习、长沙民进经济界人士联欢会2020 年主题沙龙活动“不忘初心担使命，建功立业助发展”民进协商座谈会、民进市委会千龙湖基层骨干培训班、市委会学习全国“两会”精神暨“我身边的先进”巡回宣讲、雨花区统一战线党外代表人士能力提升培训班等培训活动。组织班子成员和部分骨干会员赴长沙县影珠山、天华村和陈树湘故居以及郴州市汝城县沙洲村考察学习，民进雨花区工委与民进郴州市北湖区工委结为友好工委。会员邹异明被评为区“六优政协委员”；夏晓波被评为“为民进组织建设做出突出贡献的会员和机关干部”；郑瑞雅被评为“民进全省组织建设先进个人”；袁首被评为“民进全省组织建设先进个人”；邹大坚等 8 位会员被评为“优秀会员”。发展并吸纳新转入工委的会员 7 名。（龚　鹏）

【参政议政】 2020 年，民进雨花区工委人大代表、政协委员积极履行参政议政职能，会员杨伯群在长沙市政协第四次会议上作《加强我市体育场馆建设》的发言；蒋浪在区政协“理顺基层应急管理体系，提升区域应急救援能力”专题协商会上作《关于打通应急信息壁垒，提升快速反映能力的建议》协商发言；王微艳在区政协会议上作《关于推进我区精准就业、高质量就业的建议》的书面发言，夏晓波以《助力基层治理 彰显政协担当》为题在全国地方政协社法委工作经验交流座谈会上作交流发言。《关于加大扶持规范力度 培育课后服务品牌的建议》《关于完善全区物业管理治理体制和提升小区居民自治能力的建议》获评雨花区政协优秀提案。完成民进湖南省委项目《加强石漠化治理 巩固脱贫攻坚成果》和民进长沙市委会项目《关于禁食野生动物后长沙地区特种养殖行业后续处置的调研》，《关于无固定场经营场所摊贩管理的建议》《关于建设儿童血友病诊疗中心的建议》《〈外国人永久居留管理条例〉出台需严谨》被民进中央采纳。（龚　鹏）

【服务社会】 2020 年，民进雨花区工委组织工委会员通过捐赠医疗物资、捐赠学习用品、资助困难儿童、公益宣讲等助力新冠肺炎疫情防控。会员夏晓波担任长沙火车南站地区常务副指挥长，其先进事迹《用担当守好“长沙第一关”》在民进中央网站刊登，长沙火车南站获长沙市疫情防控先进单位；罗如平被授予“民进全国抗击新冠肺炎疫情先进个人”称号；蒋浪向民进长沙市委会、仙岭社区等捐献医用外科口罩 2000 个；刘雨婷向省侨联、湖南师范大学、雨花区教育局、黎雅社区、等单位捐赠消毒剂 100 件，价值约 10 万元。会员杨伯群、夏莹、陈红等带领团队多次开展送课下乡等公益送教活动，会员段勇芝与长沙职业技术院校合作为 16 名学生免除培训学费，会员阮燕春为三仙岭小学和梅怡岭小学捐赠学习用品近两万件，十五中支部对四川大凉山米尔小学开展“共享书香，传递爱心”捐书活动；植物园支部开展中小学生公益科普教育活动 10 余场。（龚　鹏）

农工党雨花区工委

【组织建设】 2020 年，中国农工民主党雨花区工作委员会（简称“农工党雨花区工委”）学习贯彻中国共产党十九届五中全会精神、习近平在湖南考察讲话精神及中国农工民主党章程、《中华人民共和国民法典》等，组织党员线上参加农工党湖南省委“庆祝中国农工民主党成立 90 周年”系列活动之党史、党章知识竞赛。指导 1 个总支和 5 个支部完成换届，组织 5 名基层组织负责人参加农工党省委组织的培训班，4 名新党员参加农工党市委培训。成功创建湖南省“农工党员之家”，市中心医院总支和雨花区综合支部被评为农工党省委“先进基层组织”。雨花区综合支部和市妇幼保健院支部被评为农工党市委“先进基层组织”。加强制度建设，雨花区支部出台《支部委员联系党员管理办法》，每个支部委员负责联系管理本支部3~5名党员，定期走访联系，了解思想、工作、学习情况。出台《党员量化积分方案》，对党员实行积分管理制度。（龚　鹏）

【参政议政】 2020 年，农工党雨花区工委结合工作实际和存在的问题开

2020 年 8 月 9 日，农工党雨花区工委雨花区支部纪念中国农工民主党建党 90 周年系列活动　（龚　鹏　供图）

展多次社会调研活动，向农工党市委、区政协、区委统战部提交提案、社情民意、通讯稿件，3 篇政协提案被市政协采用，1 篇获得优秀提案，1 篇得到市政府的重视并重点办理。向区政协提交政协提案 2 篇，被采用 1 篇。3 篇社情民意被上级党组织采纳，《最美逆行者，抗疫“雷锋侠”——记农工党党员傅强的抗疫善举》等信息被统战部门采用。利用对口联系平台，履行监督职责，党员肖辉刚作为省、市两级工商联的法律顾问团成员，多次参加座谈会，提出建议；党员郭皓宇作为长沙市卫健委的民主监督员，提出多条意见建议；李湘伟、彭国新等区级特约人员到对口单位听取情况介绍，提出意见建议。（龚　鹏）

【服务社会】 2020 年，农工党雨花区工委发挥医药卫生、生态环境界别优势，组织发动广大党员参与防疫工作。长沙市中心医院总支、市妇幼支部等 50 余名党员奋战在抗疫一线，其他党员主动参与防疫救治和捐款捐物。区工委副主委傅强带领长沙群英会及 80 余家爱心团队、4000 余名志愿者参与开展防疫行动 1000 余次，免费派发口罩、捐赠防疫用品及米油蔬菜水果等生活物资价值超过 700 万元，傅强、薛志辉等 8 名党员被农工党省委评为“新冠肺炎疫情防控工作先进个人”。市中心医院总支多次组织党员到长沙周边开展义诊活动；市妇幼支部到湖南省桃江县、娄底市等地进行不孕症相关知识讲座和义诊，组织开展“关爱女孩、守望未来”守护妇女儿童公益联盟活动，捐款 3 万余元。傅强带领群英会志愿者为湘西土家族苗族自治州、怀化市等贫困山区的 1 万名孩子捐赠温暖包，价值近 400 万元，并发起“温暖湘里娃”公益项目，捐赠价值 300 万余元物资。综合支部党员曾如、谭晓带领公益团队实施“青趣分类”青少年垃圾分类项目，获得 2020 年湖南省志愿服务大赛银奖。（龚　鹏）

致公党雨花区工委

【组织建设】 2020 年，中国致公党雨花工作委员会（简称“致公党雨花区工委”）组织区工委全体班子成员传达和学习习近平在湖南考察时的讲话精神，推进“不忘合作初心，继续携手前进”主题教育活动，组织骨干党员参加雨花区人大常委会 2020 全国“两会”精神专题宣讲会。组织支部换届选举大会，4 个支部顺利选出新一届班子，实现新老班子的顺利交接。党员蔡鑫莹被评为“致公党中央抗疫先进个人”“致公党湖南省优秀党员”，被聘为“长沙职教同心大讲堂特聘专家”；党员方荣国被全国工商联医药业商会授予“抗击新冠肺炎疫情先进个人”，获 2020 年“长沙好人 身边雷锋”等 5 项称号；党员宋旦创办的宋汉汉字艺术博物馆被授予“湖南省华侨文化交流基地”“湖南省优秀民营场馆”“长沙市对外交流示范基地”“华文教育基地”；党员贾如意获致公党湖南省优秀党员，宁日星、禹雪梅等 5 人获致公党长沙市优秀党员；二支部获致公党长沙市优秀支部。（龚　鹏）

【参政议政】 2020 年，致公党雨花区工委提交社情民意信息、统战信息 35 篇。党员申志华《全力加强捐赠医用防护物资质量监管保障医护人员“最后一道防线”的建议》《高度警惕企业复工帮扶造成交叉感染风险的建议》等，得到湖南省委常委、长沙市委书记胡衡华的肯定性批示；区工委主委易静《关于对“停课不停学”网上教学的建议》、副主委蒋福山《加快推进可回收物专业化处置的建议》《生活超市需办会员才能购物的问题要引起重视》及党员张晓文《关于修订〈湖南省实施《中华人民共和国义务教育法》办法〉第九条的建议》被致公党省委采用。向雨花区“两会”提交提案、建议 12 件，开展课题调研 3 项，申志华撰写的《关于推动长沙市生物医药产业高质量发展的提案》作为市政协选定的重点提案，由胡衡华领办，获长沙市委副书记、市长胡忠雄批示，并在《决策咨询》刊登；撰写的《关于打造长沙海外人才创新创业新高地》的提案落地见效，推动国家海外人才离岸创新创业（长沙）基地挂牌启动。党员罗炜豪《关于提高“健康守门人”能力，加大我市家庭医生服务供给的建议》，得到长沙市人大常委会副主任黄佳惠、市人民政府副市长刘明理的会商督办。党员贾如意、贾传坤联合开展的省委 2020 年度课题《创新推动先进储能产业发展，助力湖南经济高速发展》，提交调研报告到民进长

2020年7月26日，致公党雨花区工委支部换届选举会议（龚鹏 供图）

沙市委。由区工委、省直雨花区工委合作调研课题转化成果《关于规范雨花区物业管理工作的建议》作为党派集体提案提交。蔡鑫莹提交的《推动长沙小程序软件产业跨越发展的建议》作为雨花区政协会议上的大会书面发言。王朝阳提出的《关于深入推进垃圾分类工作的建议》被评为2020年度区优秀提案。欧阳远晃等提出的《关于加强道路交通管理，加快实施万境水岸中小学周边过街设施的建议》被列为雨花区2021年重点督办建议。黄晖被评为2020年度雨花区优秀社情民意先进个人，罗炜豪、张晓文获2020年雨花区政协"六优政协委员"称号，周争平、龚炜、杨晓群获雨花区民主评议"蓝天保卫战"工作先进个人。（龚鹏）

【服务社会】2020年，致公党雨花区工委开展送学、送医、扶贫、济困等社会实践活动。参与新冠肺炎疫情防控，联络境外、海外华人为国捐献口罩等防疫物资。区工委联合雨花区驻桑植县扶贫工作队，组织全体党员采购桑植县农产品，支持消费扶贫。组织党员学雷锋送温暖，连续5年为雨花区社会福利院老人送去关爱；到左家塘街道红花坡社区居家养老服务中心进行志愿者服务；参加由雨花区政协牵头"真情五助，幸福雨花，温暖行动"一对一帮扶行动，捐款、捐物、帮扶多个困难家庭。四支部副主委熊建到国家贫困县邵阳市绥宁县支教，支部党员陈静为娄底市、怀化市、通道侗族自治县等地幼儿园送课并传授经验。党员贾如意致力于疫苗产业发展工作，得到湖南省政协副主席、致公党省委主委胡旭晟的肯定。（龚鹏）

九三学社雨花区工委

【组织建设】2020年，九三学社长沙市雨花区工作委员会（简称"九三学社雨花区工委"）参加九三学社长沙市委和雨花区委统战部组织的学习活动，开展"不忘合作初心，继续携手前进"主题教育活动，召开区工委理论学习中心组（扩大）学习，深入学习中共十九大四中全会、九三学社十四届三中全会、中央经济工作会议精神，跟进学习习近平系列重要讲话精神。在庆祝九三学社创建75周年大会上，雨花一支社被评为社省委"优秀基层组织"，社员王琳被九三学社湖南省委评为优秀社员。严格按照组织原则、组织程序，顺利完成全部支社的换届选举工作，调优结构、配强班子、选准成员，调整3个支社的主委人选，选出6个支社39名班子成员，平均年龄41岁。配合社市委做好各支社的组织建设工作，全年发展6名新成员。举办"不忘合作初心，共担时代使命"——九三学社创建75周年庆祝大会暨"九三青训营"（第二期）培训班、"学习讲话精神，传承红色基因"主题教育活动和"发扬科技创新能力，传播优秀传统文化"活动。组织社员到浏阳市胡耀邦同志纪念馆、秋收起义纪念馆，宁乡市刘少奇故居、长沙县杨开慧纪念馆、黄兴纪念馆等地进行爱国主义现场教学，集中观看红色电影《金刚川》，增进政治共识。邀请九三学社湖南省委副主委吴金明、参政议政处吴国寰分别作《中国市场经济下半场与国内经济大循环》《参政议政的提质增效》专题讲座。（龚鹏）

【参政议政】2020年，九三学社雨花区工委围绕雨花区红星片区城市更新项目开展深入调查研究，撰写《红星片区城市更新的实践与探索》调研报告。社内的区政协委员和人大代表提出提案和建议6件，区工委牵头撰写《关于巩固拓展我区脱贫攻坚成果，有效衔接乡村振兴的建议》的提案。参加各级政府、政协和统战部召开的协商会、座谈会和征求意见会，就政协工作、政府工作、"蓝天保卫战"等提出建议和意见40余条。委员袁王琳代表湖南在全国政协网络议政远程协商会上作《积极探索社会力量助力"三进"新途径》的发言，得到全国政协的肯定。向九三学社长沙市委提交信息17篇，社情民意4篇，邓子云撰写的《关于

2020年10月24日，九三学社雨花区工委"学习讲话精神，传承红色基因"学习教育活动（仓萍 摄）

建立我国自主可控软件产品体系的建议》被省政协《社情民意》第264期采用，《民主党派结构界别特色的智能大数据分析及应用》调研报告获得省统战理论研究成果二等奖、市统战理论研究特别奖，《改进市属公办高校账户管理方式的建议》得到市政协主席文树勋，市委常委、市政府常务副市长夏建平批示。社员邓子云、邓凌云、吴海军、昌南燕、吴丽、黄湘、仓萍等被评为2020年度参政议政先进个人。开展民主监督，在区政协组织的"蓝天保卫战"评议活动中，区工委负责牵头评议区市场监督管理局，促进全区打击非法加油行为的力度；通过特约监督员对区法院进行民主监督，通过平时工作监督、定期召开座谈会等形式，对区法院的工作作风进行监督和评议。（龚 鹏）

【服务社会】 2020年，九三学社雨花区工委动员社员在雨花区红星村社区和黎托高速出入口参与新冠肺炎疫情防控，发动社员募集资金3.33万元。为跳马镇和井湾子街道井圭路社区困难群众送去慰问金和物质，助力全区脱贫攻坚工作。社员仓萍主办"沁心幸福大讲堂"开展公益讲座10余次，开展"全力抗击疫情，九三沁心护航"心理援助服务活动；社员吴丽通过微信群和开设喜马拉雅直播课堂等方式，为社员及家属、一线医务工作者和应急志愿者等提供心理咨询；社员何亚伟创办的"老爷说法"微信公众平台持续向社会推送原创类普法文章，为社会大众进行普法，为有需要的人士提供免费法律咨询及帮助。（龚 鹏）

工商业联合会

【概况】 长沙市雨花区工商业联合会（总商会）（简称"区工商联"）是雨花区委领导下面向工商界、以非公有制企业和非公有制经济人士为主体的人民团体和商会组织，具有统战性、经济性、民间性质的社会团体组织和民间商会，是党委和政府联系非公有制经济人士的桥梁纽带，是政府管理和服务非公有制经济的助手，工商联工作是统一战线工作和经济工作的重要内容。

2020年，区工商联紧扣"政治建会、团结立会、服务兴会、改革强会"要求，坚持非公有制经济人士健康成长、非公有制经济健康发展"两个健康"工作主题，积极履行职责，服务全区"大干一百天 实现双过半"竞赛活动，统筹推动疫情防控和经济社会发展，开展稳就业、稳金融、稳外贸、稳外资、稳投资、稳预期，保居民就业、保基本民生、保市场主体、保粮食能源安全、保产业链供应链稳定、保基层运转"六稳""六保"各项工作，推动区工商联工作持续健康发展。（宁皇青）

【组织建设】 2020年，雨花区全面加强工商联机关组织、制度、能力和作风建设，扩大工商联组织的有效覆盖，增强团结联系的紧密性、服务发展的实效性、引导教育的针对性。出台《区党政领导沟通联系区属商协会工作方案》《区属商会年度考核评价细则》《区属商会会长年度述职工作制度》《区属商会统战工作联络员制度》。出台基层商会换届指导意见，跳马镇、各街道商会、女企业家商会完成换届。坚持数量和质量并重，注重吸收新兴业态企业和小微企业入会，发展新会员348名。周晓州、郭志光被评为长沙市"四好"商会优秀会长，雨花区工商联女企业家商会被评为长沙市"四好"商会，实现全区市级"四好"商会全覆盖。加强民营经济人士思想政治教育，牢牢把握意识形态工作主动权，凝聚同心发展合力。区工商联通过政务网站、微信群及走访调研、研讨交流等多种方式，及时向机关干部、各民营企业、各基层商会以及辖区各类商协会学习传达习近平新时代中国特色社会主义思想和习近平关于加强和改进统一战线工作重要论述，中共十九届四中、五中全会精神，全国"两会"精神，习近平考察湖南讲话和区委全会精神，提升非公有制经济人士的政治意识和理论素养，帮助非公有制经济人士准确把握重大决策部署，引导广大非公有制经济人士认清发展形势，提振发展信心。邀请第十三届全国政协委员、湖南启元律师事务所首席合伙人袁爱平围绕"国之重器，法治时代的里程碑——民法典颁行的意义及影响"专题授课。组织开展"企业合规管理与股权控制战略——创新法律服务论坛""学习习近平法治思想大力弘扬宪法精神——民法典的宪法精神及其对民商事行为的影响"民法典进企业专题宣讲普法活动。举办"雨润花开迎盛世 共谋发展心向党"雨花区民营经济代表人士"迎中秋庆国庆"茶话会，并进行图文直播，访问量4800余次。群英会"同心汇"赋能共享公益平台围绕"凝心聚力解难题 暖企扶商促发展"、学习全国"两会"精神、宣传《加强新时代民营经济人士统战工作的意见》、《中华人民共和国民法典》宣讲等主题，开展各类线下活动20余场，参与人次上千人。与联点社区新裕社区、牛头社区联合开展"党建统领促发展结对共建聚合力"——集中观影党建主题日活动，社区党员代表100余人参加。组织区属各基层商会拟任会长和辖区部分大中小型民营企业家代表举行民营企业家谈心谈话沙龙活动。开展"服务'六稳 六保'护航民企发展"检察开放日活动，增进企业家对检察机关的认识，感受检察机关服务、支持民企发展的责任和担当。连续七年组织常委健康体检。组织会员参加省、市工商联举办的产业创新互联网创新大会、长株潭民营企业创新能力提升培训班，加强民营企业家的合作交流，全面提升自主创新能力。（宁皇青）

【参政议政】 2020年，雨花区工商联发动、引导工商界人大代表、政协委员围绕区域经济发展、群众普通关心的热点、难点问题，提交议案、提案和建议50余件，社情民意7篇，调研报告2篇，多条建议被有关部门采纳。《关于跳马镇发展生态绿色文旅康养产业的建议》作为区政协五届五次大会发言材料。《创新商事调解工作机制 助推非公经济"两个健康"》调研文章获评全市工商联系统优秀调研成果二等奖。常委企业云畅科技打造"湘就业"公共就业服务平台信息被全国工商联"工商动态"平台采用。配合省、市工商联完成"2020年湖南省营商环境民营市场主体评价问卷调查表"填报工作、上规模民营企业调研、民营企业劳动关系状况监测工作、民营经济人士思想状况等专题调研。建立"雨花区各类商协会交流"微信群，及时向辖区各类异地商会和行业协会、区属基层商会宣传各级党委政府重要会议和政策文件精神，及时通报雨花区经济社会各项事业发展成就。

（宁皇青）

【服务企业】 2020年，雨花区狠抓解难纾困、援企稳岗、减税降费等政策措施落实，破解企业生产经营中的困难，为雨花区民营企业持续发展激发活力、增强动力。下发《"民企大走访 同心促发展"暖企活动通知》，明确区街（镇）走访对象和工作要求，健全政企常态化沟通机制和企业诉求交办制度。开展全区"民企大走访、同心促发展"暖企活动，开展调研座谈7次，上门走访115人次，收集各类问题诉求164个，全部予以办结。举办"民企大走访 同心促发展"暖企活动线下沙龙活动，听取和收集小微企业反映的问题诉求。开展银企、政企、律企等纾困惠企对接活动6场次。雨花区总商会商事调解中心受理纠纷1018起，调结551起，调解成功率54.1%，结案标的金额6200万余元，得到最高人民法院院长周强、最高人民法院立案庭庭长钱晓晨，湖南省政协副主席、省工商联主席张健，省委统战部副部长、省工商联党组书记陈潇等的肯定，雨花区商事调解工作品牌被评为长沙市"查隐患、解纠纷、护稳定、促发展"专项活动表现突出集体和全区2020年全面深化改革创新成果奖。接待湘潭市工商联、邵阳市工商联、浏阳市工商联、山西省人民调解协会、辽宁省政协等考察交流。8月31日，雨花区总商会商事调解中心现场成功调解一起高难度案件，由最高人民法院与CCTV12台联合推出的湖南法院"一站解纷争"直播活动在人民网、中新网、央广网等76家中央、省、市媒体全程直播。落实"软件业再出发"部署，到深圳市、上海市开展招商，帮助对接深圳长沙商会、上海湖南商会、省政府驻上海办事处等单位。5月，由区工商联、民建区工委联合打造的统一战线"双联双创"品牌——"民建立承应急救援抢险队"，组织湖南立承建设、长沙湘钧应急救援、群英会等多方社会力量，参加雨花区涵闸漏水除险现场演练，帮助提升抗洪抢险应急救援综合能力。京师（长沙）律师事务所、岳阳县商会岳商大厦落户雨花区，邵阳县商会、湖南农投旅游开发有限公司在雨花跳马镇田心桥村投资6000万元打造农村田园综合体项目。区工商联被评为2020年长沙市工商联优化营商环境工作先进单位。

（宁皇青）

【服务社会】 2020年，雨花区工商联以战时状态、战时思维，发挥组织优势、联络优势、网络优势和桥梁纽带作用，凝聚商协会和民营企业磅礴力量全力战疫，展示出新时代雨花民企精神、民企效率、民企速度、民企情怀、民企力量。全区"非公"企业捐赠资金1100万余元，口罩25万余只，其他防疫及生活物资价值700万余元。雨花区企业家学院联合湖南仁本律师事务所针对疫情防控和企业需要，发布"防控疫情，企业用工操作指引手册""疫情期间企业法律合规注意事项"等线上课程，助力民营企业依法应对疫情。律师李炎辉、周争平在全市工商联"企业战疫——民营企业风险应对"线上课堂主讲授课。戴勇坚、李建波等22名律师入选市工商联"应对肺炎疫情促进民企发展"法律专家志愿服务团。区工商联常委企业湖南云畅科技联合腾讯快速响应，在半个月时间自主研发并上线"复工控疫""湘就业""湘农荟""嗨购雨花""湘消费"5个小程序平台，中央电视台《新闻联播》、湖南卫视等中央、省、市多家媒体报道。涌现出比亚迪、可孚医疗和蔡鑫莹、丁志强、邹厚军、丁红波等一批"非公"企业和典型人物，湖南云畅科技网络科技有限公司、可孚医疗科技股份有限公司被评为湖南省（总商会）抗击新冠肺炎疫情先进企业，比亚迪集团湖南地区总负责人、雨花经开区商会会长周晓州获全省抗击新冠肺炎疫情先进个人。湖南泰阳医药发展有限公司、湖南华晨投资实业有限公司、华雅国际大酒店、可孚医疗科技股份有限公司、红星冷链（湖南）股份有限公司、湖南华工建设有限公司、中惠旅智慧景区管理股份有限公司、湖南元亨科技股份有限公司、圭塘建设等10家企业被评为长沙市工商联（总商会）抗击新冠肺炎疫情先进企业。

（宁皇青）

【区工商联五届第五次执委会议】 2020年6月12日，长沙市雨花区工商联（总商会）五届五次执委会议召开。大会通过区工商联（总商会）有关人事任免事项，选举莫志刚担任区工商联（总商会）第五届主席（会长）。莫志刚代表工商联（总商会）常委会

2020年6月12日，长沙市雨花区工商业联合会（总商会）第五届执行委员会第五次会议

（宁皇青 摄）

作工作报告，回顾总结区工商联（总商会）2019年工作成绩，部署2020年主要工作任务。大会通报会费使用情况，并下发《长沙市关于促进工商联所属商会改革和发展的实施方案》《关于雨花区基层商会换届工作的实施意见》《雨花区工商联（总商会）会费缴纳及管理办法》《雨花区总商会商事调解中心》等文件资料。雨花区委常委、统战部部长成钢要求，全面深刻领会全国“两会”精神和习近平总书记在看望参加政协会议的经济界委员的重要讲话精神，贯彻落实好各级惠企政策和举措，帮助企业解决前进中的难题。区工商联和各基层商会要多做助推发展、政策宣传和纾困解惑的工作，在尽责履职中服务中心大局；着力加强区工商联执委队伍建设和基层商会组织建设，以深化开展工商联及所属商会改革以及全区基层商会换届为契机，落实好政治引领责任，配好领导班子，明确好职责定位，更好地扩大同心圆、凝聚正能量。雨花区工商联（总商会）全体执委，雨花经开区、各街道、跳马镇分管工商联工作的副职、经济专干和区工商联全体工作人员共150余人参加会议。

（宁皇青）

【省工商联调研维权工作】 2020年4月27日，湖南省政协副主席、省工商联主席张健一行到雨花区就“建立和完善民营企业合法权益维权平台”课题进行调研和座谈。张健一行实地调研区总商会商事调解中心，了解雨花区建立完善多元化诉调对接机制、搭建民营企业维权平台等工作情况。雨花区委统战部、区司法局、区法院、区工商联、区商事调解中心等单位汇报商事调解中心建设运行、民营企业法律维权、基层矛盾纠纷化解以及亟待解决的问题等情况。长沙市委常委、统战部部长谭小平指出，雨花区要在增强承载力、提升知晓率、保障调解效果等方面下功夫，完善工作机制，加强部门联动，凝聚各方合力，推动商事调解中心发挥更大作用，以公平公正、高效便捷的法治环境助力营造更加优良的营商环境。张健指出，要认真总结基层在商事调解方面的好做法好经验，在省、市层面建立更加有力的协调机构，支持和推动商事调解机构在更大的范围拓展延伸，群策群力为民营企业解决实际问题；要以高质量的法律服务为湘籍企业参与“一带一路”提供法律保障，助力实施“创新引领，开放崛起”战略，不断推动民营经济高质量发展。（宁皇青）

【省工商联调研商事调解工作】 2020年4月14日，湖南省委统战部副部长、省工商联党组书记陈潇一行调研指导雨花区商事调解工作，实地调研雨花区总商会商事调解中心，与区委统战部、区工商联、区法院、区司法局负责人及中心工作人员深入交流，详细了解商调中心的阵地建设、运行机制和人员配备等情况，听取雨花区统一战线关于商事调解和疫情防控工作汇报。陈潇强调，要进一步总结经验，充分发挥商事调解中心的典型示范作用，形成全市乃至全省可复制可借鉴可推广的好经验；要进一步创新升级，以基层商会、商圈、大市场等为载体，加强社会宣传，打造商事调解“3.0升级版”；要进一步完善制度，充分发挥联席会议制度优势，解决好商事纠纷调解相关问题，着重加强专（兼）职队伍建设，严格工作要求、纪律要求、廉政要求，打造一支政治坚定、业务精通、客观公正、作风优良的调解员队伍。（宁皇青）

【省工商联调研企业】 2020年3月26日，湖南省工商联党组成员、副主席漆平波一行到雨花区开展“万企大走访、同心促发展”活动，实地调研晓光汽车模具、红星冷链、中惠旅石燕湖旅游公司，了解企业在疫情防控和复工复产等方面的工作，并与企业负责人聊发展、谈困境、找对策。考察雨花区总商会商事调解中心，提出做好营商环境工作的指导意见。雨花区委常委、统战部部长成钢参加走访并主持座谈。湖南华晨投资集团、长沙明珠国际旅游股份有限公司、湖南云畅科技有限公司、湖南高桥大市场股份有限公司及左家塘商会负责人，分别介绍企业在复工复产过程中急需解决的问题、商会在控疫期间所做的各项工作、参与扶贫攻坚情况以及疫情影响下推动转型发展的谋划和打算。漆平波希望企业坚定信心，在党委政府的领导下认清形势、迎难而上，夺取疫情防控和实现经济社会发展目标“双胜利”；要发挥主体作用，在应对疫情和复工复产的过程中努力探索转型创新之路，为推动高质量发展和全面建成小康社会贡献力量；各级统战部和工商联要主动服务，把国家和省、市有关政策宣传好、对接好、落实好，切实为企业解决难题。（宁皇青）

【市工商联调研商事调解工作】 2020年6月10日，长沙市政协副主席、市工商联主席彭继球和市中级人民法院党组书记、院长肖新平带队，考察雨花区人民法院诉讼服务中心和区总商会商事调解中心，现场听取情况介绍。召开座谈会，贯彻落实习近平总书记在民营企业座谈会上的重要讲话精神和全国工商联、最高人民法院座谈会精神，共促法治化营商环境，共商依法服务保障民营经济举措，区人大常委会副主任莫志刚汇报区商事调解中心工作情况，上海建纬（长沙）律师事务所主任戴勇坚介绍市级商事调解中心的初步设计方案，与会人员交流意见。市中院、市工商联形成建立民营企业权益维护协作机制共识，达成合作共推“1+9”市、区（县）两级商事调解中心的一致意见。肖新平用“共识”“定位”“人员”“经费”“机制”“宣传”“推行”7个关键词提出具体意见，指出市、区（县）两级组建商事调解中心能够为广大民营企业快捷解决商事纠纷，也能为人民法院有效缓解案多人少的突出矛盾，意义重大，市法院愿意配合市工商联全力做好这项工作。彭继球强调，组建市、区（县）两级商事调解中心是一项开创性的工作，相信在各方共同努力下，在市法院的大力支持下，商事调解工作一定能够打造成为全省乃至全国的优化营商环境工作品牌，为稳妥有序推进企业复工复产，为实现“六保”、实现全面建成小康社会目标、决战决胜脱贫攻坚提供精准的司法保障和有力的法律服务。（宁皇青）

【民营企业家谈心谈话沙龙】 2020年7月24日，雨花区工商联（总商会）在上海建纬（长沙）律师事务所举行民营企业家谈心谈话沙龙活动。活动下发《习近平总书记7月21日在企业家座谈会上的讲话》《关于规范政商交往推动构建亲清新型政商关系的意见》《社会团体登记管理条例》《关于进一步规范行业协会商会收费的通知》《关于加强乡镇、街道商会登记管理工作的通知》《关于促进工商联所属商会改革和发展的实施方案》《雨花区民营企业走访调查表》《雨花区总商会商事调解中心》《雨花金融直通车》等相关资料，区委统战部副部长、区工商联党组书记程缅主持沙龙，重点组织学习宣传习近平总书记在企业家座谈会上的讲话精神，业务指导工商联（总商会）下半年主要工作计划以及各基层商会换届工作。区属各基层商会拟任会长和辖区部分大中小型民营企业家代表参加活动。同升街道商会拟任会长、湖南中广汽车集团董事长刘志刚表示，企业真真切切感受到各级政府实在的惠企政策，非常直观地感受到数字经济和电商直播所带来的重大转变，给企业传统销售方式的冲击，希望今后党委政府能够在此方面给予企业更多的指导和帮助。侯家塘街道商会拟任会长、湖南新财智文化传媒股份有限公司董事长李亚军表示，街道商会将组织大家一起抱团发展，建立彼此了解和信任，相信在区工商联的具体指导下，商会一定会顺利换届，为广大会员企业创造更多商机。（宁皇青）

【基层商会换届工作推进会】 2020年9月4日，雨花区工商联基层商会换届工作推进会召开。区委统战部副部长、区工商联党组书记程缅主持会议，各街镇分管领导介绍各基层商会2020年上半年工作开展情况和换届工作筹备进展情况，区工商联专职副主席兼秘书长戴鹰强调部署工商联领域意识形态工作，程缅重点讲解《关于雨花区基层商会换届工作的实施意见》《长沙市关于促进工商联所属商会改革和发展的实施方案》等相关资料，答复具体业务问题。（宁皇青）

【民法典进企业专题宣讲】 2020年9月25日，雨花区工商联举办“民法典进企业”专题宣讲普法活动。国网湖南省电力有限公司法务中心主任吴德松以“民法典施行之中小企业合规管理”为主题，讲解中小企业在工作运行时合规管理操作；瀛和律师机构湖南运营中心主任李建波以“民法典合同编之合同履行风险防范”为主题，对企业在合同履行中可能遇到的风险以及防范风险进行专题授课；深圳法大大科技有限公司渠道经理、电子合同解决方案顾问刘强讲解电子合同的签订、运用场景以及电子合同的法律效力等问题；雨花区商事调解中心副主任吴桂莲介绍商事调解中心商事调解的定位、成员以及作用等。开展公益企业智能法律体检，各企业家通过扫描智检二维码进行智能法律体检，及时发现并规避企业潜在风险。湖南瀛启律师事务所律师解答现场提问。活动由区总商会商事调解中心、区工商联法律顾问团、湖南省湖北商会法务部承办，湖南瀛启律师事务所、群英会“同心汇”赋能共享公益平台协办，区内中小企业家代表80余人参加活动。（宁皇青）

【中秋国庆茶话会】 2020年9月30日，雨花区民营经济代表人士“迎中秋庆国庆”茶话会在雅藏艺术馆举行，会议学习习近平在湖南考察重要讲话精神和习近平关于新时代民营经济统战工作的重要指示批示精神，围绕雨花区高质量发展、疫情防控、营商环境等发言。区人大常委会副主任、区工商联主席莫志刚出席并致辞，民营经济代表人士和商协会会长、新的社会阶层代表人士30余人参加。（宁皇青）

【女企业家商会换届】 2020年12月24日，长沙市雨花区工商联女企业家商会换届选举暨第四届第一次会员代表大会在湖南高桥大市场股份有限公司三楼会议室举行。会议审议通过商会第三届会长荣丽萍的商会理事会工作报告和第四届商会筹备工作情况报告，副会长文锦虹向大会通报商会会费收缴及使用情况；审议通过新一届商会章程、会费缴纳管理办法和换届选举办法。选举产生第四届商会领导，湖南亚尔文化传媒有限公司总经理周欣当选新一届雨花区女企业家商会会长，湖南亚洲湘会展有限公司董事长荣丽萍、湖南高桥大市场发展有限公司副董事长刘金华当任商会荣誉会长，秦红英、张敏俐、刘敏任副会长，刘富明任监事长，言海先任监事，刘昊任秘书长。周欣表示，将做好商会的各项工作，把商会打造成政府引导民营经济健康发展的抓手、帮助女企业家健康成长的平台；努力塑造和展现雨花区女企业家商会的全新形象，为雨花区打造全国一流强区贡献更多力量。区委统战部副部长、区工商联党组书记程缅，区工商联专职副主席兼秘书长戴鹰致辞祝贺商会新一届领导班子。程缅希望商会树立创建优秀“四好”商会的工作目标，加强会员走访调研，并建立健全商会有关制度和工作规则，积极开展会员活动，巩固老品牌，打造新品牌。（宁皇青）

群众团体

总工会

【概况】 长沙市雨花区总工会（简称“区总工会”）主要职能是维护广大职工的合法权益；建立和发展各级基层工会组织，协助各级党组织对工会干部进行管理；参加企事业单位的民主管理；帮助职工提高综合素质；组织实施送温暖工程开展扶贫帮困活动，维护全区的改革、发展和稳定；做好女职工保护工作，维护女职工的特殊利益。下设区职工服务（帮扶）中心。

2020年，雨花区总工会引导职工开展劳动竞赛活动，立足岗位建功立业，弘扬劳模精神；加强职工文化建设，开展工人阶级宣传月活动；推进基层工会规范化建设，扩大工会组织覆盖面，开展精准帮扶。规范工会组织建设，强化工会经费管理；多措并举，积极打造职工信赖之家，推进精准帮扶，开展服务帮扶职工工作，推进民主协商，开展职工技能培训。打造“互联网+工会”服务平台，依托“雨花工会”微信公众号，服务职工广度进一步拓展，实现网上工会组建预约、职工医疗互助申请，定期发布招聘信息，不定期公布线上、线下活动，公众号关注职工数3.7万人。（张　乐）

【组织建设】 2020年，雨花区总工会重点培育建立保安员、房产中介员两大行业工会联合会，以点带面，推进“八大群体”（货车司机、快递员、护工护理员、家政服务员、商场信息员、网约送餐员、房产中介员、保安员）工会组织建设。强化“两新”组织、小微企业等重点领域的建会工作，探索和完善楼宇工会、一条街工会等建会新模式，新组建工会组织（涵盖法人单位）521家，净增会员10329人，其中农民工2162人。加强基层工会规范化建设，推进工会“会、站、家”一体化建设，培育雨花经开区获评省百佳园区称号，开展“五型”（规范、和谐、温暖、平安、创新）职工之（小）家创建工作，雨花区大桥小学工会小组被评为省模范职工小家，中南智能公司等4家工会组织被评为市模范职工之（小）家；开展楼宇商圈工会EAP员工关怀行动示范点等创建工作，雨花区泰禹小学工会被评为市EAP示范点。新建雨花亭街道华云社区、长沙国中星城置业有限公司2家母婴室，湖南德思勤商业管理有限公司被评为市示范性母婴室；长沙延年神禹酒店合伙企业（有限合伙）、长沙市雨花国有资产经营集团有限公司被评为市儿童友好型企业。（张　乐）

【职工素质】 2020年，雨花区总工会深化拓展区域对接合作模式，开展“一户一产业工人”培养工程，联合长沙市雨花区时代阳光职业技能培训学校有限公司开展育婴员、美容师、家政服务员、健康管理师4期培训班，受训人数300余人次，就业率100%。时代阳光培训学校获市“一户一产业工人”培训示范点、就业安置示范基地等优秀项目等称号。开展以“修身”“健体”为主题的系列文体活动，承办全国总工会“守护健康人生、共建绿色家园”国际禁毒宣传活动；组织开展企业职工禁毒宣讲报告会，邀请专家为企业职工讲授毒品的危害。制定《雨花区职工书屋评选办法》，促进全区职工书屋规范化建设；开展“最靓书屋·点赞有礼”全区职工书屋评比活动，评选出1家最高人气奖，4家最受欢迎奖，10家最佳展示奖，对获奖的职工书屋进行图书补配。培育市级职工书屋1家，已建职工书屋示范点2家，市级职工阅读学习优秀项目1个，开展3场“湘悦读·工力量”职工主题阅读活动，雨花区总工会获评湖南省总工会“湘阅读·工力量”最佳组织奖。举办职工第九套广播体操云比赛，30支队伍1000余名参赛。举办全区第二届“凝心聚力、建功雨花”气排球比赛，48支队伍报名参赛。（张　乐）

【经济技术工作】 2020年，雨花区总工会关心关爱劳模，定期走访慰问困难劳模，建立劳模动态管理台账，认真听取劳模意见建议，组织开展劳模疗休养活动；举办“中国梦·劳动美”职工劳动模范大讲堂，邀请长沙市五一劳动奖章获得者旷海彬进黎托街道宣讲；成功推荐单丹、罗跃获评省五一劳动奖章。参加长沙市高技能领军人才、劳模工匠师徒结对活动，结对40对，并产生优秀师徒2对，优秀组织单位1家。联合雨花经开区在晓光工匠学院开展首届“同升湖杯”职业技能大赛，大赛紧扣“一主一特”产业定位，设有焊工、装配钳工、工业机器人运用与维护等项目，169名高技能人才同台竞技。联合区卫生健康局开展基层卫生人员岗位练兵劳动技能竞赛，掀起卫健系统“学技术、学业务、练本领、强素质”的热潮。组织参加市“十行状元、百优工匠”技能大赛，其中4名职工获“十行状元”称号、12名职工获“百优工匠”称号。开展高温慰问活动，采购绿豆12吨、凉茶1.2万袋、百合3吨、毛巾6000条等总价值近50万元的物资，慰问交警、城管、环卫、园林、市政等高温作业企业和重点工程建设项目等一线劳动者。（张　乐）

【职工权益维护】 2020年，雨花区总工会开展“春季要约”行动，签订工资集体协议86份，覆盖企业2206家、职工2.4余万人。其中单建企业签订工资集体协议30份，覆盖职工3000余人；签订区域性工资集体协议55份，覆盖职工2万余人；签订行业工资集体协议1份，覆盖职工126人。长沙延年神禹酒店、中津沛科建设股份有限公司获“市职代会和工资集体协商典型企业”称号。强化劳动关系预警监测点建设，设立长沙市威龙保安服务有限公司、湖南天福景观建设有限公司劳动关系预警监测点，预防和化解劳动关系矛盾。（张　乐）

【职工帮扶】 2020年，雨花区总工会开展春送岗位、夏送清凉、秋送助学、冬送温暖，医疗互助、大病救助、就业扶助、法律援助的“四送四助”活动。开展“万名工会干部进企入户”“结对帮扶解困难、携手共建奔小康”活动，完成解困脱困工作；慰问职工群众500余人，发放送温暖慰问金20.72万元、慰问物资（米、油）500份。开展金秋助学活动，帮扶11名困难学子，发放助学金及慰问物资3.5万元。与湖南言顺律师事务所签订协议，为职工特别是困难职工提供免费法律咨询。举办“尊法守法·携手筑梦”服务农民工公益法律服务活动，组织法律志愿者走进企业，进一步提高职工依法维护自身合法权益的能力。推进职工互助医疗活动，组织22301名职工参加医疗互助，11781名女职工参加特殊疾病保障，申请医疗补助金1036余人次57万余元，申请女职工特殊疾病保障补助金5人5万元。（张　乐）

2020年9月14日，雨花区总工会2020年“金秋助学金”发放仪式（张乐　摄）

【经审工作】 2020年，雨花区总工会强化经审工作规范化建设，举办全区基层工会财务培训班，对工会经费收支管理和财务资产管理信息化平台工作进行业务培训。委托会计师事务所对全区22家基层工会开展经费审计，出具审计报告，规范基层工会工会财务工作。对上年检查的28家基层工会的审计整改情况进行检查，督促落实整改到位。单建的114家基层工会，全部成立经审委员会，均选举产生经审委主任，制定本单位经审工作制度。（张　乐）

【述职测评】 2020年1月9日，雨花区总工会2019年社会化工会工作者述职测评会召开，雨花经开区、各街镇工会联合会社会化工会工作者分别围绕2019年重点工作及2020年工作思路进行述职总结谋划。区总工会党组书记、副主席（常务）李悦点评2019年全区工会工作的完成情况，部署2020年的工会工作，强调做好2020年工会工作要有大局意识、服务意识、重点意识、创新意识、融合意识“五个意识”。（张　乐）

【高温慰问活动】 2020年7月29日，长沙市总工会副主席鲁承钢带队到雨花区湖南驰众机器人有限公司、长沙克明面业有限公司等企业，了解高温作业职工工作状况，并送上绿豆、白糖、凉茶等防暑降温慰问品。8月5日，雨花区人大常委会副主任、区总工会主席杨平，区总工会党组书记、副主席（常务）李悦，区总工会党组成员、副主席谭洪波一行到区环卫中心、长沙火车南站、晓光模具公司生产车间等，看望慰问环卫、防疫、治安、企业等高温下坚守岗位的一线劳动者，为他们送上绿豆、凉茶、百合、毛巾等防暑降温物资。（张　乐）

【市总工会调研雨花区工会工作】 2020年12月30日，长沙市总工会党组成员、副主席鲁承钢带领市总工会权益保障部、市职工服务（帮扶）中心等部门负责人，调研雨花区权益保障工作开展情况。调研组实地参观考察区总工会“一户一产业工人”培养示范基地，了解时代阳光培训学校培训实施情况和培训成效。鲁承钢对雨花区权益保障工作给予高度评价和认可。（张　乐）

共青团

【概况】 中国共产主义青年团长沙市雨花区委员会（简称“团区委”），为正科级行政单位，是雨花区各级团组织的领导机关。

2020年，团区委组建40余支青年突击队，并在疫情期间，组建6支防疫志愿服务队伍，发动685余名青年。创建区级“青年之家”2家，推选出市级青年文明号4家，30余个先进单位和个人受到各级团组织表彰。全区评选出五四红旗团委2家、五四红旗团支部3家、雨花青年五四奖章个人10名、雨花青年五四奖章集体10家，评选出市级优秀青年突击队4家、青年岗位能手5名、优秀共青团干部3名、优秀共青团员4名。（肖立志）

【组织建设】2020年，雨花区开展“青春心向党·建功新时代”等主题的青年大学习活动，领会贯彻中共十九大精神、十九届五中全会精神和习近平系列讲话精神，集中学习习近平考察湖南讲话精神，贯彻落实群团工作会议精神；参与区委理论中心学习组学习，结合“向日葵”青年讲师团开展宣讲工作和“雨花时代先声”开展宣讲活动，多次组织辖区团员青年进行专题讲座学习；组织参加区委读书班学习、党员“三会一课”等集体学习活动，多次调度推进“学习强国”“青年大学习”等平台的学习；学习《办文工作业务指南》《业务工作流程指南》等业务指导书籍，培养业务能力，提升综合素质。全区团组织换届工作与村（社区）“两委”班子换届工作同步进行，167个村（社区）团支部完成集中换届，其中“90后”311人，平均年龄不到30岁，全面实现基层团组织班子选强配齐“领头雁”，深植厚筑“桥头堡”。加强调研工作，持续推进校地联盟工作，与同升街道职教城内高校和长沙民政职业技术学院校团委达成长期合作意向，并明确工作规划。进一步推进少先队活动课建设和学校少工委建设改革试点工作，得到团中央、团省委一致好评。（肖立志）

【青少年教育服务】2020年，雨花团区委以“青年大学习”网上主题团课为契机，以“智慧团建”的对标定级、支部自评等工作为重点，利用“雨花共青团”微信公众号、“共青团雨花区委”微博、青年之家云平台、政务网站等新媒体运营矩阵，加强对青年的思想引领，做好青年的服务工作，正确引导舆论信息，传播社会正能量。做好不忘初心跟党走、秉承初心学党史、把握青年新思想、引导青年树立正确三观、将青年凝聚在党组织周围等系列工作。智慧团建工作完成13个街道镇团（工）委、471个团支部对标定级、支部自评等工作。“青年大学习”线上主题团课学习人数9859人次，学习率98.84%。丰富青年活动载体，搭建青年活动阵地，17个“青年之家”实体平台运转正常。新创建宋旦汉字艺术博物馆以及圭塘街道青年讲习所2家区级青年之家，推荐“和+”共享图书馆为市级青年之家。东山街道南雅社区“君师里”青年之家获得团省委副书记李志超、团市委书记叶妙等现场肯定。雨花区青年之家开展线上活动100余次，服务574人次，开展线下活动33次，服务295人次。创建中建五局三公司装配式机电工厂、湖南晓光汽车模具有限公司模具工厂小机加科等市级“青年文明号”4家，推荐吴礼强、黄金山等市级“青年岗位能手”5名。推荐晓光模具冲压设备维保青年突击队、盒家军青年突击队等4家市级“优秀青年突击队”，吴炼、钟胜良等4名青年岗位能手。中南林业科技大学开展“青春与普法共舞·成长与法制同行”模拟法庭活动，与《湖南日报》、红网、《长沙晚报》、长沙新闻频道、长沙政法频道等媒体达成战略合作，加强青少年思想道德、法制教育。举办“春风送真情 就业暖人心”春风行动暨就业援助月“网络双选会”活动，助力雨花青年“职”面未来。（肖立志）

【青年创业就业服务】2020年，雨花区搭建服务青年就业创业平台、提升青年就业创业信心、用心讲好青年就业创业故事。团区委举行优秀青年代表座谈会暨青年大学习活动，引领青年思想，坚定理想信念提供明确方向，激发青年创新创业意识，助力青年创新创业。联合湖南华图教育开展雨花区公务员培训，通过线上与线下相结合的形式，提升综合素质，助力雨花青年早日成长成才。组织协调在雨花经开区开展“为青春种下梦想的种子”湖南大学团委骨干走进雨花观摩交流活动，为雨花引进人才、青年就业等活动搭建优质平台。团区委协助开展第四届“中国翼”创新创业大赛长沙市雨花区选拔赛，与雨花区青年创业者协会联合推荐3家企业进入决赛，获得一等奖、三等奖。（肖立志）

【青少年帮扶服务】2020年，雨花区开展《中华人民共和国未成年人保护法》和《中华人民共和国预防未成年人犯罪法》宣传，加强青少年的思想道德、法制教育，教育、引导、帮助青少年。多次开展扶贫助困等传播社会正能量，展现青年勇担当的活动。春节前，团区委在跳马镇新田村开展“壹基金”温暖包发放活动。开展“真情五助·圆梦雨花”助学活动，资助辖区内贫困应届高三毕业生14名、中小学生20名，发放资助金9万余元。做好青年阵地建设工作，走访电院社区慰问困难团员。举办“心有灵犀·穿越城际遇见你”“怦然心动 原来是你”“长沙城际空间站相亲会”等主题相亲交友活动，结合实际需求为雨花青年提供交友、婚恋平台。（肖立志）

【志愿服务】2020年，雨花区优化青年志愿服务工作体系，全面提升青年志愿服务水平，将青年志愿服务与中共新时代相结合，与社会新需求相结合，与青年新思想相结合。参与“爱故乡·回家乡·兴吾乡”2020年湖南省青年志愿者服务春运“暖冬行动”雨花团区委联合长沙市群英会等社会团队，通过统一招募、统一培训、统一考评，推进高铁春运志愿服务活动，参与活动的志愿者850人次，志愿服务超过4860小时，服务旅客1.2万人次，平均每天近300人次。发出“疫情防控志愿服务”倡议书，街道、镇发放志愿者服装红马甲、帽子1700余件；向志愿者发放社区疫情防控志愿服务“三大纪律”“八项注意”宣传卡片1700余张。300余名团干部、团员和1000余名青年志愿者参与文明创建志愿服务。（肖立志）

【纪念“五四运动”】2020年5月，雨花区开展纪念“五四运动”101周年系列主题活动。团雨花区委宣传发动、号召青年参与“大干一百天 实现双过半”青年突击队建功竞赛活动。雨花经开区举办征文竞赛和摄影竞赛活动，激励广大劳动者和青年踊跃投身“四个一百”竞赛，在“大干一百天 实现双过半”竞赛中体现担当，贡献智慧，奉献力量。区公安分局开展主题团日活动，在石燕湖组织200余名青年民辅警开展“落实全面从严管党治警、‘三治’大讨论活动暨五四青年·说”演讲比赛，以及分局“岗位大练兵、能力大提升”系列讲座之公文写作培训。雨花区人民检察院团委组织开展“传承五四精神·凝聚检察力量”团队拓展训练与革命传统教育活动。圭塘街道开展青年干部五四青年节成长分享会暨2020年青年讲习所第二期学习沙龙。（肖立志）

2020年7月16日，雨花区优秀青年代表座谈交流会暨青年大学习活动

（肖立志 供图）

【优秀青年代表座谈会】 2020年7月16日，团雨花区委优秀青年代表座谈会暨青年大学习活动在“和+”共享图书馆举行。会议开展“倾听青年心声 凝聚榜样力量”雨花区优秀青年座谈分享，雨花青年五四奖章获得者及获奖集体负责人代表发言，讲述自己在疫情防控、复工复产、建功竞赛、脱贫攻坚、志愿服务等工作中的经历与收获。开展2020年青年大学习暨“雨花时代先声”宣讲活动，全国少工委委员朱移生主题宣讲《文化“字”信到文化自信》，从党建、青年大学习的角度挖掘中华传统文化，帮助与会人员坚定理想信念，提高思想认识，以“净”“概”“正”字为例，发掘中华汉字的文化内涵和时代价值。

（肖立志）

【模拟法庭活动】 2020年10月14日，“青春与普法共舞 成长与法制同行”模拟法庭活动在中南林业科技大学博文楼（文综楼）模拟审判实验室举办。长沙市雨花实验中学的学生模拟法庭庭审活动。活动打破以往较为单一的普法宣传模式，通过“模拟法庭”寓教于乐的情景互动普法模式，让学生零距离感受现场庭审，增加普法的趣味性，增强普法的实效性，教育、引导、帮助青少年增强法制观念，预防和减少青少年违法犯罪问题的发生，达到“审理一案、教育一片”的效果。

（肖立志）

【团省委调研基层青年工作】 2020年6月8日，共青团湖南省委副书记李志超调研基层团建工作情况，实地查看雨花区东山街道南雅社区的“君师里”青年之家活动阵地，听取南雅社区基层团组织建设情况。李志超组织召开基层团建工作、青年人才、青年统战工作座谈会，团长沙市委副书记周坤介绍长沙市青年人才培养工作情况，团区委书记余静雯介绍雨花区基层团建情况；雨花区基层团干代表、创业青年代表，交流疫情期间基层团建，围绕工作岗位谈自身的感受体会，针对基层团建、青年人才、青年统战工作中存在的问题，提出意见和建议。李志超强调，基层团干要做好团内工作，做辖区内青年的模范榜样；要做好青年工作，掌握辖区内青年发展状况；要提升个人能力，更好地为青年工作。团长沙市委书记叶妙、雨花区政府副区长蔡泽敏等陪同调研。

（肖立志）

【团市委调研特色基层团建工作】 2020年12月2日，共青团长沙市委书记叶妙调研雨花区特色基层团建工作，团区委书记李章博汇报雨花团区委2020年特色工作，并从“数字团建”、品牌打造、基层团组织工作创新等方面介绍2021年团区委工作计划。街道（镇）团委书记代表，区教育局团委、区公安分局、区青年创业协会、区青年志愿者协会等单位负责人交流本单位特色基层团组织工作的开展情况及2021年工作建议及思路。团市委副书记赵雪峰对代表们提出的意见和建议进行政策解读和思想引导。叶妙肯定雨花区的志愿服务、青年创业、少先队等工作，雨花区在团的工作上有品牌、有基础，要充分运用好自身优势，聚焦主责主业，服务中心大局，坚持基层团组织建设，培养高素质团干部，坚持全面从严治团，以“三高四新”的新发展思路，不断推动共青团工作迈上新台阶。（肖立志）

【观摩交流活动】 2020年10月27日，团雨花区委在雨花经开区开展“为青春种下梦想的种子”湖南大学团委骨干走进雨花观摩交流活动。团区委书记李章博主持活动，湖南大学团委骨干一行参观雨花经开区的湖南大族激光智能装备有限公司、湖南中南智能装备有限公司、雨花区创新设计产业园。召开座谈会，雨花区委组织部副部长蒋多利介绍雨花区整体情况，宣讲市、区人才政策。湖南大学团委副书记唐薇希望湖南大学团委和团雨花区委一起，做到共青团工作平台共享、信息共有、活动共创、人才共育、队伍共建、多样共治。雨花经开区党工委委员、管委会副主任李剑刚表示，

希望通过共青团的纽带加强雨花区和湖南大学的联系，也希望更多的人才一同走进开放雨花，一起见证梦想直达。（肖立志）

妇女联合会

【概况】长沙市雨花区妇女联合会（以下简称“区妇联”）代表党和政府联系妇女群众，代表和维护妇女权益，促进男女平等。

2020年，区妇联立足职能，发挥优势，强化创新，扎实工作，在夺取疫情防控和经济社会发展“双胜利”的战役中凝聚巾帼力量，展现妇联担当，深化推进妇联组织改革，服务妇女儿童，促进妇女、儿童、家庭等各项事业的发展，实现新跨越。（邝鋆）

【组织建设】2020年，雨花区妇联以“雨花巾帼读书会”学习平台为载体，面向全区科级女领导干部、区妇联执委和街道（镇）、社区（村）妇联干部三类女性带头人，组织3场不同专题的读书分享活动；举办为期2天的全区各级妇联干部培训班，深入学习习近平重要讲话精神，学习《中华人民共和国民法典》以及婚姻家庭关系调适等知识。联合区委政法委、区总工会、团区委开展“雨花时代先声”宣讲活动，组织发动基层妇联开展“百千万巾帼大宣讲”活动10余场。通过“雨花区妇联”微信公众号，举办“今天，让我们晒晒最美的她”网络宣传活动，深入宣传抗疫巾帼志愿者的感人事迹。洞井街道社区卫生服务中心、东塘街道浦沅社区获市“三八红旗集体”，莫波等3人获市“三八红旗手”称号。评选5类40户“最美家庭”，李丽家庭获全国抗疫“最美家庭”，杨松林家庭和刘娟娟家庭获全国“五好家庭”，贺亚利家庭获湖南省抗疫“最美家庭”，推荐10户家庭获评市“最美家庭”，5户获评市“五好家庭”。井湘社区、省人大社区获评市家庭工作先进集体，2名社区妇联主席获评市家庭工作先进个人。评选3个市级、5个区级示范“妇女儿童之家”。落实区委第六巡察组巡察整改要求，对巡察组指出的9个问题逐一整改落实。召开领导班子巡察整改专题民主生活会，修订完善机关内部管理制度6项，强化用制度管人、管事。加强意识形态工作，举办区妇联领导班子中心组理论学习活动4次。（邝鋆）

【关爱妇女儿童】2020年，雨花区举办“众志成城抗疫情，春风送暖不打烊”雨花区春风行动暨就业援助月“网络双选会”，搭建线上招聘求职对接平台，助推妇女创业就业。联合通程律师事务所发起“小蓓蕾”公益项目，为17户服刑人员生活贫困的未成年子女健康成长提供帮助。开展“幸福家庭建设工程”，举办“幸福大讲堂”公益课10堂、“关心下一代家庭教育站”公益巡讲进基层活动1场，开展各类婚姻家庭知识讲座20余场，向居民群众宣讲正确的婚姻家庭观和家庭教育理念。通过政府购买服务的方式，聘请国家二级婚姻家庭咨询师和心理咨询师提供婚姻家庭服务，开展咨询、矛盾调解、心理指导等服务。开展“户帮户，亲帮亲，互助脱贫奔小康”活动，组织“姐妹守望，邻里相助”妇联执委帮困行活动，慰问基层困难妇女群众。春节前夕，雨花区妇联集中慰问特困妇女群众13户，为她们送去慰问金1.3万元；春节、端午、中秋节走访慰问联点的省人大社区困难群众，送去过节物资上万元。11月，给区雨聆聋儿康复中心的孩子们送去玩具、大米、油等物资共计6000元。12月，为60名贫困儿童提供助学金4.8万元，实施“两癌”特困妇女救助19名共计3.8万元。（邝鋆）

【维护妇女儿童权益】2020年，雨花区妇联接待各类来电来访咨询114例，办结率100%。开展“云”上三八维权周活动，举办“11·25”国际反家暴日专题宣传活动，以情景剧、小品等丰富多彩的形式，开展普法宣传，共同营造学法、知法、懂法、守法和维护妇女儿童合法权益的氛围。组织基层妇联维权专干开展矛盾调解、《中华人民共和国民法典》等专业知识的培训，提升基层维权专干的能力。联合区平安办、民政、司法、法院挂牌成立长沙市首家“婚姻家庭指导服务中心”，为妇女群众和家庭提供专业咨询、调解等服务。联合区禁毒委等单位，举办“你我同参与，共建无毒职校”禁毒宣传进校园活动。成立雨花区社会禁毒协会“妈妈禁毒分会”，推动禁毒宣传进社区、进千家万户。通过“雨花区妇联”微信公众号和微信工作群等平台，推送禁毒知识。（邝鋆）

【区妇联执委会议】2020年12月16日，雨花区妇联第三届执委会第五次会议召开。区妇联主席喻思旭代表区妇联作工作报告。会议以无记名投票方式补选举区妇联第三届执委2名。长沙市妇联党组成员、副主席钟小珍发言，要深入学习贯彻十九届五中全会精神，增强身份意识，切实履职担当，全面培育选树典型，着力提升自身综合素质。区委副书记陈永高强调，要科学谋划2021年的工作思路、工作目标、具体任务和保障措施，找准谋划“十四五”规划的着力点、切入点；要创造特色，从自身建设、家庭建设、社会建设和精神文明建设四个方面出发，创新打造雨花品牌；要担当作为，结合妇联工作实际，全面服务全区中心工作、重点工作、难点工作和思想政治工作，体现妇联担当作为。（邝鋆）

【妇女儿童工作委员会全会】2020年7月22日，雨花区2020年妇儿工委（“妇儿工委”即妇女儿童工作委员会）全会暨新一轮妇女儿童发展规划编制动员会议召开。区政府二级调研员段仁华主持会议，区妇儿工委副主任、区妇联主席喻思旭代表区妇儿工委作《积极作为 认真履职 持续推进雨花妇女儿童事业创新发展》的工作报告，报告2019年全区实施妇女儿童发展规划情况、说明2020年工作思路及新一轮发展规划编制工作。区委组织部、区委宣传部、区教育局、区民政局、区司法局、区人力资源和社会保障局、区卫生健康局7个规划编制实施牵头部门相关负责人作述职和表态发言。区政府副区长、区妇儿工委主任蔡泽敏要求，要务实谋划，认真做好“十四五”

发展规划编制工作；要增强时效性、操作性、科学性，明确责任、时间、要求，突出重点，打造亮点，认真组织完成好新规划的编制工作；要齐心协力，共同推动全区妇女儿童事业健康发展。区妇儿工委48个成员单位相关负责人参加会议。（邝　鋆）

【庆祝“三八”妇女节】2020年，雨花区围绕“立足岗位，争做最美巾帼奋斗者”主题，以“线上鼓劲、线下暖心”全线联动为原则，组织开展“奋斗最美 巾帼抗‘疫’传真”“暖心礼包 温暖你我她”“你的心事 我来倾听”“就业援助 网络双选会就”“‘e’起普法 三八维权周”5个主题活动庆祝“三八”国际妇女节。3月8日，“雨花区妇联”微信公众号“今天，晒晒最美的她”主话题，号召广大女性立足岗位，争做最美巾帼奋斗者，凝聚起打赢疫情防控阻击战的网络巾帼力量。开展慰问抗疫一线巾帼志愿者活动，开通免费心理咨询服务热线，联合区直相关单位一起搭建“春风行动”线上招聘求职对接平台，女性参与人数15663人，意向达成人数8018人，其中60%为女性。（邝　鋆）

【国际禁毒日宣传活动】2020年6月23日，雨花区圭塘社区开展“禁毒妈妈在行动”为主题的禁毒宣传活动。禁毒妈妈志愿者、社区工作人员向居民现场发放禁毒宣传资料，讲解有关毒品知识、毒品危害和预防毒品等相关内容，接受识毒、禁毒、防毒等方面知识现场咨询，并进行禁毒知识有奖竞赛，倡导大家“关爱生命，远离毒品”。通过宣传增加居民群众对毒品的认识，知道毒品的危害，彻底远离毒品。6月24日，雨花区“你我同参与，共建无毒职校”主题活动举办。康达自愿戒毒中心开设“揭开新型毒品面纱”禁毒知识讲座，长沙财经学校学生表演禁毒广播体操。全体人员起立共同宣读禁毒倡议书，以实际行动倡议广大市民积极投身到禁毒人民斗争中来。区委副书记、区长、区禁毒委主任刘素月，区委常委、区委政法委书记、区禁毒委副主任王明玖，区政府副区长、区公安分局局长、区禁毒委副主任黄健元出席活动。

（邝　鋆）

【反家暴日宣传活动】2020年11月25日，雨花区平安办、区妇联在井湾子街道井旺社区体育广场联合举办“反对家庭暴力，创建平安家庭”暨雨花区“11·25”国际反家庭暴力日主题宣传活动。现场上演情景剧《家暴不是家务事》、歌曲《家和万事兴》《中华好家风》、舞蹈《礼》《映山红》等文艺节目，聚焦良好家风建设，普及反家庭暴力维权知识，传递反对家庭暴力，创建平安家庭的共同呼声。现场发出“反对家庭暴力，建议平安家庭”倡议书，设立妇女维权咨询台，发放反家暴宣传资料1000余份。进行“反对家庭暴力，创建平安家庭”签名墙签名，承诺拒绝家庭暴力，倡导共同建设平安家庭。（邝　鋆）

2020年7月22日，雨花区妇儿工委全会暨新一轮妇女儿童发展规划编制动员会议　　（邝　鋆　摄）

【“小蓓蕾”公益项目启动仪式】2020年12月24日，雨花区“小蓓蕾”公益项目启动仪式在湖南通程律师事务所举行。雨花区妇联主席喻思旭、湖南通程律师事务所主任兰力波共同为“小蓓蕾”公益项目揭牌。“小蓓蕾”公益项目专门针对父母双方或一方为服刑人员的生活贫困的未成年子女健康成长而设立。该项目通过实地走访了解实情，建立未成年子女的个人成长档案，提供心理辅导、物资帮扶、社会实践和免费法律咨询等服务，引导他们树立正确的人生观、世界观、价值观，并唤起社会对他们更多的关心和帮助，彰显法治社会的人文关怀。喻思旭致辞指出，“小蓓蕾”公益项目与妇联关心关爱困境妇女儿童的工作目标高度契合，区妇联将和通程律所一起，共同推动“小蓓蕾”公益项目深入开展，真正让那些生活在特殊家庭的孩子感受到社会的关爱，从源头上解决服刑人员的后顾之忧，为平安雨花、法治雨花建设贡献力量。启动仪式后，雨花区妇联和通程律所志愿者分批走访帮扶对象家庭17户，送去3.6万元的助学金和生活物资。

（邝　鋆）

【雨花区婚姻家庭指导服务中心挂牌成立】2020年12月30日，长沙市雨花区婚姻家庭指导服务中心成立暨揭牌仪式在雨花区民政局婚姻登记大厅举行。雨花区委常委、政法委书记王明玖，区民政局局长章波，区妇联主席喻思旭共同揭牌。区平安办、区法院、区司法局等部门负责人参加。区婚姻家庭指导服务中心成立后，妇联、法院、司法将根据各自职能选配派驻人员参加该中心的工作，为全区广大居民群众提供更优质、更专业、更全面的婚姻家庭方面的服务，促进广大家庭和基层社会的和谐稳定。（邝　鋆）

【疫情防控服务活动】2020年，雨花区妇联全面助力疫情防控。从1月27

日（正月初三）开始，区妇联第一时间依托微信公众号、工作群、朋友圈等平台，向全区妇女发起“疫情防控志愿服务”的倡议书，持续推送疫情防控知识20余期，宣传先进典型事迹10期，向奋战在疫情防控一线的女性“逆行者”发出慰问信，激励全区巾帼志愿者打赢疫情防控人民战、总体战、阻击战。区妇联参与疫情防控，下沉一线，与社区工作人员一起开展宣传劝导、情况摸排、企业复工复产的督查核实等工作。开展慰问活动，向一线社区妇女干部和巾帼志愿者送去消毒液、酒精等防疫物资，向2家巾帼企业送去省妇联、省妇女儿童发展基金会捐赠的口罩、酒精等复工复产防疫物资。针对因疫情产生的焦虑情绪，开通“倾听心声，关爱健康”免费心理咨询服务热线，线上帮助居民疏导情绪。（邝　鋆）

【妇联干部能力素质提升培训班】2020年10月21日，雨花区妇联在区委党校举办为期2天的全区妇联干部能力素质提升培训班，近200名妇女干部参加培训。长沙市委党校校部成员、国家三级教授李跃，湖南省委党校法学教研部副教授黄婷，湖南省婚姻家庭咨询师协会执行会长金子，中国教育学会家庭教育专业委员会学术委员杨智钧，心理哲学博士、博士后、湖南师范大学教授章淑慧授课，课程安排习近平总书记关于湖南工作指示精神、民法典的时代精神等热点工作，婚姻家庭矛盾纠纷调处、家庭教育等重点难点工作，安排心理调适课程，帮助大家学会在工作、生活中缓解压力、调解情绪。（邝　鋆）

【生活垃圾分类宣传活动】2020年11月23日，雨花区举办为期1个月的《长沙市生活垃圾管理条例》知识线上有奖问答活动，7000余人参与答题。号召基层妇联组织广大家庭、巾帼志愿者开展垃圾分类志愿服务活动，通过发放宣传册、举办垃圾分类竞赛活动等多种形式，推动垃圾分类意识不断深入人心，落到实处。（邝　鋆）

【维权创新项目评估】2020年5月29日，湖南省妇联副主席方琼、省妇联权益部部长李凯辉带领专家教授组成的第三方评估组实地督查和验收雨花区家庭暴力110警务分流服务项目实施情况。评估组查看洞井街道家庭暴力案件110警务分流工作站阵地建设、翻阅档案资料、询问工作情况，了解项目实施情况。在洞井街道派出所召开座谈会。雨花区妇联主席喻思旭汇报雨花区家庭暴力案件110警务分流服务工作。工作站其他成员单位，洞井街道妇联、洞井派出所、洞井司法所以及驻站律师、心理咨询师分别作工作汇报，阐述工作站所做的工作、取得的成效和存在的问题。通过评估，评估组肯定雨花区在探索实施家庭暴力案件110警务分流综合服务机制作出的努力和取得的成绩，通过调研选点、整合资源、基层宣教等方式，积极探索婚姻家庭矛盾纠纷调解联动机制，为从源头上减少家暴案件发生提供了新思路。（邝　鋆）

【“妇女儿童之家”建设评估验收】2020年10月10日，长沙市妇联党组成员、副主席钟小珍一行评估验收雨花区2020年度市级示范“妇女儿童之家”，考察圭塘街道雨花家园社区、井湾子街道井湘社区、左家塘街道狮子山社区3个示范“妇女儿童之家”申报单位，通过实地查看、翻阅资料、听取汇报等方式，了解制度机制、阵地建设、活动开展等具体情况。雨花区妇联主席喻思旭等陪同。（邝　鋆）

【省妇联调研禁毒宣传工作】2020年6月4日，湖南省妇联副主席方琼一行调研雨花区禁毒宣传工作，实地考察侯家塘街道廖家湾社区“长沙孟妈妈青少年保护家园”（下文简称“青护园”），通过查阅资料、听取汇报、个案分享，详细了解该园历年在关爱帮扶失足青少年方面，尤其是禁毒宣传上所做的努力和付出。调研组对青护园和雨花区“妈妈禁毒联盟”在禁毒宣传上发挥的引导帮教作用给予高度评价。（邝　鋆）

【苏州市妇联考察儿童友好型城市建设工作】2020年9月22日，苏州市妇联党组成员、市政府妇儿工委办主任朱敏一行9人考察学习雨花区考儿童友好型城市建设工作，到雨花区枫树山小学、万科魅力之城、长沙市妇女儿童活动中心，通过实地参观、听讲解等方式，从学校、社区、活动场所三个层面深入了解长沙市儿童友好型城市建设情况。长沙市妇联副主席石莉波等陪同考察。（邝　鋆）

【双流区考察儿童友好社区建设】2020年9月29日，成都市双流区政协副主席李宏坤等一行9人到雨花区洞井街道中航“山水间”社区公园考察调研儿童友好社区建设工作情况。听取中航“山水间”社区公园建设负责人的讲解，了解公园的设计理念和建设情况，参观社区公园的融生态湖区、健身区、阿基米德水花园区、活动草坪区等8个特色区域，在开放图书馆观看宣传片《幸福中航“山水间”》，并进行座谈交流。雨花区政协副主席廖云伟，区妇联主席喻思旭等陪同考察。（邝　鋆）

科学技术协会

【概况】雨花区科学技术协会（简称“区科协”）负责组织开展全区科普工作。牵头实施《全民科学素质纲要》；开展全区学术交流和学术研究；组织开展科普活动；反映全区科技工作者的意见和要求，维护科技工作者的合法权益；宣传、表彰、举荐优秀科技工作者；开展经济、科技、社会事业等方面的软科学研究，参与科学论证、决策咨询；开展国际民间科技合作与交流活动；对全区各类科技团体进行管理和业务指导；开展继续教育和培训等。

2020年，区科协开展科普宣传、科技咨询、科技示范和农村实用技术培训，促进科学技术与生产力的结合。贯彻落实《雨花区全民科学素质行动计划纲要实施方案（2016—2020年）》，推动全民科学素质行动计划纲要深入实施。深化全国科普示范区2021—

2025 创建工作，推动全区形成党政主抓、科协牵头、部门协作、社会参与的“大联合、大协作”科普工作格局，促进科协事业的快速发展。（李　杨）

【组织建设】 2020 年，雨花区落实《雨花区全民科学素质行动计划纲要实施方案（2016—2020 年）》，建设“智慧科协”“数字科协”和网上“科技工作者之家”，让科技工作者线上线下都能找到组织、参加活动、发出心声，提升服务科技工作者的针对性和实效性。建立部门共建联动机制，推动科普工作纵向到底，横向到边。健全完善街道（镇）、社区（村）两级科协组织，为科普工作的开展提供组织保障，建立由相关专家组成的科技服务团，组建区、街道（镇）社区（村）三级科普志愿者，经常开展科普惠农、服务企业、服务乡村振兴等各种科普活动；推动行政村的科技示范户、科技带头人、科普员的选拔，形成助力脱贫攻坚，以科技致富为主体的农民科普队伍。全面推广基层科协组织网格化管理，建立健全基层科协组织的机构设置、运行机制、工作制度和服务机制。砂子塘街道金地、砂子塘社区和左家塘街道窑岭社区网格化管理促进基层科普工作取得成效。砂子塘街道金地社区的《网格化管理促进基层科普工作》纳入中国科协《建功新时代、改革再出发——地方科协改革创新案例集》。探索农业农村学会服务站建设，发挥科协优势，聚焦花卉苗木特色农业产业，以跳马镇为主战场，加大科普项目培育，实施力度。建立农村科普示范基地 4 个，农村专业技术协会 1 个。对全区高新规模以上企业进行全面摸排，积极引导企业全部加入长沙市企事业科协联合会。（李　杨）

【科技普及】 2020 年，雨花区实施“基层科普行动计划”，发挥示范带动作用，采取“分类指导、规范运行、培养典型、以点带面”的办法，推进“科普示范街镇”“科普示范社区（村）”“科普带头人”创建工作，雨花亭街道麻塘桥社区、雨花亭街道正圆社区、高桥街道鑫华社区、高桥街道高桥大市场社区申报长沙市“科普示范社区”。跳马镇谭利人和周文斌申报为长沙市农村科普带头人。乐多园艺和湖南碧庭苗木申报长沙市农村科普基地。区科协充分调动、利用区内、区外资源、上下联动、协作，创新科普服务载体、活动方式，因地制宜地把科协工作植入雨花区相关部门、企业、社区、学校。8—9 月，区科协开展科普知识及进社区服务活动，组织参观科普示范社区、科普教育基地、科普 E 站，开展科普知识系列宣传活动。9 月，区科协联合区科技局、区农业农村局在雨花区美珍匙吻鲟养殖繁衍基地开展农业科技专家下乡服务活动。9 月 28 日，区科协、区教育局、区科技局在湖南省森林植物园世界名花广场主办“决胜全面小康，践行科技为民”2020 年“全国科普日”雨花主场启动式，采取科普展览、科普讲座、科普报告、科普咨询等多种形式，开展内容丰富、形式多样的科普宣传活动。现场设置少年科技作品展区、科技文化展区、科技教育展区、科技环保展区、科技企业展区。雨花区各街、镇科协主席及科普专干、雨花区艺体科技中心、周南雨花中学、湖南人工智能科技公司、环康科技有限公司、中盈教育以及各媒体代表等 300 余人参加活动。（李　杨）

【科协第四次代表大会】 2020 年 12 月 11 日，雨花区科学技术协会第四次代表大会召开，会议听取和审议通过《雨花区科协第三届委员会工作报告》，选举产生区科协第四届委员会。讨论确定此后五年科协工作的目标任务。区委书记张敏出席大会，他勉励全区各级科协组织和广大科技工作者要认真贯彻落实中央和省委、市委、区委部署要求，牢固树立抓创新就是抓发展、谋创新就是谋未来的理念，充分发挥自身优势，不断开创雨花科技事业发展的新局面。（李　杨）

【“全国科技工作者日”活动】 2020 年 8 月 23—29 日，雨花区科协联合区科技局共同举办“科技战役 创新强国”雨花区“全国科技者工作日”活动暨科技活动周。活动以科技战疫为重点，展示科学技术对战胜疫情的重要支撑作用和系列成果，展示科学普及在引导人民群众科学识疫、科学防疫中发挥的重要作用；以创新强国为核心，展示科技创新对国家经济社会发展的重要支撑作用，展示科技创新在全面建成小康社会、满足人民群众美好生活需要、美丽中国建设中的显著成效。活动重点对园区企业、高校科研院所、学会、基层农技协、科普基地等中的优秀科技工作者代表，采取慰问信和座谈、走访等形式开展慰问，以充分体现党委政府对科技人才的关心、关怀。（李　杨）

归侨侨眷联合会

【组织建设】 2020 年，雨花区归侨侨眷联合会（简称“区侨联”），通过

2020 年 9 月 28 日，2020 年“全国科普日”雨花区主场活动启动式（李　杨　供图）

线上宣传引导，线下学习交流等多种方式，做好思想政治引领和意识形态工作。组织侨界政协委员围绕垃圾分类、乡村振兴、教育教学、公共安全等方面，提交提案和社情民意共7个。成功推荐19人加入第二届市侨商会，其中，2人当选常务理事，3人当选理事。注重选树典型、重点培育，省侨联党组书记黄芳、副主席孙民生考察中南院社区“侨胞之家”，对区侨联基层组织建设表示肯定；6月，省侨联党组成员、副主席李祖元，考察宋旦汉字艺术博物馆；11月，省侨联党组成员、副主席孙民生调研宋旦汉字艺术博物馆、驻外之家，对2家重点对外文化、经贸类侨企给予肯定支持。宋旦汉字艺术博物馆获批湖南省华侨文化交流基地、长沙市华文教育基地。组织“聚焦高质量 阔步新征程”区县侨联成员、市侨商会会员浏阳联动交流活动。（龚 鹏）

【社会服务】 2020年，雨花区发挥侨界资源优势，助力全区优化营商环境工作，持续实施“精侨之家”项目，包括法律体检、电商运营、自媒推广、线上教学、传媒代销、管理咨询、金融服务、专题培训、融合活动9个服务板块，为辖区内老归侨提供家政助洁、生活照料、防疫提醒、精神慰藉等上门服务950小时。区侨联走访侨企28家，协调解决或推荐（交办）问题30个；开展法务需求调查和法律服务，举办有关知识产权的线上座谈和“助企发展 与法同行”普法活动；开展政策一对一帮扶，为33家侨企进行政策梳理，为10家预符合条件的企业提供信息转介服务和政策申报辅导；为宋旦汉字艺术博物馆提供普惠自媒服务，支持德皓口腔参与阿里巴巴营销铁军训练营。区侨联受理侨界群众咨询和来信来访13件，解决民生实事9件，持续服务4件。为5户困侨家庭争取市侨联“双百扶贫”资金12万元。日常慰问老侨侨眷10人次，送出慰问金近万元。春节期间，慰问老侨、侨界代表人士88人，送出慰问金9.85万元。中南院社区“侨胞之家”开展春节团圆会、防疫温暖包献爱、民法典学习、金婚送暖、粽情端午、开慧故居红色主题教育、“同圆共享中国梦 暖侨敬老迎重阳”庆祝活动及空巢老人生日宴等主题活动。（龚 鹏）

残疾人联合会

【概况】 长沙市雨花区残疾人联合会（简称“区残联”）为正科级事业单位，主要职能是为残疾人提供代表、服务和管理保障。

2020年，雨花区全面贯彻落实“发展残疾人事业，加强康复服务”的总要求，加强思想政治建设，破解发展难题，推进残联各项工作，残疾人员获得感、幸福感、安全感得到明显提升。投入经费2306万元，如期完成全年目标任务。完成0~17岁残疾儿童康复训练1134人次，康复覆盖率100%；落实扶残助学补贴202人（年度任务数100名）。10月19日，湖南省政府副省长朱忠明调研雨花区残疾人政策落实情况和无障碍建设，充分肯定雨花区残疾人无障碍环境建设。区残联获2020年度全市残疾人工作“红旗单位”。（曾灿红）

2020年9月24日，雨花区“助企发展 与法同行”法律宣讲活动（龚 鹏 供图）

【组织宣传】 2020年，雨花区以“全国助残日”“国际残疾人日”为载体，举办各类残疾人主题活动20余场，捐赠各类爱心善款物质20万余元。扶持建立的全市残联系统第一个残疾人艺术团——雨花区“心飞翔”残疾人艺术团，在疫情期间主动作为，编排、创作长沙快板、轮椅舞、合唱等独具特色的艺术节目20余个，鼓舞残疾人自强不息、坚强乐观。推进残疾人基本服务状况和需求信息数据动态更新工作，分两批培训调查员190人，数据动态更新入户率97.15%，APP采集率99.49%，全面完成任务指标。5个残疾人专门协会团结和带领残疾人开展相关活动，发挥桥梁作用明显。举行“助残脱贫、共享文明”全国助残日主题活动，为残疾人发放慰问金2.34万元，捐赠空调被23床、牛奶等物资一批。集中开展困难残疾人春节走访救助，走访慰问残疾人1070户，发放资金82万元。区肢残人协会牵头成立残疾人艺术团，区盲协组织盲人走进影院、盲人图书馆、地铁，为残疾人提供更多接触社会的机会。开展“善行四十佳”推荐活动，雨花区春之润公益服务中心被评为“十佳爱心机构”，阳光中心负责人张玉被评为十佳爱心个人”，残疾人黄厚明被评为“十佳自强模范”，左家塘窑岭社区残疾人专职委员郭兵、跳马镇关刀新村残疾人专职委员彭焕被评为“十佳爱心基层残疾人工作者”。省、市、区级网络平台发布各类残疾人活动、信息150条，营造残疾人工作活跃的氛围。（曾灿红）

【康复工作】 2020年，雨花区抓好康复救助项目落实，完成残疾人康复服务1300名累计1680人次，基本康复服务率98%。完成0～17岁残疾儿童康复训练1134人次，康复覆盖率

2020年12月3日，雨花区“国际残疾人日”活动　（曾灿红　供图）

100%；落实扶残助学补贴202人，两项指标在市对区重点民生实事项目考核结果中均为优秀。紧贴残疾人实际需求，开展“光明关爱”、辅具适配等工作，完成假肢装配15人，实施白内障患者手术救助80名，免费适配助视镜9人，免费落实辅具适配441户累计544件，辅具适配率100%。

（曾灿红）

【教育就业】 2020年，雨花区落实就业政策，抓实就业招聘、“两补”审核和居家托养等工作。审核企业271家，征收残保金11605万元，核定就业残疾人549人；审核“两补”（困难残疾人生活补贴和重度残疾人护理补贴）享受对象811人，举办专场招聘会1次，5名残疾人实现就业，扶持8名残疾人成功创业。

（曾灿红）

【残疾人维权】 2020年，雨花区落实残疾人法律顾问坐班制度，免费提供法律咨询服务；健全和完善残疾人信访工作机制，落实残疾人信访维权信息互通机制，畅通信访渠道，开展“阳光信访”，依法依规办理“12345”、“12385”热线62次，组织法律法规知识讲座4次，提供法律援助保障和服务38次，残疾人来信来访办结率100%。贯彻落实《湖南省无障碍环境建设管理办法》，投入42万元，对全区63户贫困、重度残疾人家庭进行无障碍改造。

（曾灿红）

【扶贫帮困】 2020年，雨花区开展脱贫攻坚收官战。区残联全面摸排跳马镇所有建档立卡残疾人，精准落实扶残助学、康复救助和无障碍改造等各项政策，办证218本，办理爱心公交卡117张，助学37人，创业扶持2人，“两补”审核249人，康复救助110人，危房改造21户，家庭无障碍改造21户，制作“帮扶救助政策明白卡”1000余份，做到扶贫工作务实、脱贫过程扎实、脱贫结果真实，帮助跳马镇230户建档立卡残疾人实现高质量脱贫，在迎接国家脱贫攻坚普查和全省抽检中，满意度均为100%。对口帮扶桑植县残联20万元，帮扶浏阳社港镇3名贫困户7次，帮扶资金4.6万元。

（曾灿红）

法 治

政法委与综治

【概况】 中共长沙市雨花区委政法委员会，是区委领导和管理政法工作的正科级职能部门，主管全区政法工作。下设雨花区法治教育中心（区法学会办公室）、区综治中心。

2020年，雨花区全面推进平安雨花、法治雨花和过硬队伍建设，提升司法公信力、提高政法工作能力水平，切实履行政法职能，推进社会治理能力现代化，为区域经济社会发展提供坚强政法保障。雨花区被长沙市委、市政府评为全市维护稳定工作红旗区，综治工作、反邪教工作优秀区，连续14年获“湖南省平安县市区”称号。区委政法委坚持政治统领，推动班子和队伍建设稳中有进。落细落实从严治党主体责任和“一岗双责”，坚持敢抓敢管、常抓常管，严于律己、以身示范，主动接受监督，把“两个责任”落到实处。健全区委政法委委务会议、全体会议和政法委员会委员述职等制度，严格执行民主集中制、重大事项请示报告制度，落实“三重一大”事项集体决策，开展批评和自我批评。坚持政治建警、素质强警、从严治警、从优待警，建立完善政治督察、政治轮训、纪律作风督查巡查等制度，开展“以案促改”专题警示教育、廉洁家访等活动，提升政法队伍“四化”建设水平，努力锻造一支忠诚干净担当的政法队伍。坚持“政法姓党”，践行“两个维护”。组织班子成员理论学习中心组集中学习10次，组织“切实保障改善民生 维护社会大局安全稳定”区委重大课题调研，把学习成果转化为政法工作科学思路。成立全区贯彻落实《中国共产党政法工作条例》工作专班，出台区本级实施方案，建立责任清单，多次召开委务会、周例会调度推进；发挥班子成员联点领学督学作用，采取理论学习、领导授课、专题培训、普法宣传、平台推送等多种形式强化学习。细化完善重大事项请示报告制度等6大类70余项制度机制，扣紧坚持、完善、创新、执行制度的链条；代表全市区县（市）顺利迎接中央国家机关联合督查并获督查组高度肯定，有关学习贯彻做法被《湖南政法》刊发推介。坚持党管意识形态不动摇，召开全区政法宣传舆论工作会议，坚持从政治和全局的高度谋划推进宣传舆论工作；用好用活“学习强国”APP、“平安雨花”公众号等平台，开展“雨花时代先声”宣讲，讲好雨花政法故事；出台涉政法舆论引导与舆情处置工作机制，定期分析研判政法系统舆情动向，稳妥快速处置融城花园酒店业主维权等舆情事件，提高政法领域安全风险预测和管控能力。（陈文婷）

【安保工作】 2020年，雨花区坚持底线思维，维护社会大局稳定。完善国家安全人民防线建设，开展第5个全民国家安全教育日宣传活动，推进“关爱之家”“关爱工作站”建设，全力确保国家政治安全。实施重大事项社会稳定风险评估7起，召开情报信息联席会议26次，摸排不稳定问题489个、及时化解422个，收集不稳定信息566条、有效化解367起，处置群体事件50起，全年重要时段、重大活动时期平稳度过。全面加强对公安工作的支持保障，以政治建设统领新时代县域警务工作，加大对电信网络诈骗、黄赌毒等各类违法犯罪打击力度，成功收网部督“4·30”专案、禁毒“2019-59”省督案件、“7·10”涉赌专案等一批大案要案。（陈文婷）

【扫黑除恶】 2020年，雨花区决胜收官扫黑除恶专项斗争。出台《雨花区扫黑除恶专项斗争线索发现、移交、跟踪和督办制度》等85项相关制度文件，打击、整治、管理、建设“四位一体”长效机制进一步健全完善。召开领导小组会议20余次，专项督察督办30余次，各大主流媒体上稿90余篇，抓好中央督导组“回头看”反馈的5大项16个具体问题、省督导反馈的3大项20个具体问题以及市委书记工作提示函精神的整改落实，实现问题见底清零；承办央督、省督等案件线索269条，办结率100%；摧毁涉黑组织1个、涉恶犯罪集团10个、涉恶犯罪团伙10个，破获涉黑涉恶相关刑事案件116起，查封、扣押、冻结涉案资金4亿余元，办结涉黑涉恶涉“保护伞”案件30起。（陈文婷）

【平安建设】 2020年，雨花区坚持统筹兼顾，深化平安法治雨花建设。建成区综治中心和13个街（镇）综治中心，配齐街（镇）政法委员，为基层平安建设工作提供有力支撑；推动综治视联网建设、省中医附一医院及周边地区预警整治、铁路安全环境整治、网格化管理等工作，社会治安防控体系逐步完善；选送的《浦沅蓝天下》微视频获全国第五届平安中国“三微”比赛优秀政法文化作品奖，推行更加精准公平的平安建设（综治工作）考评办法，激发基层平安创建热情。创新发展新时代“枫桥经验”，以“完善矛盾纠纷多元调处化解机制和深化拓展网格化管理”为特色创建路径，出台市域社会治理试点工作实施方案，细化任务分解表和负面清单，稳步推进全国市域社会治理现代化合格城市争创工作，指导推动区法院在省内率先实现所有街镇设立“一站式”工作站全覆盖，构建全区“13+X”矛盾纠纷多元化解格局，相关工作获最高人民法院表彰并向全国宣传推介。

（陈文婷）

【司法公正】 2020年，雨花区纵深推进法治雨花建设，全面加强执法监督，集中评查案件30件，案件评查工作质效进一步提升；召开政法机关案件协调会26次，对市委政法委转办的25件案件全部办结；完善律师参与化解和代理涉法涉诉信访案件实施办法等工作机制，接待群众来访200余人次，化解涉法涉诉信访案件100余件；依法开展国家司法救助工作，下发救助资金28.7万元，10个案件信访人员实现息访息诉；推动政法各单位普法和依法治理工作，发挥法学会在依法治区中的职能作用，雨花区获评全省“七五”普法中期先进县（市、区）。

（陈文婷）

【服务社会】 2020年，雨花区探索创新疫情下政法工作新模式，动员全区政法干警、平安志愿者、综治干部等力量，奋战疫情防控和复工复产一线；开展涉疫情矛盾纠纷集中排查化解专项行动，推行以危害公共安全罪立案侦查、非接触式办案、线上出庭公诉、法律问题讲座等一系列疫情期间的新举措，为“六稳”“六保”提供有力法治保障。建立全区维护稳定工作联席会议制度，解决好统筹协调不畅等问题，把体制机制改革优势转化为政法工作效能；支持区法院建立人民调解、立案、送达、速裁多方联动的速裁中心，支持区检察院推进新一轮的检察院内设机构改革，有效提升司法服务质量效率。树牢“法治是最好的营商环境”理念，牵头负责“法治保障”指标工作，统筹协调政法各单位落实好企业家权益保护、规范行政执法、营商环境普法宣传等工作，调解涉企纠纷824件，涉标的额1.16亿元，为民营企业发展营造良好的法治化环境。

（陈文婷）

【政法委员会全体会议】 2020年12月24日，雨花区委政法委员会全体会议召开。会议传达法治中国建设、推进全省社会治理创新等有关文件精神和中央政法委员会全体会议、《中国共产党政法工作条例》贯彻落实情况督查工作总结会议、平安湖南建设工作会议精神以及湖南省委书记许达哲在省直政法系统调研座谈会上的讲话精神，审议通过政法工作有关6项制度办法，听取政法各单位有关情况交流报告。会议强调，全区政法战线要始终坚持“政法姓党”不动摇，按照“把准‘一个核心’、抓牢‘两个重点’、加强‘三个建设’、推进‘四个深化’、坚守‘五个目标’”的2021年度工作总体思路，凝心聚力在更高起点上推进新时代雨花政法工作，为实施“三高四新”战略、打造全国一流强区提供坚强有力法治服务保障，以优异成绩向中国共产党成立100周年献礼。

（陈文婷）

【政法工作会议】 2020年3月17日，雨花区委政法工作电视电话会议召开。会议全面总结2019年雨花区政法工作情况，分析面临的形势，部署2020年工作任务。会议强调，2020年，要把维护国家政治安全放在第一位，确保社会大局稳定，服务经济高质量发展，坚决打赢扫黑除恶专项斗争，积极参与市域社会治理现代化试点，做好信访服务工作，不断深化政法领域改革，全面推进法治雨花建设，大力加强过硬队伍建设，着力提升全区政法工作现代化水平，为新时代高质量建设财富品质幸福雨花创造更安全的政治环境、更稳定的社会环境、更公正的法治环境、更优质的服务环境。区委副书记陈永高，区委常委、政法委书记王明玖，区政府副区长，区公安分局党委书记、局长黄健元出席会议。

（陈文婷）

2020年3月17日，雨花区委政法工作电视电话会议 （陈文婷 供图）

【知识竞赛】 2020年1月，雨花区委政法委举办全区贯彻落实《中国共产党政法工作条例》网络答题和知识竞赛系列活动，纪念该《条例》施行1周年。制作知识题库，组织政法单位、街（镇）和社区（村）参加网络答题，对各单位答题情况进行排名，并选拔8支代表队、召集400余名观众现场参加知识抢答竞赛活动，市委政法委政治部主任李丽萍，区委常委、政法委书记王明玖等参加活动。通过联动互学、以赛促学，进一步掀起学习热潮。

（陈文婷）

法治政府建设

【全面依法治区】2020年，雨花区推进全面依法治区工作。区委听取依法治区工作情况汇报1次，区委常委会会议专题研究法治建设相关工作2次，推进法治雨花、法治政府、法治社会一体化建设。区政府召开全区性会议、区政府常务会议、党组会议、区长碰头会6次，研究部署推进法治政府建设。召开区委全面依法治区委员会第三次会议暨全区法治政府建设工作推进会，出台《中共长沙市雨花区委全面依法治区委员会2020年工作要点》《关于为统筹推进疫情防控和经济社会发展提供法治保障的实施方案》《关于全面推进依法治区若干问题的实施方案》，部署安排全面依法治区工作。召开区委全面依法治区委员会守法普法协调小组第一次会议，总结2019年全区普法依法治理工作，研究部署2020年重点工作任务，出台《中共长沙市雨花区委全面依法治区委员会守法普法协调小组工作细则》《中共长沙市雨花区委全面依法治区委员会守法普法协调小组成员单位工作职责》《雨花区2020年普法依法治理工作要点》《2020年雨花区国家机关“谁执法谁普法”责任制工作要点》。定期根据法治政府建设的进度情况组织相关部门单位召开约谈会、推进会。制定法治政府建设整改责任分解表、考核评分细则，将落实《法治政府建设实施纲要（2015—2020年）》《党政主要负责人履行推进法治建设第一责任人职责规定》等纳入全区目标管理考核，建立健全领导班子和领导干部法治建设绩效考核制度，压实各级法治建设责任。开展党政主要负责人履行推进法治建设第一责任人及法治政府建设督查活动，以督查促整改落实，推动各项任务落地落实，形成法治政府建设的强大合力。（黄丽莉）

【依法行政】2020年，中共长沙市雨花区委全面依法治区委员会办公室对雨花区13个街镇、25个区直部门、11个事业单位以及4个垂管部门进行4次法治政府建设工作情况评估。区委、区政府向长沙市委、市政府报送《中共长沙市雨花区委长沙市雨花区人民政府关于2020年法治政府建设情况的报告》；区政府向区委、区人大常委会报送《关于2020年法治政府建设工作的情况汇报》。建立单位内部重大决策责任追究制度及责任倒查制度、行政执法错案责任追究制度、损害生态环境责任追究制度，以制度的建设倒逼权力在法律的框架里运行。主动接受人大法律监督和政协民主监督，办理人大代表建议和政协委员提案170件，办复率100%。坚持法定职权必须为，法无授权不可为，不设定法律规定以外的前置性审批程序，不作出没有法律依据减损公民、法人和其他组织合法权益或者增加其义务的决定。加强决策程序规范化建设，全面落实行政规范性文件合法性审核机制，出台政府规范性文件10件，审查政府文件、合同222件。以区法制机构工作人员为基础、吸收律师加入法律顾问队伍，保证法律顾问在制定重大行政决策、推进依法行政中发挥积极作用。出台《雨花区全面推行行政执法公示制度、执法全过程记录制度、重大执法决定法制审核制度的实施方案》，规范行政执法行为，17个执法单位制定本单位全面推行“三项制度”的实施细则并向区司法局备案，12个行政执法单位在政府门户网站上公示本单位重大执法决定法制审核目录清单。加强审计监督，58个一级预算部门实现审计全覆盖。健全政府信息发布制度，保障人民群众的知情权、参与权、监督权。严格落实政府系统党风廉政建设责任制，履行“一岗双责”，出台国有企业资金、资产、资源管理和违规经营投资责任追究暂行办法等制度，织密制度的笼子，严防廉政风险，树立清正廉洁的良好形象。完成“七五”普法总结验收。区政协主席会议考察区法治政府建设工作，区政协主席会议成员实地考察井湾子街道“两个一站式”工作站、区住建局、区司法局法治阵地建设和工作开展情况，并召开座谈会。完成全区权责清单合法性审查工作，审查全区28个部门单位和13个镇街的权责清单2659项，经梳理区本级保留权责事项2117项。推行告知承诺制，14个部门单位备案74项证明事项，并根据实际情况向社会公示告知承诺制推行情况。审查文件81件，审查、修改、完善政府性合同29份，审议常务会议议题107件。开展行政执法案卷评查工作，抽查12个执法单位案卷57本，下发《雨花区2020年行政执法案卷评查情况总结》。开展村规民约法治审核，完成161个社区（村）村规民约法制审核工作，审核完成率99%。出台《长沙市雨花区市

2020年9月27日，2020年雨花区行政执法专题讲座培训会（黄丽莉 摄）

场监管领域优化营商环境七十条免罚清单》，助力雨花区市场化、法治化、国际化营商环境建设。健全矛盾纠纷多元化解机制，全区各级人民调解组织成功调处矛盾纠纷4861起。全区13个街道（镇）全面建立“一站式”工作站，推动案件纠纷的多元化解。落实行政复议应诉制度，区政府作为行政复议机关依法办理行政复议案件63件，依法办理以区政府为被申请人的行政复议案件16件，以区政府为被告的行政诉讼案件73件。“一站式”提供公共服务，各区直部门服务事项进驻一体化在线政务服务平台，部分单位在法定办理时限内将部分行政审批事项办理时限进行压缩，提高行政审批效率，减少企业和公众时间成本。区治大院西门开放雨花区政务自助服务厅，实现政务服务24小时服务。

（黄丽莉）

【学法用法】 2020年，雨花区抓实“关键少数”学法用法，落实区委理论学习中心组学法制度、政府常务会议学法制度，区委依法治区办公室印发《关于做好2020年度雨花区国家工作人员学法考法工作的通知》，雨花区区域组考参学率、参考率、通过率100%。组织340余名一线执法人员进行执法专题培训，192人参加2020年行政执法证考试。完成全区行政执法证考试和申领，为全区90人申领行政执法证并发放到位，其信息录入湖南省行政执法人员信息管理系统。印发《长沙市雨花区“七五”普法总结验收工作方案》《关于做好“七五”普法总结验收省级抽查迎检工作方案》，召开全区“七五”普法验收省级抽查迎检工作调度会，总结“七五”普法工作，对照要求查漏补缺，全方位展示全区“七五”普法工作成果，迎接全国、全省、全市“七五”普法工作检查验收。组织开展“防控疫情、法治同行”专项法治宣传行动，整理疫情防控法律知识《问答17问》在“红网时刻”推送；举办《中华人民共和国民法典》专题学习；组织开展元旦春节送法下乡、全民国家安全教育日、农村法治宣传月、反电诈法治宣传、“6·26”国际禁毒日、青少年法治宣传教育周、“12·4”宪法宣传日及宪法宣传周活动，推动法治宣传教育进机关、进企业、进商场、进社区、进农村，开展法治宣传活动100余场次，发放宣传资料5万余份。

（黄丽莉）

公 安

【概况】 长沙市公安局雨花分局（简称“区公安分局”）下设正科级机构31个，包括指挥中心（办公室）、政治工作办公室（含机关总支、工会、团委）、纪委（监察室）、后勤保障科4个综合管理机构；法制大队、警卫科、刑事侦查大队、第一治安管理大队、第二治安管理大队、第三治安管理大队、经济犯罪侦查大队、禁毒大队、国内安全保卫大队、网络安全保卫大队、人口与出入境管理大队、单位内部安全保卫大队、巡警大队、城管大队14个执法勤务机构；辖左家塘、侯家塘、东塘、砂子塘、高桥、雨花亭、圭塘、洞井、黎托、同升、井湾子、东山、跳马13个派出所。

2020年，区公安分局以政治建警为引领，认真落实新时代县域警务工作，全力开展打防管控，开展公安机关“坚持政治建警全面从严治警”教育整顿，维护全区社会治安大局持续稳定。全区接报警117122起，立刑事案件8047起，破获刑事案件2367起，查结治安案件2465起，刑事拘留1541人，逮捕直诉1385人，行政拘留1538人。

（李 波）

【队伍建设管理】 2020年，长沙市公安局雨花分局开展教育整顿试点工作，严格落实“第一议题”制度，学习贯彻习近平重要指示和讲话精神。分期分批组织2600余人次参加政治轮训，制作下发学习手册1300余册，作为全警学习的“口袋书、枕边册”。开展“两词一歌”（入党、入警誓词；警歌）学唱活动，在会议、活动现场组织唱警歌，重温入党、入警誓词。召开警示教育大会，组织观看《警钟》《铁纪强警》等警示片。推行周通报、月讲评制度，抓实慕课“天天学·天天练”。依托“钉钉”警务平台和“学习强国”APP，定期推送教育整顿、从严治警等政治理论学习素材，引导全警守初心、强信念。坚持示范带头，分局党委班子召开专题研讨会2次，查摆问题126个。组织全警填报“自查事项报告表”，自查问题10635个，主动上缴违纪违规资金1.6万元，核查问题线索376个。秉承即查即治、边查边治、限期整治的原则，制定整改方案，将问题逐条分解至党委班子、支部和民辅警个人，对账销号，立改真改，形成问题查摆整改闭环。教育整顿期间，党委班子整改问题71个，民辅警整改问题8200余条，整改率81.98%。探索构建可监督、可检查、可问责制度体系，形成问题整改制度化、常态化、长效化。全面从严管党治警，依托“红星云”和“智慧党建”对支部“三会一课”、主题党日活动进行网上督导。强化作风养成，下发从严管党治警通报17期，队伍规矩纪律意识有效提升。推进“双廉”家访活动。全面规范婚丧喜庆事宜报告备案制度，做到网上报备和书面报备双同步。坚持挺纪在前，发现问题苗头及时“拉响警报”，准确把握运用监督执纪“四种形态”，诫勉谈话6人次、警示提醒18人次。将全警实战大练兵纳入分局能力建设的重要内容，制定出台《分局全警实战大练兵实施方案》，将“个性化菜单式”教学与警务实战紧密结合，制定实战练兵“课程菜单”，实现“挂图”作战，“列表”推进，组织开展反电信诈骗、智能门锁业务培训、查缉战术演练等集中培训21期，1300余人次参加。合理安排工作，化解“工训矛盾”，实现培训效益和队伍战斗力“双提升”。安排15名民警参加中国人民公安大学、厦门大学刑事侦查、县域警务等外训班次，完成各级调训26批次，520余人参训。依托22名实战兼职教官组成送教小分队，分批次赴25个队所开展“上门送教”活动，900余名基层民辅警成建制接受轮训。推行“一队一所一教官”制度，每个单位挑选单兵实战能力强的民辅警担任“小教官”，开展警务技能、基础队列等科目实训，开展岗位练兵200余场次，培训4000余人次。在实战大练兵专项考核评估中，被抽考的

56名民警，以扎实的基本功和警务技能表现突出，成绩优良。推进健康警队建设，组织开展“控一重、强体能、练精兵”健步走、“健康你我他”巡回服务、民警体能与健康指数检测等活动，深植健康理念，提升健康意识。邀请省中医附一医院教授开展“防两梗”健康讲座，承办全市“防两梗”急救箱配发暨“百场急救培训送基层”活动启动仪式，为分局有独立院落的单位配备急救箱17个。做大做强分局慢病管理中心，下发慢病管理红色预警督办函4份，对359名橙色预警人员复查用药情况进行跟踪反馈。组织全警开展贴“三伏贴”活动，建设分局健康驿站，引导广大基层民辅警针对身心健康问题“早发现、早治疗、早预防”，提升全警身心健康能力和水平。开展“金盾杯”篮球赛、羽毛球赛等活动，营造健康警营氛围。贯彻落实分局党委“服务中心工作、服务实战需求、服务基层一线”的保障支撑理念。累计发放民警津补贴1700万余元、各类奖金1.6亿余元，因公牺牲、病故等补助、抚恤金40余万元，工会、党费慰问金27万余元。组织84名立功受奖人员分批次到外地疗休养。全面规范工（公）伤申报和民警（职工）子女统筹医疗费用报销流程，完成民辅警工（公）伤理赔18人次，78万余元，报销民警子女统筹医疗费用31万余元。为分局867名民辅警18岁以下子女购买“重大疾病保障”“疾病住院保障”等险种，减轻部分因病致贫民辅警家庭负担，让全警切实感受到“娘家人”的温暖。（李　波）

【公安法治宣传】 2020年，长沙市公安局雨花分局坚持正面导向，深化警媒合作，做精宣传产品，抢占舆论高地，提升和扩大雨花公安影响力和美誉度。“雨花公安”微信、微博发布信息397条，中央、省市媒体刊发1049篇次，总阅读量1000万余次。成立法治宣传志愿服务队，到长沙民政学院、雅礼十五中学、省第二人民医院、凯德广场等学校、医院、社区开展安全防范、电信诈骗等宣讲活动200余场次。设计印发反诈知识折叠页30万份、反电诈海报1000块、提醒台签500套，形成“全民反诈”的氛围。深度挖掘一线民辅警工作闪光点，以政治建警先进典型评选、“雷锋式先进集体、个人”争创活动等载体，创新开展“季度之星”评选。62个集体、583人次获得省公安厅、市公安局、雨花区委区政府各类表彰奖励。其中，分局被评为省厅新时代县域警务第一批成绩突出单位并记集体三等功，刑事科学技术室被评为全省公安刑事技术工作成绩突出单位，指挥中心被评为全省公安机关110工作成绩突出集体；刑侦大队副大队长安志被评为“全国抗击新冠肺炎疫情先进个人”“全国最美基层民警”，黎托派出所辅警曹凌被评为中央政法委10月“平安英雄”，区公安分局党委委员、副局长周巍立个人一等功，刑侦大队民警匡磊被评为“湖南省青年岗位能手”“长沙市五一劳动奖章”“长沙市杰出青年岗位能手”。（李　波）

2020年5月8日，雨花区打击治理电信网络新型违法犯罪工作联席会议（李　波　摄）

【防控疫情】 2020年，长沙市公安局雨花分局制定《新冠肺炎疫情防控工作方案》，成立由区政府副区长、区公安分局党委书记、局长黄健元任指挥长的疫情防控工作指挥部，抽调专人成立工作专班，开展信息研判、指挥调度、上传下达等工作。严厉打击涉疫违法犯罪，侦办涉疫案件9起，刑事拘留8人，行政处罚1人。强化与区相关职能部门紧密协作，加强长沙南站、汽车南站、集贸市场等重点部位和人员密集场所的安全防护。强化力度保障辖区企业复工复产，分局党员突击队7次逆行出征，护送可孚医疗、世东药业、长沙比亚迪汽车有限公司等企业到湖北武汉、仙桃等地运送生产材料，用“硬核”行动保障企业的正常生产。（李　波）

【县域警务】 2020年，长沙市公安局雨花分局党委7次召开党委会、局务会专题研究县域警务工作，压实工作责任。健全工作机制，摸清风险点源，查找工作短板，由4位区委常委牵头，责任区领导和牵头单位建立完善、制定出台政治安全、反恐怖、维稳、打击违法犯罪、社会治安防控、道路交通安全等9大风险防控工作机制，逐一列出风险防控责任清单，逐一明确区责任单位，实现实体化运行。强化防控措施，对52个一类风险社区（村）实行挂牌警示，全体局领导、各科室队所，区交警大队、消防救援大队对一类风险社区（村）联点包干，精准指导，确保“一社区（村）一策”化解风险。（李　波）

【社会治安防控】 2020年，长沙市公安局雨花分局全力维护政治安全，落实相关工作机制，加大重点人管控力度，全面落实稳控措施。抓好反恐防暴，经验在全省反恐怖工作会议上作典型推荐，并被省公安厅反恐总队推荐为县域警务反恐防暴典型推介点。

组织全区48名反恐工作人员前往西北政法大学反恐怖法学院开展业务培训。完成"910"等警卫任务82场次、大型安保任务64场次，警卫工作被市公安局推介为"雨花警卫模式"。强力推进"平安乡村"、商务楼宇及重点单位智慧安防、电动车和摩托车物联网防控体系、平安小区等建设。打造以特巡警大队为骨干、以派出所为基础、以群防群治力量为补充的快速反应应急处突体系，有效提升应急处置能力。抓好网吧、旅馆业、物流寄递业阵地控制，加强对治安保卫、党政首脑机关等重点单位的动态监督指导，提升安防能力。开展二维码标准地址建设，共安装二维码标准地址牌55.6万块。开展校园高峰时段护学工作，净化全区校园及周边环境。严格消防安全监管，确保全区火灾形势安全可控。开展网络资产与涉众型经济犯罪风险平台摸排，推进网络空间群防群治和网络安全综合治理现代化，全面摸排、登记辖区网络单位2457家、各类信息系统2727个。查处网络安全违法行为，查办网络安全行政案件16起。（李　波）

【刑事犯罪打击】 2020年，长沙市公安局雨花分局对711条涉黑涉恶举报线索全部办结清零，打掉"9·12"陆某洋等人套路贷、"3·8"张某等人非法采矿、"9·25"刘某强等人套路贷涉黑组织3个、涉恶集团11个、涉恶团伙10个，刑事拘留310余人，破案150余起，查封冻结涉案资金4亿余元。坚持命案、重案必破，全区发命案2起、八类恶性案件60起，破案率100%。侦破命案积案4起，命案发案连续3年下降。以"专人负责、专班研判、专案经营、专业宣传""四专"模式严厉打击、防范电信网络诈骗犯罪，组织开展"断卡"等专项行动，构建"党政领导、公安主力、部门协同、镇街履职"的打击治理格局，刑事拘留各类电信网络诈骗案件犯罪嫌疑人351人，同比上升172.09%。成功侦破部督"断卡"行动"4·30"专案，刑事拘留71人，公安部党委委员、副部长杜航伟作出表扬批示。开展"缉毒"、打击整治"发卡招嫖"等侦破打击专项行动，移送起诉涉毒犯罪嫌疑人214人，强制隔离戒毒200人，执行率98.80%，查处吸毒人员457人。侦办"黄赌"刑事案件45起，刑事拘留"黄赌"犯罪嫌疑人280人，行政拘留702人。破获"2019-59"省督案件，缴获海洛因21公斤，斩断一条跨滇湘物流寄递贩毒网络。侦办"7·10"涉赌专案，抓获嫌疑人241人，缴获涉案资金1400余万元。开展"云端"等专项行动，立经济案件68起，破案51起，刑事拘留112人。完成"云端"线索发起8起，打击处理"云端"犯罪嫌疑人54人，成功侦办部督长沙市炜度商贸有限公司虚开成品油发票案，涉案金额30亿余元。严厉打击涉众领域犯罪，成功侦办省督"国金所"P2P平台非法集资专案，抓获犯罪嫌疑人41人，追缴赃款2300万余元，查封冻结涉案资产一批。立食药环案件41起，破案34起，抓获犯罪嫌疑人45人。贯彻落实长江"十年禁渔"部署和打击非法捕捞犯罪专项整治行动要求，办理非法捕捞水产品案3起，抓获并刑事拘留犯罪嫌疑人5人。查处涉外案事件68起69人，其中"三非"案件15起，列控法定不准出境人员84人，核查"一人多证"2347人。（李　波）

【基础业务保障】 2020年，长沙市公安局雨花分局全面推进"枫桥式公安派出所"创建活动，深化"放管服"改革，提升公安政务服务效能，办理各类户口业务5.8万余人次、身份证6.1万余人次、出入境证件4000余人次。加强实有人口管理和出租房屋清理，截至2020年年底，全区实有人口158.4万人，出租房屋17万间。推进"天网工程"建设，完成"天网工程"联网摄像机6329个，人像抓拍摄像机448个，通信围栏前端设备4146个，高标准建成电子物证检验鉴定实验室、视频侦查技术实验室、等级机要室。声纹、虹膜信息采集率全市排名第一；警务通配发数、配发率全省排名第一。建好1个二级快警平台，完成11个派出所、84个社区警务室的建设和提质改造，落实"一村一辅警"建设。深化警务中台建设，建立24小时情报支撑和警务中台运行机制，成功支撑侦破"6·16"贷款电信诈骗案等一大批案件。分局获全市警务中台建设应用竞赛活动第三名，高桥派出所被评为全市公安机关成绩突出集体。（李　波）

【省公安厅调研公安工作】 2020年1月23日，湖南省副省长、省公安厅党委书记、厅长许显辉调研雨花区公安工作，看望慰问高桥城市快警执勤点一线执勤民警，与执勤民警一一握手，嘘寒问暖，并送上慰问金和新春祝福。许显辉指出，公安民警是直面群众的第一形象，全体民警要共同努力，做好做实各项保障工作，为营造安定祥和的节日氛围、完成春节安保维稳任务书写公安机关的圆满答卷。长沙市副市长、公安局党委书记、局长唐向阳，雨花区副区长、公安分局党委书记、局长黄健元等陪同慰问。8月5日，省公安厅反恐总队总队长龙铁军一行到高桥街道调研反恐工作。（李　波）

【市公安局督导公安工作】 2020年1月9日，长沙市副市长、市公安局党委书记、局长唐向阳到雨花区夜间检查区公安分局圭塘派出所基层基础工作。1月29日，市公安局党委委员、政治部主任陈定佳率法制支队、督察支队副主任督导雨花区疫情防控工作，听取分局疫情防控工作情况汇报，实地督导黎托高速出口卡点防控工作。6月2日，市公安局党委委员、副局长韦树恒调研督导工作并召开调研座谈会。6月12日，市公安局党委副书记、副局长李湘江率入境支队支队长刘辉一行督导智能门锁推广应用工作并召开会议听取专题汇报。6月30日，市公安局党委副书记、常务副局长汪卫国率国保支队、网技支队、法制支队、警令部负责人调研督导雨花分局工作并召开座谈会。8月15日，唐向阳率市局警令部相关人员调研指导洞井派出所工作，实地查看洞井派出所基础设施、执法办案区和警务指挥室建设，了解派出所情报研判、天网监控实战应用、110接处警、日常后勤保障等工作情况，座谈调研，听取收集基层派出所对警力保障、队伍管理、经费保障、打击处理、警务中台建设、绩效考核等工作的意见和建议。9月10日，唐向阳率市司法局、市发改委、市公安局相关负责人到雨花区高桥大市场调研法治营商环境工作，市政府副秘书长杨小林陪同调研。11月25日，市公安局党委委员、副局长徐波跃调研雨花区“平安小区”创建工作，市局治安支队、科信支队、人境支队、大治安防控中心、大联合创新中心等单位相关负责人陪同调研。12月31日，韦树恒率治安支队、交警支队、督察支队等部门负责人督察雨花区，并召开重点工作联合督察座谈会。（李 波）

【侦破部督办长沙市炜度商贸有限公司虚开成品油发票案】 2020年3月，雨花区税务局向长沙市公安局雨花分局经侦大队移送长沙市炜度商贸有限公司虚开成品油发票线索。该案系湖南首例通过技术手段修改金税盘中库存成品油数据方式，增加虚假库存数据，对外虚开成品油发票的典型案件，其虚受、虚开涉案企业涉及天津、山东、上海、江苏、湖北等13个省市，涉案金额30亿余元，被公安部列为督办案件。区公安分局成立专案组开展侦查，并于2020年6月12日在四川宜宾、江苏镇江、河北唐山、陕西咸阳等多地开展集中收网，抓获犯罪嫌疑人9名，查扣作案工具税控盘、发票打印机、电脑、印章等一大批，全链条捣毁该特大虚开成品油发票团伙。（李 波）

【打掉一跨省贩毒团伙】 2020年5月，长沙市公安局雨花分局通过1个多月的缜密侦查，经云南省，湖南省邵阳市、长沙市多地辗转，成功掌握一条由云南省瑞丽市中转至邵阳市邵东市再到长沙市雨花区的跨省贩毒团伙组织。6月，分局兵分多路，多地同时开展收网，成功抓获19名涉毒违法犯罪嫌疑人，缴获毒品21千克，斩断该跨省贩运毒品犯罪团伙。该案系全市2020年唯一公安部督办案件。（李 波）

【侦破网络赌博专案】 2019年10月始，蒋某、曾某等人以深圳市随时互娱网络公司湖南分公司为依托，设置行政部、财务部、技术部，发展下级8家分公司（也称模块），招聘200余名业务员，通过网络平台、论坛、贴吧等方式推广网络赌博APP，发展参赌人员数万人。2020年8月24日，长沙市公安局雨花分局组织警力500余人分赴长沙市城区、娄底市开展“7·10”专案统一抓捕行动，一举摧毁一网络赌博犯罪团伙，捣毁窝点11个，现场抓获违法犯罪嫌疑人241人，缴获现金430余万元，秒止银行账户46个，秒冻银行账户96个，查扣作案电脑250余台。（李 波）

【侦破一起16年前命案积案】 2020年10月12日，长沙市公安局雨花分局分局成功抓获故意杀人犯罪嫌疑人唐某，侦破一起16年前命案积案。经审讯，唐某供述其于2004年12月11日，在广益中学（原华夏中学）附近工地旁，因车费结算问题与受害人祝某发生争吵、打斗，后持刀和砖块将祝某杀害的犯罪事实。（李 波）

【侦破部督办“断卡”行动专案】 2020年10月15日，长沙市公安局雨花分局调集400余名警力，组成90个抓捕小组，到山东、江苏、福建、广东、湖南5省11地市对部督“4·30”“断卡”行动专案涉案人员开展集中收网抓捕行动，抓获涉案人员104人，其中刑事拘留71人，成功摧毁一个以中国台湾籍犯罪嫌疑人郭某为首，以“台湾博爱青年商会”为掩护，为电信网络新型违法犯罪提供资金结算的犯罪团伙。（李 波）

【侦破特大涉疫电信网络诈骗案】 2020年2月21日，长沙市公安局雨花分局成功抓获以销售口罩为由实施网络诈骗的犯罪嫌疑人郭某某，破获特大涉疫电信网络诈骗案，受害人涉及山东、湖南等多个省市，涉案金额840万余元。经查，犯罪嫌疑人郭某某因沉迷网络赌博欠下高额赌债。为继续筹措资金用于赌博，郭某某自2020年2月初以来，在多个疫情物资微信群发布虚假出售口罩信息，骗取山东、湖南等地6名受害人840万余元。（李 波）

【侦破全市首起多卡宝跨境电信诈骗案】 2020年3月23日，长沙市公安局雨花分局抓获3名违法犯罪嫌疑人（其中刑事拘留2人，教育释放1人），破获一起多卡宝跨境电信网络诈骗案件，查获42台多卡宝设备，内置作案用电话卡数百张，涉案价值约100万元，该起案件系2020年全市首起破获的多卡宝跨境电信网络诈骗案件。经审讯查明，犯罪嫌疑人王某、余某与外号叫“三哥”的男子联系，帮他人托管、运行多宝卡设备，进行诈骗活动。3月17日，犯罪嫌疑人王某雇佣汤某为司机，将多宝卡设备安装在车辆上，在长沙市雨花区、天心区、岳麓区等地，利用多宝卡等设备为违法犯罪行为提供通讯传输服务。（李 波）

【打掉电信网络诈骗团伙】 2020年5月24日，长沙市公安局雨花分局成功打掉一“代写代发医学论文”为由实施电信网络诈骗的犯罪团伙，抓获犯罪嫌疑人8人，核破案件200余起。经审讯查明，该犯罪团伙以公司化模式运作，通过非法渠道获取医务工作者个人信息，组织业务员伪造医学杂志编辑身份，通过网络电话联系受害医务工作者，以事先准备好的“话术”骗取医务工作者的信任，诱导受害人付款请该团伙代写代发医学杂志论文。随后，该犯罪团伙仿冒正规医学杂志期刊排版设计（将受害人的论文排在刊物内），联系印刷厂非法印刷假刊物邮寄给受害人搪塞应付。在受害人发现相应官网无法查询该期刊时，安排专人安抚，对扬言报警的受害人以私下退款的方式逃避公安机关的打击处理，诈骗全国各地医务工作人员200余人，涉案金额300万余元。（李 波）

交通管理

【概况】 长沙市公安局交通管理警察支队雨花大队（简称“雨花交警大队”）辖综管、122、停管3个内务中队；1~13中队、机动铁骑14个勤务中队。

2020年，雨花交警大队坚持党建引领政治建警，树立“党建促队建、队建促工作”理念，抓实队伍建设，促进交管业务工作水平提升。推进“雷锋式警队”“雷锋式交警”“雷锋式辅警”创建活动，常态落实全面从严治党治警，开展教育整顿试点工作，深入开展政治、业务双督察，开展“治安先治警、治警先治长、治长先治己”大讨论活动8次，层层传导压力抓落实。严格落实一岗双责，以身边人、身边事为典型，高度重视和深刻反思党风廉政建设工作。统筹推进疫情防控工作，出动警力482人次，警车75台次，检查车辆23506台，检查人数53613人，劝返车辆64台次，劝返115人，开辟“绿色通道”，送医2人。通过挖掘、上报各类好人好事20余件，撰写专题简报19篇，配合一线抗疫攻坚战的进行，树立雨花交警党旗在一线飘扬的良好形象。全年接到交通事故报警1133起，比上年上升10.81%。其中一般事故213起，同比上升19.37%，死亡33人，同比下降15.4%，受伤102人，同比上升30.77%。简易事故2773起，同比上升19.37%。快处直赔事故13572起，同比上升5.63%。

（丁　翔）

【交通警务管理】 2020年，雨花区全面加强县域道路交通风险隐患防控和公安交警队伍能力建设，区交警大队牵头制定全区县域警务方案，并依据“下沉两级”原则，由中队对应街道将“衣交安”APP、亡人事故、高风险车辆、两客一危企业等10个风险维度数据下划至社区。开展交通安全宣传等工作，辖区15个村、社区进行交通安全劝导日志8198条，协助交警对重点交通违法行为进行劝导，推进农村道交通安全宣传工作，提升农村广大群众交通安全意识。围绕交通方面顽瘴痼疾，治理城区隐患点段治理49处，关停23处马路市场，对排查出的影响安全经营的291处隐患进行彻底整改。开展联合检查12次，走访检查企业300余家次，约谈重点企业50家次，组织重点车辆企业开展培训会3次，下达整改通知书200余份，完成省市交办任务34起。

（丁　翔）

【交通安全管理】 2020年，雨花区坚持“政府主导、部门协作、综合治理”的思路，营造社会共治格局，破解城市交通管理难题。实施区域信号协同控制，优化沙湾路、木莲路、洞井路、香樟路等14条道路信号灯，万家丽时代阳光路口、韶山路时代阳光路口、韶山路木莲路口等22个路口进行信号路段同步与调优，雨花辖区高德拥堵延时指数比上年下降3.62%，全市下降排名第一。电子抓拍63580起，查缉布控违法王、假套牌、失驾、报废车等车辆340台，查处酒后驾驶机动车1153起，查处渣土车闯灯越线等交通违法5789起，查获货车超载30%以上859起；查处“两客一危”车辆1794起，疲劳驾驶3起，三轮摩托车、低速车242起，严控高污染排放车在禁区内行驶，整治超限超载车辆594起，抓获“百吨王”23台。整治摩托车交通违法3823起，开车打电话12424起，查扣电动车9422起，电动车野蛮驾驶等不文明驾驶4540起，开展电动车上牌135863块，不系安全带处罚数28024次，处罚不戴头盔2185人次。

（丁　翔）

2020年7月13日，雨花区交通问题顽瘴痼疾集中整治行动工作调度会（易鑫基　摄）

【渣土运输行业警示教育暨业务能力培训会】 2020年8月10日，雨花区举办渣土运输行业警示教育暨业务能力培训会。雨花交警民警夏永辉结合渣土车运输特性，讲解相关交通法规知识和驾车中应注意的安全事项；通过近期发生的渣土车典型案例分析，深刻剖析事故发生的原因和影响；讲解法律法规、农村道路交通安全，规范驾驶等安全驾驶知识，增强渣土车驾驶员的安全驾驶意识与文明行车意识；观看交通安全宣传片，进一步警醒渣土车驾驶人文明驾驶，克服麻痹思想，养成安全意识。提示渣土车驾驶员要充分认识渣土运输安全的重要性，严格遵守相关管理规定，加强安全生产意识，严禁超载、抛洒、超速行驶、乱鸣笛等现象。

（丁　翔）

【交通问题顽瘴痼疾集中整治行动工作调度会】 2020年7月13日，雨花区交通问题顽瘴痼疾集中整治行动工作调度会召开。会议总结2020年上半年的工作情况，部署下一步工作。区政府副区长、区公安分局局长黄健元强调，各级各部门要主动作为，做实做细各项工作，全力完成整治任务；要围绕各项交通问题顽瘴痼疾突出问题，对标对表，加大源头管控，强化隐患治理，全面加强交通安全隐患排查治理工作，对之前发现的未整改到位的重大道路交通安全隐患进行“回头看”，对辖区内乡、村等道路、桥梁开展一次全面排查，查找事故多发以及高风险隐患点段，并研究下一步应对措施。

（丁　翔）

检　察

【概况】长沙市雨花区人民检察院（简称“区检察院”），是国家的法律监督机关。主要职能是通过行使检察权，追诉犯罪，维护国家安全和社会秩序，维护个人和组织的合法权益，维护国家利益和社会公共利益，保障法律正确实施，维护社会公平正义，维护国家法制统一、尊严和权威，保障中国特色社会主义建设的顺利进行，对区人民代表大会及其常务委员会负责并报告工作。

2020年，区检察院贯彻“讲政治、顾大局、谋发展、重自强”的检察工作总要求，忠实履行宪法和法律赋予的职责，致力服务经济社会发展大局，着力推动平安雨花建设、监督严格执法公正司法、深化雨花检察铁军建设，各项工作取得新成效。选派3人联络组担任井湾子街道冯家冲社区驻企联络员，协助社区做好辖区内企业、门店的复工复产和疫情防控，审核企业及门店复工资料300余份，现场检查指导企业90余家、门店200余家，发出口头及书面整改要求50余次，发放防疫宣传资料800余份，为企业解答及解决问题20余件，帮助冯家冲社区的企业第一时间恢复安全生产，以实际行动践行人民公仆的使命担当。冯家冲社区赠送“抗击新冠肺炎疫情下沉一线 协助企业复工复产彰显担当”锦旗。组建《中华人民共和国民法典》普法团队，进校园、进企业、进社区、进机关、进乡村，宣讲30余场，赠送《中华人民共和国民法典》3000余册。检察长马贤兴被聘任为省民法典宣讲团成员，并被评为“湖南省最美公益普法个人”。12月16日《检察日报》刊发长文《马贤兴：带头学好讲好用好民法典》。（周　静）

【疫情防控】 2020年，雨花区检察院把准涉疫办案政策，全面落实上级涉疫办案指导意见，确保涉疫案件得到依法审慎处理。依法办理涉疫案件11起，批捕涉疫犯罪嫌疑人8人、起诉9人。春节期间，被告人唐某元自疫区返长后，未依法报告、没有居家隔离致使8人感染、20余人被强制隔离观察，给国家造成严重经济损失，给雨花区社会经济发展带来严重影响，该院第一时间引导公安侦查取证，并以“妨害传染病防治罪”提起公诉。深入基层联防联控，组织20余名检察人员深入曲塘、冯家冲等社区走访排查，促进疫情防控和复工复产。（周　静）

【助力“三大攻坚战”】 2020年，雨花区检察院严惩危害金融安全犯罪，对非法吸收公众存款、集资诈骗等涉众型经济犯罪批捕24件52人、起诉25件65人。“国金所”涉嫌集资诈骗、非法吸收公众存款16亿余元，“伊甸园”等公司以养老为幌子骗取养老金1.4亿余元，该院依法分别批捕犯罪嫌疑人15人、10人，坚决守护老百姓的“钱袋子”。对破坏环境资源犯罪，批捕5人、起诉5人。开展医疗废物专项检察监督，向卫健、环保部门提出检察建议，督促依法履职，防止医疗废物污染环境，被市检察院评为优秀检察建议。开展“守护母亲河”行动，从快批捕4名在圭塘河非法捕捞的犯罪嫌疑人，着力守护美丽雨花。将司法救助纳入脱贫攻坚，开展公开听证，提起国家司法救助4件，发放救助金9万元。开展对口联点帮扶工作，协调帮助联点曲塘社区办理民生实事3件，为脱贫攻坚、基层建设贡献检察力量。（周　静）

【扫黑除恶】 2020年，雨花区检察院开展扫黑除恶专项斗争收官战，批准逮捕涉黑涉恶案件5件18人，向法院提起公诉涉黑涉恶案件12件135人，均获有罪判决。强化专项斗争监督，监督侦查机关立案1件，对其移送没有认定涉黑涉恶的追加认定9人，追加认定的王某仪等4人被判处涉黑罪名成立；对侦查机关移送的涉黑涉恶案件，依法改变定性并决定不起诉2人，确保扫黑除恶专项斗争在法治的轨道上运行。开展线索清仓、黑财清底、逃犯清零、案件清结、行业清源、伞网清除“六清”行动，核查并反馈受领的线索；监督支持公安机关追查逃犯；开展扫黑除恶案件财产刑执行检察专项行动，监督法院对13起黑恶案件立案执行财产性判项；发出4份综合治理检察建议均被采纳，强化黑恶势力源头治理。5月，在全省扫黑除恶专项斗争表彰中，区检察院办理的梁某杰等55人组织、领导、参加黑社会性质组织案被评为优秀案件，是全市检察机关唯一一起获评优秀的组织、领导、参加黑社会性质组织罪案件；区检察院党组书记、检察长马贤兴被评为全省检察机关扫黑除恶专项斗争先进个人，是全市基层检察院唯一获此殊荣的检察长；刑事检察一部员额检察官吴礼强记扫黑除恶专项斗争二等功，是全市基层检察院在扫黑除恶专项斗争中唯一荣记二等功的检察人员。（周　静）

【检企沟通】 2020年，雨花区检察院与区工商联共同举办“服务‘六稳六保’，护航民企发展”检察开放日，邀请民营企业家走进检察院，当面听取司法诉求，为其释法解惑，依法平等保护民营企业，让民营企业家安心经营、放心发展。落实涉民企办案指导文件精神，对涉嫌犯罪的企业负责人、技术骨干，可捕可不捕的不捕13人、可诉可不诉的不诉18人。对犯罪情节较轻且认罪认罚的张某东涉嫌串通投标案，依法决定不批捕，防止羁押对企业的影响；因出售原材料的散户没有发票，少数企业主遂请开票公司代开发票，该院在其全部补缴税款后，作出相对不起诉处理。（周　静）

【预防职务犯罪讲座】 2020年9月22日，雨花区检察院党组成员、副检察长曾永清到中国长沙金茂公司，开设《国有企业职务犯罪预防及心理防控》讲座。曾永清以近年来发生的职务犯罪案件为例，揭示腐败是社会的痼疾，充分说明反腐败的重要性和必要性；针对国有企业职务犯罪的现状特点，解读贪污罪、受贿罪、滥用职权罪、玩忽职守罪、挪用公款罪、非法经营同类营业罪、为亲友非法牟利罪、重大责任事故罪、强令违章冒险作业罪等相关法律条文；针对职务犯罪欲拒还迎的矛盾心理、自信没事的侥幸心理、你贪我贪的从众心理、深感吃亏的攀比心理、按劳取酬的交易心理、欲壑难填的贪婪心理6种心理，提出有所敬畏心向自由、有所信仰觉悟人生、简单生活放松精神3个感悟，号召职工遵守纪律，敬畏法律，树立健康的人生观价值观，为国有经济发展贡献力量。该公司核心关键岗位管理人员及中共党员现场参加讲座，其他职工通过云直播收看该讲座。（周　静）

2020 年 12 月 4 日，“学习习近平法治思想，强化新时代法律监督”检察开放日活动　（周　静　供图）

【检察宣传周活动】 2020 年 6 月，雨花区检察院在全区开展“民有所呼、我有所应——群众信访件件有回复”新时代检察宣传周系列活动，展示新时代检察机关坚持以人民为中心的发展思想，巩固深化群众信访件件有回复工作，推动解决群众反映的实际问题。6 月 8 日，区检察院邀请人大代表、政协委员、人民监督员、区信访局代表，实地参观“12309”检察服务中心、“信、访、网、电”办理场所、远程视频接访室、值班律师室、检察长接待室、院史馆等办公区域。6 月 9 日，区检察院党组成员、副检察长周新在检察长接待室接待来访群众。6 月 11 日，区检察院与区信访局联合开展“民有所呼、我有所应——群众信访件件有回复”主题宣传活动。干警们通过向市民发放宣传册、张贴宣传横幅，现场开展检察控告、申诉案件服务活动等形式，宣传检察机关受理信访事项范围、群众信访件件有回复制度以及相关法律知识。（周　静）

【打击电信网络诈骗领导小组成立】 2020 年 7 月，雨花区检察院贯彻落实全国打击治理电信网络新型违法犯罪工作电视电话会议精神，履行检察机关职能，专门成立打击电信网络诈骗犯罪领导小组及其办公室，选派检察业务骨干组成办案组，确保集中优势力量，强化打击力度，通过适时介入侦查，引导公安机关全面客观收集固定证据，对符合逮捕条件的犯罪嫌疑人及时逮捕，充分发挥检察职能，确保打击质量和效果。提升社会治理水平，查找社会治理漏洞，注重在办理电信网络诈骗犯罪案件的过程中，及时发现银行、电信等相关单位存在的管理漏洞，发出相关检察建议，针对问题提出整改意见，从而实现“办理一案、治理一片”的社会效果，全力守护人民群众财产安全，构建和谐社会。（周　静）

【省检察院调研公益诉讼工作】 2020 年 5 月 26 日，湖南省高级人民检察院第八检察部主任陈忠调研雨花区公益诉讼工作。雨花区检察院民事行政公益诉讼检察部介绍 2019 年以来所完成的公益诉讼工作，讲述进行公益诉讼工作过程中所遇到的实际情况，以及工作中发现的问题、不足及心得体会；副检察长张明秀汇报雨花区院基本情况、在公益诉讼领域所做出的成绩、未来的发展目标。长沙市中级人民检察院公益诉讼局负责人龙武茅表示雨花区检察院的工作有成绩有亮点，绍成物流案取得很好的社会、法律效果，二次供水、分次供水检查等工作需尽早落实好。长沙市中级人民检察院党组成员、副检察长宋宽馀解答检测问题、装备问题以及经费保障问题，提出可行的建议。陈忠强调，雨花区检察院要结合自身情况，挖掘特定性问题在哪里，差异性在哪里，优越性在哪里；要把开拓性的人才放到公益诉讼的岗位上；尽快解决案件来源的问题，解决联系会议的问题，建立起联络机制；加强对公益诉讼工作的理解，发挥好自身优势，更好地达到保护公共利益的目的。（周　静）

【《政法工作条例》知识竞赛】 2020 年 1 月 13 日，雨花区举办《中国共产党政法工作条例》知识竞赛，展示雨花区检察院干警丰富扎实的理论知识、拼搏进取的参赛风采，推动《中国共产党政法工作条例》的学习、宣传和贯彻。区委政法委、区检察院、区法院、市公安局雨花分局、区司法局、雨花亭街道、圭塘街道、东塘街道 8 支队伍参加比赛。比赛由必答题、抢答题和风险题 3 个环节组成。雨花区检察院 3 名选手沉着冷静、灵活应对，获得比赛的第一名。（周　静）

【起诉“7·15”涉恶案】 2020 年 4 月 30 日，雨花区检察院依法对“7·15”舒某柏等 58 人以涉嫌抢劫罪向区法院提起公诉，并认定该案为恶势力犯罪集团。该案由省扫黑办、省检察院、省公安厅联合挂牌督办，系“天津天狮”传销组织涉黑涉恶系列案之一，是扫黑除恶专项斗争开展后，全市检察机关一案起诉人数最多的涉恶案件。经依法审理查明，自 2018 年 10 月起，舒某柏等 58 名被告人以“天津天狮”非法传销组织为名，在长沙市雨花区洞井街道等地，以暴力威胁或者其他手段，多次实施违法犯罪活动，并逐步发展成为恶势力抢劫犯罪集团。该集团以网络聊天交友、介绍工作为名，将被害人骗至窝点多次实施抢劫，获取大量非法利益。该犯罪集团经查证属实的抢劫犯罪 25 次，抢得被害人财物共计人民币 24 万余元。雨花区检察院受理该案审查起诉时，正是防疫的紧张时期，该院高度重视、统筹调度、克服困难，确保案件依法及时审查终结、提起公诉，在打赢扫黑除恶专项斗争的收官之年，确保扫黑除恶专项斗争不因疫情防控而按下暂停键。（周　静）

【检察开放日活动】 2020年5月27日，湖南省、长沙市、雨花区三级检察机关联合举办“同舟共济·检护明天”检察开放日活动，邀请部分人大代表、政协委员、学校老师、家长代表以及教育和妇联部门的代表亲临现场。雨花区检察院8名检察人员为金屏小学100余名学生举办“校园欺凌走开，保护少年的你”法治课；与会人员参观雨花区检察院案管大厅、检察服务中心、未检工作办案区、院史馆、未成年人心理疏导室等场所；雨花区检察院党组书记、检察长马贤兴主持召开现场座谈会，区检察院党组成员、副检察长周新汇报雨花区院近年来未成年人检察工作情况，检察官刘乐介绍雨花区检察院法治副校长的落实情况。与会嘉宾依次发言，提出进一步推进未成年人检察工作健康发展、加强未成年人司法保护、构建良好的未成年人成长环境等的意见建议。省检察院副检察长印仕柏号召全体检察官用心、用情做好未检工作，进一步完善捕、诉、监、防、教一体化办案模式；持之以恒、永不懈怠地抓好“一号检察建议”的贯彻落实；全力以赴落实好“中小学法治副校长”工作；坚持“教育为主、惩罚为辅”原则，提升未成年人附条件不起诉率。11月6日，雨花区检察院、区工商联共同开展“服务‘六稳’‘六保’护航民企发展”检察开放日活动，邀请政协委员、民营企业家、特约监督员，参观雨花区检察院“12309”检察服务中心、院史馆、党建活动区和运动场等场所，感受检察院的党建、业务和文化建设；观看《一切为了人民》新时代雨花区检察院工作纪实纪录片、《我和我的祖国》快闪，听取区检察院党组书记、检察长马贤兴介绍区检察院服务保障民营经济发展的情况，讲解涉及民营企业的民法典知识。区检察院党组成员、副检察长曾永清解答企业家代表关于检察机关机构改革之后内设机构的职能、精准打击涉企犯罪、执行监督等问题的问询。12月4日，区检察院举办“学习习近平法治思想，强化新时代法律监督”检察开放日活动。雨花区有关单位部门领导、人大代表、政协委员、法治副校长联点学校代表、联点社区代表、新闻媒体记者受邀参加。区检察院党组副书记、副检察长尹跃连主持活动。曾永清介绍马贤兴获评湖南省“最美公益普法个人”先进事迹，观看《担当有为，发出新时代法治好声音》宣传微视频。第六检察部主任唐展通报雨花区检察院2020年业务工作开展情况，听取与会领导、代表、委员和各界人士对检察工作的意见建议。马贤兴宣传讲解习近平法治思想，强调用唯物辩证法指导司法办案，要坚持法律效果、政治效果、社会效果统一；要有司法良知；法律的适用，不能机械套用法条；既要保护嫌疑人的权利也要保护被害人的权利。 （周　静）

法　院

【概况】 长沙市雨花区人民法院（简称“区法院”）为副处级国家审判机关。2020年，新收各类案件25928件，办结案件25522件，法官人均结案405件，比全省人均结案数多227件。雨花区人民法院全面推进“一站式”多元解纷机制和“一站式”诉讼服务中心建设，创建信息化诉讼服务体系，共建多元化诉讼服务模式，构建人性化诉讼服务平台，打造具有雨花特色的纠纷解决和诉讼服务新模式，“两个一站式”（一站式多元解纷机制和一站式诉讼服务中心）建设成为全省标杆。雨花法院被最高人民法院授予“全国法院一站式多元解纷和诉讼服务体系建设”先进单位称号。率全省之先设立“24小时法院”，配备自助立案一体机、材料递交一体机、自助查询一体机等自助服务终端设备，为群众诉讼提供便利。 （刘　锋）

【刑事审判】 2020年，雨花区法院突出打击重点领域犯罪，保持对严重危害社会治安犯罪高压态势，审结刑事案件1155件。推进扫黑除恶专项斗争，受理涉黑恶案件31件全部审结清零，判处罪犯341人，其中判处有期徒刑5年以上重刑122人；审结舒某柏等人恶势力团伙抢劫案，分别判处58名被告人一年六个月到十一年不等有期徒刑。坚持深挖彻查“保护伞”，移送国家工作人员涉嫌违法违纪线索1条5人，移送涉恶线索23条，向有关单位发出司法建议6份，制定相关工作制度9件。审理严重暴力犯罪案件86件，多发性侵财犯罪案件366件，涉黄赌毒犯罪案件231件，依法保障人民群众生命财产安全。依法打击民生领域犯罪，审结生产销售伪劣产品、危害食品药品安全等犯罪案件12件。抗疫期间通过远程“云审判”5天审结李某武贩卖假口罩诈骗案，维护疫情期间社会平稳有序。积极回应社会关切，联合公安、检察对因病或在逃未收押收监人员进行专项清理，收押收监20人。坚持惩治与保护并重，对认罪认罚的365名被告人，依法判处非监禁

2020年4月22日，雨花区“两个一站式”工作站授牌仪式

（刘　锋　供图）

刑或免予刑事处罚，敦促其积极悔罪、主动退赔。强化人权司法保障，为290名重大案件被告人指定援助辩护律师，保障被告人辩护权，彰显法治文明进步。法官讲师团开展进校园、进企业、进社区活动，到长沙商贸旅游职业技术学院进行普法宣教，增强在校学生学法守法意识，从源头预防违法犯罪。

（刘 锋）

【民事审判】 2020年，雨花区人民法院依法审结民商事案件14124件，涉案标的额70亿余元。服务保障“三大攻坚战”，加强金融审判，审结民间借贷、金融借款等案件2431件，依法否定职业放贷人和变相高息行为，民间借贷纠纷案件比上年下降10%。依法为华融湘江银行等金融机构收回贷款11.2亿元。加强环境资源审判，依法审理被告人高某非法占用农用地案，判处其有期徒刑一年六个月；对跳马镇三仙岭村农田毁损修复实行判后跟踪落实，推动实现经济发展、民生保障与生态保护的有机统一。做好保护中小企业、执行合同、办理破产等工作，会同区工商联制定《商会参与调解机制实施意见》，联合设立商事纠纷调解中心，协同开展涉民营企业纠纷的风险预警、诉调衔接工作，调解涉民企纠纷824件，涉及标的5800万余元，审结公司、合同、劳动争议纠纷等案件11684件。服务供给侧结构性改革，加强破产审判工作，受理企业破产案件55件，其中湖南正大轻科机械有限公司实现破产和解。高度关注与人民群众密切相关的婚姻家庭、教育医疗等民生领域案件处理，妥善审理相关案件1807件，其中调解结案657件。强化府院联动，加强与相关当事人沟通对接，促成长沙军地素质教育服务有限公司国防教育基地租赁纠纷案和解，当事人主动履行，确保省级重点民生项目花桥污水处理厂建设顺利推进。

（刘 锋）

【案件执行】 2020年，雨花区法院依法执结案件9953件，执行到位金额18亿余元。开展落实“六稳”“六保”、涉民生、涉机械工程等专项执行活动，执行案件973件，执行到位金额1.9亿余元。开展执行长效机制建设，依托执行案件信息管理系统实时监管，防范消极执行和执行不作为现象。重拳打击“老赖”，司法拘留45人，罚款51人，向公安机关移送拒执犯罪案件11件。对有多起被执行案件，却借他人名义购买豪车，规避法院执行的被告人林某，以拒不执行法院判决裁定罪判处其有期徒刑。完善失信惩戒机制，公布失信被执行人名单2275人；对5446名被执行人采取限制消费措施；审核代表委员、村社换届候选人资格2000余人次，推动全区诚信建设。全面使用网络询价系统，推行当事人议价挂拍，网络拍卖上线覆盖率100%，累计成交5.93亿元，溢价率15.89%，推进财产处置变现。

（刘 锋）

【“两个一站式”工作站】 2020年4月22日，雨花区法院在高桥街道设立“两个一站式”工作站，快速应对疫情影响，强化矛盾纠纷源头治理，湖南省高级人民法院党组成员、立案信访局局长李立新，立案信访局副局长刘海洲，长沙市委政法委副书记闵文，长沙市中级人民法院党组成员、副院长邹剑钧，雨花区委常委、政法委书记王明玖等出席活动。8月31日，雨花法院作为湖南3家法院之一参与由最高人民法院新闻局、最高人民法院立案庭、人民法院新闻传媒总社、中央电视台《现场》栏目、湖南省高级人民法院、长沙市中级人民法院共同推出的“一站解纷争之湘江之畔诉调谱新曲”活动，长沙市雨花区人民法院法官、调解员在高桥工作站现场调解一起“蹊跷的黄桃案”，直播活动采用电视、网络同步全媒体直播形式进行，人民网、中新网、国际在线、快手、芒果TV、“智慧长沙”APP等78家媒体、平台同步直播，近3000万名网友在线观看。

（刘 锋）

司法行政

【概况】 长沙市雨花区司法局（简称“区司法局”）负责落实区委关于全面依法治区工作，统筹推进法治政府建设，指导全区规范性文件管理，负责政府合同管理，统筹规划全区法治社会建设，指导、管理全区社区矫正工作，负责公共法律服务体系建设。下设长沙市雨花区公共法律服务中心1个公益一类全额拨款事业单位；下辖13个基层司法所。

2020年，雨花区各类行政执法254988件次。其中行政许可（含行政许可初审）76688件、行政处罚5493件、行政强制280件、行政征收征用11件次、行政检查64654次、行政裁决0次、行政给付95367次、行政确认8780次、行政奖励213次、其他行政执法行为3502次。受理行政许可（不含行政许可初审）76347件、准予许可76274件、不予许可73件、撤销0件。其中，经过听证的0件。行政处罚立案5493件、结案5313件。罚款金额967.92万元，没收违法所得18.41万元。柔性执法7件，移送司法机关9件。行政强制280件，申请法院强制执行4件。申请法院冻结、划拨存款、汇款金额22.46万元，实施行政检查64654次，涉及单位34501家，个人41234人。行政执法行为被复议72件，败复议11件，败复议率约15.3%。被起诉53件，败诉4件，败诉率约7.5%。区司法局发挥司法行政工作在法治建设中的推动和保障作用，落实全面依法治国战略部署，抢抓机遇、真抓实干，以法治为根本，开展依法治区工作；以民生为基础，健全公共法律服务体系；以稳定为重点，推进社会矛盾化解；以安全为要务，加强特殊人群管控；以素质为核心，推进司法行政队伍建设，为建设“品质雨花、财富雨花、幸福雨花”提供坚强的法治保障。区司法局被中华全国人民调解员协会评为“组织宣传人民调解工作先进集体”；被评为2020年度雨花区国防教育工作先进单位。

（黄丽莉）

【公共法律服务】 2020年，雨花区完善公共法律服务体系建设，印发《长沙市雨花区公共法律服务体系建设领导小组及办公室成员名单》《2020年雨花区公共法律服务体系建设实施方案》，明确公共法律服务体系建设目标任务、保障措施、工作要求，落实责任部门、完成时限，层层压实责任。

设立区公共法律服务中心，13个街道（镇）公共法律服务工作站，162个社区（村）公共法律服务工作点，常态化开展公共法律服务体系宣传，营造全社会关注、支持、参与公共法律服务体系建设的浓厚氛围。推进公共法律服务实体平台提质增效，继续在区公共法律服务中心落实公证、司法鉴定服务"应驻尽驻"，印发《雨花区公共法律服务中心公证、司法鉴定服务指南》，宣传服务方式、内容。组织三级公共法律服务中心（站、点）进行升级增效创新项目申报，30%的街道（镇）公共法律服务工作站和社区（村）公共法律服务工作点完成升级增效创新项目。开展公共法律服务专干、法律援助律师、社区法律顾问等业务培训，进一步提高雨花区公共法律服务质量和水平。受理法律援助案件431件，其中民事84件、刑事347件；涉及受援人431人次；办结案件324件，其中民事56件、刑事268件，民事案件挽回经济损失约160万元。在区公共法律服务中心设置律师值班，编印律师值班工作指引手册，方便对申请人进行法律咨询解答，接待各类咨询2000余起，群众满意度高。参与市法律援助案卷评查，提交的20本案卷均合格，其中3本案卷被评定为优秀案卷。"协议离婚后未办理变更登记，所有权人确权纠纷"被长沙市守法普法工作办公室、长沙市司法局、长沙市法学会评为公共法律服务类示范案例。（黄丽莉）

【人民调解】2020年，雨花区开展"坚持发展枫桥经验，实现矛盾不上交三年行动"专项活动，组织开展涉疫情矛盾纠纷集中排查化解专项活动，践行多元矛盾化解机制，成立"两个一站式"工作站，街道（镇）成立知识产权调解室，指导全区人民调解、行政调解和专业行业性调解。全区各级人民调解组织成功调处矛盾纠纷4861件，其中疑难复杂纠纷146件，为群众挽回经济损失约1.3亿元。落实人民调解"以奖代补"制度，加强人民调解员培训，开展案卷评查工作，提升人民调解工作规范化水平。侯家塘司法所师伟、洞井司法所黄雄被评为长沙市"查隐患、解纠纷、护稳定、促发展"专项活动表现突出个人；雨花区总商会商事调解中心被评为长沙市"查隐患、解纠纷、护稳定、促发展"专项活动表现突出集体。做好人民陪审员选任工作，通过发布公告、接受个人报名和组织推荐、随机抽取、资格审查、确定候选人等相关程序，区人大常委会任命区法院陪审员120人。指导群众自治组织积极参与法治建设。各街道、镇161个社区完成村规民约的法制审核工作，审核完成率100%。撰写人民调解案例加强普法宣传。（黄丽莉）

【律师工作】2020年，雨花区推进社区法律顾问工作。区司法局与律师事务所签订法律顾问合同，调整社区法律顾问队伍，确保社区法律顾问全覆盖，强化司法所日常监督指导责任，深化"互联网＋公共法律服务"，微信服务群100%覆盖。社区法律顾问到岗服务3464天次，提供法律咨询4134次、进行法律体检244次、法制宣传428场次、参与矛盾纠纷化解803次。以社区法律顾问为主力军，面向重点服务对象开展法律服务。1月8日至春节期间，结合"送法下乡"活动，组织开展"农民工维权直通车"法治宣传活动，向区内各街道（镇）的建筑工地发出"直通车"8趟，司法行政工作人员、律师、劳动监察人员等组成帮帮团、服务队，深入辖区建筑工地，开展法治宣传，提供法律咨询，发放建筑领域农民工维权须知、劳动合同纠纷处理手册、律师爱心服务卡等宣传资料1000余份。6月，区司法局联合区工业和信息化局、区商务局，在全区街道（镇）广泛开展疫情下法律问题讲座13场次，支持中小企业积极应对疫情可能带来的劳资纠纷、合同纠纷等生产经营困难；9月，开展"拥抱民法典，走进法治新时代"青少年法制宣传活动，顾问律师深入校园为中小学生讲授《中华人民共和国民法典》为主题的法制讲座，开展法治宣传活动10场，发放宣传折页1720份。强化法律服务行业日常监管，严格规范法律从业人员执业行为，办理4个区属基层法律服务所、36名基层法律服务工作者年检注册初审；办理3个区属律师事务所、45名律师年检注册初审；办理湖南超前律师事务所3名律师、湖南国风德赛律师事务所2名律师调出，办理湖南超前律师事务所3名律师、湖南国风德赛律师事务所7名律师、湖南凯威律师事务所1名律师注销初审。对区属律师事务所、法律服务所开展"双随机、一公开"检查，全年区属律师事务所和律师、基层法律服务所和基层法律服务工作者无投诉。对2019年12月收到的对基层法律服务工作者的投诉案件严肃查处，5月作为行政处罚案件立案办理，并于7月1日开出警告的行政处罚决定书，成为全市第一张对基层法律服务工作

2020年10月14日，雨花区青少年模拟法庭活动（付婷 摄）

者的罚单。（黄丽莉）

【社区矫正】 2020年，雨花区接收社区矫正对象488人，解除矫正479人，年末在册社区矫正对象482人。开展审前社会调查评估387件，收监执行1人。接收刑满释放安置帮教对象148人，服刑人员信息核实率、预释放信息回执率均为100%。长沙市雨花区社区矫正管理局和长沙市雨花区社区矫正执法大队依法挂牌成立。每月定期召开社区矫正监管安全分析会议，分批、分片、分类组织社区矫正对象开展集中教育学习。运用现代科技手段，对在册社区矫正对象实施人脸识别手机定位和电子腕带定位监管，在线率长期保持在95%以上，有效防止人员脱管、失控。进一步加强社区矫正信息化建设工作，雨花区在全省社区矫正信息化考核中多次获得全省第一名。全面推进政府购买社会服务，通过政府采购形式与湖南省德馨社会工作服务中心合作，为社区矫正对象提供心理测评、心理咨询、个案辅导、青少年对象心理团辅等服务，建立社区矫正对象心理档案800余份，有效改善和提高社区矫正对象心理健康水平。与长沙孟妈妈青少年保护家园合作，进一步深化开展“情暖高墙·关爱孩子”联合帮扶活动，为家庭困难社区矫正对象和刑满释放人员送去帮扶物资和慰问金，帮助其顺利融入社会、预防重新犯罪。做好疫情期间刑满释放人员衔接和过渡性安置，雨花籍刑满释放人员全部衔接到位，过渡性安置疫情高风险地区刑释人员7人。

（黄丽莉）

【行政复议、诉讼工作】 2020年，雨花区坚持行政复议规范化建设，畅通行政复议渠道，化解矛盾。坚持以事实为依据，以法律为准绳，严把复议案件质量关，及时妥善处理涉及征收土地征收补偿安置、政府信息公开等纠纷，着力发挥行政复议在防范和化解行政争议、构建和谐社会中的积极作用。处理行政复议案件65件，区司法局代理区政府作为被申请人的行政应复议案件17件，代理区政府办理行政诉讼应诉和行政诉讼检察监督案件74件，组织区领导出庭应诉3件。

（黄丽莉）

【宪法宣传周主题活动】 2020年11月30日至12月6日，雨花区委依法治区办、区司法局在“平安雨花”微信公众号举办“学宪法、讲宪法、宪法法律有奖竞答”活动，围绕“深入学习宣传习近平法治思想，大力弘扬宪法精神”主题，以宣传习近平总书记法治思想特别是关于宪法的重要论述、中共十九届五中全会精神、宪法、民法典、疫情防控等法律知识为宣传重点，设置宪法、民法典题库，答题者进入页面答题抽奖可中现金红包。参与人数42923人，送出微信现金红包奖品4988个。（黄丽莉）

【青少年法治宣传教育周活动】 2020年，雨花区开展青少年法治宣传教育周活动，推动青少年尊法学法守法用法，营造良好的校园法治文化氛围，增强广大青少年的法治观念和法律素养，开展活动21场次，发放宣传资料4000余份。9月25日，黎托司法所邀请湖南金州律师事务所律师李雪琦在砂子塘万科魅力之城小学开展“民法典进校园”法治宣讲活动；9月29日，井湾子、高桥、圭塘司法所分别在井圭路小学、砂子塘新世界小学、树木岭小学开展以“拥抱民法典，走进法治新时代”为主题的民法典讲座；9月30日，洞井司法所、砂子塘司法所、左家塘司法所分别在枫树山中航城小学、砂子塘第二小学、曹家坡小学开展民法典法治讲座活动。10月14日，团区委联合区教育局、区司法局、区法院、区检察院开展“青春与普法共舞 成长与法治同行”为主题的青少年模拟法庭活动。（黄丽莉）

【法律问题讲座】 2020年6月中旬，雨花区司法局联合区工业和信息化局、区商务局，在全区13个街道（镇）广泛开展疫情下法律问题讲座13场次，以支持中小企业积极应对疫情可能带来的劳资纠纷、合同纠纷等生产经营困难，提高社区和企业依法防范疫情下法律风险、维护自身合法权益的能力。各司法所安排社区法律顾问就疫情下房屋租赁、劳资问题、合同履行问题、涉疫情违法犯罪行为预警提示等内容开展法治讲座，邀请辖区内限上企业负责人参与，各司法所通过问卷调查、律师现场咨询等方式了解中小企业在疫情期间面临的法律问题和法律需求，顾问律师现场解答企业负责人的提问并给出法律意见。

（黄丽莉）

军　　事

人民武装

【概况】 中国人民解放军长沙市雨花区人民武装部（简称“区人武部”）为正团级单位，隶属于中国人民解放军长沙警备区。区内街道、镇、高等学校、企事业单位设立基层人武部，地方编制，编配专职部长、干事，接受同级党委和区人武部的领导。

2020年，落实湖南省军区、长沙警备区党委扩大会议精神和区委、区政府年度工作部署，紧跟形势、积极作为、开拓创新，团结带领全体干部职工、全区专武干部和民兵预备役人员，圆满完成年度各项工作任务，区人武部全面建设和全区武装工作跨上新台阶。区人武部积极组织民兵遂行疫情防控、文明创建、“蓝天保卫战”等任务，组织干部职工、民兵参与防疫宣传、道路封控、小区排查等工作，组织民兵在长沙高铁南站常态执勤，在参建参治中发挥武装工作效益，助力“三个雨花”建设。（钟　毅）

【坚持党管武装】 2020年，雨花区坚持党管武装优良传统，把武装工作作为雨花长治久安体系和治理能力现代化建设的重要组织部分。区委坚持议军会议、军事日活动、述职制度和调研制度，坚持优先听取武装工作汇报，优先审批武装工作文件，优先参加武装工作活动，优先解决武装工作难题。实行区委主要领导现场办公制度，研究破解武装工作的重点、难点问题。党管武装绩效考评向国动委成员单位延伸，区委书记兼任中共雨花区人武部委员会第一书记，将党管武装、国防动员、国防教育等重要事项报请区委常委会列入重要议题，定期研究解决出现的问题，形成党管武装工作常态化落实机制。组织全区各级党管武装绩效考评，在民兵组织中预设党组织，加强基层武装部和民兵队伍党的建设，充分发挥党管武装工作职能，全面加强基层武装部和民兵组织建设。坚持春节、八一走访慰问驻区部队和转退军人，举行立功军人家属颁奖仪式和送喜报活动，被省市多家媒体报道。（钟　毅）

【思想政治建设】 2020年，区人武部坚持把思想政治建设摆在首位，聚焦国防动员主责主业，狠抓理论灌输，筑牢思想根基。认真学习习近平系列重要讲话精神，利用中心组学习和交班会，组织干部职工学习中共十九届五中全会、全军思想政治教育工作和中央军委军事训练会议精神，增强“四个意识”，坚定“四个自信”，做到“两个维护”，贯彻军委主席负责制。坚持读原著、学原文、悟原理，运用军事职业教育和军职在线等平台，采取自学与集中相结合的方法，搞好计划统筹，落实理论学习。利用组织生活、征兵工作会、民兵整组、新兵役前训练等时机，组织专武干部、民兵干部、基干民兵、预定新兵学习《解放军报》新闻通稿，将党的创新理论向各类队伍拓展延伸。抓实辖区大学生国防教育，发动大学生参加市“爱我国防”演讲比赛，1人入围全省决赛获三等奖。拓展深化主题教育成果，组织召开区国防教育委员会全会，深入分析形势，部署推进工作，表彰奖励先进，凝聚强军兴军正能量。坚持教育管理与人文关怀相结合，深入开展谈心交心活动，引导干部职工正确看待个人得失，把主要心思和精力放在工作上，妥善解决家属随调、子女入学，充分调动大家干事创业积极性。严格落实涉密人员和临聘人员政治考核制度，及时传达学习军委纪委监察委下发的顶风违纪案件通报，每月组织安全保密检查，经常开展违规喝酒警示教育，不断筑牢思想防线。区人武部被警备区评为全面建设先进单位。（钟　毅）

【队伍管理】 2020年，区人武部坚持从贯彻基本方略高度把依法从严管理摆上重要位置，突出问题导向，压实各级责任，持续巩固安全发展良好局面。开展“条令条例学习月”活动和“百日安全”活动，突出“人车枪弹密，水火电钱航，酒油黄赌毒、涉外涉地方”等17个重点要素，抓好隐患排查，加强风险评估。疫情发生以来，按要求迅速成立疫情应对工作领导小组，加强人车出入管控，组织营区消毒和体温测量登记，守牢安全稳定底线。树立“重心在战”鲜明导向，配套完善各类训练保障，抓紧抓实训练经费管控、武器装备管理等工作。严守财经纪律，严格经费管控，确保有限经费向主责主业聚焦。配合警备区抓好民兵训练基地建设。以《省军区系统战备、训练、工作、生活秩序规范》为依据，对照警备区现场抓建标准，升级改造各类库室，规范军地合署办公场所设置，安装办公楼门禁系统，更新营区军事文化宣传橱窗，在办公楼每一层制作安全保密警示标牌，营造大抓安全的浓厚氛围。

【练兵备战】2020年，雨花区坚持“以战领建、抓建为战”，推进练兵备战工作。着眼应对强敌国防动员专项准备紧抓民兵整组备案，结合分队担负任务，拟制编组、收拢、机动方案，多次参加省军区和警备区首长机关组织的推演修订，并在训练演练中修订完善方案，参加警备区年度训练计划和战备方案会审获第一。按照“三室两库”建设要求，抓好基层武装部战备设施和战备器材配套建设，提升战备建设水平。加强民兵装备建设，投入20万元采购5类24件应急连装备器材，结合民兵整组，与辖区42家地方单位和个体户签订军民通用装备预征预储协议，基本满足遂行任务需要。组织基干民兵训练，开展民兵教练员、民兵干部集训；抓好民兵新质力量比武集训，参加全省竞赛取得无人机专业第一名、综合救援专业第四名。结合三级指挥所拉动演练，在长沙火车南站组织民兵开展联防联治演练；结合汛情形势，在浏阳河潭阳洲段组织民兵开展防汛抗洪演练，提升民兵队伍应急应战能力。围绕提升战备水平和快速出动能力的目标，突出抓好民兵战略运输投送连建设，开展潜力调查，抓实人装结合编组、基本阵地建设，组织集中点验授牌，展开整建制集中训练和在岗训练。组织连队全员额全要素全装备接受省军区实兵拉动检验。区人武部被省军区评为军事训练先进单位。（钟　毅）

【国防动员】2020年，雨花区以深化民兵调整改革、推进征兵调整改革两项工作为重点，统筹推进国防动员准备。组织全区专武干部业务培训，结合实际厘清辖区平战职能，逐级细化分解任务，按照预备役、基干民兵、国防动员专业队伍、普通民兵的顺序统一编组，以做好迎接军委国防动员部检查准备为契机，多轮次组织“回头看”整改。警备区组织“民兵整组工作验收”交叉检查排名第二。按照“一季度筹划部署、二季度统计调查、三季度管理应用、四季度评审验收”思路，组织国防动员委员会办事机构开展全范围、全系统、全要素动员潜力统计调查，掌握动员潜力底数。主动对接区统计局、区公安分局、区卫健局等15个部门单位，提取相关潜力信息。实地走访轨道交通、交通投资、产业投资、龙骧集团、比亚迪汽车有限公司等50余家企事业单位，摸清编兵潜力。根据疫情影响，合力安排宣传发动模式。疫情防控关键期，主要采取开展线下宣传和线上引导相结合方式，及时宣讲宣传征兵政策信息；防控常态化阶段，主要采取调度督导和补贴激励相结合的方式，适时掌握信息，及时解决问题，提高适龄青年的应征积极性。严格落实择优系统定兵，征集男兵、女兵和直招士官，其中大学生比例94%，大学毕业生比例52%。严密组织党管武装绩效考评，抓好街镇党委书记党管武装述职；开展基层武装部全面建设星级达标活动，区分原有阵地升级改造、整体搬迁全新打造、依托社区合建合用3种模式，抓好圭塘、同升、东塘3个武装部样板建设，并在全区召开现场观摩会推广借鉴。13个基层武装部全部达到“三星”级以上标准，其中圭塘、东塘2个单位被评为“五星”级。区人武部被省军区评为正规化建设先进单位。（钟　毅）

城乡建设

建设管理

【概况】长沙市雨花区住房和城乡建设局（区人民防空办公室）（简称“区住建局”）为区政府直属行政单位，下设雨花区建筑工程质量安全监督站、雨花区城乡建设执法监察大队、雨花区物业维修资金管理中心、雨花区住房保障服务中心。

2020年，区住建局倡导“我将无我，不负住建”，充分履行区级住建行政主管部门职能职责，抓实各项工作。区委巡察反馈的31个问题全部整改到位。加强对企业、工地的疫情防控指导和物资筹集，为各企业、工地协调解决部分紧缺防疫物质，编制通俗易懂“雨花住建说抗疫”等宣传资料推送到企业。联点指导井湾子街道92家规模企业防控疫情。对在建项目一对一24小时服务，帮助解决用工、生产物资等困难，简化审批等流程，通过容缺审批备案、联合审批等形式促使项目复工复产。帮助搅拌站先期复工，为全区复工开工提供完整的生产链保障。提升服务和协调能力，落实项目帮扶，步步高星城天地、友阿奥特莱斯、长沙高铁吾悦广场、大桥和花桥村安置项目等重点工程和产业项目顺利推进。开展“大干一百天 实现双过半”竞赛活动，26个政府投资市政基础设施项目上半年全部开工，累计完成投资5.06亿元，建筑企业一季度、二季度总产值和四月、五月税收综合排名内五区第一；商品非住宅去化面积100.62万平方米，排名内五区第一。全区商品房成交面积387.76万平方米，其中住宅306.31万平方米，非住宅81.45万平方米。完成新型城镇化、长沙市城市双修和农村双改有关工作，建筑公司改制由区城投接管并申请企业破产工作。行业扫黑除恶保持高压态势，法治政府建设在区考评中排名靠前，闲置楼宇处置工作在全市形成“雨花模式”，交通顽瘴固疾整治成效明显，配合违建别墅清理工作，及时完成营商环境国家和全市测评工作。出台系列老旧小区改造便民惠民举措，采取“一窗受理、全程帮代办、部门联审”办法，压实各街道责任，既有多层住宅小区加装电梯203台。维修资金办理业务位居全市第一，受理应急维修项目384笔，拨付3000万余元；受理一般维修项目82笔，办结57笔，拨付60万余元。完成新建改建自行车道13.4千米。办理领导批示件450余件，网络舆情76件，省、市信访平台120余件，市长、区长信箱162件；受理“12345”市民服务热线1631余件。雨花区住房和城乡建设局（区人民防空办公室）被湖南省住房和城乡建设厅评为智慧住建建设工作突出单位。（秦 俭）

【行政审批管理】 2020年，雨花区全面完成建设工程项目审批制度改革，出台《长沙市雨花区工程建设项目审批有关事项清单和审批流程指导图（2020优化版）》。完成初步设计批复22个，变更审查10个；设计施工图政策性审查备案269个，电梯施工图纸政策性审查196台。核发建设工程项目施工许可40个，完成区投区建公开招标项目41个，完成社会投资邀请招标11个，社会投资公开招标3个。发放建筑工地施工期间城镇排水排入许可25户，受理并办结停水备案15起。受理房屋鉴定备案18起。（秦 俭）

【行业管理】 2020年，雨花区坚持服务为先，严格管理，抓好企业资质审批的事中事后服务与管理，引导企业加强诚信建设，区管企业1300余家，新增“四上”建安企业11家，入库建安企业140家，年度总产值2185亿余元，中建五局等50家企业被评为长沙市建筑业信用企业称号，全区18家公司2986人参与火神山、雷神山等全国抗击新冠肺炎疫情重点工程项目建设。（秦 俭）

【安全监管】 2020年，雨花区全面落实“党政同责、一岗双责”和“三个必须”（党政领导班子对安全生产工作共同负有领导责任，党政领导在履行岗位业务职责的同时，按照“谁主管、谁负责”；管行业必须管安全、管业务必须管安全、管生产经营必须管安全）要求，班子成员每月带队检查1次以上，定期召开安全工作形势分析会，全面部署安全生产工作；加强对区管建筑工地安全生产监管；开展既有建（构）

筑物安全隐患排查和治理工作；加强对建安企业安全生产工作指导；指导物业小区、公租小区做好消防、防坠脱落等安全隐患排查治理工作；全面铺排全区农村房屋隐患排查工作。（秦 俭）

【质量建设】 2020年，雨花区全面推行质量安全监督规范化工作，提高监督工作水平。受监项目28个，受监率100%、合格率100%。加强对13家预拌混凝土企业的质量安全管理，完善精细化监管、监督工作流程和应急预案，建立标准化示范工地，健全监管工作制度，明确监督注册、日常监督管理、约谈警示、工程项目竣工等阶段的工作程序和监管要求。加强对监督人员的日常评价和考核，按照要求签订所有项目的质量终身承诺书。（秦 俭）

【物业监管】 2020年，雨花区推进物业管理改革。突出加强党建引领，成立中国共产党长沙市雨花区物业管理行业委员会，组织开展党建引领示范小区宣传工作，制定雨花区物业行业党组织工作规则、议事规则，推动小区党支部与业主委员会双向进入、交叉任职，明确业主委员会党员最低比例。落实“部门指导、街道负责、网格管理、综合协调”的物业管理工作机制，督导物业企业提升物业服务质量，加强物业专职社工业务培训与指导，做好疫情防控、文明创建、垃圾分类等工作，业主委员会成立稳步推进，更多小区管理服务日益规范。建立业委会“履职承诺＋述职评议”机制，业委会成员入职前签订履职承诺书和年度业主大会述职，加强违约失信行为记入个人信用记录。完成业主委员会备案47个，其中新成立27个，换届20个。（秦 俭）

【执法监察】 2020年，雨花区通过日常巡查与重点查处相结合，加强行政执法，立案处罚21起，罚缴37万余元，依法依规办理装饰装修投诉375件、餐饮油烟排入城镇排水管网投诉32件，“三同时、三统一”行政执法制度进一步得到落实。组织宣传贯彻学习《保障农民工工资支付条例》，开展打击违法发包、转包、分包、挂靠行为检查，加大对非法开工行为的执法，迎接国务院农民工工作督察，整体工作得到好评，开展根治欠薪百日攻坚冬季专项行动，配合人社部门处理拖欠民工工资纠纷。（秦 俭）

【人防管理】 2020年，雨花区落实平战结合、融合发展要求，加强对人防工程的日常维护管理，开展主题征文、摄影活动，组织开展人防“准军事化”机关建设训练。推进“五进”工作，结合“5·12”“11·1”进行人防宣传教育；新增2台警报器，加强对全区51台警报器的维护管理工作，按要求完成机动通信系统训练。（秦 俭）

【住房保障服务】 2020年，雨花区非定向公共租赁住房新增审批186户，异动、取消93户；“半边户”及“世居非农”户口保障性住房资格审查191户；经济适用房货币补贴新增审批15户；经济适用住房实物新增审批5户；发放非定向公共租赁住房租赁补贴283户次475145元；发放长沙市房屋租赁备案证明105份。做好区属单位21家单位117人职工住房补贴信息核对。为长沙市交通运输局、市轨道交通集团2家单位解决2085位公益性岗位住房困难职工公租房租赁补贴，争取住房保障房源383套。加大对公租房的管理，收取并上缴公租房住户租金517万元，处理违规改造、转租转借等问题23起。（秦 俭）

【房地产市场】 2020年，雨花区严格按照“稳地价、稳房价、稳预期”的要求，落实属地管理责任，新建商品房批准预售面积451.30万平方米，同比减少4.61%。新建商品房成交面积387.76万平方米，同比减少7.51%。新建商品住宅成交均价每平方米9959元，同比增长3.43%，全区商品房价格平稳。（秦 俭）

【三大攻坚战】 2020年，雨花区做好脱贫攻坚战农村危房改造工作，对全区所有4类重点对象和边缘户房屋1384户进行全覆盖安全性鉴定，全部出具鉴定材料并告知鉴定结果，张贴住房等级明白卡；按照脱贫质量“回头看”排查摸底要求，摸排跳马镇农村住房安全问题506户；对住房排查中经鉴定为C、D级危房和新增无房户意愿建房43户全部纳入农村危房改造任务，全部竣工、付款；组织跳马镇、村完成所有四类人员住房信息核验工作；配合完成脱贫攻坚的国检验收工作。抓好工地扬尘治理，落实工地扬尘防治要求，发挥工地视频在线监控，加强日常监督巡查和重点区域、重点项目检查，确保扬尘治理工作在住建系统的领先优势。全面加强在建工地的排水监管，完成圭塘河A、B、C、D段与桂花公园黑臭水体的公众评议及报告评估及数据上传工作。稳步推进石碑大港等水系管网建设、花桥污水处理厂三期改扩建等项目建设。（秦 俭）

【公租房公开摇号选房】 2020年1月7日，雨花区2020年首批公共租赁住房公开摇号选房工作启动。万家园公共租赁住房项目房源383套，均为带电梯楼房，且配套设施完善，279户符合保障性住房条件的家庭分3批次参与摇号。摇号选房工作依托长沙市公共租赁住房动态管理系统平台开展，现场工作人员严格按照摇号程序，根据选房序号，依次通过摇号软件产生3套备选房号，住户选定其中1套房号，并在《选房确认单》上签字确认。为确保摇号选房工作公平、公正、公开，由区纪委派驻雨花区住房和城乡建设局纪检组全程监督，公开摇号选房结果将在区政府信息网站进行公示。（秦 俭）

【老旧小区加装电梯项目专题研讨会】 2020年1月20日，雨花区住房和城乡建设局在区政府3号楼三楼会议室组织召开老旧小区加装电梯项目联合审查会议，会议联合审查侯家塘街道湘农桥社区和枫树岸社区林勘院小区等10个单元增设电梯项目，专题讨论雨花区既有多层住宅增设电梯建设项目审查各部门职责分工及审查备案流程，理顺部门关系、厘清职责分工、提升工作效能，推进宜居城市建设。区住建局、区财政局、区自然资源与规划

分局、区市场监管局等部门相关负责人参加会议。 （秦 俭）

【建筑施工安全生产专业委员会第一次工作会议】 2020年3月11日，雨花区建筑施工安全生产专业委员会第一次工作会议召开。区住建局党组书记、局长张学军传达市安全生产专业委员会相关文件精神，统一部署全区在建工地、既有建筑安全隐患大排查大整治行动，重点对在建项目重大危险源、房屋装饰装修建设手续依法办理，危房、既有建筑安全鉴定情况及日常监测改造、人防工程巡查等整治范围、整治内容、时间安排提出具体要求，强调各街道（镇）、园区按照属地原则，通力合作、相互配合，确保人力物力、实现排查全覆盖，坚决完成好建筑安全隐患大排查大整治工作。区政府副区长吴平辉强调，在全力以赴统筹抓好疫情防控和企业复工复产的同时，进一步抓实安全生产工作；深刻吸取“3·7”福建泉州酒店坍塌等事故教训，在全区开展汛期建筑施工、既有房屋安全隐患、市政道路管网等隐患大排查大整治工作，抓好危房改造清零工作，查处打击违规改建装修等行为，坚决防止建筑施工事故和道路塌陷问题，重点对市级挂牌督办的雅塘村边坡隐患问题限期整改销号，为推进“大干一百天 实现双过半”工作做好安全保障。（秦 俭）

【非住宅商品房去库存工作会议】 2020年3月20日，雨花区组织21家重点开发项目召开非住宅商品房去库存工作会议。会议由区住建局副局长李勇主持。21个项目负责人逐一汇报各项目非住宅商品房库存去化情况及当前做法和下一步工作建议。副县级干部、区住建局党组书记、局长张学军就全市开展的“大干一百天 实现双过半”竞赛活动进行深入宣传和解读。张学军强调，疫情防控和经济增长要“两手抓、两手硬”，在稳经济的同时，疫情防控不能有丝毫放松，特别是要做好境外返长人员的摸排管控，各项目要做好建筑工地安全生产和“蓝天保卫战”工作，确保全年各项经济社会发展目标圆满完成。（秦 俭）

【培育和发展住房租赁市场工作领导小组会】 2020年4月9日，雨花区召开培育和发展住房租赁市场工作领导小组会议，会议传达省、市关于培育和发展住房租赁市场工作相关文件精神，宣读《关于成立雨花区培育和发展住房租赁市场工作小组的通知》《雨花区租赁住房房源筹集工作方案》，通报全区住房租赁市场工作推进情况，统筹协调全区住房租赁市场发展工作。各成员单位结合“方案”分解任务作表态发言，交流和探讨工作中存在的困难、下阶段工作内容。区政府副区长吴平辉要求提高认识，抓实调度会议精神；抓好落实，进一步明确各单位职责、分管领导和专干，切实把各项工作落到实处；加强监管，通过联管联控，形成良性规范的规则体系；搞好服务，各成员单位要齐心协力形成合力，尽心尽责做好市场主体的培育；营造市场环境，激发企业内生动力，挖掘打造长沙品牌、湖南品牌，通过构建品牌体系，推进住房租赁市场高效平稳发展。 （秦 俭）

【建设领域交通问题顽瘴痼疾集中整治工作调度会】 2020年4月28日，雨花区住房和城乡建设局组织雨花经开区、区公共建设中心等道路建设单位召开雨花区建设领域交通问题顽瘴痼疾集中整治工作调度会。会议落实长沙市交通问题顽瘴痼疾集中整治行动领导小组办公室《关于对全市未验收移交已通车道路涉及交通问题顽瘴痼疾安全隐患问题进行整改督办的通知》要求，尽快消除雨花区未验收移交已通车道路涉及交通问题顽瘴痼疾安全隐患，通报未验收移交已通车道路涉及交通问题顽瘴痼疾安全隐患问题清单。会议要求各道路建设单位落实主体责任，加快隐患处置进度，对于存在顽瘴痼疾的道路，应详细描述现状、深层次分析原因、按“一路一策”的要求提出切实可行的解决问题的具体办法，明确具体完成时限。（秦 俭）

【“雨花通行证”】 2020年2月，雨花区住房和城乡建设局贯彻落实雨花区新型冠状病毒肺炎疫情防控工作指挥部《关于进一步加强社区（村）疫情防控工作的通告精神》，在美洲故事、万科金域华府、和顺苑、仁和雨花花园4个小区，全面试点推行住宅物业小区门禁“电子通行证”，科技数据采集方式，通过“我的长沙”APP上线“雨花通行证”服务，实现小区居民进行“无接触”通行，避免人群集中引发感染，实现便捷有效的封闭式管理，加强住宅物业小区疫情防控工作。居民使用“我的长沙”APP内“雨花通行证”服务，通过申请通行证或者扫描小区专属二维码，并填报个人信息，获取该小区的专属通行证。居民进出小区，只需再次扫码并出示通行证给安保人员验证，即可完成出入。个人信息全部线上提前填写，无须现场人工登记，可减少纸质通行证的二次污染。 （秦 俭）

【混凝土搅拌站管理工作调度会】 2020年3月3日，雨花区组织召开2020年度雨花区混凝土搅拌站交通安全整治暨房屋安全工作调度会，集中整治工程建设领域交通问题顽瘴痼疾，遏制建筑材料及预拌混凝土货运车辆非法超限超载现象。会议下发《关于雨花区交通问题顽瘴痼疾集中整治行动工作方案》及《长沙市雨花区工程建设领域治超专项整治行动方案》等文件。会议强调，切勿放松复工复产防疫及安全生产工作；落实交通问题顽瘴痼疾集中整治要求，配合马白竹片区道路交通建设；尽快完善做好场内设备结构设施和配建房屋安全的相关工作；立即落实《长沙市雨花区工程建设领域治超专项整治行动方案》的通知要求。7月6日，组织召开2020年下半年度雨花区混凝土搅拌站管理工作调度会，部署与学习混凝土追踪与检测系统技术升级、混凝土质量与安全生产管理、混凝土场站资质延期、场站临建设施、交通问题顽瘴痼疾整治等。 （秦 俭）

【《保障农民工工资支付条例》学习宣传】 2020年4月28日，雨花区住房和城乡建设局组织召开学习宣传贯彻《保障农民工工资支付条例》会议，区住建局党组成员罗明军组织学习长沙市住房和城乡建设局关于开展《保障农民工工资支付条例》学习宣传活动的通知，部署保障农民工工资支付迎国检工作。要求各企业、房建和市政项目，做好农民工实名制工作，确保数据实时传至平台；统一公示牌的制作，并放至醒目位置；配实劳资管理人员，做好农民工合同签订，民工工资缴存，专用账户开设。区住房城乡建设局行业管理科科长胡观顺结合多年来处理拖欠农民工工资支付案例情况阐解《保障农民工工资支付条例》。（秦　俭）

【建筑工地质量安全执法检查】 2020年5月20日，长沙市住房和城乡建设局副调研员张新益，质安处处长王曦平带领长沙市住建质量安全执法检查组对雨花区区管项目明宸府二标开展2020年上半年建筑工地质量安全执法检查。检查组一行深入施工区了解施工单位安全生产管理、安全生产检查制度、员工培训和食堂等情况，检查项目的现场安全文明、质量管理、工程进度等措施落实情况。雨花区住房和城乡建设局局长张学军就质量投诉、“蓝天保卫战”、围挡整治市、区两级协调联动提出相关工作思路和建议。（秦　俭）

【建筑施工质量安全培训】 2020年6月9—10日，雨花区组织区管各在建项目建设、施工、监理单位、预拌混凝土搅拌站、消防单位、区属建安企业的质量安全负责人350余人在雅士亚华美达广场酒店进行为期2天的建筑施工质量安全培训会议。区住房和城乡建设局党组书记、局长张学军作培训动员。会议培训农民工实名制相关文件及平台录入、新旧高层建筑消防规范、非道路移动设备工作要求、围挡整治工作要求、建设领域扫黑除恶专项斗争、建筑施工质量及安全管理标准化考评事项、钢筋工程常见质量问题防治要点、建设工程质量监督要点、“蓝天保卫战”附着式升降脚手架安全管理、交通顽瘴痼疾整治等方面内容，加深对质量安全标准规范的理解，提升施工现场质量安全技术控制水平，增强质量安全事故风险防范能力，更好地推进雨花区建设施工质量安全工作。（秦　俭）

【建筑施工“安全生产月”启动仪式】 2020年6月11日，“消除事故隐患　筑牢安全防线”雨花区2020年建筑施工安全生产月启动仪式暨中建五局圭塘河项目防汛演练在圭塘河井塘示范公园项目现场举行。雨花区建筑工程质量安全监督站站长湛滨主持仪式，区住房和城乡建设局党组书记、局长张学军致辞，区政府副区长吴平辉宣布雨花区建筑施工2020年安全生产月活动启动。吴平辉要求，通过全面启动全区建筑施工“安全生产月”活动，开展富有成效的安全宣传教育活动和全面彻底的隐患排查整治，进一步牢固树立安全发展理念，增强全民安全意识，落实安全生产责任，提升安全生产水平，筑牢安全生产防线，推动全区建筑施工安全生产形势持续稳定好转。中建五局安监部经理冯涛、中建五局投资公司副总经理盛建武、中建五局总承包公司纪委书记陈辉、长沙市雨花国有资产经营集团有限公司总经理黄超、湖南长顺项目管理有限公司副总经理张明，中国人民财产保险股份有限公司长沙市分公司等相关负责人出席启动仪式。出席启动仪式的领导为工友代表现场赠送安全生产宣教书籍，与会人员共同观看圭塘河项目防汛演练。雨花区建筑企业负责人、各在建项目的项目经理及工友代表共计200余人参加活动。（秦　俭）

2020年6月11日，雨花区建筑施工安全生产月启动仪式暨中建五局圭塘河项目防汛演练（秦　俭　供图）

【助推老旧小区加装电梯】 2020年6月18日，雨花区住房和城乡建设局联合德馨园社区在德馨园小区罗马广场开展多层住宅增设电梯政策咨询活动，邀请具有相关资质的电梯公司在现场进行指导，增进业主更好地了解住宅增设电梯的前期工作。（秦　俭）

【区优化营商环境工作调度会】 2020年7月16日，雨花区优化营商环境协调事务中心在区政府1号楼会议室召开区优化营商环境工作调度会暨工程建设项目审批制度改革工作推进会，专题研究调度“办理建筑许可”和“水电气”综合窗相关工作。雨花区住房和城乡建设局汇报“办理建筑许可”和获得用水办理工作推进情况。区优化营商环境协调事务中心主任黄行健强调工程建设项目审批制度改革在提高区优化营商环境工作质效的重要性，部署迎接国家、省、市三级优化营商环境工作考核。区委常委、统战部部长成钢要求，高度重视，持续抓好工改顽疾问题整改；研究指标，各职能部门主动学习优化营商环境考核相关材料，并主动与市直对口部门对接协调，为完成本级工作指标提供指导；压实责任，区各职能部门搞好分工协作。（秦　俭）

【既有多层住宅增设电梯工作推进会】 2020年7月31日，雨花区既有多层住宅增设电梯领导小组在区会议中心303会议室召开区既有多层住宅增设电梯工作推进会。区住建局局长张学军主持会议，副局长余伍代表区既有多层住宅增设电梯领导小组简要讲评2020年上半年区既有多层住宅增设电梯工作情况。区既有多层住宅增设电梯领导小组组长、区人民政府副区长吴平辉强调，区既有多层住宅增设电梯工作是重大民生实事，市民需求强烈，政府强力推进，各部门要高度重视，难点工作问题要重点突破。区既有多层住宅增设电梯工作要在确保房屋设施安全的前提下精简审批流程，提供“超市化”自助服务，尽最大可能为申请人创造最便捷的办事条件。区住房和城乡建设局、区财政局、长沙市自然资源和规划局雨花分局、区市场监管局、区人居环境局分管领导，各街道及社区负责人参加会议。（秦 俭）

【长沙市住建局调研城建档案管理工作】 2020年11月2日，长沙市住房和城乡建设局党组成员、工会工委主任冯先强、市城建档案馆书记、馆长宋贤军带队调研雨花区城建档案管理工作，促进雨花区城建档案事业健康发展。区住建局局长张学军介绍雨花区城建档案管理机构及人员配置、“多规合一”监管平台使用等情况，汇报市局权力下放后区雨花区建设工程及消防验收档案管理及数据收集、库房建设等各方面情况。与会人员沟通交流城建档案管理过程中遇到的问题，并抽查近期已竣工验收备案合格的房建和市政项目的全过程建设档案资料。冯先强指出，雨花区城建档案管理工作要进一步提高认识，加强指导力度，进一步提升管理质量，确保市政府城市建设“精准规划、精美建设、精致管理、精明增长”“更加有颜值、有气质、有内涵、有格调、有品位”的“四精五有”要求得到落实。（秦 俭）

【长沙市住建局调研住房保障工作】 2020年11月12日，长沙市住房和城乡建设局保障性住房指导监管处处长肖娟一行4人调研雨花区住房和城乡建设局对公益性岗位住房困难职工公租房租赁补贴定向发放工作进展情况，雨花区住房和城乡建设局副局长付光雄汇报雨花区公益性岗位租赁补贴工作开展情况，提出长沙市众旺公交8—10月社保欠缴问题相关解决方案。肖娟强调各行业主管部门在思想上必须高度重视，市、区两级需用心、用情为公交企业、轨道一线住房困难职工排忧解难；区级在资料审核中务必做到公平、公正、公开，将工作做细、做实，确保此项工作真正落到实处。（秦 俭）

【雨花区绿色节能建筑工作获肯定】 2020年11月26日，长沙绿色建筑发展中心、长沙市装配式建筑促进中心主任杨勇带领相关处室和专家检查和指导雨花区建筑节能、绿建及墙材革新工作。检查组按“双随机、一公开”要求，到区管项目长房明宸府建筑工地，查看现场、调阅资料、材料取样、实体检测等，听取2020年雨花区绿色建筑工作情况汇报，反馈检查信息。杨勇高度肯定雨花区在建筑节能、绿色建筑及新墙体材料革新等工作有目标、有措施、有成效、有思路，走在内五区前列，要求更进一步强化管理，做好宣传和引导，为建设精美长沙作出贡献。（秦 俭）

【农村房屋安全隐患排查整治工作推进会】 2020年12月3日，雨花区跳马镇农村房屋安全隐患排查整治工作推进会召开。跳马镇镇长刘志平作雨花区跳马镇农村房屋安全隐患排查整治工作动员讲话，区住房和城乡建设局党组书记、局长张学军就全区农村房屋安全隐患排查范围、重点、期限、标准、流程及各方责任做明确要求，以确保高质高效完成工作。区住房和城乡建设局党组成员、总工程师孔建军宣讲《湖南省农村房屋安全隐患排查整治实施方案》文件精神并提出具体要求，工作人员进行农村房屋安全信息采集软件的操作培训和现场答疑。（秦 俭）

【市物业管理工作考核】 2020年12月22日，长沙市住房和城乡建设局调研员马代方带领长沙市物业绩效考核组考核验收2020年度雨花区物业管理工作。现场抽签确定黎托街道京武浪琴山、雨花亭街道香樟鑫都小区为2个达标小区。考核组对2个达标小区和推荐必检的东塘街道第六都、洞井街道和馨家园小区2个样板小区进行现场验收。考核组一行对照《2020年住宅小区物业管理与服务标准化建设评价清单》，逐条逐项验收，现场查看街道、社区工作台账，物业公司管理、维保、日常督察巡查工作台账及小区内部环境，对小区地下车库、公共收益公示、消防设施设备、电梯机房、消控室、垃圾分类等情况进行现场检查指导。经过考核，4个标准示范型小区管理有序、环境优美、和谐宜居，均无扣分现象，市物业绩效考核组对雨花区物业管理工作给予高度肯定，2020年度雨花区物业住宅标准示范小区创建工作收官。（秦 俭）

公共工程建设

【概况】 长沙市雨花区公共工程建设中心（简称“区公建中心”），为区政府直属正科级公益类事业单位，主要承担区政府投资项目的建设（或代建）实施和监督管理职责，负责在雨花区范围内的省、市重点工程征拆协调、服务等工作。

2020年，区公建中心重点抓好整章建制、部门联动、监督管理、建设品质、项目推进等方面工作，项目建设稳步推进，项目管理卓有成效，推动重点工程项目建设再上新台阶。按照雨花区政府投资建设工程项目计划，铺排82个项目，其中续建项目11个、新建项目17个，预备项目26个，前期研究项目28个，预估年度总投资5.77亿元。实现10条市政道路竣工通车，完成3个社会民生类项目建设，完成“一圈两场三道”、污水管网配套及电力埋管建设等各项工作任务。提前谋划2021年政府投资建设工程项目计划，立足全局，把涉及区域经济社会发展的重要基础设施项目放在首位，把片区重大经济产业项目配套服务的设施建设项目和涉及广大居民生产生活的民生工程项目作为重点，在多次征求意见的基础上形成计划初稿，整理申报《2021年长沙市重大项目投资计划申报表（政府投资类）》《长沙市2021年城区市政基础设施建设计划项目申报表》等各类计划，确保2021年度建设任务按计划推进。初步铺排项目127个，预计年度投资约39.54亿元。督促各项目部按要求落实防控举措，做好重点工程项目现场监管把控，深入高桥街道指导企业复工复产，助力900余家小微企业及门店、62家“四上”企业复工，复工复产率100%。办理人大代表建议和政协提案13件，见面率、答复率、满意率均实现100%。

（邹　蛟）

【项目建设】 2020年，雨花区完成紫薇路、石坝路、官寺冲路、支路12–3、瓦窑路、川河路一标、沙禾路、支路30–1、先锋路提质改造、东方红小学配套道路提质改造10条市政道路建设，通车里程5.7千米，推进林科路（北）、豹塘路、政修路等项目建设。完成雨花区中心消防站、圭塘小学扩建、芙蓉路（国防科大段）景观提质改造3个社会民生类项目建设，推进花侯小学、德馨园学校、井圭路小学运动场及地下停车场等项目建设。完成高升路、桂花坪路、侯照路3条道路人行道新建任务，建设总长2.3千米。完成紫薇路、官寺冲路污水管网和京珠高速电力埋管工程，推进川河路管网、高升路箱涵、金海路箱涵、万家丽路电力埋管项目建设。

（邹　蛟）

【项目管理】 2020年，雨花区贯彻落实内审制度，为建设精品工程筑牢基础。全年取得可研批复9个、初步设计批复12个，完成施工图审查工作9个，首次在豹塘路、风光带路等项目设计中加入软基固化土等资源环保类工程新技术，在区公安分局执法中心采用装配式建造技术，在圭塘小学采用钢结构装配式建造技术。整合优化小型建设工程项目发包预选库，更新报建单位9家，取得立项批复10个、工程规划许可证9个、正式红线9个、项目施工许可证4个。报送预算项目90个、结算项目91个，审核项目中结算45个。完成金海路箱涵、林科路等项目上限值编制，造价总额7.56亿元；编审石坝路排水箱涵、香松路等6个项目招标控制价，造价总额约2.74亿元。完成大型结算项目嘉胜路、侯照路一标、桂花坪路等11个项目的结算初审，工程造价5.53亿元。发包各类项目176个，完成各类合同审核390份，完成签订245份。完成北冲路、侯照路、嘉胜路等6条道路预验收移交，完成圭塘路、新丰路等区属20条市政道路交通顽瘴痼疾整治；完成莲湖小学、芙蓉路小学、东方红小学规范验收工作，推进圭星小学及圭星幼儿园验收移交。完成支付398笔，使用财政预算资金1161.74万元，其中专项经费101.14万元；完成重点工程建设支付588笔，使用工程建设资金4.03亿元，其中支付工程款3.16亿元，支付拆迁资金0.87亿元，保障重点工程项目建设有序开展。

（邹　蛟）

【重点工程建设领导小组会议】 2020年1月3日，雨花区委书记张敏士持召开区重点工程建设领导小组会议。会议原则通过《2020年长沙市雨花区重点项目投资计划》《雨花区2020年政府投资建设工程项目计划》。会议强调，相关责任单位要把握重点，加快推动高铁新城、红星、雅塘等片区发展，突出抓好学校等重点民生项目建设，以及排水管网等基础设施建设；要加快做好项目征拆、协调和要素保障工作，推进项目尽早挂牌；要盯紧矛盾问题，形成合力，逐个解决，营造全区项目建设热火朝天氛围，彰显欣欣向荣景象。

（邹　蛟）

【安全生产】 2020年，雨花区公共工程建设中心每月开展安全生产专项大检查，定期召开安全生产专题会议，在重大节日、重要时期安排应急值班，加大隐患排查治理。检查中发现的安全隐患，区公共工程建设中心一一列出整改清单，要求施工单位整改到位。组织安全生产检查11次，检查施工企业35家，查处并整改安全隐患4处，整改处置100%到位，确保全年项目建设零安全事故。1月14日，区公建中心总工程师资伟一行专项检查双塘路（林科路—万侯路）、川河路（殡仪馆东入口—时代阳光大道）、圭星小学及幼儿园和雨花中心消防站等在建项目安全生产，对各项目施工现场和项目部员工宿舍、食堂进行安全隐患的排查，检查过程中发现有临边临空面防护不到位、高处作业安全措施不到位、高边坡、脚手架拆除后堆放不规范、员工宿舍违规使用大功率电器等安全隐患。3月26日，区公建中心党组书记、主任黄练文一行到先锋路检查指导防涝排渍预防工作，要求先锋路施工单位安排专人关注雨天工地排水情况，施工单位安排好应急人员，准备好应急物资，确保先锋路的排水通畅。6月23日，区公建中心开

2020年1月3日，区重点工程建设领导小组会议　（邹　蛟　摄）

展2020年度安全生产教育培训活动。12月11日，黄练文带队对重点工程建设工地开展安全生产大检查，查看花侯小学、官寺冲路、圭塘小学扩建工程等建筑工地，重点对高边坡、基坑支护、脚手架、垂直起重设备使用等方面进行隐患排查。12月30日，黄练文组织班子成员就岁末年初安全生产工作进行专题调度，并特别对项目现场做好低温冰冻雨雪天气应对措施提出要求。中心班子成员对在建重点工程项目开展安全生产检查，查看花侯小学、德馨园学校、石坝路等在建重点工程项目应急值班人员及物资准备情况、施工及施工材料堆放规范情况、大功率电器设备使用情况、生产生活用电安全情况等。（邹 蛟）

【重点工程项目调研】 2020年，雨花区加强重点工程项目调研调度。1月6日，区政府副调研员文洲调度区重点工程项目建设。1月9日，区政府副区长吴平辉考察林科路建设。1月14日，吴平辉、文洲一行调研、指导区公共工程建设中心工作，参观区公共工程建设中心党员活动室及文化走廊建设，听取中心主要负责人及班子成员情况汇报，了解中心机构基本情况、主要工作成效、重点工程项目面临的困难和挑战以及中心2020年的工作思路等。要求持续攻坚项目建设，精益求精，打造样板工程、精品工程。2月10日，吴平辉指导雨花区中心消防站复工复产。2月16日，吴平辉一行检查、指导紫薇路、车站南路等已复工项目防疫和复工复产工作。现场听取项目负责人简要汇报项目防疫物资准备和防疫措施制定情况，询问防疫物资准备和返工人员管理情况，要求进一步加强已复工项目防疫工作的动态管控，对未复工的项目切实做好防疫指导，争取尽快恢复施工。4月6日，吴平辉到豹塘路、双塘路、林科路等项目现场，调研雨花区重点工程百日竞赛项目进展情况。4月8日，区委书记张敏、区长刘素月主持召开区领导专题研究项目建设有关工作会议，研究区公共工程建设中心负责实施的百日竞赛项目。会议强调“百日竞赛”项目涉及的相关部门与街道（镇）要形成合力，共同超常规推进项目建设，及时发现问题、解决问题，确保按照《“百日竞赛”区公共工程建设中心项目进度责任清单》时间节点要求落实到位。6月4日，区政府副区长刘江红现场督查圭塘小学扩建项目项目建设情况，查看项目建设进度，听取区教育局、区公共工程建设中心、施工方等相关单位负责人有关情况汇报。（邹 蛟）

【景观路通车】 景观路（新河路—湘府路）位于雨花区圭塘街道，东起万家丽路，西至新河路，道路全长369米，宽20米，东西向城市支路。景观路位于红星商圈内，周边小区均已完成开发建设；随着区域经济的发展，沿线商家、住户日益增多，对道路通行能力提出更高的要求。雨花区政府启动景观路（新河路—湘府路）道路工程于2018年8月进场施工，2019年12月底基本完成道路建设。2020年1月，为方便周边居民春节期间的出行，该道路放开交通。景观路（新河路—湘府路）的建成通车，对进一步完善区域交通路网，提高周边居民的出行水平，提升城市环境，推动区域经济发展具有重要意义。（邹 蛟）

【先锋路提质改造工程】 先锋路（新韶山路—洞和路），西起新韶山路，东至洞和路，长360米、宽26米，是长株潭城际铁路洞井出口以及长沙汽车南站南出口的重要出行通道。2019年11月，先锋路（新韶山路—洞和路）提质改造工程启动，提质改造的内容主要包括路面、部分路基、绿化、亮化、交通设施等。2020年4月16日，先锋路（新韶山路—洞和路）完成沥青摊铺。项目建成通车后，该路段与桃花塅路、新韶山路、洞和路形成路网，打通交通瓶颈，直接与长株潭城际铁路、长沙汽车南站形成运营配套模式，有利于服务产业发展、方便居民出行。（邹 蛟）

【紫薇路项目】 紫薇路（长沙大道—光明路）项目位于高桥片区，北起长沙大道，南至光明路，全长1002米，宽26米，双向4车道，城市支路标准。2019年5月，项目正式开工建设。2020年4月25日，紫薇路（长沙大道—桂友路）路段完成沥青路面摊铺。4月底，完善交通标志标线后，正式放开交通。通车后，有利于改善周边安置小区的生活环境，方便周边居民出行，促进周边商铺营业，带动区域经济发展。紫薇路道路全线拉通后，将与石坝路（紫薇路—马王堆路）、鑫雅路（马王堆路—东二环）、光明路（马王堆路—东二环）形成交通微循环，缓解万家丽路、东二环交通压力。紫薇路（航空路—锦源路）是一条以服务功能为主的城市支路，道路位于雨花亭街道圭塘河生态经济带，长438米、宽18米。11月5日，紫薇路（航空路—锦源路）道路工程初步设计评审会召开。长沙市资规局、市城管局、市交警大队、市路灯所、雨花区住建局、区园林局等职能部门相关负责人及专家参加。与会人员一致认为项目的设计内容齐全、设计深度满足要求、质量等级优秀，同意通过初步设计评审。项目建成后，能有效解决道路两厢的出入问题，完善路网结构，为片区提供良好的经济发展契机，对促进片区的整体开发具有重要意义。（邹 蛟）

【豹塘路项目】 豹塘路项目是长沙市《南片洞井片区控制性详细规划》的一条城市次干道，西起雨花区、天心区交界处，往东止于高升路，北侧为和平安置小区及才子嘉都用地，南侧为和平安置小区用地。2020年5月8日，豹塘路（高升路—雨天交界处）道路工程招标在长沙市公共资源交易中心顺利完成。实施的主要内容包括道路工程、排水工程、照明工程、绿化工程、交通工程等。新建道路全长614米，规划路幅宽30米，该项目路基不再采用挖除换填的传统处理方式，采用固化土改良方案对原有路基进行加固处理，资源化利用场内土方，减少土方外运，保护生态环境，该工艺可缩短工期，减少工程造价，使政府资金进一步得到合理利用。（邹 蛟）

【林科路项目】 林科路北起湘府路，与沙湾路相接，南至时代阳光大道，全长约3200米，规划路幅宽度36米，系城市主干道。2020年5月14日，林科路北段（湘府路—双塘路）道路工程在长沙市公共资源交易中心顺利完成招标，起点位于湘府东路，途经长沙广电小区、和顺苑小区、湖南省森林公安局直属分局、森林城4个小区和植物园，终点接双塘路，全长约637米。实施的主要内容包括道路工程、桥涵工程、排水工程、交通工程等工程。12月22日，林科路南段（荷叶冲路—时代阳光大道）工程在长沙市公共资源交易中心顺利完成招标，起点为拟建项目荷叶冲路，途经金科·集美天辰、东宸·林海、中建凤凰台，终点接时代阳光大道，全长842米，实施的内容包括道路工程、排水工程（雨、污）及管线综合、交通工程、绿化工程和照明工程等。项目建设完成后，将完善周边小区市政配套设施，改善沿线居民的出行环境。（邹 蛟）

【政修路项目】 政修路为长沙市《劳动东路两厢片区控制性详细规划》的一条重要城市支路，南起石坝路，北至长沙大道，全长约709米，规划路幅宽度16米。2020年5月20日，政修路（长沙大道—石坝路）道路工程在市公共资源交易中心完成招标。项目包括道路工程、排水工程、交通工程等工程。政修路东侧为周南雨花中学、友谊安置小学，西侧为新城新世界（四期）项目，道路北面为高桥大市场。道路为一条6~8米宽水泥路面，部分路面破损且积水严重。项目建设完成后，将改善路面破损及积水情况，给沿线居民提供一个更好的出行环境。政修路与紫薇路、石坝路等道路组成的高桥片区路网结构，将缓解高桥大市场车流量，改善雨花区劳动东路两厢片区内的交通畅通条件、加快片区开发建设和经济发展。（邹 蛟）

【石坝路项目】 石坝路（二环线—万家丽路）项目位于雨花区高桥街道，东起东二环线，西至万家丽路，全长1297.69米，规划路幅宽30米。该项目系长沙市2020年断头路、瓶颈路重要项目。2020年7月28日，石坝路（二环线—万家丽路）项目取得湖南省人民政府颁发的“农用地转用、土地征收审批单”，年内完成项目建设。项目建成后，有利于缓解周边交通拥堵状况、提升居民出行舒适度和安全度。（邹 蛟）

【鄱阳小学周边道路提质改造工程】 2018年9月，鄱阳小学投入使用，为周边的鄱阳华美佳园、丰祥苑、鸿运佳苑等小区提供42个班、近2000个学位，但学校周边配套道路的滞后，影响师生和附近居民的出行。2020年5月21日，鄱阳小学（长郡雨花外国语第一附属小学）周边道路提质改造工程在市公共资源交易中心顺利完成招标。该项目位于雨花区洞井街道，项目包含和升路及高升路两条道路。其中，和升路南起万芙路，北至高升路，道路全长约182米，路幅宽20米；高升路东起和升路，西至鄱阳小学北侧出入口，道路全长约131米，路幅宽26米，建设内容主要包括道路、排水、交通设施、照明等。项目建成后，有利于使鄱阳小学北门连接万芙路，提供安全、便利的出行条件。（邹 蛟）

【泰禹二小周边道路工程】 雨花区泰禹第二小学周边道路工程项目位于雨花区雨花亭街道，为泰禹第二小学及景塘家园等小区的主要进出道路。该道路全长537.23米，包括G05-13路、G05-14路、G05-15路3条城市支路和1条简易便道，建设内容主要包括道路、排水、交通设施、照明等。2019年10月23日，泰禹第二小学（东方红小学）配套道路提质改造工程项目在长沙公共资源交易中心完成招标。2020年12月9日，雨花区泰禹第二小学周边道路工程完工。项目建成后，有利于完善片区路网，畅通区域交通微循环，为周边小区居民、学校师生提供便利的交通出行条件。（邹 蛟）

【芙蓉路景观提质改造工程完工】 芙蓉路景观提质改造工程项目位于芙蓉路以东、七里庙路东北，黄土岭路以北，国防科技大学前沿交叉学科学院西南两侧，总用地面积2.4公顷，用地总长度约1300米。改造主要内容为修补人行道的麻石路面，拆除部分沿街建筑，新建及翻新沿街围墙，设置景观照明、监控系统等，增设拥军文化长廊和绿色景观带。该路段原有围墙历史悠久，但景观层次缺乏，临街界面活力低，缺乏文化特色，同时临街建筑老旧、破损，交通管制困难。2019年6月，项目进场施工。因部分围墙紧邻临街门面，且部分拆除房屋与建筑完全相连，施工存在较大困难，且受疫情影响，项目停工3个月。2020年5月29日，芙蓉路（国防科大段）景观提质改造工程项目顺利完成竣工验收。项目建成后，人文历史与雨花特色相辅相成，体现雨花特色和军民共建特色文化，是传递雨花气质的城市名片，宣扬军民融合的精神窗口，引导全民参与的文化展廊。（邹 蛟）

【国友路、文学路项目】 国友路（文学路—石坝路）长500米、宽18米，城市支路。文学路（国友路—政修路）长350米、宽18米，为城市支路。2020年6月4日，国友路（文学路—石坝路）、文学路（国友路—政修路）道路工程初步设计评审会议召开。长沙市资规局、市城管局、市交警大队、市路灯所、雨花区住建局、区园林局等相关单位项目负责人及专家参加会议。与会人员一致认为国友路项目的设计内容齐全，质量等级良好，设计深度满足要求，并同意通过项目初步设计评审。项目建成后，有利于改善中江锦城、友谊安置区等周边小区居民的出行环境，优化高桥片区路网结构，完善基础设施配套，促进片区经济发展。（邹 蛟）

【支路六项目】 支路六项目位于雨花区雨花亭街道，长沙市公安局雨花分局前圭塘路至雨花区环卫局前小区道路之间，道路呈东西走向，路线总长274米。2020年7月8日，支路六（景观路—圭塘路）提质改造项目初步设计评审会召开，长沙市城管局、市资规局、市交警支队、市路灯管理所、雨花区住房和城乡建设局、区公共工程建设中心等单位相关负责人及专家参会。建设方介绍项目背景和基本情况，设计单位汇报初步设计的内容，参会各职能部门及专家针对项目初步设计文件存在的问题提出意见，会议原则同意该项目的初步设计。道路修

通后，将有效解决周边小区居民出行难的问题，提升周边居民城市生活品质。（邹 蛟）

【高升路箱涵工程】 高升路箱涵作为石碑大港流域绕城高速以北片区的排水主通道，汇集芙蓉南路、雀园路、先锋路、韶山路、洞和路等市政道路雨水。高升路雨水分流箱涵工程位于雨花区洞井街道，始于先锋路与高升路交叉口，接先锋路排水箱涵，经高升路、洞和路、桃花塅路及时代阳光大道，终于时代阳光大道与金海路交叉口西侧，最终雨水汇入圭塘河。排水箱涵长1680米，尺寸为6×2.5~12.2×2.7米，箱涵埋深为4.6~7.15米，主要采用钢板桩和自然放坡等支护方案。2020年7月23日，高升路箱涵工程基坑支护专项设计审查通过评审。8月4日，高升路箱涵工程洪水影响评价报告通过审查。10月12日，高升路箱涵工程在长沙市公共资源交易中心顺利完成招标。10月20日，高升路箱涵工程启动建设。（邹 蛟）

【金海路雨水分流箱涵工程】 金海路雨水分流箱涵工程起于黄谷路和花仙路交叉口，经黄谷路、金海路敷设，终点为圭塘河，长约2.2千米，箱涵规模尺寸为D6000、7.5×2.5米等。该项目是石碑大港流域绕城高速以南片区排水主通道，是石碑大港流域内涝和水环境治理的重要项目之一。按照规划，项目将长沙绕城高速以南的雨花经开区范围内雨水收集并直排入圭塘河，将有效减轻下游韶山路、洞井路排水压力。2020年7月8日，金海路雨水分流箱涵工程顺利通过方案评审。8月4日，金海路雨水分流箱涵工程通过初步设计评审、洪水影响评价审查。（邹 蛟）

【花侯小学项目】 雨花区黎托街道花侯小学位于京港澳高速以东，合庆路以西，合丰路以南，机场高速辅道以北。该学校拟建项目总用地面积36759平方米，净用地面积30428平方米。新建地上面积约26552平方米，地下建筑面积约3198平方米，建设内容包括教学楼、综合楼、室内体育馆、门卫楼以及其他附属设施。2020年6月23日，雨花区花侯小学建设项目在市公共资源交易中心顺利完成招标。12月11日，花侯小学项目完成教学楼、综合楼、体育馆桩基工程。该项目建成后，将新增42个班级，有利于缓解项目所在地学生入学问题，助力雨花教育事业长远发展。（邹 蛟）

【圭星小学及幼儿园启用】 雨花区圭塘街道圭星小学、圭星幼儿园（泰禹第三小学）建设项目位于雨花区圭星路与华堂路交叉口西南角，万家丽路以西、湘府路以北，总用地面积13950.66平方米，总建筑面积15811.76平方米，概算总投资约6775万元。规划18个小学班级，以及9个幼儿园班级，可提供1080个学位。2018年10月，该项目完成施工招标工作。2019年4月16日，该建设项目取得建筑工程施工许可证，5月17日，该项目开工建设。12月底，基本完成圭星小学、圭星幼儿园建设。2020年4月22日，圭星小学及圭星幼儿园（泰禹第三小学）举行揭牌仪式，雨花区政府副区长刘江红为新校揭牌。（邹 蛟）

【井圭路小学扩建项目】 雨花区圭塘小学位于圭塘街道万家丽路以东、曲塘路以南，毗邻湘核佳苑、万科金域华府、湖南体育职业学院等地。圭塘小学扩建项目包括新建1栋教学楼，新建各教学楼与场馆间连廊，并改造原有校门及围墙。其中，新教学楼采用钢框架装配式结构，总建筑面积2895平方米，建筑总高度16米，地上4层，除6间教室为普通教室外，有书法教室、美术教室、计算机教室、科学教室和图书室各2间。2020年4月23日，圭塘小学扩建项目招标在市公共资源交易中心完成。5月下旬，圭塘小学扩建项目开工建设。8月下旬，项目钢结构主体工程安装完成，消防水池结构部分完成施工，安装部分准备进场施工。10月8日，圭塘小学扩建项目完成屋面层砼浇筑，实现主体结构封顶。扩建项目完成后，有利于缓解湘核佳苑、万科金域华府、湖南体育职业学院等周边住户生源剧增、教育资源紧缺、就学难等问题。（邹 蛟）

【德馨园学校扩建项目】 雨花区井湾子街道德馨园学校位于香樟路以南、洞井路以西。德馨园学校扩建项目列入雨花区2020年政府投资建设工程新建社会民生项目计划，为市重大项目之一。该项目规划净用地面积4.6公顷，总建筑面积约39481平方米，新建总建筑面积33475.4平方米，其中地上建筑面积21302平方米，地下室建筑面积12173.4平方米。主要建设内容包括初中部教学楼和综合楼、小学部教学楼和综合楼、食堂兼风雨操场、门卫楼以及其他附属设施。该项目建成后，将新增48个班级（小学24个、中学24个），新增1600余个学位，解决学位少、入学难矛盾，缓解入学压力。2019年11月4日，德馨园学校扩建项目取得划拨红线图。12月4日，德馨园学校扩建项目取得可研批批复。2020年6月23日，德馨园学校扩建项目在市公共资源交易中心顺利完成招标。（邹 蛟）

【圭塘小学扩建项目】 雨花区井圭路小学运动场及地下室停车场新建项目位于雨花区井圭路与井电路交汇处西南角井圭路小学原址西侧，项目拟在原校区西侧新建1栋风雨操场（含多功能室），1个地下停车库以及1个200米标准田径场（含2个篮球场），并完成室外给排水、供配电、绿化、道路硬化、土石方等附属工程建设。2020年4月22日，井圭路小学运动场及地下停车场新建工程项目初步设计通过评审。12月2日，井圭路小学运动场及地下室停车场新建项目取得建设工程规划许可证，启动部分工程建设。（邹 蛟）

【芙蓉路小学项目通过竣工验收】 芙蓉路小学项目位于东塘街道芙蓉中路以东，浦沅地块以西，项目总用地面积为16552.67平方米，总建筑面积为53774.49平方米，含地下室11537.61平方米，地下停车位247个以及30个班的办学规模。项目于2016年开工建设，教学楼以及综合楼部分于2017年秋季投入使用，并更名为砂子塘第六都校区。其中27层培训楼建筑面积33066.5平方米，建筑高度98.3米，外墙裙楼部分采用干挂石材，上部采用真石漆，配备7台进口通力电梯，培训楼建成后移交长沙市雨花区城市投资建设集团公司。因实行竣工联合验收的新制度，导致芙蓉路小学及培训大楼项目竣工验收手续办理情况复杂。雨花区公共工程建设中心积极协调，2020年5月29日，芙蓉路小学及培训大楼竣工顺利通过竣工验收。（邹 蛟）

【万家丽路电力埋管工程】 雨花区投资近2000万元，实施万家丽路电力埋管工程，助推长沙电网“三年行动计划”和电网“630攻坚”行动，提升电网容载比和供电可靠率，推动长沙经济实现高质量发展。2020年9月3日，雨花区万家丽路电力埋管（香樟路—木莲冲路、时代阳光大道—万芙路）工程在市公共资源交易中心顺利完成招标。其中香樟路至木莲冲路段位于圭塘街道，管道总长度约804米；时代阳光大道至万芙路段位于洞井街道，管道总长度约843米。2个项目均采用埋管工法进行施工，主要建设内容为10千伏排管敷设、电缆保护套、10千伏钢筋混凝土电缆井等。项目竣工接线完成后，将改善雨花区电网结构、提高长沙市南部城区电网供电能力，促进区域经济发展。（邹 蛟）

【执法办案中心项目】 2020年12月15日，长沙市公安局雨花分局执法办案中心项目取得建设工程规划许可证。该项目位于雨花区东山街道东山派出所院内，项目规划总建筑面积2227.73平方米，建设内容为新建执法办案中心及门卫、受立案室，并配套水、电、消防、暖通及配套设施工程。项目建成后，便于执法办案标准化管理，提升公安部门执法办案效能。（邹 蛟）

【雨花区中心消防站项目】 雨花区中心消防站项目位于洞井街道，位于桃花塅路以南、万芙南路以北、金海路以东，总投资约7000万元，用地面积2.22公顷，总建筑面积1.4万平方米。该站由消防指挥中心、消防设施楼、专业训练楼等组成，2020年5月，项目完成主体工程建设，进行室内外装修施工。该项目投用后，有利于完善该区消防基础设施，提升综合救援处置能力，保护居民群众生命财产安全，强化消防知识宣教功能，提升市民的消防安全意识和消防应急技能。（邹 蛟）

征 地

【概况】 长沙市雨花区征地服务中心（简称“区征地服务中心”）负责雨花区内集体土地征地补偿安置工作的组织、实施、协调、监督和管理工作。

2020年，雨花区集体土地征地补偿安置工作紧扣全区“强化党建引领，攻坚项目建设”工作主题，突出重点，加大征拆力度，推进项目建设。区征地服务中心全面加强法治建设，全员开展法治教育，组织学习《中华人民共和国民法典》及相关业务政策，全面提升依法行政能力。妥善应对各类行政诉讼案件，参与行政诉讼案11起，做到案案有落实、件件有回音。制定《区征地服务中心党政领导班子议事规则》，重大事项按照“集体领导、民主集中、个别酝酿、会议决定”的原则集体讨论决定。依法依规开展政务服务工作，及时将“三公”经费、征地公告、党政动态等信息在政务网上公开公示，政务公开信息65条。落实“企业服务日”工作要求，为环保大道东延线、白田二期保障住房项目、裕天国际商汇中心二期等项目的落地建设做好拆迁扫尾服务。（冷冰然）

【基础工作】 2020年，雨花区积极应对新国土法调整，组织学习新的《中华人民共和国土地管理法》，多次研讨，多方征求意见，研究制定征地拆迁工作新流程，服务新项目的用地报批。组织各街镇学习新《中华人民共和国土地管理法》和用地报批新程序，共同探讨在新程序执行过程中遇到的新问题，为今后打好全区全面执行新程序基础。积极应对拆迁群众一次性补缴职工养老保险政策调整，按照应保尽保的原则，采取特事特办的方式，符合条件的59个项目1926人全部纳入范畴，有效地保障拆迁群众的合法权益，减少因社保政策调整导致的矛盾纠纷和信访问题。按老程序发布《征收土地方案公告》14个；按新程序发布《拟征地公告》39个，《征地补偿安置公告》24个，《土地征收实施公告》1个。对新启动项目充分做好风险预判，加强征拆风险源头控制，召开风险评估会议15次，出具项目风险评估报告39个。严把审核关口，审核征拆项目新落户居民户口360人，大病困补284人，开展一、二轮会审68次、个案会16次、结算会10次，项目合法面积认定35个。对拆迁补偿安置执行全过程公开，全补偿公示。所有项目按照统一要求制作公示板，在各指挥部显要位置和拆迁区域，对拆迁补偿情况进行三轮会审、三榜公示，引入民主监督机制，增强征拆工作透明度，让老百姓懂政策、明算账，拆得放心。在完成调查登记后进行第一榜公示，公示拆迁对象调查资料，包括房屋情况、人员情况、权证情况等；在发布征求意见公告后进行第二榜公示，公示一轮会审认定的拆迁补偿资金并征求意见；在发布实施公告后进行第三榜公示，公示三轮会审认定的所有房屋拆迁补偿资金，包括补偿、奖励、困难补助、大病救助等，三榜公示后房屋补偿资金原则上不再调整，真正做到阳光透明、公平公正。（冷冰然）

【项目征拆】 2020年，雨花区铺排征拆项目82个，涉拆面积453.33公顷，应拆合法房屋1463栋，合法房屋签约898栋，拆除799栋。落实长沙市“大干一百天 实现双过半”工作目标，聚焦市、区百日竞赛项目，省、市重点考核项目和重大民生保障项目，开展攻坚行动，精准施策，精准服务，通过启动一批、清零一批、结算一批、执行一批、安置一批，推动征拆任务完成。开展“百日征拆大会战”，抢抓时间进度，拆迁建设总指挥部坚持每周一调度，每日一通报，统筹推进全区项目；各个街镇指挥部和项目指挥部坚持每日一调度，集中力量攻坚单个项目；一线工作人员充分摸底，坚持每日工作一小结，动态跟进项目情况。全年电子物流园7号地、环保大道东延线、红旗路二期、黎托北路、潭白北路、粟塘路等39个项目拆除清零，雅塘冲路、儿童福利院、扬子路、白田变电站、花桥村安置地等26个项目结算交地。林科北路、杨子路、侯照路、电子物流园7号地、环保大道东延线等9个区百日竞赛项目全部按期确保进场施工，21个重点工程项目，17个进场施工，省“三干一线”重点工程洞株公路改扩建项目抢抓时间、协调资金难题，从发布征地公告到线内合法房屋清零用时42天。市断头路项目石坝路集中攻坚，扫尾清零用时35天。市重点工程雅塘冲路（东段）项目仅用时31天完成全部房屋签约清零，实现新国土法程序的落地。服务重点片区和重点项目征拆，解决征地新程序、高铁片区内大拆违后设施补偿、项目红线内集体设施认定方式等5个问题，助推项目的拆迁腾地。高铁新城片区铺排项目35个，合法房屋签约593栋，拆除520栋，完成曌梨水文站、黎托北路、潭白北路、粟塘路、阳青东路、片区24号地夹缝地、15号路、16号路、片区5号地（核心区）、城投4号地等18个项目拆除清零。雅塘片区铺排项目7个，合法房屋签约211栋，拆除173栋，完成井塘城投22号地、中城苑扩征、环线小学3个项目拆除清零。配合完成红星片区首开区的相关征拆工作，助推首期地块顺利完成挂牌前期工作。（冷冰然）

【安置保障】 2020年，雨花区坚持多措并举、多管齐下，保障住房安置、过渡安置、社会保障安置、货币回购安置多种方式相结合，充分确保被拆迁群众早日安居乐业。完成颐景苑一期、洪塘佳苑、联盟佳苑、黎景苑二期、太和园、石马雅苑等保障住房安置小区的分房工作，实现分房568套，安置1096.75人（安置申购户型有80平方米、100平方米、120平方米、140平方米4种类型，拆迁安置对象每人可申购保障住房为80平方米，因此安置分房80平方米、100平方米、120平方米、140平方米，即分别等同于安置1人、1.25人、1.5人、1.75人）；实现川和苑交房3152套，安置3701人。发放延期过渡费8909.8万元，确保拆迁群众在外安心过渡。社保审核纳入974人，累计纳入35265人，纳入社保率100%；全年缴纳社保资金6065.8万元，累计解缴31.52亿元。拓宽货币回购安置渠道，扩大纯货币化安置覆盖面，引导被拆迁群众选择货币补贴安置，完成雨花亭街道、东山街道、黎托街道、洞井街道纯货币安置298.5人，涉及金额9202万元。（冷冰然）

【住房申购资格会审】 2020年，雨花区全面推动项目拆迁，确保拆迁群众的切实利益，做到拆迁与安置同步，做好住房申购资格会审工作，由区征地服务中心牵头，会同区卫健局、区资规分局及相关街道、社区开展保障住房申购资格联合会审，依法依规审核申报对象的征拆人口入册、户籍性质、独生子女证、半边户、世居非农资格等情况，对少部分申报家庭的申报材料不够齐全情况，第一时间通知申报家庭补齐材料，严格把关重报、漏报人口的保障住房资格审核。5月8日、9日，联合会审环保大道东延线（振东路—红旗路）、白田变电站等项目保障住房申购资格，审核98户、304人，其中纯农户260人、半边户20人、世居非农户8人、独生子女证16本。9月中下旬，联合会审先锋路、板塘储备地待拆、花桥村安置用地、花桥社区生活安置地、轨道6号地、城投7号地、轨道7号地、医疗8号地、医疗9号地、城投18号地等项目的已拆对象安置指标申购，审核通过130户待安置对象申购资格。10月27日，联合会审支路15、支路16、官寺冲路等项目保障住房申购资格，审核43户、149人，其中审核纯农户131人、半边户6人、世居非农户1人、独生子女证11本。（冷冰然）

【保障住房分配】 2020年，雨花区推进保障住房分配，秉持公开公平公正的原则，严格按照分房流程，全程录像、由装箱代表现场拆封核对剩余房源、纪委监督、叫号登记签名等操作执行到位。4月24日，新宇川和苑小区保障住房剩余房源分房的对象4户，分房11套，其中80平方米户型10套，100平方米户型1套；川和苑小区尚余房源11套，其中80平方米户型7套，100平方米户型2套，120平方米户型2套。5月22日，自然苑保障住房（颐景苑）第七批次分配房源7套，其中50平方米户型4套、100平方米户型2套、125平方米户型1套，安置10.5人；剩余94套，其中50平方米户型48套、100平方米户型38套、125平方米户型8套，可安置144人。5月29日，黎托街道星城新宇川和苑第三批分房分配剩余房源9套，其中80平方米户型5套，100平方米户型2套，120平方米户型2套，安置10.5人；剩余80平方米户型2套，可安置2人。6月12日，洪塘佳苑分房6户6套，其中80平方米户型3套、100平方米户型3套，安置6.75人。7月15日，石马保障住房第一批次分房464套、其中75平方米户型120套、100平方米户型179套、125平方米户型165套，安置950.5人；剩余100平方米户型165套，125平方米户型57套，可安置472.5人。11月24日，星城新宇·桃花苑分房安置15户28人19套房屋，其中80平方米户型5套、100平方米户型1套、120平方米户型3套、140平方米户型10套。（冷冰然）

【安置工作碰头会】 2020年4月2日，雨花区拆迁建设总指挥部组织召开全区安置工作碰头会，研究讨论川和苑、中城苑、联盟佳苑分房及社保工作有关情况。会议由区征地服务中心主任吴海军主持，雨花经开区、区人社局、区征地服务中心、区城投公司、长沙高铁新城片区开发建设指挥部、相关街道相关负责人等参加会议。

（冷冰然）

【征地新程序研讨会】 2020年4月14日，雨花区政府副区长吴平辉在区拆迁建设总指挥部二楼会议室组织召开全区集体土地征地新程序研讨会，研讨新旧程序工作流程、牵头主体、具体要求等变动情况，落实集体土地征拆项目新程序。吴平辉强调，在新旧程序过渡期间，必须坚持依法征收、保障权益、试点先行、全面扫尾、提前申请、加强宣教、做好汇报，确保集体土地征地新程序工作依法推进、有序推进。区征地服务中心主任吴海

2020 年 4 月 14 日，雨花区集体土地征地新程序研讨会　　（冷冰然　供图）

军，区资规分局局长朱光、副局长邓勇、曾范，区司法局副局长周子贤等相关负责人参加会议。　（冷冰然）

【学习研究会】 2020 年 12 月 1 日，雨花区召开集体土地征拆工作学习研究会，专题研讨长政发〔2020〕14 号《长沙市人民政府关于明确长沙市征地补偿安置有关问题的通知》，逐条逐项逐一对照长政发〔2015〕21 号文件，逐条逐项明确新旧文件在涉及的职能部门、职能职责及相关概念上的变化；探讨交流“拆迁对象认定”“半边户”等问题，建立学习探讨机制，对征拆过程中的疑难点问题、信访问题及时对接、实时跟进、按时解决；明确所涉部门职责，加强部门对接交流，推动按文件要求落实征拆安置工作。

（冷冰然）

【征拆项目任务研讨会】 2020 年 1 月 7 日，雨花区征地服务中心召开 2020 年集体土地征拆项目任务研讨会，讨论各街镇及相关单位报送的 2020 年征拆项目，初步确定 2020 年拟实施的征拆项目任务，明确各项目的清零时间节点及责任街镇，奠定 2020 年集体土地征拆工作基础。　（冷冰然）

【“百日征拆”调度会】 2020 年 4 月 3 日，雨花区拆迁建设总指挥部组织召开全区集体土地“百日征拆大会战”工作调度会，区拆迁建设总指挥部办公室主任、区征地服务中心主任吴海军主持。会议要求各有关单位要在目标上聚焦、程序上规范、调度上绞紧、安置上统筹、资金上保障、结算上加快、处遗上担当、考核上兑现，推进集体土地征拆工作。区政府副调研员易云和强调，各有关单位要切实加强项目结算、加强力量分配、加强工作对接、加强宣传引导、加强安置明确、加强矛盾化解、加强工作主动，全力以赴赢取“百日征拆大会战”胜利，为推动区域经济发展加码加力。区拆迁建设总指挥部各部室关负责人，涉农街镇征拆安置工作分管领导及征拆安置线主任参加会议。6 月 1 日，雨花区拆迁建设总指挥部组织召开全区集体土地“百日征拆大会战”工作调度会，各街镇简要汇报“百日征拆大会战”工作推进情况并表态，总指挥部各部相关负责人答疑解惑各街镇提出的问题，安排部署下阶段工作。易云和强调，有关单位要坚持“百日征拆大会战”目标任务决心不能变、坚持上下左右的协调工作机制不能变、坚持敢吃苦打硬仗的作风不能变，严格执行政策程序不变样，确保各项工作有序推进。吴海军主持会议，区拆迁建设总指挥部各部室负责人，各涉农街镇征拆安置工作分管领导及区域建设服务办主任参加。　（冷冰然）

【专题工作调度会】 2020 年 5 月 20 日，雨花区城建线专题工作会议召开。区住建局、区征地服务中心、区征收办、区资规分局汇报“百日竞赛”、建筑工地及周边环境整治、既有多层住宅增设电梯、营商环境优化、扫黑除恶专项斗争（建筑领域、自然资源领域）、“百日征拆大会战”、违法用地整治、闲置土地处置等工作部署，与会各街道（镇）进行表态发言，区政府副区长吴平辉明确工作重点和工作思路，部署调度 10 项重点具体工作，要求各单位要协同联动、全力以赴，深入推进百日竞赛、项目建设、百日征拆大会战、土地违法整治等工作。　（冷冰然）

【分房工作调度会】 2020 年 4 月 13 日，雨花区在雅塘新城三年改造指挥部召开石马村中城苑分房工作调度会，讨论研究中城苑分房工作进展情况、工作中存在的问题和困难，倒排下阶段具体工作时间，确定时间节点和责任分工，确保中城苑按时顺利分房、交房。区政府副调研员易云和，区政府副调研员、雅塘片区副指挥长文洲，区征地服务中心、区拆迁事务所、区城建投、雨花亭街道、雅塘指挥部等单位相关人员参加会议。5 月 27 日，同升街道联盟佳苑分房工作调度会召开。街道拆迁领导小组常务副组长张文斌讲解房工作的具体人员安排及各岗位职责要求，雨花经开区调研员、联盟佳苑分房工作总指挥长陈建新提出整体要求。经开区社会事务局、经开区开发公司、区征地服务中心等单位相关人员参加会议。6 月 5 日，中城苑分房工作调度会召开，专题研究讨论中城苑分房工作中涉及的个案问题，商议具体解决方案。易云和、文洲、区征地服务中心、区卫健局、区城建投、雨花亭街道、石马社区筹委会等单位相关人员参加会议。7 月 7 日，文洲主持召开石马雅苑分房工作调度会，安排部署分房涉及的各项工作，要求各成员单位责任上肩，通力协作，做到宣传发动、人员通知到位，现场维护、防疫工作到位，外部交通、人员引导到位，后勤保障、服务措施到位，确保分房工作顺利有序推进。区征地服务中心、区城投、区公安分局治安二大队、区城管拆控违中队、区交警中队、雨花亭派出所、雨花亭街道、石马村等相关单位主要负责人参加。

（冷冰然）

【经验分享】 2020年11月28日，雨花区征地服务中心主任吴海军在雨花区2020年青干班培训会上，以“在征拆工作中担当作为”为主题，展现雨花区集体土地征拆工作的成绩成效，分享征拆的“要事”“难事”“苦事”“乐事”，推介征拆线上的虎将、福星，剖析雨花区征拆现状与特点，认为要做好征拆工作必须做到“五个一”（绘好一张图：目标蓝图；搭好一个台：机制平台；守住一根线：政策底线；织密一张网：保障之网；鼓足一股劲：工作干劲），必须凝聚五种精神（“同舟共济扬帆起”的团队精神、“咬定青山不放松”的执着精神、“不破楼兰终不还”的攻坚精神、“衣带渐宽终不悔”的奉献精神、“一枝一叶总关情”的为民精神），勉励青年干部要秉承征拆精神，勇于担当作为，要惜时如“金”，做不负韶华的先行者；要奋发如“木”，做昂扬向上的攀登者；要包容如“水”，做海纳百川的践行者；要激情如“火”，做善作善成的开拓者；要奉献如“土”，做雨花事业的建设者。

（冷冰然）

征　收

【概况】 长沙市雨花区城市房屋征收和补偿管理办公室（简称“区征收办”）为区人居环境局所属正科级公益一类事业单位。主要负责组织实施城市房屋征收和补偿管理工作，包括发布征收公告、拟定征收补偿安置方案，组织签订征收补偿安置协议等。

2020年，区征收办被评为“长沙市文明单位”、全市城市人居环境系统“城市房屋征收工作突出单位”、全市城市房屋征收系统“征收管理突出单位”、“综合联动突出单位”、“百日征拆大会战”要素保障先进单位、项目建设与帮扶红旗单位、重点工程建设协调服务工作先进单位。（张　丽）

【征收项目】 2020年，雨花区拟实施国有土地征拆项目42个，涉及征收911户（含40家单位280户公房），需拆除房屋面积约16万平方米。实施国有土地征拆项目27个，包括棚改项目9个。其中，实施棚改扫尾项目5个，大吉门窗厂宿舍完成签约腾地；王公塘片区（一期）001栋模拟征收项目、省机械化施工公司片区棚改项目（一期）实现签约腾房清零；汽车制造厂宿舍完成签约腾房，仅余1栋房屋由于安全问题暂未拆除；劳动路两厢地块棚改项目BCD地块完成15户私房及65户公房的签约。启动棚改项目4个，涉及征收451户私房，3家单位91户公房，征收房屋面积约35433平方米。省机械化施工公司片区棚改项目二期、三期分别有148户、154户完成签约腾房；王公塘片区二期完成签约122户，仅余2户未签约，腾房117户；劳动路两厢地块棚户区改造项目（E地块）发布征收范围公告（一公告）。实施基础设施项目18个，环保大道东延线、椤梨水文站、林科路、红星大市场迁建、侯照路、园博家园、七里小学、先锋路、双塘路、紫薇路10个项目完成腾地工作；稳步推进友谊小学、川河路等8个项目，发布征收公告。（张　丽）

【征收管理】 2020年，雨花区统一管理城市房屋征收工作。区棚改征收拆迁建设指挥部整体调度全区征拆工作，项目指挥部、街道指挥部具体实施，集中攻坚；区人居、住建、民政、城投等职能要素部门密切配合，突出问题、专题研究，共同商讨、积极化解，推进项目。区长坚持重要节点适时调度、分管区长按项目推进情况专题调度、联点县级领导和街道“一把手”坐镇项目指挥部密集调度，全面强化调度机制，确保项目按期保质推进。区征收办依法依规办理公告等征收程序及文书154件，为项目实施征收工作提供程序保障；任务目标下达至各街镇，结合区“百日竞赛”指标，制定“百日征拆大会战”考核细则，加强督查、压实责任，以考促征。依法依规办理各类公告等征收程序及文书85次。组织召开征收补偿方案论证会、社会稳定风险评估会等会议10次。及时有效完成各类诉讼案件应诉工作10例，无一例违法情况。申请法院强制执行1户，实施强制执行1户。实行领导包案督办制，专人负责处理信访，接待和处理信访案件460例700余人次，其中当面接待280批、书面回复省网上信访系统8例、“12345”市民热线工单33例、依申请信息公开8例、其他交办件6例、化解息访息诉对象67户。重点对项目推进过程中存在的非经营性资产移交、军产、未登记建筑合法性认定等问题进行全面梳理、分类、汇总，区主要负责人亲自进行协调，召集相关部门进行专题研究讨论，形成具体解决方案，真正做到实质性推进征收工作。征收决定发布前，多途径、多渠道做好政策解读，开展房屋调查工作，科学制定房屋征收补偿方案，真正做到征收政策深入人心，事实调查清晰明了，补偿方案制定精准。征收决定发布后，严格把关政策，依法规范操作，绝不敷衍塞责、变形走样，做到“一把尺子量到底”。根据征收进度依法进行信息公开，实时公布征收公告、签约进度、征收补偿款等相关情况，真正做到公平、公正、公开，有效打消被征拆对象“不患多寡患不均”的疑虑。（张　丽）

【征拆工作推进会】 2020年3月25日，雨花区征拆工作推进暨土地督察整治工作会召开，会议总结2019年全区征拆工作成效，安排部署2020年“百日征拆大会战”及土地督察整治工作。会议明确2020年的全年征拆和土地督察整改工作任务，强调以“百日征拆大会战”和土地督察整改集中攻坚为抓手，聚焦发展、奋力攻坚，加快推进片区征拆腾地，推动土地督察整改问题清零，为推动区域经济发展加码加力。黎托街道、东山街道、左家塘街道、跳马镇作就征地征收和土地督察整治工作表态发言。区委副书记、区长刘素月指出，要突出重点，全速推进，把握重点关键，分清轻重缓急，打破常规、倒排工期、挂图作战，推进“百日征拆大会战”和土地督察整改工作；要凝聚合力、全员参与，各项目指挥长要发挥牵头抓总的作用，各街镇要落实属地责任，各有关部门单位要协同作战，全区各级各部门要心往一处想、劲往一处使，形成强大

2020 年 5 月 7 日，雨花区市级统筹棚改项目专题会议　（张 丽 摄）

合力。区委书记张敏强调，以应急状态抓征拆，紧盯目标、赶超进度、务实求效，通过“百日征拆大会战”，推动百日竞赛项目、省市重点考核项目、重大民生项目顺利实施，确保成效，以重点攻坚抓征拆，针对重点片区、重点地块、重点项目、瓶颈难题，集中力量、加强调度、集中时间攻坚，确保按时限要求完成；以科学方法抓征拆，坚持阳光征拆，刚性执行政策，争取做到一把尺子量到底，一个政策管到底，确保政策到位、程序到位、补偿到位；加强统筹保障，统筹考虑项目盘子、资金盘子，提前做好资金筹划，确保征拆资金按时筹措到位；确保安全稳定，始终把安全稳定作为征拆工作的底线，方案要稳妥，程序要到位，工作要严密，检查要细致；以责任上肩抓征拆，要压实责任、浓厚氛围、严格考核，要以更大决心、更强力度、更实举措，在大战大考中交出征拆工作的满意答卷。

（张 丽 冷冰然）

【环保大道东延线项目清零】 环保大道东延线项目作为长沙市重点工程建设项目，项目攻坚队采取分小组分批次与企业负责人谈判，最小程度地减少人员聚集。2020 年 2 月 29 日，雨花区征收办、跳马镇相关负责人与云昊机械有限公司负责人，经过 3 个多小时的谈判协商，与云昊机械有限公司征收补偿工作达成共识，实现签约，环保大道东延线项目国有土地征收工作实现签约清零。　（张 丽）

【征收工作调研调度】 2020 年 1 月 9 日，雨花区征收办在区棚改征收拆迁建设指挥部召开会议，研讨 2020 年国有土地上的征收工作。1 月 14 日，区政府副区长吴平辉到区棚改征收拆迁建设指挥部调研棚改征收工作，听取区征收办全区国有土地上房屋征收和补偿工作情况汇报。1 月 20 日，吴平辉调研劳动东路两厢地块棚改项目扫尾清零项目，听取左家塘街道劳动东路两厢地块棚改项目的扫尾清零工作情况汇报，以及与会人员的意见、建议。吴平辉从拉动区域经济、完成上级任务、打好攻坚战役 3 个方面提出具体工作要求。3 月 1 日，吴平辉现场调研井湾子和左家塘街道棚改项目征拆工作，听取井湾子街道 2020 年棚改征拆工作的汇报，重点了解井湾子街道所有棚改项目的进展情况，以及项目推进中遇到的问题；了解左家塘街道王公塘、劳动路 E 地块等项目的启动前期工作准备情况，可能存在的困难和问题。3 月 12 日，左家塘棚改指挥部负责人调研左家塘劳动东路、王公塘棚改项目，听取项目难点问题，提出指导性建议；区政府副调研员刘广平在区棚改征收拆迁建设指挥部，主持召开左家塘街道劳动东路两厢地块棚户区改造攻坚调度会，研究劳动东路 BCD 地块清零扫尾框架方案和具体实施方案；区征收办在区棚改征收拆迁建设指挥部组织召开征拆项目工作推进会，对接杨子路征拆工作，铺排现场查看杨子路的具体工作任务。4 月 2 日，区委常委、宣传部部长、雅塘片区指挥长余宏卿调研雨花亭街道棚改项目，听取街道、区征收办对汽制、大吉项目前期工作情况及雅塘村、华云项目扫尾情况汇报，分析研讨项目攻坚中的具体问题，明确推进方案，铺排工作要点。4 月 8 日，刘广平组织召开林科路（湘府路—双塘路）建设工程项目推进会，研判威兴风机厂合法权证等问题。4 月 15 日，长沙市征收办副主任李娟、拆除科科长许复平，区征收办邓兵强到汽配 5 栋拆除现场进行安全巡查，提出指导建议，明确安全责任。4 月 16 日，吴平辉、刘广平到梨子山、劳动东路两厢 A 地块、省话剧团、长城信息等项目现场，实地了解项目推进情况和存在问题，围绕项目拆除腾地、项目调规、土地出让等工作，为全区棚改项目精准“把脉”。4 月 17 日，余宏卿到项目指挥部调研，街道项目指挥长杨丹汇报汽制、大吉项目扫尾攻坚工作情况，项目负责人汇报相关情况。4 月 20 日，刘广平主持召开长沙市环保大道东延线和紫薇路两个道路建设项目国有土地征拆社会稳定风险评估会议，区征收办解读拟定的社会稳定风险评估报告，区委政法委、区信访局、区发改局、区住建局、区司法局、区城管综合执法局、市生态环境局雨花分局、区城投集团、市自然资源和规划局雨花区分局、区征收办、跳马镇、高桥街道、圭塘街道、湖南环保科技产业园开发建设投资有限责任公司等与会部门对报告发表意见，会议一致认定两个项目的风险评价等级为低风险，可以实施国有土地房屋征收。4 月 28 日，刘广平主持召开华云棚改项目遗留问题处置工作调度会，雨花亭街道汇报关于华云 7 户认定问题及工作组前期工作情况，提出处置问题相关意见和建议。区征收办和其他与会各部门对综合认定意见进行研讨，为稳步实施项目后续工作奠定基础。5 月 6 日，刘广平到劳动东路棚改项目指挥部召开项目扫尾清零工作会，听取各组工作进度汇报，并从乘胜前进、全力以赴、稳中求进、妥善处理个案4个方面，安排部署5月扫尾清零工作，确保5月底实现签约6户、腾房15户的工作目标。5月7日，吴平辉组织召开雨花区市级统筹棚改项目专题会议，就雨花区市级统筹棚改项目在征收过程中存在进度较慢或者停止的项目进行分析研究，与会单位汇报情况并提出意见和建议，提出工作推进的意见。5月14日，地铁6号线窑岭·湘雅二医院站征拆项目一期协议签订调度会在侯家塘街道3楼会议室召开，区委常委、组织部部长龚畅，区人大常委会副主任杨仕斌出席会议，区涉铁指挥部、区征收办、侯家塘街道、市轨道集团6号线公司、铁四院、省歌舞剧院、长大集团等单位负责人参加会议，会议就征拆协议充分沟通、交换意见，对协议条款达成一致，本月底实现腾房倒地。8月18日，刘广平在区棚改征收拆迁建设指挥部主持召开会议，论证雅塘冲路（洞井路—圭塘路）道路工程建设项目和友谊小学建设项目征收补偿方案。8月26日，吴平辉到劳动东路项目指挥部组织召开项目扫尾清零工作调度会，分析研究劳动东路BCD地块扫尾清零情况、存在的困难和问题，安排部署工作。9月11日，长沙市征收办主任邓琳春一行调研雨花区国有土地征拆工作，现场查看左家塘街道劳动路两厢棚改项目BCD地块和井湾子街道省机械化棚改项目（二、三期），区征收办主任汇报近几年雨花区国有土地征拆工作情况。9月22日，余宏卿主持召开雅塘冲路（东段）电业局宿舍2号栋征收工作研究会，听取项目情况情况汇报，研讨征收手续办理问题，明确相关工作方案。11月1日，刘广平调度实施劳动路项目汽配4栋拆除，拆除房屋面积1347平方米。11月12日，刘广平到劳动东路项目指挥部进行工作调度，研究部署公房和拆除工作。（张　丽）

【冬季安全生产检查】 2020年12月30日，雨花区征收办联合区城建投、街道项目负责人，对劳动东路两厢地块棚户区改造项目A、B、C、D地块、王公塘片区地块棚户区改造项目（一、二期）、雅塘片区综合改造项目一期（大吉门窗厂宿舍地块）、时代阳光大道东延线（红旗路—川河路）道路建设工程项目进行安全检查，重点检查待拆建筑物，排查安全隐患，有效应对低温雨雪天气对国有土地上拆除项目的施工影响，确保各征拆项目安全施工。

（张　丽）

城市投资开发

【概况】 雨花城市建设投资集团有限公司是区政府出资设立的国有独资企业，负责经营管理区属国有土地和房屋资产的招商、转让和开发，重点工程的融资、建设，拆迁农民保障住房建设，社保融资用地一级整理等。承担全区保障住房、雨花市民之家、道路提质改造、圭塘河治理等一大批市区重点工程建设，其中保障住房项目建设规模居长沙市区级城投首位。负责棚户区改造和城中村改造融资工作，公司负责全区多个重大项目建设和区委、区政府交办任务的资金筹措。负责经营管理区属国有土地和房屋资产的招商、转让和开发，重点工程的融资、建设，拆迁农民保障住房建设，社保融资用地一级整理等。资产总面积42.6万余平方米，包括经营性资产与非经营性资产；保障住房物业配套用房（回购中）面积10.1万余平方米。集团下辖10家子公司。

2020年，雨花城市建设投资集团有限公司管理经营性资产25.4万平方米，实现资产租赁收入2600万余元，资产闲置率控制在10%以内；为103户符合条件的商户提供租金减免政策，减免金额1031万元，管理的企业商户复工率达100%。盘活空置物业面积1万平方米，新增租赁合同总收益约1.63亿元。（李湘林）

【城市建设】 2020年，雨花城市建设投资集团有限公司在建城市建设项目9个，包括保障性住房建设项目4个、维修整改项目1个、农民安置房代建项目1个、社会公益性项目2个、闲置楼宇改造重建项目1个，建设总面积超过130万平方米。其中市级重点项目和景家园西片区主体施工总层数20层；东升家园完成基坑土方16万立方米；颐景苑1A1B项目完成基础工程及地下室施工；中城苑一区竣工，二区主体施工总层数20层，三区完成主体部分建设。圭塘河智能生态停车场、市民之家完成基础工程及地下室施工，主体工程建设进展顺利。（李湘林）

【城市更新】 2020年，雨花城市建设投资集团有限公司完成湖南省下达棚改任务260户，完成率100%；完成长沙市下达棚改四项任务涉及项目成本结算7个。按最新、最严格的土地供应“净地”要求，成功挂牌出让社保融资用地3宗，获得土地出让金11.2亿元；出让全区首个棚改项目长城信息项目，实现回笼资金约3.51亿元。雅塘片区控规方案经过充分征求意见，由专家组织评审，进一步优化设计方案。联手央企金茂公司提前战略布局，进行物业定制，洽谈二、三期合作事宜。

（李湘林）

【城市运营】 2020年，雨花城市建设投资集团有限公司完成川和苑、中城苑、自然苑、黎锦苑4个保障性住房小区的交房分房工作，交房3646套，分房514套，安置人口4934人。其中川和苑为雨花区单批次集中交付数量最多的保障性住房项目；中城苑则以优秀的建筑品质赢得百姓口碑，获得省、市媒体的宣传推广。开展房屋回购工作，解决约240个安置对象回购需求，回购面积1.92万平方米，发放回购资金7680万元。二期雅塘村社区棚改地块出让已过土委会，二期开发资金方案基本确定。（李湘林）

【融资业务】 2020年，雨花城市建设投资集团有限公司全面加强与金融机构的对接，实现融资资金58.92亿元，通过提前偿还高成本债务及债务置换方式节约财务成本；打通市场融资渠道，新增债券融资计划、理财直融工具，启动非公开公司债、超短期融资券、中期票据等业务渠道，储备10亿元企业债、10亿元中票、10亿元超短融发行批复，解决 2021 年融资需求。发挥 AA+ 信用评级优势，抢抓政策和市场发展机遇，实现融资成本大幅下降，融资资金、渠道大幅提升，全年融资较上年同比增加 127%；顺利发行 PPN，创近 3 年来湖南省同品种利率新低。向北京金融资产交易所申报注册的 2020 年度第二期债权融资计划成功发行，募集资金 4.4 亿元，票面利率为 5.3%，债券期限为 3 年。

（李湘林）

自然资源和规划管理

【概况】 长沙市自然资源和规划局雨花区分局（简称“区资规分局”）为长沙市自然资源和规划局派出的正科级行政单位，管理国土执法监察大队、规划执法监察大队，征地拆迁事务所，辖中心、黎托、洞井和跳马 4 个自然资源和规划管理所。

2020 年，区资规分局统筹疫情防控和服务发展，贯彻落实长沙市、雨花区战略部署，推进资源的要素保障和资源惠及民生，完成全年各项任务。坚持把节约集约政策融入日常工作，在项目报批、用地规划、招商引资、项目调度等工作中积极推广、严格落实。严格用地标准控制，强化用地批后监管，提高土地利用效率，推进全区土地节约集约利用水平。2020 年度单位国内生产总值建设用地量为每亿元 10.81 公顷，比“十二五”期末下降 26.28%。开展地质灾害动态巡查 600 余人次，重点隐患点巡、排查 60 余次，制作现状信息台账 40 余处，完成区级地质灾害点治理并通过初步验收 12 处。开展地质灾害科普培训和地质灾害应急演练活动，有效提升群众防灾抗灾和应急救援水平。推进房地一体宅基地权籍调查和确权登记发证工作，完成权籍调查 18567 户，调查率 100%，推进跳马镇 7000 户登记发证工作。推进房地产办证信访突出问题化解工作，同升湖和白竹水乡、泰禹四期、利璞大厦、巴陵石化等一批重点项目房产办证难题得到有效化解。妥善化解和处理各类矛盾纠纷和信访事宜，接待来访群众 40 批次，75 人次，回复信访件 23 件；举办听证会 25 次，回复市长信箱 22 件，网络问政 15 件，区长信箱 21 件，“12345”热线工单 336 件，信息公开 29 件，满意率 100%。该分局被评为长沙市文明标兵单位。

（周永平）

【规划编制】 2020 年，雨花区强化规划顶层设计意识，组织区直部门和街镇主要负责人学习中共中央、国务院印发的《关于建立国土空间规划体系并监督实施的若干意见》；开展雨花区跳马和黎托南片区规划编制讨论，有效解决跳马、雨花经开区以及全区建设用地存在的一些规划问题。高铁新城、雅塘片区、红星片区开启“城市更新”的“多规合一”和城市用地政策。实行镇政府为主体，分局技术指导，稳步推进雨花区跳马镇国土空间及村级规划。编制跳马镇镇域国土空间规划，编制村级国土空间规划初步方案，省级试点的关刀新村、金屏村、石燕湖村 3 个村的村庄规划通过区级专家评审会和市级专家评审会。

（周永平）

【土地督察】 2020 年，雨花区以土地督察为中心，实行“月清三地”（撤批土地、闲置土地、违法用地清理实行月清月结）“月发现、月预警、月处置”，开展“净地攻坚”“乱占耕地建房摸排”行动，加强批后管理，构建全区最严格的土地和规划管理秩序。2018 年度、2019 年季度卫片存量违法用地完成整改 44 宗；2020 年季度卫片 3 宗违法用地，全部按要求处置整改到位。历年例行督察闲置地限期整改，完全整改到位 20 宗，阶段性整改到位 17 宗，整改完成率 100%。雨花区增存挂钩闲置土地任务清单处置到位率 57%，超过 50% 的处置要求。全区 2009 年以前批而未供面积 31.79 公顷，全部备案核销；2009—2017 年批而未供面积 413.50 公顷，已供 108.30 公顷，备案核销 103.36 公顷；2018 年批而未供面积 43.95 公顷，已供 0.02 公顷，备案核销 30.76 公顷。清查供而未建非“净地”2 宗，消除非“净地”原因，实现“净地”出让。严格执行国务院、省、市关于农村乱占耕地建房问题整治工作专项行动的工作部署，对全区 3050 个乱占耕地建房图斑信息进行摸排核查。加强批后监管，实行网格化巡查，全年放线 25 次，建设位置复验 1 次，巡查 43 次，竣工检查 34 次，公示 106 次。查处违法建设 10 起，下达“责令限期整改通知书”4 份，移送区城管部门案件 6 件。立案查处违法建设 4 件，其中上报市规划执法支队审理 3 件。落实中央环保督查问题整改、开展“绿心地区”违法建设查处，下达“责令限期整改通知书”5 份，移送区城管部门案件 5 件。推进雨花区湘江流域和洞庭湖生态保护修复工程试点攻坚行动，按预定计划在 12 月

2020 年 4 月 29 日，市自然资源和规划局雨花区分局地质灾害防治知识培训会议

（周永平 摄）

15 日完成全部 7 处矿点、19.97 公顷的矿山生态修复，完成率 100%。

（周永平）

【项目服务】 2020 年，雨花区实现按期腾地 200 余公顷，拆迁拆除房屋 699 栋，完成 36 个项目的拆除清零，24 个项目实现全面交地。一批省市重点工程项目火速推进，实现当年拆、当年建的目标。历时 14 年的“怡情水乡”项目实现收官。片区 8 号、9 号地，征地面积 29.03 公顷，合法栋数 151 栋，用时 8 天实现签约清零，刷新雨花拆迁“新速度”。服务全区项目建设，推进审批。按照新政策，发布拟征地公告项目 46 宗，面积 110.85 公顷。办理临时建筑工程规划许可证 24 宗。出台系列老旧小区改造便民惠民举措，采取“一窗受理、全程帮代办、部门联审”的办法，推进既有住宅增设电梯工作，审查备案电梯 63 台。推进“多规合一”，调整“挤出”规划空间，开展 5G 汇聚机房选址 6 次，审批通过 45 个，完成建设 35 个；完成 110 千伏级及以上变电站控规站址 17 个。（周永平）

【雨花区国土规划领导小组第 19 次会议】 2020 年 4 月 29 日，雨花区国土规划领导小组在区政府 1 号楼 A101 召开第 19 次会议。会议由区人民政府副区长吴平辉主持，区委副书记、区长刘素月，区委常委、常务副区长邹春林、雨花经开区管委会主任曾红鹰出席会议，领导小组成员单位和土地督察整改责任单位行政主要负责人参加会议。会议学习中共中央、国务院《关于建立国土空间规划体系并监督实施的若干意见》；对区资规分局提请的 11 个临时用地办理请求，会议要求在取得省市绿心准入支持的情况下，同意办理和完善临时用地手续。会议决定，区国土规划领导小组更名为区自然资源和规划管理工作领导小组。

（周永平）

【土地督察整治工作会】 2020 年 3 月 25 日，雨花区征拆工作推进暨土地督察整治工作会议召开，以战时思维、战时状态、战时行动推进全区土地督察问题整治。会议由区委副书记、区长刘素月主持，区政府副区长吴平辉全面部署全区土地督察整治工作，分析形势，提出任务和工作目标。区委书记张敏指出，土地督察整治任务艰巨，要敢于攻坚，面对困难，决心、方法很重要；他强调土地督察整改，要坚决按照省市部署，实行严格管理，4 月 20 日前，全面完成土地整治整改到位，解决历年挂账问题，不留一处违法图斑、不留一个整改不到位问题，决不能再出现新增违法用地。（周永平）

【省自然资源厅调研绿心保护】 2020 年 4 月 13 日，湖南省自然资源厅用途管制处二级调研员郭峰濂一行调研雨花区长株潭绿心地区用途管制与规划管理工作。调研通过听取汇报、现场讨论、实地走访的形式，为雨花区绿心地区用途管制与规划管理工作中的诸多难题提供切实有效的建议与指导。会议由区政府副区长吴平辉主持，长沙市自然资源和规划局雨花区分局党组书记、局长朱光汇报雨花区长株潭绿心地区用途管制与规划管理工作情况，并就规划编制、工业用地退出、安置地建设，国土统征手续办理等 4 个方面提出存在的问题及请求事项。市自然资源和规划局党组成员、副局长罗国良带领相关处室主要负责人参加调研指导。（周永平）

城市管理

城市行政管理

【概况】 长沙市雨花区城市管理和综合执法局（简称“区城管执法局”）主管全区城市管理工作，负责编制全区城市管理工作的总体规划、年度计划并组织实施；草拟全区城市管理方面的规章、制度，组织召开城市管理工作会议；依托城市管理信息平台，对全区城市管理工作进行监督、考核和评价等。下设区数字化城市管理指挥协调中心、区渣土事务中心，管理雨花区城市管理综合执法大队、区市容环境卫生维护中心、区园林绿化维护中心、区市政设施维护中心。

2020年，区城管执法局贯彻落实中央、省、市、区各项工作部署，在生活垃圾分类、燃气热力管理、“蓝天保卫战”、文明创建等重点工作中主动担当、尽心履职，取得一定成效。完成洞井商贸城、活力社区、砂子塘社区等1338户居民的天燃气安装；处置“12345”市民热线、来信来访等各类投诉约8000件；办结省级环保督查“回头看”工单30个，其中主办件3个，协办件27个；受理市区两级人大建议、政协提案28个，全部按期处置到位，办结率、满意率100%。（张珊珊）

【行政审批服务】 2020年，雨花区优化审批服务，实施水电气外线工程行政审批办理一张表单，城管、市政、园林、交警四部门一起现场查勘出具意见。实行容缺办理，对基本条件具备、主要申请材料齐全且符合要求的，经申请人承诺可先行受理，办理时限由6个工作日压缩到3个工作日办结，创全省最快。办理各类行政许可手续1331件，其中临时占道类642件、市政类316件、门店招牌类245件。

（张珊珊）

【项目建设】 2020年，雨花区完成省人大机关本院、省测绘院、七里庙社区、窑岭社区、景湾小区、曙光社区、铜铝材厂宿舍等提质改造项目；花侯路（湘府路—长沙大道）两厢路灯提质改造工程。安装家庭餐厨油烟机1.7万台；安装油烟在线监测服务项目点位180个。（张珊珊）

【综合整治】 2020年，雨花区推进清洁长沙、城市管理品质提升行动等综合整治，以花侯路、长沙大道、芙蓉路、韶山路等重要道路及火车南站、汽车南站、省人大、区政府等区域周边为整治重点，开展集中攻坚行动，实施6大专项整治，出动工作人员1.8万人次，车辆设备1500台次，完成市级下派攻坚问题171个，自查整改各类城管问题约2.7万个。依托数字化平台自查整改各类城管环保问题13.5万条；围绕红星周边、高铁新城片区、汽车南站等重点区域，上报整治案卷1.2万余条；实地查勘黄土裸露图斑60处，均复绿或硬化完毕；以数字化城管工作零失误为目标，通过月计划、周例会、日调度、重点督办等多种工作措施确保全区数字化城管一直保持高效运转，采集问题及时有效解决率99.77%，全市排名第一。成立6个专项督查组，从217个文明创建迎检点向周边延伸，开展全覆盖督查，发现并督促整改问题约1.6万个。开展“乱摆乱设”专项整治，办理门前三包、占道、店外经营类案件939起，机动车占道类案件1586起，市容环卫类案件166起。

（张珊珊）

【数字化城管】 2020年，雨花区城管执法局以数字化城管工作零失误为目标，通过月计划、周例会、日调度、重点督办等多种工作措施确保全区数字化城管保持高效运转，年度采集问题及时有效解决率99.77%，全市排名第一，全年有9个月数字化城管考核全市领先。（张珊珊）

【控违拆违】 2020年，雨花区对历史违建按照计划有序拆除，对新增违建坚持“零容忍”原则，拆除违法建设90处、5.7万平方米，控制新增违建56处、1800余平方米；收到21期、22期规划卫星图斑24处，国土卫片图斑8处，全部处置完毕；收到“12345”群众投诉332条，下达违法建设督办函197份，按期处理完毕；实现省儿童医院周边违法建筑全部清零，受到市优化营商环境工作领导小组办公室表彰。（张珊珊）

【渣土管控】 2020年，雨花区渣土智慧平台基本建成并投入使用，市、区信息基本同步，渣土处置工地、消纳（回填）场所基本信息以及车辆核准证信息可实现一键查看。坚持"控制扬尘""不冒黑烟""臭氧防控"三条底线，整治渣土扬尘，渣土运输车辆不按规定时间、线路运输的，一律暂扣车辆7天，顶格处罚；非专用车辆参与渣土运输的，一律查扣车辆，顶格处罚，并对建设单位停工3日整改；渣土运输车辆故意损毁智能管控和卫星定位设备逃避监管的，一律暂停办理渣土运输核准手续，禁止上路营运，并从重查处；渣土运输车辆未做到净车出场、密闭运输，造成线路渣土污染的，一律查扣车辆，从重处罚。办理各类渣土类案件808起，罚款约258万元；出动管理人员2.3万人次对渣土工地进行全覆盖巡查，处置办结市、区交办，市民投诉举报各类问题802个，下达停工整改通知单413次，约谈问题企业16次；开展渣土运输车辆常态化联合整治专项行动，检查渣土处置工地1053处次，检查运输车辆1262台次，查处违法违规车辆43台次。（张珊珊）

【垃圾分类】 2020年，雨花区强化垃圾分类工作宣传动员，推动垃圾分类全面覆盖，举办培训、情景剧等各类主题活动1066场，发动居民群众6.3万余人，被各级媒体报道263次。清运生活垃圾47万吨，清运达标厨余垃圾4.4万吨，年度厨余垃圾达标占比9.52%，内五区排名第一；收运餐厨垃圾1.37万吨，实现全区3735家餐饮门店全覆盖。收集可回收物9.7万吨，占全年生活垃圾总量的17.01%；宣传贯彻《长沙市生活垃圾管理条例》，全市率先开出垃圾分类第一张个人罚单。（张珊珊）

【燃气管理】 2020年，雨花区城管执法局印制"燃气安全使用告知书"3.6万份并结合"燃气安全情系万家"宣传册下发各街镇。对4家加气站、1家充装站、76家液化气三级供应站进行"全覆盖"式检查3次，排查整治餐饮门店3629家，发现整治安全隐患452处；对辖区81家燃气站点进行地毯式排查，多次开展突击行动，查处非法运输瓶装液化气黑车11台，取缔燃气黑窝点17处，暂扣各类钢瓶1416个，行政处罚金额4万元。全年无安全生产事故发生。（张珊珊）

【渣土运输工作部署会】 2020年1月7日，雨花区优化渣土运输工作部署会在东山街道办事处5楼会议室召开。会议学习市蓝天办《关于进一步优化全市渣土运输工作的方案（试行）》，传达市、区两级蓝天办相关会议和文件精神，部署实施错峰出行，推进渣土运输时间优化工作。区政府副调研员段仁华强调，区属各职能单位和部门，要转变思路，提高认识，认真履职，加大日常监管和执法力度，特别是针对不按新的规定时间和线路运输的，使用非专用车辆参与渣土运输等违规行为的，要坚决查处，从重处罚，保障雨花区优化渣土运输工作正常进行。区属各职能部门和单位部门负责人以及雨花区注册运输公司法人代表、辖区内渣土处置项目建设方、施工方运输方负责人参加会议。（张珊珊）

2020年11月30日，雨花区生活垃圾分类工作调度会　　（张珊珊 摄）

城管执法

【概况】 长沙市雨花区城市管理综合执法大队（简称"区城管执法大队"）负责城市管理方面的重大行政执法工作的组织实施，相对集中行使规划、市容环境卫生、城市园林绿化（不含园林公园）、环境保护、工商、公安交通、市政道路、户外广告、国土、桥梁隧道、燃气热力等方面的全部或部分行政执法权。下设20个执法中队，分为辖区执法中队、直属专业中队二类。

2020年，区城管执法大队开展校园和农贸市场周边市容环境秩序整治、文明创建迎国检、交通顽瘴痼疾专项执法整治、城市管理品质提升、省环保督查"回头看"等行动，着力美化市容环境秩序，完成"两会""三考"（高考、学考、中考）期间的市容秩序控制任务。办理各类行政处罚案件4335起，罚款金额390万余元。开出全市第一张垃圾分类个人罚单。处置"12345"市民投诉7451件，上级交办件168件，市民投诉件99件，人大政协提案12件，满意率在98%以上。加强主次干道的巡逻执法力度，维护良好市容秩序，确保"两节两会"、中非国际经贸论坛等重大活动和会议期间良好的市容环境秩序。抽调2万人次支援长沙南站，排查旅客体温等健康状况。抽调48名干部，支援侯家塘、圭塘、洞井等街道11个社区，指导协助社区疫情防控、辖区企业复工复产。获评雨花区2020年重点工程建设协调服务先进单位，雨花区项目建设与帮扶服务保障红旗单位，雨花区2020年生态环境保护工作（"蓝天保卫战"）考核一等单位。（余意）

【控违拆违】 2020年，雨花区城管执法大队推进拆违控违工作，对历史违法建筑按照计划有序拆除，对新增违法建筑坚持“零容忍”，发现一处，拆除一处。协助指导各街道（镇）拆违控违，拆除计划内违法建设74处、55657.84平方米；拆除计划外历史违建16处、1517平方米，控制新增违建56处1849平方米。处置22期、23期卫星图斑40处，国土卫片8处。其中，省儿童医院周边违法建筑实现全部清零，受到市优化营商环境工作领导小组办公室表彰。违法建筑370余处，12万余平方米，处罚267万元。（余　意）

2020年7月30日，受表彰的雨花区城管执法人员合影　（余　意　供图）

【环境综合整治】 2020年，雨花区城管执法大队综合整治市容环境，以渣土运输、扬尘污染、“两河”流域水污染、焚烧垃圾、规范工地市场管理、违规户外广告、发光字、桥下空间整治、人行道清障、乱吐乱扔、车窗抛物不文明行为整治、落实“门前三包”责任、强力整治违法建筑9个方面为主要内容，涵盖市容卫生、街面管理、基础建设各个方面。加强中午、白晚班交接空档巡逻，全天24小时值班。办案4335起，罚款390.6万元。其中查办乱吐乱扔类案件570起，罚款1.14万元；门前三包类案件20起，罚款9800元；店外经营类案件140起，罚款5.39万元；占道设摊类案件779起，罚款20.61万元；渣土类案件808起，罚款257.64万元；噪声类案件135起，罚款57.85万元；市政道路类案件22起，罚款金4.09万元；园林绿化类案件6起，罚款6280元；市容环卫类案件166起，罚款11.34万元；洗车场类案件3起，罚款1600元；机动车占道类案件1586起，罚款15.86万元，户外广告类案件11起，罚款金额7500元，餐厨类案件查办49起，罚款金额2.58万元；违章建筑类案件查办1起，罚款39711元；焚烧垃圾类案件32起，罚款1.6万元；油烟类案件4起，罚款2万元，燃气类案件2起，罚款4万元。重点整治“三考”考点周边等重点区域的市容环境，加强主次干道巡逻，开展“无声”行动和爱心助考行动，并协助公安交管部门加强考点周边道路交通管理，给参考学生提供一个良好的休息环境、畅通的交通环境和安静有序的考试环境。（余　意）

【“蓝天保卫战”】 2020年，雨花区集中力量，整治各种行为，督促餐饮门店正常使用并清洗维护油烟净化设备。办理“蓝天保卫战”相关案件1555个，罚款269万元。集中力量办理省级环保督察“回头看”工单30个案件，其中主办件3个，协办件27个，均办结完毕。（余　意）

【日常执法】 2020年，雨花区城管执法大队组织日常市容巡查，加大对流动摊贩、店外经营、违章占道停车、违法设置临时性户外宣传等各项违法行为的整治和查处力度，确保各辖区市容状况良好；建立健全领导机制、督查机制、约谈机制、长效机制，实现夜市执法和管理的常态化。强化夜间市容管控，处置夜间城市管理各种违法违规行为，维护夜间市容市貌及城市管理正常秩序。合理调整各中队执勤模式，优化夜间执法力量，强化夜间执法效果，各中队每天安排1名执法人员及2名特勤队员，负责本辖区晚23时至次日8时期间的市容秩序控制及接处警工作，有效控制夜间市容秩序，实现全天候无空档市容秩序管控。通过宣传引导，推广餐桌文明礼仪，倡导餐饮行业提供安全供餐、市民节约用餐行为；严厉打击违法违规处置和运输餐厨垃圾的行为，有效杜绝垃圾油重复利用流入广大老百姓的餐桌。（余　意）

【广告招牌整治】 2020年，雨花区城管执法大队加大巡查力度，及时发现、及时制止、及时拆除时效性较强的违章户外广告尤其是临时性户外广告；督促各大型LED电子显示屏业主单位公益宣传落实到位，拆除违规广告招牌469处，12399平方米。其中“五横五纵”路段57处，拆除面积583平方米。办理违规户外广告案件11起，处罚7500元。（余　意）

【渣土扬尘污染专项整治】 2020年，雨花区城管执法大队严格办案程序规范渣土执法，加强渣土运输工地出入口管控、重点路段巡查值守，开展常态化专项整治行动，做好渣土运输、噪音扰民等涉及环保督察和群众举报案件整改处置，严厉查处渣土工地、扬尘污染、撒漏抛扬、污染路面等违法行为。办理渣土类案件808起，罚款金额257万余元。（余　意）

【城市管理品质提升行动推进大会】 2020年7月30日，雨花区城管执法队伍“走过辉煌二十年，重整行装再出发”主题教育暨城市管理品质提升行动推进大会召开。区委副书记、区长刘素月主持会议。区政府副区长蔡泽敏总结回顾区城管执法队伍20年工作历程，动员城管战线全体人员进一步振奋精神、砥砺奋进、再接再厉，推动全区城市管理水平大提升、城市品质面貌实现大跨越。区委常委、区委办主任周海毅宣读表扬激励通报，表彰“雨花城管卫士”19名，“优秀城管特勤”20名。长沙市城管委办公室主任、市城管执法局党组书记、局长邓鹏宇要求，城管执法工作的重要作用要不断深化，要敢于担当作为，更要坚决打好品质提升的大仗硬仗。区委书记张敏希望，要在强化党建引领上再发力，坚持把学习习近平新时代中国特色社会主义思想摆在首要位置，树牢“四个意识”、坚定“四个自信”、做到“两个维护”；规范开展党内政治生活，深入推进“五化”支部建设，深入开展“城管党员先锋行”等志愿活动；在服务中心大局上再聚焦，积极投身城市发展主战场，为片区开发建设贡献力量，继续做好文明创建、防汛抗灾、应急处突等工作，维护社会大局和谐稳定；在城市管理执法上再提升，做到规范执法、文明执法、科学执法，聚焦“蓝天保卫战”、市容市貌等任务，扎实抓好渣土扬尘、餐饮油烟、户外广告招牌、停车秩序等整治，突出人性化执法，抓好群众身边事、眼前事，及时快速回应群众诉求，真正让群众满意；在体制机制配套上再完善，加强与相关部门的沟通对接，从机制、措施、方法上进行探索和加强，确保管理和执法既相对分离、又紧密配合；相关职能部门要协同联动，各街镇要做好执法保障，确保城管执法队伍把力量和精力集中在执法的主责主业上；在干部队伍建设上再过硬，以“强基础、转作风、树形象”专项行动为抓手，全面提升城管执法队伍的综合素质和作风形象；加强制度建设，深入开展相关人员轮训培训，提高执法队伍专业化能力和水平；要切实改进工作作风，严格各项纪律要求，打造一支纪律严明的高素质队伍，推动雨花城市管理工作再上新的台阶，为高质量建设“三个雨花”贡献力量。（余　意）

【长沙市首张垃圾分类个人罚单】 2020年10月1日，《长沙市生活垃圾管理条例》（以下简称《条例》）正式实施。10月2日，雨花区长沙大道某小区一居民不按照规定分类投放生活垃圾，违反《长沙市生活垃圾管理条例》第二十三条第一款规定，雨花城管执法大队执法人员依据该《条例》第五十六条规定给予其罚款200元的行政处罚，这是《长沙市生活垃圾管理条例》生效以来针对个人相关违法行为的第一张罚单。同日，雨花城管连开3张顶格罚单，正式启动违反生活垃圾管理规定行为的行政处罚。

（余　意）

【省儿童医院周边违法建筑清零】 湖南省儿童医院门诊每日人流量在1.2万人次以上，每天进出医院的车流量近2800台次，医院仅有停车位272个，群众就诊“停车难”造成“看病难”，更造成周边交通堵塞。该片区处于内城区，相对集中成片违法建筑面积较大且历史遗留问题较多，拆违难度大。雨花区坚持以人为本、依法拆违的原则，组织城管、市监、消费、交警等部门开展全天候、全覆盖联合执法，2020年12月17日凌晨，所有违法建筑全部清零。（余　意）

【互联网租赁自行车整治】 互联网租赁单车作为新兴业态，在给市民带来方便的同时，因其无门槛进入，加之管理单位不明朗、执法依据不明确，导致乱象丛生，给城市管理带来一定的压力。雨花区城管执法大队根据实际，在互联网租赁自行车违规停放行为进行整治。约谈5家企业负责人，明确各自管理责任，根据辖区实际，划定相关车位，对人行道宽度低于3米、影响消防安全、人行道盲道、地铁站出入口30米范围内等路段（区域），定为禁停路段（区域）。共规范、清理互联网租赁自行车10万余辆次，其中在11月开展的专项行动中清理互联网租赁自行车3万余辆次，对相关违法行为处罚4万元。（余　意）

【取缔潲水油加工窝点】 2020年12月31日，雨花区城管执法大队联合东山街道，出动执法人员20人，工作人员40人，车辆10台次，捣毁东山街道边山社区筹委会陈家老屋旁潲水油提炼加工点3处，成品油仓库1个，暂扣货车1台，运输潲水车3台。所收缴潲水油运回联合餐厨公司进行无害化处理。（余　意）

市容管理

【概况】 长沙市雨花区市容环境卫生维护中心（简称“区环卫中心”），主管全区市容环境卫生事业。负责全区范围内已移交的城市主、次干道、支路日常清扫保洁作业；负责城市主、次干道绿化带内白色垃圾的清理；负责全区范围内地下人行通道保洁、维护，人行过街天桥保洁作业；负责主、次干道范围内果皮桶的保洁、维护及更换；负责公共站（厕）的日常清洁维护、设施设备维修，参与公共站（厕）新建、改建、扩建技术性工作；负责公共垃圾站（点）、物业小区内垃圾站的生活垃圾清运处理，大件垃圾收运处置管理工作。辖左家塘、侯家塘、砂子塘、东塘、雨花亭、圭塘、洞井、高桥、东山、同升、黎托、井湾子、跳马13个片区环卫所。

2020年，区环卫中心围绕市容环境卫生提质提档总体目标，开展网格化管理和精细化作业，新通车的道路、新开通的地铁口周边全部纳入维护管理，日常维护质量明显提升。完成环卫信息平台升级，对清扫保洁开展全时全路段督查，对站厕运行状态全天候监测。围绕高铁新城片区环境整治攻坚目标和重点路段，制定专门作业方案，并由班子成员联点巡查，保持干净整洁的市容卫生状态。每天全域降尘作业至少4次，重点道路8次，核心区域周边2千米内保持道路湿润，助力打赢“蓝天保卫战”。高标准完成省级卫生城市复查调研、重大产业项目观摩、全市集中考核、蓝天保卫督查、环保督察“回头看”等重要活动环卫保障130余次，协助街道办理环保督查案件17次。春运期间清理卫生死角100余处、垃圾500余吨。汛期对主次干道和地下通道进行高频次巡查维护。提前筹备物资备战低温天气，保障雨雪冰冻期间安全畅通。在严格落实“外防输入、内防反弹”防控要求的同时，主动作为，设置1000余处废弃口罩收集点和转运点进行集中转运，避免二次污染。响应号召，选派26名机关干部下沉社区抗击疫情。推动“雨环苑”项目顺利完成法拍，后续建设单位进场，项目进入新阶段，有效减少不稳定因素，保障民生利益。在生活垃圾“日产日清”基础上，强化大件垃圾收运管理，完善大件垃圾收运点330处。设立12个有害垃圾收运点，开展服务外包专业收运。通过人工和智慧平台监管相结合方式，全流程管控垃圾收运，确保垃圾分类进出、分类记录。累计收运生活垃圾46.98万吨，其中厨余垃圾4.47万余吨，达标占比9.52%，居全市（内五区）第一。收运处置大件垃圾4130吨，新增收运有害垃圾2.06吨。积极办理、回复各类交办案件，基本实现办结满意率100%。2020年5月该中心被评定为“长沙市2019届文明单位”。

（欧代敏）

【环卫作业】 2020年，雨花区严格落实网格化维护作业，实施清扫保洁网格化划分、机械作业动态化覆盖，优化网格作业维护方式，将全区划分为63个网格，1380个清扫作业单元、80个机械作业单元和243个设施维护单元，开展“定岗、定量、定时、定效”的网格化管理，建立“标准明确、责任细化、考核公平、奖罚分明”的网格目标管理体系，通过外勤巡查考核和平台信息监管的方式，强化网格化维护作业效果。采取分段维护、责任到岗方式和机械与人工作业相结合模式开展日常清扫保洁，定期整治学校周边及相关农贸市场等卫生薄弱地带，配合相关部门和单位完成车站、公园及重要商圈周边拆迁地生活垃圾的清理清运，维护干净整洁市容市貌。在原有1380个清扫保洁网格的基础上，提早筹划、主动对接，将新移交、新建设、新通车道路全部纳入网格化管理范畴，重新核定路段作业班次，确保作业覆盖到每一责任区。以区级“智慧城管”为基础，完成环卫信息平台升级改造。依托环卫信息平台和作业车辆上的终端信息设备，开展全时段、全路段信息平台考核，辅以动态外勤步行督查考核，对作业过程和效果进行督查，发现问题立即协调处置，提高效率。督查考核结果一天一通报，倒逼一线作业人员时刻在岗、在状态。建立健全网格化清洗降尘作业机制，将全中心机械设备配属到具体路段，每日22:00~6:30（夏季0:00~7:00）进行全区域降尘，9:00~17:00进行机械降尘和人工配合清洗降尘相结合的降尘作业。除部分未通车、未移交的路段以外，机械作业覆盖率为100%，处理道路三积问题9150处，实现重点道路每日降尘至少8次，其他道路每日普扫、洒水降尘至少4次，核心区域周边2千米内保持道路湿润状态。（欧代敏）

【环境综合整治】 2020年，雨花区环卫中心落实“清洁长沙”行动方案，按照“前期部署、集中整治，重点督查”的总体思路，定期开展“周五大扫除”“周末大清洗”等市容环境卫生整治工作，突出整治韶山路、劳动路等重要干道，长沙大道、桂花路、红旗路等高架桥，长沙南站、汽车南站、红星商圈、东塘商圈、出入城口、红星农批中心等重要区域，开展“清洁长沙”大扫除行动36次，以全区主要干道、学校、商圈、车站、广场、交通路口、入城口为重点，进行道路及绿化带的清洗清理，配合街镇开展裸露垃圾清理工作，消除卫生死角和管理盲区，实现环境卫生品质整体提升。（欧代敏）

【设施建设】 2020年，雨花区对标《长沙市生活垃圾管理条例》，完善基础设施建设，安装“两分类”果皮桶4200余个，开展设施设备维护维修6000余次，保障生活垃圾分类投放。改造、设置92个干垃圾收集站、15个湿垃圾收集站、2个湿垃圾箱体和11个垃圾分拣中心。对标《环境卫生设施设置标准》，完善报修维护制度和工作台账。通过自主培训和外请设备厂家培训方式，规范操作流程，杜绝安全事故和设施设备的损坏。

（欧代敏）

【环卫信息化建设】 2020年，雨花区环卫中心升级改造环卫信息平台，通过对180台水车、40台洗扫车、127台垃圾车安装GPS、摄像监控、水感、油感设备；对113座公共垃圾站安装监控、RFID读卡器、清运车辆身份识别标志等设备，实现对347台环卫作业车辆、113套公共垃圾站的实时监控和远程管理，推动以智慧化手段推进环卫精细化管理改革，加强智能化、机械化和标准化建设水平，更好地服务城市环境。（欧代敏）

【环卫工人节庆祝活动】 2020年，雨花区环卫中心举行一系列活动，庆祝湖南省第25届环卫工人节，弘扬爱国爱岗精神，提升“立足本职、勇于奉献”的意识，激发广大环卫干部职工积极投身“三个雨花”建设和“清洁长沙”

2020年7月10日，人机结合精细化清洗路面（欧代敏 供图）

行动的工作热情。评选“雨花区环卫先进基层所”3个、“雨花区环卫先进班组”27个，“雨花区城市美容师”28名，“雨花区环卫岗位明星”80名、“优秀驾驶员”54名，“文明创建先进个人”31名和“疫情防控先进个人”31名。班子成员带队到各环卫所组织特困职工座谈。印发慰问信并送到环卫工人手中，鼓励环卫工人发扬吃苦耐劳、甘于奉献的优良传统，为创造一流的市容环境卫生再作新贡献。以“关注健康，关爱职工”为主题，组织环卫工人进行体格检查，普及环卫职业病防治的相关知识，提高职工自我健康保护意识。（欧代敏）

市政管理

【概况】 长沙市雨花区市政设施维护中心（简称“区市政中心”）负责辖区道路面积622万平方米，人行道205万平方米（主干道22条82.8千米，次干道和支路141条134.8千米）和排水管网710千米的管理维护任务（含未纳入市、区财政预算的雨花经开区范围120.47万平方米道路和武广片区94.2万平方米道路以及跳马镇1.74万平方米）。

2020年，区市政中心以打好打赢“六大战役”为主线，克难攻坚、善作善成，完成全年各项任务目标。机关干部职工33人，分3组下沉到东山街道各社区开展疫情防控、入户摸排等工作。被评为雨花区“百日征拆大会战”服务支援单位、项目建设与帮扶服务保障红旗单位、优化营商环境工作先进单位、重点工程建设协调服务工作先进单位、环保督察先进单位、河长制工作先进单位城市管理工作先进单位、网格化工作（群众工作）先进单位。（黄芳）

【基础工作】 2020年，雨花区依托维护作业数字化、网格化管理，严格按照“四精五有”的品质要求，突出精细作业、精心管理、精准处置，提升市政道路日常维护整体品质。全年处置市政维护类数字化工单12123条，“12345”市民服务热线及城管“110”工单1192条，收集日常巡查及社区工单3100条，完成省委交办的城市管理工作242条，结案率均为100%。受理并办结数字化案卷12343条、网格化案卷2987条，结案率100%，无返工扣分案卷；“12345”工单1353条，办结率100%，满意率99.6%；大城管工单596条；与区城管执法局协同办理占道审批370起，挖掘审批162起，办理排水入网验收11起；对自来水公司52处、新奥燃气公司6处爆点进行应急处置，并妥善完成抢修工作；加强占道施工巡查，完成人行道清障7处；迎接上级检查和重大活动专线巡查25次。做好圭塘河沿线截污、控源、修复工作，对圭塘河沿线70处排口进行常态巡查。联合区城管执法局、区住建局、各城管执法中队，开展电力“630攻坚”、施工围挡整治等大型专项整治活动，配合审批电力项目、移动5G项目占道挖掘及修复13起，对32处不整洁、不规范和超审批时限的施工围挡进行督促落实整改。“一圈二场三道”（15分钟生活圈、停车场、农贸市场、人行道、自行车道、历史文化步道）考核项目洞井路人行天桥、跳马航空职院地下通道竣工并投入使用；长托路黎郡小学人行天桥完成主体建设；东塘商圈自行车道织网工程完成13.4千米。石碑大港流域水环境综合治理工程万芙路、雀园路截污干管建设完成主管铺设；汽车南站周边管网清淤完工。落实《长沙市市政道路及公共设施安全隐患专项排查整治工作方案》，完成全区市政排水管网检测690千米；启动第一批19条主次干道路面物探检测；完成城区主次干道窨井整治1102座。重大民生实事工程洞井小学周边环境整治，省人大桃阳苑小区提质改造，劳动东路、古曲南路提质改造，社会路口硬化等项目全部投入使用。全市城管综合提质“道路平坦行动”中的东二环（树木岭立交桥）路面整治基本完成；启动劳动西路（韶山路—芙蓉路）提质改造招标定队。及时妥善处置桂花路空洞塌陷重大安全隐患；完成省环保督查重点督办项目跳马污水厂管网渗漏和同升湖小区污水偷排的整治任务。区建筑装修垃圾处置侯照基地接收、处置装修垃圾2100余吨；协助长托指挥部征拆工作，完成7户拆迁任务。办会17次，收、发文916件，办结市区领导信箱及信访件11件，领导批示批办件5件，市区人大、政协提议案16件，办结率100%。强化正面宣传，在省市级电视和报纸媒体、区级简报等平台刊发宣传信息50余条。强化干部职工法治宣传教育和安全生产教育培训，开展法制进机关、进企业、进学校、进社区活动。（黄芳）

2020年3月26日，雨花区城区防涝排渍应急演练　（黄芳 供图）

【维护管理】 2020年，雨花区依托网格化管理，围绕“路平、管通、井牢、沟畅”的目标，坚持全天候、全方位、全覆盖地推进精细维护作业，提升市政道路日常维护管理水平。整修路面约12万平方米，修复人行道及盲道3.21万平方米，调修平侧石1690米，修复隔离设施1197处，调整各类井盖453座，疏通管道10.1万米，清掏泄水井4.1万座次，清掏化粪池1045座次，有效确保市政设施的完好适用。推进城区道路常态维护，及时、快速处置路面坑洞、翻浆、开裂，加强排水管网清掏疏浚力度，确保城区道路路面平整、人行道养护及时、无障碍设施完好、排水管网畅通，推进市政道路设施的高效运行。 （黄 芳）

【城区防汛】 2020年，雨花区立足于“防大涝、抢大险、保平安”，坚持“安全第一，预防为主”，突出工作早安排、队伍早建立、物资早准备、隐患早排除、应急措施早制定，实行雨季汛期24小时值班，把防汛防内涝制度、职责、责任落实到岗到人。制定《2020年度雨花区城区防涝排渍工作方案》和《雨花区城区防涝排渍工作应急预案》，组织召开全区13个街（镇）及160余个社区（筹委会）防涝排渍网格化联络员培训，联合汽车南站、长沙南站开展城区防涝排渍应急演练，全面排查全区地下市政管网的普查和道路隐患，疏浚改造易渍堵点，有针对性做好“一点一策一案”，并落实责任人；汛前疏通管道1450余米，增设雨水井82套，改造管道400余米。出动人员1600余人次，设备车辆640台次、大型设备50台次，高效处置圭塘路双塔国际、劳动路树木岭路口、长沙大道京珠高速桥下、韶山路女子大学路段、韶山路平和堂路段等多处渍涝险情，实现城区不发生长时间大面积积水。

（黄 芳）

【石碑大港片区截污干管工程】 2020年，雨花区市政中心实施石碑大港片区万芙路和雀园路的分截污干管施工。万芙路段工程分为豹塘路至先锋路、金海路至洞和路两段，项目预算7612.49万元。项目截污干管长1955米，管径为1米，采用钢筋混凝土顶管专用管III级，顶管施工；与现状污水管连接的支管管径400毫米管长165米、管径200毫米管长259米，采用玻璃钢夹砂管（SN10），明挖施工，全线设置直径7.5米工作坑18座，直径5.5米接收坑20座，5.5米×3.5米矩形接收坑1座，2.5米×2.5米截污井1座，1.5米×1.5米截污井24座，直径100毫米圆形混凝土污水检查井21座。雀园路段工程起于金海路，止于韶山路，项目预算4256.32万元。项目截污干管长1041米，管径1米，采用钢筋混凝土顶管专用管III级，顶管施工；与现状污水管连接的支管管径400毫米，支管长328米，采用玻璃钢夹砂管（SN10），明挖施工，7.5米×3.5米矩形接收坑8座，5.5米×3.5米矩形接收坑8座，截污井4座，直径1米圆形混凝土污水检查井33座。项目主要建设内容包括管道工程（含顶管及开挖）、止水帷幕、路面破除与恢复、管线迁改及交通疏解等，缓解周边截污干管的日常运行压力，奠定实施后期雨污分流基础。 （黄 芳）

【洞井路人行过街天桥工程】 2020年6月，雨花区香樟路与洞井路交叉口南侧的洞井路人行过街设施竣工，缓解香樟洞井路口的拥堵情况，便利附近居民的出行，减少交通事故的发生。项目建设人行过街天桥，预算1016.44万元，采用钢箱梁形式。人行天桥跨洞井路采用两跨过街，跨径分别为20.78米、25.87米，桥梁总长49.8米，桥面总宽5米，净宽3.4米。桥梁平面垂直于洞井路布置，洞井路东、西两侧设置双向直线楼梯，楼梯总宽均为3米，西侧楼梯总长35.5米，东侧楼梯总长32米，单级楼梯高15厘米，宽30厘米。 （黄 芳）

【长托路人行过街天桥工程】 2020年11月，雨花区市政中心进行长托路黎郡小学北门人行过街天桥施工，解决学生、家长、周边居民过街难的问题，有效的缓解长托路上下学时间段的拥堵情况，保证黎郡小学全体师生的人生安全。项目预算750.19万元，天桥采用异形桁架结构形式。人行天桥采用一跨跨越长托路，桥梁总长37米，跨径31.2米。桥面总宽为4.8米，通行净宽为3.85米，桥梁平面垂直于长托路布置，在道路两侧设置双向楼梯，单侧楼梯总宽2.7米，通行净宽2.4米，每级楼梯高12厘米，宽36厘米。

（黄 芳）

【航院人行过街设施工程】 2020年4月至11月，雨花区对跳马镇长沙航空职业技术学院的过街设施进行施工，解决长沙航空职业技术学院师生只能横穿马路过街的问题，减少学校周边的交通安全隐患，为附近民居的日常出行提供便利。项目预算854.74万元，项目建设人行过街地道，采用地道与道路斜交的方式下穿道路，斜交角度为28度，地道主通道长55.54米，地道总宽5米，净宽4米，两侧均设置主通道等宽单向出入口。 （黄 芳）

园林绿化

【概况】 长沙市雨花区园林绿化维护中心（简称“区园林中心”）负责贯彻落实城市园林绿化法律、法规，管理与维护辖区内804.3万平方米公共绿地，维护（维修）公共道路绿化、公园、社区公园及其设施；建设城区公园、绿地；指导辖区单位开展园林绿化工作，负责辖区绿地的核查、统计，新增绿地的申报；管理和保护辖区内古树名木的，组织辖区全民义务植树；负责按照相关规定办理树木移植、修枝、砍伐、绿地占用手续的查勘工作及绿化工程的设计审查、移交、验收的技术性工作。归口管理沙湾公园管理处、桂花公园管理处。

2020年，雨花区新增绿地面积69.34公顷，城镇建成区绿化覆盖率45%。获得长沙市第四季度全市城市管理考核园林类第一名。区园林中心被评为“长沙市2019年度文明单位”。区园林绿化维护中心联点红花坡社区，解决群众民生问题5个，社区补栽补种修枝4次；组织党员到联点红花坡社区慰问困难群众3次、慰问困难党员1次。加强疫情防控工作，3个综合性公园、42个社区公园全面保持环

境清洁，每日喷雾消毒，人群不聚集。协助同升、井湾子街道开展防疫工作。（黄 菲）

【绿化维护】 2020年，雨花区园林中心将圭塘河风光带三期纳入重点网格，对未达到移交验收标准的武广片区先行维护，日常维护实行“日督查月排名”的考核方法。全年栽植乔木约1200株、灌木18.36万株、草花166.5万株、草皮地被3.47万平方米，修剪行道树2.25万株、模纹322.4万平方米、草皮220万平方米，病虫害防治约90万平方米。办理“12345”工单350条，按期办理率100%，满意度99.69%；数字化结案2711条，结案率100%，一次性结案率100%。冲水1.3万车次，排查整改问题293处，复绿面积1.75万平方米。分类处置园林垃圾7118吨，回收可利用5196吨，回收利用率73%。新增公益广告牌60块、修复137块，对绿化环境进行整治。抓好绿化保障，妥善部署60条线路保障，配合街道完成4处道路绿化整治。绿化维护进社区修剪乔木296株，打药3.27万平方米，砍伐死危树193株。移栽再利用闲置苗木2720株。绿化项目验收移交办结16件，绿地面积10.75万平方米。开展环境整治专项工作，浇水洗尘8549车、排查黄土裸露问题302个、复绿1.7万平方米，配合交警部门完成4处道路绿化整治，修剪遮挡交通设施的行道树426处，解决交通相关问题5项。开展武广西广场、红旗路互通、花侯路沿线6处道路节点绿化品质提升工作，武广西广场植物四季幻彩，视觉上更通透；红旗路互通绿化绿量增多；花侯路6处路口增花。（黄 菲）

【公园管理】 2020年，雨花区推进“人民满意公园”创建，全面提质桂花公园和沙湾公园2个综合性公园，结区海绵示范点项目提质改造，全面提升桂花公园基础设施、园容环境、绿化维护水平；完善和优化沙湾公园园内秩序、园容整治、绿化维护、规范服务、管理机制等。区园林中心加强对桂花公园、沙湾公园管理处的指导与管理。桂花公园开展修剪5次、治虫2次，施冬肥250千克，清除杂草1000平方米，复绿100平方米，更换夏季型草皮650平方米；狮子山公园湖面垃圾清理30车，治虫6万平方米，修剪乔木300余株，绿篱整形约3万平方米，除杂约5万平方米，复绿2000平方米，树木造型精修70株，国庆、中秋期间摆放鲜花1.5万盆。沙湾公园清枯除杂30万平方米，修剪草坪32万平方米，治虫7次，白蚁防治4万平方米，倒伏树木加固扶正80株，补植草皮2000平方米、树木200株，更换、摆放时令花卉5万盆，花境营造1000平方米。（黄 菲）

【业务工程】 2020年，雨花区提质武广高铁西广场绿化，改造面积约8000平方米；完成“城市斑点”复绿项目7处，绿化总面积约8753平方米；完成鑫源公寓周边绿化、东塘立体绿化提质。实施工务局道路绿化项目，完成5条道路附属绿化建设，绿化面积约7600平方米；时代阳光大道东延线红星市场段绿化建设项目基本完工。完成雅塘新城文化主题公园主体工程建设、桂花公园海绵体改造项目；为红军攻打长沙纪念园（红一方面军文化主题游园）增补文化内涵设施。（黄 菲）

【查勘审批】 2020年，雨花区园林中心严把树木移伐和毁绿许可关，现场查勘占用绿地的行政许可审批件58件，处置数字化案卷和“12345”热线工单170件，查勘处理死危树95株，查勘处理毁绿现场95起。（黄 菲）

【安全生产】 2020年，雨花区园林中心开展安全隐患排查治理，全年未发生一起安全事故。排查维护所、公园开展各类安全检查7次，着重排查车辆、维护设备等存在的安全隐患，对消防设备、建筑结构、仓库、员工宿舍等场所逐一检查。对驾驶员、一线人员开展安全驾驶、文明作业等培训5次，确保安全生产形势持续稳定。排查维护一线安全隐患，每日检查作业车辆司机、维护作业人员文明作业、规范作业情况；对主次干道、支路、公园的设施、苗木、倒树、危树、滑坡、电路、水体等进行安全隐患排查，及时处置。排查在建绿化工程项目已建成部分、施工设备、场外配合作业车辆安全情况，消除安全隐患。（黄 菲）

【绿委工作】 2020年，雨花区组织社会各界在市级义务植树基地打造林荫大道，狮子山公园、燕子岭公园、沙湾公园结合补栽补种开展义务植树，桂花公园携手社区居民、植树志愿者们开展环境整治志愿服务工作。挂牌保护全区141棵古树，按照权属原则与养护责任人签订“古树名木养护责任书”；结合古树名木CPS定位，邀请专家对古树生长环境、衰弱濒危等情况进行实地调查，市绿委认定有26株古树濒危衰弱；制定复壮保护方案，采取“一树一档案，一树一方案”，计划在三年内分批完成，完成复壮8棵。制定《雨花区创建国家生态园林城市工作方案》初稿，启动创建国家生态园林城市工作顺利。（黄 菲）

【绿化维护技能比武】 2020年11月5日，雨花区园林中心集结65名一线维护人员，在沙湾路与石坝路口开展园林绿化维护专业技能比武活动。以团体为单位，4个维护所、维护外包单位参加比赛。按照不同作业类别的技术标准、操作规程开展行道树修剪、中耕作围比武。现场评分、点评。技术队伍比武为一线技术人员提供施展才华、学习交流、共同提高的舞台，锻造全体一线维护作业人员过硬本领，激发一线职工敢拼善搏、勇于挑战的竞赛精神，树立标杆，营造“比学赶帮超”的良好氛围。（黄 菲）

●桂花公园

【概况】 长沙市桂花公园管理处主要职能是负责桂花公园内绿地养护和管理、设施维护管理、园内游览与娱乐项目组织管理，负责公园内安全防护和园内保洁工作，管理狮子山公园。桂花公园地处雨花区桂花路97号，东邻高桥街道，西靠繁华商圈东塘，占地面积1.73公顷。狮子山公园位于雨花区洞井、同升街道辖区内，由狮子山和桃花坡两个山体连成，地处仙岭路以东、时代阳光大道以南、万家丽路以西、万芙路以北合围区域，规划总用地面积约13.3公顷，公园定位于发挥“城市生态绿肺功能”的体育休闲专类综合性公园，由桂花公园管理处负责管理。

2020年，桂花公园以桂花公园海绵示范点提质建设为契机，开展“人民满意公园”创建，抓好公园管理各项工作。开展“植树护绿”“重温入党誓词”“红色精神”“光盘行动、党员先行”“学雷锋”志愿服务等主题党日活动；加强廉政公园建设，打造廉文化广场，用漫画、格言警句、警示案例等形式制作廉政展板，放置于公园各处，宣传廉洁文化；利用园区宣传栏、公园广播系统，全方位、广泛宣传习近平新时代中国特色社会主义思想和社会主义核心价值观。公园全年无违纪违规情况发生。

（符梓薇）

【日常管理】 2020年，桂花公园管理处加强公园绿化日常维护。桂花园区修剪花灌木3次，修剪草坪2次，打药治虫2次，施冬肥（菜枯）250千克，清除杂草1000平方米，黄土裸露区域复绿100平方米，更换夏季型草皮650平方米；疏枝修剪公园西向山包桂花林、东南向桂花林，整形修剪办公楼前坪及南向主要乔木，清运树枝5车。狮子山园区定期消毒保持湖水水质，捞取湖面垃圾、浮草、浮沫及枯败草木40余车，全园植被打药4次，喷洒面积约6万平方米，修剪乔木400余株，绿篱整形约3万平方米，除杂约5万平方米，黄土裸露区域复绿3000余平方米，园艺师修剪造型树约90株。强化安全责任，加强安全教育，检查公园围墙围挡，水池水位控制，高大乔木倒伏、断枝等情况，确保及时排除隐患。加强防汛物资的补充储备，做好旱季植物灌溉，早晚两次浇水，确保苗木生长环境良好，提高存活率。密切关注低温雨雪天气变化，及时清理树木枯枝，加固树木支撑，对耐寒性较差植物采取包裹，确保绿植顺利过冬。做好防冻物资设施储备，对易出现游客滑倒的区域铺麻袋、设置警戒线，确保游园安全，全年无一例安全事故发生。

（符梓薇）

【桂花公园提质改造】 2020年，长沙市雨花区推进“人民满意公园”创建，结合桂花公园海绵示范点项目提质改造桂花公园。公园从“三提”（提基础设施、提园容环境、提维护水平）出发，完善规划布局、改造基础设施、共享绿色空间、提升科学内涵。该项目于6月11日开始进场施工，由湖南省一建园林建设有限公司设计并建设，总投入资金434.88万元，总占地面积17649平方米。项目主要对桂花公园内水电设施、建筑、廊亭等结构物基础设施、绿化工程等进行提质改造。增设50立方米雨水收集池1座，排水管940米，雨水井45个，检查井38个，水景集水坑1座，给水喷灌550米，建设雨水循环系统，以雨水循环代替自来水循环，筑牢生态基底，持续提升环保品质。增加绿化面积5200平方米，增设标识标牌50块，垃圾桶10个，挂衣架20个，木坐凳95米，条石坐凳42米，石桌凳10套，广场、环湖路铺贴麻石板1850平方米。增添路灯51盏，提升夜间亮化照明与美丽景观效果。对桂花公园场地进行“动、静”分区，拆除园内部分闲置房屋，新腾出3000平方米的面积供游客活动，将产生较大噪音的活动集中在远离居民楼的动区，满足游客娱乐需求，解决噪音扰民难题。在公园西南角增设160平方米宣传栏，新建廉政文化宣传阵地，开展廉政书画比武与廉政道德讲堂活动，打造独具特色的廉政文化公园。11月1日，封闭改造后的桂花公园开园。

（符梓薇）

2020年3月11日，志愿者在新河路开展植树活动　　（黄　菲　摄）

【助力疫情防控】 2020年，长沙市桂花公园管理处助力疫情防控。组织党员突击队到同升街道金井、同升湖社区开展疫情防控；组织企业复工复产小组到井湾子街道德馨园、赤岗岭社区，组织社区居民疫情防控小组驰援井湾子街道融城苑、井圭路、德馨园社区。桂花园区1月29日至3月22日闭园。常态化对桂花、狮子山两园区公共设施服务区及厕所进行杀菌消毒，尤其是对办公楼、围栏、门把手、垃圾桶等区域重点消毒，按要求做好垃圾清运与废弃口罩收集工作，对入园游客进行体温测量及提醒“两码”注册。

（符梓薇）

【园区噪声治理】 2020年，长沙市桂花公园管理处通过摸底上户、强化认识，巡园劝导、强化管理，共建共管、强化共约，动静分区，强化引导等方式，对园内锻炼队伍全面摸底、不间断巡园、安装噪音报警分贝仪、合理分流动静分区，签订“扩音设备入园承诺书”，要求游客在园内开音响最高不超60分贝，巩固噪声治理效果。

（符梓薇）

【雨花区学雷锋志愿服务文化节】2020年12月10日，雨花区“弘扬志愿服务精神·点亮星城温暖微光”学雷锋志愿服务文化活动在桂花公园举行。活动在桂花树小学学生经典合唱曲目《学习雷锋好榜样》中拉开帷幕。活动包括表演歌舞、情景音诗画朗诵等节目；雨花区傅强、肖卓作、谭映天和刘国兴4位“中国好人”登上主题论坛，在问答探讨中共展雷锋楷模新时代风貌；“爱心妈妈”曹微讲述抗疫志愿经历；与会领导、志愿者、现场群众等在垃圾分类签名墙上签名，表示对垃圾分类行动的支持，并承诺从自己做起、从现在做起，做改善环境的先行者和保护环境的践行者。在志愿者市集区域，展出老年志愿者的100幅书画作品；口腔保健员、防疫宣传员等，提供宣传和义诊等多项便民服务。活动由长沙市文明办、雨花区文明委指导，雨花区文明办、左家塘街道主办，桂花公园管理处、左家塘街道官塘冲社区、赤岗社区、桂花树小学承办。（符梓薇）

【领导关注】2020年1月27日，雨花区政府副区长蔡泽敏督查桂花公园疫情防控工作，强调要第一时间落实区防指对新冠肺炎疫情指示要求精神，确保人员排摸到位、消杀保洁到位、防疫举措到位。3月11日，湖南省住建厅厅长鹿山、长沙市城管局局长邓鹏宇及100余名干部群众共同参加“绿色长沙‘森’呼吸，绿水青山‘林’距离”爱绿护绿植树节活动，到雨花区狮子山公园植树，用实际行动扮靓绿水蓝天。5月12日，湖南省人大常委会副主任周农在雨花区委书记张敏陪同下，调研指导狮子山公园工作，实地查看公园景观建设、体育场馆建设及健身器材的投放情况。6月11日，雨花区委常委、组织部部长龚畅调研狮子山公园，实地查看园区内各处景观并听取狮子山公园项目建设负责人曹锟宇的介绍与汇报。7月14日，湖南省体育局副局长苏健全在长沙市政协副主席、市体育局局长李平陪同下，调研狮子山公园体育场馆及设施建设情况，了解与体验多功能运动设施，表示要大力推进体育设施建设，更好地满足市民健身的感受度和体验度，更好践行全民健身理念。8月4日，雨花区人大常委会副主任杨仕斌观摩狮子山公园，查看园内生态休闲广场、健身场馆、两面山体等场所的建设情况，要求继续发扬工匠精神、奋斗精神、追求卓越，将人民公园建设好、管理好、维护好，提升老百姓家门口的绿色生态福利。9月21日，蔡泽敏指导桂花公园文明创建工作并了解桂花公园海绵示范点提质建设工程进度。10月22日，苏健全带领10余名领导干部集体观摩狮子山公园。（符梓薇）

2020年11月1日，提质改造后的桂花公园开园（符梓薇 供图）

●沙湾公园

【概况】沙湾公园位于雨花区体育新城片区，北临劳动东路，南靠曲塘路，东接高铁新城片区，呈狭长形山体，总占地面积29.33公顷，是一座以群体性健身休闲为特色，集体育娱乐、文化科普于一体的综合性城市山地公园。公园呈东北至西南走向，有西南和北向两个主入口以及东、西向两个次入口。依据地形特点，设置贯通公园的主游览路线，园内主游道长23千米，二级游步道55千米(包括木栈道15千米)。分为山体运动区、观光休闲区、山林漫步区和入口景观区4个区域，布设出云亭、栾华林、烟霭亭、映秀池、暗香楼、落英亭、疏影台、童趣坡、松风亭、阳光草坪、生态足球场、气膜羽毛球馆、休闲广场，形成“一带四区多点”的布局。长沙市沙湾公园管理处负责公园内绿地养护管理、设施维护管理、经营项目组织管理以及公园安全防护和卫生保洁工作。

2020年，沙湾公园推进人民满意公园创建，全面提升公园环境品质、绿化品质和服务品质。制订《沙湾公园制度汇编》，完成保洁、保卫及水电维修服务项目招投标工作，对3个服务外包队伍开展月度、年度考核，实行网格化和绩效管理。开展开门评园活动，征集市民、游客对公园园容园貌、经营秩序、绿化景观、基础设施、游园秩序、文明服务6大项21小项的意见、建议，发放调查问卷300份，收到增设垃圾分类投放桶、禁止携带宠物狗入园、提质改造鸟语林休闲场地、增设游客休憩设施、提高植物遮荫效果、打造特色园林小品等意见、建议20余条，招募公园志愿者40名，市民游客满意度97%。组织开展“3·12”植树节和“沙湾讲堂”活动，协助举办区安全生产宣传咨询日和第三届中国医师节等活动，充分发挥公园作为文化和生态阵地的作用。接待游客50余万人次。开展“提升公园品质，提高管理能力”廉洁文化主题活动，通过开展廉洁家访、加强廉政文化宣传、组织观看警示教育片、抓好廉政风险点管控等方式推进廉政文化进公园，进一步增强公园党员干部的纪律意识，

2020 年 11 月 14 日，沙湾公园“开门评园”活动　　（张　波　供图）

引导广大干部职工不忘初心、牢记使命，齐心共建廉洁公园。（张　波）

【环境管理】 2020 年，长沙市沙湾公园完善基础设施，更换垃圾桶内胆 100 个，在西南二级广场、栾华林东侧、映秀池位置增加建设 3 处生态景观型休闲亭，维修园内基础设施 1463 次。劝导宠物入园、滑草、攀折花木等不文明行为 1170 余次。公示《沙湾公园车辆入园管理规定》，建立突发事件应急处置机制，制定极端天气应急方案和防汛应急预案，开展安全生产大检查 12 次、极端天气应急处置 4 次，打造平安公园，对映秀点、东门二号经营点公开招投标，配合协调经营项目单位举办活动赛事 26 次。营造洁净环境，清理沟渠 6500 米，清洗二级游路青苔 3200 米，清除卫生死角 5 处；全园大扫除 4 次，投放灭蟑灭鼠药物 50 余千克，专项整治山林馆周边 2000 平方米范围乱象；严格疫情期间消杀处理工作，全园范围未出现一例病情史。制作垃圾分类宣传栏 4 期、责任公示栏 3 块、各种分类标识 600 余张；开展关爱他人、关爱社会、关爱自然“三关爱”行动，组织学雷锋志愿者服务活动 8 次，开展“家庭教育知识讲座”“爱卫生·净环境·讲文明·树新风”的新时代文明实践志愿服务活动。开展落实省委交办城市管理重点问题集中攻坚行动，全面排查公园在绿化环境方面存在的问题，对照问题清单开展为期一个月的集中整治，补植草皮 2000 平方米，清枯除杂 4.4 万平方米，修剪草皮绿篱 5.38 万平方米，清运绿化垃圾 20 余车，处置倒伏树木 40 余株，省委交办园林绿化环境整治任务清零。（张　波）

【绿化管理】 2020 年，长沙市沙湾公园清枯除杂 26 万平方米，修剪草坪 6 次 42 万平方米，中耕施肥 25 吨，病虫防治 7 次，原始林区白蚁防治 10 万平方米，加固扶正倒伏树木 90 余株，高温季节对全园绿植进行 24 小时错时浇水抗旱作业，寒冬季节对高大乔木、灌木进行树干涂白养护。改造 2000 平方米草坪区域为乔草结合的开敞绿地，拓展游客休憩活动空间。改良栾华林郁闭林下 2000 平方米土壤并调整植被种植品种，改善黄土裸露状况。在长沙市沙湾公园东门、西南、映秀池、北向主要位置区域补植红枫、桃树、杜鹃等乔灌木 200 余株、地被 50 平方米，进行景观层次恢复。春节、五一节、端午节、国庆节进行环境美化布置，配合国旗悬挂、灯笼装饰做好节日氛围营造，更换花坛时令花卉 4 次，立体摆花 2 次，使用盆花约 8 万盆。引进香水百合、蝴蝶兰、蓝花鸢尾、红花韭兰、大叶栀子等观花色叶植物，采用植物组团造景方式打造 2 处 1500 平方米特色花境。对公园主干道及主景观沿线约 5 万平方米草坪实施黑麦草播种，保持草地常绿特色。对 500 余株梅花分阶段进行修剪造型和更新复壮，确保植株长势良好。（张　波）

【义务植树活动】 2020 年 3 月 26 日，长沙市沙湾公园管理处联合省造价站和湖南省教育电视台，组织 60 余人开展义务植树活动。植树造绿覆盖公园东门、映秀池以及西南二级平台 3 个区域位置，栽植红枫、碧桃、春娟、茶梅、红叶石楠、大叶栀子、含笑、山茶、红花檵木、海桐等观花观叶灌木 200 余株，增添公园新的景致和绿意，传播爱绿护绿的理念。（张　波）

【省人大代表调研视察公园】 2020 年 5 月 22 日，湖南省人大代表长沙第一组考察沙湾公园，专题调研雨花区文化体育事业发展情况。代表们实地查看公园生态足球场和气膜羽毛球馆两大场馆，听取公园建设管理、植物景观、体育文化等方面的情况介绍，探讨和交流公园体育文化事业未来发展和特色打造。（张　波）

交通运输管理

【概况】 长沙市雨花区交通运输局（简称“区交通运输局”）负责由区政府公布予以变动的相关行政审批事项；负责交通运输市场调查研究工作，掌握和提供交通运输经济情况；负责维护交通运输市场秩序，加强交通运输市场管理，负责全区交通运输行业安全监管工作；负责辖区内客、货运站、场的管理；依据职责权限对辖区内的公路进行规划、建设、养护和管理；根据区人民政府的决定，做好防汛、救灾、抢险等物资的运输组织协调工作；负责全区公路、水路“三乱”治理工作；渔船监督管理职责；配合上级主管部门管理采（运）砂船舶、规划区域内集中停靠点、砂石码头及港口岸线。

2020 年，区交通运输局一手抓疫情防控，一手抓交通运输发展，稳步推进交通工程建设、交通运输服务、安全生产、疫情防控等工作，为全区经济社会发展和人民群众安全便捷出行提供有力的交通运输保障。持续优化营商环境，落实“放管服”“互联网+政务服务”“政务服务综合窗”“减证办”等要求，做好上级政府取消、下放行政审批事项的落实和承接工作。行政审批时限由原来法定时限20天缩短到承诺时限10天以内。被长沙市城市公共交通事务中心评为“2019年长沙市道路运输行业统计工作先进单位”，被长沙市社会信用体系建设领导小组办公室评为“2020年度长沙市信用建设优秀单位”；被区生态环境保护委员会评为“2020年度生态环境保护(“蓝天保卫战”)考核一等单位”。（颜　丹）

【运输市场管理】 2020年，雨花区交通运输局按照精简放权、便民高效的要求，依法简化和规范审批程序，创新服务方式，优化流程，提高效能。严格按要求办理各项行政许可业务，接收交通运输市局下放企业163家，新增许可330家，新增车辆638台，年审车辆2439台，受理维修备案26家。按照“雨花区两客一危一校企业安全生产联合检查工作方案”，对辖区内注册的客运企业进行检查，巡查货运市场进行检查，监督检查维修企业开，出动检查人员4049人次，检查客货维企业8873家次。对安全隐患突出、被上级点名通报的企业组织召开约谈会，明确企业主体责任。对道路运输企业、维修企业开展2019年度质量信誉考核工作，63家参评的道路运输企业评出AAA级11家、AA级37家、A级15家；38家申报的机动车维修企业评出AAA级26家，AA级4家，A级8家。全面参与蓝天行动，对全区重点敏感区域内及重点敏感区域外159家汽修行业进行全面摸排，建立问题清单，制作宣传横幅196条，宣传手册120份，环保法律法规120份，确保道路运输领域安全，优化空气质量。对雨花区3家校车公司107台校车全部进行年审，确保校车运行线路安全。（颜　丹）

【农村公路工作】 2020年，雨花区建设自然村通水泥（沥青）公路2.3千米，完成省绩效评估“农村通组道路全覆盖” 目标任务。建档立卡贫困户入户道路涉及157户，156条道路，实施里程全长19.75千米，为实现脱贫验收3个100%创造条件。完善农村地区基础设施，区农村公路硬化项目（“双投模式”第二期）41.1千米，投资6396.71万元，全面完工待验收。省有效路网衔接项目S21团头互通至S326公路项目开工，助推雨花区与浏阳市的互联互通。投资9908.45万元，提质改造跳马地区主要道路，为农村地区村民出行提供良好的条件，为产业发展创造机遇，X050提质改造大修项目基本完成。C451、S210、X048、Y320、C513、木叶冲道路、天山—干子园村道、怡天建材—振东路8条道路大修提质改造项目完成竣工验收，实施里程34.21千米。摸排全区农村公路安全防护设施缺失现象，筑牢安全生命防线，完成农村公路安全生命防护工程第二期竣工验收、第三期一批、第四期项目建设，实施里程232.45千米，完成投资3024.67万元。（颜　丹）

【农村公路项目】 2020年，雨花区推进农村公路项目建设。

农村公路大修（“双投模式”第二期）硬化项目位于跳马镇杨林村、复兴村、白竹村、新田村、田心桥村、三仙岭村、石燕湖村、团然村、喜雨村、石桥村、金屏社区、跳马村、关刀村等行政村，涉及农村公路76条。路线全长41.1千米，项目投资6396.71万元。主要建设内容包括路面工程、涵洞工程、交通安全设施，项目采用“双投模式”（即农村公路路基工程及排水工程由各村镇负责，建设单位负责路面硬化及交通安全设施建设）。

农村公路大修项目（“双投模式”第三期）硬化项目位于跳马镇新田村、田心桥村、白竹村、石燕湖村、石桥村、金屏社区、跳马村、关刀村，涉及农村公路88条。路线全长28.651千米，项目投资3759.71万元。项目采用“双投模式”，实施公路路面硬化及交通安全设施建设。

S21长株高速团头互通–S326公路项目，起于雨花区团头互通匝道与X036平交处的团头村，往东下穿长株高速，止于雨花区与浏阳市交界处，与已建的S326浏阳大瑶至长沙跳马公路相接，路线全长约0.9千米，总投资约3578万元。项目采用二级公路标准建设，设计时速30千米。

X050暮石公路提质改造项目起于跳马镇田心桥村坪塘桥，途经田心桥村、新田村、金屏村、石燕湖村，止于与石鸭公路、X049交叉处。路线全长7.58千米，南北走向的四级公路，设计速度20千米/小时，双向两车道。项目投资2686.22万元。主要工程内容包括路面改造、路基排水边沟、路基防护、涵洞工程、交通工程、照明工程、绿化工程、增设港湾式公交停靠站等。

C451路面大修项目位于跳马镇白竹村范围，路线起讫点分别为与X046、X047的交叉点，靠近浏阳河。路线全长1.818千米，采用等外公路技术标准，参照四级公路速度20千米/小时执行。项目投资2208.6万元。主要工程内容包括路线局部优化、路基路面大修、排水工程、交通工程。

S210跳茅线提质改造项目起于跳马镇跳马村，止于白沙塘岭。路线全长14.37千米，南北走向的四级公路，设计速度30千米/小时，路幅宽度7米。项目投资3723.83万元。实施路面改造、交通工程、排水工程、增设港湾式公交停靠站、照明工程、绿化工程。

X048路面大修项目位于同升街道新聚圆社区及跳马镇白竹村。路线全长2.66千米，K0+000—K0+270起点段、K2+246—K2+266终点段的路面大修以及全线的交通安全设施工程。项目投资199.93万元。

Y320白金线提质改造项目起于跳马镇石燕铺，止于冬斯港。路线全长6.02千米，南北走向的四级公路，设计速度30千米/小时，双向两车道，从起点至K0+360段路面宽度7米，K0+360至K6+022.042段路面宽度为6米。项目投资2345.72万元。实施路面改造、边沟排水工程、交通工程、增设港湾式公交停靠站、照明工程、绿化工程，完善跳马镇区域骨干道路，连接X047道路，实现跳马镇政府、石燕湖景区至跳马镇东北部、白竹片区的连通，改善道路通行能力。

C513路面大修项目位于跳马镇石桥与浏阳、株洲交接处。路线起点桩号K0+000，终点桩号为K2+901.106，路线全长2.9千米，项目投资445.03万元。实施拆除工程、路面工程、桥梁涵洞工程及交通工程及沿线设施。

白竹木叶冲路道路项目位于跳马

镇白竹村，项目为四级公路，设计时速20千米双向车道，路面宽7米，全长350.52米，建设投资379.21万元。

天山—千子园村道大修项目位于跳马镇白竹村，项目全长1.68千米，K0+000+K0+415路面宽4.5米，K0+415—K0+425路面宽度由4.5米渐变至3.5米，K0+425—K1+678路面宽度3.5米。全线硬化并设置安保工程。连接线1长24.5米，路面宽度3.5米，实施硬化；连接线2长40米，路面宽度2米，实施硬化。项目投资175.16万元。实施路面工程、涵洞工程及安全设施工程。

怡天建材—振华路提质改造项目位于雨花区跳马镇，起于怡天建材有限公司拌合站与Y321乡道相交处，止于圭白路与振华路交接处。路线起点桩号K0+000，终点桩号K1+410，路线全长1.41千米，四级公路，项目投资430.97万元。实施拆除工程、路面工程、涵洞工程及交通工程，连接乡道Y321至振华路，实现跳马镇与雨花经开区的互联互通。（颜　丹）

【公交都市建设】 2020年，雨花区协调市交通运输局解决汽车南站、裕天国际商汇中心二期、黎郡社区、航空学校、禹泰二小、红星全球农批中心等单位公交出行需求，优化公交线路10余条、调整公交车站4个。长沙环境保护职业技术学院周边公交车更换为新能源车，倡导市民绿色出行，缓解城市拥堵，提高市民出行便捷幸福指数。（颜　丹）

【超限超载治理】 2020年，雨花区与市交通运输综合行政执法局雨花大队联合，以渣土车为重点，通过路面检查和源头管理相结合的方式，开展联合执法行动104次，出动人员1076人次，查处超限超载违法运输车辆153台，严厉打击超限超载行为，维护道路质量。投资1200万余元，在S210、X049、X047等道路建设3套非现场执法系统，推进科技治超，提升执法效率。（颜　丹）

【安全生产】 2020年，雨花区推进交通问题顽瘴痼疾整治和道路运输安全生产专项整治三年行动，强化风险隐患预防控制、推动问题整治全面彻底、严格责任落实到岗到人、筑牢根基确保安全稳定，狠抓安全生产责任落实，全年未发生一起道路运输领域安全生产责任事故。投入资金1700万元，整改市交办的142处农村公路隐患点位，克服时间紧、任务重等困难，按时按质完成整改任务，确保农村公路安全。开展非法营运车辆核查，对省交办的涉嫌非法营运的27台车辆，协调区整治办、区交警大队、市交通运输综合行政执法局雨花大队等单位对车辆情况逐一进行核实并销号。开展铁路、高速公路安全环境整治，整治普速铁路外部环境隐患点位36处、高铁沿线隐患31处、高速公路沿线隐患8处，经铁路、高速公路、地方等单位共同勘察，明确整改方案，发放宣传资料3万份，开展整治行动，所有隐患均按照时间节点整改完毕并验收销号。加强大桥货运集散地安全巡查，安排18人的专门队伍，分组对大桥货运集散地进行日常巡查，出动检查人员3371人次，检查物流门店8306家次，处置非法运输危险货物行为32起，确保物流集散地的运输安全。推广道路运输行业安全生产责任险，维修企业6家参保，投保41人，企业参保率9.23%，安责险的推广有利于预防和化解社会矛盾，减轻政府在事故发生后的救助负担。（颜　丹）

【新冠肺炎疫情防控】 2020年，雨花区做好交通运输领域突发新冠肺炎疫情防控工作。全区抽调干部380余人，在5个高速出口和4个城际铁路站设置检查监测点，检查车辆8.6万台，劝返湖北籍车辆158台，检查人员26万人次。配合火车南站、汽车南站站场搞好防控工作，抓好“外防输入”工作。重点推进农村公路建设项目复工复产，督促施工单位制定复工方案，建立疫情防控工作制度，备齐防疫物资，对办公场所进行消毒，按程序经社区、街道、部门签署意见后方能复工。开展“大干一百天　实现双过半”竞赛活动，贡献交通力量。对辖区范围内从事冷链运输的企业和个人进行信息摸排，组织15家从事冷链运输的企业（个人）召开冷链运输渠道疫情防控调度会，对企业运输经营过程中的车辆消杀毒制度、站（场）消杀毒规程、驾驶人员防护工作提出具体要求。以同升片区红星冷链、云冷1号、同超物流，高桥片区高桥冷链市场、普洛斯物流为重点，全面检查从事冷链食品运输的车辆，开展执法检查89次，出动人员392人次，检查车辆1196台次，发放防疫手册900余本，有效控制疫情从冷链运输渠道扩散。（颜　丹）

【交通问题顽瘴痼疾整治】 2020年，雨花区交通运输局推进交通问题顽瘴痼疾整治行动。制定《长沙市雨花区交通运输局交通问题顽瘴痼疾集中整治行动方案》，明确工作目标、组织领导、工作步骤、顽瘴痼疾类别、整治任务和措施、工作要求，将工作任务分解到各科室。成立局领导小组，局班子成员定期调度，围绕“人、车、路、企、政”等方面顽瘴痼疾，狠抓隐患治理、乱象整治、责任落实。落实整治要求，全面排查隐患和短板，形成长效机制。各科室根据省政府交办的“七类”交通问题顽瘴痼疾牵头制定分项工作方案。由分管班子成员牵头，各科室具体负责，对照方案逐项进行整改落实。排查跳马镇地区公路安全隐患点142处，邀请设计单位出具设计方案，分批分期进行整治，按时限要求全部整改到位。组织召开雨花区运输企业超限超载等交通问题顽瘴痼疾集中整治约谈会5次。联合长沙市交通运输综合行政执法局开展交通问题顽瘴痼疾集中整治货运车辆超限超载行动，治理、规范跳马镇左宗棠墓路段、X047、洞株路、湘府路等重点路段运输车辆超限上路行驶的顽瘴痼疾行为，货运车辆不随车带证运输行为，未对货物采取防止脱落、扬撒等必要措施的行为，出动执法检查人员15人、执法车辆2台，检查各类重型货运车辆29台，查处涉嫌超限运输车辆5台。（颜　丹）

【交通问题顽瘴痼疾红色风险企业约谈会】 2020年5月21日，雨花区紧急召开“交通问题顽瘴痼疾红色风险企业约谈会”，约谈湖南省致和运输有限公司和长沙向翃运输有限公司法人代表。区交通运输局宣读长沙市交通运输局交通问题顽瘴痼疾集中整治行动领导小组办公室《关于对存在交通安全风险隐患的运输企业、驾驶员进行整改的工作交办通知》等相关文件，通报2家企业被评为红色危险企业的主要问题，督促企业落实安全生产主体责任，及时消除安全隐患，严防车辆、驾驶人肇事肇祸风险，要求企业5月30日前完成隐患整改工作，用实际行动尽快做到安全隐患清零。2家企业法人表示将加强安全主体责任落实有效预防和减少重特大道路交通事故发生”。（颜 丹）

【非法移动加油站被取缔】 2020年4月9日，雨花区交通运输局、区交警大队、东山街道和东山派出所等部门单位联合行动，在东山街道开展道路交通问题顽瘴痼疾整治行动，排查成品油运输车辆违法加油乱象。排查过程中，发现一辆停放在路边且未悬挂机动车号牌的厢式货车，未发现驾驶人员。执法人员打开车厢，发现其中装有油罐、加油机、计价器等物品，是一个小型移动加油站。通过核对检查，执法人员发现车内的油罐能储存4吨左右的油料，且有对外输送的痕迹，存在严重道路交通安全隐患。该车辆随即被拖运至相关地点，案件交由相关部门进行处置。（颜 丹）

【处置路基部分坍塌隐患】 2020年4月14日，雨花区交通运输局接群众反馈，跳马镇X047县道白竹村段乌鸡坝路面右侧路基出现部分坍塌。接到消息后，区交通运输局立即安排工作人员赶赴现场，将该安全隐患及时通报市公路建设养护中心。4月15日，区交通运输局会同市公路建设养护中心、跳马镇政府、区交警大队和白竹村等单位，实地走访现场，仔细进行查看，并召开道路安全隐患治理会议。会议指出，市公路建设养护中心作为该隐患的主体责任单位，应迅速制定治理方案，在隐患治理完成前，安排专人负责，制定应急处置方案，并迅速启动永久整改措施，全力以赴做好保畅保安全相关工作，为群众安全出行奠定坚实基础。（颜 丹）

【查处无证运输危险货物车辆】 2020年4月28日，雨花区交通运输局接到黎托街道报告，在江榕路发现路边停放着3台小型货车与1台面包车，车辆货箱均装载各类不知名罐体。工作人员立即到现场核实，并立即上报至市交通运输综合行政执法局。市、区交通运输部门联合街道共同对当事人进行询问，车上存放二氧化碳气体51瓶，乙炔气体43瓶，其中乙炔属于易燃气体，属于危险货物一类。经现场调查，当事人现场无法提供有效的危险货物道路运输经营许可证件，涉嫌违反危险货物运输的相关规定。执法人员立即安排具体运输资质的车辆，将3台车上的危险货物进行转运，将车辆扣押至指定停车场，经过3个多小时的现场执法，罐装气体被转运至安全区域。（颜 丹）

【联合治超执法行动】 2020年12月21日，长沙市交通运输综合行政执法局、雨花区治超办、区交通运输局联合在雨花区周边主要货运要道开展首次夜间跨区域集中联合治超执法行动，有效治理市辖区货物运输车辆恶意超限运输行为，预防和遏制重大交通安全事故的发生，巩固治超执法成果，保护公路及道路运输安全。市交通运输综合行政执法局调集全市范围内各驻区大队执法精干力量30余人，执法辆车5台，保障行动的开展。区执法大队联合区治超办制定执法计划，经过前期实地摸排调查，确定川河路口、X047路口等几个雨花区重要货运通道节点为治超联合执法地点；联合执法队伍临时编组，熟悉路况的区执法大队队员与开福执法大队、岳麓执法大队部分执法队员交叉组成新的执法小组；增加“回马枪”式执法模式，对部分问题突出的重要货运通道路口开展两轮执法。联合执法队员共检查货运车辆30余台，其中当场查扣8台超载车辆，部分车辆超限比例达50%以上。跨区域集中联合执法行动，成功堵塞部分治超执法漏洞，取得良好的治理效果，为相关部门提供范例。（颜 丹）

【应对低温雨雪冰冻天气】 2020年12月，雨花区交通运输局提前谋划，应对低温雨雪冰冻天气，保障道路交通运输安全畅通。成立应急领导小组，制定应急工作方案，明确各科室职责，实行压力传导，切实落实行业监管责任。对接区直相关部门、各相关街道，按照“路长制”要求，实施联防联控；相关工作人员持续对辖区内S326、X047、X048、X050、X008、X060以及乡道Y320进行巡查，重点对路段的急转弯、长陡坡、道路路面、桥梁、护栏、护坡、涵洞、边沟进行安全检查。未发现路面桥梁有积水结冰现象；路基、护坡无坍塌滑坡现象，道路标志标牌、护栏等安防设施完好，道路路况安全畅通。储备工业盐50吨、麻袋3000个、扫把100个、麻绳50捆、铲子100个、警示牌50个，联系项目施工单位安排人员作为抢险救灾队伍，准备铲车1台、装载车辆5台、运输车辆5台。严格落实岗位责任制和节假日期间领导带班、24小时值班制度和信息报告制度；常态化运行20人应急小分队，合理部署人力物力，值班电话24小时畅通，确保反应快速、处置高效。（颜 丹）

【首张IC卡式道路运输证发行】 2020年1月10日，长沙市雨花区首张IC卡式道路运输电子证件发放到业户手中。IC卡电子道路运输证件正面为车辆相关内容：业户名称、车辆好牌、车辆类型、吨位、车辆尺寸、核发机关、道路运输证号、发证日期等信息，背面则统一印制有“中华人民共和国道路运输证”和“中华人民共和国交通运输部监制”等字样。IC卡电子道路运输证方便携带，防伪性强，能采集完善运营车辆与从业人员的基础数据，实现道路运输市场动态监管，能让企业车辆办理年审、季度监测等实现网上一次性办理流程；该证可作为高速公路ETC记账卡使用，由办理人采取自愿形式在银行开通，支持从业人员持卡在全国200余个交通一卡通互联互通城市公共交通刷卡支付；该证应用于源头治超管理、车辆综合性能检测、车辆年审、客运汽车站报班管理等功能，方便各职能部门更好地管理运输市场、规划运输环境。（颜 丹）

【道路货运企业质量信誉考核会议】2020 年 3 月 27 日，雨花区 2019 年度道路货物运输企业质量信誉考核工作会召开，会议宣读《长沙市雨花区交通运输局关于开展 2019 年度道路货物运输企业质量信誉考核工作的通知》，说明企业质量信誉考核相关评定细则，明确考核的意义、具体做法、关键点位等，解答企业负责人提出的相关问题。会议强调企业负责人要监督企业在生产的同时要引起重视、落实到行动上，严格对照二十三条奖惩措施落实主体责任，抓好安全生产，整治顽瘴痼疾，落实企业安全生产主体责任，建立安全隐患排查机制，建立长效安全生产管理机制，确保道路货物运输市场更加和谐、有序，促进道路货运行业健康发展，提升雨花区货运行业安全生产管理活动和服务质量水平。全区 65 家道路货物运输企业参加。（颜 丹）

【治超工作约谈会】2020 年 4 月 16 日，长沙市交通运输综合行政执法局、雨花区交通运输局联合组织召开雨花区源头企业超限超载等交通问题顽瘴痼疾整治集中约谈会。区交通运输局负责人传达省、市交通问题顽瘴痼疾集中整治方案文件精神，介绍交通运输综合执法改革推进情况，通报 2020 年对源头运输企业交通问题顽瘴痼疾集中整治工作情况，对安全生产、非现场执法系统安装、质量信誉考核、“蓝天保卫战”等工作提出了要求。会议强调，各源头企业在顽瘴痼疾整治过程中，不可心存侥幸对待超限超载等运输行为；不可心存幻想对待顽瘴痼疾整治行动；不可心不在焉对待安全生产管理等工作。各源头企业负责人表示，将认真落实会议要求，落实企业安全生产主体责任，积极配合做好整改工作，共同保障公路安全和畅通，为广大群众出行营造良好的道路交通环境。（颜 丹）

【项目摸底调查会议】2020 年 4 月 29 日，雨花区交通运输局在跳马镇石桥村召开 S21 长株高速团头互通—S326 公路项目建设征拆工作摸底调查工作会议，区国土、征地、跳马镇及石桥村负责人共同了解项目情况，确定摸底调查内容，明确立即进场摸底调查。各方到现场确认项目建设红线。会议启动征拆的摸底调查工作，为加速项目建设奠定基础。（颜 丹）

【机动车维修企业专项整治动员大会】2020 年 7 月 13 日，雨花区机动车维修企业“蓝天保卫战”专项整治动员大会召开。会议传达市、区各级关于“蓝天保卫战”工作的相关要求，动员机动车维修企业积极参与“蓝天保卫战”工作。区交通运输局通报日常检查中发现的机动车维修企业废气净化设施未定期检测，设备未及时维护，耗材的更换频率较低；未设立专用的调漆车间，调漆产生的废气未经处理直接对外排放；危险废物管理不到位，未设立专用的危险废物储存场所，危险废物与生活垃圾混装的问题，下达整治任务，明确整治要求。市生态环境综合行政执法局雨花执法大队负责人开展“蓝天保卫战”专题业务培训，宣传危险废物法律法规知识。区蓝天办要求相关部门要强化源头防控，企业要规范人员管理，确保“蓝天保卫战”三年行动计划完美收官。会议要求，各机动车维修企业负责人要提高认识，认清形势，与时俱进的思想打赢“蓝天保卫战”；要压实责任，规范管理，以源头管控为重点打赢“蓝天保卫战”。要铁腕整治，严格执法，以决战必胜的姿态打赢“蓝天保卫战”。雨花经开区、各街道（镇）负责“蓝天保卫战”工作的专干及全区范围内 4S 店、一二类有烤漆房的维修企业负责人参加会议。（颜 丹）

2020 年 3 月 27 日，雨花区道路货物运输企业质量信誉考核工作会（颜 丹 供图）

【运输企业安全生产约谈会】2020 年 7 月 31 日，雨花区组织召开源头运输企业视频监控安装推进会暨安全生产约谈会。长沙市治超办、雨花区治超办、雨花区交通运输局、长沙市交通运输综合行政执法局雨花大队、雨花区住房和城乡建设局、重点货运源头运输企业相关负责人参加。会议传达《湖南省货物运输车辆超限超载治理办法》《全市交通问题顽瘴痼疾集中整治行动考核评分细则》和《关于印发长沙市货运源头企业治超信息化管理系统建设方案的通知》（长治超办〔2020〕3 号）等文件精神，通报近期辖区内超限运输车辆查扣情况。会议指出，源头运输企业视频监控安装和称重数据接入是企业安全生产主体责任落实的重要环节，是交通问题顽瘴痼疾整治的一项重要工作，也是优化营商环境的一项重要举措。会议强调，各源头运输单位要高度重视，迅速安排部署，定人负责；要加快推进视频监控安装和称重数据接入；要在设备采购、安装、数据接入等方面提供经费保障，并加强后期的运行维护。各企业代表表态，将迅速开展源头视频监控安装和数据接入，严格落实治超主体责任，确保进出场车辆合法装载。

10月30日，雨花区交通运输局联合长沙市治超办、长沙市交通运输综合行政执法局雨花执法大队召开雨花区运输企业安全生产约谈会，辖区内11家混凝土搅拌源头企业和5家渣土运输企业负责人参会。会议宣读《2020年第二次治超工作考核评估情况通报》（长治超办〔2020〕11号）文件，通报昌盛和鸿锦2家运输企业的违章情况。会议强调，要深刻汲取“9·22”湘潭重大交通事故教训，加强道路运输领域安全生产工作，坚决防范道路运输事故的发生。企业法人与安全生产管理人员要提高对安全生产重要性的认识；企业按照上级主管部门要求约束驾驶员，在路上要第一时间配合执法人员的检查；执法人员涉及“索拿卡要”行为，各企业可以随时举报，决不允许触及红色底线。被约谈企业相关负责人当场表态发言，均表示将严格落实企业安全生产主体责任，强化从业人员安全生产教育培训，落实安全“隐患清零”任务。（颜 丹）

【普铁安全环境集中整治工作调度会】2020年8月28日，雨花区政府副调研员师建新、区政府办副主任张业武在区交通运输局会议室组织召开普速铁路安全环境集中整治工作调度会。区交通运输局简要汇报2020年普速铁路安全环境整治情况，介绍省整治办下发的第二、三批隐患清单中涉及的点位情况，普铁长沙工务段明确各个隐患点位的整改标准，各整治成员单位与属地街镇就隐患整治相关工作开展事宜进行讨论。师建新要求，高度重视、稳抓落实；抓紧时间、稳步推进；要强化调度、积极协调；按时按质完成好所有隐患的整改。区铁护办、区城管执法局、区自然资源与规划分局、各属地街道以及供电段、房建公寓段相关负责人员参加会议。（颜 丹）

【高速公路路域环境整治调度会】2020年10月16日，雨花区政府副调研员师建新在区交通运输局202会议室组织召开雨花区高速公路路域环境整治调度会。会议由区政府办副主任张业武主持，长沙市交通运输综合行政执法局高速大队、区城管执法大队、区资规分局、高速公路管理方及属地街道相关负责人参加。区交通运输局通报隐患点位的具体情况，要求按市委、市政府部署在规定时间节点内完成整改任务。参会各单位都一致表示积极支持隐患整改工作，全力配合开展整改行动。师建新要求各方对接好，迅速行动，及时销号，确保安全。（颜 丹）

【工程方案调整评审会】2020年10月27日，雨花区交通运输局组织召开长沙市绕城高速万家丽南收费站南半部分西移工程调整规划及方案调整评审会。长沙市资规局、雨花区资规分局、区发改局、雨花经开区规建局、区交警大队、同升街道、江苏省科佳工程设计有限公司、长沙市规划院有限公司等有关负责人及道路、规划、造价专业方面的专家参加。会议由区交通运输局副局长许用方主持，听取绕城高速万家丽南收费站西移工程前期工作进展情况介绍、江苏省科佳工程设计有限公司方案设计汇报、长沙市规划院有限公司规划修改论证的汇报，同升街道、雨花经开区、区交警大队、区发改局分别对用地、交通组织、可研立项等方面发表意见。专家们结合各自的专业对设计方案、规划修改等发布专家评审意见。市、区资规部门按法规、政策要求提出相应要求。各单位及专家研究讨论，形成初步意见。会议要求设计单位要按专家及市、区资规部门的意见完善方案并尽快完成方案的确定和规划的修改认证，加速推进项目建设。（颜 丹）

【雨花区农村公路建养中心成立】2020年7月29日，中共长沙市雨花区委机构编制委员会下发《关于设立长沙市雨花区农村公路建养中心的通知》（雨编委发〔2020〕15号）文件，同意设立长沙市雨花区农村公路建养中心，为长沙市雨花区交通运输局所属公益一类事业单位，核定全额拨款事业编制6名。主要职责：负责宣传、贯彻和执行农村公路建设养护的国家标准和行业标准；负责制定全区公路建设、养护管理办法，编制公路养护、新改建工程项目年度计划，并在上级主管部门审批后组织实施；负责所辖公路（含公路桥梁、隧道、渡口）的路况调查、信息统计、日常养护、质量考评等日常管理；负责管养范围内的公路工程项目建设和质量安全；负责公路建设、养护业务培训，指导乡道、村道管养工作；负责公路行业新技术、新材料、新工艺、新设备的推广运用；协助公路战备、“路长制”和涉及公路的相关工作；完成区委、区政府和区交通运输局交办的其他工作任务。（颜 丹）

【雨花执法大队挂牌成立】2020年7月24日，长沙市交通运输综合行政执法局雨花执法大队举行揭牌仪式，进一步充实雨花区综合行政执法力量，雨花区交通运输综合执法工作进入新阶段，对优化交通执法资源配置，解决权责交叉、多头执法问题，推进交通运输行业治理体系和治理能力发展具有重要意义。雨花区政府副区长陈怀宇、市交通运输局二级调研员陈湘、市交通运输综合行政执法局局长何军出席仪式并讲话。（颜 丹）

【区人大听取交通运输工作情况汇报】2020年4月30日，雨花区第五届人大常委会第54次主任会议专题听取区交通运输局工作情况汇报，听取区交通运输局局长赵正坤受区人民政府委托所作的工作情况汇报和区人大农业与农村委所作的中心发言，区政府副区长陈怀宇作补充发言，农业与农村委员会兼职委员发表意见，人大常委会领导分别进行点评并提出建议。会议认为，区人民政府及交通运输局坚持以“办人民满意交通”为目标，加快行业转型升级，担当作为，各项工作有序推进；全面摸排涉农公路隐患，完善设施，切实整治公路隐患问题；在全区推行“双投模式”硬化农村道路，改善民生，美化环境，交通运输工作成效显著。会议建议，抓好农村公路建设，为乡村振兴提供基础保障；推进现代技术在交通管理上的运用力度，推广不停车非现场执法系统建设；加大对交通行业的投入，特别是在人员、资金等方面的投入；申请成立农村公路养护中心。会议指出，时代阳光大道东沿线和红旗路南延线2条主干道的建成和周边道路的提质改造，将提升老百姓的幸福感、获得感；建议成立雨花区农村公路养护中心，推进农村公路养护管理标准化、制度化、规范化进程，推进农村公路养护管理工作向纵深发展。区人大常委会副主任谢爱龙、杨仕斌、李劲松、莫志刚等出席会议。区人大各专委会主任委员、常委会各委室负责人、区人大农业与农村委兼职委员，区交通运输局以及跳马镇相关负责人参加会议。会前，主任会议成员一行实地查看X048保通保畅、农村公路提质改造、砂石路面硬化、治超非现场执法系统建设4个项目，了解雨花区交通运输管理工作情况。（颜　丹）

【安全检查】 2020年1月16日，雨花区人大常委会党组成员、副主任、区总工会主席杨平带队，开展“蓝天保卫战”日常执法巡查工作。实地检查雨花区华晨汽车维修有限公司，重点检查企业烤漆房是否资质齐全，是否全封闭，喷漆和烘烤废物是否全收集等工作。检查中发现该企业烤漆房存在通风不畅、工作物品摆放不整齐、未分类归纳等情况，检查组对企业进行耐心的指导并要求企业进行当场整改。杨平指出，行业监管部门和环保部门要形成长效机制，进一步规范汽车维修行业环境管理，力促企业落实环保主体责任，不因赶工而忽视污染防治有关工作。6月17日，区交通运输局对辖区内4家危货运输企业、3家客运企业进行安全生产大检查。检查人员通报“6·13”浙江温岭槽罐车爆炸事故，查看企业开展安全教育培训、GPS动态监控、24小时值班记录等情况；宣讲交通问题顽瘴痼疾工作要求，要求企业高度重视，积极配合开展顽瘴痼疾整治工作；制作相关安全生产手册、横幅、倡议书，将安全生产知识通过图文并茂的方式制作成宣传手册，发放到企业、门店，督促企业落实安全生产主体责任。检查人员要求企业立即开展自查自纠，对公司车辆进行全面的排查，确保车况良好；整改事故隐患，严防事故发生。9月23日，区政府副区长陈怀宇、副调研员师建新带队，开展农村公路建设领域安全生产检查，检查C451和X050项目现场施工情况，检查V742安保设施建设现场顽瘴痼疾整改项目整改落实情况，要求项目负责人落实安全生产主体责任，做好节前安全检查，防范事故发生。国庆期间，区交通运输局工作人员放弃休假，在区内重点部位、重要路段进行巡查，及时消除隐患，确保道路运输安全，排查货运车辆运输货物，开展交通问题顽瘴痼疾整治行动，出动执勤人员75人，检查门店235家次。联合区交警大队在长沙大道万家丽路口对过往货运车辆进行检查，消除违法行为。各级路长严格落实工作职责，对各自负责的路段进行指导、巡查。对X046县道坑洞投诉问题，协调长沙市公路建养中心进行修补；对同升街道在巡查中发现的1处没有防护设施的安全隐患，设置反光锥。通过巡查整治，消除一批安全隐患。（颜　丹）

火车南站地区综合管理

【概况】 长沙火车南站地区综合管理办公室主要负责火车南站地区交通秩序管理、市容秩序管理（不含环卫、市政、园林管理和维护作业）、治安秩序管理、经营秩序管理及其综合服务“四管理一服务”工作；负责火车南站等铁路部门、政府有关职能部门、企事业单位的综合协调工作；牵头火车南站地区公共配套设施管理和维护的协调工作。

2020年，长沙火车南站到发旅客5800万人次，日均到发旅客15.8万人次。长沙火车南站地区综合管理办公室围绕“扮靓湖南窗口，打造全国标杆”的工作总目标，主动作为、攻坚克难，窗口形象持续改善，服务品质持续提升。被评为“湖南省文明窗口单位”“长沙市优化营商环境群众满意青年文明号”“长沙市护路护线联防工作先进集体”，连续三年保持市级文明标兵单位称号，被推荐为湖南省文明单位、全国第六批学雷锋活动示范点、2020年度全国学雷锋服务“四个100”先进典型——最佳志愿服务组织。

（李清晗）

【站区管理】 2020年，长沙火车南站综合管理办公室严密做好疫情防控，严抓安全生产，积极应对客流高峰，促进站区平安稳定，扮靓长沙的窗口形象。第一时间制定联防联控工作方案，迅速集结42个成员单位构建科学高效防控体系，建立“5+6+7”接诊转诊工作法（发热旅客、境到来长旅客、红黄码旅客处置机制），抽调民兵30人、城管62人、街道65人、卫建系统6人、医护18人、志愿者28人，按照“1+2”模式，24小时参与疫情防控，确保紧急情况得以迅速处置；在高铁进出站口布设34个体温监测和“两码”查验卡位、28个体温监测点、90余条体温监测通道、6个健康复检点、2个健康监测区，检测体温6646.23万人，复查体温异常旅客9667人，筛查出发热病人261人（含境外到长人员），查验健康码2367.02万人（健康码异常人员4112人，查验红码319人、黄码3790人、无码3人），接待境外到长人员4897人，接待中高风险地区10人，对转诊至其他区县的异常人员进行全程跟踪回访，未发生一起疫情责任事故。迎战客流高峰，进一步完善站区应急工作预案和联勤联动工作机制，开展交通分流、反恐防暴、消防安全等集中应急演练6次，组织站区各单位进行单元应急演练100余次。有效应对雨雪冰冻、防涝排渍等多起应急突发事件。站区坚持提前谋划，精心铺排，组织召开调度会，启动特护期模式，各业主单位、执法管理单位加强特护期值班备勤，开展联合武装巡逻，组织联合执法行动。站区没有出现旅客滞留，没有发生安全治安事件，没有出现大面积交通拥堵现象。10月1—8日，到发旅客245万人，单日最高34.2万人，创建站以来最高纪录。组织站区各单位召开安全生产现场调度会4次，制定《关于做好清明、端午、国庆等特护期安全工作方案》《关于做好雨雪冰冻天气安全工作方案》《关于做好冬季安全生产大排查工作方案》《领导干部带队检查安全生产工作方案》《专项整治三年行动“大宣传、大培训、大警示”活动工作方案》，站区主要负责人带队对站区开展专项巡查12次，排查站区的各类安全隐患，查涉设施

设备破损、地砖破损、环境卫生等方面问题1336个，将问题及时反馈责任单位，全部督促整改到位。（李清晗）

【站区服务】 2020年，长沙火车南站地区综合管理办公室优化升级区域化党建，火车南站地区“和谐号”党建联盟升级为“复兴号”党建联盟，凝聚站区17个党组织加入联盟，统一推出“联勤联动”“志愿者服务”“党员素养提升”3个党建活动品牌，开展联席会议、理论学习、联合行动、党性教育、志愿服务等活动，形成合力，提升服务品质，扮靓窗口形象。重要节日特护期或者发生紧急任务、突发事件时，成立一线党支部，坚持每日一调度，统一思想，激发党员组织的凝聚力；成立党员示范岗，发挥党员模范带头作用，面对突发事件冲锋在前，成为长沙火车南站地区的核心动力。秉持“旅客至上、服务第一”的工作理念，爱心志愿服务不断升级，在东、西6个旅客服务台，安检厅“急客通道”，自助售票处，扶梯等多个岗位为旅客提供志愿服务，组织50余家社会团体和高校学生，4000余名志愿者参与站区志愿服务，为旅客提供问询引导、疫情防控、协助安检、行李搬运、失物招领、免费药品等服务200余万人次，日均提供咨询服务5000人次，指导旅客顺利申领健康码1.8万余人次，为无码人员、无手机的老年人开辟绿色通道，申领健康码，实现“雷锋家乡，雷锋天天见”。制定《长沙火车南站地区文明创建工作方案》，建立日调度工作机制，每天上午组织站区各单位召开联席会议，调度文明创建工作，确保文明创建常态化成效落实到位；加强宣传阵地建设，与广铁文广公司沟通协调，按照新建商业广告数量30%的比例争取公益广告宣传阵地，争取到公益广告宣传栏69个；加强与广大媒体对接，多层次、多角度报道站区好经验、好做法、好成效，新华社、《人民日报》、湖南卫视、《湖南日报》、《长沙晚报》等40余家主流新闻媒体到站区采访报道，宣传报道200余篇次。（李清晗）

【站区提质】 2020年，长沙火车南站地区综合管理办公室协调推进长沙火车南站地区整体提质改造，加强站区综合治理，优化出行环境，站区品质不断提升。开展大清扫、大清洗行动，加强巡回保洁和动态保洁，确保站内、路面、人行道、绿化带、公交坪、停车场等区域实现“五无五净”（无堆积物、无果皮纸屑、无砖瓦土石、无污泥积水、无痰涕口香糖；路面净、果皮箱净、沙井沟眼净、道边石牙净、树根周围净）。推进站区垃圾分类工作，实行分类投放、分类收集、分类运输，更换辖区垃圾桶分类标识800余张。推进站区爱国卫生运动，加强爱国卫生宣传，加强站区公共区控烟力度，强化除“四害”工作。深化“电梯革命”，督促各业主单位加强电梯管理，明确专人负责，加强对站区内垂直电梯、扶梯等特种设备的巡查和维护，降低停运时间。推进厕所革命，深化厕所功能，优化设施设备，提升管理服务水平。推进长沙南站排水系统升级改造工作，完成武广站房内管网改造，站房外排水管网改造项目施工顺利；启动长沙南站周边雨水管网改造，南北调蓄池改造，解决长沙南站站房管网与地方市政管网斜接问题。绿化提质改造对西广场及花侯路、杜花路。启动西广场执勤室增扩改建项目，解决部分执法单位一线执勤办公场所，提高执法单位执勤效率，为旅客提供有效管理保障；完善站区各功区域、通道及周边道路的标识标牌，确保标识内容清晰、识别方便、指引准确，节约旅客进出站时间。（李清晗）

【专项整治】 2020年，长沙火车南站地区综合管理办公室制定《长沙火车南站地区2020年“最严管理”专项行动方案》《长沙火车南站地区2020年春运工作方案》《长沙火车南站地区2020年暑运工作方案》等工作方案，推进最严治安、城市、交通、运输管理4个专项行动，查扣涉嫌非法营运车330台；查处喊客拉客人员3808人，其中训诫2204人，警告91人，行政罚款1399人129875元，治安拘留114人，接处警231次，处理纠纷76起；违停抄牌锁车8890起，手工抄牌14225起，现场执法1919起，扣留机动车106台，行政案件99起，查扣摩托车565台、查处电动车1766台。湖南经视焦点栏目《多部门联动 高铁南站周边严查“黑车”》报道站区非法营运整治行动，有效扩大整治行动影响力。结合扫黑除恶和加强联勤联动建设，明确工作重点，治乱强基，开展摸排登记和宣传引导；城市管理做到精细化，充分运用网格化服务管理平台，进一步加强站区环境卫生治理，严格落实“门前三包”制，规范施工、共享单车停放秩序。（李清晗）

2020年12月31日，完成绿化景观提质改造的长沙火车南站西广场（李清晗　供图）

【交通分流演练】2020年1月10日，在2020年春运第一天，长沙火车南站综合管理办公室牵头，组织站区交通部门开展交通分流演练，提升应对突发事件的快速响应能力、快速反应能力、快速组织指挥能力和快速协调联动能力，保障春运客流高峰期间站区安全平稳运行、旅客平安有序舒适出行。长沙火车南站地区联勤联动指挥中心值班指挥长通过对讲机下达指令，启动长沙火车南站地区应对交通拥堵联勤联动工作机制，长沙火车南站地区交通分流演练开始。铁路交警大队、雨花区交警十三中队、长沙火车南站地区综管办等单位联勤联动、合理分工、密切协作，迅速有效地开展交通分流，对路口进行疏导、引导车辆分流、引导旅客快速进站、引导车辆快进快出。十分钟时间，站区交通秩序恢复正常。（李清晗）

【春运、暑运工作】2020年1月7日，长沙火车南站地区2020年春运期间综合管理工作调度会召开，为期40天的春运从1月10日拉开帷幕，2月18日结束。实行通宵营运13天，其中节前6天（1月17、18、20、21、22、23日），节后7天（1月29日起连续7天），每天增开夜间加班列车。春运期间，长沙火车南站综合管理办公室牵头，启动特护加强模式。增派武警、安保、保洁人员及铁路民警等工作力量2000余人，加强值班备勤，守点控面，应急处突，志愿服务。站区实行全天候值班执勤模式，24小时接续运行，增开夜间公交专线，安排夜间应急备班公交；地铁根据客流情况，适时缩短列车发车间隔时间和增加列车发车数量，延长运营时间；及时调度出租车到站接客，确保旅客安全有序离站。8月31日，为期62天的2020年暑运正式落幕。暑运期间，长沙火车南站到发旅客1301.4万人次，日均到发旅客约21万人次，单日客流最高峰到发总量26.5万人次。雨花区政府增加人财物的投入，每天派驻200余名工作人员坚持站区一线值守，严格按照疫情防控要求，做好进出站通道“两码”查验和体温监测工作，确保暑运平安顺畅。（李清晗）

【“猎鹰”行动】2020年，长沙铁路公安处、长沙火车南站派出所开展严厉打击倒卖车票违法活动的“猎鹰”行动，严防喊客拉客、带无票旅客进站收取好处费、使用假证件进站乘车等违法案件，打响2020年春运安保攻坚战，为确保旅客平安出行提供保障。火车南站地区加强对往年涉嫌倒票、喊客拉客、带无票旅客进站收取好处费被列入“黑名单”的违法人员重点管控，采取视频巡控、站区巡逻、便衣盯控、数据分析等多种手段，主动出击，及时发现、查处长沙南站站区及周边叫票倒票、喊客拉客、带无票旅客进站收取好处费的违法人员，全力围剿各种违法犯罪活动。（李清晗）

【综合治理联勤联动】长沙火车南站综合管理办公室创新综合执法管理模式，联合11家执法单位成立联勤联动指挥中心，构建“地方与铁路协同”“公安与武警联勤”以及相关职能部门共同参与的常态化治安防控联勤联动工作机制，取得成效。一体协同，整体作战实现“联”，重在联合部署、联合编组、联合处置、联合保障，联合雨花区公安分局治安三大队、东山派出所、公安公交治安分局、特警五大队、光达派出所、黎明派出所、交警支队雨花大队、武警长沙支队执勤三大队、长铁公安处特警支队、长铁公安处火车南站派出所、长铁公安处火车南站交警大队11个单位形成“十一位一体”联合作战体系，将有铁地之分、警种之别、互不隶属、职责不同的11支防控力量整合起来，集中办公、集中研判，在长沙市大治安防控中心的统一指挥下，统筹调度站区200余名公安、武警等专业巡防力量和城管、运政等执法力量，逐步形成立体化的治安防控体系，实现管理上的联勤联动，凝聚综合管理的强大合力。深度共享，信息资源实现“通”，站区依托联勤联动指挥中心，创新技术和管理手段，打破技术壁垒和部门界限，有效整合“路地”双方公共安全视频监控、公安专网、互联网等信息资源，对接市、区治安防控大数据平台，导入“三实”和涉恐、在逃等重点人员信息，互联互通、共享共用、预测预警，实现重点管控“零缺失”、实名管理“零盲区”、暴恐防控“零疏漏”。综合运用人像对比、电子围栏、无线图传等技术，将大数据运用到巡防管控、作战、治理等领域，依靠旅客实名制数据和待排查线索，进行串并分析、深度研判，实现精准防控。精准防控，目标步骤实现“同”。在“十一位一体”综合治理联勤联动模式基础上，站区综管办坚持以“四同”为抓手，提升站区联勤联动作战能力。由长沙火车南站综合管理办公室牵头，站区40余家单位扎实有效开展工作，确保“目标同向”；作为市大治安防控中心的分控中心，在联勤联动指挥中心设置指挥台，实现“指挥同台”；每月组织开展针对秩序乱象的联合整治行动，实现“行动同步”；成立专门督查考核组，联合制定站区统一的考核讲评等制度，实现“考评同一”。联勤联动新模式应用后，站区秩序明显好转、治安环境明显优化、旅客安全感明显上升、应急处突能力明显提高。（李清晗）

【区领导调研自贸试验区高铁新城片区工作】2020年11月19日，雨花区委副书记、区长刘素月率队调研自贸试验区高铁新城片区工作。区人大常委会副主任、高铁新城片区开发建设指挥部常务副指挥长杨仕斌，区政府副区长易静，区直相关部门、有关企业负责人参加调研。刘素月一行现场调研中铁快运长沙南站货运场，了解高铁货运项目部运行情况及未来发展规划。考察有关文创项目意向选址点，刘素月强调，要充分发挥高铁优势，集聚龙头快递物流企业，做大高铁货运规模，加快形成高铁货运的经验和样板。高铁片区要结合区区位优势，科学规划、精准引导、优化布局，吸引更多文创旅游类优质企业、项目落户，将更多具备湖湘特色的企业、文化、产品推向全国、推向世界，打造高端服务业集聚区。（李清晗）

生态环境保护

【概况】长沙市生态环境局雨花分局，实行垂直管理，统一监督管理区域范围内生态环境保护工作，在市生态环境局授权范围内承担生态环境保护行政许可具体工作。下设雨花生态环境监测站，负责执法监测，同时按要求做好生态环境质量监测、污染源监测和应急监测等工作，完成生态环境统计、空气质量分析预警等。长沙市生态环境保护综合行政执法局雨花执法大队，由长沙市生态环境保护综合行政执法局直接管理。

2020年，雨花区浏阳河（雨花段）水质稳定保持地表水Ⅲ类标准，圭塘河达到地表水Ⅲ类标准，创有监测记录以来最好水平；完成“绿盾”专项行动整改和销号、农村生活污水治理、土壤污染状况调查，加快推进跳马废弃矿山矿坑生态修复工作；稳步改善声环境质量，完成2个噪声控制示范区创建，强化噪声污染管控；高质量推进第二次全国污染源普查工作，完成1100余个污染源入户排查、数据采集、审核定库、成果发布及应用等普查任务，获湖南省生态环境保护委员会办公室通报表彰；推进排污许可“一证式”管理，率先全市完成固定污染源行业清理整顿33个和行业发证登记91个，工作经验两次获省生态环境厅公众号推介；承办全省“生物多样性日”活动，以大型环保主题作品展示、“蓝天保卫战”项目成果、环保检验检测科技展示、社会公益项目成果宣传等为重点，持续加强“蓝天保卫战”和生态环保公益宣传。（隋小阳）

【环境管理】 2020年，雨花区完善党委政府为主导、企业为主体、社会公众共同参与的生态环保多元共治格局，健全人大监督、政协评议、绩效考核、通报问责等机制，精准治污、科学治污、依法治污水平进一步提高，“党政同责”“一岗双责”和“管发展必须管环保、管生产必须管环保、管行业必须管环保”责任进一步压实，社会公众认知度和参与度明显提升，一级抓一级、协同抓推进、全面抓落实的良好工作体系不断完善。落实“放管服”改革、“最多跑一次”、“营商环境优化年”、“一件事一次办”、“多规合一”平台建设和政务服务事项目录清单梳理和流程清单编制等各项工作，按照“流程最优、时限最短、资料最少”的原则，优化审批流程。立足疫情期间复工复产和做好落实“六稳”“六保”，推进自由贸易试验区高铁新城区块和高桥区块生态环境保护相关工作开展。全年建设项目环境影响报告表行政许可26件、危险废物经营许可1件、辐射安全许可3件、权限内入河排污口审批1件、建筑工地夜间施工审批1039件、建设项目环境影响登记表备案301件。建立完善固定污染源基础信息清单，完成湖南省医疗机构行业排污许可试点，完成固定污染源排污重点管理14家、简化管理91家、登记管理298家的发证登记工作，发证和登记完成率均实现100%。（隋小阳）

【环境治理】 2020年，雨花区2018—2020污染防治攻坚战胜利收官，污染防治攻坚战及污染防治“夏季攻势”中涉及的省级及以上工业园区（集聚区）水环境问题整治、农村生活污水治理任务、重点行业VOCs综合治理等任务均按要求完成。全面落实河长制工作，狠抓河长巡河、综合执法、截污治污、日常管护等工作，浏阳河雨花段、圭塘河水质稳定达标。以环保督察整改为契机，完成一批突出噪声污染问题整改，辖区声环境质量持续改善。完成鑫华社区和井旺社区的静音示范社区创建工作。推进燃气锅炉低氮改造试点示范，全区实施燃气锅炉低氮改造的单位69家、燃气锅炉（设施）169台、改造吨位数546.8蒸吨，全部完成改造并验收。完成井湾子街道迎新路绿色餐饮示范街创建工作。完成印刷、汽修等行业40家单位的产污、治污设施用电监测管控系统安装并接入管理平台，通过电脑和手机APP就能实时掌握企业排污和治污情况。全面完成田心桥村、关刀新村、喜雨村、石燕湖村的农村生活污水处理工作和农村生活污水治理“夏季攻势”销号工作。完成污染地块销号工作，辖区内污染地块利用率100%。城区内历史遗留的正圆动力厂土壤污染地块治理修复妥善完成，通过专家审查。辖区土壤环境总体安全可控。完成危险废物大排查工作任务，排查出危险废物产生单位290家、危险废物经营单位2家、危险废物重点监管单位5家、省级以上工业园1个。（隋小阳）

【环境监测】 2020年，雨花区完成辖区16个河流水质断面的月度水质监测工作；19个湖泊、1个地下水的季度监测工作，并按月、季发布情况通报。开展对比亚迪、红星屠宰厂等单位的监督性监测、执法监测百余次。全区安装油烟在线监测点位400余个。（隋小阳）

【污染源普查】 2020年，雨花区有序推进第二次全国污染源普查工作，围绕“全面、真实、准确”的普查目标，超前谋划、精心组织、创新推进、务求实效，质效并重，完成1133家（含新增行业663家）普查对象的入户调查、普查表格填写、审核及数据录入、汇总上报各项工作。在国家组织对湖南省质量核查中，雨花区指标差错率为零，受到通报表扬。3月24日，长沙市普查工作验收组现场验收雨花区第二次全国污染源普查及档案管理工作，观看雨花区第二次全国污染源普查工作纪实视频，听取第二次全国污染源普查工作汇报，并按照普查工作验收和普查档案验收评分标准评分，一致同意通过验收。（隋小阳）

【“蓝天保卫战”】 2020年，雨花区优良天数312天，优良率85.2%，同比上升9.3%，内五区排名第二；PM2.5年均值40，同比下降11.1%，内五区排名第二；PM10年均值43，同比下降23.2%，内五区排名第一；O_3年均值147，同比下降13.0%，内五区排名第四。纵深推进“点长制”，在雨花区空气监测国控站点及16个小微站点全面实施“点长制”，以“科技+指令”夯实“点长制”基础，以“分区+分级”完善“点长制”机制，以“责任+考核”保障“点长制”效果，区委书记担任雨花区国控站点长，区长为副点长。全区县级领导履行“一岗双责”，常态开展领导带队巡查，区政府分管领导坚持每天进行研判调度，督促工作落实。街道（镇）参照“点长制”，由书记、主任（镇长）任辖区小微站点长、副点长，相关部门主要负责人对大气环境污染源的管控负总责。印发“蓝天保卫战”门店经营“十个严禁”宣传海报1万份、臭氧防控指南手册1.35万册。全区“蓝天保卫战”的典型做法被各级媒体多次转载，其中《以点带面，呵护雨花好“气质”》刊登在9月29日《长沙晚报》，用半个版面篇幅介绍雨花区实施“点长制”的经验效果；《精准发力，打好特护期“蓝天保卫战”》被《中国日报》《潇湘晨报》等媒体报道，并由市蓝天办简报专题介绍。《中国环境报》刊发《长沙市雨花区“点长制”管出好空气》的报道，向全国推介雨花区“点长制”经验。全区“蓝天保卫战”工作紧紧围绕重点区域、重点时段、重点行业，全面减排控排，有力有序推动各项工作。严格控尘，各工地均设有环保责任公示牌；组织开展周五大扫除、周末大清洗行动；组织完成区管项目施工围挡1.37万米、裸土覆盖21.98万平方米。严格控车，组织推广10台新能源业务车辆，区内68家运输企业提倡使用新能源货运车辆营运；查处违法渣土车3376起、混凝土搅拌车999起、中重型货车4006起；组织非移机械巡查，清查违规机械112台；审核非移机械1624台，完成编码1141台，发放环保号牌993块；完成36个路口的交通优化，交通拥堵指数为1.33，与上年同比下降4.32%。严格控排，完成涉VOCs重点单位污染防治设施用电监测项目38家企业114个点位的安装调试工作；1083台柴油货车添加使用车用尿素；完成全部169台低氮改造的燃气锅炉签约；推动企业使用低挥发性有机原辅材料，完成市级任务指标的200%。严格控烧，推进各类餐饮门店安装油烟净化设施3961台；完成迎新路绿色餐饮示范街创建及验收工作；完成17000台老旧小区居民家庭餐厨油烟治理项目。严格控煤，每季度组织各街镇开展燃煤污染整治交叉检查，收缴煤炉30个、散煤358千克。严格控油，全区所有油站完成单层油罐改造和油气回收设备安装工作，率先完成和顺花桥加油站与中石化雨花大道加油站三级油气回收试点任务。

（隋小阳）

【“绿盾”行动】 2020年，雨花区落实全面加强生态环境保护，坚决打好污染防治攻坚战的决策部署，成立由雨花区生态环境分局、区农业农村局、区园林绿化维护中心3个部门组成的雨花区“绿盾2020”自然保护地强化监督工作小组，下设“绿盾2020”工作办公室，办公室设在区生态环境分局生态环境管理科。印发《长沙市雨花区“绿盾2020”自然保护地强化监督工作实施方案》，落实指导思想、工作目标、工作范围和重点，做好“绿盾2020”自然保护区强化监督工作。要求各单位提高思想认识、强化协同合作，按照职能职责对本部门主管的行业、领域内存在的突出生态环境问题整治工作加强指导和监督。定期公开自然保护地强化监督工作进展情况和重大问题整改信息，营造公众积极参与和监督的良好社会氛围。

（隋小阳）

【世界环境日活动】 2020年6月4日，“美丽中国 我是行动者”雨花区“六五”世界环境日活动在圭塘河公园举行。湖南省生态环境厅副厅长刘群、长沙市生态环境局局长潘胜强、雨花区委书记张敏、区政府副区长蔡泽敏等，及社会各界环保志愿者、企业代表、媒体记者和市民群众近150人参加现场活动。现场揭晓2020年度雨花区“绿色社区”和“蓝天卫士”的获奖名单并举行颁奖仪式，32名来自机关单位、社区、学校、环保企业的“蓝天卫士”们和27个“绿色社区”受到表彰。会场设置环保主题作品、“蓝天保卫战”项目成果、环保科技展示，活动进一步宣传生态环境保护理念，浓厚生态环境保护氛围。

（隋小阳）

【排污许可发证业务培训会】 2020年6月10日，长沙市生态环境局雨花分局在区政府2号楼B523会议室组织召开雨花区医疗机构行业排污许可发证工作推进暨业务培训会，加快推进91类行业企业排污许可发证进度。会议安排部署发证工作，就执法监管作出强调，传达省、市排污许可工作的有关精神，并要求相关企业高度重视明确专人，行动迅速形成常态，全力冲刺医疗机构行业排污许可发证工作。第三方技术服务单位专家对医疗机构行业技术规范以及申请填报要点进行具体讲解，分享典型案例。21家医疗机构行业负责人、第三方机构参加会议。

（隋小阳）

【“绿色社区”验收部署会】 2020年10月13日，雨花区绿色社区创建办在雨花区政府机关大院会议中心210会议室组织召开2020年“绿色社区”创建工作推进会暨现场验收工作部署会。区绿色社区创建办部署2020年度雨花区“绿色社区”创建现场验收工作，解读验收细则；参会单位负责人汇报社区创建工作进度。市生态环境局雨花分局副局长邓光明要求，要加强认识，提高政治站位；要加强宣传，浓

2020年6月4日，长沙市雨花区2020年“六五”世界环境日主题活动

（隋小阳 供图）

厚工作氛围；要紧扣规则，提高创建质量。各街道镇及社区负责人表示，将严格落实工作责任与要求，完成创建任务。（隋小阳）

【市人大常委会专题检查】 2020年4月29日，长沙市人大常委会副主任罗衡宁带领市评议检查组对雨花区“蓝天保卫战”三年行动计划实施情况进行专题检查。检查组实地查看雨花亭街道中城苑农民保障性住房项目“蓝天保卫战”“8个100%”落实情况、井湾子街道木莲路“餐饮无烟示范街”创建情况，听取雨花区政府关于“蓝天保卫战”工作情况的汇报。罗衡宁指出，雨花区“蓝天保卫战”工作思路清晰、防治方向正确，突出治理重点、防治路径可靠，调度精准有力、防治措施有效，工作经验值得肯定。要进一步强化统筹，既要抓好“蓝天保卫战”工作，也要统筹兼顾疫情防控、经济发展工作，两手齐抓全面发展；要进一步强化协同，坚持全员参与，加强“上下协同、区域协同、部门协同”，强化联防联控机制，齐力共治；要突出重点，进一步强化监管，继续坚持精准治污、精准管控的有效举措，抓住核心关键全面发力，打好打赢“蓝天保卫战”。（隋小阳）

【迎接省级环保督察工作动员】 2020年10月19日，雨花区迎接省级环保督察“回头看”工作动员部署会召开。区政府副区长蔡泽敏部署迎接环保督察工作，要求区直各部门、街道、镇迅速联动起来，保持工作强势态度；对前三次环保督察存在的突出问题、重复问题或不能整改到位的问题，要摸排梳理，协同联动，合力攻坚，确保不发生重复投诉；健全常态长效机制，严防反弹回潮，确保问题整改在前，谨防出现新的问题；精心做好迎检准备，完善前三次环保督察交办问题，集中做好保障工作；天天在线机制正常交办整改，做到和省级环保督察问题同等对待。区委书记张敏强调，思想要高度重视，对照督察重点和工作要求，迅速全面梳理，确保问题发现在前、解决在前、经得起检验；整改要全面过硬，迅速自查自纠，查漏补缺；做好资料档案的归集工作，决不能弄虚作假、敷衍应付；风险要妥善处置；要认真履职，全力以赴完成任务确保督察工作顺利开展，对工作失职、造成影响的，要严肃问责追责。（隋小阳）

【省级生态环保督察“回头看”】 2020年10月25日至11月10日，湖南省第一生态环境保护督察组进驻长沙，开展湖南省生态环境保护督察“回头看”及城乡环境基础设施建设专项督察。督察期间，长沙市配合督察协调联络组累计向雨花区转办群众信访举报件16批次共83件，其中主办73件，协办10件。办结主办件70件，办结率95.9%，雨花区餐饮油烟投诉呈下降趋势，生活垃圾扰民问题呈高发态势，群众投诉20起，在主办件中占比27.2%，1起垃圾问题被作为典型案例通报。协办件均按要求及时完成配合整改和情况反馈。雨花区认真组织、积极配合省级生态环境保护督察“回头看”及城乡环境基础设施建设专项督察工作，区主要负责人亲自指挥、亲自对接、亲自调度、亲自督办，为督察工作起到关键作用。区整改办主动对接，高频调度，在第一时间掌握交办信息和下沉时间、区域，为督察工作高效有序奠定基础。督察前期，区整改办加大交办、预警力度，对重点区域、地段、项目印发2次交办函、梳理10个重点项目，点对点预警，提前排查化解，雨花区没有出现1起督办件。对转办信访件专题会商，专项调度，实地核查，高效完成回复工作，督察期间所有案件全部一次性通过审核，没有出现1起信访退件或重审件。对交办的信访件即知即改、立行立改，以最快的速度让老百姓看到变化，并做好群众工作，提高办结率和满意率，确保真实整改，有效整改。（隋小阳）

【省督察组调研督导环保工作】 2020年11月4日，湖南省第一生态环境保护督察组组长罗海艳调研督导雨花区生态环境保护，参观比亚迪新能源汽车生产线，了解涂装工厂和车桥工厂的VOCs废气治理情况。罗海艳指出，要深入学习贯彻习近平生态文明思想，遵循科学规划、生态优先、严格保护的原则，落实《湖南省长株潭城市群生态绿心地区保护条例》关于“生态绿心地区的工业和其他可能造成环境污染的建设项目应当退出”的要求，着力优化布局，完善城市功能，以更大的决心、更有力的举措高质高效完成整改任务，守护好青山绿水、蓝天白云。（隋小阳）

【区领导现场督导省环保督察“回头看”问题】 2020年11月3日，雨花区委书记张敏到圭塘街道旭辉国际小区、圭塘河井塘段城市双修及海绵示范公园建设项目，现场督导省级环保督察组交办件有关问题整改工作，相关区领导、区直部门负责人参加。张敏强调，要抓好相关问题整改，深刻认识环境保护工作的重要性，结合“蓝天保卫战”工作，打好组合拳，严格落实建设项目“8个100%”等要求；各牵头部门“一把手”、建设单位要切实担负起监管责任和主体责任，做好问责督办、通力协作和后续管理等各项工作。（隋小阳）

【雨花执法大队挂牌】 2020年9月3日，长沙市生态环境保护综合行政执法局雨花执法大队挂牌成立。市生态环境保护综合行政执法局党委书记周志文、副局长肖劲羽及市生态环境局雨花分局班子成员及雨花执法大队全体干部职工参加。周志文强调，雨花执法大队要勇担新使命，不折不扣地落实上级党委、政府决策部署和市生态环境局、执法局下达的各项任务；要奋力新作为，严厉打击生态环境违法行为，协助雨花区党委和政府以及市生态环境局雨花分局打好污染防治攻坚战；要展现新面貌，充分展现政治强、本领高、作风硬、敢担当，特别能吃苦、特别能战斗、特别能奉献的生态环境保护执法铁军形象。（隋小阳）

【雨花生态环境监测站挂牌】 2020年12月29日，长沙生态环境雨花监测站挂牌，雨花区环境监测机构调整为市生态环境局驻雨花区生态环境监测机构，监测工作迈入新阶段。长沙市生态环境局党组成员、湖南省长沙生态环境监测中心主任吴坚出席挂牌仪式，市生态环境局雨花分局全体干部职工及雨花监测站全体人员参加。长沙市雨花生态环境监测站主要职能为执法监测，支持配合雨花生态环境执法，同时按要求做好生态环境质量监测、污染源监测和应急监测等相关工作。挂牌成立后，长沙市雨花生态环境监测站将在长沙市生态环境局的领导和湖南省长沙生态环境监测中心的指导下，坚持保障提供真实、准确、全面的监测数据，加强数据质量监督管理，准确把握生态环境监测“支撑、引领、服务”的职责定位，协助雨花区政府和雨花分局打好污染防治攻坚战。

（隋小阳）

【雨花区生态保护联合会成立】 2020年6月4日，长沙市雨花区生态保护联合会成立授牌仪式在雨花区圭塘河公园举行。长沙市雨花区生态保护联合会由长沙市生态环境局雨花分局作为业务指导单位，在雨花区民政局注册，是由社会各界热心于生态环境事业人士、企事业单位和其他社会组织自愿结成的、非营利性的、全区性社会公益组织，第一届会长由谭建强担任。该组织将在保护生态环境、推进大气污染综合治理、宣讲生态环保理念等方面积极发力。（隋小阳）

【《圭塘河岸》出版发行】 2020年11月，长沙市生态环境局雨花分局推动生态环保文化建设与宣传传播，协助配合省资深环保工作者、省生态环境厅二级调研员黄亮斌完成《圭塘河岸》一书的出版工作。该书由湖南文艺出版社出版发行，以讲述圭塘河从昔日“龙须沟”变成今日“风景线”蝶变历程的方式，讲述圭塘河凤凰涅槃般重生，焕发出勃勃生机，两岸居民也得以在河岸惬意地休憩、漫步，享受听鸟、观鱼、赏花的幸福生活。该书作者用细致、开放的笔致，抒写河岸上一草一木的美，让更多人学会尊重自然、理解自然、关爱自然。《圭塘河岸》出版发行、宣传传播，有利于传承弘扬生态环保文化，谱写新时代生态文明之歌。（隋小阳）

人居环境管理

【概况】 长沙市雨花区城市人居环境局，为区政府正科级行政单位，负责全区历史文化名城保护、近现代建筑（历史建筑）保护，城区范围内历史街区改造、棚户区改造、城中村改造、危旧房改造、老旧小区改造和建筑微改造、城市房屋征收补偿等工作。

2020年，雨花区人居环境局聚焦美丽宜居城市建设目标，统筹推进棚改、城改、老旧小区改造、街区“微改造”、“一圈两场三道”、铁路沿线人居环境提升等各项工作，取得显著成效，棚户区改造、城中村改造、城镇老旧小区改造、铁路沿线人居环境提升、“一圈两场三道”等工作获评全市先进。牵头考核高铁、红星、雅塘“三大片区”竞赛，为片区在助推发展、改善民生中发挥引领示范作用保驾护航。（刘子溶）

【老旧小区改造】 2000年，雨花区以老旧小区改造和城市体检试点为契机，抓实项目调查、项目建库、项目推进、项目管理等工作。实施老旧小区提质改造19个，景湾、国税局宿舍等10个项目完工，桂花、长重、省人大机关本院及市工人文化宫宿舍等8个项目完成工程总量90%以上。中建五局信和苑、中建嘉苑小区一期项目于11月进场施工并完工，二期项目于12月进场施工。探索社会企事业单位共建改造新模式，桂花小区项目采取与北京愿景集团合作开发模式，盘活闲置资源，实现常态长效管理。湖橡小区纳入住建部老旧小区改造试点项目，提升区域城市功能。《中国建设报》、《湖南日报》、湖南都市、湖南经视、长沙新闻等国家、省、市媒体多次报道雨花区城镇老旧小区改造工作。

（刘子溶）

【街区微改造】 2020年，雨花区聚焦农贸市场周边环境的问题短板和薄弱环节，逐一列出项目改造清单，制定《2020年雨花区农贸市场周边街区微改造工作方案》，统筹推进10个农贸市场周边街区路面、停车场、排水设施的“微改造”桂花等10个农贸市场街区“微改造”项目全部完工并验收。圭塘河沿线周边道路提质改造项目完成人行道提质4672米。（刘子溶）

【铁路沿线治理】 2020年，雨花区坚持把铁路沿线人居环境提升作为展示城市窗口形象、提升城市美誉度的重要手段，聚焦宜居美丽城市建设，通过采取片区拆迁、违章拆除、垃圾和堆物清理、生态修复、设施配套、片区建设、绿地建设、常态管理等多种方式，全面推进铁路沿线人居环境提升，构建城市高铁生态廊道。17处高铁沿线人居环境提升点全面完成环境清理任务，搬迁沙场2个、木材堆场

2020年11月6日，雨花区老旧小区改造工作调度会　　（刘子溶　供图）

2个，转运砂石3万余立方米、木材板块10万余立方米，拆除违法建筑约5500平方米，清除建筑垃圾、残土堆等55.3万余平方米，复绿面积约70万余平方米。18处主城区铁路沿线整治工作正在加速推进中。（刘子溶）

【城市改造】 2020年，雨花区树立“精明增长”“紧凑城市”理念，坚持把棚户区改造工作作为改善民生、促进发展的重要工程，全力以赴抓工作调度、抓项目推进、抓任务落实，完成省棚改任务260户，市棚改“四项”任务完成项目清零扫尾8个、成本和征收结算项目16个、土地出让项目2个、开工建设项目3个。省机械化二期成为全市第一个签约清零项目。稳步推进城中村改造，完成合丰、花桥等7个市级考核村的拆迁任务123户，完成友谊等3个区级考核村的拆迁任务54户。新增黎托、粟塘、和平、新兴、自然等5个市级城中村。（刘子溶）

【危旧房屋改造】 2020年，雨花区落实市政府关于城区危房两年清零的工作要求及《长沙市雨花区城区危旧房屋改造工作方案》，有计划、有步骤地推进危旧房屋改造。2020年实施改造11栋，面积30271.98平方米，占总任务的21.62%。省女子监狱2号、3号、4号、5号栋完成改造，省建材机械厂9号栋通过棚改征收拆除倒地，王公塘小区1号、3号、4号栋列入棚改计划完成征收签约，湖南省机械化施工公司宿舍12号、13号、14号栋列入棚改计划完成征收签约。（刘子溶）

【“一圈两场三道”建设】 2020年，雨花区聚焦群众衣食住行等方面的民生需求，努力补齐短板、强化功能、提升档次，持续推进“15分钟生活圈”建设升级，强化功能配套，优化公共服务，补齐民生短板，打造便捷消费的农贸市场，建设布局合理、多元供应的城市公共停车系统，构筑绿色畅通的行道体系，实现群众幸福感在家门口升级，完成“15分钟生活圈”项目28个；建成停车场9个，新增停车泊位5952个；建成农贸市场1个，建成并营业社区门店6个；新建人行道2.3千米；改建自行车道13.4千米；完成健身步道6千米。（刘子溶）

【申报创建中国人居环境范例奖】 雨花区圭塘河井塘段环境生态更新项目起点为圭塘河与香樟路交汇处，下游至劳动路，总长2.3千米，总占地面积约24.67公顷，总投资14.55亿元，是长沙市首个生态治理PPP项目，全市首个“多规合一”的河道综合治理典型案例，项目将产业规划导入传统生态治理，改变传统生态建设思路，将PPP社会资本方及商业策划运营方的思路融入设计，实现生态建设与产业发展二者兼顾。2020年，雨花区城市人居环境牵头组织该项目申报中国人居环境范例奖。（刘子溶）

“两型社会”建设

【概况】 长沙市雨花区两型社会建设服务中心（简称“区两型中心”）主要职能是负责全区“两型社会”（资源节约型、环境友好型社会）建设、南部片区建设、绿心地区保护工作。

2020年，区两型中心严格履行绿心保护工作职责，统筹抓好南部融城片区建设和“两型社会”建设，全面完成各项目标任务。（粟常云）

【规划编制】 2020年，雨花区推进跳马镇金屏起步区控制性详细规划编制，形成初步成果；对接市国土空间规划成果，启动跳马镇国土空间规划和14个村庄规划编制工作；配合省建筑设计院开展《生态绿心地区片区规划》编制工作。（粟常云）

【项目建设】 2020年，雨花区开展矿山矿坑修复工作，跳马镇规划内18个矿山矿坑修复项目有11个取得绿心准入手续，涉及13个矿山矿坑；推进完成长江经济带全部6个矿山生态修复项目，涉及8个矿点，修复面积19.97公顷。洞株路快捷化改造项目通车，市重大项目S210县道（跳茅线段）、Y320乡道（白金线）提质改造项目完成建设。新引进项目61个，完成投资额80亿元，其中园区新签约引进巨翊、隆深、蜂巢等重点产业链项目27个，引进可孚、申亿、华鸿锐光等投资过亿元项目11个，完成1个500强项目（湖南航智科技）工商注册手续。与恒大、华侨城、新希望进行对接，与恒大进行多轮产业和片区用地指标洽谈，对片区开发和项目开发模式进行深入探讨，初步编制金屏控开区康养文化旅游方案策划。（粟常云）

【绿心地区保护】 2020年，雨花区推进退出工业企业常态长效管理。开展违法违规用地整治，卫星对比图认定违规2宗，自查自纠5宗，所有违规问题进行交办，并明确责任单位限期整改复绿。完成绿心地区93个违法违

2020年10月14日，长沙市发改委调研雨花区绿心保护工作（粟常云 供图）

规项目、161个工业项目的核查工作。按照“村(社区)周排查、乡镇(街道)月排查、两型中心季度排查制度”的形式，开展绿心地区常态化巡查，严防已退出工业企业死灰复燃、恢复生产，严防迁入新的工业企业。有序推进绿心地区退出工业用地处置工作，204.33公顷的退出工业用地中，150.33公顷退出工业用地处理取得突破性进展，占总用地处理任务的73.5%。根据《长沙市雨花区绿心地区生态补偿暂行办法》，做好绿心地区生态补偿发放工作，完成跳马镇、同升街道2019年市级奖励性绿心补偿1080.38万元的拨付工作。开展餐厨油烟治理工作，完成1.7万户老旧居民家庭餐厨油烟净化设备安装工作任务。在跳马镇、同升街道绿心地区全覆盖开展绿心保护宣讲活动6场，村支“两委”成员、党员代表、组干部代表及企业代表600余人参加培训，长沙新闻频道进行报道。

（粟常云）

【“两型”单位创建】 2020年，雨花区按照分类创建、三级联动、条块结合、动态管理的原则，开展“两型”示范创建活动，创建省级“两型”示范单位1个、市级“两型”示范创建单位3个，创建并通报表扬2019年区级“两型”示范创建单位（家庭）19个。申报生态治理项目4个，争取省、市级专项资金613万元。组织辖区各街镇“两型”专干到开福区江湾社区、岳麓区恒华社区、芙蓉区龙马社区、天心区金桂社区，学习以“智慧社区”“科普教育”“浓情稻韵”“废油回收”等为主题的“两型”先进理念，以及设备配置、内容打造、队伍组建等方面的经验。

（粟常云）

园区建设

雨花经开区

【概况】 长沙雨花经济开发区（简称“雨花经开区”）是湖南省人民政府批准成立的省级开发区，中共长沙雨花经济开发区工作委员会、长沙雨花经济开发区管理委员会为中共长沙市委、市人民政府的正县级派出机构，委托雨花区委、区政府管理。

2020年，雨花经开区统筹推进疫情防控和经济社会发展，团结带领全园干部群众战疫情、促发展、保稳定，园区发展持续向上向好。完成规模工业总产值410亿元，同比增长7.5%；其中，新能源汽车及零配件产业实现产值增长6%；人工智能及机器人产业（含传感器）产值同比增长28%，“一主一特”企业产值占到园区规模工业总产值的95%。其中大族激光增长145%，可孚医疗增长137%；完成固定资产投资100亿元，同比增长8.3%；完成全口径税收38.69亿，增长19.97%，税收占到所有企业的32.5%。产业园区综合评价位列全省省级园区第一位。在2020年全市重点产业项目观摩，获内五区第一，园区参选项目连续四年位列内五区第一名。高新技术企业总数142家，位居全市省级园区第一，规模工业企业高新产值占规模工业总产值的比重达到97.4%，产业结构日益优化。（张文香）

【党群建设】 2020年，长沙雨花经济开发区坚持党建引领。党工委会议专题研究党建工作5次，开展“七一”表彰大会，举行“雨花时代先声”理论宣讲10余次，开展党工委理论中心组学习12次。党工委专题研究和集中学习党风廉政建设工作10次，召开民主生活会2次，党工委书记讲党课3次；班子成员、各内设部门、两平台公司以及10个新建、续建项目负责人，向党工委书记递交廉政承诺书；开展廉政谈话198人次，涉及“六项纪律”内容256次，参观廉政警示教育基地1次，开展党风廉政活动12次；对市审计局审计反馈的37个具体事项逐条逐项开展整改；受理处置疫情期间信访举报2件，督促整改区督查反馈问题2批次；妥善处置区移交案件线索2起，给予党内警告处分2人；挂牌成立雨花经开区监察工作委员会，构建园区权威高效的监察体系。新组建党组织17个，新成立申亿五金、华科检测、博瑞医药等7个支部，成建制转入宝骏巴士、咿呀、菲尔斯特等10个支部；新发展党员65名，转入党员290名；在全市率先建立产业链党组织2个，探索建立园中园党组织3个；讲好园区故事，策划发布新闻报道280余篇，连续两年获市对园区网站考核省级园区第一名。整合机关、社区、学校、企业等各类资源，推出“同心花开”支部联建工作机制，构建“同升命运共同体”；举办“同升湖杯职业技能大赛”，评选技能工匠30名，其中2

2020年7月28日，2020年雨花经开区党建工作推进会暨党校课堂（第二期）
（张文香 供图）

人获评全市“十行状元”，11人获全市“百优工匠”称号；组织园区企业开展“走红色道路忆苦·促循环经济圆梦”等产业链活动，激励广大党员干部将初心和使命践行到园区高质量发展中。（张文香）

【疫情防控】 2020年，长沙雨花经济开发区坚持将不发生一例确诊病例作为疫情防控和复工复产的底线。建立“1+6”日调度机制，成立由园区主导，街道、派出所参与的防控联动机制，全园干部下沉一线，1000余名党员志愿者自觉参与，凝聚起疫情防控阻击战的强大合力。率全市省级园区之先出台《关于做好疫情防控支持企业复工复产的若干措施》，组建由医护人员参与的21个防疫指导组开展“一对一”企业驻点指导服务，不到15天规上企业全部复工，是全市最早实现规上企业100%复工的园区；不到40天实现企业全部复工，产能恢复率领先全市园区。举行支持企业做好疫情防控有序复工复产第一批政策兑现活动，奖补比亚迪、可孚医疗、晓光模具、大族激光等78家企业第一批资金538.43万元。解决用工问题，安排多趟次大巴到湘西、湘南、湖北等地，接回大量返岗员工；组织招聘小分队，深入湘西、怀化等地区，走村串户式招工招聘，招聘到电子信息、制造类产业工人3000余人。解决比亚迪、可孚医疗、晓光模具等企业用料短缺特别是比亚迪有39家合作企业在湖北的难题。园区动用50余台大卡车，将上游供应链零配件和有关设备整体运回，有力地保证企业的生产秩序。加快存量项目二次开发和腾笼换鸟，释放发展活力。协调对接金融机构，组织企业平台公司发行疫情债、企业债，解决用资问题。帮助企业拓展市场，解决比亚迪电动大巴本地订单问题，提前安排电动大巴更换计划，保证龙头企业的生产稳增长；快速解决比亚迪纯电动出租车上牌等问题，推进纯电动出租车运营，解决企业的燃眉之急。抢抓新基建机遇，围绕国家新基建，聚焦工业软件和智能机器人装备领域发力，长沙市雨花工业软件及智能机器人装备产业基地揭牌，大族智控、固高科技、华制智能等12个项目签约。创新线上招商，举办线上招商恳谈会3次，会谈企业15家，敲定项目5个，让招商引资不中断。坚持以智能制造统领园区产业转型升级发展，持续推动一批智能工厂建设和改造升级，对优秀企业予以扶持奖励。（张文香）

【招商引资】 2020年，长沙雨花经济开发区按照“龙头引领、集聚发展”的工作思路，围绕“一主一特”制作产业链“全景图”，锁定机器人本体、控制系统、核心软硬件等关键节点开展靶向招商。引进产业链重点项目27个，总投资51.18亿元，其中“世界500强”项目1个（航天科技全资子公司湖南航智科技），机器人本体龙头企业1家（新松机器人华中区域总部），“卡脖子”项目1个（华鸿锐光先进半导体基地）；可孚智能医疗装备产业新基地、申亿高端零部件智能制造生产基地、湖南风河智能制造基地等投资过亿元项目11个。（张文香）

【项目建设】 2020年，长沙雨花经济开发区铺排各类产业项目94个，其中新能源汽车及零配件产业7个，人工智能及机器人产业60个，其他产业27个；新开工项目45个、新竣工项目44个，当年新开工即实现竣工项目12个。市标志性项目长步道机器视觉光电产业生产基地竣工投产，广州总部搬迁至长沙；雨花智能制造中心（大族激光二期）入选省5个“100”重大产业项目，实现2栋主体厂房封顶。按照项目签约即开工的要求，推出项目报建报批帮代办服务；绿心调规后，在用地和产业发展紧张情况下，为可孚医疗、长步道、宏禹水利、申亿五金一批重大产业项目供地约34公顷，长步道实现当年拿地、当年建设、当年投产；完成中南智能、湘能楚天等5个重点项目的规划修改；推进华宇、兴马二次开发项目完成规划修改；牵头进行“三资”清查，盘点已统征已拆迁未出让工业用地8宗41.36公顷，其中2020年出让4宗；盘点已统征已拆迁未出让经营性用地12宗118.75公顷（包括湘江枢纽2宗库存），其中完成16号地旭辉雨金广场的用地出让，回笼资金5.8亿元；完成绿心地区退出工业企业奖补资金1024.32万元的申报核定；园区控规提升完成批前公示。（张文香）

【企业服务】 2020年，长沙雨花经济开发区发布《推动制造业高质量发展扶植奖励办法》，实施头羊打造、冠军培养等6个高质量发展计划，单个项目最高奖励2000万元；发布《促进工业软件发展三年行动计划（2020—2022）》，着力将园区打造成为中部地区有影响力的工业软件及智能机器人装备产业基地；上线雨花经开区企业综合服务信息管理平台，湖南首个省级园区24小时政务自助服务厅实现开放；响应全市“百日竞赛”活动号召，优化企业服务，坚持全园、全员、全方位服务企业和项目，创新开展“四个100”竞赛活动，100名园区干部作为“店小二”联点100个企业、100个项目，做到企业大小事项“店小二”包干解决，大干100天，并将服务贯穿全年，打造园区企业服务特色，收集问题364个，解决339个，解决率93%，园区各项指标逆势上扬，排名省级园区前列，获全市“大干一百天 实现双过半”竞赛活动优胜奖。园区联合工会获全省百佳园区工会称号。（张文香）

【放管服改革】 2020年，长沙雨花经济开发区提升政务水平，从承接直接授权35项拓宽服务到79项，按照企业的招商阶段、落地阶段、成长阶段，分类梳理79项“一件事一次办”服务事项，办件量达到3195件，其中行政审批事项319件，比上年增加256件，经验在全市推广。疫情期间，设置复工复产政策兑现“一件事一次办”服务专窗，受理政策兑现资料150件，惠及企业数151家；申报2020年长沙市相对集中行政许可权改革试点单位，成为全市省级园区第一家改革试点推荐单位。推进企业投资建设项目实施告知承诺制，出台《雨花经开区企业投资项目告知承诺制审批实施办法》，制定“告知承诺制审批事项清单”，核发长步道、湘能楚天等项目施工许可证4个，审批拓野机器人、大捷智

能等项目水土保持方案4个。（张文香）

【高新技术企业】 2020年，长沙雨花经济开发区高新技术企业总数达到142家，位居全市省级园区第一，高新产值占规模工业总产值的97.4%；新增入规企业7家，新增“升高”企业49家。推动正著智能、安信生物科技等12家市智能制造试点企业完成技术改造，实施东相智能、隆深智能、长泰智能等14个市智能制造专项支持项目。中国工程学会长沙服务站、院士专家（长沙）科技服务中心等在园区授牌；企业关键核心技术取得突破，中南智能牵头研发的高端振镜“卡脖子”项目入选省重点领域研发计划，申亿五金解决工程机械核心部位关键连接件问题，晓光模具研发的间接热成型项目属国内第一家；园区获批创建“湖南省机械基础零部件创新中心”、湖南省“双创”示范基地，创新创业集聚效应增强。（张文香）

【金融服务】 2020年，长沙雨花经济开发区围绕“政策惠企”注入发展动能，兑现2019年涉企资金2146.14万元，促进汽车消费奖补48万余元；举办银企活动8场，为产业链企业签约授信240亿元，为园区企业总授信金额63.24亿元，总放款金额28.55亿元，续贷展期1.84亿元，降息1413万元，为企业发展注入强劲动能。新松机器人华中区域总部、蜂巢互联工业软件总部、华鸿锐光等项目落户园区；红星冷链上市辅导确认，深交所受理可孚医疗提交创业板IPO申请；长步道机器视觉光电产业基地成功投产，代表雨花区参加2020年全市重点产业项目观摩，获内五区第一。举办制造业高质量发展推进大会、“2020中部（长沙）人工智能产业博览会暨创新发展论坛”等活动20余场，推动科技、人才、技术持续向雨花集聚。（张文香）

【基础设施建设】 2020年，长沙雨花经济开发区发展园区产业，优化营商环境，开展项目攻坚及百日竞赛活动，铺排重点项目16个，完成投资约1.8亿元。完成长郡雨外扩建工程、圭白路商贸学院人行天桥、商贸学院电力增容、洪塘学校便道及给水亮化工程4个学校配套项目。完成可孚医疗总部基地、申亿五金装备基地、湘能楚天工业园等4个产业项目的交地及89号地边坡支护、人工智能和传感器产业园高压外线工程等3个产业配套项目建设，振东路全线通车，推进环保大道东延线、白秋路、晓光路3条市政道路建设。完成高塘变电站配套路由、白田输变电工程110千伏塔基交地等市电力“630攻坚”项目考核任务。完成环保大道（雨花经开区段）及白秋路的雨污水管道建设，实现湖南省省级及以上工业园区水环境整理的整治销号。完成雨花经开区一站式服务中心立体车库项目前期手续及基础土建施工；完成京广高铁堰塞湖排水工程的涉铁手续并开工建设，消除园区长期存在的京广及沪昆高铁桥墩被堰塞湖浸泡的隐患及比亚迪厂区的内涝隐患。完成荷新路、杨洪路下穿高铁方案的审批，和广铁安茂公司签订涉铁代建协议，实现园区道路涉铁项目零的突破；提质改造3个农安小区，投入经费370万元，组织安装摄像头590余个；加大对联点地区的支持力度，拨付资金1110万元（龙山县550万元、桑植县500万元、宁乡市沙田乡石笋村60万元），助力基础设施、产业发展建设，669户贫困户实现摘帽脱贫。（张文香）

【环境整治】 2020年，长沙雨花经济开发区加强环境巡查监管，完成裸露黄土清零40余处，完成5万风量以下34家企业，110个点位的用电监测安装，实现污染源在线监管；开展“蓝天保卫战”工作，全面开展碧水行动，建成污水管道3300米。组织及配合检查110余次，检查企业200余家，督促整改问题30余个；完成园区“百日整治”工程、拆围透绿工程、圭塘河风光带工程、圭塘河河道治理工程、圭塘河比亚迪厂区段河道清淤工程；听取企业建议，优化免费通勤巴士路线，从园区出发直达地铁站；加强交通顽瘴痼疾整治，开展专项整治30余次；在万家丽路、环保大道提质改造中，投入资金400万余元，组织安装监控摄像机，入网增大监控范围。（张文香）

【拆迁安置】 2020年，长沙雨花经济开发区完成环保大道东延线跳马段国有企业签约工作，及时拆除线内建筑，电力“630攻坚”项目杆线铺设顺利进行。跳马段集体土地多次协调处理拆迁问题，及时协调处理园区建设项目纠纷问题10余起，保障环保大道东延线同升段、环保大道东延线跳马段、白田变电站、晓光路等项目的正常施工。完成60号地挂牌拆迁成本报审事项，完成同升村村民联盟佳苑分房工作。完成园区晓光路清表工作，协调处理道路路幅上遗留问题2处。（张文香）

【平安园区】 2020年，长沙雨花经济开发区推进平安园区建设。全园下沉一线，从“老三样”（测体温、戴口罩、场所消毒），到“新三样”（核酸检测、中药预防、下班后管理），用最坚定的人员，制定最严格的举措，狠抓最坚决的执行，确保到点到边，联防联控。抽调80余人到可孚医疗参与保障防疫物资供应，动用50余台卡车深入湖北武汉等地，将比亚迪等重点企业的生产设备整体运回，确保供应链稳定。7批次接回企业员工，确保第一时间复工复产。指导云冷冷链、长步道等企业以治安防控为重点，铺开平安企业创建活动；开展厂中厂、园中园安全隐患治理，深入企业一线开展安全隐患排查治理，组织排查企业576家次，下达整改告知函180家，指导整改隐患2000余处，约谈5家企业法人。开展“大培训大演练、大排查大整治、大处罚大问责”整治行动，组织开展安全培训企业200余家，消防安全和生产安全应急演练企业100余家；及时排查化解矛盾纠纷10起，受理办理来信来访件（网络信访）50余件，化解个案1起，全年未发生生产责任事故，整体平安稳定。在市对园区的考核中，获评“优秀等次园区”，红星冷链、可孚医疗获评“平安企业”。（张文香）

【公司运营】 2020年，长沙雨花经开区开发建设公司用10天时间落实雨花工业软件及智能机器人装备产业基地的场地平整和20台设备的调度；完成西门子、工业软件大厦等项目装修、洪塘佳苑提质改造、5G+工业互联网及软件产业园二期临水、临电项目建设。智能制造中心三期、联盟人才公寓装修、韶山工业厂房等在建项目按节点奋力推进。完成投资约2.7亿元，无一例安全事故发生。创投公司创建园区成立以来第一支产业基金，规模1亿元，累计投资2个项目3300万元。其中，深交所“可孚医疗”受理IPO申请。创投公司与民营资本合作，搭建综合商事服务平台，致力于为园区企业提供一站式综合服务。创投公司推进上市工作，营造资本助推产业的浓厚氛围，与市金融办合作举办1期上市培育辅导讲座。储备园区拟上市企业15家，其中，进入长沙市拟上市企业库9家，进入湖南省上市后备企业资源库4家。（张文香）

【中国航天科技集团到雨花区考察指导】 2020年1月9日，中国航天科技集团有限公司总经理、党组副书记袁洁一行到雨花经开区航天中南先进光机电技术创新中心考察指导工作，参观精密加工车间、可靠性环境检测实验室，听取该中心的情况介绍，指导和部署该中心经营和发展。袁洁感谢雨花经开区给予航天中南先进光机电技术创新中心的支持，寄语园区继续做大做强产业，助推长沙经济高质量发展贡献雨花经开区的力量。航天中南先进光机电技术创新中心，是中国航天科技集团第十三研究所与长沙雨花经济开发区联合共建的产业项目基地。（张文香）

【重点产业项目签约仪式】 2020年2月23日，长沙雨花经开区举行重点产业项目签约仪式。长沙市人大常委会主任、市人工智能机器人及传感器件产业链链长谢卫东出席签约仪式，见证可孚智能医疗装备产业新基地、湖南恒康智慧医疗产业基地、中机申亿检验检测及智能制造生产基地3个重点项目签约，预估总投资约45亿元。3个项目均是依托人工智能及大数据平台的重要延链、强链项目，深度融合“人工智能+医疗产业”或“人工智能+智能制造”，对打造长沙人工智能医疗设备及智能装备产业基地具有重要意义，将为人工智能机器人及传感器件产业链向“智慧医疗”方向延伸注入强劲动力。（张文香）

【雨花工业软件及智能机器人装备产业基地合作共建签约】 2020年3月10日，长沙市雨花工业软件及智能机器人装备产业基地授牌签约活动举行。湖南省委常委、长沙市委书记胡衡华为基地揭牌，见证12个项目签约。涵盖工业软件、5G基建、云平台、大数据中心、工业互联网、智能机器人装备6个类型，有利于促进工业软件与智能机器人装备深度融合。雨花经开区现场发布《促进工业软件发展三年行动计划（2020—2022年）》，从聚焦规模扩大、加快内培外引等5个方面提出15条举措，拟通过一年搭平台，两年扩规模，三年树品牌，到2022年打造成为中部地区有影响力的工业软件及智能机器人装备产业基地。（张文香）

【工业和信息化部调研雨花经开区企业】 2020年3月18日，工业和信息化部副部长王志军率中办、国办复工复产调研组调研指导雨花经开区企业。考察晓光模具、中南智能，召开小微企业融资座谈会，了解企业复工复产情况，申亿五金、晓光模具等12家企业代表发言，介绍企业复工复产情况，提出支持小微企业发展的意见和建议。王志军肯定雨花经开区的复工复产情况，指出，小微企业是经济社会发展的基础，企业的发展需要良好的发展环境，面对疫情的影响，需要小微企业和政府相关部门一道，共克时艰。要借鉴疫情防控的相关经验来助推小微企业的发展，精准出台帮扶小微企业的政策。（张文香）

【晓光模具首创国内“超高强度钢智能成型”】 2020年4月，湖南晓光智能成型有限公司正式成立，分两期建设完成，一期项目于2020年12月30日前完成建设，总投资约5亿元的晓光模具超高强度钢智能成型项目投产。晓光模具超高强度钢智能成型项目聚焦模具研发技术创新与智能制造升级，对大型数控加工生产线全面进行自动化改造，新增投资建设小数控自动化无人加工车间，研发全球领先、国内首创的“超高强度钢智能成型”技术并实现产业转化，是雨花经开区落实“三高四新”战略，打造科技创新高地的重要抓手，助推长沙制造业高质量发展迈上更高台阶。（张文香）

【雨花经开区比亚迪与罗马尼亚企业电动大巴项目视频连线洽谈会】 2020年4月1日，雨花经开区比亚迪与罗马尼亚企业电动大巴项目视频连线洽谈会在中国（长沙）创新设计产业园举行，罗马尼亚国家议会交通及基础设施委员会副主席马吕斯·索林·奥维迪乌·博塔（Mariss Sorin Ovidiu Bota）、罗马尼亚工商联合会对华经济合作委员会主席胡大岩，湖南省商务厅、雨花经开区、比亚迪汽车长沙基地、比亚迪欧洲市场等相关负责人参加视频会议。通过视频交流，园区对罗马尼亚市场有更深入的了解，并希望在奥维迪乌·博塔的支持下，争取到更多当地资源和机会，雨花经开区将为比亚迪与罗马尼亚合作项目的国际招标、运输等方面提供力所能及的帮助和服务，推动比亚迪进入罗马尼亚市场。（张文香）

【欧洲（德国）企业线上招商恳谈会】 2020年4月2日，雨花经开区与欧洲（德国）企业线上招商恳谈会举行。双方就促进德国企业和项目与园区合作、在园区落地等事宜进行深入洽谈。中国科学院计算所、德国西门子、德国威图、中信证券投行委员会、中南智能等企业机构以及市科技局、雨花经开区相关负责人参加恳谈会。（张文香）

【星城杯职工劳动竞赛启动】 2020年5月22日，长沙市2020年“星城杯”百万职工劳动竞赛暨“十行状元、百优工匠”职工职业技能竞赛启动仪式在雨花经开区企业湖南晓光汽车模具有限公司举行。长沙市人大常委会副主任、市总工会主席芮英姿主持启动仪式。湖南省总工会党组副书记、副主席王邵刚宣布长沙市2020年“星城杯”百万职工劳动竞赛暨“十行状元、百优工匠”职工职业技能竞赛启动。

长沙市委常委、组织部部长张宏益讲话。市总工会党组书记、副主席周宏兆作竞赛工作报告。活动旨在充分发挥全市广大职工在推动长沙经济社会发展和文明建设中的主力军作用，引导全市广大职工积极投身“大众创业，万众创新”主战场，大力弘扬劳模精神、劳动精神和工匠精神，为新时代全面建设现代化长沙建功立业，通过劳动竞赛、技能比武传承和创新，全面提升广大企业职工专业素质，建设技术过硬、数量充足、结构合理的劳动者队伍，为长沙产业长足发展提供坚实的人才保证。（张文香）

【长沙市人工智能及机器人（含传感器）产业链重点项目签约】 2020年5月28日，长沙举行机器视觉及精密光学项目集中签约活动，6个精密光学项目落户雨花经开区，包括医疗导航设备、超精密光学制造研发中心、机器视觉精密零部件加工等，均为机器视觉及精密光学细分领域重要的延链、强链的代表性项目。长沙市人大常委会主任、市人工智能机器人及传感器件产业链链长谢卫东出席签约仪式。（张文香）

【银企交流合作】 2020年6月1日，长沙雨花经济开发区打造银企交流合作“升级版”，推出“同心花开”银企、社企、校企结对联建活动。6家银行为6家企业授信4.5亿元助力产业升级。比亚迪、大族激光等9家行业龙头企业与金融机构签约，牵手开展党组织联建行动，通过党组织联建加大合作交流。银企双方将实现党建阵地共享，联合开展学习交流、党员志愿活动等，双方互相帮解难题，以红色力量助力产业发展。（张文香）

【谢卫东到深圳招商】 2020年6月2—4日，长沙市人大常委会主任、市人工智能机器人及传感器件产业链链长谢卫东带队到深圳市开展人工智能及机器人（含传感器）产业链企业的招商拜访活动，向深圳的企业家推介长沙投资发展环境，寻求合作机会，促进产业发展。市人大常委会秘书长柳美景参加。谢卫东一行考察大族激光集团等企业，希望大族集团与雨花经开区进一步深化多项目合作，共同成长、共同发展。谢卫东强调，要大力推进人工智能及机器人产业链建设，加强产业的横线集聚和垂直整合，聚焦中高端关键链节，提升综合竞争力；要进一步打造软件和信息技术服务业应用场景，大力发展软件和信息技术服务业提升城市现代化水平，驱动数字经济的发展，下大力气引进行业领军企业。雨花经开区作为湖南省唯一的机器人产业集聚区，要重视激励和发挥企业家精神，打造优质高效公开透明的营商环境，激发市场主体活力，让企业家放心投资、舒心创业、安心发展，强力推进“大干一百天 实现双过半”竞赛活动深入开展，全力夺取疫情防控和经济社会发展双胜利。（张文香）

【省政协调研科技创新企业发展情况】 2020年6月4日，全国政协委员、湖南省政协副主席、省工商联主席张健一行调研雨花经开区科技创新型民营企业发展情况，考察园区中南智能、大族激光等企业，了解企业科技发展情况，座谈听取园区产业发展情况汇报，比亚迪、可孚医疗、唐智科技等企业代表就科技创新及存在的困难进行发言。张健强调，在当前国际国内经济下行压力加大的形势下，要保持定力，越是在困难的时候，越要提升信心，抓好经济发展；要认真抓好习近平总书记讲话精神、两会精神学习，落实好、利用好中央、省各项政策，支撑企业发展；要持续抓好创新，抓好基础研究，引导更多人才来园区创新创业，支持园区创新，让企业发展更好，让湖南发展更好。省政协常委、长沙市政协副主席、市工商联主席彭继球，雨花区委常委、雨花经开区党工委书记郭四军陪同调研。（张文香）

【同升湖杯职业技能大赛】 2020年6月18日，雨花区首届“同升湖杯”职业技能大赛举办，弘扬工匠精神，激发企业员工争创一流的劳动热情。比亚迪、中南智能、晓光模具、驰众机器人等企业的24支代表队、169人参与。大赛设技术实操和理论知识考试，竞赛内容为焊工、装配钳工、工业机器人运用与维护3个项目。（张文香）

【制造业高质量发展推进大会】 2020年8月21日，长沙雨花经济开发区召开推进制造业高质量发展大会，发布头羊计划、凤凰计划、深蓝计划等6个高质量发展计划。会议表彰雨花工匠、科技带头人、发展贡献奖、优秀企业家等制造业先进单位和个人，政策兑现总金额超2000万元。会议现场发布《推动制造业高质量发展扶植奖励办法》，雨花经开区企业综合服务信息管理平台及蜂巢工业互联网平台正式启动上线。（张文香）

【长步道填补国内“机器视觉”核心配套空缺】 2019年4月15日，广州长步道光电科技有限公司与雨花经开

2020年6月18日，雨花经开区首届“同升湖杯”职业技能大赛现场（张文香 供图）

区签约，长步道机器视觉光电产业生产基地项目落户雨花经开区。长沙雨花经济开发区长步道机器视觉光电产业基地，总投资5亿元，是集研发、生产、销售等于一体的机器视觉光电核心组件生产基地项目，是全市重点制造业标志性工程。规划用地2073公顷，建筑面积4.21万平方米，一期建设2.45万平米，二期建设1.76万平米，2019年10月启动建设。2020年1月，完成一期项目1.5万平方米工业厂房封顶，原定于三年后才建设的二期提前开工。2020年，全球首款1.5亿像素大靶面工业镜头在长步道问世，小到手机屏幕、大到100英寸液晶面板，均可通过该镜头检测出瑕疵。9月，包括工业厂房、办公用房、研发中心、光电检测中心等在内的长步道机器视觉光电产业基地竣工投产。公司总部从广州迁到长沙，并带动6家产业链配套企业签约落户雨花区。项目全部投产后，将实现年产工业镜头、工业相机、工业光源、光学软件和成套精密设备等150万套以上。公司将推动长沙智能制造与机器视觉融合发展，带动上下游配套产业核心技术企业聚集，形成高端光学核心组件产业集群，成为全国一流、全球领先的人工智能机器视觉光电产业基地。（张文香）

【长沙市科学技术学术年会】 2020年9月8日，“科技创新推动制造业高质量发展”2020长沙市科学技术学术年会暨人工智能及机器人（含传感器）产业链对接大会在雨花经开区召开，全国众多领域的院士专家，共同为制造业高质量发展交流献计，将推动人工智能及机器人（含传感器）产业链向中高端迈进，为全面建设现代化长沙凝聚更多的智慧和力量。该年会由长沙市科学技术协会、长沙市人工智能及机器人（含传感器）产业链推进办公室、长沙雨花经济开发区管委会联合主办。长沙市政府副市长邱继兴出席活动。（张文香）

【省委党校中青年干部培训班考察调研】 2020年9月23日，湖南省委党校（湖南行政学院）学员部主任周丹波率第59期中青年干部培训一班，考察调研雨花经开区企业比亚迪、可孚医疗、中南智能、大族激光和创新设计产业园，了解园区疫情防控、产业发展、生态修复、非公党建等情况并召开交流座谈会。与会人员表示，雨花经开区疫情防控快严好、产业发展有特色、生态保护有成效、非公党建有实招，特别是近年来园区“一主一特”产业链企业集聚度显著提升，在科研创新、智能化改造升级等方面取得的成果让人刮目相看，园区的高质量发展态势值得期待，将对标对表，进一步增进交流，积极学习借鉴园区和企业的先进经验。雨花区委常委、雨花经开区党工委书记郭四军，雨花经开区党工委副书记、管委会主任曾红鹰陪同。（张文香）

【雨花经开区监委揭牌】 2020年9月25日，长沙市雨花区监察委员会长沙雨花经济开发区监察工作委员会正式挂牌成立。雨花区委常委、雨花经开区党工委书记郭四军，雨花经开区党工委委员、管委会副主任李剑刚共同为雨花经开区监察工作委员会揭牌。新成立的雨花经开区监察工作委员会与园区纪检机构合署办公，监察工作委员会设主任1名，由纪工委书记兼任，设副主任1名，由纪检监察负责人兼任，监察工委专职工作人员5人。监察机构根据授权，依法对园区公职人员开展廉政教育，对其依法履职、秉公用权、廉洁从政从业以及道德操守等情况进行监督检查；对违纪违法公职人员依法作出处分决定等。全面构建园区权威高效的监察体系，为实现全园所有行使公权力人员的监察覆盖提供有力支撑。（张文香）

【获评国家绿色工业园区】 长沙雨花经济开发区牢固树立“绿水青山就是金山银山”的理念，坚持走“低碳、两型、绿色”内涵式增长之路，在开发中保护、在保护中开发；依靠技术进步、劳动者素质提高和全要素生产率改进等方式，促进产业提质增效，推动产业向价值链中高端跃升。2019年，园区高新技术产业产值占工业总产值93%以上，绿色产业增加值占工业增加值的22%左右。2020年10月16日，工业和信息化部发布第五批绿色制造名单，雨花经开区获评“国家绿色工业园区”称号，为湖南省获此称号的唯一省级工业园区。（张文香）

【新松机器人华中区域总部项目落户雨花经开区】 2020年11月30日至12月1日，长沙市人大常委会党组书记、主任、市人工智能及机器人（含传感器）产业链链长谢卫东率队到沈阳市，见证新松机器人华中区域总部项目签约落户雨花经开区。谢卫东强调，要重点主攻“三智一芯”产业，抓好制造业标志性重点项目，力促人工智能产业加速发展。雨花经开区要全力以赴，狠抓项目落实，全力做好服务保障，继续在人才招聘、交通出行及生产生活配套等方面为企业做好全方位服务，迅速推动项目达产，将长沙新松项目打造成华中区域总部，建设国内领先智慧工厂，助推长沙人工智能及机器人产业进一步做大做优做强。沈阳新松机器人自动化股份有限公司总裁曲道奎，长沙市人大常委会秘书长柳美景，雨花区委副书记、区长刘素月，雨花经开区管委会主任曾红鹰出席签约。（张文香）

【全球首款定制网约车D1投产】 2020年12月25日，由比亚迪与滴滴出行联合打造的全球首款定制网约车D1，在长沙雨花经开区正式投产并交付使用。长沙市委副书记、市长、湖南湘江新区党工委书记郑建新宣布车辆投产。作为第一代定制化的共享智能汽车，D1基于滴滴平台上网约车司机、乘客、道路三个维度的数据，为智能化驾驶提供数据支撑；结合比亚迪的平台、刀片电池等技术，在车内人机交互、司乘体验、车联网等多方面进行定制化设计。（张文香）

【郑建新调研督导雨花区经济社会发展】 2020年5月13日，长沙市委副书记、代市长、湖南湘江新区党工委书记郑建新调研督导雨花区疫情防控和经济社会发展。郑建新一行考察湖南大族智能装备有限公司、长沙市比亚迪汽车有限公司等企业，详细了解企业发展情况，叮嘱企业要深耕主业，创新发展，不断做大做强做优，打造全国行业发展标杆。要求雨花区持续优化营商环境，围绕“一主一特”产业定位，大力引进上下游配套企业，加速项目落地、加快产业集聚，不断放大产业规模效应。他强调，要聚焦智能制造和现代服务业发展，加快新旧动能转换，实现更高质量发展，努力在全市“大干一百天 实现双过半”竞赛中交出优异答卷。长沙市政府副市长邱继兴参加。雨花区委书记张敏，区委副书记、区长刘素月，相关区领导参加调研或座谈。（张文香）

●雨花经开创新投资

【概况】 长沙雨花经开创新投资有限公司为国有独资公司，注册资本人民币1亿元，长沙市雨花区人民政府授权长沙雨花经济开发区管理委员会履行出资人职责。公司主要经营产业投资、股权投资、债权融资、融资租赁、基金投资、公司资产运营、创业投资咨询、创业管理服务、市场化项目投资融资、受托管理投资基金、投资管理、投资咨询、企业管理咨询等业务等业务。

2020年，长沙雨花经开创新投资有限公司全方位修订《长沙雨花经开创新投资有限公司章程》，出台《基金管理细则》《投资风险防控预案》等，加强基金管理，防范金融风险。新建采购、安全生产等制度，使公司管理更加规范。构建公司新的薪酬体系，落实员工福利待遇，保持人员队伍稳定。对标对表，编制公司中长期发展规划，明确公司“一主一辅”产业发展方向，凝聚发展共识。牵头雨花经开区智库建设，出台《智库运营经费管理办法》，规范智库资金使用。首批成功邀请12名专家入库，涵盖智能装备、传感器、工业软件等多个产业链细分方向。在基金投资、产业链规划编制、股权投资等工作中积极听取专家建议，进一步提升公司民主决策、科学决策的能力。承接对黄谷路4S店租地收费权的管理，收取租金900余万元。加强对投产后项目可孚医疗、纳睿达的管理，发挥监管和服务作用，当好“店小二”，为企业排忧解难。（刘超超）

【股权投资】 2020年9月，长沙雨花经开创新投资有限公司探索多元投资，投资准IPO企业珠海纳睿达科技有限公司1800万元，实现首笔园外投资。（刘超超）

【产业基金】 2020年7月，长沙雨花经开创新投资有限公司（LP）与北京盛世宏明投资基金管理有限公司（GP）共同发起成立为湖南雨花盛世股权投资基金合伙企业（有限合伙），为园区首只产业投资基金，募资规模1亿元，面向人工智能、新能源汽车、生物医药等新兴产业进行股权投资。深耕园区存量企业，梳理税收过百万企业情况，重点对园区20余家成长性企业进行市场调研，储备长泰智能、申亿五金、盘子女人坊、捷易生物、长步道等一批优质项目，达成合作意向。（刘超超）

【助推企业上市】 2020年，长沙雨花经开创新投资有限公司推进园区优质企业上市工作，借助资本市场助推产业发展壮大，对接市、区金融办为拟上市企业开展集中培训，与市金融办合作举办上市培育辅导讲座，对企业进行赋能培训，以帮助企业实现IPO（首次公开募股）。根据企业发展现状，量身定做上市方案，“一对一”进行辅导。储备15家园区拟上市企业，其中，9家进入长沙市拟上市企业库，4家进入湖南省上市后备企业资源库。募资规模3450万元，定向投资园区优质企业湖南可孚医疗科技发展有限公司，湖南可孚医疗向深交所提交IPO申请，完成第二轮问询的答复。红星冷链公司获省证监局确认函。申亿五金、中南智能等8家企业开展上市相关前期工作。博通信息、先步信息两家企业推进新三板转层。（刘超超）

【开展资本招商】 2020年，长沙雨花经开创新投资有限公司开展资本招商，对接中科虹霸、聚虹光电、梆梆安全、锐科激光、达泊智能、广东迈雷特6家意向企业。6月，中科虹霸、聚虹光电注册成立园区子公司。（刘超超）

【平台建设】 2020年，长沙雨花经开创新投资有限公司拓展多业态市场化运营，聚焦灵活用工税务代征市场需求，抢抓政策窗口期，构建“互联网+商事”综合服务平台，为企业提供工商、税务、会计、法律培训等服务。12月1日，长沙雨花经开创新投资有限公司全资子公司长沙易米咨询服务有限公司注册成立。12月9日，长沙易米咨询服务有限公司与民营企业中皓科创投资（长沙）有限公司共同成立中易数字科技（长沙）有限公司，注册资本500万元，长沙易米咨询服务有限公司占股30%。该合作致力于搭建园区一站式综合商事服务平台，为雨花区、园区企业提供全生命周期一站式综合服务。12月30日，中易数字科技（长沙）有限公司取得区税务局灵活用工委托代征证书，进驻高桥自贸区，助推该片区“个转企、小升规”工作，为进一步规范自贸区商贸经营发挥重要作用。（刘超超）

【产业链规划编制】 2020年，长沙雨花经开创新投资有限公司牵头编制长沙市人工智能及机器人（含传感器）产业链规划，协同编制单位，走访产业链37家代表企业，访谈业内人士近200人次，摸清产业链发展现状，听取专家意见，谋划园区未来五年产业发展思路。多次就文本修改召开专题研讨会，经数轮修改，基本形成研究成果，规划文本进入定稿阶段。（刘超超）

【员工辩论赛】 2020年1月10日，长沙雨花经开创新投资有限公司举办首届员工辩论赛，辩论赛以“泰达是否值得投资”为主题。长沙雨花经开区创新投资有限公司党委书记、董事长刘庄，党委副书记、副董事长、总经理谢文勇，以及主持人刘驰担任评委，采用计分制。经过地角逐，反方观点“泰达不值得投资”以微弱优势胜出。（刘超超）

【工会成立】 2020年1月13日，长沙雨花经开创新投资有限公司工会首届会员大会暨工会成立大会召开。工会筹备小组通报工会筹备工作情况，宣读并通过大会选举办法，举手表决通工会第一届委员会委员、第一届经费审查委员会委员和第一届女职工委

2020年1月10日，长沙雨花经开创新投资有限公司首届员工辩论赛（刘超超　供图）

员会委员候选人名单。经过投票选举，刘晓云当选为创投公司第一届工会委员会主席，王欣当选为创投公司第一届经费审查委员会主任，刘超超当选为创投公司第一届女职工委员会委员。公司党委书记、董事长刘庄要求，尽快推进工会组建，完善工会各项制度；服务职工群众，积极开展各类文体活动；加强工会自身建设，提升整体工作水平。（刘超超）

雨花电商产业园

【概况】 长沙市雨花现代电子商务产业园是由雨花区人民政府投资兴建的园区，规划面积11.73平方千米。长沙市雨花现代电子商务物流管理委员会负责编制园区中长期发展规划和年度工作计划，制定园区产业规划和组织实施；负责项目引进、招商引资、对外贸易、对外经济技术合作交流及相关服务工作、协助企业申报争取上级优惠政策；负责办理项目规划、国土、立项、环境测评、能源测评等手续；负责协助处理土地统一开发、利用和管理；负责协调基础设施建设、拆除违章建筑、拆迁安置及矛盾调处工作等管理工作。

2020年，雨花现代电子商务产业园围绕招商引资、项目推进、基础建设中心工作，完成土地统征20公顷，引进阿里巴巴全资子公司盒马鲜生湖南区域总部、申通快递湖南总部；福建百货龙头企业东百物流华中区域总部中心；普鑫物流区域总部落户雨花区。（吴欣宇）

【手续办理】 2020年6月29日，长沙申通供应链管理有限公司摘牌仓储4号地；7月10日，长沙宏泰置业有限公司雨花分公司摘牌仓储3–1号地；启动仓储5、6–2号地项目挂牌出让手续，完成初步仓储5号地挂牌方案，仓储6–2号地完成进窗前期资料准备工作。9月，黎托南片N05–C24地块用地性质调整工作完成项目入库，将仓储用地调整为商业商务用地。11月6日，黄梅冲东路（侯照路—川河路）项目完成省级农用地转征审，取得农用地转用、土地征收审批单。11月13日，柳树塘路（红旗路—川河路）项目取得建设工程规划许可证。（王慧娟）

【拆迁腾地】 2020年，雨花现代电商物流管委会配合国土、征地、征收、街道、社区（村）等单位完成园区腾地20余公顷，拆除合法房屋30余栋，柳树塘路（红旗路—川河路）、侯照路（柳树塘路—时代阳光大道）、沁福路（侯照路—红旗路）、杨子路（跳马镇界—时代阳光大道）及跳马片区仓储7号地5个项目顺利交地，黄梅冲东路（侯照路—川河路）、仓储1号地西、9号地完成征拆。（张海波）

【招商引资】 2020年，雨花现代电商物流管委会接洽企业30余家，与兴能电力、中建投制冷、中国供销冷链物流、步步高、顺丰丰泰等企业进行项目洽谈，并建立紧密联系，聚焦产业互补，招引“新业态”，对仓储7–2、18、26号地落地项目严把关，保证优中选强储备优质项目。完成外资到位资金1000万美元，引进阿里巴巴全资子公司盒马鲜生湖南区域总部、申通快递湖南总部、福建百货龙头企业东百物流华中区域总部中心；普鑫物流区域总部落户雨花区，项目总投资约12.5亿元，完成4个历史遗留问题中3个项目招商协议的重新签订。协助入园企业项目运营，推进华泽、申通、宏泰等项目摘牌，宏泰项目摘牌成功。引导园区已建成产业项目围绕园区主导产业进行二次招商和把关，普洛斯、万纬、红星、宝湾4个项目成功引进企业超50家，标志着园区打造“新零售示范园区”取得积极进展。送政策、送措施上门，为企业提供项目规划建议，帮扶项目推进。聚焦“新零售”，围绕红星谋发展，组织入园企业到红星实业集团进行工作对接交流5次以上，借助红星之力，围绕园区大平台红星全球农批中心做市场、做产业，以生鲜和日用快消品开启产业集聚。（汤　丽）

【项目建设】 2020年，红星农副产品全球采购中心一期水果交易市场建设完成待营业；普洛斯项目正式运营；万纬项目完成竣工验收并达到运营条件；宝湾项目主体建设和室内道路施工完成；华泽项目完成土方平整和临建设施施工；盒马项目完成土方平整和场内强夯施工。PPP项目一期侯家冲路（红旗路—杨子路）、杨子路（川河路—跳马镇界）完成全部施工内容，基本达到竣工验收条件；二期侯照路（柳树塘路—时代阳光大道）完成水稳层施工，具备基本通车条件；沁福路（红旗路—侯照路）路基及排水施工完成约90%；柳树塘路（红旗路—川河路）完成杨子路至红旗路段沥青面层铺筑，具备通车条件；杨子路（跳马镇界—时代阳光大道）完成柳树塘路以北段路基及排水施工。区建侯照

2020 年 4 月 2 日，雨花电商物流园 PPP 项目建设推进会　　（吴欣宇　供图）

北路正式验收，新平路、柳树塘路具备通车条件。黄梅冲东路（侯照路—川河路）启动拆迁。　（王慧娟）

【安全生产】 2020 年，雨花现代电商物流管委会落实领导干部带队检查制度，领导带队安全生产检查 20 余次，各科室进行日常安全检查 18 次，累计发现问题 50 余个，全面督促整改到位，有效解决建筑工地安全生产较为突出的问题隐患。建立健全隐患排查治理及重大危险源监控长效机制，强化安全生产管理，防范非法操作、违规操作造成的生产安全事故，促进园区安全生产形势持续稳定。开展“安全生产月”宣传活动，制作安全宣传展板 7 块，印发宣传手册 1000 余份，开展消防培训及演练 1 次，营造学安全、知安全、守安全的浓厚氛围。（刘　柠）

【控违控渣】 2020 年，雨花现代电商物流管委会坚持 24 小时巡查守点强化控违控渣工作管控，综合采取天空“拍”、全线“巡”、重点“查”、路口“蹲”、依法“治”等方式，开展巡查 2160 余次，发现搭设遮阳棚 5 处，新建合法房屋 3 处，违章建房 4 处函告跳马镇。协同东山城管中队，开展联合整治 10 次，配合执法 8 次，共处罚金 15.74 万元。实行在建项目渣土管理和违章建（构）筑物的控制分片联点工作机制，及时掌握实时动态情况，联点项目走访 200 余次，违建责任田巡查 384 次。利用无人机收集园区全貌，自绘园区现状图，通过比对不同时段现状图，到现场核实等方式，发现乱堆渣土现象约 15 起，均及时督促清理。（刘　柠）

经济监督管理

宏观经济管理

【概况】 长沙市雨花区发展和改革局（简称“区发改局”）为正科级区政府工作机构，归口管理区公共资源服务中心、区产业建设服务中心。

2020年，雨花区按照“聚焦发展，奋力攻坚，为高质量建设财富品质幸福雨花接续奋斗”的总体要求，着力稳增长、调结构、促改革、惠民生，全力打好疫情防控和经济社会发展协同战、总体战，完成各项指标任务。在全市“百日竞赛”考评中，区发展改革局负责的固定资产投资、重大项目建设考核居中心城区第一位，获“区‘百日竞赛’优胜集体”称号；在全市重大项目流动观摩连续4年排名中心城区第一。（彭 浪）

【项目策划】 2020年，雨花区铺排全区重点项目182个，其中续建项目71个，新建项目44个，预备项目32个，前期研究项目35个。项目总投资1230.71亿元，年度计划投资228.78亿元。雨花区分类调度重大项目、省重点建设项目、市领导联点重大项目、市重大项目、制造业标志性项目，建立目标责任、调度联络、督查考核机制，分片区、分类别、分节点形成“项目清单”，实施“精细管理”。组织在线审批平台共办理政府投资项目审批167件，投资总额140.6亿元，可研、概算审查共审减金额2.3亿元，审减率近10%。社会投资项目，按照“马上办、不见面办、协调办”的工作要求，采取容缺审批、承诺审批等方式，开辟绿色通道、压缩审批时间、精简审批手续，办理项目备案255件，投资总额758.29亿元。贯彻《长株潭城市群生态绿心地区建设项目准入暂行管理办法》，落实《绿心保护条例》和《绿心地区建设项目管理程序》，严把项目准入关，办理绿心地区建设项目准入初审18件，通过准入8个，省、市待审批10个。（彭 浪）

【项目服务】 2020年，雨花区对90个重点项目、45家重点企业，按照“片区为主、联点牵头、分级负责”原则，印发《长沙市雨花区产业建设领导小组办公室关于印发〈2020年全区重点项目（企业）联点帮扶实施方案〉的通知》，深化县级领导联点制度，常态化开展“企业（项目）服务日”工作会议，以项目建设为主要抓手，通过“服务在建项目，发力拟建项目、攻坚闲置项目，推动可开发项目”，帮助企业解决手续办理、基础配套、政策扶植等难题，破解融资、征拆腾地、前期手续、基础配套、政策扶持等方面的制约。调度服务25次，帮助51个企业（项目）解决问题110个。德奥悦东方项目4个月实现预售，步步高星城天地、红星天铂、旭辉雨花郡等项目推进顺利。对接国家、省、市推出的重点投资计划，争取保障性住房配套基础设施建设中央预算内资金、园区新动能培育专项省预算内资金、医用口罩等医疗物资扩产专项等各类预算内资金1.34亿元；5个项目争取到政府专项债券额度7.13亿元，1个项目争取到抗疫特别国债3亿元。推荐6家企业纳入疫情防控重点保障物资生产名单；30家中小微企业纳入“2020年长沙市金融支持企业名单”，4家企业获得共计6000万元优惠利率贷款。刚性兑现2019年度区级产业扶植资金5272.07万元。中国能源建设集团湖南省电力设计院有限公司等2家企业获批“省先进制造业和现代服务业融合发展试点（第一批）”；雨花经开区成为长沙市唯一获评“2020年湖南省‘双创’示范基地‘区域示范基地’”的园区；中国电建能源大数据工程研究中心、中建五局绿色市政基础设施先进建造技术工程研究中心、中国能源建设集团湖南省电力研究院有限公司“多源融合微电网湖南省工程研究中心”等5家企业（项目）获批“湖南省级工程研究中心”；中铝国际长沙有色冶金设计研究院等4家企业获批“湖南省级企业技术中心”；中铁五局集团第一工程有限责任公司企业技术中心获批“长沙市企业技术中心”，为制造业和高技术服务业转型升级奠定基础。出台《雨花区“大干一百天 实现双过半”竞赛活动工作方案》，设置三大竞赛组，突出抓好以市重大项目、省市在区项目、房地产项目为主的300个重点项目和以“四上”企业为主的800个重点企业，在

全区形成“比速度、比质量、比绩效、比干劲、比贡献”的竞赛氛围，获长沙市“百日竞赛”优胜集体。（彭 浪）

【能源管理】 2020年，雨花区严格落实能源安全生产行业监管职责，开展执法检查巡查24次，开展油气管道“打非治违”专项行动5次，检查企业26家次，出动执法人员82人次，领导带队检查14次，排查整治隐患2处，向2家管道企业下达隐患问题整改交办函，向2家施工企业下达责令停止违法行为通知书，协调解决涉管道安全施工纠纷问题1个。开展燃煤整治，建立“工作调度、定期巡查、处置反馈、考核奖惩”燃煤整治工作机制。开展巡查92次，交叉检查4次，暗访巡查68次，综合执法446次，专项执法600次。全区基本实现燃煤动态清零，无一例负面清单。（彭 浪）

【物价管理】 2020年，雨花区坚持对粮油、禽肉、蔬菜、水果等重要生活物资价格实现一日一监测、一周一分析。发放价格临时补贴65673人次，资金318.47万元，办理涉案物品价格认定220件587.23万元，按时办结率100%。疫情期间，组织辖区内湖南红星盛业、云链一号、湖南省食品产业有限责任公司3家企业申报省、市级猪肉储备企业并做好猪肉储备工作，完成春节前和疫情防控期间储备肉的投放工作，平抑市场物价，争取上级猪肉承储补贴资金1290万元（省级资金510万元，市级资金780万元）。（彭 浪）

【公共资源管理】 2020年，雨花区严格执行《区工程建设项目招投标管理规定》和《区小型工程建设项目实行简易发包程序管理规定》，规范招投标和发包管理，区平台成功服务各级各类项目267个（区交易平台入场项目），成交金额2.27亿元，组织项目招标文件联审会46个，办理工程项目上限值备案手续35个。（彭 浪）

【社会信用体系建设】 2020年，雨花区推动社会信用体系建设，在中心城区率先启动“信用示范商区”建设，由信用建设知名第三方机构会同高桥大市场试点开展以信用承诺、信用监管、信用评级、信用金融服务等内容的示范创建，通过“一店一码全覆盖、放心消费无死角”“搭建高桥大市场大数据动态信用监管平台及管理后台”等方式，实现信用可视化，全面打造国内一流、中部领先的“高桥诚信商区（街区）”品牌，提升雨花区产业竞争力。（彭 浪）

【公共机构节能】 2020年，雨花区推进全区公共机构节能工作，出台《雨花区2020年度节能工作计划》《2020年雨花区公共机构节能工作要点》，组织全区近200家能耗统计单位开展公共机构能耗统计培训，指导监督各级能耗单位全面完成2020年度全区公共机构能耗消耗数据统计工作，全面分析能耗消耗数据，完成公共机构能耗指标控制任务。“能耗双控”考核为完成等级，排名中心城区一类。推进新能源和再生能源产品的推广和应用，引导企业申报省、市、区节能项目资金。通过张贴发放宣传通告、悬挂宣传横幅、推送微信公众号、LED显示屏播放等多种形式，提高群众的节能意识、节能常识、节能参与度。向全区发放禁止使用燃煤、禁止使用一次性塑料污染制品、“蓝天保卫战”、青山绿水垃圾分类等宣传资料3万余份，宣传海报1万余张，与经营门店签订不使用燃煤承认书1000余份。以“全国节能宣传周”“全国能源安全生产宣传月”等主题宣传活动为契机，充分发挥广大机关干部、居民群众的积极性和主动性，引导全社会主动参与节能宣传工作，节能宣传教育氛围更加浓厚。（彭 浪）

2020年4月23日下午，雨花区社会信用体系建设工作推进会 （彭 浪 供图）

【垃圾分类】 2020年，雨花区推进公共机构垃圾分类，按照“减量化、资源化、无害化”工作要求，确保工作“四到位”（即制度建设到位、宣传培训到位、设施设备到位、资金保障到位）。分类桶投放覆盖率100%。出台《雨花区公共机构生活垃圾分类工作方案》，统一标准，明确各类垃圾的处置方式；制定《雨花区公共机构生活垃圾分类工作检查评比方案》，明确全区公共机构垃圾分类年度目标、任务、步骤、要求，抓好责任落实。开展公共机构垃圾分类和节约型机关创建，积极引领文明新风尚，雨花区在全市公共机构计分排名中每月均名列前茅。（彭 浪）

【“十四五”规划编制】 2019年8月，雨花区成立区“十四五”规划编制工作领导小组，区发展和改革局牵头编制《长沙市雨花区第十四个五年国民经济和社会发展规划纲要》。雨花区以“专项谋划抓早、总体规划抓紧、项目策划抓实”为原则，组织全区有关部门单位开展前期研究，2020年4月，形成50个前期研究报告，为总体规划纲要编制提供支撑和借鉴。5月，委托国家发改委经济体制与管理研究所参与规划编制。6月，组织近20家区直部门（单位）与编制机构进行线上连线座谈。9月，统筹协调实地考察组到高铁新城、红星片区、雅塘片区、雨花经开区、高桥大市场、红星农批中心等地开展实地调研走访和主要领导访谈。10月，开展五轮《纲要（草案）》征求区直部门（园区、片区）及街镇意见。11月下旬，区四大家主要负责人召开区专家顾问团专家、区老干部代表、部分区人大代表及政协委员参加的"十四五"规划征求意见座谈会，区政府组织召开"十四五"规划纲要专题研究会和专家座谈会。12月，书面征求区"四大家"班子成员意见，同步开展网上征集意见工作。《纲要（草案）》经区有关会议研究通过后，提交区人民代表大会审议。12月24日，区五届人大第五次会议审议通过《长沙市雨花区第十四个五年国民经济和社会发展规划纲要》。该《纲要》分8章约3.8万字，主要阐明雨花区未来五年经济社会发展的总体谋划和战略部署，提出"贯彻三高四新战略，打造全国一流强区，为全面建设现代化长沙贡献更大力量"的奋斗目标，策划包装科技创新、产业发展、基础设施、社会民生等5大类、30大工程、57个对发展全局具有带动性、支撑性作用的重点项目，总投资1814.68亿元，"十四五"期间计划投资1035.41亿元；科学设置22项符合高质量发展导向和要求的指标数据，并采取"正文＋专栏＋图集"形式，规划内容更加直观、清晰、新颖，成为全区开拓创新、奋力前行、高质量发展的重要指引和行动纲领。（彭　浪）

统　计

【概况】 长沙市雨花区统计局（简称"区统计局"）是区人民政府正科级工作部门，主管区域内国民经济与社会发展统计工作、监测经济运行。区统计普查中心为区统计局所属全额拨款副科级参公管理事；区统计服务中心为区统计局所属事业单位。

2020年，区统计工作纳入对区直部门、街道的绩效考核。夯实统计基层基础，区统计局有统计工作人员29人。雨花经开区、各街道、镇均建立统计站，各统计站均配备2名以上专职统计员，共有专职统计员45名。每个社区配备统计员1名。区统计局科学研判形势，保持战略定力，坚定发展信心，以提高服务能力、优化服务水平为目标，顺利完成第七次全国人口普查等各项中心任务。（李　刚）

【数据统计】 2020年，雨花区实现地区生产总值（GDP）2193.24亿元，同比增长4.5%。其中，第一产业实现增加值5.45亿元，下降0.4%；第二产业实现增加值1210.22亿元，增长4.6%；第三产业实现增加值977.57亿元，增长4.3%。一、二、三次产业分别拉动GDP增长0、2.6%、1.9%，对GDP增长的贡献率分别为0、57.3%、42.7%。全年城镇居民人均可支配收入62403元，同比增长5.1%。实现一般公共预算收入162.84亿元，同比增长2.98%，实现地方一般公共预算收入78.05亿元，增长4.91%。一般公共预算支出106.38亿元，增长16.13%。（杨茂富）

【统计基础建设】 2020年，雨花区落实深化统计管理体制改革提高统计数据真实性的各项任务，严格落实市委1号文件精神，在对乡镇街道专职统计人员分级管理的基础上，将全区162个社区兼职统计人员纳入管理，实现统计工作事有人做、责有人负。通过对各项经济指标的真实收集、系统分析、科学预测，准确研判全区经济发展状况，为区委、区政府精准施策提供有力支撑。统计法律法规列入区委理论学习中心组及区政府党组学习内容，定期组织统计人员开展统计知识培训；利用"9·20"统计开放日"12·8"统计法颁布纪念日等节点，开展形式多样的统计宣传活动，营造依法统计的浓厚氛围。将统计执法纳入"双随机、一公开"执法监督体系，参与联合执法；利用大数据比对，对数据异常的单位开展重点执法检查，持续增强依法统计依法治统意识。修订《长沙市雨花区统计数据质量监督管理办法》，严格落实统计数据质量核查制度，发现数据异常通过电话、上门等方式进行核查，分类处理并登记。（王　艳）

【统计服务】 2020年，雨花区统计局向省、市、区报送统计信息89篇，其中省网采用4篇，市网采用38篇，雨花区政府门户网站采用18篇，"飞梦雨花"微信公众号、"开放雨花"APP采用15篇，统计分析1篇被省网采用，6篇被市网采用。编辑出版2019年卷《雨花统计》《雨花统计公报》《雨花统计年鉴》，通过对各项经济指标的真实收集、系统分析、科学预测，准确研判全区经济发展状况，为区委、区政府精准施策提供有力支撑。落实党中央统筹推进疫情防控和经济社会发展工作的决策部署，强化风险意识、责任意识，深入企业生产现场送中药、宣政策、听诉求，主动靠前服务、促进政策落实，为联点辖区企业解决实际困难问题109件。（李　刚）

【统计管理】 2020年，雨花区全面落实联网直报和"企业一套表"，完善统计数据一体化服务平台，健全区域数据汇总、纵横向数据比对、数据监测预警等功能。定期开展业务培训交流活动，不断提高专业统计人员的基本业务技能。区统计局专业人员严格按照《定期报表业务流程》规范操作，加强业务审核，提高数据质量。分批次分层次指导街道对企业单位核查工作，采用QQ互动、电话答疑、上门服务等形式，深入企业逐项核实服务对象信息，实行"一对一"统计业务指导服务，进一步健全企业数据核查表，全面夯实统计数据源头质量。年度报表、季度报表、月度报表制度，各专业联网直报率均达100%。开发统计数据资料，以雨花区第四次全国经济普查获取的二、三产业总体情况和微观数据为基础，联合省内高校撰写课题分析14篇，为雨花区经济社会高质量发展提供更优质的服务。（李　刚）

【第七次全国人口普查】 2020年，雨花区做好全区第七次全国人口普查工作，查清全区人口总量、结构和分布，为科学制订"十四五"规划、实现高

2020 年 7 月 23 日，雨花区“四经普”表彰暨“七人普”动员培训会（李　刚　供图）

质量发展提供重要保障。成立雨花区第七次全国人口普查领导小组及其办公室，拨付三年预算经费 700 万余元。区委书记、区长多次在重点工作会议上强调和部署普查工作，区委常委、常务副区长任组长，安排部署，调度督导，分管领导靠前指挥，主动协调，区公安分局、区教育局、区卫健局、区民政局、区医保局、区数据资源中心等部门积极配合普查工作，克服困难，加强对接，主动提供相关行政记录，为数据整合奠定基础。区数据资源中心开发个人信息自主填报小程序，减轻基层普查员的负担，保障数据安全。各街道、镇强化责任担当，加强工作调度，主要领导亲自过问，亲自部署；分管领导既当指挥员又当普查指导员；以社区工作人员为主体，发动楼栋长、志愿者、物业等力量，适当补充外聘普查员，组建精干高效普查员队伍。5 月，开展第七次全国人口普查专项试点入户调查登记工作。召开全区第七次全国人口普查工作动员会。7 月，组织召开全区“四经普”表彰暨“七人普”动员培训会。9 月，举办第十一届“中国统计开放日”暨第七次全国人口普查宣传月启动仪式活动。10 月，召开全区第七次全国人口普查业务培训会。11 月 1 日，雨花区第七次全国人口普查信息登记正式开始，区委书记张敏等户口或实际居住地在雨花区的领导带头进行登记。全区约 3000 名普查人员对全区范围内的所有住宅、商住两用楼、学校、医院、福利院、建筑工地等所有有人居住的建筑物进行地毯式摸排，全年完成 54 万余户、148 万余人的摸底工作。（李　刚）

统计调查

【概况】 国家统计局雨花调查队为国家统计局派出的垂直管理的正科级机构，属于参照公务员法管理的事业单位，既是政府统计调查机构，也是统计执法机构，依法独立行使统计调查、统计监督的职权，独立向国家统计局和湖南调查总队上报调查结果，对上报调查资料的真实性负责。负责完成国家统计局布置的各项统计调查任务；协助地方统计局完成重大国情国力普查任务；组织指导地方调查队的有关业务工作；依法查处其组织实施的统计调查中发生的统计违法行为；开展统计信息化有关工作等。主要组织实施开展国家赋予的居民收支调查、劳动力调查、采购经理指数（PMI）调查、工业生产者价格指数（PPI）调查、新设立小微企业跟踪调查等常规调查任务。受托开展雨花区食品安全公众认识和满意度专项调查。

2020 年，国家统计局雨花调查队以“忠于国家与服务雨花并重”为工作理念，以“建一流队伍、树一流形象、创一流品牌”为工作目标，以提高数据质量为中心，高质量推进雨花统计调查工作。开展“党建 + 统计调查”系列活动 11 期，协助洞井街道丰园社区和商贸城社区开展疫情防控。加强对调查样本的管理、对统计调查数据的审核、对统计法律法规的宣传和对统计调查队伍的培训力度，确保源头数据真实可信。发挥调查队“轻骑兵”优势，紧盯雨花区经济社会发展中的重点、难点和“堵点”开展调查研究，撰写调查报告及调查分析 19 期。做好迎接国家脱贫攻坚普查工作，配齐雨花区脱贫攻坚普查领导小组办公室集中办公设备，配强脱贫攻坚普查队伍，高质量完成清查摸底工作、现场登记工作和数据审验工作。（熊　娟）

【居民收支调查】 2020 年，国家统计局雨花调查队实行电子记账调查监测，抽样调查圭塘街道体院路社区、砂子塘街道白沙社区、同升街道景环社区、左家塘街道车站南路社区、井湾子街道香樟路社区、黎托街道东澜湾社区、洞井街道高升社区、高桥街道金环社区、侯家塘街道麻园湾社区 90 户住户家庭，推算雨花区居民人均可支配收入等各项经济社会发展指标。国家统计局湖南调查总队核定，2020 年雨花区城镇居民人均可支配收入 62403 元，同比增长 5.1%，分别高出全市、全省、全国城镇居民人均可支配收入 0.1 个百分点、0.4 个百分点、1.6 个百分点。其中，工资性收入 33350 元，经营性净收入 8753 元，财产性净收入 5320 元，转移性净收入 14980 元。经营性净收入同比下降 2.0%，工资性收入、转移性收入和财产净收入同比分别增长 6.4%、7.9% 和 1.7%。全年城镇居民人均消费支出为 48746 元，同比下降 0.9%，高出全市城镇支出增速 0.1 个百分点。其中，食品烟酒消费 12836 元，占比 26.3%；衣着消费 2959 元，占比 6.1%；居住消费 9180 元，占比 18.8%；生活用品及服务消费 6034 元，占比 12.4%；交通通信消费 4382 元，占比 9.0%；教育文化娱乐服务消费 8821 元，占比 18.1%；医疗保健消费 3654 元，占比 7.5%；其他用品和服务消费 880 元，占比 1.8%。食品烟酒、医疗保健支出分别增长 3.9%、5.5%，其他六大类均不同程度下降，降幅最

大的为教育文化娱乐支出，下降5.3%。（彭怡丰）

【劳动力调查】 2020年，国家统计局雨花调查队抽样7个街道的8个社区组织实施劳动力调查，调查结果被纳入推算全市城镇调查失业率的样本范围。每月抽选洞井街道洞井社区、圭塘街道美林景园社区、高桥街道五一社区和怡园社区、砂子塘街道野坡社区、雨花亭街道正圆社区各16户，共96户住户家庭进行问卷调查；每半年抽选井湾子街道香樟路社区、侯家塘街道麻园湾社区各32户，共64户进行问卷调查。国家统计局湖南调查总队核定，2020年长沙市城镇调查失业率5.5%。（陈思光）

【企业调查】 2020年，国家统计局雨花调查队抽样13家工业企业进行工业生产者价格调查，调查结果被纳入推算全省工业生产者价格指数（PPI）的样本范围。抽样26家企业进行采购经理调查，调查结果被纳入推算全省采购经理指数（PMI）的样本范围。抽样7家新设立小微企业跟踪调查，调查结果被纳入全国小微企业生命周期调查的样本范围。（熊 娟）

【快速调查】 2020年，国家统计局雨花调查队加强监测调查和分析研判，开展系列快速调查。撰写调查报告和调查分析19期，高效优质的统计调查服务为雨花区委、区政府宏观决策提供数据支撑。2月7—9日，对174位常住居民开展疫情期间雨花区居民生活状况快速调查，撰写的调查报告《雨花区生鲜市场供应充足，防疫物资相对紧缺》被国家统计局内网刊登。2月13—19日，通过“雨花统计调查”微信公众号对雨花区88家企业开展雨花区企业生产经营情况快速调查，调查报告《疫情对雨花区企业短期影响较大，多数企业有信心完成今年七成以上原定业绩目标》获得区委书记批示。2月20—21日，受雨花区委委托，在雨花区13个街镇的100个社区开展雨花区“四包一”制度人民群众满意度电话问卷调查，撰写《雨花区疫情防控工作调查报告》获得雨花区委书记张敏批示。受雨花区市场监督管理局委托，6月、9月、12月，采取电话问卷调查方式对雨花区13个街镇每次分别随机抽选130位居民开展雨花区食品安全公众认知和满意度调查。（熊 娟）

【统计执法】 2020年，国家统计局雨花调查队依法独立行使统计调查、统计监督的职权，坚持“谁执法谁普法”原则，加大对调查员、辅助调查员、调查对象的统计法律法规知识宣讲力度，提升依法治统能力，确保源头数据质量真实可靠。借助各统计调查专业培训及年报会等形式宣传统计法律法规，发放宣传资料600余份。借助12月4日“国家宪法日”和12月8日《中华人民共和国统计法》颁布纪念日为契机，集中开展统计法治宣传教育月活动。加强统计调查执法队伍建设，雨花调查队4名干部取得统计执法证。12月1日，联合长沙调查队执法监督处对湖南红星盛业食品股份有限公司进行工业生产者价格指数调查的统计执法检查。12月16日，湖南调查总队执法监督处处长谢志超一行4人对雨花区体院路社区、香樟路社区进行住户调查的统计执法检查。（熊 娟）

【统计法治宣传月活动】2020年12月，雨花区开展统计法治宣传月活动。11月27日至12月2日，“雨花统计调查”微信公众号发布“大家来学统计法”、一图看懂《中华人民共和国统计法》(以下简称《统计法》)“13个不得”、《统计法》有奖知识问答等内容。12月7日，雨花调查队组织各统计调查专业辅助调查员、白沙社区在职党员在社区内市民广场开展“全面弘扬法治精神，深入推进依法治统”统计法治现场宣传活动。通过户外电子屏循环投放《统计法》宣传视频，悬挂宣传条幅，摆放宣传展板，发放宣传资料，现场咨询解答，现场扫码有奖知识问答等形式进行集中宣传，对《中华人民共和国统计法》《中华人民共和国统计法实施条例》等相关统计法律法规中与调查对象息息相关的条文进行重点辅导学习，学习《中华人民共和国宪法》《中华人民共和国民法典》等与民众生产生活紧密相关的法律法规。利用劳动力调查陪访、住户调查回访和年报时机，开展“一对一”的法治宣传活动，给每户调查对象发放《统计法》知识宣传册。（陈思光）

【脱贫攻坚普查】 2020年，雨花区接受国家脱贫攻坚普查，成为湖南省抽取的攻坚普查8个非国家贫困县之一，长沙市唯一一个被抽选的国家脱贫攻坚普查县。3月31日，雨花区成立脱贫攻坚普查领导小组，区委副书记、区长刘素月任组长，区委副书记、区委党校校长陈永高任副组长，区政府副区长陈怀宇任常务副组长，国家统计局雨花调查队、区农业农村局等19

2020年7月19日，长沙市雨花区脱贫攻坚普查见面会　（张海亚　供图）

家单位的有关负责人为领导小组成员。雨花区脱贫攻坚普查领导小组办公室设在国家统计局雨花调查队，雨花调查队队长左建军、区农业农村局局长陈伟奇兼任办公室主任。4月17日，启用长沙市雨花区脱贫攻坚普查领导小组及其办公室印章。4月20日，抽调雨花调查队、区农业农村局16名干部作为区脱贫攻坚普查领导小组办公室组成人员，成立综合协调组、方案实施组、数据处理组、普查宣传组、质量监督与执法检查组5个工作组，进行职责分工。6月4日，召开雨花区脱贫攻坚普查领导小组第一次全体会议，重点学习讨论《国家脱贫攻坚普查方案》，对普查表的相关内容做细化和分工，陈怀宇主持会议并讲话。雨花区委督查室、区政府办、区委组织部、区委宣传部、区发展改革局、区教育局、区工业和信息化局、区民政局、区财政局、区人力资源和社会保障局、区住房和城乡建设局、区交通运输局、区农业农村局、区卫生健康局、区统计局、区医保局、区自然资源和规划分局、国家统计局雨花调查队、区残联相关负责人参加会议。6月16—17日，在跳马镇举办长沙市脱贫攻坚普查清查摸底培训班。长沙调查队党组书记、队长、市脱贫普查办主任张殷海，长沙调查队副队长、市脱贫普查办副主任袁忠文等相关领导出席培训班并讲话。市、区、镇三级普查机构人员、14个普查村村支"两委"和扶贫工作队员参加培训。6月19—22日，市、区、镇三级脱贫普查办联合对14个普查村开展清查摸底现场指导，对12个清查摸底主要指标进行清册核对，为现场登记工作做好铺垫。6月23日，湖南调查总队党组书记、总队长、省脱贫普查办主任胡国亮一行3人到跳马镇金屏社区督导脱贫攻坚普查清查摸底工作。长沙市人民政府副市长、市脱贫攻坚普查领导小组副组长李蔚，长沙调查队党组书记、队长、市脱贫普查办主任张殷海等相关负责人陪同督导。6月25日，雨花区制定《长沙市雨花区脱贫攻坚普查工作保障方案》以及相关应急预案，落实脱贫攻坚普查办公用房、办公设备和工作经费等相关后勤保障。7月5日，雨花区在跳马镇举办普查村引导员业务培训班，陈怀宇、左建军授课，区、镇脱贫普查办相关人员、14个普查村引导员参加培训。7月7日，召开脱贫攻坚普查行政村普查表填报调度会，研讨脱贫攻坚普查行政村普查表相关数据指标填报工作。区脱贫普查办综合协调组、数据处理组相关人员，跳马镇脱贫普查办相关业务人员、14个普查村相关业务人员参加会议。7月8日，召开脱贫攻坚普查县普查表填报调度会，研讨脱贫攻坚普查县普查表相关数据指标填报工作。雨花区政府办、区教育局、区工业和信息化局、区民政局、区人力资源和社会保障局、区住房城乡建设局、区交通运输局、区农业农村局、区卫生健康局、区统计局、区医保局、雨花调查队、区残联分管领导和业务人员参加会议。7月9日，长沙市人民政府副秘书长戴建文，张殷海、袁忠文，浏阳市派驻工作组副组长熊明威、瞿桂平督导调度雨花区脱贫攻坚普查保障工作和普查登记现场模拟操作。7月10日，召开雨花区迎接脱贫攻坚普查工作动员会，雨花区委书记张敏出席会议，并强调，脱贫攻坚普查是全区的一项重要政治任务，不仅关系到雨花区，还关系到省市脱贫攻坚工作成效。时间节点要全面把握，问题整改要全面清零，满意程度要全面提升，普查登记要全面过细，数据审核要全面真实，后勤保障要全面到位，工作责任要全面压实。陈永高主持会议，陈怀宇做工作安排，脱贫攻坚主战场代表跳马镇、行业部门责任单位代表区教育局、帮扶责任单位代表圭塘街道、主体工作责任单位代表农业农村局有关领导作表态发言。7月15日，完成"县级普查表""行政村普查表"填报。7月19日，长沙市脱贫普查办在雨花区召开脱贫攻坚普查见面会。戴建文、张殷海、袁忠文，长沙市农业农村局党组成员、副局长、市脱贫攻坚普查办副主任刘军，浏阳市人民政府副市长、浏阳市脱贫攻坚普查领导小组副组长王坤球，陈怀宇出席会议。浏阳市脱贫攻坚普查派驻工作组20人，雨花区脱贫攻坚普查领导小组成员单位的负责人及跳马镇脱贫攻坚普查办相关人员共计42人参加会议。7月20日，国家脱贫攻坚普查第一批现场登记启动日，胡国亮到跳马镇新田村，通过视频连线向国家脱贫攻坚普查领导小组副组长、国家发展改革委副主任兼国家统计局局长、党组书记宁吉喆报告湖南省脱贫攻坚普查现场登记首日工作进展情况，看望慰问跳马镇一线普查员代表，强调指出，现场登记是脱贫攻坚普查的关键环节，普查人员要充分认识脱贫攻坚普查的政治性、专业性、关注性和艰巨性，严格执行湖南省脱贫攻坚普查实施方案和《普查登记工作细则》，按照统一的流程和标准，依法依规开展现场登记工作。要时刻绷紧普查质量这根弦，坚决杜绝数字脱贫、虚假脱贫，不得虚报、瞒报、迟报、拒报。各级普查机构要充分考虑各类风险隐患，实施全天候值班制度，制定落实应急预案，确保普查人员的人身安全，切实防范群体舆情事件。胡国亮与李蔚、张敏、刘素月等地方党政领导交换普查工作意见。7月20—31日，浏阳市脱贫攻坚普查派驻工作组完成雨花区跳马镇366户贫困户的现场登记工作。7月30日，湖南调查总队分析研究处副处长、省脱贫攻坚普查办综合协调组副组长伍学贵现场督导跳马镇脱贫攻坚普查工作。8月10日，雨花区脱贫攻坚普查数据率先通过省级数据审核验收。（张海亚）

【调查业务培训】 2020年1月6日，雨花区月度劳动力调查工作总结暨业务培训班举办，国家统计局雨花调查队全体干部职工及劳动力调查辅助调查员参加培训。1月14日，举办雨花区住户调查年度工作总结暨法治培训班，雨花调查队全体干部职工及住户调查辅助调查员参加培训。9月1日，举办住户调查E调查程序暨统计法知识培训，雨花调查队全体干部职工及住户调查辅助调查员参加培训。12月4日，举办2020年度劳动力调查业务培训班，雨花调查队全体干部职工及劳动力调查辅助调查员参加培训。（熊 娟）

【省、市调研雨花区统计调查工作】 2020年1月3日，国家统计局长沙调查队党组书记、队长张殷海一行调研指导雨花调查队建队工作，召开座谈会，强调要自觉对标对表，把“两个维护”落到实处；创造性开展工作，保持良好的发展态势；深入基层一线，巩固统计调查服务成效；真正担当作为，进一步夯实基层基础。1月6日，张殷海一行到雨花调查队开展廉政谈话，并宣布副队长吕伟职级晋升。3月31日，湖南调查总队党组成员、副总队长欧阳美嫔一行到雨花调查队宣布队长人选任免，左建军任队长，免去廖晓明队长职务。4月2日，长沙调查队党组成员、副队长廖晓明一行到中南院、国字网络等企业开展雨花区采购经理指数调查基础工作检查。4月10日，湖南调查总队劳动力调查处二级调研员罗友权，长沙调查队党组成员、纪检组长聂根深一行调研雨花区月度劳动力调查工作，到怡园社区、野坡社区调查陪访。6月11日，廖晓明一行检查雨花调查队半年度党建工作。9月24日，聂根深检查雨花区日常化纪检监督。11月3日，湖南国家调查队系统改革工作汇报会在雨花召开，湖南调查总队党组成员、纪检组长霍丙森出席会议并讲话。11月25日，湖南调查总队党办支部书记李先云一行6人与雨花调查队党支部赴天心区桂花坪街道金桂社区参观“我心中的梁家河”教育实践基地开展联学联建活动，并在雨花调查队会议室召开联学联建座谈会，研讨加强基层党建、打造“旗鲜红·队文明·数真实”的党建工作品牌。12月25日，张殷海一行4人调研指导雨花调查队党建工作，根据《湖南国家调查队系统基层党建工作述职评议考核办法》，对雨花调查队党建工作进行述职评议考核。

（熊 娟）

审　计

【概况】 长沙市雨花区审计局（简称“区审计局”）负责对区本级预算执行和其他财政收支情况进行审计监督，对区直属党政机关、事业单位、群众团体和依法属于审计机关监督对象的其他单位的主要负责人任期经济责任进行审计监督。辖二级机构政府投资审计中心。

2020年，区审计局严格履行区委审计委员会办公室工作职责，落实“治已病、防未病”的要求，建立局领导班子成员联系项目、审计质量控制、审计问题整改跟踪检查及动态报告等工作机制，聚焦重大问题、重大决策、重大部署，依法履行审计监督职责，开展审计项目13个，查处违规资金493万元，促进整改问题金额1.98亿元，移送案件线索2起，提出审计建议35条，为全区经济社会高质量发展提供坚实保障。继续保持市级文明单位称号。

（刘 鹏）

【区委审计委员会会议】 2020年6月1日，雨花区委审计委员会第四次会议召开。会议学习贯彻中共中央总书记习近平关于审计工作的指示精神、国务院总理李克强在听取审计署工作汇报时的讲话精神，以及上级有关会议精神，听取全区审计工作情况汇报；审议并原则通过《雨花区2020年审计项目计划》《关于2019年度区管领导干部经济责任审计情况的综合报告》《关于建立区经济责任审计工作联席会议制度的通知》。会议要求，始终扛牢政治责任，持续在重点上发力，突出抓好责任落实，切实加强队伍建设；坚持以审计精神立身、以创新规范立业、以自身建设立信，自觉接受纪检监察监督、人大监督、舆论监督、社会监督等各方面监督，努力打造信念坚定、业务精通、作风务实、清正廉洁的审计干部队伍。区委书记、区委审计委员会主任张敏主持会议，区委副书记、区长刘素月，相关区领导及区委审计委员会成员参加会议。

（刘 鹏）

【财政审计】 2020年，雨花区审计局对2019年度区预算执行及其他财政收支情况、区住房和城乡建设局2019年度预算执行情况进行审计，并延伸审计56个区级一级预算部门的预算执行情况，综合采用现场审计、非现场审计等方式，实现58个一级预算部门审计全覆盖。查出预算执行不科学、行政处罚不规范等问题34个，依法依规做出处理处罚，提出有针对性的意见和建议，并积极督促整改，收回财政借款1.8亿元。推动进一步健全公共财政管理体系，维护区域经济安全运行。

（刘 鹏）

【政府投资审计】 2020年，雨花区审计局抽查评审结算项目78个，核减投资额422.93万元，促进规范投资评审行为。开展“一圈两场三道”建设两年行动计划专项审计，查出项目建管、资金使用等方面问题6个。开展杨子路阶段性跟踪审计，查出问题16个，收回违规资金26.3万元。

（刘 鹏）

【经济责任审计】 2020年，雨花区审计局组织实施区信访局、区司法局、区交通运输局、左家塘街道、砂子塘街道5家单位9名领导干部任期（任中）经济责任审计，其中5家单位6名领导干部为任中审计，2家单位3名领导干部为任期审计。重点关注领导干部在担当作为、规范用权、令行禁止、廉洁从政等方面情况，有效促进领导干部依法用权、秉公用权、廉洁用权。

（刘 鹏）

【内部审计】 2020年，雨花区审计局加强对内部审计工作的指导和督促，组织街镇、有关部门内审人员参加全市内部审计人员综合素质提升培训，提升内审工作人员业务素质。2个项目获评全省优秀内部审计项目，1篇审计论文获评全省内部审计理论研讨奖，1个内审机构获评全省内部审计先进集体。指导各村、社区开展换届选举财务清理及离任审计工作，助力村（社区）“两委”换届选举顺利开展。（刘 鹏）

【审计结果公开】 2020年，雨花区将审计结果公开列入年度工作要点，严格按照《审计结果公布办法》规定的流程进行审批，在政府门户网站予以公布，广泛接受社会各界监督。公布长沙市雨花区2019年度区本级预算执行及其他财政收支情况审计、长沙市雨花区住房和城乡建设局（长沙市雨花区人民防空办公室）2019年度预算执行情况审计、长沙市雨花区财政预决算（投资）评审中心2019年9月至2020年2月结算评审项目质量3个项

目的审计结果。（刘　鹏）

【专项审计】 2020年，雨花区审计局开展重大政策跟踪审计，实施应对新冠肺炎疫情防控资金和捐赠款物专项审计，对防控政策落实、资金物资使用进行全方位监督、全口径分析、全过程跟踪，确保全区疫情防控资金物资安全高效规范使用。审查疫情防控资金4794.16万元、捐赠资金13.67万元、捐赠物资45.70万件（折价248.31万元）、专项再贷款资金2111.69万元，查出捐赠物资分配使用不及时、捐赠信息公开不及时不准确等问题4个，并督促相关责任单位及时整改到位。对13个街镇所有拥有惠民项目资金的社区开展专项审计，审查资金7040.09万元，查出惠民项目选定不科学、审批程序不规范、资金使用不合理等方面问题30个，采取按时督办、跟踪检查、定期通报等方式，督促各街镇及相关社区制定整改计划，明确整改措施，设定整改期限，全面做好问题整改，完成整改27个，收回违规使用资金25.64万元，促进拨付到位资金200万余元。推动完善和出台制度7个。联合区财政、区民政，组织对各街镇财政所长、民政专干、社区主任开展惠民项目资金专项培训，促进惠民项目资金规范使用和管理。（刘　鹏）

【审计整改】 2020年，雨花区审计局坚持把推动解决问题、完善制度、堵塞漏洞作为审计的主要目标，采取按时督办、跟踪检查、定期通报等方式，及时督促被审计单位按要求整改问题、落实建议，发现问题138个，完成整改123个。各被审计单位向区人大常委会报告审计查出问题整改情况，并接受满意度测评。加大对审计发现问题的分析研究，及时揭示和反映新情况、新问题，对具有共性或苗头性、倾向性的问题，有针对性地提出整改意见和建议。针对审计发现的预算执行不科学、10万元以下工程项目管理不规范、出借财政资金长期未收回、零星工程涉嫌套取财政资金等问题，形成专题报告5期，及时向区委、区政府和区委审计委员会报告，出台《雨花区10万元以下小型工程造价管理操作细则》等规章制度；将审计发现的某机床厂机械刨床厂涉嫌私设“小金库”、采购代理机构涉嫌变造档案资料等线索移送纪检监察部门处理，有效发挥审计的风险预警和决策参谋作用。（刘　鹏）

【基础工作】 2020年，雨花区审计局落实《长沙市雨花区审计局审计项目质量评审办法（试行）》，采取组长自评、科室交叉互评、集中审议的方式，开展2019年度审计项目质量评审，对各个审计项目逐一评审、打分、排名并指出问题，加强整改，提升质量。加强市级优秀项目评选工作，1个项目获评区县表彰项目。（刘　鹏）

【区政府听取审计问题整改情况汇报】 2020年4月24日，雨花区政府第46次常务会召开，专题听取2019年度审计查出问题的整改情况汇报。区审计局局长舒畅汇报2019年度审计查出问题整改的整体情况。2019年度查出的134个问题，完成整改115个，持续整改19个。各被审计单位汇报审计查出问题具体整改情况、整改措施、整改计划。会议要求，各相关单位要深刻认识审计整改工作的重要性，把审计整改工作作为一项重要政治任务来抓，确保审计查出的问题全部整改到位。各单位要强化法律意识，依法依规履行职责，保证各项工作在法律轨道上全面推进。对于审计查出的问题，要依法依规加强整改；要树立“新官要理旧账”的意识，主动落实审计查出问题整改工作的部署要求，积极履行整改主体责任，采取有效措施，全力推进审计问题整改；要以该审计整改工作为契机，加强制度建设，用制度来规范大额资金的使用、重大项目的推进等，确保重大资金的使用、重大项目的建设都经过集体决策，巩固好审计监督工作的成果。（刘　鹏）

2020年11月23日，雨花区惠民项目资金审计查出问题及整改情况通报会
（刘　鹏　供图）

市场监督管理

【概况】 长沙市雨花区市场监督管理局（简称“区市场监管局”）对外加挂长沙市雨花区知识产权局牌子。负责市场综合监督管理、市场主体统一登记注册，组织实施市场监管综合执法工作；监督管理市场秩序，负责宏观质量管理、产品质量安全监督管理；负责权限范围内食品、药品、医疗器械的许可管理，权限范围内的药品、医疗器械和化妆品的标准管理和质量管理、安全监督管理、上市后风险管理；负责特种设备安全监督管理；负责食品安全监督管理综合协调，负责食品安全监督管理；统一管理计量工作；统一管理标准化工作；统一管理检验检测工作；统一管理、监督和综合协调认证认可工作；负责消费维权工作；负责市场监督管理系统的科技和信息化建设、新闻宣传、对外交流和合作；贯彻落实国家、省和市知识产权（商标、专利、原产地地理标志、集成电路布图设计）及相关的知识产权法律、法规、规章和政策；负责统筹协调全区保护知识产权工作，推动全区知识产权保护体系建设，负责拟订知识产权创造

和运用的政策措施，促进全区知识产权创造运用。下设综合行政执法大队、信息中心2个直属机构，辖跳马、雨花亭、高桥、左家塘、侯家塘、砂子塘、东塘、圭塘、黎托、洞井、井湾子、东山、同升13个市场监管所。

2020年，区市场监管局紧扣打造一流营商环境的目标，探索实践简政放权与创新监管同步推进的新机制，做好“监管、改革、发展”相融合的文章，深化商事制度改革，积极创新监管方式，织密监管网络，强化党建引领，完成各项目标任务。实施重点产品质量提升行动，湖南中南智能装备有限公司获第六届省长质量奖提名奖，湖南元亨科技股份有限公司、长沙市轨道交通运营有限公司获得第二届市长质量奖，湖南高桥大市场股份有限公司获得第二届市长质量奖提名奖。引导辖区企业填报品牌发展培育库，提高“雨花制造”品牌竞争力。组织重点企业参与“品牌建设年”“一品一故事”主题会，开展重点企业质量诊断活动和“质量月”主题活动，企业质量管理现状和创新创造得到进一步提升。（袁鑫欣）

【疫情防控】2020年，雨花区市场监管局加强疫情防控，实施在线引导办理、及时受理审批、执照免费邮寄到家，让申请人体验到在家都能办事的便利，降低窗口单位人员密集场所病毒传播风险，保护人民群众身体健康和生命安全，确保在疫情防控期间全区市场主体登记注册安全有序，推动全区登记注册向预约服务、电话咨询、在线解答、全程邮递等方式转变。推行“网上办”，引导申请人进入“湖南省企业登记全程电子化业务系统”一次性办理企业名称自主申报、设立登记、公章刻制、发票申领、社保登记、银行开户等事项，实行企业开办全程网办“零见面”。推行“邮寄办”，全面提供营业执照、公章、发票和相关文书等免费邮递服务。对于选择半程网办并通过网上预审的，引导申请人通过线下邮寄的方式提交申请材料，申请材料齐全、符合法定形式的，窗口工作人员及时受理核准，并邮寄证照或相关文书。申请材料不齐全或不符合法定形式的，窗口工作人员通过电话或微信一次性告知申请人需要补正的材料推行“预约办”，对于必须通过现场办理的，通过微信或电话告知流程及所需资料，窗口人员将合理调配时间，实行错峰办理，尽量避免人员聚集。对食品、药品、医疗器械生产经营单位，以及医用计量器具、特种设备使用单位进行全覆盖检查，严厉打击制售假冒伪劣、“三无”口罩等违法行为，查处违法案件30件，查扣非法口罩35.73万只，查获各类不合格防疫用品3吨。启动价格监管应急机制，向各大商超、药店、诊所、社区卫生服务中心发出“提醒告诫书”，加强价格监督指导，紧急约谈重点生产经营单位。严厉打击重点防疫物资和重要民生商品领域哄抬物价、囤积居奇等违法行为，处理价格投诉举报65件，立案13起，行政处罚50526元。开展市场秩序优化行动，打击野生动物违规交易，禁止活禽销售和宰杀，加强反不正当竞争、知识产权执法等，检查各类市场主体1.5万余家次。成立冷链食品疫情防控工作组，全面摸排全区冷库、进口冷链食品、冷冻食品，建立健全货物进出台账，确保货物“来源可溯，去向可查”。专人蹲守重点冷链企业，有效处置多起冷链食品阳性协查事件，筑牢冷链防疫“安全墙”。贯彻落实长沙市应对疫情扶持个体工商户的13条措施要求，通过推进“零见面”政务服务、上门走访与企业深度对接、适当延长个体户年报时间、畅通失信救济渠道等措施，引导广大市场主体有序复工复产。组建复工复产工作组，深入联点的东山街道、高桥街道，派驻干部“点对点”“一对一”帮助重点项目和企业渡过难关。

（袁鑫欣）

【商事制度改革】2020年，雨花区率先全市试点市场准入线上线下双通道即办改革，实现企业开办“线上即传即办、线下即来即办”。开展“零见面”受理、“零门槛”审核、“零费用”发证的“三零”服务，一窗受理，实现企业开办全流程2小时办结。《人民日报》等主流媒体点名表扬“雨花速度”。全区市场主体19.2万户，同比增长约18%，市场主体总量居中部地区省会城区之首。设置自贸区准入专窗，为自贸区企业登记开辟专用通道。积极争取省市场监管局同意，冠以“湖南自贸试验区长沙片区”的企业名称核准事项，增强自贸区企业辨识度。在自贸区范围内推行集群注册登记工作，降低自贸区企业设立门槛。推行“就近办”，将小餐饮、便利店等高频事项的登记与食品经营许可权下放到市场监管所。推行“应急办”，对申请医用口罩等防控急需二类医疗器械企业安排专人指导、快速办结。推行“延期办”，涉及食品、药品、医疗器械等许可证换证业务可延期至一级响应解除后30日内办理。

2020年11月10日，雨花区颁发首张“一业一照”营业执照 （袁鑫欣 供图）

推行“即时办”，支持和指导个体经营者依法办理设立、变更等手续，对符合条件的个体经营者当场核发营业执照。加速推进“一业一照”“一业一证”，实行“一照准营”“多证集成办理”，提升企业开办集成化服务效能，为企业开办减时间、减精力、减成本、提效率，加速释放市场主体活力，助推市场经济高质量发展。按照稳就业、稳金融、稳外贸、稳外资、稳投资、稳预期，保居民就业、保基本民生、保市场主体、保粮食能源安全、保产业链供应链稳定、保基层运转“六稳”“六保”精神，强化“保市场主体”举措，公布《雨花区市场监管领域优化营商环境七十条免罚清单》，对违法行为轻微并及时改正的可以免于处罚，进一步优化营商环境。区市场监管综合行政执法大队挂牌成立，完成班子搭建、直属中队建设，承担起全区市场监管、商标、专利、商务、粮食流通等领域行政执法职能。实现“一网管万网”，将全区18万个经济主体信息集合纳入数据库，以数据化的方式实时呈现企业与政府各部门的互动情况，实施精确制导式靶向监管，构建监管与服务并重的“互联网+监管”网络市场生态体系。（袁鑫欣）

【信用监管】2020年，雨花区推行涉及市场监管、交通运输、农业农村、生态环境、文化旅游5个领域共11个部门的“双随机、一公开”多部门联合监管机制；研发“智慧监管”APP，实施抽查任务的领取、录入、公示的全程移动办公，全年抽查企业3904户，检查结果公示率100%。通过海报、手机短信、户外电子显示屏等多种形式开展年报宣传，企业年报率为87.65%，列入经营异常名录企业28516户，列入严重违法失信企业4688户，吊销“僵尸企业”1552户。（袁鑫欣）

【价格监管】2020年，雨花区市场监管局组织医疗机构、药品市场、停车场、转供电环节电价等民生领域专项检查，检查医院6家、药店192家、转供电主体458家，约谈经营者30家次，查处价费违法案件25件，退还多收电费663.09万元，处罚24.5万元。（袁鑫欣）

【广告和网络监管】2020年，雨花区市场监管局开展违法广告整治行动，监测房地产、医疗、美容等各行各类广告5000万余条，建立“雨花智网”网络监管系统，实现实时监测、数据分析、移动办公、消息推送等智能化监管功能，检查广告经营单位746家，行政约谈媒体和广告公司11家，责令整改884条。（袁鑫欣）

【食品安全监管】2020年，雨花区制定《雨花区党政领导干部食品安全工作责任清单》，强力推进国家食品安全示范城市创建。加快建设“从田间到餐桌”监管链条，完成食品及食用农产品定量检测4292批次，合格率为96.78%，市对区评价性抽检合格率100%。开展食品安全宣传周、“五进”、应急演练和培训，浓厚社会共治氛围。启动县级领导联点分片包干制度，推进“人民满意农贸市场”建设。开展食品安全百日整治行动，查办涉食案件331件，移送涉刑案件8件。雨花区蝉联全省食品安全年度考核A类单位。（袁鑫欣）

【药品医疗器械化妆品安全】2020年，雨花区加强药店和医疗机构监管，对各类特殊、专管、冷链药品和高风险医疗器械实行全覆盖检查，开展药品风险防控百日集中整治、打击化妆品违法添加等专项行动，开展城乡结合部及农村地区药品流通使用环节专项整治，审核药品不良反应236例、医疗器械不良反应100例、化妆品不良反应22例。检查“两品一械”生产经营单位470家，责令改正69家，约谈15家，查办案件8件。（袁鑫欣）

【特种设备监管】2020年，雨花区成立商贸和特种设备安全委员会，推行特种设备安全分级分类和网格化监管，通过定区域、定人员、定岗位、定责任，实现监管动态化、精准化、全覆盖。开展安全生产专项整治三年行动，检查特种设备使用单位340家，处理特种设备安全投诉140余起，下达特种设备安全监察指令书36份，立案7起，罚没26万余元。利用安全宣传咨询日、电梯安全宣传周等，开展安全培训宣传，组织开展特种设备应急救援演练。（袁鑫欣）

【产商品质量监管】2020年，雨花区组织开展儿童和学生用品、农资产品、电动自行车、电动摩托车、非法加油车（站）、节水用器具、取暖器等专项整治行动，检查生产经营单位300余家次，查办案件40件。抽检危险化学品、电线电缆等重点工业产品52批次，不合格产品后处理完成率100%。（袁鑫欣）

【知识产权工作】2020年，雨花区聚焦知识产权创造、运用、保护、管理、服务全链条，优化“一对一”知识产权服务。完成质押融资8039万元，完成知识产权托管企业60家，有效发明专利拥有量2613件，拨付发明专利授权补助61.6万元。开展专利执法行动，办理专利标识不规范案件73件、专利行政处罚案件2件、商标侵权案57件。开展知识产权宣传周主题活动，吸引企业、代理机构、高校百余家单位参与。调解关口前移，率全市之先设立街道（镇）知识产权纠纷调解室，打通知识产权服务“最后一公里”。（袁鑫欣）

【标准计量】2020年，雨花区推进企业标准自我声明公开，完成291条标准公开申明，涵盖567种产品，其中国家标准95个、行业标准12个、企业标准183个。开展集贸市场、成品油市场、重点排污单位、眼镜制配场所计量专项检查，查办集贸市场计量违法案件38件、车检机构违法案件7件。检查4家口罩生产企业，重点检查有无伪造、冒用、非法买卖CE认证证书和认证标志等违法行为。（袁鑫欣）

【打击传销】2020年，雨花区深入推进无传销城区创建，开展打击传销集中整治行动180次，捣毁涉传窝点126个，驱散劝返涉传人员272人，为长沙摘帽“全国整治聚集式传销重点城市”贡献雨花力量。（袁鑫欣）

【反不正当竞争】2020年，雨花区开展公平竞争审查，对公用企业乱收费、

虚假宣传、商业贿赂、侵权仿冒等违法行为进行查处，查办不正当竞争案件75件。（袁鑫欣）

【长江禁捕】2020年，雨花区落实习近平长江“十年禁渔”重要指示，围绕“市场零交易、餐饮零供应、网上零售卖、广告零发布”目标，全面铺开打击市场销售长江流域非法捕捞渔获物专项行动。出动执法人员1300余人次，检查农贸市场、商超及餐饮单位2000余家，约谈美团、饿了么和十荟团3家网络餐饮平台，拆除违规店招5个，责令整改菜单及展示牌200余份，查办案件5件。（袁鑫欣）

【农产品双身份管理】2020年2月，雨花区全面推行食用农产品合格证制度，实现农产品“身份证”和“合格证”双身份管理。食用农产品合格证制度是农产品种植养殖生产者在自我管理、自控自检的基础上，自我承诺农产品安全合格上市的一种新型农产品质量安全治理制度。农产品种植养殖生产者在交易时主动出具合格证，实现农产品合格上市、带证销售。通过合格证制度，可以把生产主体管理、种养过程管控、农药兽药残留自检、产品带证上市、问题产品溯源等措施集成起来，强化生产者主体责任，提升农产品质量安全治理能力，更加有效保障质量安全。食用农产品合格证上标明农产品的名称、数量（重量）、生产企业联系方式、产地、开具日期、承诺声明等详细信息，最大限度做到食用农产品可追溯。他是上市食用农产品的“身份证”，生产者的“承诺书”，质量安全的“新名片”。（袁鑫欣）

【消费维权服务】2020年，雨花区针对预付卡消费等痛点堵点问题，发布消费警示，加强消费引导，妥善化解消费纠纷。受理“12315”“12345”投诉举报33627件，办结率96.33%，为消费者挽回经济损失1000万余元。全年一般程序案件立案794件，结案651件，10万元以上的大要案12件，罚没412万余元，移送司法机关15件，办案量同比增长76%。（袁鑫欣）

【食安委全会】2020年1月9日，雨花区食安委2020年第一次全会召开。区政府副调研员刘贤宏主持会议，区市场监管局党组副书记、副局长王强组织学习省委、省政府《关于深化改革加强食品安全工作的实施意见》以及市委、市政府《关于深化改革加强食品安全工作的实施方案》等食品安全相关文件，区食安办主任、区市场监管局局长王金山汇报2019年全区食品安全工作开展情况，安排部署工作。区政府副区长易静要求，认清形势、正视问题，进一步提高群众的食品安全满意度、创建知晓率，不断加强与食品安全监管形势相适应的能力建设；聚集重点、精准发力，夯实基层基础，深入推进网格化监管，加强精细化、信息化建设，确保日常监管地域无死角、监管单位无盲点、监管环节无断层、监管品种无遗漏。积极回应群众关切，深入推进整治食品安全问题联合行动，加大对食品安全违规违法行为的打击力度，加强行政执法和刑事司法衔接，以“零容忍”的态度，依法打击、严厉惩处食品安全违法犯罪行为；推进共治、形成合力，强力督促企业全面落实食品安全主体责任，加大对食品生产、流通、餐饮经营等人员的培训教育；要充分利用各类载体，采取多种有效形式，全方位加强食品安全宣传，浓厚“双安双创”氛围；要加强典型案例曝光，强化社会公众监督，畅通投诉举报渠道，加快组建志愿者队伍，积极组织食品安全应急演练，用心、尽心、尽力地抓好2020年食品安全各项工作，打好一场保卫食品安全的人民战争。“两节”“两会”期间，要加大食品安全监管，确保不发生食品安全事故，全力保障人民群众“舌尖上”的安全。区食安委相关成员单位，各街道（镇）分管负责人及食安办主任，区市场监管局相关班子成员，涉食相关科室及稽查大队负责人，各市场监管所所长参加。（袁鑫欣）

【疫情防控市场监管与供应保障工作部署会】2020年1月27日，雨花区疫情防控市场监管与供应保障工作部署会召开，区政府副调研员刘贤宏主持会议。区市场监管局副局长王强解读疫情防控市场监管与供应保障工作的具体方案，区市场监管局副书记、局长王金山与各成员单位的主要负责人讲解具体任务，各街道（镇）相关负责人就疫情防控市场管理和供应保障工作开展日常排查、发现问题及时通报、配合依法处置等方面做表态发言。区政府副区长易静强调，监管必须到位，牵头部门、成员单位要做好各行业、各企业复工复产或休市停业的登记工作，进一步加强对商场、超市、农贸市场、游乐场所等的监管力度，严厉禁止交易野生动物，做到职能部门巡查到位，社区摸排登记到位；供应必须保障，督促经营户积极组织与疫情防控相关商品的货源，确保产品质量，保障药品、口罩、防护服等的市场供应；农贸市场、超市等要加强对蔬菜、肉、奶、蛋等的供应，确保满足辖区市民基本生活需求；纪律必须严明，务必落实好值班值守和信息上报制度，进一步加强疫情防控工作，严格遵守工作纪律和保密纪律；防护必须落实，要严格按照国家、省、市区要求，依法规范个人防控行为，强化社会责任，外出检查务必戴好口罩和手套，做好自身防护，确保防控工作扎实有效。区政府办、区工业与信息化局、区农业农村局、区商务局、区卫生健康局、区文旅体局、区市场监管局以及各街道（镇）相关负责人参加。（袁鑫欣）

【打击传销工作联席会议】2020年4月3日，雨花区2020年打击传销工作联席会议召开。区政府副调研员刘贤宏主持会议。区市场监管局局长王金山安排部署打击传销工作。王金山表示，雨花区2020年打击传销工作主要围绕深入开展打击异地聚集式传销和网络传销专项整治，深入推进“无传销网络平台”创建工作，加强打击传销综合治理，夯实统筹组织工作基础，强化宣传教育、提高警示效果，全面落实出租屋和流动人口管理，深入推进“创无”工作，推动立体化防控体系建设等9个方面进行。各级各部门要始终保持打击传销常态化和高压态势，坚持大规模清查与常态化打击相结合，彻底清除传销活动。人民政府副区长易静要求，锁定目标，5月，全区投诉举报务必清零，顺利完成打击传销“摘帽”工作；进一步抓紧抓实出租屋管理和流动人口管理，相关部门务必密切配合、紧密联动，将排查常态化，真正做到底子清、情况明；要加大打击力度，将大规模的清查与常态化的打击相结合，面上的清理和专项整治相结合，狠抓网络传销和异地聚集式传销；要持续推进无传销社区的创建，把长效机制建立起来，把信息平台、联防联控、打击网络传销、宣传教育以及对重点会议场所经营单位的监管结合起来，确保全区创建无传销社区达到98%的目标；要强化宣传引导，对重点涉传人员进行反洗脑工作，大量搜集典型案例、反面教材，在楼道大量张贴宣传海报等，为打击传销工作提供有力保障。区政府副区长、区公安分局局长黄健元要求，各级各部门要严格做到不拖后腿、不出现大的反弹、不发生大的案件，确保5月前全区传销组织全面清零，彻底铲除传销生存土壤。（袁鑫欣）

【质量强区工作推进会】 2020年5月12日，雨花区质量强区暨创建国家食品安全示范城市工作推进会召开。会议由区人大副主任杨平主持。副区长易静作质量强区和创建国家食品安全示范城市工作报告，区市场监管局、区教育局、左家塘街道、同升街道、中南智能、红星农副产品大市场、赤新农贸市场7家单位表态发言；区政协副主席罗艳辉通报2019年2—4季度农贸市场获奖情况及获得年度“人民满意农贸市场”称号名单；马家冲农贸市场、桂花农贸市场、佳兆业便民生鲜市场、活力生鲜市场、新星小区农贸市场获得“2019年度人民满意农贸市场”奖牌。区委副书记、区长刘素月强调，全区各级各部门要切实提高政治站位，把质量强区和食品安全摆在更加重要、更加突出的位置；要聚焦工作重点，持续提升食品安全治理水平；要主动担当作为，着力健全齐抓共管工作格局。长沙市市场监督管理局党组成员、副局长肖磊，雨花经开区党工委委员、副主任李剑刚，区食安办主任、区市场监管局党组副书记、局长王金山等出席。（袁鑫欣）

【特种设备安全监管推进会】 2020年9月11日，雨花区召开商贸和特种设备安全专项整治三年行动工作推进会，会议传达雨花区安全生产委员会《关于调整长沙市雨花区安全生产委员会职能机构和组建专业委员会的通知》《安全生产专业委员会工作清单》，详细解读《雨花区特种设备企业安全生产专项整治三年行动实施方案》《雨花区商贸企业安全生产专项整治三年行动实施方案》。区政府副区长易静要求，务必发挥好区商贸和特种设备专业委员会作用，建立健全信息反馈、定期通报、巡查督导、警示约谈等工作机制，统筹推动全区各级各部门各负其责、相互配合、形成合力；务必履行好行业监管和属地管理责任，各部门要严格落实行业监管责任，坚持“四不两直”暗查暗访、“双随机”抽查，落实计划执法、联合执法；务必督促好企业落实主体责任，指导主管行业领域企业做到“六到位”：责任到位，牢固树立安全生产法制意识；制度到位，建立健全安全生产公开承诺制度，实行企业主要负责人和员工安全生产双向承诺；日常管理到位，督促企业以“班前会”为平台，“一会三卡”常态开展；隐患排查到位，确保日常检查能及时发现并消除安全隐患；应急准备到位，配备必要的应急救援器材、设备和物资，并定期做好维护保养；培训演练到位，督促企业建立分层级、分类别的安全教育培训制度，指导企业开展有针对性的救援演练。（袁鑫欣）

【冷链食品企业专项整治工作推进会】 2020年12月3日，雨花区召开冷链食品企业专项整治工作推进会，部署安排冷链食品相关企业专项整治行动工作，星沙海关副关长周波，雨花区政府副区长黄健元、刘江红、易静，以及相关区领导、区直相关部门负责人参加会议。会议传达部署全区疫情防控工作，要求把常态化疫情防控措施落实落细落地，严格冷链管理，健全联防联控机制，强化春节前后、两会等重点时段疫情防控，坚决防止疫情发生和蔓延。区市场监管局汇报全区冷链食品企业专项整治工作，全区6个执法部门共出动执法人员973人次，开展执法检查332次，排查来往冷链食品物流车辆224台，其中经摸底建档，区内冷链物流车辆120台，查处场外违规交易4起，及时处置问题冷链食品246千克；区市场监管局冷链食品相关案件立案19起，结案16起，罚款20.3万元。星沙海关和雨花区直各部门结合各自工作实际，围绕冷链食品企业专项整治行动工作提出有效建议和措施，确保行动做到辖区全面覆盖，全面推进，全面落地，全面见效。会议强调，要加大宣传力度，尤其对专项整治，非法打击和场外交易加大宣传，让经营户不想、不能、不敢触犯法律底线，把宣传工作做出影响，做出声势；要加大整治力度，加大执法力量下沉到重点区域工作，加强对相关生产经营企业冷链食品的追溯管理，确保食品信息来源可查询、去向可追踪；要严肃查处打击走私，由区市场监管局牵头，区公安分局和相关部门积极配合，重拳打击冷链食品场外交易，非法走私等违法犯罪活动；要进一步摸清家底，宁可十防九空，也不可失防万一，从“人、货、场、车”四方面全覆盖排查工作，切实做到早发现、早报告、早隔离、早治疗。

（袁鑫欣）

【专项督查行动】 2020年1月28日，雨花区启动应对新冠肺炎疫情专项督查，由区人民政府副区长易静、区人民政府副调研员刘贤宏、肖集林带队，区政府办、区工信局、区农业农村局、区商务局、区卫健局、区文旅体局、区市场监管局参加，分3组全面督查街道（镇）疫情防控措施、市场管理和供应保障落实情况。第一组主要检查侯家塘、东塘、砂子塘、左家塘、高桥5个街道的农贸市场、超市、KTV网吧电影院等。平和堂商场超市未发现野生动物销售；辖区内游乐场所、餐饮单位、KTV、网吧均已关门；农贸市场均有每日消毒记录；友阿商城六楼餐饮店、电影院、港岛KTV均处于关门状态。第二组主要检查黎托、东山、雨花亭、井湾子4个街道。各个街道均已将疫情防控相关要求进行传达，签订承诺书，并对辖区市场、商超负责人进行约谈；辖区内部分农贸市场处于休市状态，大型KTV、影院、麻将室均在停业状态；辖区内的婚宴经劝导均已取消。凤凰园和黎托2家农贸市场均已全面消毒并开市；辖区内的药店暂未发现哄抬物价行为。第三组在圭塘、洞井、同升、跳马4个街镇，重点针对物价、市场供应、野生动物销售、网吧停业等情况进行检查。检查发现市场肉类、蔬菜等价格平稳，未发现野生动物产品销售药店口罩、医用酒精等物品普遍缺货，各药店正紧急采购，网吧都已关门停业。全区各商场超市均能落实主体责任，全面防控疫情，防护消毒等工作已形成“日清洗、日消毒、日巡查”常态化，生活必需品供应充足，有可能造成人员集聚的商业活动均已取消。各街镇、社区、商超综合体等均充分利用电子显示屏、横幅等形式开展防控知识宣传。督查组现场要求，超市对肉类、蔬菜等要保证供应，稳定物价，药店要尽力采购以满足老百姓需求，并在到货后销售过程中一定要做到明码标价，不得哄抬价格，并采取限购措施，避免出现囤积加价销售情况。专项督查将持续到公共卫生事件应急响应撤销为止。（袁鑫欣）

【集贸市场计量专项整治】 2020年4月16日，雨花区市场监管局召开集贸市场计量专项整治部署暨业务培训会，会议由雨花区市场监管局副局长宋明主持，长沙市市场监管局计量处副处长黄栩华出席。雨花区市场监管局标准计量和认证认可监管科游一帆、王骢燕讲解计量器具强制检定备案要求、专项整治适用法律条款、检查中的重点事项、检查表格规范填写和简要的计量知识；湖南省计量检测研究院强检中心商品量室主任王琳讲解电子秤检定、电子秤计量作弊探究、行业现状及思考等方面内容。会议明确，雨花区将在全区范围内开展为期2个月的集贸市场计量专项整治行动。该项行动的整治范围包括使用商贸衡器进行贸易结算的农贸市场、批发市场、超市卖场、个体门店；经销或维修商贸衡器的门店和个人；销售商贸衡器的网站网店。重点检查对象包括计量举报投诉较多的市场、门店，未按《集贸市场计量监督管理办法》设置公平秤的集贸市场，兜售具有作弊功能商贸衡器的网站网店，以发布计量作弊商贸衡器销售广告（信息）或提供计量作弊改装服务信息的网站。重点整治“使用具有计量作弊功能或计量失准商贸衡器进行贸易结算，短斤少两，侵害消费者权益的；制售具有计量作弊功能商贸衡器的；提供商贸衡器计量作弊改装服务或技术指导的；利用互联网发布计量作弊商贸衡器销售信息或提供计量作弊改装服务信息的；使用未经检定、超检定周期或检定不合格计量器具用于贸易结算的和销售净含量不合格定量包装商品的”6类计量违法行为，并依法查处。宋明要求，要熟练掌握计量监管业务知识，执法人员要加强自学，坚持边干边学，全面学懂弄通计量监管有关法律、法规、规章，提高依法履职能力；要迅速行动，各市场监管所要结合辖区的实际情况迅速铺排，制定可操作性的实施计划，确保专项整治行动的顺利开展；要确保实效，集贸市场开办方要做到强制检定的计量器具100%登记，并完成100%诚信计量承诺。整治发现的计量违法行为要监督整改到位，立案查处的要依法依规处罚到位；要做好计量宣传，各市场监管所要积极为经营者普及基础知识，宣传计量法律法规，进一步增强经营者诚信计量意识，自觉规范经营行为。（袁鑫欣）

【食品安全应急演练】 2020年11月19日，由长沙市雨花区食品安全委员会主办、长沙市雨花区食品安全委员会办公室和区市场监管局承办、长沙市雨花区时代阳光职业技能培训学校有限公司和湖南弄堂文化传播有限公司协办的2020年雨花区食品安全培训及应急演练活动在时代阳光职业技能培训学校举行。雨花区食安委副主任、区政府副区长易静出席，长沙市市场监管局应急处副处长谭若斌，雨花区市场监管局党组书记韩哲、副局长李志忠，雨花区新闻中心负责人钟吉星作专家点评，雨花区卫健局、区应急局、区疾控中心、区委网信办等相关部门负责人到场观摩指导。长沙市市场监管局副局长宋小军指出，本次演练贴近实战，严谨认真，安排科学，完整规范，很好实现预案文本和实际运作的高度统一；指挥有序，反应及时，各应急工作组行动迅速，第一时间上报情况，按照职责分工，快速展开工作，有效控制事态的扩大和蔓延；协同有力，高标准执行任务，各有关单位和人员都配合密切，职责明确，整个演练过程有条不紊。（袁鑫欣）

【捣毁食品加工窝点】 2020年1月15日，雨花区市场监管局稽查大队联合长沙市食药环支队突击检查高桥火焰干货城一食品加工窝点，发现该场所环境较差，大量涉嫌侵权的“太太乐鸡精”“西湖味精”“莲花味精”等品牌的食品成品、半成品、原材料及其包装材料混乱摆放。执法人员现场依法对成品、半成品、包装材料、原材料、分装设备等涉案物资进行清点、扣押，并对该门店实施查封。查扣涉嫌假冒“太太乐鸡精”39件（100克×100包/件3件，1000克×10包/件7件，200克×40包/件29件）、“西湖味精”352包（2.5千克/包的粉状160包，2.5千克/包的颗粒状192包）、“莲花味精”290包（2千克/包的粉状110包，2千克/包的颗粒状180包）。（袁鑫欣）

【查办销售“三无”口罩案】 2020年1月31日，雨花区市场监管局在高桥现代商贸城查获一批口罩。该产品为白色一次性类似医用口罩。外包装无中文标签，无型号、规格、生产批号、生产企业名称等相关信息，货值金额7万余元。当事人何某交代，1月26日通过微信转账22500元，以每个1.5元的价格购进该种口罩1.5万个，以每个2元的价格销售完毕。1月30日，以每个2.3元的价格再次购进2.54万个，以每个2.5元的价格销售，9000余个尚未对外销售。雨花区市场监管局扣押涉嫌违法产品，对当事人予以立案。（袁鑫欣）

【雨花区核发首张“一业一照”营业执照】 2020年，雨花区市场监管局实行“线上即传即办、线下即来即办”改革，促进区市场主体发展，推行“一套材料”“一窗受理”“零成本办理”，根据企业自选的“五合一套餐”，最快能实现2小时办结。深化商事制度改革，实行“一照准营”“多证集成办理”，提升企业开办集成化服务效能，为企业开办“减时间”“减精力”“减成本”“提效率”，优化营商环境，加速释放市场主体活力，推动雨花区市场经济高质量发展。11月10日，雨花区市场监管局副局长蔡建双为湖南品尚食品有限公司负责人李女士颁发雨花区首张“一业一照”营业执照，标志着雨花区“行业综合许可登记”改革措施的落地，也是政府“一件事一次办”商事制度改革的深入推广。主营业务为药品经营、医疗器械经营、食品销售、小餐饮的经营单位，可以按照行业综合许可登记改革内容，对同一行业的经营许可、经营备案事项合并办理，对同一行业的经营许可、经营备案和市场主体登记事项合并办理，申请办理“一业一证”或者“一业一照”。 （袁鑫欣）

【“3·15”系列宣传活动】 2020年，雨花区市场监督管理局联合雨花区消费者委员会开展“凝聚你我力量 共创放心消费”“3·15”宣传活动。通过政府网站、微信公众号等载体，组织开展“3·15”全媒体云推送，采取图文、视频等形式，彰显雨花区市场监管部门消费维权，维护防疫秩序、市场秩序，打击各类违法犯罪行为的积极作为和显著成效，相关企业开展复工复产活动，倡导市民群众转变消费形式，提振消费信心。通过广告栏、微信公众号、广播、标语开展，加强消费维权教育。实施食品安全放心工程建设攻坚行动，组织“3·15”个体工商户复工指导扶持行动，开展禁止食用野生动物餐饮门店告知，持续整治漠视侵害群众利益的食品安全问题，引导重要行业、领域开展健康消费公开倡议。巩固“年关守护（2020）”行动成果，组织严厉打击野生动物违规交易、非法制售口罩等防护产品、打击生产流通领域价格违法行为3大专项执法行动。围绕与民生相关的重点行业、重点领域、重点地区、重点产品，开展“3·15”集中执法行动，密切关注“3·15”期间舆情，实时跟踪打击侵害消费者权益行为，维护市场经营秩序，维护人民生命安全和身体健康。参加“长沙市2019年度最美消费维权人物”推荐评选，宣传典型，弘扬依法维权精神。开展“长沙市2019年度十佳消费维权好新闻”推荐评选，引导消费维权意识，营造良好的消费维权舆论氛围。组织参加省新冠肺炎疫情防控消费维权知识竞赛，倡导健康安全消费、科学理性维权。联合有关部门、新闻媒体、行业协会、生产经营企业围绕“凝聚你我力量 共创放心消费”的年主题，开展口罩、食品、餐饮服务、特种设备等消费体察活动，提振消费信心，促进消费增长。开展诚信消费体验活动。坚持企业约谈制度、重点约谈消费者投诉率高，处理不及时和被媒体负面报道的企业。 （袁鑫欣）

【知识产权宣传周活动】 2020年4月22日，“强化知识产权保护·助推雨花高质量发展”——雨花区“4·26”世界知识产权日暨2020年知识产权宣传周活动在长沙创新设计产业园正式启动。活动由雨花区市场监督管理局（区知识产权局）、雨花经开区管理委员会、区委宣传部（区版权局）联合举办，区市场监督管理局局长王金山回顾2019年雨花区知识产权工作，区政府副区长易静现场宣布2020年雨花区知识产权宣传周活动启动。长沙市知识产权局副局长黄向红强调，要准确理解，深刻领会知识产权的内涵和重要性；要统一思想，提高对知识产权的认识；要强化宣传，提升全民的知识产权意识；要加强知识产权保护，切实维护权利人利益。（袁鑫欣）

【街镇知识产权纠纷调解室挂牌】 2020年6月29日，雨花区高桥街道人民调解委员会知识产权纠纷调解室挂牌成立，长沙市首家设在街道（镇）的知识产权纠纷调解室正式落地并投入运行，雨花区其他街镇的知识产权纠纷调解室同日挂牌成立。街道（镇）知识产权纠纷调解室是各街道（镇）人民调解委员会的下设机构，设于各市场监管所，负责受理当事人申请调解或行政机关委托调解的商标、专利、版权、商业秘密等知识产权的纠纷，开展知识产权法律咨询与宣传，以及其他与调解知识产权纠纷相关的工作。调解室统筹人民调解、行政调解、司法调解、行业性调解等资源，实现调解关口前移，使调解工作更接地气，让便民服务更贴近民意，为进一步扩大非诉纠纷解决机构的覆盖面做出积极有益的探索。街道（镇）知识产权纠纷调解室的成立，是雨花区保护知识产权、坚持创新驱动发展战略的重要举措，是构建雨花知识产权“大保护”工作格局及知识产权纠纷多元化解决机制的关键环节。 （袁鑫欣）

【调解商标侵权纠纷】 商标持有人北京嘉禾兴产润滑油有限公司于2007年11月28日向国家商标局申请注册“KATO”商标，经过长期使用与宣传，该商标已具有一定知名度与显著性。商标持有人发现长沙恒力工程机械有限公司销售的“KATO”润滑油，并非商标持有人生产或授权生产的“KATO”产品，商标持有人为维护其合法权益，向雨花区市场监管局（区知识产权局）举报长沙恒力工程机械有限公司侵犯其商标专用权，请求查明侵权事实并依法作出处理。雨花区市场监管局（区知识产权局）对该举报情况进行深入调查，经初查，长沙恒力工程机械有限公司行为已构成商标侵权，且该案符合知识产权纠纷调解条件。2020年7月17日，双方当事人在洞井街道人民调解委员会知识产权纠纷调解室调解员的主持下，达成调解协议，被投诉人尊重商标持有人的知识产权，承诺从即日起停止被投诉产品的销售，将所有被投诉产品退回，并一次性赔偿被侵权人北京嘉禾兴产润滑油有限公司1000元。这是雨花区率全市之先挂牌成立街镇知识产权纠纷调解室后调解成功的首起案例。 （袁鑫欣）

【“质量诊断”服务启动】 2020年7月23日，由长沙市市场监管局、雨花区政府主办的长沙市2020年“质量诊断”服务启动仪式暨专家见面会在雨花区高桥大市场国际商品展示贸易中心召开。与会领导颁发聘书，聘请30名专家作为长沙市2020年质量诊断服务专家团成员，发挥专家专业技术优势，重点帮助企业梳理发展方向，提供政策解答和技术服务，分析潜在的质量薄弱环节，突出品牌建设和质量提升，对可能存在的质量问题提意见、开处方，实现帮助企业找不足、补短板、重质量、促发展的目标。长沙市政协副主席、市市场监管局局长张庆和强调，监管人员和质量专家要以为企业纾困解难为导向，把“质量诊断”作为助力企业发展、服务产业链建设的一项抓手，要增强“质量诊断”的精准度，对束缚质量提升的行业“通病”和质量“短板”进行靶向施策，引导企业追求卓越绩效高线，要以“质量诊断”促进产品、产业的提升，集中力量攻克一批长期困扰企业质量提升的共性问题，共同打造“质量诊断”的长沙经验和样板，为长沙高质量发展注入新动能。长沙市市场监管局副局长肖磊、蒙汐恒，市市场监管局市场规范管理分局局长薄京梨，市市场监管局副调研员欧阳六零，雨花区政府副调研员刘贤宏，区市场监管局局长王金山等参加启动仪式。（袁鑫欣）

【长沙市“质量月”主题活动启动】 2020年9月17日，由长沙市质量强市工作领导小组主办，长沙市市场监督管理局、雨花区人民政府、雨花经济开发区管委会共同承办的2020年“质量月”主题活动暨质量创新成果发布交流大会在雨花区机器人产业集聚区智能制造中心举行，长沙市人民政府副秘书长卢兴映主持，雨花区政府副区长易静致欢迎辞。会议宣读《长沙市质量强市工作领导小组办公室关于长沙市2019年度标准创新奖励的通报》并颁发证书。长沙市政府副市长朱东铁强调，要以“构建大质量工作格局”为引领，加强党对质量工作的领导；以“推动制造业高质量发展”为主线，大力开展质量提升行动；以“加强质量社会共治”为核心，持续做好民生保障工作。湖南省市场监督管理局二级巡视员李杰要求，全面创新质量管理能力，围绕高质量发展战略，因地制宜、因城施策推动区域质量协同发展，促进全省质量管理水平整体跃升；着力提升质量发展水平，聚焦全省20个工业新兴优势产业链，切实加强重点工业产品、重点消费品、高风险消费品的质量提升，着力抓好特色优势产品的集聚发展和提质升级；加快创建质量品牌体系，搭建品牌服务平台，加大品牌保护力度，在国际国内打造一批有影响的长沙品牌；夯实质量基础建设，围绕市场需求，加强质量技术基础服务支撑，加快打造质量技术基础公共服务平台，为产业发展提供全生命周期的技术支撑。（袁鑫欣）

【雨花区出台优化营商环境70条免罚清单】 2020年9月15日，雨花区市场监管局发布《长沙市雨花区市场监管领域优化营商环境七十条免罚清单》，助力雨花区法治化、国际化营商环境建设，在市场监管工作中坚持处罚与教育相结合原则，建立包容审慎监管机制。免罚清单中列明对涉及企业登记、广告管理、电子商务、特种设备、食品安全等70项市场轻微违法经营行为可视情形免予行政处罚。适用条件包括属于首次违法，情节轻微没有造成明显危害后果或不良影响，符合免罚清单所列具体情形，并按照具体实施方式要求履行承诺、整改等义务。责令限期改正后当事人未及时改正的，依法处罚。（袁鑫欣）

【雨花智网系统上线】 2020年，雨花智网系统正式上线。该系统围绕“依法管网、以网管网”的核心思想，以“一网管万网”的创新概念，融合云计算、大数据新技术的应用服务，优化市场监管流程，推进监管资源整合，实施精确制导式靶向监管，构建监管与服务并重的网络市场生态体系。雨花智网分为前端和后端2个管理模块。前端，负责互交信息，后端负责执行各项指令。前端和后端协同处理的数据共同组成雨花智网系统的核心数据库。数据库集合雨花区18万个经济主体的信息，雨花智网建成企业基本信息档案，以数据化的方式呈现企业与政府各部门的互动情况。雨花智网的运用把监管人员从浩瀚的互联网信息寻证工作中解放出来，智网系统的功能模块运用数据提升监管效能，达到“互联网+监管”的创新目的。通过软、硬结合，从卫星获取信号数据，实现24小时对电视节目、电台节目等传统媒体进行智能监播，系统能自动对比视频数据和音频数据，通过智能匹配关键词、字、画、音，完成初步数据筛查，匹配到数据后，系统自动保存供监管人员进行复核，监管人员复核后对完整证据进行固证，形成电子报告和任务，推送给指定的承办部门和执法人员，最终，执法人员根据报告和任务要求，将处置结果上传系统，系统自动收录

2020年9月18日，雨花区人大主任会议成员观摩“雨花智网”操作演示
（袁鑫欣　供图）

进经济主体数据库内，添加对应经济主体的新记录，丰富和完善经济主体大数据内容。智网系统采用静态加动态建模还原技术和星地一体化同步传输技术，逐步实现对户外广告的实时监测，保障精准监管户外广告。区市场监管局已经完成3438块各类户外广告牌的建模工作，能够对LED电子广告屏、立柱固定广告牌、各类楼宇广告屏等户外广告进行远程实时监管。雨花智网系统的上线，代表区市场监管局创新性地实现智能化的数据监管、清洗、判断，打破数据孤岛，从原本人工排查1家商家需要10分钟，到1天完成全区经济主体、上千万个网页的检查，效率提速数百倍，真正落实"以网管网"的工作理念，具有落地性、创新性、可复制性。（袁鑫欣）

【知识产权主题竞赛活动】 2020年10月15日，雨花区中小企业创新"破零倍增"知识产权主题竞赛活动在中国长沙创新设计产业园举行。雨花区政府副调研员肖集林致欢迎辞，资深专家主题分享专利挖掘与布局、知识产权的作用及对企业的重要意义等。参赛围绕企业知识产权保护、专利诉讼等方面进行知识产权主题竞赛。飞马旅·德思勤创业基地获得一等奖；五矿二十三冶创业创新中心获得二等奖；侠客岛里·德思勤岛获得三等奖，与会领导为获奖选手颁发荣誉证书及奖品。活动由湖南省工业和信息化厅指导，雨花区工业和信息化局、区知识产权局、区中小企业公共服务平台主办。湖南省工业和信息化厅中小企业发展促进处副处长王平，长沙市知识产权局副局长徐拥军出席会议。

（袁鑫欣）

【省食安办检查食品安全工作】 2020年7月15—16日，湖南省市场监管局局长向曙光率队专项检查雨花区食品安全大排查大整治百日行动。湖南省食安办副主任、省市场监管局党组成员、副局长陈跃文，湖南省纪委监委驻省市场监管局纪检监察组副组长刘杏花参加检查。7月15日，雨花区召开迎接省食品安全大排查大整治专项检查工作见面会，组织相关领导干部进行习近平总书记关于食品安全重要指示批示精神和中共中央、国务院有关食品安全工作方针政策、决策部署知识考核。检查组查阅相关工作资料，检查雨花区开展大排查大整治百日行动取得的成效。陈跃文一行到雨花区雅境中学、凤凰园农贸市场、沃尔玛劳动东路山姆会员商店、高桥市场监管所，重点检查原辅料进货查验、生产过程控制、出厂检验等企业落实主体责任情况，同时对市场监管部门到企业开展日常监管督促整改等情况进行检查。7月16日，向曙光一行检查雨花区克明面业食品有限公司企业自查报告及整改报告、企业日常检查记录、生产记录、进货查验记录、出厂检验记录以及人员培训等情况，询问食品来源情况以及质量管控措施。向曙光要求，市场监管部门要对食材进行全面抽检，原材料采购、储藏、加工过程等关键环节监管不能留盲区，对发现的食品安全隐患要跟踪督办，确保整改到位，做到真查真改，严管严罚，打好这场百日行动攻坚战。检查组要求，思想上高度重视，高标准定位，严要求推进，深刻认识当前食品安全工作形势，对涉及食品安全的问题不能轻视、不能有侥幸心理；行动上高度重视，深入开展食品安全大排查大整治百日行动，突出检查重点，认真履行监管职责，严格依法监管，进一步强化生产经营主体责任。（袁鑫欣）

【省市场监管局调研指导禁捕工作】 2020年10月16日，湖南省纪委监委驻省市场监管局纪检监察组组长、党组成员秦继红一行调研指导雨花区"长江禁捕·打非断链"专项行动工作。秦继红一行查看盒马鲜生超市履行索证索票、进货查验、溯源记录等义务情况、是否销售野生渔获产品，招牌及广告单是否存在违法使用"河鲜""野生鱼"等内容，要求该店继续落实好专项整治工作，整改检查中发现的问题，督促落实主体责任；检查好食上餐厅餐饮门店销售、加工水产品种类、店招、标识、菜单、广告宣传等情况，强调，要高度重视专项行动工作，多措并举抓好落实，建立健全长效监管机制，确保专项整治行动取得实效。召开座谈会，听取雨花区市场监管局局长汇报。秦继红肯定雨花区推进"长江禁捕·打非断链"专项行动工作的做法和成效，要求监管部门在打击市场销售长江流域非法捕捞渔获物工作中依托源头治理，牢牢抓住销售环节，加强对与水产品交易密切相关的农贸市场、商超、餐饮单位的监督检查，加大消费流通、广告宣传监管力度。秦继红强调，进一步提高政治站位，增强责任意识，认真贯彻落实中共中央"为全局计、为子孙谋"重大决策部署，充分认识专项行动的重要性和紧迫性，按时保质完成工作；坚持问题导向，扎实推进各项工作，紧盯生产加工环节、经营环节、集贸市场、网络交易和广告宣传，采取有力有效措施，确保各项工作落实到位；畅通信息报送渠道，及时总结经验。监管部门要挖掘有影响力、有代表性的案例，及时报告，助推全区工作整体性提升。（袁鑫欣）

【市领导调研食品安全工作】 2020年12月8日，长沙市委副书记、市长、湖南湘江新区党工委书记郑建新调研雨花区食品安全工作，督导湖南高桥大市场食品安全。郑建新要求市场和商户要本着对消费者高度负责的态度，全面落实食品安全主体责任，筑牢食品安全防线，切实保障食品安全；市场监管部门要进一步完善治理体系，织密防控网络，提升监管能力与安全系数，坚决守住食品安全底线。（袁鑫欣）

【市市场监管局督查安全生产工作】 2020年12月22日，长沙市市场监管局副局长李有富带队督查雨花区安全生产工作，询问长沙百福燃气有限公司现场作业人员设备检验、充装记录和培训演练情况，叮嘱企业负责人及作业工人要注意安全生产，强调生产安全无小事，企业要牢固树立安全生产意识，严格落实安全生产主体责任，把安全生产牢记在心，逐一排查、整治安全隐患，督促员工严格遵守安全生产规章制度，确保安全生产。现场检查长沙鑫湘气体化工有限责任公司气瓶充装车间，重点对气瓶、二氧化碳瓶摆放及使用的标准规范提出严格要求，表示企业临近搬迁，必须加强安全管理，搬迁后要及时清理好现场，不留次生安全隐患，同时要强化人防技防物防联防，筑牢防线、守住底线，确保生产安全。李有富一行检查长沙市莲湖医用氧厂安全警示标志设置，重大危险源台账建立情况，安全设备设施维护、保养、检测台账，以及特种工作人员持证上岗情况，表示企业要坚守安全底线，落实主体责任，加强对员工的安全生产教育培训，强化安全生产意识，要开展定期和不定期的隐患排查，对发现的安全隐患迅速整改到位。 （袁鑫欣）

【市市场监管局调研市场监管工作】 2020年12月25日，长沙市市场监管局党组书记邱山东，副局长罗昶调研雨花区市场监管工作，听取湖南可孚医疗科技发展有限公司关于疫情防护物资生产、新产品开发以及与科研机构开展技术合作，实现产研相结合等情况的介绍，交流发展措施、政策法规培训、注册申报等事项。邱山东指出，医疗器械产业是一个发展迅速的朝阳产业，企业需不断完善生产质量管理体系，强化质量意识、风险意识、法治意识和诚信意识，全面落实产品质量主体责任，确保上市医疗器械安全有效。现场观摩雨花区市场监管局“12315”指挥中心“雨花智网”操作演示，听取平台模块的具体功能介绍，认为“雨花智网”的上线解决了当前市场监管人手力量不足等实际问题，也为信息化建设工作提供了很好的借鉴和启示。座谈听取区市场监管局局长王金山汇报疫情防控、营商环境改革、监管执法、安全生产保障、消费维权、党建引领等工作开展情况和工作思路。听取汇报后，邱山东充分肯定区市场监管局成立以来各项工作所取得的成绩，强调区市场监管局的工作有力度、有温度、有效度。邱山东要求，进一步擦亮改革品牌，全力推进“互联网＋监管”平台建设，实现全域全覆盖，着力提升市场监管效率，持续探索创新改革举措，不断健全完善新时代市场监管机制；筑牢安全底线，全力保障食品、药品、特种设备以及冷链食品的安全，织牢织密安全网，确保人民生命财产安全；规范市场秩序，依法依规落实监管责任，规范市场行为，加大消费维权力度，维护百姓合法权益，努力营造和谐放心的消费环境；进一步激发队伍活力，积极组织开展岗位练兵、技术比武等活动，全面提升干部队伍政治素质和业务能力，建立一支忠诚干净担当、改革创新实干的市场监管队伍。 （袁鑫欣）

【市市场监管局督查打击传销工作】 2020年4月27日，长沙市市场监管局副局长李有富带队督查雨花区打击传销工作。区政府副调研员刘贤宏，区市场监管局局长王金山，市、区相关部门负责人，相关街道、市监所、派出所负责人参加。李有富强调，要提高政治站位、深化思想认识，继续巩固和筑牢各级党政领导班子建设，坚持党政领导，加强部门协同，形成合力，层层压实责任，将打击传销工作抓细抓实，坚决防止涉传人员“回潮”；要强化措施、狠抓落实，持续保持高压态势，创新方式方法，在加大宣传、紧抓出租屋和流动人口排查的同时，运用大数据分析、整合信息资源，实现精准化打防；要坚持依法打击、打防结合，在巩固扩大打击传销攻坚战取得成效的基础上，进一步创新构建和完善长效治理机制、预警机制，助力长沙顺利“摘帽”，彻底铲除传销组织的生存土壤。 （袁鑫欣）

【天元区考察学习农贸市场建设和管理工作】 2020年5月8日，株洲市天元区政府副区长蔡滔一行到雨花区考察学习农贸市场建设和管理工作，重点考察跳马镇佳兆业市场、东山街道凤凰园市场，听取农贸市场制度建设、市场运营、资金投入、人员管理等方面经验，实地查看食品销售、索证索票、计量、快速检测及公示、食品安全管理和疫情防控措施落实等情况，了解农贸市场建设、管理、运营等方面情况，充分肯定雨花区农贸市场建设和管理工作取得的成绩。座谈交流农贸市场的制度建设、市场运营、资金投入、人员管理等工作。雨花区政府副区长易静强调，农贸市场建设是改善民生、惠及群众生活的重要举措，要充分考虑群众的实际需求，坚持利民、便民原则，进一步增强农贸市场制度建设和长效化管理的重要性认识，加大农贸市场规划、建设、管理力度；进一步完善机制，加强对“脏、乱、差”市场的综合整治力度，实行奖罚并重，狠抓环境卫生、市场秩序、质量监管等工作，服务好群众的“菜篮子”，努力为群众提供一个舒心、放心的购物环境。蔡滔表示，将认真学习雨花区农贸市场建设和管理经验，进一步加大力度鼓励辖区农贸市场进行升级改造，努力打造“建设标准化、管理规范化、溯源可视化”的智慧农贸市场，全力保障人民群众“菜篮子”的食品安全。 （袁鑫欣）

【区政府检查冷链食品疫情常态化防控工作】 2020年12月22日，雨花区政府副区长易静带队检查冷链物流疫情防控工作，实地查看云冷一号从业人员疫情防控工作落实情况以及个人防护落实情况，现场询问冷库安全员，从入库流程、作业规章、消毒措施等方面考察冷链经营企业员工在疫情防控工作中落实到位情况，巡查周边区域有无场外违法冷冻食品交易行为。易静指出，冷链食品疫情常态化防控工作任重道远，企业要落实主体责任，严格落实疫情防控的各项要求，把好源头关，监管部门需完善应急预案，加强舆论引导，确保进口冷链食品按规范监管到位。详细了解红星冻库从业人员健康管理、冷链食品待检区设立、台账记录、消毒工作等防疫工作情况。易静表示，红星冷库是雨花区乃至长沙市冷链食品的“大头”，企业一定时刻紧绷疫情防控这根弦，积极配合疾控部门做好新冠肺炎疫情核酸应检尽检工作，对所有接触的人员必检，对所有进口冷链食品必检，排查所有的风险隐患。易静强调，冷链食品是当前疫情防控的重中之重，市场监管部门要深刻认识疫情防控的长期性、复杂性、艰巨性，从严从实从细抓好常态化疫情防控工作，落实网格化监管工作责任，将排查检查工作责任落实到人，确保进口食品不漏一件，存放冷库不漏一家，销售摊位不漏一户，严把冷链食品安全关、质量关，

切实保障人民群众生命安全和身体健康。（袁鑫欣）

国有资产管理

【概况】 长沙市雨花区国有资产事务中心（简称“区国资中心”），为区政府直属正科级公益类事业单位，代表区人民政府对区属国有企业履行出资人职责，促进国有资产保值增值，防止国有资产流失。

2020年，区国资中心推动区属国有企业高质量发展，创新管资本为主的监管机制、构建国有资产、国有企业新发展格局，稳步提升国有资产经营效能，逐步推进区属国有企业深化改革，区属国有企业发展稳中有进，国有资产监管效能有效提升。组建黎托帮扶组，推进黎托街道“四上”企业的复工复产工作，率先在全区实现辖区“四上”企业复工率100%。落实疫情防控期间企业租金减免政策，支持经营困难的企业及个体商户持续发展，实现减免租户364户，减免租金0.31亿元。加强对区属国企党建指导。将党建工作任务作为区属国企负责人经营业绩考核重要组成部分统筹推进，加强区属国企党建考核。举办“雨花区国资国企系统党员专题培训班”，开展“寻初心、守初心、践初心”爱国主义教育和“加强廉政建设、筑牢思想防线”警示教育活动，加强对区属国企党员的培训。督导区属国企开展“以案促改”专项整治，指导企业开好“以案促改”民主生活会。（彭礼）

【规划发展】2020年，雨花区出台《雨花区区属国有独资公司章程指引（试行）》，完成雨花城投公司和雨花国资公司的章程审核批复，完成经开创投公司章程备案。出台《雨花区区属国有企业投资管理暂行办法》，组建雨花区国有企业投资管理领导小组。完成雨花国资公司参与雨花区建筑垃圾资源化利用特许经营项目的审核。完成经开创投公司投资珠海纳睿达公司以及成立雨花盛世股权投资基金合伙企业的备案。牵头组织雨花经开开发公司市场化转型，成立区平台公司转型工作小组，完成政府融资职能剥离。出台《雨花区区属国有企业混合所有制改革实施意见》《雨花区区属国有企业混合所有制改革操作指引》，推进区属国企子公司层面混合所有制改革。（彭礼）

【产权管理】2020年，雨花区出台《长沙市雨花区区属国有企业资金、资产、资源管理办法（试行）》。开展全区的资产清查，通过对27家行政事业单位和区属国企资产清查统计，雨花区国有资产227处（包括经营性资产、非经营性资产），总面积49.4万平方米。推进全区资产盘活，按照“一资一策、因地制宜”的原则，采取资产优化整合、对外租赁、拍卖出售、提质更新等方式，实现行政事业单位和区属国企资产的经营性收入1.21亿元。推动全区行政事业单位的经营性资产产权及可产生收益的非经营性资产经营权划转至雨花城投公司进行统一管理经营。做好长沙卷烟厂原职工医院经营管理，实现租金收入141万元。做好圭塘河一期公园的管理与维修维护。落实疫情防控期间企业租金减免政策，区属国有企业减免租户364户，减免租金0.31亿元。（彭礼）

【评价考核】2020年，雨花区出台《雨花区区属国有企业违规经营投资责任追究暂行办法》《雨花区区属国有企业违规经营投资责任追究暂行办法有关问题的解释》。做好对区属国企的财务监管，完成国有资产运营分析报告的编制。组织2019年度区属国有企业负责人经营业绩考核。印发区属国企下达2020年度经营业绩考核清单。做好向人大报告2019年度企业国有资产管理情况。推动区属国企高层薪酬政策落地。（彭礼）

【区政协调研国资监管】2020年4月23日，雨花区政协党组书记、主席冯聪龙带领主席会议成员康长萍、周凌云、廖云伟、罗艳辉走访调研区国资中心。区政协办公室、区政协委员学习联络委、提案委、文教卫体和文史委、农业农村和人资环委、经济科技和外事委负责人，区政协委员代表邹异明、赵云龙等参加调研活动。听取区国资中心、雨花城投公司、雨花国资公司、经开开发公司和雨花创投公司在国资国企改革以来的工作成效、存在的问题和后续工作思路。委室主任、委员代表就国资监管、国企发展、提案推进、项目建设进行交流。冯聪龙要求，认识上要看得更重；思路上要站得更高；举措上要谋得更实；机制上要转得更顺；底线上要守得更紧。（彭礼）

【专题培训】2020年，雨花区国资中心组织区国资国企系统开展系列专题培训。6月16日，组织全体干部职工和区属国有企业部分中高层管理人员到长沙市廉政教育基地，开展“加强廉政建设、筑牢思想防线”主题活动，

2020年4月23日，雨花区政协主席会议成员走访调研区国资中心（彭礼摄）

2020年10月23日，雨花区国资国企系统党员专题培训　　（彭礼 供图）

参观廉政教育基地，邀请长沙市委党校讲师罗凤梅以“加强廉政建设、筑牢思想防线”为主题进行专题授课。7月10日，组织全体干部职工、退休支部党员和区属国有企业部分党员代表赴田汉文化园开展“寻初心、守初心、践初心”主题党日活动，观看《田汉与国歌》情景教学影片，邀请长沙县委党校高级讲师杨华宏以“弘扬国歌精神，牢记初心使命”为主题进行专题党课。10月23号，举办雨花区国资国企系统党员专题培训，区国资中心党组书记、主任邹鹏做开班动员讲话，邀请长沙市五老金牌讲师团讲师、著名军旅演讲家徐佐林以“国际形势与国防安全”为主题进行授课，邀请长沙市国家保密局涉密载体管理处戴懿进行保密工作业务专题培训，组织观看电影《我和我的家乡》。10月28日，组织区国资国企安全生产管理人员开展安全生产专题培训，邀请区应急管理局和区住建局质安站的专业人员进行专题授课。　　（彭 礼）

产业经济

商务

【概况】 长沙市雨花区商务局（简称“区商务局”），为政府直属正科级单位。下设区商业流通服务中心（加挂雨花区投资促进中心牌子）。

2020年，区商务局发挥部门职能，创新工作理念，强化工作举措，推进自贸区建设、招商引资、商贸流通、外经外贸、疫情防控等各项工作，以创新谋发展，以开放促崛起，推进全区商务工作发展。雨花区实际利用外资8.8亿美元，同比增长9.6%。外商直接投资1600万美元。完成社会消费品零售总额661亿元，内五区第二，其中限上社会消费品零售总额258亿元，增速8.3%（平台数）。引进三类“500强”项目13个、亿元项目30个，完成数量位居全省第一。外贸进出口总额完成24.7亿美元，同比增长23.5%。（钟智敏）

【自贸区建设】 2020年，雨花区抢抓自贸区建设契机，高起点、高标准编制产业规划及实施方案，为湖南自贸区长沙片区雨花区块的长足发展奠定坚实基础。雨花区承担全省自贸区建设三大战略任务中的“中非经贸深度合作先行区”“内陆地区高端现代服务业集聚区”两大核心任务，承接长沙片区113项改革事项中的96项。率先推进非洲在华非资源性产品集散和交易中心建设，率先探索开展中非易货贸易，率先打造中非经贸合作公共服务平台等。中非经贸合作促进创新示范园一期15万平方米建成使用，二期9万平方米加快建设。湖南省政府副省长何报翔出席示范园首批入驻企业集中签约暨一站式全程代办服务中心揭牌仪式。雨花区块新引进贸易类、跨境电商类龙头企业54家、服务类龙头企业20家；建立非洲咖啡加工中心；引进科特迪瓦咖啡可可产业委员会、驻外之家等行业商协会10余家，其中科特迪瓦可可出口量占全球出口总量的45%；引进湖南中芯供应链公司、湖南财信观盛供应链公司等全链条金融体系牵头主体；引入中非跨境电商综合服务平台；成立湖南自贸区首个“湘字号”中非直播电商孵化平台。自贸试验区累计注册企业2290家，其中自贸区成立后新增注册企业93家。12月9日，雨花区在中国(湖南)自由贸易试验区工作领导小组第一次会议上作书面报告，工作汇报作为经验材料列入资料汇编，领导小组办公室评价雨花区“启动早、行动快，重点突出、思路清晰，在机制建立、改革创新方面先行先试，取得积极进展”。

（钟智敏）

【招商引资】 2020年，雨花区紧盯三类“500强”企业招商引资，重点引进总部经济、科技金融等主导产业。浏阳河国际文创基地一期开工建设，二

2020年10月16日，雨花区再次召开自贸试验区工作推进会 （钟智敏 供图）

期摘牌。中核长沙核特色医疗项目签订战略合作协议，将建成长沙东部唯一的三甲医院，对高铁新城片区的经济社会发展起到带动效应。国泰君安长沙自贸区营业部拟落户高铁新城吾悦广场，为自贸区内企业提供金融服务。“长沙之门”项目签订战略合作协议。国内著名、北京市规模最大的律师事务所京师律师事务所长沙分所开业运营。雨花区率全市之先出台“品牌首店”政策，中国照相馆、云米智能家居等20余家华中、湖南、长沙品牌首店入驻雨花区。雨花区位居2020年全国城区高质量发展百强区榜单第20名，全省第一，并成功入选全省商务系统省政府真抓实干督查激励名单。（钟智敏）

【商贸流通】 2020年，雨花区出台和落实一系列针对家政、电子商务、商贸流通、住宿餐饮、汽车行业的惠企政策，拨付资金达911.2万元，刺激消费。开展“万商联动 振业兴市”系列促消费活动，为期3个月的黄谷路汽车消费节累计销售车辆1.07万台，销售金额达23.7亿元。发展夜间经济，围绕“一带四圈”，打造首届“夜星城”消费节活动，刺激拉动长株潭居民消费。开展高铁吾悦“奇遇1周年”活动，12月12日当天客流量突破13万人次，销售额920万元。开展高桥永定第五届美食消费节，永定美食七街成为长沙美食打卡网红新地标。注重基础设施的提质改造，消费领域的转型升级，制定出台的《高桥市场集群转型升级再出发工作实施方案》和《把握搬迁新机遇转型升级谱新篇——红星农副产品大市场转型升级方案》被市委主要负责人肯定，市委、市政府要求全市推广学习。推进市场体系建设，婆婆买菜(万科金域华府店)、凤凰园、川河苑、曙光中路农贸市场等7家农贸市场，3家社区门店通过市商务局验收复核，2019年度雨花区建设人民满意农贸市场工作完成。（钟智敏）

【外经外贸】 2020年，雨花区严格落实“稳外贸”相关指示，围绕落实政策、优化服务等方面，助力企业转型，促进外贸发展。通过座谈会、电话回访、多部门对接等方式，指导企业复工复产，全力帮助解决外贸企业的实际困难。帮助凯尔盛化工有限公司解决危险物品出口通关问题，帮助可孚医疗科技公司纳入医疗物资生产企业白名单，帮助湖南中领国际、中南院、东一工贸等公司在进出口银行和中信保融资15.9亿元。全力落实省、市、区各项外贸专项奖励政策，全区近200家企业、270余个项目享受奖励资金1700万余元。加快推进市场采购贸易方式试点工作，帮助出口企业拓市场、增订单。国际采购商、供货商、代理商等市场主体数量不降反增，实现新突破。市场采购业绩迈上新台阶，出口结关金额超9.8亿美元，同比增长51.5%。（钟智敏）

【宇新股份上市】 湖南宇新能源科技股份有限公司成立于2009年10月，致力于以LPG(液化石油气)为原料的有机化工产品的工艺研发、生产和销售，业务覆盖经济活跃、运输密集、能源化工产品需求量大的华南市场，辐射东南亚，主要合作伙伴包括中海油惠州石化、中海壳牌、中石化等大型石油化工企业。2020年6月3日，湖南宇新能源科技股份有限公司正式在深圳证券交易所上市，证券简称“宇新股份”，股票代码002986，总股本8500万股，发行价每股39.99元，本次拟发行不超过2834万股。至此，长沙2020年新增上市公司4家，上市公司增至72家，其中A股上市公司65家，A股上市公司数量位居中部省会城市第一。（钟智敏）

【安全生产检查】 2020年4月26日至5月1日，雨花区商务局对华洋汽车有限公司、和恒汽车有限公司、力天福驻汽车有限公司等4S店以及德思勤商业广场等辖区内商场、超市和加油站进行“五一”节前安全生产检查，督查企业落实责任，规范管理，确保节日平安稳定。8月，区商务局检查长沙高铁吾悦广场、新花侯加油站消防设施、疏散通道、疫情防控、安全运营等方面情况。12月18日，区商务局检查友阿家润多等商超，实地督导冷链食品疫情防控、安全生产等工作，查看安全生产相关资料，了解进口产品冷链运输、储存、销售等管理情况，抽查从业人员疫情防控相关知识等。要求各大商超要全面做好“防、控、堵”文章，防患未然，扫码、测温、登记、消杀等程序一个都不能少，一定要防得住；控制有力，人员管理规范，食品溯源精准，秩序维持良好，一定要控得严；堵塞漏洞，定期做好应急演练，全面查摆问题，认真解决难题，一定要堵得实。（钟智敏）

【信用核查】 2020年，雨花区商务局加快推进社会信用体系建设，在项目申报、资金扶持、评优评先等行政管理事项中，全面引入信用管理机制，设立信用信息核查环节，有效避免违规行政、“带病”申报等行政服务风险，把好行政管理事项信用关口，将失信者拒之门外。5月，对拟申报2019年度长沙市扩大利用外资专项资金（商务口）的新日域（湖南）机电制造有限公司、长沙盒马网络科技有限公司2家企业进行信用核查，并对红名单企业实施优先推荐的奖励政策。（钟智敏）

【高铁新城片区城市综合体品牌入驻集中签约】 2020年4月23日，雨花区高铁新城片区绿地长沙城际空间站品牌入驻签约仪式举行，五星级酒店绿地铂瑞酒店，星级酒店维珍天使酒店、延年酒店、湘府酒店、全季酒店、丽枫酒店，“绿地G-super”、“绿地科创”、“绿地康养”、“百思特”、“国美电器”等品牌签约入驻绿地长沙城际空间站。绿地长沙城际空间站总建筑面积128万平方米，总投资规模100亿元，将打造成为“雨花城市会客厅”。其中绿地铂瑞酒店作为高铁新城片区第一家入驻五星级酒店，总面积3.89万平方米，拟投资4亿元，主体为42层结构，包含300间客房，540人宴会餐厅，集住宿、餐饮、商务、休闲、娱乐元素于一体。雨花区委书记张敏，区委副书记、区长刘素月出席见证签约仪式，雨花区“四大家”主要负责人、长沙市轨道交通集团、市武广公司以及长沙市旅游饭店业协会负责人参加活动。（钟智敏）

【“万商联动·振业兴市”活动】 2020年，雨花区举办“万商联动·振业兴市”系列活动。3月20日，“万商联动·振业兴市”系列活动之嗨购雨花2020春季购物消费节暨名花名车展在省植物园世界名花广场启幕。活动由市雨花区政府、湖南省森林植物园联合主办，雨花区商务局、区文化旅游体育局、雨花区市场监督管理局、雨花区各街道（镇）办事处和长沙晚报传媒集团有限公司联合承办。节会列为“春天有约·长沙消费节”的重要组成部分。长沙市人大党组书记、主任谢卫东，市政府副市长刘明理，人民日报湖南分社采编中心主任何勇，市人大常委会党组成员、秘书长、办公厅主任柳美景，市发改委主任夏文斌，市文化旅游广电局局长杨长江，市统计局局长汤建尧，市商务局党委委员、副局长黄立斌，长沙晚报社党委副书记、副社长、副总编辑董小林、湖南省森林植物园党委委员、副主任蒋利洪，雨花区委书记张敏，雨花区委副书记、区长刘素月等出席活动。嗨购雨花2020春季购物消费节持续至2020年6月，举办包括“万商联动、5000万元大让利”、名花名车联展、爆款产品购物狂欢夜、网红直播带你去云购、嗨购雨花小程序上线、“谁是雨花文旅网红”评选6大活动，100余家大型商超、餐饮企业、汽车4S店同时参与此活动，开展集中优惠促销，累计让利额度5000万元。4月29日，“万商联动·振业兴市”之“嗨购雨花”平台上线暨玩赏雨花黄金季系列活动启动仪式在长沙高铁吾悦广场举行，活动由长沙市发改委、市商务局、市工业与信息化局、市统计局、雨花区委、区政府主办。活动通过推介雨花区网红打卡体验点、“嗨购雨花”平台上线、玩赏雨花黄金季系列活动、各类品牌商家签约等环节，以政府搭台、企业唱戏的方式，用千万让利聚集人气，让市民群众获得实惠，促进商贸消费，推动经济增长。谢卫东出席仪式。（钟智敏）

【楼宇经济座谈交流会】 为进一步优化营商环境，促进楼宇经济高质量发展，2020年4月13日，雨花区楼宇经济座谈交流会召开。区政府副区长易静主持会议，区商务局、区工信局、区优化营商环境协调事务中心汇报交流雨花区楼宇经济发展及“品牌首店”扶植政策、软件产业扶持办法、优化营商环境报告等情况；德思勤城市广场、万博汇·云谷、湖湘精英会创新中心等参会代表结合项目自身招商运营情况、招引软件产业、招引“品牌首店”等方面的招商经验、存在问题进行交流发言，区直相关部门负责人针对企业提出的有关问题进行现场解答，回应企业诉求。区直相关部门、13个街道（镇）负责人及辖区重点商务商业楼宇、创客空间代表等70余人参会。（钟智敏）

【生活性服务类企业复工复产座谈会】 2020年3月12日，雨花区召集部分生活性服务类企业代表参加疫情防控和复工复产座谈会，步步高集团、德思勤集团、华雅国际大酒店、南国丽人美容集团、新康辉旅行社等10余位企业代表参加座谈并发言，说明复工复产情况，反映生产经营的困难，提出政府部门疫情期间对行业的支持建议。区委副书记、区长刘素月，相关区领导、相关部门单位负责人参加。（钟智敏）

【市场采购贸易联网信息平台验收】 2020年5月22日，“湖南高桥大市场市场采购贸易试点联网信息平台项目竣工验收大会”在雨花区会议中心召开，会议由区商务局党组书记、局长刘虎主持，听取联网信息平台建设运行整体情况，项目实施情况和监理情况汇报。长沙海关、雨花区财政局、区数据资源中心、区市场采购贸易服务中心等成员单位从平台使用及服务响应给予项目高度肯定。专家组分为内、外两组对项目资料、硬件设备进行验收检查。经专家组评审一致认为，平台运行稳定正常，各项性能指标满足合同要求，文档齐全，验收合格。长沙市商务局副局长汪东华、雨花区政府副区长易静、湖南省财政厅计算机软件高级工程师彭伟等5位专家参加。（钟智敏）

现代服务业

【概况】 长沙市雨花区现代服务业发展中心（雨花区市场采购贸易服务中心）为区政府直属正科级公益类事业单位，负责贯彻执行国家、省、市现代服务业发展和市场采购贸易方式试点的方针、政策和法律法规；研究现代服务业集聚区布局、发展及重大项目推动等工作；培育、服务现代服务业企业；市场采购贸易方式试点综合管理、营商环境建设工作；建立和维护市场采购贸易联网信息平台；推进高桥大市场内外贸发展。

2020年，雨花区出台《雨花区现代服务业高质量发展综合评价办法》，进一步推进服务业高质量发展。区政府第50次常务会议审议并原则通过《2020年湖南高桥大市场市场采购贸易方式试点扶持资金实施办法》，促进市场采购贸易发展。举办“湖南高桥大市场市场采购贸易方式试点推介会暨湖南出口产品集聚区招商推介会”“中国（湖南）自由贸易试验区长沙市雨花片区高桥中非经贸合作创新示范园及市场采购贸易试点推介对接会”“2020年湖南出口产品转内销展销对接会暨市场采购贸易试点推介会”。规范化检查产生市场采购贸易业绩的外贸公司40家，检查外贸公司的注册办公、制度建设、业务开展、财务报表等情况。（罗立志）

【服务业发展】 2020年，组织重点科研设计企业、生活性服务业企业、楼宇经济发展座谈会、银企对接会，区领导带队，深入走访中南院、省电力院、高桥大市场等服务业重点企业30余家，为企业解决金融投资、战略合作、市政建设等一系列问题。雨花区人民政府与中国电建集团中南勘测设计研究院有限公司签约合作框架协议，通过签约，双方将本着“优势互补、市场主导、互利共赢”的基本原则，着力开展全方位、多层次、多方式的“立体化”合作，以“三高四新”战略为引领，依托中国电建中南院在技术、资源、人才等方面的优势，为雨花区重大基础设施建设提供有力保障，为

2020 年 9 月 28 日，2020 年长沙金融服务节系列活动之雨花区现代服务业金企对接专场 （杨　婷　摄）

建设智慧雨花提供技术支持。双方将在新基建、技术服务、市政基础设施、生态环境治理等领域深度合作，实现互利共赢、比肩发展，共同打造财富雨花、品质雨花、幸福雨花。联合区金融中心组织中国建设银行等 6 家银行和长沙市风补基金齐聚雨花区现代服务业金企对接专场沙龙活动现场，向 40 余家现代服务业企业代表亮出各自最新融资惠企政策，打通企业在融资过程中存在的难点和阻点。组织开展示范集聚区审报工作，云冷供应链物流服务集聚区成功申报 2020 年度市级现代服务业示范集聚区。推动楼宇经济发展，服务楼宇企业，湖南商会大厦、万博汇云谷、御溪国际等 7 栋商务楼宇纳入全市“三百工程”重点楼宇，高桥大市场全球贸易中心、云冷产业园、长沙红星农副产品全球采购中心（二期）等 9 个项目纳入全市“三百工程”重点项目。培育运达中央广场成为 2020 年度长沙市 7 栋特色楼宇之一，湖南商会大厦为 2020 年度长沙市 6 栋重点楼宇之一，并顺利授牌。五矿二十三冶建设集团有限公司、中国建筑第五工程局有限公司、中国有色金属长沙勘察设计研究院有限公司等 3 家企业认定为市级首批总部企业。引导服务业项目专项资金申报工作，为高桥大市场、雨花非遗馆、金职伟业等优质服务业企业争取上级引导专项资金 2600 万余元。 （罗立志）

【市场采购贸易】 2020 年，雨花区协调长沙海关增设黄花机场为市场采购贸易方式申报现场，解决空运二次转关问题，进一步拓宽通关渠道。委托第三方机构建立商品价格数据库系统，推动试点规范运行。推动湖南出口产品集聚区建设运营，并设立市场采购综合服务大厅，为各经营主体提供一站式服务。实施各项优惠政策，市场采购经营主体可“零门槛”入驻集聚区。通过招商集聚全省优质供货主体，举办活动专题推介会，有效衔接境内外采购资源。积极邀请海关、税务等部门对市场采购经营主体开展业务培训，帮助企业进行贸易转型。为市场采购各类经营主体提供多方位资金支持。3 月，商务部发函表扬市场采购贸易长沙试点工作。 （罗立志）

【高桥市场采购价格数据库】2020 年，雨花区推动高桥市场采购贸易方式试点工作健康发展，规范外贸公司出口申报，严控商品价格指数，委托第三方公司开发建立湖南高桥市场采购价格数据库系统，嵌入至湖南高桥市场采购联网信息平台之中，与联网信息平台实现无缝衔接。7 月 13 日，系统正式上线。9 月，委托第三方公司上线“价格异常驳回记录”功能，以便于及时掌握各外贸公司出口商品价格申报情况，强化数据分析，加强对各经营主体的服务监管。 （罗立志）

【湖南出口产品集聚区建设】2020 年，雨花区推动湖南出口产品集聚区建设运营，设立市场采购综合服务大厅，为各经营主体提供一站式服务。同时实施租金减免、展会支持、人才培训等优惠政策，市场采购经营主体可“零门槛”入驻集聚区。通过线上线下相结合的方式积极开展招商集聚，多次深入邵阳、益阳等地集聚全省优质供货主体，并且通过进博会等活动举办专题推介会，有效衔接境内外采购资源，在联网信息平台备案的各经营主体数量同比增长 63.35%。在阿里巴巴国际站搭建五金工具、服饰鞋帽、酒店用品、母婴玩具 4 大行业的线上站点，进行全球展示展销，拓展贸易渠道，促进线上线下平台融合发展。举行菲律宾境外展厅合作方授牌仪式，以及集聚区三楼邵阳馆试营业活动。

（罗立志）

【专题培训会】 2020 年 7 月 9 日，雨花区市场采购贸易服务中心联合长沙海关、星沙海关、雨花区税务局在高桥展贸中心举行专题培训会，长沙海关口岸监管处、企业管理和稽查处、统计分析处、综合业务处相关负责人分别就市场采购贸易海关政策、海关企业管理政策、海关市场采购贸易数据统计及管控、知识产权保护等方面进行政策解读；区税务局税政科负责人原文解读市场采购贸易方式出口货物免税管理办法。供货商、贸易公司、报关公司代表等共计 120 余人参加培训学习。 （罗立志）

工业和信息化

【概况】 长沙市雨花区工业和信息化局，为正科级区政府工作部门，负责全区工业经济以及信息化工作，管理规模以上工业和信息化企业。下设雨花区工业和信息化企业服务中心，为全额拨款事业单位。设区改革改制事业单位退休人员管理办公室、区推进新型工业化工作领导小组办公室、区电力设施建设和保护工作领导小组办公室、区创业创新工作领导小组办公室、区属集体企业改制工作领导小组办公室、区社会职能分离工作领导小组办公室、区电力“专改公”工作领导小组办公室，企业帮扶领导小组办公室、软件产业发展推进领导小组办公室9个议事协调机构。

2020年，区工信局聚焦疫情防控和绩效目标，突出“六保”“六稳”工作，推动全区工业经济平稳运行、软件业“再出发”、电网“630攻坚”和5G网络基础设施建设等各项工作，完成全年工作任务。牵头负责侯家塘街道复工复产帮扶工作，统筹协调市区14个单位的59名抽调人员，开展疫情防控和复工复产工作。以联片包干的方式，迅速推动全区79家“四上”企业、481家非四上企业全面复工复产，在2个月时间内“四上”企业复工率98%以上。（石文龙）

【工业运行】 2020年，雨花区完成规模工业总产值（不含烟）426亿元，同比增长5.44%；规模工业增加值同比增长5.1%。工业投资同比增长7.3%；工业技改投资同比增长27.9%；全年完成新增规模工业企业9家，智能化改造企业12家。（石文龙）

【软件产业发展】 2020年，雨花区响应长沙市“长沙软件业再出发”号召，优化顶层设计，聚焦场景场所，突出“外引内培”，推动软件产业发展。制定《长沙市雨花区软件和信息技术服务业三年行动计划（2020—2022年）》。成立区软件产业发展推进领导小组，指导全区软件产业高质量发展推进工作开展大型招商活动4次，举办“网联四方、云引凤栖”软件产业云招商云服务活动，到深圳、上海开展雨花区软件信息产业专场招商推介会，引进优质企业30余家。结合本土企业技术优势，与湖南云畅网络科技有限公司签订小程序软件产业生态链战略合作协议，联合打造雨花区小程序软件产业生态链，助力区内企业进行数字化升级。出台《长沙市雨花区加快软件产业高质量发展扶持办法》《关于加强雨花区软件和信息技术服务业专业技术人才引进的暂行办法》，从招商引资、人才引进、企业培育、优化环境等角度全方位进行引导和扶植。新入驻软件和信息技术服务业企业2138家，新增从业人员1.2万人，新增承载空间约20.4万平方米。（石文龙）

【5G基础设施建设】 2020年，雨花区制定推进第五代移动通信技术网络建设工作方案，成立区5G建设指挥部，统筹加强5G基站选址、电力引接、传输机房、土建施工等工作，推动加快用地审批和权证办理，解决“选址难、协调难、落地难”问题。完成基站4845个，完成汇聚机房40个、宏基站建设736个，改造新增机柜31个。下发交办函3次，交办问题253个，街道和部门共同发力，宣讲政策、点对点深入工作，解决238个问题。（石文龙）

2020年3月5日，第五届雨花区人民政府第44次常务会议审议通过《长沙市雨花区加快软件产业高质量发展扶持办法》（石文龙 供图）

【企业服务】 2020年，雨花区建立企业帮扶长效机制，及时收集掌握企业发展现状，采取面对面、点对点的方式推进帮扶措施落地。推进清理拖欠民营企业中小企业账款工作，通过制定工作方案、建立清欠台账、召开会议调度、开展跟踪督查等系列举措，清欠台账无争议欠款513.07万元。组织湖南预计科技服务有限公司、长沙长泰智能装备有限公司参加省工业电子商务培训班，组织长沙迪沃机械科技有限公司、长沙通程控股股份有限公司、湖南滋采粮油食品贸易有限公司、湖南斯耐浦科技有限公司参加湖南省两化融合管理体系贯标培训班，组织湖南云畅网络科技有限公司、湖南三匠人科技有限公司等5家企业参加长沙市经理进修学院第14期培训班暨长沙市软件企业家培训班。推广使用低挥发性有机物，常态调度工业企业错峰减排。推荐7家企业开展清洁生产，8家企业申报推广使用低挥发性原辅材料。检查涉气排放企业30余次，区政协评议小组对评议重点企业的现场检查。推荐企业申报省移动互联网产业发展专项资金、省市小巨人企业、中小企业贷款贴息、制造强省专项资金等41个项目300余家次，预计可争取奖补资金4.68亿。（石文龙）

【创业创新】 雨花区发挥区中小微企业服务中心国家中小企业公共服务示范平台优势，创新开展企业服务活动，举办第三届“创客中国”雨花赛区大赛，组织100余家企业参赛，6家企业获得省赛入围资格；启动“创响雨花·梦想直达”企业服务季，开展线下“破零倍增”专项行动、线上“智汇雨花·微课堂”等系列活动10余场，全力激发中小微企业发展活力；开展雨花软件产业发展及人才政策大讲堂活动，吸引百余家企业参加。完成“营商环境年度测评”中“创新创业活跃度”指标测评。（石文龙）

【分离移交】 2020年，雨花区在全市率先启动国有企业退休人员社会化管理移交工作，召开工作调度会9次，迎接市对区联点督导4次；签订国有企业退休人员社会化管理移交协议168

份，省属企业29份，中央企业112份，其他部委监管央企（邮政、烟草、广铁、水利部）16份，中央下放央企2份，单列企业9份，异动后实际移交退休人员29186人，党员8362人；移交资产11893.57平方米。累计接收国有企业退休人员28630人（其中中央企业及其他部委监管央企20823人，省属企业7807人），按照每人260元的补助标准，申请补助资金744.38万元，其中中央财政补助资金541.4万元，省级财政补助资金202.98万元。（石文龙）

【电力建设】 2020年，雨花区落实《长沙市电网供电能力提升三年行动计划（2018—2020年）》《长沙市电网项目建设“630攻坚”活动实施方案（2019—2020年）》，克服新冠肺炎疫情带来的严重影响，攻坚克难，奋力推进电网建设，重点完成圭塘变、洞井变、高塘变站址场平交地，完成京珠高速西辅道、环保大道东延线、长托路电力埋管等配套路由建设，完成2035年前16个拟建变电站选址，取得14个变电站土地权属单位同意意见，86项责任事项均按时间节点完成“大干一百天 实现双过半”竞赛受到市电建办和国网长沙供电公司的充分肯定。（石文龙）

【自贸区服务站点】 2020年，雨花区工信局设立自贸区企业服务工作站点，走访自贸区内中小企业近20余家，了解需求，帮解难题，达成金融、法律、文创等方面的合作，为自贸区企业提供融资过桥、合同纠纷、品牌宣传方面的服务。（石文龙）

【生产管理】2020年，雨花区印发《雨花区工信局安全生产专项整治三年行动实施方案》《雨花区工信局安全生产工作领导责任清单》，制定重大节假日、特护期安全生产检查方案，严格落实安全生产工作应急值班值守制度。开展安全生产知识宣传和企业走访10余次，对有限空间、消防、危化品等安全生产隐患排查风险点20个，督促完成整改20项，整改率100%。规模工业企业、雨花经开区和全区街道、镇安全生产负责人召开专题培训，观摩研讨体验安全生产事故防范与应急救援工作。（石文龙）

农村和农业

【概况】 长沙市雨花区农业农村局对外加挂长沙市雨花区林业水利局、长沙市雨花区扶贫开发办公室牌子，负责全区“三农”、林业、水利、扶贫等方面的规划发展、监督管理、相关技术服务和业务指导工作。下辖雨花区动物卫生监督所（加挂区动物疫病预防控制中心和区跳马镇动物防疫站）、区跳马镇电排站（加挂圭塘河生态引水运行中心）、区合丰堤委会（加挂区河道堤防管理站）、区河长制工作办公室（加挂长沙市长善垸雨花区堤委会）、区农机监理站（加挂区农业服务中心）、区林业站（加挂长沙石燕湖森林公园管理办公室）。

2020年，雨花区农业农村局贯彻落实中央、省、市农村工作会议精神，狠抓脱贫攻坚工作，大力推进乡村振兴战略，推动全区农业农村工作高质量发展，全面完成各项目标任务。（胡　靖）

【精准扶贫】2020年，雨花区聚焦“两不愁三保障”，严格落实教育、医疗、住房等方面帮扶政策，解决义务教育、基本医疗、住房安全、饮水安全等领域的突出问题。打出产业扶贫、就业引导、消费帮扶、社会扶贫“组合拳”，增强贫困对象自我“造血功能”。建立“1+3”精准帮扶工作机制，保障高质量、可持续脱贫。重点打造25个产业扶贫项目，通过开发公益性岗位、建设扶贫车间等方式进行安置就业，增设疫情防控临时性公益岗位105个，指导跳马镇14个村（社区）成立消费扶贫合作社，不定期向贫困户收购农副产品，湖南省消费扶贫示范中心在高桥顺利开馆。全区建档立卡贫困户全部脱贫，并作为全市唯一区（县市）迎接国务院脱贫攻坚普查，实现入户登记主要指标达标率、贫困户满意率、省级事后质量抽查合格率三个100%，完成省脱贫攻坚考核任务。与桑植县开展“携手奔小康”行动，对口帮扶龙山县石牌镇、浏阳市社港镇新光村，为贫困地区在人才支持、资金支持、产业合作、劳务协作等方面提供帮扶。累计投入帮扶资金1.3亿元，帮扶桑植县发展白茶产业，新建茶园1266.7公顷，茶园总面积增至5280公顷，新建厂房（萎凋房）8767平米，新购机械设备239套，年产量2100吨，产值2.85亿元（比2017年底增加1.5亿元），带动9200户贫困户3.5万人，人均年增收1000元以上，桑植白茶被评为湖南省“五彩湘茶”的优秀扶贫品牌；帮扶龙山县石牌镇发展百合、中药材等产业，百合种植面积增加800公顷，总面积2800公顷，惠及帮扶地区全部建档立卡贫困户。连续两年获评全省“携手奔小康先进单位”，雨花区对口帮扶桑植县、龙山县石牌镇精准扶贫工作小组被推荐为“全国脱贫攻坚先进集体”。（胡　靖）

【河长制工作】 2020年，雨花区实施网格化管理、加强河道保洁和排口管护、加大执法，实现治污有力度、任务有进度、落实有深度。圭塘河水质达到Ⅲ类标准，创有监测记录以来最好水平。全年组织召开河长制工作相关调度会16次，其中召开第一总河长会2次、总河长会1次，周密部署各项重点工作。出台《2020年圭塘河流域综合治理实施方案》《雨花区2020年度浏阳河流域综合治理任务清单》等文件，铺排圭塘河流域治理任务36项、浏阳河24项，明确时间节点、责任分工和任务要求，出台《雨花区2020年河长制工作目标考核办法》，将项目完成情况纳入绩效考核，督促责任单位推进项目实施。完成时代阳光大道北幅截污干管扩容、石碑大港片区截污干管改造等工程，井塘海绵示范公园基本完成主体建设，51号、53号和石坝路排口启动智慧化改造。市级下达的2020年度“一江一湖六河”（湘江长沙段；团头湖；龙王港、浏阳河、捞刀河、靳江河、沩水河、沙河）流域综合治理任务清单项目、浏阳河示范河创建任务、小微水体管护示范片区创建任务、市级美丽河流创建任务、“清四乱”及非法矮围专项整治任务全部完成，并通过市级验收考核。（胡　靖）

【实施乡村振兴战略】 2020年，雨花区推进落实乡村振兴战略。推进农村集体产权制度改革，盘活集体资产增收，促进集体经济发展。登记注册的农民专业合作社201个、家庭农场9个，新增农民专业合作社136个，成功申报认定2个长沙市示范农民专业合作社。经营性收入超千万元的村6个，经营性收入超百万元的村15个，村集体经济收入比上年同期增加28.22%。以培育新型农业经营为主体，以“一县一特”工作为契机，重点推进花木苗木产业转型升级，组织开展花卉苗木技能人才比武大赛，完成红星花卉市场选址工作和2019—2020年雨花区“一县一特”花卉苗木产业项目入库工作。发挥财政资金的杠杆作用，引导社会资金投入乡村民居改造及民宿产业，参与改造52栋民宿，12户开业经营。制定《雨花区“美丽屋场”创建实施方案》，打造美丽屋场，石燕湖村磨石塘屋场成功创建为市级“四星”美丽屋场（市级奖补60万元），团然村双丰组屋场、喜雨村六合庄组屋场被评选为市级“四星”美丽屋场；创建区级美丽屋场7个。通过开展示范创建活动，进一步补齐基础设施建设短板，完善道路、交通信号灯、文体等设施设备，农村人居环境不断改善，群众的幸福感在家门口不断升级。重大节日开展清洁行动，综合整治农贸市场、乡村旅游景点等重点场所、商铺集中区域及周边环境，集中治理乱倒污水、乱扔垃圾、乱贴乱画、乱停乱放、店外经营等现象；重点清除集镇背街小巷积存垃圾、楼道垃圾、墙体油污、绿化带垃圾、沟渠堵塞等；做好沟渠塘坝等小微水体日常保洁、清淤疏浚等工作；组织开展农户庭院大扫除，清理房前屋后柴草杂物、农业投入品包装物、废旧农膜等农业生产废弃物，规范村庄畜禽散养行为，杜绝养殖粪污影响村庄环境的现象。通过持续深入开展村庄清洁行动，村容村貌得到显著提升。（胡　靖）

【农村人居环境整治】 2020年，雨花区完成无害化厕所改造6730户，无害化厕所普及率95%以上，农户厕所粪污基本得到有效处理和综合利用。形成全域覆盖的垃圾分类减量收运处置体系，建立运行维护管理机制和村庄日常保洁机制，实现全区农村垃圾分类减量覆盖率100%。完成新田花海小微水体管护示范片建设、官桥撇洪渠铁石坝支沟生态治理和浏阳河曙光垸区段堤防整治工程（二期），农村生活污水治理率较大提升。推进农村“多规合一”试点编制任务，因地制宜规划村民集中居住示范点建设，打造曹家冲环线、天石山庄、圭塘河生态饮水工程周边的“一点一片”民宿聚居区。开展移风易俗活动，形成婚事新办、丧事简办、其他事项不办的农村文明新风尚，15个村（社区）村规民约、红白理事会实现全覆盖。（胡　靖）

【水利防汛】 2020年，雨花区立足抓早、抓严、抓实、抓细，落实以行政首长负责制为核心的各级防汛责任体系，完善应急预案，严格问题排查整治，配足物资和人员力量，开展应急演练，随时做好防大汛、抗大灾的准备。时代阳光大道截污干管工程，浏阳河曙光垸区段堤防整治工程，洞塘、东湖冲水库除险加固工程等重点水利工程在上半年全面完工，为平安度汛提供保障。在主汛期坚持加强监测预警、强化责任落实、科学合理调度，取得防汛工作的胜利。（胡　靖）

2020年10月14日，雨花区民间河长座谈会（胡　靖　供图）

【动物防疫】 2020年，雨花区强化动物卫生监管，狠抓疫情排查、检验检疫、生产监控、监管整治、应急防控等工作，抓好畜牧投入品环节、畜禽养殖环节、屠宰环节、动物诊疗环节监管。开展各类监督检查500余次，生猪定点屠宰检疫率100%，“瘦肉精”、布病监督抽检比例不少于5%，不合格生猪及其产品无害化处理率100%。抓实动物疫病防控，严格消毒灭源工作，屠宰场坚持每天消毒，冻库坚持定期消毒，农贸市场坚持一日一消毒，运载工具装前卸后消毒。猪口蹄疫、猪瘟、禽流感、新城疫等重大动物疫病免疫密度常年保持100%，其他动物疫病免疫密度90%以上。设置城区犬只免疫点，宣传、规范狂犬疫苗接种。组织人员走访养殖户、贩运经纪人，宣传法律法规及各项规章制度，发放宣传资料300余份，做到让广大养殖户、从业人员知晓生猪要出栏必须先检疫，督促引导全区养殖业者或贩运经纪人落实主体责任。要求所有产地检疫工作严格按临场、临栏、同步检测等规章制度进行检疫，确保猪肉类食品安全以及畜禽养殖业稳定发展。现场处理死亡生猪、犬尸体和动物产品10余批次。对病死动物尸体，乱抛乱弃动物尸体和产品，进行就地深埋无害化处理，并对场地进行严格消毒，没有发生疫情传播扩散事件。新建无害化处理收集点，设施设备正常运行。开展动物检疫监管检查100余次、培训4次，通过管理和培训切实提高工作人员业务素质和检疫技能，适应新形势下动物检疫工作的需要。监督非洲猪瘟采样检测9904份，使用各类消毒药水11吨，消毒各类车辆9万余台，做好查源灭源工作，防止动物疫病的发生与传播，全年未发生非洲猪瘟疫情。监督开展布病检测2300余份，销毁不合格羊70余只，检疫活羊3.6万余只。联合市农业综合行政执法局开展冷链企业动物防疫风险专项排查行动，以红星冷链和云冷一号2家大型冷链企业场区月台、冷库为重点场所，查验动物产品调运通道、动物检验检疫合格证明、保质期、来源，全面排查冷冻冷藏肉品动物防疫安全风险。检查月台动物产品32批次，抽查冷库8个，对排查过程中发现可能存在动物防疫安全隐患的1批猪手及时进行封存，并依法依规进行查处。（胡 靖）

【森林资源保护】 2020年，雨花区坚持“预防为主、积极消灭”的工作方针，开展行业内森林防火工作，确保全年森林火灾事故零发生。加强林业有害生物防治，组织开展加拿大一枝黄花集中清理和松材线虫病普查，全面采伐清理全区范围内枯死松树，清除枯死疫木2197株。加强巡防巡护，严厉打击林业违法行为，配合市林业执法大队办结多宗林业行政案件。加强野生动物保护，清理清查陆生野生动物繁育、经营单位35家，清理市场、餐馆、超市、饭店330余家。做好林业服务工作，办理“一站式全程代理服务”2100余宗，调处林地林权纠纷9宗。购买1台大疆精灵4RTK无人机，用于涉林工作现场勘察，通过航拍画面、图像对比的方式核定林地面积。无人机的应用，对雨花区的涉林现场勘察工作起到重要作用。（胡 靖）

【清理枯死松木】 2020年2月27日，雨花区组织开展松材线虫病枯死松木除治工作，安排5个病死松木除治作业组开展病死松木粉碎、树桩投药、填埋等除治清理工作。松材线虫病枯死松木清除有严格的时间节点，为切实做好新冠肺炎疫情防控期间枯死松木除治工作，雨花区农业农村局一手抓防疫，一手抢复工，在全市率先重启病死木清理工作，成功保障在3月底前完成松材线虫病枯死松木除治工作。（胡 靖）

【农机和农产品质量安全监管】 2020年，雨花区未发生农机和农产品质量安全事故。农机年审检等各项工作目标和任务按计划完成。完成农产品抽检市级定量检测180批次，区级定量检测750批次，蔬菜农残快速检测2000批次，蔬菜农残、“瘦肉精”检出率、畜禽水产品药残检出率均为零，合格率100%。（胡 靖）

【渔政执法】 2020年，雨花区成立由区委书记任第一组长、区长任组长的禁捕退捕工作领导小组，出台《雨花区重点水域禁捕退捕工作实施方案》《雨花区打击非法捕捞和市场销售非法捕捞渔获物专项行动方案》等文件，建立巡查队伍和24小时巡查机制，对“三无”船舶、违规网具进行摸排和及时处置，出动巡查执法人员5607人次，开展巡查3586次，开展联合行动213次，清理违规网具185张，劝离垂钓人员242人，检查商场、超市661个，农贸（批）市场342个，餐饮单位999个，刑事拘留4人，取保候审1人，查扣电鱼机1台。（胡 靖）

【防汛应急抢险演练】 2020年5月19日，雨花区组织区人武部、区委统战部、区应急管理局、黎托街道和长沙民建立承应急救援抢险队，在潭阳垸进行防汛应急抢险演练，提升基层干部防汛抢险和应对突发险情的处置能力。（胡 靖）

【脱贫质量“回头看”】 2020年4月11—30日，雨花区扶贫办从区直8个专项部门、镇、村抽调28人，组成14个排查小组，组织脱贫质量“回头看”问题排查。入户排查1331户，其中建档立卡贫困户364户、边缘户3户、档外低保户210户、档外特困供养户311户，档外重病户170户、重残户265户，排查问题354个，其中饮水安问题27个、教育保障问题5个、医疗保障问题10个、住房安全问题193个、就业问题18个、其他问题101个，并积极整改到位。（胡 靖）

【脱贫攻坚普查见面会】 2020年7月19日，雨花区脱贫攻坚普查见面会召开，部署脱贫攻坚普查工作。长沙市政府副秘书长戴建文，国家统计局长沙调查队党组书记、队长、长沙市脱贫攻坚普查领导小组办公室主任张殷海，国家统计局长沙调查队副队长、长沙市脱贫攻坚普查领导小组办公室副主任袁忠文，长沙市农业农村局（扶贫办）党组成员、副局长、长沙市脱贫攻坚普查领导小组办公室副主任刘军，长沙市农业农村局（扶贫办）扶贫开发指导处处长张长江，浏阳市脱贫攻坚普查派驻工作组浏阳市副市长、浏阳市脱贫攻坚普查领导小组副组长王坤球，国家统计局浏阳调查队队长、浏阳市脱贫攻坚普查领导小组办公室主任熊明威，浏阳市农业农村局党组成员、副局长、浏阳市脱贫攻坚普查领导小组办公室副主任瞿桂平，雨花区委副书记、区脱贫攻坚普查领导小组副组长陈永高，副区长、区脱贫攻坚普查领导小组常务副组长陈怀宇等出席会议，派驻脱贫攻坚普查组成员20人，专项部门分管负责人，跳马镇党政主要负责人，各村（社区）书记参加会议。7月20—26日，开展脱贫攻坚普查入户调查工作。（胡 靖）

【颁发取水许可证】 2020年4月28日，雨花区颁发2019年10月市对区下放取水许可审批权限后雨花区的第一份取水许可证，为湖南腾瑞建材有限公司核发编号为“取水（雨花）字〔2020〕第A0001号”的取水许可证。（胡 靖）

财政·税收·金融

财　政

【概况】 长沙市雨花区财政局（简称"区财政局"）为区政府综合经济部门，负责组织、协调全区财源建设、编制年度预算草案并组织预算执行、管理非税收入、国有资产、政府内外债务等全区财政工作。下设雨花区财政预决算（投资）评审中心、区财政事务中心、区国库集中支付中心（区工资统发中心）3个二级机构，以及长沙市雨花区财政局经开区财政分局1个派出机构。

2020年，区财政局全面深入贯彻中央、省、市经济工作会议精神，积极发挥财政职能，攻坚克难，财税收入保持总体平稳，各条线工作圆满收官，财政工作运行稳健。区财政局获关于对流域生态保护补偿工作成效通报表扬、长沙市"巾帼文明岗"、长沙市"2020年度工程造价管理先进单位"等多项荣誉。（陈　璐）

【财源建设】 2020年，雨花区完成一般公共预算收入162.84亿元，同比增长2.98%，其中全口径税收132.44亿元；完成地方一般公共预算收入78.05亿元，同比增长4.9%。通过优化税收征管、加强企业走访，培育优质财源，财政收入保持总体平稳，完成地方一般公共预算收入（不含省下放）64.52亿元，为年初目标105.83%，同比增长5.15%，区级税收34.12亿元，同比下降4.39%，地方税收占比52.88%。受疫情影响中小企业减收，区财政以龙头骨干企业为中心，建立企业联点走访机制，从镇街、部门、区政府等层面，组织开展企业走访活动，全面掌握企业状况，确保税源稳定，弱化减收影响，发挥重点企业对税收的支撑作用。区财政招引长效优质税源，以异地税源为重点，全面开展专项清查，清晰税源底数，推进税源落地，转入新增企业237家，包括兴能电力建设有限公司、中城投第九建设集团有限公司、中国移动通信集团终端有限公司湖南分公司等重点税源10家，年纳税规模约1.2亿元。（陈　璐）

【财政支出】 2020年，雨花区兜牢兜实"保工资、保运转、保基本民生""三保"支出。坚持"三保"支出在预算编制和预算执行中"两个优先"的原则，严格按照"保工资、保运转、保基本民生"的保障序列，足额编制"三保"支出预算；坚持"勤俭节约、轻重缓急"的工作思路，优先保"三保"、疫情防控、债务还本付息支出。全面统筹资金，及时快速下达疫情防控中的各项疫情保障资金，保障各方面防疫资金投入。落实区新型冠状病毒肺炎防控指挥部的指示，开启绿色通道，简化审批流程，确保资金正常支付及专款专用，全力保障疫情防控的资金支出。（陈　璐）

【财政管理】 2020年，雨花区强化政府债务管理，筑牢风险防控屏障，严格执行隐性债务化解实施方案，确保如期偿付到期债务。强化日常管理和

2020年5月19日，雨花区财政支出重点项目绩效评价见面会　（陈　璐　供图）

风险监测，完善债务数据月报、债务风险防控等工作机制。做好政府债券管理，聚焦区委、区政府布局的重点领域、重大项目，积极向省财政厅争取政府债券，加强债券资金使用管理，发挥政府债券使用效益。落实支付管理和厉行节约相关规定，对超标准、不合规的支付申请不予受理，对手续不齐备的票据予以退回，并要求补齐手续。落实重点项目双控要求，加大对双控账户的清理力度，对长期未发生业务往来的双控账户进行撤销或合并。加强国有资产配置执行管理，印发《关于将购置行政事业性国有资产纳入政府采购管理流程的通知》，形成资产和采购联动；首次向区人大汇报国有资产综合报告，形成每年主动汇报国有资产的长效机制；规范政府采购行为，印发《关于优化政府采购领域营商环境的通知》，进一步优化政府采购营商环境；加强项目概预算管控力度，通过完善制度、优化流程、提升服务等措施，推进管理改革，有效提高财政投资评审效率。全面深化投融资平台公司改革，根据省市下达的“2家平台公司压减1家”的目标任务，推进雨花经开开发建设有限公司完成市场化转型各项工作。（陈　璐）

【资金管理】 2020年，雨花区科学分配，加强与上级部门的对接，紧扣直达资金使用范围，组织相关部门将资金落实到项目，确保资金的使用符合中央、省、市的政策指向。强化管理，制定直达资金专用标识，确保直达资金及时支付，加强直达资金日常管理，确保数据真实、账目清晰、流向明确。（陈　璐）

【投资评审】2020年，雨花区出台《雨花区10万元以下小型工程造价管理操作细则》，加强和规范10万元以下小型工程的管理；制订《长沙市雨花区财政预决算（投资）评审中心工程结算争议评审办法（试行）》，及时解决工程结算争议，提升工程结算评审工作效率和评审质量。（陈　璐）

【报告国有资产管理情况】 2020年6月30日，在雨花区第五届人大常委会第三十三次会议上，区人大常委会领导及参会人大代表首次听取和审议区人民政府关于国有资产管理情况的报告，区财政局负责人受区人民政府委托，书面报告全区2019年度国有资产管理综合情况，区财政局负责人以详实清晰的数据资料，全面汇报2019年度区属国有企业（不含金融、文化企业）的资本投向和布局、国企改革和监管、资产清查和盘活，行政事业单位的资产配置和处置、资产监督和管理，国有自然资源资产中的土地资源、森林资源、水资源等国有资产综合情况，以及进一步完善各类国有资产管理的工作措施。向区人大常委会报告国有资产管理情况，是对全区国有资产的一次全面体检，有利于摸清政府家底，促进国有资产管理水平进一步提升；是强化人大对国有资产监督职能的重要改革举措，对于实现国有资产的保值增值、提升国有资产管理公信力等具有重要意义。（陈　璐）

【惠民惠农补贴培训】 2020年4月22日，区财政局举办惠民惠农“一卡通”业务培训会解读惠民惠农“一卡通”文件政策，明确相关部门的职责，讲解“一卡通”系统操作流程及操作要领，分享“一卡通”业务经验，解答专干提出的问题。通过业务培训，提高“一卡通”信息采集和录入的准确度，提升惠民惠农业务专干系统操作熟练度。区直相关业务主管部门及各街（镇）惠民惠农“一卡通”操作业务专干参加培训。（陈　璐）

【财政所所长工作会】 2020年4月23日，雨花区召开街（镇）财政所所长工作会议，简要总结2019年街（镇）财政财务管理工作，具体安排2020年工作，传达学习《关于进一步规范财政管理严肃财经纪律的通知》等文件精神。会议要求，各街（镇）财政所要提高思想认识，严肃财经纪律，夯实财政管理基础，牢固树立“过紧日子”的思想，同时要加强沟通协调，共建团结和谐的雨花财政。（陈　璐）

【财税工作部署会】2020年3月20日，雨花区召开百日竞赛财税工作部署会。会议印发《雨花区2020年百日竞赛财政收入组织工作方案》，区财政局就工作组织的相关流程与要求进行说明，区市场监督管理局、区税务局就工作铺排提出相关建议。各部门单位务必突出重点、科学征管，推动区域稳定发展，实现税收应收尽收，为上半年“双过半”目标和全年财税目标的实现奠定坚实的基础。（陈　璐）

【财税工作调度会】 2020年11月11日，雨花区委常委、常务副区长龚畅组织召开四季度财税工作调度会，区财政局、税务局汇报财税收入完成情况和镇街经济工作推进情况，提出工作举措建议；各镇街汇报工作开展中存在的问题和下阶段工作要点。龚畅从收支三本账的角度阐述当前严峻的财税收入形势给政府工作带来的巨大挑战，并提出工作要求。（陈　璐）

【重点项目绩效评价会】 2020年5月19日，雨花区召开2020年财政支出重点项目绩效评价见面会，铺排部署2020年重点绩效评价工作，解说绩效评价的主要方式、时间要求以及注意事项等。会计师事务所与对应项目单位就项目开展情况进行对接和交流，告知工作流程，明确工作任务，确保财政重点项目评价工作的有序推进。会议要求，各部门和单位应切实加强评价报告结果的整改、分析，及时将评价结果按要求报送整改落实情况。（陈　璐）

【市财政局调研区财政工作】 2020年5月29日，长沙市财政局党组书记、局长肖正波率部分处室负责人调研指导雨花区财政工作。区财政局党组书记、局长周宏全面汇报雨花区财政工作，提出面临的困难和问题以及相关的建议和请求。区委常委、常务副区长邹春林介绍雨花区的相关工作情况，并对当前雨花财政存在的困难提出相关的解决办法和建议，要求区财政全力以赴抓好财政工作，确保雨花财政运行平稳。肖正波充分肯定雨花区财政近年来的工作成效，对相关困难和问题、建议及请求进行回应，提出要求。（陈　璐）

【市财政局调研乡财管理工作】2020年7月20日，市财政局市县财政处副处长桂湘平一行调研雨花区乡财管理工作，雨花区财政局党组成员、副局长张孟晗主持调研会。区财政局全面汇报乡财管理工作，重点汇报惠农补贴“一卡通”系统升级工作落实情况、全盘谋划“村账乡代理”工作、提质星级财政所创建工作，梳理实际工作过程中存在的问题和困难，提出相关的建议。街道财政所代表结合基层工作实际情况探讨、交流工作；走访左家塘街道办事处，听取左家塘街道财政所星级创建工作情况汇报，给予星级创建业务指导。（陈 璐）

【财政知识竞赛】2020年7月17日，雨花区财政局组织举办全区街镇党建及财政财务管理业务知识竞赛。全区13个街镇财政所组成7支队伍参加此次竞赛，竞赛分为必答、抢答和风险答题三个环节，并穿插观众答题。竞赛过程中局班子成员及各街镇财政所分管领导带头参与观众答题，展现财政领导干部良好的业务素质，带动现场观众答题的积极性。跳马镇和同升街道联队获得竞赛的一等奖。（陈 璐）

税　务

【概况】 国家税务总局长沙市雨花区税务局（简称“区税务局”）实行以国家税务总局为主与省（区、市）人民政府双重领导管理体制，为正科级单位，负责雨花区范围各项税收、社会保险费和有关非税收入征收管理。辖税务分局5个，税务所6个，事业单位1个。

2020年，区税务局推进减税降费落地生根，着力提高组织收入质量，健全税收监管体系，各项工作齐头并进。运用“学习强国”“学习兴税”以及“湘税党建”等学习平台加强党员干部政治教育。落实党支部书记“双述双评”制度，对12个党员活动室进行提质改造，21个党支部“五化”验收全部达标，其中14个支部为“优秀”等次。开展以“党群心连心 战疫我先行”为主题的系列志愿活动，百名党员志愿者下沉社区，参加地方联防联控工作。获评全国文明单位、长沙市文明窗口示范单位、雨花区2019年度垂直管理单位绩效评估市垂直管理单位一等。周兵被评为全国税务系统精神文明建设先进工作者。（彭 芳）

【税收收入】 2020年，雨花区加强对重大项目建设、重大税收政策调整、新冠肺炎疫情影响和落实减税降费对区域经济税收形势变化等的分析研判，强化组织收入纪律，坚持向税政要税源、向征管要收入、向考核要进度，全年组织各项收入776.18亿元，完成税收收入（含烟）741.67亿元，同比增收9929万元，增长0.13%。企业所得税汇缴50536户，汇缴率98%。抽调23名骨干力量成立专家团队，统筹指挥调度，下沉一线税源管理部门负责实务处理。打造“纳税人学堂微课堂”在线宣传新模式，利用征纳互动平台对纳税人实时答疑。摸清底数，将总局试算清册和ITS中“主要扣缴单位分注册类型汇算清缴清册”两表合并，纳入网格化管理对象。按照“分类、分批、分策、分责”方案将引导时间细化到周，比对分析测算实际汇算进度，有针对性加强跟踪辅导，实现精准引导。严把审核关，通过“大数据”筛查预判退税原因，与纳税人“点对点”沟通确定。17.86万人进行首次个税年度汇算申报，82812人退税6112万元，7916人补税3238万元。严格土地增值税预征，强化清算审核，完成清算项目28户，清算补缴税款11.56亿元。核实清理近5年土地出让和转让明细清册，入库房土两税737.61万元。（彭 芳）

【税收征管】 2020年，雨花区组织交通运输企业、增值税小规模纳税人、增值税留抵退税等专项风险评估，前移风险关口。注重系统内外多方联动，完成外省局跨区域协作任务67户次，区公安分局经侦部门提供打击违法行为信息支撑，提供虚开虚抵增值税发票线索57户，立案侦查1户。完成风险管理全流程7909户次，入库税费11212.4万元。与街道、市监局联合实地走访，清理清查异地税源，跨区迁入992户次。（彭 芳）

【办税服务】 2020年，雨花区拓展“非接触式”办税缴费，疫情期间网上申报率99%。在全省率先设置企业注销综合窗，实现简易注销全程网办、一次都不用跑，普通注销部门联动、一窗告知、最多跑一次。将两个实体办税服务厅合并，调整优化咨询窗口和综合窗口职能，推广发票代开免费邮寄服务。为1528户医疗相关企业开通发票绿色通道，全面推行无纸化申报出口退税，退税业务审核、审批等环节提速近50%，办理出口退税1296批次，免抵退税金额4.07亿元。“银税互动”范围拓宽至纳税信用M级，为企业盘活资金、复工复产提供有力保障。58158户纳税人纳入信用管理，

2020年4月23日，雨花区税务局“税惠春风 温暖速递”税收宣传月活动（彭 芳 供图）

"信用长沙"平台公示A级纳税人信息3164条、行政处罚信息284条、欠缴税款信息2220条，协助有关部门开展资格审查1700余户（人）次，对20户重大税收违法案件纳税人进行黑名单采集，构建"一处失信，处处受限"的信用惩戒格局。（彭 芳）

【减税降费】 2020年，雨花区应对新冠肺炎疫情的冲击，通过全覆盖宣传、全过程服务、全层级监督，用税收"减法"稳定市场主体预期。开展"用心用力用真情，全员全程全覆盖""三用三全"支持企业发展工作，组建党员先锋队、服务小分队等，"一对一""点对点"提供涉税服务，确保税收优惠直达市场主体。通过微信、QQ、电话等方式做好支持防护救治、支持物资供应、鼓励公益捐赠、支持复工复产等各项税收优惠政策的宣传辅导，对纳税人、缴费人的涉税疑难问题实行"线上问""远程教"。165户享受疫情防控增值税优惠政策1007.2万元，1.35万户缴费人享受残疾人就业保障金减免1253万元。全区累计新增减税降费25.66亿元，辖区内7.74万户纳税人享受政策红利，有力支持实体经济发展。（彭 芳）

【社保和非税收入征管】 2020年，雨花区通过抓实数据清理、抓细内外培训、抓优缴费服务，顺利完成机关事业单位、城乡居民和企业社保费、机关事业单位职业年金，以及财政部专员办和财政厅明确的首批7个非税项目的划转。区税务局主动对接社保、医保等部门，了解全区近两年社会保险费的征缴基本情况、机构设置、人员配置、前台窗口设置和工作量等情况，获取企业社保费缴费人清册及征缴数据。组建社保费数据清理团队，上线前清理数据108434条，手工关联2879户单位，纳入各部门考核通报，压实数据清理责任，确保相关数据顺利交接。全年社保费入库171411万元，非税收入入库170837万元。（彭 芳）

【"非接触式"办税服务】 2020年，雨花区税务局引导纳税人选择使用"非接触式"办税途径，通过电子税务局、自助办税终端等渠道办理税费业务，以"涉税事、线上办，非必须、不窗口"为要求，第一时间健全纳税服务"免疫"系统，为疫情防控期间企业复工复产提供更高效、更安心的办税服务和政策辅导，对因疫情防控不能按期办理纳税申报和缴纳税款的纳税人，通过电话、微信等非接触方式，容缺办理延期申报和延期缴纳税款。在全市税务系统首推由纸质登记改为二维码登记，避免人员扎堆、握笔接触等交叉感染的风险。结合企业在疫情防控时期的需求，全面推行无纸化申报出口退税，通过微信推送答疑帖与操作教学帖，允许纸质资料延后或通过邮寄形式送达。（彭 芳）

金 融

【概况】 长沙市雨花区金融事务中心（简称"区金融事务中心"），对外加挂长沙市雨花区防范和处置非法集资工作领导小组办公室（简称"区打非办"）的牌子。负责研究制定并组织实施区域金融业发展总体布局规划和促进区域金融业发展的地方性政策和措施；参与全区融资工作和政府债务风险防控，负责联系及引进各类金融机构，引导金融机构服务实体经济；会同有关部门防范、化解和处置区域内金融风险，整顿与规范金融秩序；指导、配合有关部门查处和打击非法金融机构和非法金融活动，推进金融生态环境建设，打造金融安全区；协助管理、协调区域金融机构；协助由地方政府管理的金融机构（小额贷款公司、融资性担保公司）的监管、风险防控工作；负责全区企业上市工作的统筹规划、组织协调、推荐申报及政策扶植等工作；落实上级金融监管部门和区委、区政府交办的其他事项。

2020年，区金融事务中心推动各项金融政策落地和企业上市融资，为实体经济发展提供有力支撑，扎实做好防范和处置非法集资工作，维护辖区金融环境稳定。组织承办长沙市第九届金融服务节，推出雨花区金融服务重点支持企业名单制度，2家企业成功上市。开通"雨花金融"微信小程序，成立全市首个防范和处置非法集资工作咨询服务中心。区金融事务中心企业上市和化解金融风险工作获省地方金融监管局通报表扬。（邓 昶）

【金融企业服务】 2020年，雨花区金融事务中心组织开展"人工智能及机器人（含传感器）"产业链银企对接会、高桥大市场商贸业银企对接会、民企大走访对接会、金企沙龙等6场银企对接活动；推出金融服务重点支持企业名单制度，助力企业复工复产；引导银行与高桥大市场联合推出区域特色金融"抗疫复产贷"；与华融湘江银行长沙分行、恒丰银行长沙分行等多家银行签订合作协议，开发创新性金融产品。做好小贷、担保季度现场检查、分类评级初审等日常工作；做好全区24家典当公司的日常监管、年审、风险排查和实地调研走访，了解其经营及财务信息，并组织召开专题调度会。为辖区内小额贷款公司申请信贷风险补偿资金79万元、省级金融发展专项资金30万元。辖区内小额贷款公司发放贷款1.87亿元；融资性担保公司担保总额2.45亿元，在保余额0.71亿元。（邓 昶）

【企业上市服务】 2020年，雨花区金融事务中心执行雨花区企业上市三年行动计划及联点帮扶制度，走访调研拟上市企业，了解企业情况，协调解决具体诉求，宣传政策措施，为企业申报上市补助580万元。召开4次上市工作领导小组会议，解决企业上市问题10余个。组织交易所和省证监局6批次为企业上门辅导，对接律师事务所、会计师事务所和券商，深入拟上市企业开展指导，针对个案问题召开交流会，厘清企业上市思路，规划其发展路径。组织企业参加上市专题培训5次，组织7家重点拟上市企业负责人参加长沙市举办的深交所创业板改革形势培训；组织28名企业高管报名上交所浦江学院开展的资本市场专题网络课程培训，了解不同板块的上市政策和要求，引导企业到适合的板块上市，提醒企业在上市准备过程中应注意的主要问题。39家企业纳入省、市后备库，和顺石油上交所主板上市，宇新能源深交所中小板上市。企业上市工作获得省企业上市工作联席会议办公室和市企业上市（挂牌）联席会议办公室的通报表扬。（邓 昶）

【非法集资打击】 2020年，雨花区整合各类宣传资源开展防范非法集资集中宣传月活动。成立全市首个防范和处置非法集资工作咨询服务中心，接待来访群众投诉举报、答复群众咨询、宣传防范和打击非法集资政策、分析典型案例、收集意见建议、答复案情，实现区经侦大队与区打非办协同办公，加强联动共享，提高工作效能。依托辖区内各大金融机构、街道社区和驻区单位等渠道，组建防范非法集资咨询服务志愿队伍，同步开通咨询电话，组织志愿者参与宣传、答疑、进社区等，帮助民众远离非法集资陷阱，共同构筑全区防范和抵御非法集资风险的坚固防线。开展防范非法集资风险集中专项排查行动，全区排查机构935家，其中民间投融资中介机构23家、互联网金融行业企业265家、私募基金4家、各类涉农机构组织11家、教育机构类230家，医疗机构119家，养老机构28家，旅游机构类38家，其他类型企业217家，发现虚拟货币、养老、期货等方面的问题线索11条。开展融资租赁、金融放贷、养老行业等各类专项整治12次，联合相关行业部门核查企业家212家，约谈企业法人19人次，清理涉嫌非法集资的公司8家。做好涉嫌非法集资风险处置工作，发现并现场核查线索22条，开展约谈13次，发布风险提示4次，督促清退3起，立案10起，化解积案4起。

（邓 昶）

【防范非法集资宣传】 2020年，雨花区利用广播、电视、报刊、网络、户外显示屏等媒介，结合网格化，进一步精准宣传防范非法集资知识，组织各街道（镇）因地制宜制定有针对性的宣传方案、灵活宣传方式，针对养老等重点领域及区块链、P2P网络借贷等新兴领域，突出防范“一非三贷”领域风险宣教，重点宣传写字楼、高档酒店等区域，实现宣传教育“全覆盖、多维度、全方位”。发放“防范和处置非法集资活动知识手册”2000本、宣传单页2000份、宣传海报500张、停车宣传品1000个、果盘宣传品700个、洗漱包宣传品600个、数据线宣传品600个、购物袋600个，网络平台宣传152次、宣传教育活动115次，发送宣传短信6800条，大型户外宣传3次，形成良好的宣传氛围，增强群众防范意识。（邓 昶）

【防范非法集资集中宣传月活动】 2020年6月6日，雨花区在德思勤城市广场举办以“‘雨’您同行 共同守护”为主题防范非法集资集中宣传月启动仪式，采用文艺表演、互动抢答、金融展示、资料发放等多种形式普及防范非法集资知识，开展为期一个月的针对性宣传。宣传月活动组织大型集中宣传活动14次，7200余人参与，发放宣传单页、手册等3万余份，张贴海报、摆放展板、悬挂横幅3000余份，提高群众识别和防范非法金融的能力，引导群众增强自我保护、理性投资的意识。（邓 昶）

【防范非法集资工作专题培训会】 2020年10月15日，雨花区组织各街道（镇）打非专干开展防范非法集资工作专题培训，区打非办宣讲有效开展防范非法集资宣传工作、典型非法集资个案分析及辨识非法集资行为，落实省、市有关防范非法集资工作的会议精神和工作部署，全力化解金融领域风险，增强群众金融风险防范意识，提升各街道（镇）打非工作人员业务知识水平和及时发现辨识涉嫌非法集资经营行为的能力。（邓 昶）

【金融服务重点支持企业名单制度】 2020年，雨花区推出《雨花区金融服务重点支持企业白名单制度》。区金融中心协同区工信局、区人社局、区应急局、区市监局、区税务局、区生态环境分局等部门筛选出215家企业，建立雨花区金融服务重点支持企业名单制度，引导银行主动对接、优化业务流程，在利率、效率等方面给予支持。银行安排专门的服务团队对名单内企业提供“一对一”跟踪服务，根据企业生产经营实际和需求提供一揽子综合金融服务。区金融中心根据企业需要推荐中介机构进行对接，提供股权融资、上市辅导等多元化的融资服务，为名单内的215家企业购买防疫复产综合保险增强保障，保费100.18万元，保额4364万元，并引导多家保险公司为区内医务人员和防疫人员赠送保险，发挥保险社会治理功能巩固疫情防控成果，促进企业复工复产和稳定经营。

（邓 昶）

【商贸业银企对接专场活动】 2020年5月28日，雨花区金融中心在湖南高桥大市场举办商贸业银企对接专场活

2020年6月6日，雨花区防范非法集资集中宣传月活动 （何小玲 供图）

动，有效促进金融资源与企业需求的高效精准对接，在一定程度上缓解了企业融资难的问题。12家银行机构和100余家企业、个体工商户参加。3家银行与高桥大市场签署战略合作协议，9家银行与15家企业（商户）现场签约，签约金额8.76亿元。（邓昶）

【银企交流会】2020年6月18日，雨花区金融中心联合区委统战部和区工商联（总商会），在湖湘精英会创新中心举办“民企大走访·同心促发展”暖企活动之银企对接会，解答企业融资方面的问题，拓宽企业融资渠道，密切银行和企业的联系。活动邀请7家银行与约20家企业面对面互动交流，企业结合自身经营情况和融资提出疑问，银行现场答疑。（邓昶）

【“雨花金融”微信小程序开通】2020年4月23日，经区委网信办同意，“雨花金融直通车”微信小程序正式开通，用于宣传惠企政策及工作动态；宣传防范非法集资知识，在线举报；汇总介绍银行产品，促进企业融资。该程序包括金融服务、金融安全、惠企政策、工作动态4个模块，导入12家银行的82款信贷产品，同时转发宣传中央、省、市、区30项惠企政策。（邓昶）

【长沙市第九届金融服务节开幕】2020年4月27日，雨花区承办2020年第九届长沙金融服务节开幕式暨“人工智能及机器人（含传感器）”产业链银企对接会，进一步贯彻落实统筹抓好疫情防控和经济社会发展的决策部署，助推金融机构在“大干一百天　实现双过半”竞赛活动中积极行动，全面推介雨花区在疫情防控、项目建设、产业发展、民生保障、金融担当等方面的创新。活动以“同心战疫　金融担当”为主题，全区100余家企业和20余家金融机构参会。36家银企现场签约66亿余元，4家银行向“人工智能及机器人（含传感器）”产业链授信100亿元。（邓昶）

【金企对接专场沙龙活动】2020年9月28日，长沙市工商联、长沙晚报社、雨花区政府主办，区金融中心、区现服中心、区工商联承办，组织开展“金企协同、升级发展”金企对接专场沙龙活动，贯彻落实习近平总书记在湖南考察调研时的系列讲话指示精神，打造金融机构与企业轻松洽谈、深度交流的平台，为区内中小微企业送来金融及时雨，进一步优化自贸区内企业融资环境。（李牧婷）

【拟上市企业资本市场专题培训】2020年10月20日，“上市潮涌　雨花扬帆”——2020年雨花区拟上市企业资本市场专题培训在中国（长沙）创新设计产业园举办。长沙市金融办副主任段永松具体介绍企业上市相关政策及长沙市推进企业上市相关工作情况，包括省市已出台的上市相关政策、服务企业上市的几点做法。深交所专家解读创业板改革并试点注册制情况，从创业板注册制改革概况，到创业板发行上市审核规则，着重介绍创业板板块定位、发行承销制度改革要点和注册制下企业改制上市主要流程和发行条件。全国政协委员、启元律师事务所首席合伙人袁爱平分享企业上市中的重大法律问题，结合案例对企业主体资格、出资和资产、经营管理稳定性、持续经营稳定性、独立性、关联交易、募集资金投资项目等审核要点进行分析。发放企业摸底表，搜集企业的经营情况、需求诉求，据此提供更精准的服务。（李牧婷）

● 长沙农商银行雨花支行

【概况】长沙农村商业银行股份有限公司雨花支行（简称“长沙农商银行雨花支行”）是长沙农商银行下辖的十四家一级支行之一，主要经营范围是中国银行业监督管理委员会依照有关法律、行政法规和其他规定批准的业务，经营范围以批准文件所列的为准。辖12个二级支行、1个营业部。

2020年，长沙农商银行雨花支行大力发展业务，加强风险防控，有序推进各项工作。至年底，各项存款102.04亿元，较年初净增10.62亿元；各项贷款59.19亿元，较年初净增6.85亿元。（杨焕）

【经营管理】2020年，长沙农商银行雨花支行撤并搬迁低效网点，严控营业网点面积，加强房租价格的管控。严格控制房租递增幅度，注重租赁到期后相关条款的把握。调整机构网点，拓宽树木岭支行经营场所，租赁该支行旁某中西餐厅二楼部分场地作为支行行长和客户经理的办公场所，租赁面积32平方米。撤销长沙市雨花区雨花亭街道景塘家园A8栋1号的景塘家园自助银行。铁桥支行搬迁至沙湾路18号，更名为体育新城支行。优化人力资源管理，提拔中层干部14人次，免职1人，岗位交流92人次，内部调整7人，激发队伍的活力。调入6人，调出12人，辞职4人，退休5人，新分配员工8人。组织二级支行、部室多个岗位的缺额竞聘，为真正“想干事、能干事”的员工提供舞台。制定《客户经理等级评定办法》《二级支行（营业部）负责人末位退出管理办法》等文件，解决员工特别是重要岗位人员“庸、懒、散”作风。坚持“每周一学”，采取“线上＋线下”“培训＋考试”的方式，进行多层次多角度的学习培训。举办国学、职业礼仪、健康养生、摄影培训，开展石燕湖拓展训练、全员营销集中培训、与长沙市征收办韶山红色圣地拓展活动，组织业务技能比赛、厅堂微沙龙视频比赛、人堂引导员产品宣读比赛，凝聚团队精神。加强内部管理，总额控制二级支行的水电费、绿化费、公杂费等，核减水电费10%以上，核减人员费用80万余元。严控人员增长，比上年减少支行员工8人，保安4人，减少工勤岗位司机1人，挖掘人力资源潜力，提高人员使用效率。（杨焕）

【业务发展】2020年，长沙农商银行雨花支行坚持市场定位，把握支农支小支微的服务方向，持续加大对辖区经济支持力度，特别在应对疫情防控、企业复工复产的特殊时期，坚持急事急办、特事特办，与政府、企业共克时艰，全力投入防疫复工与经济建设大局中。营业部发放2000万元口罩专项贷款助力湖南省商务厅，全力以赴帮助企业安全有序复工复产。以区政府产业发展重点为方向，对于符合产

2020 年 4 月 26 日，长沙农商银行雨花支行 2020 年一季度经营工作会议

（杨 焕 供图）

业要求但融资有需求的企业，积极主动对接，加大信贷投放。重点支持中惠旅集团、毛家桥投资、湖南路桥、长沙产业投资集团、湘能楚天电力有限公司、长沙沃霖农副产品开发有限公司等客户，缓解小微企业融资难的问题。全面实施普惠金融工程，坚持“党建共创、金融普惠”，多次向雨花区委、区政府汇报沟通工作开展情况，争取地方政府领导的支持。积极与政府、乡镇、村组、园区、商圈对接，强化网格化管理，共建共联，深入走访，形成“班子成员做表率、管理人员带头干、普通员工自觉上”的积极氛围。与 43 个街道、社区签订共建协议；聘请金融组织员 5 人，金融协理员 57 人，金融联络员 132 人，走访客户 14426 户。改善柜台服务，利用传统节日精心策划专题营销活动，加大农信服务普及和推广力度；围绕“以客户为中心”优化产品设计，为客户量身定做产品，解决客户的资金需求，以实际行动践行“建设有温度的百姓银行”。成立“5050 项目”专项工作组，专门负责“5050 项目”工作推进。班子成员联点二级支行，深入二级支行，带领机关各部室一对一指导、督促、参与各战队开展走访、录入、授信等工作。8 个战队全部顺利验收，其中石燕湖村整村授信项目在验收工作中被评为优秀。（杨 焕）

【风险防控】 2020 年，长沙农商银行雨花支行开展“压不良、控风险”活动，对不良贷款逐户逐笔制定具体的清收方案，加强不良贷款的清收及处置力度。协议收回陈某波贷款及利息 259.53 万元；通过总行相关部门、支行、法院的多次协调沟通一举收回湖南油富置业有限公司、厚工坊经贸有限公司 5800 万元贷款及利息；收回表外不良贷款本金及利息 6040 万元。（杨 焕）

【省联社调研指导工作】 2020 年 6 月 16 日，湖南省农村信用合作联社党委书记赵应云调研指导长沙农商银行雨花支行工作，省联社办公室主任王文芳、信贷管理部总经理罗继红、运营管理部总经理高梅玉、风险管理部总经理吴振华参与调研。长沙农商银行董事长胡善良、行长陈萍萍、监事长刘红樱，雨花支行及营业部相关负责人陪同调研。（杨 焕）

【总行调研指导工作】 2020 年 1 月 13 日，长沙农商银行党委委员、行长助理张错调研雨花支行，组织开展雨花支行班子及班子成员考核测评会。4 月 27 日，长沙农商银行党委副书记、行长陈萍萍，党委委员、副行长黄治国，公司金融部总经理蒋澜出席第九届“长沙金融服务节”开幕式暨“人工智能及机器人（含传感器）”产业链银企对接会，与企业共谋复工复产。5 月 8 日，长沙农商银行党委书记、董事长胡善良调研雨花支行，并出席雨花支行“践行五四精神，致敬抗疫天使”主题演讲比赛，担任评委。6 月 2 日，陈萍萍一行调查走访雨花经开区重点企业，为银企、银政深度合作和精准决策提供依据。8 月 10 日，陈萍萍一行贷后回访雨花支行新增贷款客户长沙沃霖农副产品开发有限公司，实地了解贷款发放后企业的经营状况，并对冷库供应链金融的业务合作进行规划。11 月 18 日，胡善良走访雨花支行合作单位长沙白沙酒业有限公司。11 月 24 日，胡善良一行调研指导雨花支行工作，座谈听取雨花支行工作汇报。12 月 11 日，张错一行督导雨花支行不良贷款现金清收工作，对债务人进行上户约谈及催收 。（杨 焕）

【产品宣讲比赛】 2020 年 9 月 25 日，雨花支行组织开展“厅堂微沙龙”视频比赛活动，由支行自主选择一种产品，采取厅堂微沙龙的方式进行营销，通过网络投票和评委打分的形式进行评比。通过一个星期的网络投票和评委打分，营业部、冬斯港支行、营销中心分别获得一、二、三等奖。11 月 6 日，雨花支行组织开展产品宣讲比赛，16 名大堂引导员自主选择一款产品进行宣讲。圭塘支行邹琳瑶获得第一名。

教育·科技

教　育

【概况】长沙市雨花区教育局（简称“区教育局”）主管雨花区教育工作。下设区教育公共服务中心、区教育科学研究所、区艺术体育科技中心、区教育局会记核算中心、区考试中心、区信息技术与装备中心、区教育后勤办、素质教育基地8个二级机构。

2020年，雨花区有中小学87所（完全中学3所，初中13所，小学68所，民办学校3所）；幼儿园266所（公办幼儿园79所，民办普惠幼儿园146所、其他民办幼儿园41所）；学生、幼儿17万余人（学生12万余人，幼儿5万余人）；教师9534人（在编教师4594人，合同制教师2710人，离退休教师2230人）。雨花区教育工作坚持立德树人，开展主题教育，深化素质教育，保障教育民生，促进教育优质均衡发展。雨花区被评为“全国师德涵养实验区”、“全国网络学习空间应用示范区”、“全国基于教学改革、融合信息技术的新型教与学模式实验区”、“全国在线教育创新应用示范区”、“国家义务教育质量监测优质组织单位”“全国终身学习品牌项目”、湖南省首批“智慧教育示范区”等称号。湖南省教育厅、湖南省语言文字工作委员会授予雨花区“2019年湖南省中小学教师普通话水平抽查县市区先进单位”称号。全国信息化教学实验区工作启动会上，作为唯一区县推介经验；全省基础教育现场会、全市德育工作会议上，作为全市唯一区县推介经验。迎接国家脱贫攻坚普查，教育扶贫指标100%达标、省级抽查100%合格，群众100%满意。教育工作在省、市级媒体报道805次，国家级媒体报道80次（其中“学习强国”平台报道54次），中国政府网、新华社、《中国教育报》推介雨花区劳动教育创新举措，湖南教育快讯6次推介雨花区教育工作。区县市教育局绩效考核，总分连续三年排名第一。教育部关工委授予雨花区教育局“新时代好少年”主题教育读书活动“美好生活劳动创造”先进集体称号。湖南省电化教育馆授予区教育局为湖南省第二十一届中小学电脑制作活动最佳组织奖。湖南教育考试院授予雨花区教育局“2020年度空军招飞工作先进单位”。（何兵生）

【基层党建】2020年，雨花区教育局坚持党建引领，发挥党对教育工作的统领作用，召开党委会28次，专题研究教育发展各项重点工作。教育系统102个党支部全部达到“五化”党支部标准。疫情防控期间，82名党员分赴砂子塘、侯家塘街道参与防疫抗疫工作；教育系统党员捐款27.6万余元，参与率100%。强化思想引导，组织集中培训3期；班子成员讲党课8场，带动基础党组织书记上党课160多场次；组织书记、校长讲坛4期，开展党员轮训2期，培训党员820人。深化廉政建设，常态开展廉洁文化宣传，发送提醒短信3900余条，开展例行廉政谈话167人次。严肃查处违纪违规问题17起，处理处分17人，清退费用37万余元。创新思想政治教育，发挥学校主渠道作用，利用开学第一课、思想政治课、国旗下讲话等，将红色教育与学科教学相融合，引导青少年学生系好第一粒扣子。推出“小雨花”致敬先锋系列微队课、微视频，“学习强国”“中国辅导员”展播6节。（何兵生）

【教育强区】2020年，雨花区推进教育强区建设。投资3.35亿元，新扩建小学、幼儿园12所，新增学（园）位9000个。投资1.12亿元，完成中小学校通槽式厕所改造以及提质维修改造。公办幼儿园新增42所；新增学位数12157个，新增在园幼儿人数10587人，新增在编教师111个，公办幼儿园学位建设总投入2亿余元，实现学前教育“全市五个第一”目标，湖南卫视《奋进新征程》栏目专题报道。雨花区义务教育优质均衡发展督导评估资源配置7项指标综合差异系数小学为0.108、中学为0.146，均位于长沙市前列。配备集团总校长（园长），进一步凸显集团特色，推进集团化办学纵深发展；抓实跳马片区帮扶工作，扩大优质教育资源覆盖面。学区划分工作调研早、摸排细、举措实，招生工作“零”群访。中小学校100%实施课后服务，有课后服务和午餐需求的学生100%落

2020 年 11 月 24 日，雨花区作为全国唯一区县在全国信息化教学实验区工作启动会上推介经验 （何兵生 供图）

实，受访学生及家长 100% 满意。全区务工人员子女 22502 人，占学生总数的 18.5%，约占全市务工人员学生数的三分之一。22 万余名学生免除学杂费，免费提供教科书 1.59 亿余元，为 5659 名学生幼儿发放资助 342 万余元。为 525 名适龄残疾少儿注册学籍并进行教育安置，省教育厅蒋昌忠厅长点名表扬雨花区特教工作。 （何兵生）

【教育教学】 2020 年，雨花区推进生命化德育“菜单式”培训，开展培训讲座 36 场次，参培教师 2000 余人次。完成线上教学录课 274 节，全区中小学生参与率 98.08%，获长沙市“停课不停学”网络教学活动优秀单位。《湖南日报》专版推介区雨花教育系统防疫育人两手抓。常态抓好文明创建、垃圾分类等工作，进一步提升师生文明素养，19 所学校被认定为市级及以上文明（标兵）校园。枫树山大桥小学学生陈羽析被评为“全国优秀少先队员”。以“四自”（自重、自省、自警、自励）联盟、问题化学习研究同盟、中学互联网 + 信息技术教学能力提升研究同盟为龙头，推动生命化课堂改革，提升育人质量。12 所学校获评“长沙市书香校园”。金海教育集团“闪光课堂”入选《中国教师报》2020 年度课堂改革十大样本（全省唯一）。全区二本上线率 60.87%，初中学业水平考试一次性合格率 96.6%；艺术中考合格率 97.75%、体育中考合格率 97.94%，居全市第一。组织全区学生完成视力筛查和全面体检，为初一、高一学生建立心理档案。8 所学校入选全国青少年校园篮球、排球、足球特色学校。获湖南省小篮球联赛总决赛 U12 女子组冠军，湖南省青少年俱乐部足球超级联赛冠军、季军，湖南省足球协会青少年足球锦标赛（男子甲组）亚军，长沙市校园足球四级联赛（初中男子甲组）冠军。在第 24 届全国发明展览会上获一金四银三铜（全市第一），在湖南省青少年科技创新大赛中获一等奖 1 个，二等奖 2 个，三等奖 2 个；长沙市青少年科技创新大赛中获一等奖 14 个，二等奖 30 个，三等奖 39 个。5 所学校获长沙市中小学建制班合唱合奏比赛一等奖；长沙市中小学生“三独”比赛，雨花区一等奖 201 个，占内五区总数的 29.43%；在长沙市中小学校园文化艺术展演中，雨花区获一等奖 15 个，其中 8 支队伍进入现场 PK 赛，占全市 53.33%，总成绩位居全市第一。成功承办第 37 届全国信息学奥林匹克竞赛；启动 11 所智慧校园与 3 所未来学校的建设，并与湖南移动、湖南联通等企业达成战略合作协议，争取经费 2300 万元。在全省率先启动 57 位人工智能教师认定工作，提升教育教学的活力与实效。市委改革办主编的《长沙改革交流》，以《雨花区：融合创新探索智慧教育改革》为题，报道雨花区智慧教育经验。 （何兵生）

【教育治理】 2020 年，雨花区教育局推进法治建设，排名区法治政府建设考核第一，并在全区作典型经验发言。27 人考取执法证。巩固配套幼儿园整治成果，与 8 家开发单位达成精装交付共识，为政府争取资金 3246 万元。遴选 69 名公办学校党支部书记作为民办教育党建指导员，牵头开展无证园、培训机构专项治理工作，关停 40 所，办证 16 所，引导民办教育依法办学、科学发展。完善“互联网 + 政务服务”，权力清单和服务事项 100% 接入“一网通办”，行政许可办理时间同比减少 50%。全市教育系统“双随机、一公开”考核中排名第一。改革项目获雨花区“全面深化改革成果奖”。学校常见传染病发病数同比明显下降，流感下降 80.74%，腮腺炎下降 76.20%，水痘下降 55.37%。省、市级“安全文明校园”48 所，法治副校长、学生法律援助中心 100% 配置到位，校园安防“五项建设”100% 完成。成立校园周边交通安全三年整治专班，联合交通、交警常态开展校车督查，执法 12 次；强化警校联动，做到“见警察、见警灯、见警车”，确保校园及师生安全。 （何兵生）

【教师队伍】 雨花区落实立德树人根本任务，持续抓实教师培训“新进教师培养工程”“合同制教师‘半小时带’培训工程”“名师孵化工程”“书记、校（园）长表率工程”“骨干教师引领工程”五大工程，完备骨干教师队伍发展梯队，理顺各层各级教师梯队升级通道，形成教师队伍阶梯发展与成长体系，实现个人成长与整体提升、名师培育与辐射引领的有机融合，提升雨花教育的办学品质，激发雨花教育的办学活力。初步形成由 5 名正高级教师、82 名市级卓越教师、328 名区级卓越教师、1600 名区级骨干教师组成的教师发展梯队。2020 年，雨花区以师德养成教育示范区建设为抓手，遴选 10 所中华经典和书法涵养师德基地校以及 150 名第二批师德养成教育培训师，提升教师师德水平、专业素养。

区级及以上名师工作室21个，市、区级卓越教师348人，骨干教师1701人。推进人才强区、人才兴教战略，加强引进交流，引进教师380人，其中公费师范生30人，特殊人才13人，名优骨干教师67人。教育行政干部和教师交流310人，促进师资力量均衡配置。召开庆祝第36个教师节暨优秀教师表彰大会，199名教师获区政府表彰，28名教师获市政府、市教育局表彰，4名教师被评为湖南省特级或正高级教师。"飞梦雨花"推出《雨花师说心语》微视频6集，展现优秀教育工作者立德树人、奋勇担当新风貌。举办青年班主任心理健康培训9场，490人参加；建有集学习、健身、休闲于一体的"教工之家"48个；为318位无房教师提供294套可"拎包入住"的公租房；走访慰问困难教师等1576人次，提升教育工作者的幸福指数。（何兵生）

【疫情防控】2020年，雨花区系统教育积极做好疫情防控工作。1月24日（农历大年三十）开始，区教育局班子成员、科室负责人取消休假、全部到岗，全面部署疫情防控工作。出台《长沙市雨花区教育局新型冠状病毒疫情防控工作方案》，设立5个工作组，确保疫情防控工作有序开展；邀请区疾控中心专题培训，指导各学校、幼儿园做好各项防控工作。局班子成员带领局机关、二级机构的67名党员干部组成10个督查组，深入中小学（幼儿园）、民办学校和培训机构开展地毯式督查。全区163个校外培训机构按要求全面停止线下培训，10所民办学校严格落实停课要求；129所公办中小学、幼儿园的负责人和党员教师带头到岗，重点抓实往返湖北师生的信息排查、宣传引导、值班值守等工作。组成由班子成员带队、77名党员干部志愿者参加的工作小分队，到砂子塘街道、侯家塘街道，协助社区、小微企业做好防控工作。启动"停课不停学"网络教育，雨花区中小学生参与网络学习学生人数116463人，占比99.9%，对544名疫情防控工作一线工作人员子女和72名因各种原因无法参与的学生，采取党员教师"一对一"的方式进行教学服务和跟踪指导。学校开学后，门口设立学生入学通道，学生们携带着生活学习物资以及健康码、健康卡等报到材料，依次通过红外线体温扫描仪。（何兵生）

【教育工作会议】2020年1月13日，雨花区2020年教育工作会议在雅境中学召开。区教育局党委书记、局长张新卫作题为《同心同德 奋进攻坚 努力实现雨花教育优质均衡发展》工作报告，提出2020年的教育重点工作，聚焦五育并举，构建美好课堂；聚焦德能并重，培养美好教师；聚焦共建共享，打造美好校园；聚焦优质均衡，推进美好治理；聚焦党建引领，筑牢美好保障。要做"因为相信，所以看见"的担当者和奋进者，不做"因为看见，所以相信"的被动者和耽误者。区政府副区长刘江红肯定2019年雨花教育"有氛围、有成绩、有特色、有后劲"，2020年教育工作要立足"攻坚深化年""师德建设年"重点，坚持创建优质均衡区目标，突破基础教育重在基础、义务教育责在义务的重点，把握优质、均衡、满意关键，促进雨花教育优质均衡发展，为"三个雨花"建设提供坚强的人才保障和智力支持。区教育局党委委员、区政府主任督学朱紫彪宣读任免决定。区教育基金会会长吴承志通报2019年绩效考核结果，并为获奖单位颁奖。雅境中学校长金虎成、长郡雨外左家塘学校校长曹谦、树木岭小学校长楚艳芳分享学校管理经验。（何兵生）

【学校安全专业委员会会议】2020年5月18日，雨花区学校安全专业委员会第一次全体会议暨2020年全区学校及周边综治工作会议召开。会议由区政府调研员陈良红主持。区教育局党委书记、局长张新卫全面总结2019年全区学校安全及周边综合治理工作，研判当前综治安全形势，部署2020年主要工作，提请审议《雨花区学校安全专业委员会工作规则》。区政府副区长刘江红要求，2020年的校园及周边综合治理工作，要明确目标抓治理、直面问题抓治理、突出重点抓治理、压实责任抓治理；各单位要从根本上消除事故隐患，切实保障广大师生的生命财产安全，努力为学生们健康成长创造良好的社会环境。区委常委、政法委书记王明玖强调，提高政治站位，抓好校园及周边综合治理；突出重点，狠抓关键，及时发现问题，确保问题清零；要压实责任，执行属地原则，分步推进、分步落实、分组督查。区政府办、区委宣传部、区政法委、区教育局、区司法局、区财政局、区交通运输局、区卫健局、区应急局、区市场监管局、区城管执法局、区文化市场综合执法局、区城管执法大队、区市容环卫维护中心、区市政设施维护中心、区园林绿化维护中心、区法院、区检察院、区公安分局、区交警大队、区消防救援大队分管负责人，13个街道（镇）分管负责人；全区中小学校、幼儿园校（园）长参加会议。

（何兵生）

【区委教育工作领导小组会议】2020年7月31日，雨花区委副书记、区委教育工作领导小组组长陈永高主持召开区委教育工作领导小组2020年第一次会议，听取秘书组工作汇报，审议《区委教育工作领导小组2020年工作要点》和《区委教育工作领导小组拟调整成员名单》等文件，研究部署下阶段教育工作。陈永高指出要将教育工作纳入全区"十四五"规划，确保教育用地落实，做好教育片区规划，科学统筹建设任务，保障经费投入，满足教育民生需求；持续深化改革，解决教育系统面临的组织保障、经费保障、工作保障、机制保障等问题，建立高质量发展体制机制；要强化责任担当，区委教育工作领导小组要牵头抓总，各成员单位要履职尽责、密切协作，凝聚推动教育事业发展的强大合力；要聚焦校园师生安全、教育资源供给、教育质量提升等关键领域，努力推动雨花教育优质均衡高水平发展；加快教育强区和教育现代化建设步伐，努力办好人民满意的教育。（何兵生）

【暑期教育工作会议】2020年8月26日，雨花区暑期教育工作会议召开。区教育局党委委员、副局长谢述飞主持第一阶段会议，复兴小学校长张琼芳、枫树山莲湖小学校长陈莹、长沙市雨花实验中学校长熊一兵分享教育经验。区政府办公室副主任万多主持第二阶段会议，区教育局党委书记、局长张新卫围绕“立德树人 奋进担当 加快实现雨花教育优质均衡发展”主题作2020年暑期教育工作报告，总结2020年上半年全区教育系统工作，提出2020年下半年全区教育系统工作以“优质均衡”为重点，以“攻坚深化年”“师德建设年”为抓手，坚持党建统领，教育发展再创优；坚持立德树人，教育质量再提高；坚持名师引领，教师素养再提升；坚持优质均衡，服务民生再精准；坚持科学规范，综合治理再推进，以及围绕重点目标展开的切实举措。区政府副区长刘江红要求，坚持疫情防控不放松，做到“一化”（全面落实常态化防控举措）、“两防”（“防境外输入、防内部反弹”）、“三不”（保持思想不松、机制不变、队伍不散）；盯住重点任务不动摇，继续深化全国义务教育优质均衡发展区创建，巩固全国师德养成教育示范区成果，发展书法特色、阅读特色、劳动教育，强化校长队伍建设和班主任队伍建设；咬定校园安全不懈怠，加强防溺水教育、关注交通、消防安全等，切实保障师生身心健康。区人大常委会副主任杨仕斌强调，要进一步抢抓机遇，科学发展，切实努力提升教育的服务意识，继续注重人文精神和学生个性的培养。区教育局机关全体人员，局直属二级事业单位副职及以上干部，各学区书记，各中小学、公办幼儿园党政负责人，民办幼儿园、民办培训学校联组长参加。各中小学、幼儿园行政人员通过视频链接在本单位会议室参会。（何兵生）

【教育部督导教育质量监测】 2020年9月25日，教育部基础教育质量监测中心指导实施专家组组长、成都市教科院督导评估监测研究所所长卿子俊、长沙市教科院副院长章勇到雨花区指导义务教育质量监测测试组织工作。雨花区教育局主任督学朱紫彪以《培训防疫并举 督查指导齐抓》为题、以“四到位四落实”为主要内容向专家组汇报雨花区2020年国家义务教育质量监测前期准备工作情况。雨花区教育局党委书记、局长张新卫表示雨花区一直非常重视学生的全面发展，特别关注师生的身心健康，并希望这种科学、公正、有效的质量监测方式能覆盖到所有学校。专家组到雨花区砂子塘嘉和小学、佳兆小学、石燕湖中学、长沙市南雅中学、砂子塘吉联小学和湖南广益实验中学现场查看准备情况，通过“五看五访谈”的方式，对雨花区2020年义务教育质量监测准备工作给予高度肯定，肯定雨花区工作组织非常严密、准备非常有序、细节考虑周到。区政府副区长刘江红向指导组简单介绍雨花区的基本情况及区委、政府对教育工作的重视，感谢两位专家对雨花教育的肯定和指导。9月28日，雨花区20所样本学校参加全国义务教育阶段学生科学学习质量、德育状况监测。（何兵生）

【生命教育活动】 2020年11月4—5日，雨花区举办2020年度“骨干教师引领工程”名优特教师展示活动，80余名名优特教师围绕“生命教育”同台献技，以促进全区教师教育教学理念的更新和能力的提升。枫树山莲湖小学校长陈莹、黎郡小学校长骆剑等17名校长和名师分成3组，分别阐述“我眼中的生命教育”“家校共育”等话题，论道生命教育。近70名名优骨干展现生命课堂的精彩。通过活动，全面展示名优教师的“续航力”，推动名优骨干教师专业再发展，助力全区教师队伍整体素质再提升，为推动雨花教育高品质发展、办好人民满意的雨花教育奠定坚实基础。（何兵生）

【团省委调研少先队工作】 2020年10月13日，共青团湖南省委书记汤立斌调研雨花区少先队工作，纪念中国少年先锋队建队71周年。汤立斌一行观看天华寄宿制学校学生寝室少先队员的生活自理技能展示，并颁发红领巾奖章肯定队员们的学习劳动的成果，激励他们参与更多劳动实践；在“红领巾微城市”、少先队队室、少先队名师工作室等少先队阵地，查看学校少先队工作成果手册，听取相关工作介绍，称赞天华寄宿制学校坚持开展的自主教育、实践活动推进少先队改革的做法，名师工作室发挥的辐射引领作用；观看学校红领巾社团和少先队活动课展示；与雨花区少先队辅导员代表和天华寄宿制学校少先队员代表开展基层少先队工作调研座谈，听取少先队员的心声以及少先队辅导员的所感所言。汤立斌勉励天华寄宿制学校进一步发挥全国少先队名师工作室的作用，在用好红色资源、开展红色教育、传承红色精神方面做进一步的积极探索，为全省如何开展好红色教育和培育青少年对党和国家的朴素感情做出示范，真正让红色基因永续不断地植入队员的血脉中。团湖南省委少年部部长陈艳英、团省委四级调研员曾壤、团长沙市委书记叶妙、团市委副书记周坤、团市委学少权益部部长张国金、团雨花区委书记李章博、区教育局党委委员刘翔贵、区少先队总辅导员周斌等陪同调研。（何兵生）

【教育帮扶会议】 2020年8月27日，雨花区支持石门县洞国学校教育工作座谈会召开，拉开“‘雨’你同行·心手相牵”教育帮扶同心工程序幕。雨花区委常委、统战部部长成钢主持会议。雨花区政协党组书记、主席冯聪龙，石门县委常委、统战部部长刘颖分别代表雨花区和石门县祝贺长郡雨花外国语教育集团与石门县洞国学校正式达成合作关系，并表示两地党委政府及有关部门将加大支持力度，完善联动机制，把教育帮扶的各项举措落到实处，做出特色，形成经验。长沙市政协副主席、民革市委会主委朱建军表示，民革长沙市委会将发挥自身优势，进一步加强沟通协调，支持民革雨花区工委积极参与到智力扶贫、教育扶贫等工作中来，不断提升履职能力，促进自身建设。湖南省政协原副主席、民革省委会原主委、郑洞国教育基金会理事刘晓强调，郑洞国教育基金会继承郑洞国将军热爱家乡、造福桑梓、尊师重教的遗愿，连续12年致力于教育扶助，帮助洞国学校改善办学条件，开展奖教助学活动，为促进城乡教育均衡发展贡献力量。

【中共十九届五中全会精神宣讲】 2020年12月21日，雨花区教育局在泰禹小学举行中共十九届五中全会精神专题宣讲活动，号召全系统深入学习贯彻落实，推进雨花教育优质均衡高质量发展。区教育局局党委书记、局长张新卫结合教育中的实际案例，从“新阶段”“新目标”“新理念”“新格局”四个方面对中共十九届五中全会精神进行全面宣讲和深入解读。结合雨花区教育现状诠释“建设高质量教育体系”，从“一个方向”“两个概念”“三个关键”“四个发力点”进行分析。张新卫指出，要始终坚持社会主义办学方向，着力培养德智体美劳全面发展的社会主义建设者和接班人；高质量教育就是要优质均衡，高质量教育最终是指向激发和实现学生教育自我赋能、自我成长的终身教育体系。（何兵生）

科学技术

【概况】长沙市雨花区科学技术局（简称“区科技局”）为区政府行政单位，负责全区科技成果转化、科技平台建设、科技项目及资金管理、科技计划的申报及审核、人才队伍建设等工作。

2020年，雨花区科技工作，深入实施创新驱动发展战略，推动科技创新与经济深度融合，提升科技创新对全区经济社会发展的支撑能力。增强全社会R&D经费投入，加大高新技术企业培育，培育重点创新项目，加快中小企业培育，加强平台载体建设，推进科技计划项目，促进科技成果转化。区科技局坚持党建引领，展现科技服务新风貌。成立企业复工复产防疫联络组，全力协助同升街道开展企业复工复产帮扶工作，被评为优秀县市区科技行政管理部门、市对区绩效考核一类单位。（谭文萍）

【科技工作成果】2020年，雨花区走访重点科技企业，培训基层和企业科技工作者研发经费统计业务，加大研发经费投入力度，增长贡献绝对值在内城区排名第一。2019年度“四上”企业研发经费投入33.62亿元，同比增长33.41%，全社会研发经费投入39.33亿元，同比增长31.85%。分两批认定高新技术企业173家，有效高高新技术企业增至391家，认定数和总数居内五区第一，高质量完成高企申报工作，实现高基数上的高增长，完成高新技术产业产值2668.7亿元。创新湖南省技术合同认定登记管理的新模式，在中机国际工程设计研究院有限责任公司设立全省首家区、县一级技术合同认定登记点，方便河东地区企业技术合同认定登记。完成技术贸易合同成交额62.38亿元，居内五区第一。科技项目申报62家，通过初审、专家评审和区直部门联审等严格程序，44个项目成功立项。培育引进阿里云创业孵化基地、文化产业示范基地等一批国家、省、市科技创新平台。着眼高技术服务业发展，以中国（雨花）创新设计战略联盟为载体，重点发展工程设计、工业设计、文创设计等设计服务产业，构建“一核、四区、多点”产业格局。推荐51家长沙市科技项目、2个重大专项、5家众创空间、10家企业申报湖南省“科技助力经济2020”重点专项等项目。规上工业企业研发经费完成6.94亿元，全年任务完成率170.94%。推荐2020年省级企业研发财政奖补企业96家，奖补经费2375.67万元，2019年高新技术研发费补贴93家，奖补经费1267万元，落实2019年17家科学小巨人研发经费奖补政策，推荐规模工业企业申报市级研发经费补贴14家。兑现2019年企业科技项目资金5641.68万元。雨花区在全市研发经费投入工作总结会作典型发言。（谭文萍）

【科技计划项目管理】2020年4月8日至7月10日期间，雨花区科技局开展科技计划项目申报工作，网上申报各类项目63个。7—8月，经过资格审查、实地走访和集体研究，48个项目进入第二轮评审。10月，委托第三方评估机构进行48个申报项目专家会议评审，通过会议答辩，44个项目进入第三轮评审。经过区科技局、区财政局、区法院、区应急局、区市场监督局、区环保局、区工信局等多部门联合会审，拟立项44个，其中重点项目23个，一般项目21个，拟支持资金为604万元。6月23日，区科技局对第一批24个事前立项事后补助类科技计划项目进行专家评审答辩，围绕项目的经济指标、社会指标、预期成果等方面进行认真审查。评审答辩由区科技局委托长沙市生产力促进中心具体组织实施，从专家数据库随机抽取10位专家主持评审，10位专家分别来自中南大学、湖南大学、湖南师范大学及长沙理工大学等科研单位，涵盖农业、高新技术、社会发展等行业领域。区纪委派驻纪检组全程参与，督查项目实施过程中的科研诚信情况，严格把关项目验收工作，规范科技项目的验收程序。12月11日，对第二批29个事前立项事后补助类科技计划项目进行专家评审答辩。（谭文萍）

【科技计划项目部门综合评审】2020年10月30日，雨花区科技计划项目部门综合评审开评。区科技局牵头组织，区纪委、区法院、区财政局、区生态环境分局、区市场监管局、区应急局、区工业和信息化局、区农业农村局共同参与。各相关职能部门对已经通过专家会审的项目再次进行审查，分别从入选企业的环保、安全生产、产品质量监督、企业诚信、技术创新、税收贡献、企业发展等多个维度进行准确评价，评审结论作为区科技项目资金拨付的重要依据。把区级财政资金落实到扶持真正有发展潜力的企业，最大限度地发挥科技计划项目的经济和社会效益。（谭文萍）

【科技工作培训会】2020年1月3日，雨花区科技局在中国（长沙）创新设计产业园举办全区重点企业科研经费归集填报工作业务培训，帮助辖区企业加强科研经费管理，做好科研经费归集、核算工作，提升企业科技创新能力。长沙市科技局规划财务处副处长蒋会明、市统计局人口与社会科技处副处长邓细锋授课。120余家重点规模企业的财务、技术部门人员参加培训。2月26日，雨花区召开全区全社会研发经费统报工作会议，区科技局党组书记、局长彭谱诚传达近期市政府、市科技局相关会议精神，安排部署全社会研发经费统报工作。区政府副区长易静强调相关区直部门、各街道（镇）要高度重视此项工作。要求各街道（镇）在疫情期间更要积极主动作为、迎难而上，将该项工作抓紧抓实抓细，督促辖区统报单位做到应统尽统、应报尽报，确保数据质量。11月5日，区科技局在中机国际工程设计研究院组织开展2020年度全区基层科技统计人员业务培训，系统辅导，重点讲解湖南省统计联网直报平台操作、企业研发项目情况表的填写规范和要求，并对实际工作中面临的一些难点问题进行分析解剖，提出解决办法，为基层科技统计人员释疑解惑。长沙市科技局规划财务处副处长蒋会明作动员讲话。（谭文萍）

【重点科技企业座谈会】 2020年4月14日，雨花区政府组织召开辖区重点科技企业座谈会，区科技局解读省、市、区财政研发经费奖补、高新技术奖励等科技政策。区委副书记、区长刘素月表示区相关职能部门要主动服务，加大政策宣传，优化营商环境，并希望企业克服困难，加大科技投入和统计，把企业做大做强。中国能源建设集团湖南省电力设计院有限公司、湖南省水利水电勘测设计研究总院、中国电建集团中南勘测设计研究院有限公司、中机国际工程设计研究院有限责任公司、长沙有色冶金设计院有限公司、中航长沙设计研究院有限公司、中国轻工业长沙工程有限公司7家重点科技企业参会。（谭文萍）

【高新技术企业科技申报工作调度会】 2020年5月12日，雨花区召开2020年高新技术企业申报工作调度会，区科技局相关负责人讲解2020年全区高新技术企业相关政策，安排部署申报有关工作。区政府副区长刘江红指出，全区上下要全力以赴抓好各项科技工作，着重抓好高新技术企业申报工作，强调雨花的创新设计是特色、是优势、是亮点，要提升认识、增强氛围，打造创新设计品牌并强化好企业服务。（谭文萍）

【省科技厅调研研发经费投入】 2020年4月13日，湖南省科技厅资源配置与管理处副处长喻智慧、省统计局人口和就业统计处副处长肖首雄一行调研雨花区企业研发经费投入相关工作，实地考察中国电建集团中南勘测设计研究院有限公司、五矿二十三冶建设集团有限公司和中国轻工业长沙工程有限公司3家重点规上企业，指导交流企业在研发经费投入中的统计相关政策和省研发经费财政奖补办法政策修订。长沙市统计局、市科技局参加调研，雨花区政府副区长刘江红及区科技局、区统计局负责人陪同调研。（谭文萍）

【市科技局调研科技创新】 2020年5月19日，长沙市科技局党组书记、局长郭埭，党组成员、总工程师盛湘饶及相关处室负责人调研雨花区科技企业科技创新工作，考察湖南省交通水利建设集团有限公司、湖南中南智能装备有限公司、湖南申亿五金标准件有限公司、湖南晓光汽车模具有限公司。郭埭表示，市科技局将继续在科技项目、政策扶植和创新平台等方面给予企业大力支持，各企业要集聚创新要素、加大研发投入、加强科技合作，把项目抓紧抓好，不断增强企业自主创新能力。雨花经开区党工委副书记、管委会主任曾红鹰，区政府副区长刘江红陪同调研。（谭文萍）

【区政府调研科技企业】 2020年1月10日，雨花区政府副区长刘江红到长沙比亚迪汽车工业有限公司、湖南可孚医疗科技发展有限公司调研企业科技创新、研发经费投入等情况。区科技局、区统计局与企业进行相关交流企业科技创新政策、研发经费投入归集情况。刘江红表示将一如既往支持企业发展和科技创新，希望企业能够进一步加大研发经费投入，推进科技创新，促进雨花区高质量发展。4月28日，刘江红专程到中机国际工程设计研究有限责任公司指导中国（雨花）创新设计战略联盟工作，听取中机国际相关负责人的相关情况介绍，座谈听取与会单位负责人创新战略联盟的工作思路，交流探讨相关问题。刘江红表示，将继续加强创新设计战略联盟工作指导，通过联盟进一步加强与设计企业的联系，积极向省、市争取更多资金和政策，为企业提供更加优质的服务。（谭文萍）

【雨花区设立湖南省各区县市首家技术合同认定登记点】 2020年10月23日，湖南省长沙市技术合同认定登记点（雨花区）授牌仪式在长沙市雨花区中机国际工程设计研究院有限责任公司举行。会议由长沙市科技局副局长宋新和主持，雨花区政府副区长刘江红致辞，湖南省科技厅副厅长朱皖授牌、授章并讲话。雨花区登记点为湖南省各区县市首家技术合同认定登记点。该登记点的设立创新湖南省技术合同认定登记管理的新模式，是省、市科技部门优化营商环境的重要举措，有利于雨花区、芙蓉区、天心区等地的企业技术合同认定登记。（谭文萍）

2020年4月14日，雨花区政府组织召开辖区重点科技企业座谈会（谭文萍 供图）

文化·旅游·体育

综　述

【概况】 长沙市雨花区文化旅游体育局（简称“区文旅体局”）负责全区文化旅游体育工作。下设区文化馆、区图书馆、全民健身服务中心、区文化市场综合执法局。

2020年，区文旅体局聚焦文旅体高质量融合发展，以繁荣文旅体事业、发展文旅体产业为重点，稳中求进，努力做到疫情防控和复工复产“双推进”，各项工作取得成效。2020年，连线全国政协“推动中华优秀传统文化进课本、进课堂、进校园”网络议政远程协商会议，推介雨花区成功经验，获得全国政协领导的肯定；原创红色电影《半条被子》全国公映；新建、改建一批公共文体设施，创新打造全国首个名人名家工作室运营的少儿图书馆，公共文化服务体系建设排名全市第一。获各级各类荣誉33项，其中国家级8项、省级4项、市级16项；创建省级示范基地（示范点）1个、市级3个；《文旅中国》、人民网、《湖南日报》等各级主流媒体正面宣传报道182篇次，其中国家级14篇次、省级113篇次、市级55篇次。（陈　红）

【行政审批】 2020年，雨花区文化旅游体育局依法负责全区娱乐场所、演出市场、互联网上网服务场所、高危体育经营场所、艺术品经营单位、旅游行业、文物等相关的行政许可。全面实行“不能办（暂不能办）事项分类处理制度”，在“一次性告知”的基础上，对因材料不齐而不能办理的事项，出具缺件一次性告知单，并提供补正指导服务。推行“告知承诺”制度，对部分许可前置条件和部分非重要的申报材料，申报者书面承诺（包含承诺事由、承诺事项、兑现时限、承诺责任等）保证达到规定条件或在规定期限内补齐相关材料的，在相关单位提供书面审批意见后，窗口可先行审批，并将审批结果和承诺书移交本单位有关责任部门负责监管并追踪落实；实行现场即办。对于不必进行现场查勘、核验、专家论证的事项予以即办，对于法律法规明确规定需要进行现场查勘、核验的，酌情进一步缩短审批期限。取消法律法规无明确规定的辅助性许可（审批）要件。开展现场服务、提前服务、延时服务、预约服务等，完成在线行政许可18件、变更7件、备案1件，统计年报258件，证照延续32件。推进“互联网+政务服务”“一件事一次办”工作，按照“减环节、减材料、减时限、减费用”要求，对所有审批事项进一步清理、取消一般性事项的领导审签环节和非实质性审查环节，优化、固化事项前置条件、环节、材料、时限，分类制作申报材料、表格的格式化样本，印制并发布标准化办事指南，消除同一事项在办理层级不同区域、不同标准要求的现象，做到事项办理流程、申请材料等要素全市统一，并纳入市“一网通办”平台集中统一管理，推进政务服务事项“四级九统”标准化，确保实现审批事项线上线下“同事同标”。简化环节，压缩办理时限，精简申请材料，减少跑动次数，实现即办件占比提升。全面清理未授权证明、循环证明等无效证明。（陈　红）

【文体实事工程】 2020年，雨花区落实《长沙市2020年度100个标准化村（社区）综合文化服务中心建设实施方案》要求，投入90万元，新建集文体设施设备于一体的标准化村（社区）综合文化服务中心5个。推进体育实事工程，改建智能健身步道1条、智能登山步道1条。新建社区智慧健身中心3个、乡镇性全民健身中心1个，满足群众的健身需求，提升雨花群众幸福感。雨花区获长沙市2019年落实《湖南省现代公共文化服务体系建设三年行动计划》和文化民生实事（“一圈两场三道”）项目建设考评两个项目第一名。（陈　红）

文　化

【文化活动】 2020年，雨花区推进“文化惠民”工程，开展第四届“飞梦雨花”艺术节系列活动，“我们的中国梦，湖湘文化进万家”——2020年雨花区“携手奋进新时代，文明祥和迎新春”“七送”主题活动、“决胜小康，幸福雨花”——雨花区美术、书法、摄影作品展，“万商联动 振业兴市 玩赏雨花黄金季”之“邂逅美景·畅游雨花”雨花嗨玩旅游季暨雨花区第四届全民健身文化旅游节，雨花区“决战脱贫·决胜小康”暨2020年乡村艺术节百村千场文化进万家，“夏之恋·端午行·越老越有味”——“非遗老手艺·百年老字号·长沙老街巷”一站式打卡雨花区专场，“中国著名作家雨花行”2020年采风活动，雨花区“送戏下乡”系列活动。区文化馆通过“群众点单 政府买单”的方式请进优质师资并常态化开设公益性艺术培训班，培训项目涵盖瑜伽、太极拳、声乐、中国舞等。（陈 红）

【文艺作品创作】 2020年，雨花区原创红色电影剧本《半条被子》在全国各大影院上映，并获第十一届北京民族电影展“红石榴·红色传承优秀影片”，创作原创电影主题曲《半条被子好温暖》。创作文艺精品歌曲《我总是为你牵挂》《妈妈出征》《你最美》《那双眼》，汉字艺术作品《“字”强不息系列抗疫作品》《防疫系列抗疫作品》，书法作品《众志成城对联》，美术作品《武汉战疫》，漫画组图《蓝天卫士》，快板《防控人人有责任》，顺口溜《抗疫战争》等战疫主题作品。原创歌曲《那双眼》参加“2020年长沙市群众文艺新创原创作品征集”的录制，歌舞《小康中国》成功入选2020年全省“欢乐潇湘”精准扶贫优秀文艺作品巡（展）演活动。为推介雨花区文旅地标——石燕湖景区创作的抖音作品《错位情侣照》成功入围“文旅乡村好韵味·网红带你逛潇湘”湖南省首届乡村文旅网红大赛，石燕湖网红团队获“湖南十佳文旅网红”称号，雨花区文化馆获“优秀组织奖”。参加长沙市第六届“百姓大舞台·有艺你就来”群众文艺团队大赛，区文化馆获“优秀组织奖”。（陈 红）

【文化产业发展】 2020年，雨花区修改和审定文化产业奖励扶持政策，完成2020年度促进区域产业发展政策兑现文体设施建设奖励的初审和复审工作，为文旅企业争取各项政策奖励扶持资金；完成2020年长沙市文旅消费示范行动项目申报工作，上报企业12家，其中5家入围，获奖励资金40万元；完成“2020长沙市文化创意产业园区和示范空间”申报工作，经共同研究、初审推荐4家企业申报文化创意产业园区和示范空间。举办2020年雨花区文创骨干精英培训班，辖区内90余家文化企业负责人接受培训。雨花非遗馆、石燕湖公园、宋旦汉字艺术博物馆3家文旅企业参加2020湖南（国际）文化旅游产业博览会暨文化和旅游装展，宣传推介多家区重点文旅企业，发布雨花“生态游”“休闲游”“工业游”等多条精品旅游线路。（陈 红）

【文化市场管理】 2020年，雨花区坚持依法办案，开展文化市场执法、意识形态隐患排查和“扫黄打非”工作，出动执法人员7000余人次，办理行政处罚案件20起，受理举报400余件，收缴非法违禁出版物3000余册，督促30余家出版物经营单位办理出版物经营许可证，将4家擅自从事娱乐场所经营活动，群众反应强烈拒不履行停业要求的企业列入文化市场黑名单，有效打击文化市场违法经营行为，净化社会文化环境。2020年1月被湖南省“扫黄打非”领导小组表彰为湖南省“扫黄打非”优秀集体；被长沙市“扫黄打非”领导小组表彰为长沙市“扫黄打非”优秀单位；雨花区雨花亭街道华云社区被表彰为2020年长沙市“扫黄打非”进基层示范点。（陈 红）

【“书香雨花”体系建设】 2020年，雨花区贯彻落实《中华人民共和国公共图书馆法》，推进“书香雨花”体系建设。全区有区图书馆中心馆1个、读书分会13个、图书分馆11个、社区图书馆（室）98个、全国“书香社区”1个——丰园社区、全国“非遗书院”1个、机关阅读花园3个、自助图书馆4个、朗读亭2个，实现常态化服务、优质化免费开放。雨花区少儿图书馆开馆，开创全国名人名家工作室运营图书馆新河，聘请著名儿童文学作家汤素兰担任馆长。全区公共图书馆（室）共藏书50万余册，图书借阅量15万余册次。建立政府搭台、社会力量支持、公益组织运行的“和+”共享图书馆、德思勤24小时书店等社会阅读场馆，形成“1+13+X”多维阅读体系和“15分钟阅读生活圈”，满足人民群众不同层级的阅读生活需求。（陈 红）

【全民阅读】 2020年，雨花区连续12年举办“书香雨花”读书节活动，持续锻造“书香雨花”读书节品牌。开展“书海导读”新书推荐活动，通过手机短信、微信公众号等形式，每月向全区干部职工群众推荐4~5本最新、最畅销、最值得阅读的书籍，倡导“读好书、好读书”的生活新风尚；设立“我想读的一本书”征集墙，及时了解并尽力满足读者的阅读需求。防疫期间，雨花区图书馆利用“书香雨花”微信公众号，推出“抗疫防疫，我们在行动”举措，发布“入职指南”“新冠肺炎全民心理健康实用手册”，传播最新防疫知识，帮助大众克服心理恐慌；开展“抗疫在家，学习不停”线上阅读，向读者提供热门图书推荐、有声图书馆、期刊、新浪公开课等海量资源，满足宅在家中的读者阅读需求。雨花区委“两新”工委、雨花区图书馆、德馨读书吧共同推出“疫情结束，我想……”主题征文活动，节选6篇作品，分期择优在“书香雨花”公众号展示，分享抗疫故事。开展暑期系列读书活动，弘扬传统文化，加强劳动教育，贯穿家庭、学校、社会各方面，与德育、智育、体育、美育相融合，通过阅读带来快乐与收获，开阔视野，增长才干。举办国学讲座、快乐阅读日、公益文化讲坛、新书分享会、亲子阅读等系列活动，引领文化生活新风尚；指导雨花非遗书院打造“非遗”公开课特色品牌；新建长沙市第一家以少年儿童为服务对象的特色图书馆，邀请本地7位一级作家主讲首届“少儿文学分享周”系列阅读活动。（陈 红）

【第12届“书香雨花”读书节活动】 2020年4月1日，雨花区召开第十二届“书香雨花”读书节启动式策划会，部署贯穿全年的“书香雨花”读书节活动。4月23日，“书香助力战‘疫’，阅读通达未来”——第十二届“书香雨花”读书节暨“世界读书日”主题活动启动仪式在西雅温德姆酒店举行。该活动贯彻“以全民阅读为核心、以阵地建设为平台、以活动为载体、以创新为手段”的方针，持续锻造“书香雨花”读书节文化品牌。活动由雨花区委宣传部、区文化旅游体育局主办，雨花区图书馆承办，区文创协会、区读书分会、洞井街道高升社区协办。启动仪式结束后，著名民俗专家、长沙“活字典”顾庆丰开设《毛泽东与湖湘文化》专题讲座，从湖南为什么能出毛泽东、湖湘文化的特征及形成、湖湘文化对毛泽东思维方式和行为方式的影响等方面展开解读，阐述毛泽东与湖湘土地之间千丝万缕的联系。7—8月，雨花区图书馆在暑假期间，通过开展以“书香助力战‘疫’，阅读通达未来”为主题的“书香雨花”的草编、捏面人、圈圈故事会、公益科普活动等读书节暑假系列活动，鼓励孩子们通过阅读、鉴赏、分享、交流、创作等形式，利用公共图书馆、分馆、学校、社区、家庭以及移动互联网引导广大青少年了解党史，打牢思想根基，坚定理想信念，增强对党、对祖国、对人民的热爱及对社会主义道路的信仰。9月1日，区文化旅游体育局、区图书馆举办“书香雨花”读书节之《中华人民共和国民法典》讲座，区法院院长马贤兴授课并将其所著《心路开阔》《虚假诉讼防治的理论与实践》《政法职业心态建设》《捕诉合一思索与实践》等法律专业书籍无偿赠与区图书馆以供广大读者借阅。（陈 红）

【雨花区少儿图书馆开馆】 2020年11月18日，2020年雨花区全民终身学习活动周首届少儿文学周启动仪式暨雨花区少儿图书馆开馆仪式在圭塘河畔悠游小镇举行，雨花区少儿图书馆正式挂牌成立，首开名人名家工作室运营图书馆新河，聘请著名儿童文学作家汤素兰担任馆长，成立汤素兰个人工作室，并在全区范围内聘请12位学生志愿者担任“馆长小助手”，让孩子们以主人翁的姿态参与“书香雨花”的建设。馆内面积500余平方米，馆藏书籍1万余册，挑选适合少儿阅读的图书，同时纳入长沙市图书馆总分馆体系，实现书籍同城“通借通还”，公益培训活动同城共享。11月18—24日，雨花区少儿图书馆举办“童阅美好 不负韶华”首届雨花少儿文学周活动，每天邀请1名作家与小朋友们面对面开展阅读与文学讲座活动，汤素兰、李少白、邓湘子、周静、皮朝晖、谢乐军、唐樱7位著名作家为小朋友开展阅读主题讲座。（陈 红）

【文物资源保护】 2020年，雨花区加强文物安全巡查，确保文物安全。健全完善文物安全责任机制和日常巡查管理各项制度，开展文物火灾隐患整治和消防能力提升行动，向相关街镇下发各类通知函件29件次，开展文物安全巡查140余次，检查文物单位300余家次。开展文物建筑单位安全隐患重点排查，督促指导辖区各街道（镇）进一步落实文物保护责任，加强节假日期间的值班值守，确保文物的安全。8—9月，成立文物安全公益诉讼联合督查组，联合区检察院开展文物安全公益诉讼联合督查，现场检查文物点，排查梳理文物点36处，提出整改建议16条，向相关街道（镇）发送整改通知，指导各街道（镇）落实整改，11月，各街道（镇）全部完成“检察建议书”29处文物点存在的各类问题整改，有效确保文物安全。完成萧文昭墓历史文化调研并公布为区一般不可移动文物。完成杨坦园墓周边环境整治方案报批和施工建设。完成东山大桥和福音堂2处文物点的拆除审批。编制和上报呈批明吉王陵墓群安防工程建设方案，争取上级安防工程编制补助专项经费15万元。（陈 红）

【“非遗”保护传承】 2020年，雨花区做好长沙市第四批非遗代表性传承人的申报工作，榫卯小木作传承人成功入选。依托雨花非遗馆，结合文化和自然遗产日、各传统节日，开展“我们的节日”主题文化活动5次。向社会开展“非遗”研学体验600余次。湖南雨花非遗馆接待游客18.3万人次、营业总收入632万元。（陈 红）

【作家采风活动】 2020年6月10日至11日，雨花区举行“中国著名作家雨花行”2020年采风活动，谭谈、王跃文等10余名作家用脚步丈量雨花，用独特视角解读雨花的人文历史、创新发展的文化价值和推动社会进步的治理能力。他们解锁老旧社区的蝶变“密码”、体验雨花非遗馆的老手艺、感受24小时书店的阅读“新潮流”。（陈 红）

【乡村艺术节启动式】 2020年8月3日，雨花区“决战脱贫 决胜小康”暨2020年乡村艺术节启动式在跳马镇文化广场隆重举行，联动展示雨花区脱贫成果与雨花乡村新风貌。活动现场，长沙市歌舞剧院表演专业文艺演出，跳马镇的“草根艺术家”表演自编自导自演的作品。（陈 红）

【群众文艺团队比赛】 2020年11月19日，2020年“百姓大舞台·有艺你就来”群众文艺团队比赛雨花区选拔赛在雨花大会堂举行。全区10支文艺团队，近300名文艺爱好者参与活动。参赛者不限年龄、性别，艺术表演形式多样化、节目自编自导。12月14日，长沙市第六届“百姓大舞台·有艺你就来”群众文艺团队大赛在长沙实验剧场举行，剧场座无虚席，通过直播在线观看演出活动及节目投票量266万人次。雨花区选送的文艺团队获得佳绩，风传奇艺术团群舞《晨光曲》、民族民间艺术团群舞《不忘初心——忆黄河》获金奖，春雨艺术团管弦交响乐《红色娘子军》、广德戏剧社群舞《红嫂》获得银奖，金秋艺术团的时装秀《让我们把劳动来歌唱》获得铜奖。雨花区文化馆荣获优秀组织奖。（陈 红）

【送戏下乡活动】 2020年，雨花区推进“文化惠民”工程，开展送戏下乡活动。8—12月，文化志愿轻骑队1队长沙市歌舞剧团、文化志愿轻骑队2队注册文艺团队、艺群花鼓戏剧团共演出30场，区文旅体局组织演出17场，其中跳马镇、井湾子街道各3场，东山街道、高桥街道各2场，侯家塘街道、黎托街道、左家塘街道、雨花亭街道、圭塘街道、同升街道各1场，非遗大舞台1场；各街道自行组织演出13场，其中雨花亭街道3场、黎托街道2场、洞井街道2场、同升街道2场、圭塘街道2场、东山街道2场。10月1—3日，由雨花区文旅体局、区财政局主办的雨花区第四届“飞梦雨花”文化艺术节之2020年“文化惠民、送戏下乡”系列活动，在湖南雨花非遗馆非遗大舞台演出3场，与市民喜迎国庆、共度中秋。整场活动演出节目丰富、形式多样、主题鲜明，巧妙地将传统文化、乡村振兴、脱贫攻坚等内容编排融合到节目中，弘扬雨花文化新风尚。（陈　红）

【“我们的中国梦——文化进万家”活动】 2020年，雨花区开展“我们的中国梦——文化进万家”系列活动，引导广大文化文艺工作者面向基层、服务群众，以丰富多彩的文化活动和艺术作品，满足人民群众对文化生活的新需求、新期待。1月2—11日，“决胜小康，幸福雨花”雨花区迎新春美术、书法、摄影作品展在雨花区政府会议中心一楼大厅举行。展出作品200幅，免费观展，展览旨在进一步弘扬社会主义核心价值观和中华优秀传统文化。1月7日至2月9日，区公共图书馆开展2020年“我们的中国梦——文化进万家”猜灯谜到图书馆活动，传播中国传统文化教育，活跃节日气氛，增进居民间的友谊。1月17日，雨花区在洞井街道丰园社区中心文化广场举行“携手奋进新时代，文明祥和迎新春”“七送”暨“崇德向善迎新春·红红火火过大年”“迎新春送吉祥”学雷锋志愿服务主题活动，设置演艺区、年味区、健康区、运动区和宣传区5个活动区域，100余名党员志愿者在各个活动区开展文化志愿服务。1月19日，雨花区在湖南雨花非遗馆举行“文化迎春·艺术为民”群众文化活动，以“老匠人+非遗技艺”的组合形式丰富群众的年味。（陈　红）

【七夕节活动】 2020年8月22—25日，雨花区在湖南雨花非遗馆开展“我们的节日——七夕话佳节·共筑鹊桥缘”主题活动，传承和弘扬中华民族优秀传统文化，培育和践行社会主义核心价值观，发掘七夕节的文化内涵，展现“非遗”的活态传承，让居民群众享受浓厚的节日氛围。（陈　红）

【志愿服务活动】 2020年11月27日，雨花区图书馆开展“关爱自闭症儿童，学雷锋送温暖”志愿服务活动。区图书馆全体工作人员到雨花区星苑自闭症儿童康复中心志愿服务，捐赠爱心书籍，发挥图书馆雷锋志愿者阵地的先行主导作用，帮助自闭症儿童真切地感受到社会的关爱和温暖。（陈　红）

【萧文昭墓公布为雨花区一般不可移动文物】 2020年11月11日，雨花区组织相关专家完成专家论证评审。12月30日，经评审专家论证通过，依法将萧文昭墓认定并公布为雨花区一般不可移动文物。萧文昭是晚清时期长沙为数不多的进士出身的学者型官员，他思想开放，积极参加维新变法运动，向光绪皇帝建言献策得到推行，对推动中国近代社会发展作出贡献，是一位具有全国性影响的人物。（陈　红）

旅　游

【概况】 2020年，雨花区着力发展全域旅游。筹划湖南·中国旅游日活动暨“邂逅美景 畅游雨花”嗨玩旅游季启动仪式，组织开展雨花区文旅推介主题专场直播活动与一站式打卡游布展，推动旅游业复苏。打造雨花旅游品牌，省森林植物园举办2020年湖南世界名花生态文化节·春之歌、夏之恋、秋之色、冬之韵系列主题花展节会活动；中惠旅石燕湖景区举办花灯节、电音泼水狂欢节、奇幻光影水秀节等旅游节会；湖南雨花非遗馆举办雨花“非遗”夜市、“月圆佳节情，共筑中国梦”欢度中秋喜迎国庆传统民俗等活动。报建石燕湖一所旅游厕所，提升旅游景点文明档次，省植物园接待游客总数为104万人次、免门票；长沙市石燕湖生态旅游景区实现旅游营业总收入4471.75万元，接待游客18.7万人次；非遗馆接待游客18.3万人次、营业总收入632万元。发布雨花“生态游”“休闲游”“工业游”等多条精品旅游线路。中惠旅石燕湖与湖南雨花非遗馆被评为首届“夜星城”消费节“最美夜购示范名片”。湖南中铁国际旅行社有限公司、长沙神农酒店管理有限公司神农大酒店被湖南省文化旅游厅通报表彰为在抗击新冠肺炎疫情、推动复工复产工作中作出突出贡献的文化旅游企业先进集体。（陈　红）

【天赐园酒店定点防疫隔离】 2020年1月27日（农历正月初三），天赐园书院酒店主动担当，申请为湖南省首批首个定点防疫隔离酒店。酒店接待春节湖北滞留长沙人员、湖北返长复工复产隔离人员、国外返长隔离人员、新冠肺炎治愈后隔离人员129天，接待客人645人。天赐园酒店的义举事迹，多次被省内外媒体报道。（陈　红）

【服务旅游企业】 2020年，雨花区积极申报扶持资金，帮助旅游企业纾困解难。2月，组织旅行社申报暂退旅游服务质量保证金，60余家旅行社成功申领暂退旅游服务质量保证金2200万余元，帮助企业渡过难关。3月，组织旅游企业申报“抗疫情 促发展”省级旅游资金，13家旅游企业获得“在岗培训补助”“营销推广补助”“定点接待酒店补助”专项资金156万元。11月，组织企业申报文化旅游专项资金项目，5家旅游企业获批降低疫情影响补助资金25万元。（陈　红）

【星级旅游社评定】 根据《旅行社星级划分与评定（DB43/T 510—2010）标准，由旅行社自行申请，通过资料审查、实地考核和专家评审，经长沙市旅行社星级评定委员会分别初评和推荐，湖南省旅行社星级评定委员会复评，2020年12月14日，雨花区湖南世纪明德国际旅行社有限公司被评为“湖南省五星级旅行社”。12月30日，雨花区湖南省中国旅行社有限公司、湖南众信新世纪国际旅行社有限公司、湖南康达国际旅行社有限责任公司被评为“湖南省五星级旅行社”；湖南麓山国际旅行社有限公司被评为“湖南省四星级旅行社”。（陈　红）

体　育

【概况】 2020年，雨花区配合完成长沙市创建“全民运动健身模范城市”相关工作，做好雨花区体育场地统计工作、体育产业调查工作、第五次国民体质监测工作。完成体育实事工程建设，满足群众的健身需求，提升群众幸福感。开展政府购买服务向中小学生免费开放游泳场馆工作，菲翔体育游泳馆、华银园游泳馆、峻瑞游泳馆暑期接待中小学生17161人次。开展雨花区全民健身节暨2020年“健康雨花”乒乓球比赛、篮球比赛，雨花区工间操云比赛。组织参加2020年长沙市社会体育指导员技能比武大赛，获得第三名。组织参加2020年长沙市社区广场舞大赛，区市场监管局队获金奖；红丝带艺术团队银银奖。组织27名干部职工组队参加长沙市“公仆杯”篮球赛，获得季军。组队参加长沙市体育系统登山教学交流赛，获得第一名。（陈 红）

【体育调查】 2020年7月，雨花区组织第三方公司开展体育场地调查工作，雨花区现有体育场地面积282.58万平方米，人均体育场地面积为2.98平方米。11月，组织各街道（镇）开展2020年体育产业调查工作，完成市体育局各项指标统计、录入，提供体育产业分析有力依据。（陈 红）

【体育测试】 2020年10月，雨花区组织侯家塘街道、左家塘街道、东塘街道开展第五次国民体质监测（国家样本）工作，监测1032人，为进一步

2020年11月21日，雨花区“健康雨花”篮球赛（周 研 供图）

了解群众体质状况、科学指导全民健身活动开展提供重要依据。组织同升街道青少年、成年、老年群众400余人开展体育锻炼标准测试，激发市民参与体育锻炼的积极性和主动性，宣传科学健身的好处。（陈 红）

【体育赛事】 2020年8月，雨花区总工会、区文旅体局、区卫生健康局联合开展工间操云比赛，30支队伍参赛，区教育局和区政府办获得第一名。10月17—18日，雨花区举办“健康雨花”乒乓球赛，36支队伍参赛，区教育局代表队卫冕冠军，区人大政协联队获亚军，区检察院队获季军。圭塘街道代表队获道德风尚奖，区公安分局队获最佳组织奖。11月21—28日，雨花区举办“健康雨花”篮球赛，32支队伍参赛，区教育局队获得冠军，区政府办国资城投联队获得亚军，东山街道队获得季军。（陈 红）

【健身器材维护】2020年11—12月，雨花区组织各街道（镇）和第三方公司对全区体育健身器材进行维修、建档工作，巡查室外器材4825件，维修器材175件，建议报废器材842件。（陈 红）

医疗卫生

卫生健康

【概况】长沙市雨花区卫生健康局（简称“区卫健局”），主要职能是贯彻落实中共中央、省委、市委关于卫生健康工作的方针政策和决策部署，全面落实区委关于卫生健康工作的部署要求，在履行职责过程中坚持和加强党对卫生健康工作的集中统一领导。辖区卫生计生综合监督执法局、区妇幼保健计划生育服务中心、区疾病预防控制中心3个二级机构，并指导区红十字会、区计生协会的业务工作；区卫生应急办公室、区爱国卫生运动委员会办公室与局公共卫生科合署，区深化医药卫生体制改革领导小组办公室在基层卫生健康科挂牌；辖黄兴医院（跳马镇中心卫生院）、12个街道社区卫生服务中心（其中7个公办、5个民办）、61个社区卫生服务站、40个村卫生室。

2020年，雨花区有三级医院5家，二级医院8家，一级医院41家，门诊部225家，诊所167家，医务室41家。注册卫生技术人员19562人，其中区内发证机构注册执业（助理）医师2722人，注册护士3494人。完成新设医疗机构设置审批49家，完成医疗机构年度校验381家，注销医疗机构18家，办理执业（助理）医师注册登记2154人次（含变更注册），护士注册登记3587人次（含变更注册和延续注册）。区卫健局以人民健康为中心，坚定不移抓重点、补短板、强弱项，着力完善公共卫生体系建设，健全疾病预防控制体系，筑牢基层卫生服务网底，提升卫生健康服务水平，加快“健康雨花”建设，全方位、全周期保障人民健康，推动雨花区卫生健康事业高质量发展。以常态化疫情防控为重点，聚焦主责主业，勇于担当作为，各方面工作实现新发展，取得新成效。区卫健局党组书记、局长周宏伟被授予“湖南省抗击新冠肺炎疫情先进个人”称号，雨花区新型冠状病毒肺炎防控指挥部被授予“湖南省抗击新冠肺炎疫情先进集体”称号。（刘思敏）

【疫情防控】 2020年，国内发现新型冠状病毒肺炎疫情。雨花区第一时间成立新型冠状病毒肺炎防控指挥部，由区委书记、区长任总指挥长，全面部署疫情防控工作，指挥部办公室设区卫健局，坚持每周一调度、每周一督查，及时查漏补缺，确保各项防控

2020年11月27日，雨花区新型冠状病毒肺炎防控指挥部被评为湖南省抗击新冠肺炎疫情先进集体，周宏伟（右二）、何韬（左二）、莫波（右一）、周志彬（左一）被评为湖南省抗击新冠肺炎疫情先进个人 （刘思敏 供图）

措施落实落细。区疫情防控指挥部举行疫情防控调度会163次，根据实际情况制定新冠肺炎疫情防控方案和应急预案等规范性文件及便函300余份，明确各街镇、部门单位的职能职责和应对疫情防控人、才、物储备要求。组织采购红外线测温仪器、一次性医用防护服、超低容量喷雾器等40种防疫物资559万余元，储备量可供应30天以上用量，确保物资供应到位。组织开展新冠肺炎疫情应急演练3次、核酸采样检测能力应急演练1次，组织各部门防控人员进行培训3次1400余人次，检验和提升辖区应对疫情防控处置能力。提前签约隔离酒店作为重点人群集中隔离点，储备隔离房间223间。提升区疾控中心核酸检测能力，签约2家第三方检测机构，单日最大检测能力为34710人次。通过培训和实操考核储备合格的核酸采样人员2046人。全区13个街道（镇），180个社区（村），储备核酸采样场所504个，以供紧急情况使用。1月16日至2月14日，共报告现住址为雨花区的新冠肺炎疫情病例55例，其中确诊病例53例、无症状感染者2例，治愈54例、死亡1例。10月，湖南国际旅行卫生保健中心报告集中隔离在雨花区酒店的境外输入无症状感染者7名，疫情均得到及时、高效处置，未引起传播和扩散。隔离医学观察20445人，其中集中隔离医学观察3655人，居家隔离医学观察16790人。组建4支应急机动队，轮班值守、协同配合，确保科学、规范处置各类疫情。安排专人轮班值守24小时卫生应急值班电话，确保电话不漏接，并能及时处置各类疫情和反馈群众来电。抽派干部坚守长沙南站，1月23日，开始体温监测，站区累计监测旅客体温7685.01万人次，复查体温异常旅客11067人，筛查出发热病人274人（含境外来长人员），全部转诊至市定点医院，经追踪回访，未发现确诊病例。4月27日，开始查验健康码，累计查验旅客健康码2776.4万人次，查验登记健康码异常人员5380人，查验红码人员335人、黄码人员5042人、无码人员3人。对健康码异常人员均按照制定流程处置，与目的地所在社区防指联系，实行闭环管理。落实常态化疫情防控举措，有序推进复工复产复学的疫情防控工作，开展复工复产复学疫情防控指导554家单位，疫情防控保障各类活动现场和大型考试20余场，开展现场个人防护培训和消毒技术培训30余次，组织疫情防控专家开展线上线下疫情防控知识培训30余次。强化重点场所、重点人群的疫情防控指导，加强冷链市场环境、食品、人群等采样监测及溯源调查，坚持“人物并防”、早发现、早报告、早隔离、早治疗“四早”原则，落实重点人群定期核酸检测，高风险人群检测5400人次，中风险人群检测13542人次。强化辖区发热门诊和住院病例管理，严格落实医疗机构预检分诊和首诊负责制，规范发热门诊建设和发热患者排查诊治等工作，落实核酸检测“应检尽检”措施，医院高风险人群检测907人次，中风险人群检测2974人次。强化发热门诊的筛查能力，加强医务人员培训，提高医务人员救治能力和自我防护能力。举办医疗机构调度会，为全区所有医疗机构下发院感防控资料，医疗机构在出入口张贴“温馨提示”、“转诊流程图”、湖南省居民健康卡二维码、行程码等，严格落实进入医疗机构人员体温监测和两码查验等措施，确保医疗机构“零感染、零风险、零容忍”。12月，雨花区推进国家、省、市新冠疫苗紧急接种工作，采购疫苗2.2万剂，开展3轮重点人群摸底，制定新冠疫苗紧急接种方案2份。（刘思敏）

【健康促进】2020年，雨花区通过区政府网、微信公众号、宣传广播等线上、线下方式，全方位、多渠道地开展新冠肺炎疫情知识和防护技能宣传，树立个人是“健康第一责任”的意识，营造全民共同抗疫的良好氛围。创新“线上”宣传，制作融媒产品，制作快板《防控人人有责任》、防疫“三字经”、动画《疫情防控 人人有责》《法律答“疫”》《境外疫情输入防控》等作品70余个，通过新媒体平台转发400万余人次，在500余个楼栋商场、酒店宾馆等公共广告屏、电梯小屏循环播放。结合呼吸道疾病预防知识宣传，面向社会及时推广普及健康教育知识。巩固“线下”宣传，充分利用横幅标语、广播喇叭、宣传车等形式，制作“疫情排查要早发现、早报告、早隔离、早治疗”“戴口罩 勤洗手 测体温 勤消毒 少聚集 勤通风”“公筷公勺 文明餐桌”等宣传标语，张贴横幅9000余条，出动宣传车400余辆，发放宣传单（页）200万册，小区“小喇叭”循环播放，提高自觉防范意识和自我防护能力。制定《雨花区2020年重点卫生宣传日活动方案》，按照每个街镇承办2场大型活动的要求，由各街镇负责活动策划和组织实施，各中心、卫生院提供专业技术支撑，丰富活动形式。因新冠肺炎疫情原因，活动采用线上线下相结合的方式开展，承办全省“5·15”防治碘缺乏病日活动，开展“5·31”世界无烟日、“11·14”联合国糖尿病日等主题宣传活动24个，线上线下参与人数5000余人。根据各重点宣传日的核心信息编印各种宣传资料，每月定期更新健康教育宣传栏。参加市级健康科普大赛活动，报送健康科普大赛作品8个，其中宣讲大赛1个，作品7个。区疾控中心自行设计拍摄制作的《小白鼠吸烟实验》，在全省疾控系统健康科普大赛中获烟草控制主题一等奖、2020年健康科普大赛年度奖三等奖。区疾控中心获2020年度湖南省疾控系统宣传教育“先进单位”称号。完成高桥、东塘、侯家塘3个街道监测点480人健康素养调查任务。（刘思敏）

【妇幼健康】2020年，雨花区坚持“为民、惠民、利民”的工作理念，推进民生惠民项目，强化妇幼健康服务，在长沙市中心医院成立雨花区危重孕产妇急救中心、新生儿科急救中心，建立产科急危重症急救与转诊绿色通道。健全出生缺陷防治机制，将婚前医学检查、孕前优生健康检查、增补叶酸等纳入基本公共卫生服务内容，实行城乡全免费服务。关心关爱计划生育特殊家庭，为每户计划生育特殊家庭确定1名乡镇（街道）领导干部和1名村（居）委会干部或计划生育协会骨干会员作为帮扶“双岗”联系人，定期为计划生育特殊家庭开展节日慰问、结对帮扶，困难扶助等服务，促进计划生育特殊家庭和谐幸福。2020年，雨花区完成孕产妇免费产前筛查9206人、NIPT免费检测9692人、新生儿疾病筛查9892人、耳聋基因筛查9905人、适龄妇女“两癌”（乳腺癌、宫颈癌）免费检查11038人、0～6岁儿童眼保健及视力筛查48704人。新增产妇数12521人，新增孕妇数12280人，新增高危孕妇人数8234人，高危占比67.05%，新增红色预警100人，全面落实孕产妇分级分类管理制度，印发妊娠风险预警五色标识3万余份。强化流动人口孕产妇登记管理，均等化实行社区（村）管理，及时进行访视。高危孕妇管理率100%，妊娠结局良好，全年未发生孕产妇死亡。全面推进孕期“艾滋病、梅毒、乙肝”的免费检测21601人次，孕产妇及所生婴儿均已经进行免费治疗，艾滋病、梅毒阳性孕产妇及新生儿补助均已到位。全年举办孕妇学校、家长课堂、妇女健康课堂等82场（期），印发各类宣传资料20万份，覆盖1.63万余人。全年开展儿童保健专项督导4次，评估合格新办托幼机构卫生保健工作38家次。完成幼师体检7175人、儿童入园体检14010人。发放叶酸10465人次，共计31395瓶，服用率98.2%。药具累计发放服务30万人次。（刘思敏）

【基层医疗卫生】 2020年，雨花区出台《雨花区基层医疗卫生机构规范化建设三年行动方案(2020—2022年)》，基层医疗卫生规范化建设和能力提升纳入区级建设规划。针对落实国家基本公卫工作，各基层机构参差不齐的现状，继续实施《基本公共卫生服务项目实施单位精准帮扶工作方案》，用先进带后进的方式，促进基层机构工作携手进步。被帮扶单位业务能力均有不同程度提升，其中黎托街道基成社区卫生服务中心基卫公卫考核成绩较上年度前进9名。推动基层医疗机构“公益一类财政保障、公益二类绩效管理”以及机构编制、人员招聘、人才培养、工资待遇、激励机制、乡村医生队伍建设等方面政策落地见效。推进健康档案对居民开放，组织开展健康档案核查行动，提高电子健康档案利用率。完善跳马镇统一村卫生室建设标准、人员安排、业务监管、制度建设、财务管理、药品采购、绩效考核，村卫生室实行财务独立核算和责任风险独立承担，建立完善经费保障和社会保障机制，形成硬件设施标准化、运营管理规范化、服务质量品质化的紧密型“七统一、两独立、一保障”乡村卫生一体化管理模式，将符合条件的乡村医生纳入城镇职工社会保险体系，享受相应社会保险待遇，尝试建立乡村医生退出机制，被评为长沙市2019年医改工作优秀区。11月28日，国务院医改领导小组秘书处召开综合医改试点省份医改典型经验专题发布会和媒体调研，各与会央媒记者现场考察雨花区“乡村卫生一体化”管理改革成果。完善医联体建设，全区12个基层医疗机构与湖南省中医附一医院、湖南省地矿医院、长沙市中心医院、长沙市妇幼保健院等上级医疗机构开展医联体合作。打造规范化的家庭医生社区工作室，将服务阵地前移居民家门口，全面推行个性化有偿签约服务，满足城乡居民差异化的健康需求，稳定签约服务数量，提高签约服务质量，做到签约一人、履约一人、做实一人，签约73599人；延伸家庭医生工作阵地，新建家庭医生社区工作室9个，累计建成54个，家庭医生签约7.2万人。落实行政村卫生室运行经费财政补助政策，省级财政拨付8.4万元，市级配套经费40万元，区级配套8万元，均落实到位。加强全科医生队伍建设，根据基层医疗卫生机构全科医生配备的实际情况，落实各项支持政策，保障全科医生待遇，所有乡镇卫生院（社区卫生服务中心）都配有2名及以上全科医生。开展优质服务基层行活动，3个机构通过省级“推荐标准”评审，9个机构通过“基本标准”评审。通过“四个一批”（储备一批、引进一批、流动一批、保障一批）工程，加强储备人才的培养和任用，畅通人才引进绿色通道，盘活现有人才队伍，提升人才服务保障能力。招聘医疗卫生技术人才、公共卫生人才16名。加强基层人才培养，制定培训计划，针对不同岗位人群，分期分类开展各种培训进修学习。建立基层医疗卫生人员流动备案制，选送10名临床医师脱产参加全科医生转岗培训，选送5名骨干医师到长沙市三医院进修，分批组织40名乡村医生进修集中培训。组织线上平台学习，举办基层卫生岗位练兵劳动技能竞赛，洞井、东山、高桥3个社区卫生服务中心获得组织奖，肖葱等12名基层医务工作者获个人一、二、三等奖。定期开展“三基”理论考试，考试范围达到社区卫生服务中心、卫生院全覆盖。（刘思敏）

【基本药物制度】 2020年，雨花区健全基本药物制度运行机制，加强国家、省级带量采购药品的使用和管理，落实带量采购药品线上支付政策。修改《雨花区基层医疗卫生机构实施基本药物制度绩效考核方案》，完善制度建设、药品采购储存管理、合理用药、宣传培训、督导考核等内容，顺利通过市级2019年度实施基本药物制度绩效考核。制定药事管理专项督查考核方案，专项整治药品购销领域中的突出问题，特别监管村卫生室网外采购和加价销售现象；开展基本药物实施单位处方点评，减少和杜绝不规范处方、不适宜处方、超常处方，促使临床合理用药。落实短缺药品、非正常涨价药品预警制度，各社区卫生服务中心（卫生院）安排报送专干，定期进行短缺药品、非正常涨价药品报送。组织药事管理和基本药物制度培训，提升基层合理用药水平，落实国家基本药物政策。（刘思敏）

【中医药管理】 2020年，雨花区做好中医诊所的备案和管理工作，制定整套规范中医诊所备案流程，完善备案管理制度，建立中医诊所交流群，落实中医备案诊所“宽进严管”政策，备案中医诊所由43家发展到68家。开展《中华人民共和国中医药法》实施三周年、《湖南省实施〈中华人民共和国中医药法〉办法》宣传等各类活动，通过将中医药内容融入各种主题活动，加大对中医药传统文化的宣传力度，倡导中医药养生保健方法，营造浓厚中医药文化氛围，提升群众对传统中医药传统文化的知晓、信任与依从。组织中医药适宜技术培训，提升中医药服务能力。邀请湖南中医药大学附属第一医院教授李江山开展为期5天的江氏理经术传承培训班，学员学会几套实用的操作手法；组织参加中医适宜技术培训班、小儿推拿培训、中药炮制大赛等各项活动，组织基层医疗机构定期进行“中医药适宜技术推广”视频网络平台学习。和省中医附一开展结对共建，由中医附一科室专家到基层医疗机构担任业务副院长，开展中医药特色项目，推广中医药适宜技术，建立双向转诊机制。

（刘思敏）

【健康扶贫】 2020年，雨花区制定《雨花区2020年健康扶贫工作推进方案》，实施健康扶贫包村到户联点责任制，成立13个联点工作组，每组联点1～2个村，逐一入户走访扶贫对象，核查健康扶贫工作落实情况。将健康扶贫工作完成情况纳入卫生健康工作绩效考核内容，促进跳马镇及镇卫生院进一步落实健康扶贫政策。疫情防控期间，安排跳马镇卫生院家庭医生及村卫生室村医组成的防疫防控小组走村入户，排查建档立卡贫困人口健康状况，宣传疫情防控措施，防范因疫情感染导致的因病致贫。安排跳马镇卫生院家庭医生和村医，逐村入户走访，面对面宣传健康扶贫政策，制定健康扶贫政策告知书，由各街道下沉联村帮扶干部发放到驻村每个扶贫对象手上，再次逐一讲解告知。做实家庭医生签约服务，完善建档立卡贫困对象的家庭医生签约手册、进一步规范服务管理流程，为所有贫困对象每年进行一次免费体检。制定《雨花区卫生健康局健康扶贫“回头看”问题排查整改工作方案》，全面摸查本底，逐村逐户逐项排查梳理问题短板，及时进行整改提高。4月，派出健康扶贫专干参与区扶贫办组织的脱贫质量“回头看”排查，驻田心桥村1个月，走访建档立卡对象24户，非建档立卡贫困户50户，全面完成田心桥村贫困对象的摸排走访和问题上报。健康扶贫工作顺利通过国务院脱贫攻坚普查和省级脱贫攻坚考核。

（刘思敏）

【人口监测】2020年，雨花区构建“择优选用、培训练兵、目标管理”三位一体的工作机制，打造职业化卫生健康队伍。加强人口信息化建设，强化技能培训，采取集中培训与分级、分类培训相结合的方式，组织各类业务知识集中培训6次。优化网上办事流程，规范各级依法行政窗口建设，完成一孩生育服务证登记3926本、二孩生育服务证登记3963本、再生育服务证审批149本。审核各级文明社区创建、干部提拔任用、评优评先、村支“两委”换届选举等各类资格单位561个、个人6110人次。依托医疗架构，创新惠民服务体系，为全区流动人口提供生殖健康保健、优生优育、孕情保健以及法律援助、子女入托入学、社会救助等各项服务。开展流动人口均等化示服务范创建工作、流动人口关怀关爱专项行动。宣传教育、均等服务、健康促进、帮扶救助、信息采集、数据清理等方面加大工作力度，取得明显成效。协同为流动人口办理一、二孩服务登记，落实免费技术服务，生殖健康服务，健康教育等。推进婴幼儿照护工作，指导需要开展0～3岁婴幼儿照护业务的机构，按照国家下发的规范和通知，先期准备相关备案资料进行提交。

（刘思敏）

【家庭发展】 2020年，雨花区构建全区统一的利益导向政策体系，维护计生家庭利益。整合民政、人社、住建、教育等职能部门为计生特殊家庭提供政策咨询、社会救助、家政对接等多项帮扶服务，奖扶工作准确率100%，惠及20536人，奖励扶助资金2943.07万元。雨花区户籍的失独家庭居民，由区财政出资给予每人每年1000元的医疗补助。发挥辖区“雨花区温心家园社会工作服务中心”、“孙建华志愿者联盟”、“同心工作站”、爱心企业、志愿组织等社会资源，开展系列亲情帮扶活动，引导社会力量关爱帮扶特殊家庭。

（刘思敏）

【爱国卫生】2020年，雨花区下发《关于调整雨花区爱国卫生运动委员会的通知》，明确区爱国卫生运动委员会各成员单位职责。健全爱卫工作网络，建立爱卫工作长效工作机制，规范第三方服务内容全面提升爱卫工作水平。开展爱国卫生月等活动，整治城乡卫生环境。坚持全域监督、源头治理、精细管理原则，重点整治镇域脏乱差问题，完善城乡环境整洁行动调度机制、优化辖区人居环境。全面开展公共区域病媒生物防治。开展春季灭鼠和夏秋季灭蚊、灭蝇、灭蟑行动，蚊蝇密度达到国家B级水平，鼠、蟑密度保持国家C级水平。开展病媒生物防治设施建设，全区投入46.8万元，在25个社区建设16800个毒饵站，投入2.8万元，完善全区公共垃圾站、公共厕所病媒生物防治设施。开展病媒生物防制设施示范小区建设，雨花家园小区、新星小区、金科园小区建设成为市病媒生物设施示范小区。推进卫生村镇创建。跳马镇三仙岭村成功创建市级卫生村。接受省爱卫办检查，通过省级卫生城市复查和蚊蝇密度控制水平达标。

（刘思敏）

【红会工作】 2020年，雨花区红十字会积极参与防控，开展“三救”（应急求援、应急救护、人道救助）、“三献”（献血液、献造血干细胞、献人体器官组织）工作，开展红十字主题宣传和志愿服务，新冠肺炎疫情防控期间，全区街镇、社区红十字会工作人员、志愿者积极加入防疫工作，深入社区（村），向居民宣传新冠肺炎疫情防控知识。发放上级红十字会下拨防疫物资千余件，发放慰问物资千余件。做好2020年红十字友阿公益基金救助工作，通过各街镇红十字会摸底、遴选，严格把关，上报市红十字会，65名建档立卡贫困户等生活确实困难的群众得到救助。区红十字会组织街镇、社区（村）开展相应的应急救护培训108场，培训居民群众7133人；区红十字志愿者服务队独立开展应急救护知识培训10场、系列儿童“五防”培训4场，丰富志愿服务活动形式。无偿献血4760人次。

（刘思敏）

【法治建设】 2020年，雨花区卫生健康局组织执法人员以《中华人民共和国民法典》《中华人民共和国传染病防治法》《中华人民共和国基本医疗卫生与健康促进法》为重点，以卫生健康相关系列法律条文为内容进行系统学习、培训。落实重大行政执法决定法制审核和集体讨论决定制度，指导基层开展执法工作，注重过程质量控制，提高行政执法水平，举行重大行政执法案件听证2个，案卷整体质量名列区直部门首位，获区司法局通报表扬。2020年4月起，依托三级网络优势，掌握区内现制现售饮用水本底200余家，6月8—15日，抽检现制现售饮用水单位37家。“双随机”检查抽检机构220家，其中医疗单位78家、公共场所单位114家、职业技术服务机构1家、学校卫生26家、餐饮具消毒企业1家，关闭1家；将检查结果及时向社会公布。现场检查开展新冠肺炎疫情核酸检测的病原微生物实验室4个，检查发现存在生物安全防范意识不够、管理体系建设不健全、硬件设施建设不到位、内部管理不够规范等问题，督促整改。检查计划生育、母婴保健机构23家，查处计划生育、母婴保健类行政处罚案件1起。2020年，立案62件、结案62件，罚没25.5万元。 （刘思敏）

【健康民生项目工作推进雨花经验】 2020年5月29日，长沙市卫生健康委员会组织召开长沙市2020年健康民生项目工作推进会。雨花区精心组织，科学调度，统筹安排，狠抓落实，确保省市重点健康民生实事项目高质超量完成，被评为“省市重点民生实事项目工作成绩突出单位”。雨花区卫生健康局副局长陈泽香代表雨花区在会上作典型发言。雨花区严格落实责任，根据工作目标要求和职能分工，细化分解任务，落实到人，强化监督，定期通报，确保各项工作按时高质高效完成。通过微信公众号、制作宣传栏、发放宣传折页、在孕妇学校宣讲、利用各种健康主题日等多种方式进行有关政策和知识的宣传，提高服务对象的知晓率和参与率。安排专人通过微信、电话、短信、上门服务等多种方式对筛查出的阳性病例进行随访、追踪、服务，督促其进行进一步的诊断和治疗。 （刘思敏）

【卫生健康工作大会】 2020年4月1日，雨花区全区卫生健康工作大会召开。会议总结2019年卫生健康工作和新冠肺炎疫情防控工作所取得的成效，部署安排2020年工作任务，激励鼓舞雨花区卫健系统全体党员干部以比着干、争着上的精气神奋力攻坚，再创卫生健康事业新辉煌。会议指出，要坚持人民至上的理念抓实卫生应急工作，不断健全工作机制，做好应急保障，提升应对突发重大公共卫生事件的能力和水平；要慎终如始，继续抓实抓细疫情防控工作，防境外输入、防反弹、防松懈；要构建日趋完善的体系抓细疾病预防工作，全面开展爱国卫生运动，做好春秋两季灭鼠，夏秋两季灭蚊、灭蝇、灭蟑螂活动；要聚焦重点，遵循强基固本的思路抓牢医疗卫生服务；要压实责任，形成齐抓共管的合力抓好各项工作落实。区防病领导工作小组成员单位主要负责人，各街道（镇）分管卫健工作副职、公共服务办主任，区卫健局班子成员及各科室长，区卫健局局直二级机构主要负责人，各政府办街道社区卫生服务中心（卫生院）中心主任（院长）共78人出席。 （刘思敏）

【春季开学疫情防控工作调度会】 2020年4月21日，雨花区卫生健康局组织召开2020年春季开学疫情防控工作调度会，部署安排雨花区2020年春季开学的疫情防控应急处置及宣传教育等工作。会议强调，要抓好专业知识培训，疾控工作人员要对学校老师、家长做好疾病防控知识的宣传、培训；要抓好指导督查，查漏补缺，做好前期准备。做到前期摸排到位、隔离落实到位、校园消杀到位、宣传引导到位、风险排查到位、饮食管控到位、审核程序到位；要抓好应急处置；严格把关，做好人员筛查，督促学校查验诊断证明、电子健康码、健康卡等相关资料；严格按照相关流程处置突发情况，确保雨花区春季小学开学工作平稳有序。会议决定，成立13个督导组对雨花区所有小学进行指导、督查。会后，区卫生健康局党组书记、局长周宏伟一行督查雨花实验小学，听取学校防控措施安排，查看入校体温监测岗位、教室、食堂等场所防控措施布置。周宏伟表示，要做好学生和其他人员分流，避免扎堆现象，加强学生就餐管理，施行分餐制，特别要注意午餐后休息时间学生状态观察，做到问题早发现早处理。 （刘思敏）

【医政管理工作会议】 2020年6月18日，雨花区医政管理暨疫情防控工作会议在雨花区会议中心召开。会议通报2019年医疗卫生监督执法监管情况及典型案例、新冠肺炎疫情防控工作督查情况，部署新阶段新冠肺炎疫情防控工作进行，区疾控中心培训新冠肺炎疫情防控业务知识。会议传达国务院《关于发挥医疗机构哨点作用做好常态化疫情防控工作的通知》指示精神，要求全面做好常态化疫情防控工作，充分发挥发热门诊、基层医疗机构、急救中心的“哨点”作用。发热门诊不得拒绝接受发热患者就诊；各医疗机构要全面落实预检分诊制；基层医疗机构要落实首诊负责制，对发热患者进行登记，在1小时内上报雨花区卫生健康部门。强化对医疗机构的指导和监督，强化新冠肺炎疫情核酸检测管理，做到“应检尽检。”会议强调，全区医疗机构要继续保持高度警惕，不能有丝毫放松；要压实责任，充分发挥哨点作用；要积极开展爱国卫生运动，提高自我防范意识。 （刘思敏）

【创建省级卫生城市再动员大会】 2020年8月19日，雨花区召开省级卫生城市复评暨蚊、蝇密度控制水平A级达标技术评估迎检再动员大会，号召全区干部群众团结一心，以抓铁有痕、踏石留印的作风和韧劲，投入“创卫”攻坚战中，做好各项工作，确保顺利通过省级卫生城市复评。区政府副区长刘江红作爱卫工作报告，市容环卫中心、左家塘等街道作表态发言。省爱国卫生专家作专业培训。区委副书记、区长刘素月强调，要顺应人民群众对品质城市和美好生活的新期待，从人民群众的身边事、烦心事改起，全面深入整治各种城市斑点、卫生死角，把城市治理得更整洁、更干净、更宜居；对标对表开展排查，集中攻

2020年8月19日，雨花区迎接省级卫生城市复评暨蚊、蝇密度控制水平A级达标技术评估再动员大会　　（刘思敏　供图）

坚整改问题，补齐宣传引导短板；凝心聚力，着力健全齐抓共管工作格局；层层压实责任、形成工作合力，强化督查问责。各街道、部门卫生专干，社区（村）主任，农贸市场经营主体，物业公司经理参加会议。　（刘思敏）

【深化公共卫生领域改革工作座谈会】 2020年6月10日，雨花区卫生健康局组织召开2020年雨花区落实深化公共卫生领域改革工作座谈会。各二级机构、基层医疗机构负责人结合实际，就传染病及突发公共卫生事件联防联控机制建设、人才队伍建设、执法体系建设等方面提出存在的问题，并表示将加强应急预案演练和应急物资储备，建立专家库，强化执法体系建设和人才培养，实现信息互联互通，不断筑牢基层医疗卫生服务网底。会议指出，要完善疫情监测体系建设，强化监测预警，积极应对传染病处置。强化人才队伍建设，基层机构要建立一支3~5名传染病防治人员队伍；要强化联防联控机制，积极落实各项综合防控措施，特别是基层机构和社区人员的应急处置能力要加强；要完善基础设施建设，配备配齐负压救护车，充分发挥家庭医生工作室的作用，健全人才培养机制，打造优秀人才队伍。会议要求，各医疗机构要严格落实常态化疫情防控措施，严格预检分诊和“两码”查验，所有进入医疗机构人员必须佩戴口罩，加强重点场所、重点人群、住院病人及陪护的核酸检测，提升服务能力和服务水平，加强信息化建设；专业机构要做好应急物资储备、培训指导工作，开展宣传教育，努力提升居民健康素养，倡导健康生活方式。区政府副区长刘江红、区政府二级调研员陈良红出席会议。

（刘思敏）

【新冠肺炎疫情应急演练】 2020年8月26日，雨花区开展2020年新冠肺炎疫情应急演练，演练疫情的发现报告和流行病学的调查采样，密切接触者的转运，可疑冷冻食品的调查处置，社区的排查管控、生活保障，区防控指挥部的指挥调度、分析研判5幕，以演促练、以练备战，提升疫情防控实战能力和水平。整个演练过程职责明确、协调有序，全方位地展示出雨花区快速应对新冠肺炎疫情的应急处置能力。区政府副区长刘江红强调，要提高思想认识，时刻紧绷疫情防控这根弦，提高警惕，强化新型冠状病毒肺炎疫情防控应急演练；要细化防控举措，全面做好境外人员摸排管控和生鲜冷链食品的检疫和监测；要强化疫情常态化管理，加强学校、酒店等重要场所的疫情防控管理和督导，形成常态长效，引领居民群众养成良好的卫生和行为习惯。　（刘思敏）

【疫情防控能力提升培训班】 2020年9月21日，雨花区举办新冠肺炎疫情防控能力提升培训班，防范可能发生的秋冬季疫情，打好人员、物资应急储备战，提高应对新冠肺炎疫情应急处置能力。省、市传染病防控和心理咨询专家授课，培训核酸采样、流行病学调查、消杀和心理危机干预等内容。雨花区数据资源中心、区公安分局、区疾控中心、区妇幼所、区属一级综合医院、街道及辖区社区（村）、派出所、社区卫生服务中心（镇卫生院）等单位1000余人参加培训。（刘思敏）

【医院感染管理培训】 2020年10月22日，雨花区在长沙美郡旺府酒店二楼家旺厅开展基层医疗机构新冠肺炎疫情防控和医院感染管理业务培训。长沙市中心医院副主任医师、医院感染管理科负责人曹理言，培训预检分诊、患者管理、核酸检测、职业防护、人员管理等新冠肺炎疫情防控、医院感染管理暨安全生产管理业务。区卫生健康局党组书记、局长周宏伟表示，念好培训“效字诀”，抓好防控成果转化，提升应急处置能力；医疗机构要强化责任担当，把好前沿“哨点关”，坚决守护人民安全底线；针对雨花区民营医疗机构多，管理难度大的现状，要深化监督执纪，坚持督查“回头看”，全面提升医疗服务质量。驻区三级和二级综合（或专科）医院医院感染管理负责人等350余人参加培训。

（刘思敏）

【计划生育优质服务省级评审】 2020年9月23日，湖南省省级评审专家组评审雨花区创建全国计划生育优质服务先进单位工作。雨花区卫生健康局党组书记、局长周宏伟从提高统筹保障能力、创新管理工作机制、全力推进民生服务等方面，汇报雨花区开展全国计划生育优质服务推进情况。专家组现场核查评审创建资料，到圭塘街道温心家园工作室、长沙市妇幼保健院、长沙市中心医院等单位，走访帮扶计生特殊家庭，督查指导医疗机构的母婴室标准化建设。专家组组长刘琼林高度肯定雨花区计划生育优质服务的做法和经验，强调要持续强化国策意识，认清当前人口老龄化严重、出生率下降的复杂形势；要抓好人口监测、特殊人口关爱、3岁以下婴幼儿照护、公共场所母婴设施建设等重点工作；要完善长效机制，深化基层改革，支持基层计生队伍建设，充分发挥计生协会的桥梁纽带作用，积极探索推广先进工作经验，扩大影响力。长沙市卫生健康委党组成员、副主任李淑环，人口家发处处长谢靖陪同评审。（刘思敏）

【市人大考察公共卫生体系建设】2020年6月9日，长沙市人大常委会委员、教科文卫委主任委员涂克平，长沙市人大常委会副秘书长张建华一行8人考察雨花区公共卫生体系建设，督查雨花区《中华人民共和国传染病防治法》及其实施办法、《突发公共卫生事件应急条例》“一法一办法一条例”的贯彻实施情况。督查组实地考察雨花区疾控中心疾控理化试验室、微生物实验室、疾控应急物资仓库，查看公共卫生应急应对保障工作，考察洞井街道社区卫生服务中心、雨花区健康教育馆，了解雨花区公共卫生体系建设相关工作。雨花区政府副区长刘江红汇报雨花区贯彻实施“一法一办法一条例”工作情况。涂克平对雨花区公共卫生应急管理体系建设情况给予高度评价，指出，要完善公共卫生防治体系，坚持“守得住，防得牢，管得好”，不断健全传染病联防联控机制，筑牢群防群治严密防线，抓实抓细常态化疫情防控工作，全面提升防控和救治能力，切实为维护人民健康提供有力保障。（刘思敏）

【行政处罚案件听证会】2020年12月4日，雨花区卫生健康局举办2020年首次行政处罚案件听证会。区卫健局副局长陈谨主持听证会。当事人陈述和申辩，提出自己的辩护意见，并提交新的证据。案件调查人员提出当事人违法的事实、证据和法律依据及行政处罚建议，并出示相关调查材料、证据，对当事人提出的新证据，案件调查人员进行质证。案件调查人员、当事人委托代理人分别作最后陈述意见。听证主持人宣布听证结束，听证参加人逐个核对笔录后签字。听证会为当事人搭建公正平等、公开透明的平台，充分保障当事人陈述、申辩的权利，最大限度地维护当事人的合法权益，推进行政部门依法行政、阳光执法，努力提高依法办事水平。（刘思敏）

疾病预防

【概况】长沙市雨花区疾病预防控制中心（简称“区疾控中心”）为区卫生健康局二级机构，政府全额拨款的副科级公益性事业单位。履行公共卫生职能，负责全区疾病预防与控制、突发公共卫生事件应急处置、卫生监测、疫情报告及健康相关因素信息管理、健康危害因素监测与控制、实验室检测检验与评价、健康教育与健康促进、技术指导与应用研究等工作。

2020年，区疾控中心全面履行疾病防控职责，强化组织领导，多方联控，打赢新冠肺炎疫情防控保卫战。开展线上线下重点卫生宣传日活动，持续开展健康教育科普创新项目，继续推进数字化门诊建设，落实儿童预防接种证查验工作，重点开展四价流脑及流感补种，推进城市癌症早诊早治及脑卒中筛查项目，开展中英减盐项目，做好职业病危害因素监测和危害现状调查、职业病尘肺病随访与回顾性调查、职业性放射性疾病监测和医用辐射防护监测等，重点开展肝吸虫病和土源性线虫病监测。雨花区创建为“第五批国家慢性病综合防控示范区”。区疾控中心获“肿瘤登记工作进步奖”“全省疾控系统健康科普大赛烟草控制主题视频类一等奖”“2020年健康科普大赛年度奖三等奖”“2020年度湖南省疾控系统宣传教育先进单位荣誉”“湖南省疾控系统首届十佳健康科普能手大赛十佳健康科普能手”等称号。何韬在新冠肺炎疫情防控工作中表现突出，被评为“湖南省抗击新冠肺炎疫情先进个人”；胡蓉被评为长沙市“三八”红旗手；范文广被评为长沙市优秀医师。（胡蓉）

【新冠肺炎疫情防控】2020年，雨花区疾控中心做好新冠肺炎疫情防控工作。制定完善的防控方案和应急预案，建立领导小组和工作小组，明确职责和分工，成立流行病学调查组、密切接触者排查组、采样送检组、疫点消杀组、入户宣传组、信息上报组、后勤保障组7个工作小组，工作小组每天24小时驻守单位，加强与辖区定点医疗机构和街道（镇）的联动协作工作机制，严格落实每日病例调查、密接者排查和集中隔离、标本采样送检、疫点消毒等工作“日清日结、动态清零”。储备相关防护物资、消毒药械和检测器材，严格落实24小时应急值守制度，建立良好信息互通机制，落实各项疫情防控处置措施，新冠肺炎疫情均得到及时、高效处置，未引起传播和扩散。2月14日后，再无本地新增病例。做好落实入境管控，严防

2020年1月17日，雨花区新型冠状病毒感染肺炎防控及诊疗培训会（胡蓉 供图）

境外输入工作。6月19日、9月30日、10月7日、10月14日、10月21日，雨花区承接5趟境外归国国际客运航班集中隔离医学观察疫情防控工作，全面落实入境人员隔离机制预案、人员分工、管理制度、技术方案、物资储备、经费保障、培训演练及应急处置等，对975名入境人员开展集中隔离医学观察14天，发现新冠肺炎疫情无症状感染者7名，疫情上报后24小时内开展流行病学调查、密切接触者排查管控和核酸检测，疫情得到有效控制，未引起传播和扩散。常态化防控阶段，雨花区有序推进复工复产复学的疫情防控工作，开展复工复产复学疫情防控指导554家单位，对各类购物节活动现场、大型考试、公益活动等进行疫情防控保障20余场，开展现场个人防护培训和消毒技术培训30余次，组织疫情防控专家开展线上线下疫情防控知识培训30余次。强化重点场所、重点人群的疫情防控措施，加强冷链市场环境、食品、人群等采样监测及溯源调查，坚持“人物并防”的原则，坚决贯彻“外防输入、内防反弹”的防控策略。雨花区疾控中心建立4支应急机动队，每队由流调、采样、消杀、后勤等人员组成，实行24小时领导干部带班值班制，定期组织开展应急处置流行病学调查、密切接触者排查、采样、消毒及健康教育等专业技能培训，确保科学、规范处置各类疫情。专人轮班值守24小时卫生应急值班电话，确保电话不漏接，并能及时处置各类疫情和回复群众来电。充实人员和物资储备，9月16—17日，全区培训合格采样人员1380人，流调人员651人，消杀人员656人；区疾控中心采购红外线测温仪器、一次性医用防护服、超低容量喷雾器等40种防疫物资700万余元，储量充足。雨花区多次组织各级各部门开展新冠肺炎技能培训和演练。8月和9月，相继开展全区新冠肺炎疫情处置应急演练和参加长沙市新冠肺炎疫情处置应急演练，科学、真实、全面地还原疫情处置现场，通过实战磨合全区工作人员协同作战、各单位、部门联防联控的应急处置能力，做到以练备战、以练为战。11月17—19日，组织全区街道社区卫生服务中心、镇卫生院开展新冠肺炎疫情流行病学调查培训和技能竞赛，检验和提升基层防疫专干流行病学调查技术水平。雨花区通过区政府网、微信公众号、宣传广播等线上、线下方式，全方位、多渠道地开展新冠肺炎疫情知识和防护技能宣传，树立个人是“健康第一责任”的意识，提高人民群众科学抗疫防护技能，营造全民共同抗疫的良好氛围。

（胡　蓉）

【疫情监测】 2020年，雨花区建立以32家网络直报医疗机构为单位的传染病报告管理信息系统，每天24小时全面监测辖区医疗机构上报的传染病疫情和突发公共卫生事件，区疾控中心安排专人全年365天进行传染病报告卡审核、分析和预警信息的核实、调查、处理，及时发现疫情苗头，深入现场进行风险排查，将防控关口前移，及早落实相关防控措施，将疫情遏制在萌芽阶段。审核传染病报告卡33296张，死亡报告卡6609张，处理预警信息409条，报告质量综合率100%，疫情网络报告及时率、审核及时率均为100%。报告现住址为雨花区的甲乙丙类传染病19种11812例，报告发病率为1243.63/10万，死亡8例，报告死亡率为0.84/10万，发病前五位的病种为流行性感冒、手足口病、其他感染性腹泻病、乙肝、肺结核，占总报告数的87.29%。无甲类传染病报告，报告乙类传染病13种1906例，报告发病率为200.67/10万，发病数较2019年下降16.11%；死亡8例，报告死亡率为0.84/10万；报告丙类传染病6种9906例，无死亡病例。报告现住址为雨花区的死亡人口数4820例，报告粗死亡率为507.47/10万。死因居前三位的疾病是心脏病、肿瘤、脑血管疾病，死亡病例网络报告及时率、审核及时率均为100%。定期对辖区内所有网络直报医疗机构开展传染病、死亡病例的报告管理督查，抽取5家网络直报医疗机构开展每季度法定传染病漏报调查，对辖区内所有网络直报医疗机构开展死亡病例的全覆盖式漏报调查1次。

（胡　蓉）

【重点传染病防控】 2020年，雨花区规范开展不明原因肺炎、人禽流感、霍乱、手足口病、狂犬病、出血热、钩体等重点传染病的采样监测和调查处置工作，处置突发公共卫生事件9起、聚集性疫情109起，所有疫情均得到及时、有效处置，未引起疫情扩散。1月16日至2月14日，区疾控中心调查处置现住址为雨花区的新冠肺炎疫情病例55例，其中确诊病例53例、无症状感染者2例，已治愈54例、死亡1例。10月，湖南国际旅行卫生保健中心报告集中隔离在雨花区酒店的7名境外输入无症状感染者，均于24小时内开展调查处置，未引起传播和扩散。辖区4家肠道哨点监测医院，接诊腹泻病例2050例、检索数1265例，检索率61.7%。5—10月，霍乱弧菌环境监测中采集外环境和食品标本75份，均未检出霍乱弧菌阳性标本。报告本地手足口病病例11131例，其中本地重症病例1例、无本地死亡病例。8月7日，区疾控中心对长沙市中心医院上报的1例现住址为雨花区洞井街道的重症手足口病进行采样和调查处置工作。按照监测方案每月需采集5例就诊普通病例标本进行病原学监测，需送检手足口病例咽拭子标本55份，实送标本数55份，送检率100%。采集到病原学检测为EV71和CAV16病毒的样本1例，收集该病例双份血清经长沙市疾控复核结果为EV71、CAV16阳性。辖区犬伤门诊接诊处置狂犬病暴露病例1954例。对辖区医院报告的狂犬病疫情调查处置3次，结合临床和实验室检测结果确诊狂犬病1例，结合临床排除狂犬病诊断2例。处置肾综合征出血热病例12例，其中流行性出血热病毒抗体检测阳性12例，阳性率100%，处置及时率100%。开展不明原因肺炎主动监测及督导工作，监测报告总住院病例108801例，肺炎病例数15513例，重症肺炎病例总数1601例，因重症肺炎死亡数115例，不明原因肺炎病例数0例。主动监测完成率为100%。开展禽流感职业暴露人群血清流行病学监测1次，采集样品5人份；开展活禽交易市场的禽流感常规监测4次，采集禽类饮水、清洗禽污水等环境样本9份，结果均为阴性。全年无登革热病例。9月，分街道采集不同年龄段健康人群血清75份，其中3份IgG抗体阳性，其余结果均为阴性。进行钩体病疫情调查处置2次，2例均为外地钩体病病例。（胡 蓉）

【免疫规划】 2020年，雨花区疾控中心对全区各预防接种单位的分管负责人、免疫规划专干开展专题培训5次，培训1238人次。在砂子塘街道茶园坡小花园开展“及时接种疫苗、共筑健康屏障”的“4·25”全国儿童预防接种宣传周活动，在井湾子街道仁和医院前坪开展“7·28”世界肝炎日宣传活动。全区接种疫苗687443剂次，其中免疫规划疫苗276382剂次，非免疫规划疫苗411061剂次，报告疑似预防接种异常反应个案98例，未发生任何预防接种安全事故。及时调查处置免疫针对性疾病病例89例，其中AFP病例27例、麻疹、风疹疑似病例53例、流脑病例1例、乙脑病例8例，各街道、镇监测麻疹、风疹疑似病例16例。开展春、秋两季适龄儿童接种证查验及疫苗补种工作，查验学校76所，托幼机构330家，应查验人数32366，实际查验32366人，查验率100%；接种完成人数29614人，应补种人数2752人，实际补种人数2671人，补种率97%。区疾控中心参加上级新冠疫苗使用培训5次，组织承担新冠肺炎疫情疫苗接种的井湾子、圭塘、东塘、雨花亭、洞井5个街道社区卫生服务中心，跳马镇中心卫生院6家单位30余人开展雨花区新冠肺炎疫情疫苗接种培训会议。（胡 蓉）

【性病、艾滋病防控】 2020年，报告现住址为雨花区的性病共计6种1611例，报告发病率173.71/10万。其中报告HIV感染者/AIDS患者119例，发病率12.83/10万；全区累计报告HIV感染者/AIDS患者1039例，存活在访978例，其中男性879例，女性99例。全区4家艾滋病自愿咨询点（VCT）均运行良好，已完成咨询检测1080人次。对黎托强制戒毒所新入所的328名和鹤诚医院的4名被监管人员开展梅毒、丙肝及艾滋病病毒抗体筛查。完成国家级孕产妇HIV监测任务400名，哨点监测完成率100%。全区15家HIV初筛实验室均运行良好，共筛查重点人群及自愿检测者247484人，其中筛查性病病人8844人，受血或输血液制品者31437人，术前检查者107080人，孕产妇34154人，自愿检测者10098人，其他55871人。开展艾滋病高危行为人群预防艾滋病、性病宣传教育、监测等干预工作，发放宣传资料1万余份。对64例艾滋病住院治疗患者的住院治疗费给予60%的区级治疗报销，对145名HIV感染者/AIDS患者发放电话补助费8.7万元。（胡 蓉）

【结核病防控】 2020年，雨花区非结防机构报告肺结核病例或肺结核疑似病例506例，经核实报告重卡159例，追踪到位213例，其他到位22例，转诊103例，转诊到位99例，总体到位334例，总体到位率96.25%，转诊到位率96.12%。每两个月对各街道社区卫生服务中心及卫生院结核病防治工作督导1次，每季度对定点医院督导1次。启用软件系统管理抗结核药品，每月及时报送药品报表，准确率100%。组织开展“3·24”世界结核病日宣传工作。及时调查核实结核病预警信息184条，对身份为老师或学生的病例开展追踪和处置。组织开展幼儿园、中小学和大中专院校的入学新生结核病筛查统计和分析工作，对120余所学校进行结核病防控督查，提出防控指导意见，调查处置学校结核病散发疫情78起、聚集疫情0起，督促相关学校严格落实晨午检、因病缺课登记、消毒通风及健康教育等防控措施，做好患病学生的休复学管理和PPD试验强阳性学生的告知工作，疫情均已得到有效控制，未造成疫情流行和传播。（胡 蓉）

【慢性病防控】 2020年，雨花区已建立居民健康档案812367份，建档率87.6%。其中老年人档案68973份，年度体检老年人44343人，体检率39.42%；管理高血压患者档案48133份，系统规范管理率68.22%；管理糖尿病患者档案17736份，健康管理率69.05%；累计录入重性精神疾病患者国家系统在册档案4106份，发现报告率4.43‰，在管档案4013份，发现管理率97.74%；全年报告新发肿瘤病例数1497例，报告发病率为202.72/10万，报告恶性肿瘤死亡病例912例，死亡率为123.50/10万；报告心脑血管事件1659人次，报告发病率为174.67/10万，报告心脑血管事件死亡587例，死亡率为61.8/10万；开展城市癌症早诊早治项目，完成5个癌种临床筛查1258例，其中肺部370例、乳腺267例、胃部248例、肠部152例、肝部221例。完成口腔筛查676例。（胡 蓉）

【地方病防控】 2020年，雨花区开展“4·26”全国疟疾日和“5·15”防治碘缺乏病日系列宣传活动；累计完成“三热”患者的疟原虫血片镜检579例；培训指导各街道社区卫生服务中心开展碘缺乏病监测和碘缺乏病健康教育宣传工作，完成200名儿童的尿碘、盐碘含量检测、100名孕妇尿碘、盐碘含量检测以及结果分析和上报工作；对23例疑似布鲁氏菌病患者开展采样筛查，对其中5例阳性病例进行流行病学调查处置和健康教育工作。（胡 蓉）

【卫生监测】 2020年，雨花区开展生活饮用水、餐饮具、医疗机构消毒质量及公共场所等日常监测，采集样品1717份，检测合格1716份，合格率99.94%。监测方案内生活饮用水140份，合格数140份，合格率100%；监测方案外其他水样368份，合格数368份，合格率100%；每季度将管网末梢水水质信息在雨花区政府网站进行公示。开展食源性疾病监测，完成鲜湿米粉、饼干、粽子、果冻、布丁、坚果及其籽类、豆与豆制品、预包装蜜饯、月饼、油条、大米、蔬菜、预包装饮用水、预包装饮料、预包装熟肉制品15大类181份样品的监测采样，并按要求进行样品送检、数据录入；上报病例909例，湖南省儿童医院作为食源性疾病主动监测哨点医院，采集标本120份。开展毒蕈中毒事件监测，无病例。开展病媒生物密度监测，设置监测点26个。鼠密度监测布夹2700个，其中有效夹2461个，捕鼠3只(均为黄胸鼠)，总密度0.12%；蚊密度监测布灯80

盏，捕捉蚊子5199只，密度为每小时10.83只；蝇密度监测布笼40个，捕获蝇类888只，平均密度为每笼22.2只；蟑螂密度监测布放粘蟑纸540张，回收粘蟑纸523张，阳性粘蟑纸数17张，侵害率为3.3%，捕获蟑螂18只，平均密度为每张0.03只。做好学考、中考、高考的保障工作，对“三考”13个考点及周边定点的8家食宿单位的公共用具、饮用水、餐饮具进行抽样检测，检测样品158份，合格率100%。开展“双随机”抽样检测，对13家高校、中小学校进行水质检测，采样18份，合格率100%。掌握辖区内存在职业病危害因素的重点行业和存在重点监测因素的用人单位本底资料，结合监测实际，完成20家单位监测；对1956年至2019年底报告的职业性尘肺病例开展调查，完成2006年至2019年报告的528例病例随访工作；推进放射性危害因素监测工作有序开展，完成辖区52家放射诊疗机构及9家非医疗机构的调查、资料收集及数据整理工作；开展职业危害因素监测，完成7个街道71家企业的职业病危害现状调查工作。建立学校直饮水长效监测模式，监测辖区103所中、小学校及幼儿园的直饮水，采集直饮水256份，合格率100%。开展雨花区第二轮儿童青少年近视调查工作，调查全区9所学校和2所幼儿园2816人，其中，幼儿园学生172人，小学生1178人，初中生577人，普通高中生571人，职高生318人。调查工作分前期动员培训、中期问卷调查和现场视力检查、后期数据录入整理和统计分析3个步骤完成。检出近视1588人，近视率为56.3%，其中男生近视827人，近视率54.1%；女生近视761人，近视率58.9%。幼儿园6岁儿童近视率19.1%，小学生近视率39.8%，初中生近视率70.1%，普通高中生近视率81.2%，职业高中生近视率68.2%。（胡　蓉）

【检验检测】 2020年，雨花区疾控中心开展诺如病毒核酸检测133份，流感类样品核酸检测1份。开展出厂水、井水、末梢水、二次供水、直饮水的理化、微生物指标检验检测工作，开展水质相关检测5224项次。开展食品、餐饮及食品风险监测检测925项次。对雨花区居民户及居住半年以上常住人口中8～10岁儿童、孕妇和新生儿开展碘监测检验，开展盐碘检测和尿碘检测各300份。开展医疗器械监测检测1796项次；开展公共场所公共用具、空气质量、游泳池水的专项监测检测593项次。开展艾滋病、梅毒、丙肝、风疹、麻疹、霍乱、布鲁氏菌、出血热等病毒血清学检测4799项次；开展疟原虫检测75份；开展食源性疾病致病因子监测，检测食品及肛拭子等标本462份。开展风疹、麻疹、梅毒、HIV质控考核各5份；尿碘考核样本2份；食品中总酸、大米粉中总汞各2份，考核结果均为合格及以上等级。7—12月，完成新冠肺炎疫情样品核酸检测4356份，其中人员样本3730人份，外环境和冷链相关样品626份。（胡　蓉）

卫生监督

【概况】 长沙市雨花区卫生计生综合监督执法局（简称“区卫监执法局”）是由政府全额拨款的、实行参照公务员法管理的副科级事业单位，为区卫生健康局二级机构，负责实施卫生计生专项整治和日常监督检查；对公共场所卫生、生活饮用水卫生、学校卫生及消毒产品和涉及饮用水安全产品进行监督检查；对医疗机构、采供血机构及其从业人员的执业活动进行监督检查，对医疗机构、采供血机构、疾病预防控制机构的传染病疫情报告、疫情控制措施、消毒隔离制度执行情况、医疗废物处置情况和菌（毒）种管理情况等进行监督检查，查处违法行为；打击非法行医和非法采供血；整顿和规范医疗服务秩序；对医疗机构的放射诊疗进行监督检查，查处违法行为；对母婴保健机构、计划生育技术服务机构服务内容和从业人员的行为规范进行监督，依法打击“两非”（非医学需要的鉴定胎儿性别和选择性别的人工终止妊娠）行为，做好计划生育社会抚养费征收及违法违纪案件的督查督办；对镇（街道）卫生计生综合监督执法进行指导和督查，对监督协管员进行培训、业务指导；负责行政区域内卫生计生监督执法信息的收集、核实和上报；受理对违法行为的投诉、举报；开展卫生计生法律法规宣传和执法检查等工作。

2020年，区卫监执法局规范卫计综合监督执法工作，维护行业秩序、保障市民身体健康。全年办理一般程序立案62件，结案62件，罚没25.5万元；对2个重大案件举行听证，实现行政执法阳光运行。实行24小时值班和领导带班制度，做好投诉举报热线的接听、处理工作，受理各类投诉163件，处理完毕163件，满意率100%。出动卫生监督执法人员2600余人次、执法车辆1200台次，开展疫情防控，对辖区医疗机构、宾馆、理发店、超市等公共场所进行拉网式排查和封控，检查各类场所4600余家。（谭晖甫）

【医疗机构监督】 2020年，雨花区医疗机构630家。雨花区开展医疗执业日常监督检查，下达卫生监督意见书1500余份，对在执业方面存在较重问题的8家医疗机构予以立案查处，罚款11.65万元。开展“双随机、一公开”抽查检查，抽取任务78家，关闭2家，完成76家，下达卫生监督意见书70份，责令27家医疗机构对存在问题进行整改，立案查处1家。口腔诊疗服务机构专项检查169家，针对部分存在较轻问题的口腔诊疗机构，下达卫生监督意见书150余份，责令限期整改，对30家存在较重问题的口腔医疗机构进行约谈，予以警示。开展医疗美容专项行动，专项检查医美机构32家，下达卫生监督意见书30份，对湖南安曼达医疗美容有限公司雨花医疗美容门诊部未按规定填写病历资料的违法行为，进行立案查处，给予警告并罚款人民币1.5万元的行政处罚。开展打击非法行医行动，收到非法行医线索18条，联合街（镇）、社区进行查处，现场取缔2家，对8家单位及个人进行立案查处，罚款9.6万元，没收违法所得3万元，没收药品、器械40余件，责令其他单位或个人进行整改。按照《长沙市雨花区医疗机构综合监督信用等级评定实施方案》，对563家医疗机构进行评价，评定A级医疗机构

27家，占比4.8%；B级医疗机构524家，占比93.1%；C级医疗机构10家，占比1.8%；D级医疗机构2家，占比0.3%。通过实施信用等级评定，强化医疗卫生行业自律意识。　（谭晖甫）

【传染病防治监督】 2020年，雨花区卫监执法局完成传染病防治“双随机，一公开”抽查26家，立案调查1家，罚款1000元，责令整改10家。检查发现部分医疗机构存在传染病疫情报告工作制度、消毒隔离制度不完善、传染病疫情报告登记本登记不全、消毒用品未标注有效期限等情况。针对存在问题，均出具《卫生监督意见书》，并责令限期整改。　（谭晖甫）

【职业病防治与放射监督】 2020年，雨花区卫监执法局开展职业卫生专项检查，对71家职业病易发单位、12家混凝土企业进行执法检查全覆盖。开展职业病诊断机构专项检查，完成职业技术服务机构5家、职业健康体检机构3家，收集违法线索3条，立案处罚1家，突破职业卫生零办案。开展放射卫生专项检查，对辖区内78家持有“放射诊疗许可证”的医疗机构进行放射卫生专项检查和放射工作人员个人剂量监测专项整治检查，对存在问题的单位下达卫生监督意见书，责令限期整改，立案查处3起，结案1起，罚款13100元。开展放射诊疗机构“双随机、一公开”抽查检查6家，责令整改3家。　（谭晖甫）

【公共场所卫生监督】 2020年，雨花区卫监执法局检查公共场所单位800余家，出动执法人员1500余人次，出动车辆800余台次，下达卫生监督意见书600余份，一般程序案件立案34件，结案34件，简易程序案件立案1件，结案1件，罚款45950元。推进实施公共场所卫生许可告知承诺制，促进公共场所卫生监督管理创新方式、落实责任、提高效率，承诺制实行后新办证件460本，做到便民利民。公共场所“双随机、一公开”监督114家，其中游泳场馆27家，美容美发33家，住宿43家，商场2家，淋浴场所9家。主要对消毒设施、卫生检测情况、员工实际操作、人员健康证等方面进行检查，检查结果和抽检情况及时在雨花区政府官方网站进行公示。

（谭晖甫）

【饮用水卫生监督】 2020年，雨花区卫监执法局开展二次供水小区生活饮用水卫生监督检查，检查二次供水单位166家，重点对二次供水单位管水人员健康证办理情况、卫生管理制度落实情况、供水水箱定期清洗消毒情况、水箱加锁及专人管理情况进行监督检查。对部分管理不到位的单位下达卫生监督意见书责令整改，并对4家问题较重的二次供水单位进行立案处罚。对无管理主体和老旧小区二次供水单位及鸿源公司管理的二次供水单位均下发二次供水办证告知书，联合街道、社区加强日常巡查确保供水安全。联合区市监局、区城管大队、区疾控中心、区教育局后勤办开展为期2月的春季学校卫生检查，对274所学校生活饮用水进行检查，针对发现的问题，下达卫生监督意见书并要求立即整改。　（谭晖甫）

2020年5月21日，长沙市现制饮用水完善安全监管暨雨花区专项行动部署会　（谭晖甫　供图）

【学校卫生监督】 2020年，雨花区卫监执法局联合区市监局、区城管大队、区疾控中心、区教育局后勤办，从新冠肺炎疫情防控工作、生活饮用水卫生、教学环境卫生、传染病防治工作方面对全区学校开展春、秋两季的卫生检查，检查学校302家次（含托幼机构）。开展学校卫生“双随机、一公开”检查检测20所，对学校教学环境卫生、传染病和常见病防控、饮用水卫生进行检查，对教室课桌椅、采光、照明及教室和学生宿舍人均面积等进行检测，联合区疾控中心、第三方检测机构对二次供水水质色度、混浊度、臭和味、肉眼可见物、pH和消毒剂余量进行检测，对8家不合格的学校给予警告并责令限期整改。监督检查“三考”（高考、学考、中考）考点12个，下达卫生监督意见书12份。联合区市监局、区城管大队、区疾控中心、区教育局开展“护苗行动”专项检查，加强对长翔、水杯子等提供直饮水服务的企业在备案、涉水产品日常维护等方面的监督检查，做好学校学生直饮水管理工作。　（谭晖甫）

【计划生育执法】 2020年，雨花区卫监执法局开展“两非”和计划生育母婴保健专项检查，全年共检查母婴保健机构23家，下达卫生监督意见书23份，指导规范诊疗活动。查处计划生育、母婴保健类行政处罚案件1起，对长沙市雨花区国康门诊部不具备计划生育技术服务资质，非法为他人实施计划生育手术的违法行为予以立案查处，给予其警告、没收违法所得1078元、罚款1.55万元的行政处罚。

（谭晖甫）

【督查养老机构】 2020年2月3日，雨花区卫监局副局长陈高、刘国军，卫生监督员谭晖甫与区民政局局长易光明、科长张瑞军一行，联合对4家养老机构、2家医养结合机构进行疫情防控工作检查，监督检查各单位体温测量登记、公共场所卫生消毒及防护物资储备情况。 （谭晖甫）

【政协提案办理】 2020年，雨花区卫监执法局办理雨花区政协五届四次会议第20号提案“关于开展居民饮用水水质检测，保障居民饮水健康的建议”。5月21日，组织召开区首届现制现售饮用水卫生安全监管培训暨座谈会，市卫监局、市内其他区县、7家饮用水经营单位派员参加，普及《中华人民共和国传染病防治法》《生活饮用水卫生监督管理办法》等法律法规，分析存在的问题及隐患，明确日常监督检查中的任务和要求。6月4—22日，联合雨花区疾病控制中心采取随机抽检方式对雨花区现制现售饮用水公司进行现场抽检，对4家公司10个小区进行抽检。其中长沙一泉智能环保科技有限公司有2个小区的现制现售饮用水菌落总数超标，该公司进行整改后再复检，水质合格。 （谭晖甫）

【行政处罚案件听证会】 2020年12月4日，雨花区卫生健康局主办、区卫监执法局承办区卫生系统首次行政处罚案件听证会，当事人进行陈述和申辩，提出辩护意见，并提交新的证据。案件调查人员提出当事人违法的事实、证据和法律依据及行政处罚建议，并出示相关调查材料、证据，对当事人提出的新证据，案件调查人员进行质证。通过听证，实现行政执法阳光运行，保障管理相对人权益。 （谭晖甫）

妇幼保健

【概况】 长沙市雨花区妇幼保健计划生育服务中心（雨花区妇幼保健所）（简称“区妇幼所”）为副科级全额拨款事业单位，是区卫生健康局二级机构，负责全区妇女保健、生殖保健、孕产妇保健、儿童保健、婚前保健服务；负责全区计划生育技术服务、健康教育、妇幼卫生信息统计；负责街（镇）、社区（村）、区辖围保医院及幼儿园的保健管理等工作。

2020年，雨花区推动“以治病为中心”向“以人民健康为中心”转变，着力提高妇女儿童的健康水平和幸福指数，为全区妇女儿童提供安全、有效、便捷、优质的医疗保健服务。区妇幼保健所把适龄妇女“两癌”免费检查、孕产妇免费产前筛查、NIPT免费检测、新生儿疾病筛查、耳聋基因筛查、视力筛查作为全区妇幼健康工作的重中之重。全年完成孕产妇免费产前筛查9206人、NIPT免费检测9692人、新生儿疾病筛查9892人、耳聋基因筛查9905人、适龄妇女“两癌”免费检查11038人、0~6岁儿童眼保健及视力筛查48704人。区妇幼保健所获“2019年度省市重点民生实事项目工作成绩突出单位”“2019年度妇幼保健机构绩效考核工作优秀单位”“2020年度长沙市公共机构生活垃圾分类示范单位”等省、市级称号。 （唐品佳）

【疫情防控】 2020年，雨花区妇幼保健所制发《孕产妇感染新型冠状病毒肺炎临产后救治应急预案》，严格落实孕产妇新冠肺炎疫情“日报告”“零报告”制度，全面执行群众体检“一医一对象一诊室”。在市中心医院划定专门病室，确保辖区疑似病例、密接者或流行病学史的孕产妇从产检到住院分娩的安全无缝对接。共摸排管理有湖北、武汉接触史孕产妇172人，已全部平安分娩，孕产妇婴幼儿零感染。组建疫情防控志愿服务队伍30人，坚守高铁南站、汽车南站、城际铁路站点124天，健康监测旅客90余万人次。 （唐品佳）

【妇女保健】 2020年，雨花区新增产妇数12521人，新增孕妇数12280人，新增高危孕妇人数8234人，高危占比67.05%，新增红色预警100人，全面落实孕产妇分级分类管理制度，印发妊娠风险预警五色标识3万余份。强化流动人口孕产妇登记管理，均等化实行社区（村）管理，及时进行访视。高危孕妇管理率100%，妊娠结局良好，全年未发生孕产妇死亡。剖宫产率36.4%，孕期“艾滋病、梅毒、乙肝”免费检测21601人次，孕产妇及所生婴儿均进行免费治疗，艾滋病、梅毒阳性孕产妇及新生儿补助均已发放到位。加强区级救治能力建设，与区急救中心、市中心医院举办妊娠期及新生儿感染性疾病防治学术会议，开展评估演练2次。 （唐品佳）

【儿童保健】 2020年，雨花区活产数7252人，5岁以下儿童死亡率2.48‰，婴儿死亡率0.97‰，新生儿死亡率为0，0～6岁儿童健康管理率95.24%，新生儿访视率99.53%，开展儿童保健专项督导4次，评估合格新办托幼机构卫生保健工作43所，督导托幼机构卫生保健综合评估及疫情防控工作62家次，督促整改无证办学幼儿园41所。组织省、市专家开展新生儿死亡评审培训2次，及时总结并提出干预措施。新生儿疾病筛查率99.9%，新生儿听力筛查率99.76%。高危儿童、梅毒和艾滋病母亲所生儿童管理随访覆盖率100%。规范托幼机构卫生保健工作，严把健康体检关，儿童入园体检14010人，幼师体检7175人，体检率100%。 （唐品佳）

【出生缺陷综合防治】 2020年，雨花区完成免费孕前优生健康检查1413对，早孕随访和妊娠结局随访实现全覆盖。实行月数据管理，对未按要求完成的街道（乡镇）发送提醒函。发放叶酸10465人次、31395瓶，服用率98.2%。药具累计发放服务30万人次，开展“出生缺陷日”、药具知识等进社区、进企业、进学校专场宣传活动10余场，6篇药具宣传稿件均被省药具管理中心“湖南药具之家”录用。 （唐品佳）

【妇幼质控督导】 2020年4月2—26日，雨花区妇幼保健所妇保科、儿保科、信息科、健教科等业务线人员，对全区13个街道社区卫生服务中心（镇卫生院）的基本公卫、妇幼重大公卫项目、妇幼信息质控、健教宣传、民生项目等工作展开为期一周的督导。督导以实地查看、查阅资料、问卷调查、现场指导与交流等方式进行，通过对全区一季度妇幼健康管理工作的督促，帮助各中心及时发现并整改问题，确保各项工作持续改进。（唐品佳）

【托幼机构疫情防控督导】 2020年5月27日，长沙市妇幼保健院儿童保健部、雨花区妇幼保健所联合督导雨花区教育局第一幼儿园疫情防控，督导组对该园各项疫情防控制度的制定和落实、开园防控物资准备及疫情期间幼儿园指导家长所做的健康教育视频等工作给予高度肯定。（唐品佳）

【妇幼健康工作大会】 2020年6月10日，雨花区妇幼健康工作暨业务培训会议在雨花区公共卫生大楼10楼会议室召开。会议由区政府二级调研员陈良红主持，区卫生健康局党组书记、局长周宏伟出席会议并讲话。会议传达学习省、市妇幼健康会议精神，全面总结2019年妇幼健康工作，安排部署2020年工作，明确工作目标和任务。区政府副区长刘江红强调，全区妇幼健康工作要提高政治站位，强化责任担当，把握工作重点，聚焦民生热点，要加强部门协作，提升服务效能。区政府办、区卫生健康局、区妇联、区妇幼保健所负责人；各街道（镇）区卫健工作分管副职、卫健工作负责人；各社区卫生服务中心（卫生院）主要负责人、公卫部主任及妇幼专干；驻区各产科医疗机构分管院领导、产科负责人等妇幼健康相关工作人员110余人参加会议。（唐品佳）

【业务培训】 2020年6月10日，雨花区妇幼保健所召开全区妇幼健康业务培训，对孕产妇健康管理、0~6岁儿童健康管理、省市民生实事项目、出生缺陷综合防控、母婴安全、健康教育及计划生育公共服务等妇幼健康重点工作进行专项培训，提高妇幼队伍业务素质和能力水平。区妇幼保健计划生育服务中心相关负责人；各街道（镇）区卫健工作分管副职、卫健工作负责人；各社区卫生服务中心（卫生院）主要负责人、公卫部主任及妇幼专干；驻区各产科医疗机构分管院领导、产科负责人等妇幼健康相关工作人员110余人参加会议。6月19日，出生医学证明业务及妇幼健康信息管理培训班举办，辖区医疗助产机构出生医学证明管理及签发人员、各街道社区卫生服务中心（卫生院）妇幼信息专干、雨花区妇幼保健所相关工作人员30余人参加培训。7月29—30日，雨花区妇幼保健所举办雨花区助产与节育技术服务从业人员培训班，辖区母婴保健机构的妇产科医师及助产师180余人参加此次培训。9月23日，雨花区妇幼保健所举办新冠肺炎疫情防控知识培训。长沙市中心医院感染管理科医师贺丹进行院感防控专题培训，区疾控中心质控科科长朱和辉进行核酸检测采样专题培训。通过疫情防控知识的再培训，进一步提高医务人员及工作人员对常态化疫情防控的防控意识和应急处置能力，为秋冬季可能发生的新冠肺炎疫情做好准备，守护妇女儿童的生命安全。（唐品佳）

【药具志愿服务活动】 2020年8月25日（农历七月初七），雨花区妇幼保健所在区民政局婚姻登记处进行免费药具发放及免费婚检孕检宣传活动，宣传国家基本公卫免费避孕药具发放项目，拓展免费避孕药具发放渠道，增强群众避孕节育意识，关爱女性生殖健康，现场为新人们进行免费孕检婚检、药具发放相关知识宣传；讲解避孕方法，减少意外妊娠，有计划有准备孕育健康的宝宝等知识，发放精美实用的药具健康服务包。（唐品佳）

【出生缺陷日宣传活动】 2020年9月9日，雨花区在井湾子街道井湘社区开展“同心抗疫，护佑新生”“9·12”预防出生缺陷宣传日系列宣传活动。现场开展知识讲座、有奖问答、视频播放、发放宣传手册、义诊服务，使育龄妇女了解出生缺陷的发病原因及其防治措施，提高育龄妇女自我保健意识和技能，从源头上减少出生缺陷的发生。（唐品佳）

【世界避孕日宣传活动】 2020年9月25日，雨花区妇幼保健所在雨花区市民之家大楼建筑工地旁，举办2020年“9·26”世界避孕日主题宣传活动。医务人员在建筑工地现场设立义诊咨询及避孕药具发放宣传台，交流、了解建筑工地青年男女对避孕节育及药具服务工作的需求，解答部分工友提出的两性及生殖健康问题，宣传国家基本公卫免费药具发放惠民政策、传统药具领取途径及湖南线上“药具申领”、药具种类以及避孕方法和性传播疾病的预防知识等，方便进城务工人员，提高务工人员生殖健康自我保护意识。（唐品佳）

【世界艾滋病日宣传活动】 2020年12月1日是第33个“世界艾滋病日”，雨花区举行艾滋病防控专业知识主题系列讲座，长沙市妇幼保健院主任医师樊小兰为长沙财经学校的学生们开展题为“知性智行”的青春期健康知识讲座，讲解艾滋病致病机理、传播途径以及预防和治疗措施，学会保护自己、保护他人。长沙市中心医院院感科医师为长沙市比亚迪汽车有限公司职工开展“携手防疫抗艾 共担健康责任”主题讲座；为学生、企业职工发放防艾、青春期保健折页等读本，希望在大家接受宣教的同时，成为防艾大使，带动更多人参与到预防艾滋病宣讲工作中。（唐品佳）

【国家卫健委调研妇幼保健工作】 2020年9月16日，国家卫生健康委员会妇幼保健机构绩效考核调研工作组一行，在湖南省卫生健康委妇幼处副处长曹咏梅、长沙市卫生健康委妇幼处副处长刘翔燕的陪同下，现场调研雨花区妇幼保健所妇幼保健机构绩效考核。雨花区妇幼保健所所长肖卫汇报告单位基本情况、妇幼健康服务开展情况、绩效考核工作情况等方面，结合雨花区实际情况反馈绩效考核指标和系统填报存在的问题，并提出相关建议。调研组现场考察妇幼保健操作手册使用情况，查阅业务科室考核指标的相关原始报表资料，了解各指标的来源和收集途径，试验开展数据核查质控。调研组肯定雨花区妇幼保健绩效考核工作，指出雨花区妇幼健康服务开展扎实，日常工作资料翔实，指标数据来源清晰，将采纳该单位反馈的意见和建议，进一步完善全国妇

2020年9月16日，国家卫生健康委员会妇幼保健机构绩效考核调研工作组现场调研雨花区妇幼保健机构绩效考核工作　　（唐品佳　供图）

幼保健机构绩效考核操作手册，促进妇幼保健机构绩效考核工作的高质量开展。　　（唐品佳）

【新生儿窒息复苏操作技能大赛】 2020年6月22日，雨花区危重孕产妇及危重新生儿急救中心长沙中心医院在办公楼二楼多功能厅举办新生儿窒息复苏操作技能大赛决赛。南华大学附属长沙中心医院副院长岳祥、长沙市妇幼保健院副院长王团美、南华大学附属长沙中心医院妇科副主任章雪莲、副主任医师肖谈如，新生儿科副主任医生祝立平、副主任医生许莹担任专业评委。长沙市三医院、长沙市四医院、湖南省中医附一医院、航天医院、融城医院等单位相关人员到比赛现场进行交流、指导。8组团队参赛，专业评委对每组复苏团队的新生儿窒息复苏技能操作均一一进行总结和点评，三组选手获奖。　　（唐品佳）

【高危孕产妇筛查】 2020年10月15日，雨花区妇幼保健所在洞井街道社区卫生服务中心开展高危孕产妇筛查活动，活动内容包括孕产妇健康知识讲座、有奖问答、现场义诊、健康咨询及国家政策宣传，60余位孕妇及其家属参加活动，省地矿医院产科主任刘琳讲解孕期常规保健、异常情况的识别及就医等知识，现场答疑解惑。筛查活动根据孕产妇的基本情况、不良孕产史、妊娠合并症、环境和社会因素及其他检查异常等情况，通过一般性检查和B超、心电图、肝肾功能、血常规、尿常规等免费检查，对在册高危孕产妇进行跟踪检查，对新筛查出来的高危孕产妇进行建档立卡，实施健康监测，分别实行“一对一”上门跟踪服务，掌握其健康动态，确保孕妈妈安全健康地度过围产期。（唐品佳）

社会生活

民政事务

【概况】 长沙市雨花区民政局（简称“区民政局”）主管区政府社会行政事务，负责区属内社会救助、养老服务、救灾救济、基层政权和社区建设、社会组织管理、流浪救助、婚姻登记等方面的工作。下设区社会救助事务中心、区生活无着人员救助站、区社会工作服务中心（区低收入家庭认定中心）和区社会福利中心（雨花老人之家）4个二级机构。

2020年，雨花区民政工作践行“民政为民、民政爱民”的工作理念，聚焦脱贫攻坚、聚焦特殊群体、聚焦群众关切，切实履行基本民生保障、基层社会治理、基本社会服务“三基”主责，突出重点、强化担当，着力推动各项民政工作取得新成效。全区各类民政服务机构实现零感染、零病例；低保申请简化程序，临时救助及时发放，提前下拨救助资金230万元，确保应救尽救，凡困必帮。连续两年获评全省真抓实干养老服务体系建设成效明显区，率全国之先开展乡镇（街道）、社区（村）民政工作标准化实验，获评“2020年度全省五化民政建设创新实验先进区”并被省民政厅致信表扬，区社会福利中心作为全市唯一代表入选全国49家公办养老机构改革优秀案例。省民政厅党组书记、厅长曹忠平等领导多次调研雨花区民政工作并给予充分肯定，《人民日报》《湖南日报》等对社会救助、儿童福利等工作进行重点报道。（邓颖晴）

【社会救助】 2020年，雨花区开展民政领域脱贫攻坚专项核查，社会救助各项政策向建档立卡贫困人口倾斜，兜底保障对象全部脱贫，在国检和省检中零扣分，完成代表湖南迎接国务院脱贫攻坚普查和省脱贫攻坚考核。开展社会救助专项治理、低保错时年审，低保新增693人，退出603人，累计救助37262户次、54143人次，发放资金3195万元；落实特困供养保障标准，特困供养6700余人次、发放资金681.15万元。改进临时救助，按1万元标准设立临时救助备用金，将单笔2000元以下临时救助权限下放至街镇，救助779人、314.14万余元。春节慰问困难群众6000余名，发放慰问金610万元。开展城市特殊困难群体帮扶，走访摸排2.6万余户次，实施帮扶困难对象4400余户次，其中急难、基本生活、医疗帮扶3150余户次、帮扶资金647万余元，就业帮扶1020余户次，住房帮扶210余户。完善生活无着人员全覆盖救助服务网络，开展流浪乞讨人员救助管理服务质量大提升专项行动，救助1110人次，提供乘车凭证621人次，护送返乡4人次，医疗救助21人次，救助危重病人6人次。（邓颖晴）

【福利慈善】 2020年，雨花区实现村级儿童之家全覆盖，举办儿童福利工作人员培训班。全面落实困境儿童保障政策，发放散居孤儿基本生活费15.6万元、事实无人抚养儿童基本生活补贴费约25万元、大学生孤儿助学金5.5万元，办理收养登记8人。加大困境儿童关爱保护力度，实行动态管理，在疫情期间、春节及六一儿童节上门走访看望困境儿童并送去慰问金。全面落实残疾人生活补贴和护理补贴两项补贴制度，按月足额发放残疾人两项补贴893.77万元。做好中福在线销售厅停销和人员安置工作，强化业务培训，突出安全运行，销售福利彩票767万元，筹集公益金38万元。制定区慈善会章程、慈善救助实施细则、资金募集管理办法等规章制度，促进慈善事业有序发展。安排救助资金82万元组织开展“暖心工程”“烛光工程”“安心工程”等慈善送温暖活动。做好慈善救助项目申报、审核及补助金发放工作，救助5627人次、166.56万元。（邓颖晴）

【养老服务】 2020年，雨花区推进全国居家和社区养老服务改革试点，探索发展“分层负责，分级保障，分类施策”的多元化养老服务，推广“发挥机构骨干作用带动并延伸社区、居家养老”的雁行模式，加快养老服务业发展，全区各类养老设施88家，养老服务床位4756张，每千名老人拥有床位数38.7张，在全省领先。省民政厅三次调研雨花区养老工作并给予充分肯定。新建养老机构2家、社区居家养老服务中心22个，新增养老床位154张。拨付养老机构建设运营补贴510万元、社区居家养老服务中心870万元。投入40万元完成10个社区居家养老服务中心设施标准化建设，完成18名困难老年人家居适老化改造，为12家养老服务机构安装监控系统，投资54万元升级改造雨福基础设施。在10个社区居家养老服务中心开展老年人助餐配餐服务试点，服务3.9万人次，拨付补贴资金52万元。规范居家养老政府购买服务，政府购买基本养老服务1244人次42.78万元。开展老年节“金秋惠老”走访慰问活动，发放慰问金及物资共24万元，发放高龄津贴2475.46万元。防范和打击养老服务领域非法集资，下发宣传折页2万份，对已在区市场监督管理局登记备案的35家涉老公司进行摸底核实。强化养老机构运营、安全生产及消防安全监管，开展养老机构安全生产专项整治三年行动，举办养老机构消防安全培训、食品安全培训，有效防范各类安全事故发生。开展养老机构服务质量建设专项行动，组织全区养老护理员开展业务技能培训，提高养老服务水平。养老机构严格执行疫情防控封院堵、隔、排、防、停、禁“六字诀”，有序恢复运营服务。（邓颖晴）

【社会治理】 2020年，雨花区完成社区公共服务中心改造升级，打造华云、丰园、雨花家园社区等一批综合服务平台示范点。开展社区万能章整治行动，梳理规范社区（村）活动场所挂牌。核准清理村（社区）工作事项清单，新增8项工作事项，取消18项，对其中23小项进行调整或修改。指导村、社区修订完善《村规民约》《居民公约》，发挥村规民约积极作用，丰园社区居民公约被评为省优秀居民公约、新星社区居民公约被评为市优秀居民公约。洞井街道丰园等5个社区被评为长沙市和谐示范社区，雨花亭街道香南郡等5个社区被评为长沙市和谐精品社区。丰园社区专职工作者易丹丹被评为全国民政系统抗击新冠肺炎疫情“优秀城乡社区工作者”，疫情防控一线表现特别突出、符合条件的29名社区工作人员补充进入社区员额、249名城市社区专职工作者享受等级晋升提前1年的待遇。开展“最美城乡社区工作者”评选活动，树立一批优秀社区工作者先进典型。做好村（社区）书记、主任任期经济审计、人员审核，完成两个换届选举试点街道选举工作，有序推进村（居）委员会换届选举。

（邓颖晴）

【社会组织工作】 2020年，雨花区坚持社会组织培育发展和监督管理并重，严格登记标准，加强规范管理，注册成立社会组织25家、变更35家、注销40家。依法依规年检社会组织415家。推进社会组织信用体系建设，录入诚信信息和诚信承诺书94条，提高社会组织监管效能。整治清理非法社会组织，规范行业协会商会涉企收费行为及社会组织评比达标表彰活动，完成行业协会商会脱钩任务。提质改造区社会组织孵化基地，更好地为全区社会组织提供孵化、培训、专业指导和评估等服务。推进“党建引领·创益雨花”，支持社会组织、社工机构参与环保、扶老、助残等公益活动，投入58万元实施公益慈善类项目12个。举办社会工作职业资格水平考前培训班，支持社工站发展壮大，打造洞井、雨花亭街道3.0版特色社工站。组织全区20余家社会组织调动各方资源支援区内疫情防控一线物资，组织近千名社会力量提供志愿服务。

（邓颖晴）

【专项服务】 2020年，雨花区优化婚姻登记服务，成立全市首家婚姻家庭指导服务中心，开展婚姻文化服务，举办“打卡雨花·相遇幸福”主题活动，宣传文明婚俗；安全、有序完成“520”、七夕等高峰日婚姻登记工作，依法依规办理结婚登记5005对，离婚登记2990对。强化殡葬管理，充分发挥红白理事会作用，倡导殡葬文明新风，火化率和殡葬惠民普及率均达到100%；开展违法违规墓地整治，组织整治大墓、豪华墓6处；落实殡改惠民政策，殡改直补71.24万元。规范区划地名管理，加强地名规范化建设，完成14441条有效地名条目的编纂工作，完成9条新建道路命名，设置路名牌80块。（邓颖晴）

【雨花区被评为“全省养老服务体系发展成效明显的市、县市区”】 2020年1月18日，湖南省人民政府第五次全会公布2019年度真抓实干成效明显地区名单，雨花区被评为“全省养老服务体系发展成效明显的市、县市区”。近年来，雨花区委、区政府高度重视养老服务工作，将养老服务业发展列入区“十三五”发展规划和现代服务业发展的重要内容，率先建立以“居家养老为基础、社区养老为依托、机构养老为支撑、虚拟养老为补充”的社会化、全覆盖的养老服务体系，推行公建民营、民办公助等多元化养老机构运营方式，打造全区为老服务信息平台，做实做细虚拟养老，集“信息处理、紧急救助、为老服务、服务监管”于一体，该平台依靠信息网络技术，通过政府引导、财政补助、企业运作、专业人员服务与社会志愿者服务相结合的方式，以最小的建设成本覆盖最广人群，构建“线上＋线下”立体式、全覆盖的养老服务体系。满足社会多层次养老需求，在“养、护、医、康”一体化模式下功夫，多元化养老，为雨花区老人提供温情服务。建成综合型、医养结合型、护理型、嵌入式小微型等多类型的养老机构16家，培育康乐年华、永济、和乐等知名养老服务品牌，区内拥有各类养老服务床位4791张，每千名老人拥有床位数38.9张。通过政府补助运营机构，就近为有需求的老人提供就餐服务，探索试点“老年餐桌”项目，按照就近便利原则解决高龄、孤寡、空巢、失独、特困老年人的就餐问题，兼顾其他老年人的助餐配餐需求。以社区居家养老服务中心为依托，通过持续引入扶持社会组织参与养老服务，满足老人多元化养老需求。引入快乐老年大学，在社区举办各类兴趣班100余个，近万人次老年人参加各类学习活动；引入福轮社社会组织探索“时间银行”志愿者服务，组织老人参加“邻里守望互助，以老助老”志愿服务，全区各类老年志愿服务团队50余支，让老人能够发挥“夕阳红”余热，展示自我。实行80周岁以上老人普惠型高龄津贴制度，适度普惠型老年福利体系逐步建成，雨花区养老事业蓬勃发展，社会力量纷纷加入养老行业，成为全国养老服务示范区、全国社区为老服务信息平台建设项目试点区、全国居家和社区养老服务改革试点区。（邓颖晴）

【民政领域脱贫攻坚核查工作培训会】 2020年4月15日，雨花区民政局在跳马镇组织召开全区民政领域脱贫攻坚核查工作培训会。长沙市民政局科长潘振球解读民政领域脱贫攻坚专项核查内容；雨花区民政局工作人员分别就低保对象、特困救助对象、残疾人、儿童等方面的兜底保障工作重点进行培训。区民政局党组书记、局长章波要求，全体学员要站在群众的角度，实现由“工作的角度”向“老百姓的角度”转变、“主动申请”向“主动发现”转变、“不符合条件不能享受”到“存在什么困难主动帮助”转变。区政府副调研员孙夙强调，要提高站位，高度重视民政领域脱贫攻坚核查工作；要压实责任，落实落细脱贫攻坚兜底保障措施；要集中攻坚，确保高质量完成脱贫攻坚各项目标任务。区社会救助事务中心与养老服务和儿童福利科工作人员、各街镇分管领导及跳马镇各社区（村）书记、民政专干参加培训会。（邓颖晴）

【脱贫攻坚结对帮扶暨基层公共服务全覆盖工作会议】 2020年4月23日，雨花区脱贫攻坚结对帮扶暨基层公共服务（一门式）全覆盖工作会议召开。区民政局党组书记、局长章波传达上级会议精神，就民政牵头或配合的相关工作的基本情况、相关问题以及下一步的工作计划进行汇报。区委常委、组织部部长龚畅要求，要在6月底前全面完成基层公共服务（一门式）全覆盖工作；要加强信息平台建设，全面增强政府行政办事效能；要简政放权，提升基层组织服务群众能力。区政府副区长陈怀宇要求，要坚决贯彻落实相关会议及文件精神，以实际成效决战决胜全面小康；要全面提升社区服务阵地达标建设，推动信息化平台建设，推动“最多跑一次”改革向公共服务领域延伸，扎实做好民生服务；要进一步简政放权，改变观念、改变方式、务实作风，推进社区减负增效工作。陈怀宇安排部署社区换届选举、脱贫攻坚迎检等工作。（邓颖晴）

【民政重点工作推进会】 2020年5月12日，雨花区民政局召开2020年民政重点工作推进会，区民政局各业务分管领导及相关业务科室安排部署近期重点工作。区民政局党组书记、局长章波传达学习习近平对民政工作的重要指示和长沙市民政工作会议精神，她指出，要切实把握“三个聚焦”（聚焦脱贫攻坚、聚焦特殊群体、聚焦群众关切）、担当“三基主责”（基本民生保障、基层社会治理、基本社会服务），实现“三个转变”（行政职能、工作方式和工作作风）；要做到“心中有爱、眼中有事”，要紧盯主要目标、把握重点难点、学透政策理论、注重细节标准、及时交流沟通，重点推进脱贫攻坚兜底保障、26个社区居家养老服务中心建设、5个社区老年人助餐配餐服务试点、社区（村）换届选举前期准备工作、基层公共服务（一门式）全覆盖、社区治理创新、关心关爱疫情防控一线社区（村）工作人员等工作，用实际行动认真践行“民政为民、民政爱民”的工作理念，确保各项民政利民惠民政策都落实落细到老百姓身上。区民政局全体局班子成员、各科室及二级机构负责人，各街镇民政工作分管领导及相关负责人等50余人参加会议。（邓颖晴）

【养老服务工作推进会】 2020年11月6日，雨花区养老服务工作推进会召开，会议由区民政局党组书记、局长章波主持。区民政局副局长余铁光汇报全区养老服务工作情况，区政府办公室副主任张业武宣读《关于表彰2019年度雨花区养老服务先进集体和先进个人的通报》，对受表彰的先进集体和先进个人代表进行颁奖，砂子塘街道副主任龚错、长沙和乐健康产业有限公司负责人敖军辉作典型发言，分享养老服务经验。长沙市民政局二级调研员范凤芝要求，养老服务要创建新体系，将现有的设想与雨花区的实际相结合，更好更快地推进；养老服务要有新亮点，养老工作是一个不断进步的过程，需求也在不断更新，服务也需要呈现更多的新亮点；养老服务事业要有新成就，为雨花区的养老事业增光添彩。区政府副区长陈怀宇强调，要从高度重视、加快推进、压实责任、强化保障4个方面加快推进雨花区养老服务工作。区发改局、区卫健局等15个区直部门分管养老工作负责人，各街道（镇）民政工作分管领导及公共服务办主任养老机构负责人参加会议。（邓颖晴）

【民政工作调度会】 2020年12月7日，雨花区民政工作调度会召开，会议由区政府二级调研员孙夙主持，区民政

2020年12月7日，雨花区民政工作调度会（邓颖晴 摄）

局党组书记、局长章波部署低保扩面、分散供养特困人员日常照料、城市特殊困难群体帮扶、生活无着流浪乞讨人员“寒冬送温暖”行动，推进国有企业资产移交社区建设养老设施、安全综治等民政有关重点工作。雨花区政府副区长陈怀宇强调，民政工作要把“应保尽保”落到实处，关爱分散供养特困人员、孤寡老人、留守儿童、困境儿童等特殊群体，筹划做好2021年民政服务对象春节慰问前期准备工作，推进“寒冬送温暖”专项救助行动，确保全区民政服务对象安全、温暖过冬；依法依规，全面开展村（社区）居民委员会换届选举，抓住关键环节、严格时间节点，确保如期完成村（社区）“两委”换届选举；加强对接，积极推进国有企业资产移交社区建设养老设施工作，加快建设投入运营，为辖区内的居民提供服务。（邓颖晴）

【村（居）民委员会换届选举业务培训会】 2020年12月15日，雨花区民政局组织召开村（居）委员会换届选举业务培训会，会议由区民政局党组成员、副局长欧阳伟军主持。欧阳伟军要求，高度重视，积极推进；加强学习，领会精神；抓住关键节点，制定风险防控预案。区民政局基政科科长李岚就村（居）民委员会换届工作进行业务培训，围绕组织发动、确定人选、选举准备、投票选举、后续工作等方面对村（居）民委员会换届工作相关要求和程序进行讲解，确保换届程序不乱、环环相扣，规范有序、合理合法，并针对换届选举工作中面临的实际操作问题予以解答。侯家塘街道公共服务办专干王迎春交流分享侯家塘街道村（居）民委员会换届选举经验。区村（社区）“两委”换届工作指导组全体成员和各街镇分管民政副职，公共服务办（民政）主任、民政专干参与培训会。（邓颖晴）

【社会救助业务培训会】 2020年11月5—6日，雨花区组织社会救助业务培训会暨社会救助宣传交流活动，提升全区社会救助工作人员政策落实能力和经验水平。区民政局党组书记、局长章波作动员讲话。长沙市民政局社会救助局科长潘振球就社会救助工作授课；湖南政法频道特约专家谭灿就依法落实社会救助工作专题授课；区社会救助事务中心相关科长就低保、特困供养、临时救助等业务进行业务辅导授课。区民政局党组成员、区社会救助事务中心主任赖庆龙组织雨花区社会救助宣传活动，宣读《长沙市雨花区2020年社会救助宣传活动实施方案》，具体部署宣传活动。雨花亭街道、砂子塘街道、东山街道、同升街道、左家塘街道的社会救助工作站副站长及业务骨干进行工作分享与交流。全体参会人员进行社会救助政策知识考试。（邓颖晴）

【城市特殊困难群体帮扶活动工作调度会】 2020年7月14日，雨花区组织召开城市特殊困难群体帮扶活动工作调度会，会议由副区长陈怀宇主持，具体部署区下一步帮扶工作。区民政局作为牵头单位就全区2020年以来深入开展城市特殊困难群体帮扶活动情况及下一步工作打算进行总体汇报，区医保局、区住建局、区人社局就本部门帮扶职责落实情况进行分项汇报。各街镇主要负责人就深入落实帮扶活动进行表态发言。区委副书记陈永高就扎实推进工作持续落实进行强调要求。全区各相关职能部门、各街镇主要负责人和分管领导等50余人参加会议。（邓颖晴）

【儿童主任培训会】 2020年10月29—30日，雨花区儿童主任培训会暨“政策宣讲进村（居）”集中宣讲活动在雨花区时代阳光企业大学举办。邀请大学教授蒋海松，协会和研究机构的专家学者刘晓、李守根，湖南省民政厅儿童福利处副处长谷满园、长沙市民政局社会事务处陈曦等专家型领导及社会组织负责人、社工师进行授课。讲授儿童福利法规政策，儿童主任职责、儿童之家运作等业务，儿童亲情沟通、心理辅导、权益保护等内容；开展儿童意外急救演练等实操课。雨花亭街道自然岭社区、井湾子街道赤岗岭社区、圭塘街道泰安社区、跳马镇田心桥村等儿童之家交流与分享儿童之家建设、儿童工作经验等。培训会由雨花区民政局主办、中南大学湖南妇女儿童健康与发展研究中心承办。雨花区各村、社区（社区筹委会）儿童主任，农村集体经济组织中从事儿童福利工作的人员，街道（镇）儿童专干、公共事务办主任，及区民政局儿童福利科、未保中心工作人员等200余人参加培训。（邓颖晴）

【推进乡镇（街道）、村（社区）民政工作标准化】 2020年，雨花区作为全省唯一代表开展乡镇（街道）、村（社区）民政工作标准化试点。7月31日，湖南省民政厅党组成员、副厅长游劲民带领省民政厅法规处、省质量和标准化研究院一行到长沙市调研雨花区乡镇（街道）、村（社区）民政工作标准化试点工作。雨花区政府二级调研员孙夙代表区政府表示雨花区基于长期在社区服务、社会救助等工作方面的标准化基础和经验，有信心、有决心做好此次标准化试点工作，作为全省唯一的乡镇（街道）、村（社区）民政工作标准化试点区，希望省民政厅领导及省质量和标准化研究院专家多提宝贵意见和建议，指导好雨花区开展此次试点。区民政局党组书记、局长章波介绍雨花区前期工作推进情况、下一步打算及相关请求。砂子塘街道党工委书记刘燕妮、侯家塘街道人大工委副主任周湘玉、洞井街道丰园社区书记蒋战勇作为雨花区标准化试点实践的代表，结合前期各自的标准化实践进行发言。省质量和标准化研究院副院长盛立新为雨花区的标准化工作提供专业的指导意见，并表示将全力支持雨花区的民政标准化试点工作。省民政厅法规处处长喻建中从试点的意义和责任、试点的框架和内容、试点的范围和提升，及基层民政工作事项的梳理、管理、评价等方面提供全面指导，强调要根据实际工作需要和法律法规依据进行探索梳理，与专家团队合作进行，并认为这是一项全省率先乃至全国率先探索的工作，其他地区暂未探索出可借用的模式，希望雨花区做好先驱、形成体系、展现亮点、做出经验。游劲民要求，雨花区试点要与省民政厅正在牵头制定的社区（村）“三张清单”紧密结合，雨花区民政部门要率先实践，并界定和确定雨花区标准化试点的核心事项和服务；试点要坚持以法律为依据，“上接天线、下接地气”，坚持普遍性与特殊性，坚持实际性和前瞻性，坚持科学性和实操性；鼓励雨花区继续发扬创新精神，做成地方标准，争创国家标准。（邓颖晴）

【雨民党建联盟】2020年9月11日，雨花区民政局联合长沙民政职业技术学院、区社会组织指导支持中心、圭塘街道长重社区等7家单位组建“雨民党建联盟”，激发雨花民政党建工作新活力，把党建激发的精神力量转化为干好中心工作的强劲动力，通过搭建合作交流平台，以党建为引领，统筹集约联盟成员单位各方优势资源，开展“组织联建、活动联办、经验联学、服务联抓、队伍联动”结对共建活动，推动党建工作与基本民生保障、基层社会治理、基本社会服务等业务服务共频共振、互融共促。（邓颖晴）

【市民政局调研民政工作】2020年1月30日，长沙市民政局党委副书记、副局长伍仁华一行调研督查雨花区民政领域疫情防控工作，督查雨花区生活无着人员救助站和跳马镇敬老院、红星养老院、雨花区社会福利中心、永济养护院、乐来龄红花坡老年养护院等养老机构，督查组询问机构封闭管理、人员体温监测、消毒等情况，了解生活物资保障、防疫物资储备情况，关心鼓励一线干部职工，同时对存在的问题当场指出，要求整改。4月2日，长沙市纪委监委驻市民政局纪检监察组组长、市民政局党委委员奉蓓蕾带领市民政局社会事务处副处长俞康等一行到雨花区调研清明节文明安全祭扫工作，督查跳马镇凤凰山陵园。区民政局党组副书记、副局长汤勇汇报雨花区清明文明安全祭扫工作，局党组书记、局长章波进行补充发言。奉蓓蕾强调，要严格落实按日分时段预约祭扫制度，严格控制每日入园人数上限，加强墓园入口、园内人流引导，减少园内停留时间，防止人员聚集；严格落实测量体温、佩戴口罩等防护防控措施，防止交叉感染。跳马“绿心”保护区域面积大、森林覆盖面广，要牢牢拉紧安全防线，强化监测预警和应急值守，扎实开展森林防火宣传工作，劝阻不文明祭祀行为，防范清明期间森林火灾事故的发生。3月6日，市民政局基政处处长高晓钰一行到雨花区侯家塘街道廖家湾社区和跳马镇关刀新村，深入调研疫情防控一线城乡社区工作者的实际工作情况，从现有报酬保障政策、防护条件、工作压力、生活保障等方面仔细询问，了解疫情防控一线的实际情况，以及存在的困难和问题，听取街道（镇）、社区（村）工作人员对基层民政工作的建议和意见。3月12日，长沙市政府副秘书长戴建文，市民政局党委书记、局长陈昌佳，市民政局党委委员、副局长范凤芝等调研督导雨花区养老机构疫情防控情况。区民政局党组书记、局长易光明汇报全区养老机构疫情防控工作的具体措施、取得的成效，各养老机构代表汇报工作情况。戴建文要求，继续摸底，对未返院老人的近况和需求做到心中有数；简化审批程序，优化审批流程，精简高效开展工作；加强管理，规范化落实医学隔离观察措施，全面加强留观人员及其密切接触者的医学监测，扎实有序做好安全管理工作，在严格开展疫情防控工作的前提下，稳妥解决刚需老年人返院和入住问题。6月17日，范凤芝调研督查雨花区“安全生产月”养老机构安全生产情况，查看和美嘉老年养护院和乐来龄长重老年养护院等养老机构消防设施和食品安全情况，查阅日常巡查记录、食品留样记录及消防培训和演练等相关情况；了解机构运营、日常管理及贯彻落实上级安全生产指示、开展“安全生产月”活动等情况。针对存在的问题，检查组当场填写安全生产督查登记表，提出整改意见。范凤芝指出，各养老机构要加强安全宣教，强化安全意识，时刻绷紧安全这个弦，切实做好炎热天气用电、用气安全防范，认真落实安全制度，夯实安全基础，营造良好的养老环境。区民政局党组书记、局长章波，副局长余铁光全程参加。6月30日，高晓钰一行走访调研雨花区城乡社区治理创新培育工作，实地走访跳马镇冬斯港村、洞井街道丰园社区等部分申报市级培育创新示范社区，重点了解上述申报点的基础与发展特色亮点，以及培育创新具体推进计划等。7月24日，陈昌佳带领市民政局领导班子、各处室长，各区县（市）民政局局长、高新区社会事业局局长等现场观摩雨花区工作，观摩雨花区社会福利中心、井湾子街道井巷社区等地，通过实地查看、翻阅资料、听取介绍、现场询问等形式，了解雨花区养老服务、社区治理、城市特殊困难群体帮扶等民政重点工作开展情况。观摩人员一行对雨花区各项工作取得的成绩给予充分肯定，特别是对雨花区社会福利中心率先采取公建民营的方式、实行优质的服务予以高度评价。10月21日，伍仁华调研雨花区社会组织发展情况，

2020年9月11日，雨花区民政局“雨民党建联盟”签约仪式（邓颖晴 摄）

查看雨花区晴天公益服务中心、雨花区益心益德公益服务中心、雨花区社会组织孵化中心社会组织办公场地，了解社会组织发展运营状况，听取社会组织的汇报，并提出指导建议。伍仁华要求，雨花区民政局要进一步创新工作思路，强化工作举措，引导社会组织持续健康发展。（邓颖晴）

【省民政厅调研民政工作】 2020年5月26日，湖南省民政厅副厅长陈慈英率领省民政厅、省财政厅联合调研组调研雨花区社会救助工作，调研组到雨花亭街道路桥社区、雨新路社区入户调查，看望和了解低保户家庭的生活近况；召开调研社会救助工作座谈会，洞井、侯家塘、雨花亭、同升道、圭塘5个街道与会人员通过列举具体的社会救助案例，依次就社会救助工作的疑点、困点、痛点发表意见；区民政局党组书记、局长章波汇报雨花区社会救助工作情况。陈慈英指出，社会救助工作必须要始终坚持以人为本，不断缩短困难群众与美好生活的差距，面对新时代、新变化、新情况，雨花区要在积极实践中不断创新探索社会救助工作方法，为全省社会救助工作提供更好的范本。8月4日，省民政厅养老服务处副处长李志荣，长沙市民政局养老服务处处长李红辉调研雨花区民办养老机构运营情况，实地走访乐来龄老年养护院、心悦老年养护院、和润老年养护院、永济老年养护院、幸福时光老年公寓，了解机构的经营现状，运营过程中遇到的消防、队伍建设、风险防范等方面的困难以及在政策方面的疑惑。10月10日，省民政厅党组成员、副厅长蒋建华一行调研雨花区养老服务工作，调研组一行查看和润老年养护院、砂子塘街道金科园社区和润居家养老服务中心、长沙熙康云医院等养老服务设施，了解入住老人的饮食起居、健康状况，查阅社区居家养老服务工作台账，询问服务内容、收费标准、运营模式等，并提出指导性意见。章波介绍雨花区养老服务工作的情况，街道、社区和养老机构、社会组织代表分别发言，提出建设性意见。雨花区政府副区长陈怀宇从政府层面就人才队伍建设、养老服务品牌效应、养老产业延伸、农村养老短板等方面提出全区养老发展方向。蒋建华指出，养老服务工作，要在谋划湖南“十四五”养老服务规划过程中树立新思维、创造新经验；要在构建湖南养老服务体系建设过程中展示新作为，要形成集中整体的网格化管理，通过平台联动机构，延伸社区，服务千家万户；要在发展湖南养老事业上肩负新担当，要充分发挥雨花区在地理位置、自然资源、营商环境等方面的优势，为湖南养老事业做出新的贡献。10月26日，蒋建华一行调研考察雨花区民政工作，实地走访金科园社区居家养老服务中心、井巷社区等地，了解重点民政工作在基层的落实落地情况。曹忠平强调，民政工作要全面深化“最多跑一次”改革，让社区群众“少跑腿”，要不断完善养老服务体系建设，积极探索养老服务新模式，持续提升社区基层组织建设和社区治理水平，不断创新服务模式，为群众提供更加优质、便捷、贴心的服务。（邓颖晴）

【省人大代表调研居家养老服务工作】 2020年5月14日，湖南省人大代表胡小明，省民政厅养老服务处处长李鄂辉在长沙市民政局党组成员、副局长范凤芝陪同下，调研雨花区居家养老服务工作，实地考察侯家塘街道韶山路社区康乃馨居家养老服务中心、砂子塘街道金科园社区和润居家养老服务中心、左家塘街道树木岭社区龄家照护·长者之家等处，查看养老服务中心安全消防设施、运营模式、人员配备及养老服务体系建设等情况，并现场提出指导性意见：创新养老服务方法，鼓励社会力量、社区等多方积极参与，促进养老产业发展；拓展智慧养老服务，进一步探索“互联网+养老”模式，促进养老机构规范化管理和服务质量提升；围绕适老化改造，打造丰富多彩的养老生活空间，提升专业化服务能力，持续为老年人提供健康舒适便利的环境。（邓颖晴）

【省人大调研养老服务工作】 2020年7月23日，湖南省人大常委会党组副书记、副主任王柯敏带领部分省人大代表一行40余人，调研雨花区养老服务工作。调研组参观雨花区社会福利中心监控室、活动室、创星养老服务系统、老人房间、餐厅和特困老人之家，询问老人居住情况和中心运营情况，对雨花区委、区政府重视养老服务工作所取得的成效给予充分肯定。省民政厅党组书记、厅长唐白玉，市民政局党委书记、局长陈昌佳，雨花区委书记张敏，区委常委、区委办主任周海毅等参加调研。（邓颖晴）

【养老机构安全生产检查】 2020年12月8—9日，雨花区政府副区长陈怀宇带队，区民政局、区应急管理局、区市场监管局、区疾控中心、区消防救援大队5部门联合对全区营业中的12家养老机构进行全面检查。重点检查养老机构疫情防控、消防安全、食品安全3个方面，对机构的出入登记、日常消杀记录进行查阅，实地查看消防控制室、食堂等重要部位，仔细排查消防设施、安全生产中存在的各类安全隐患，对发现的问题要求及时整改到位。（邓颖晴）

退役军人事务

【概况】 长沙市雨花区退役军人事务局为正科级行政单位，负责全区退役军人事务管理，下设雨花区退役军人服务中心。

2020年，雨花区围绕“基层基础基本建设年”“思想政治工作年”“信访攻坚年”活动，加快完善退役军人事务行政机构、服务体系、社会力量“三个体系”建设，全力打通退役军人服务保障“最后一公里”。严格按照双拥创建工作要求，在全区建好双拥宣传桥3座、双拥宣传街（香莲路北段）1条、双拥示范社区（政院社区、三湘社区）2个、双拥示范学校1所（长沙空军航空职业技术学院）、1个双拥示范窗口（长沙汽车南站）和1个双拥示范企业（湖南杜康古窖陈酿商业运营管理有限公司）等双拥宣传示范点，为长沙再获全国“双拥模范城”荣誉称号贡献力量。（陈灿）

【基础工作】 2020年，雨花区坚持把退役军人工作作为“一把手”工程，区、街道（镇）、社区（村）三级书记齐抓共管。召开区委退役军人事务工作领导小组会议，专门听取汇报3次，区人大、区政协专题调研指导。部分街道服务站站长由党工委书记或副书记兼任，社区（村）“两委换届”，新选配“兵支书”23人。通过职能移交转隶、区外公开招聘、区内择优调配、组织考察配备“四个一批”足额配齐人员编制，选优配强专职服务队伍。完善服务保障体系，区财政保障各街道（镇）服务站年工作经费，按照每站3000元、服务对象每人50元工作经费标准保障各社区（村）退役军人服务站建设，确保有专职人员做事，专门场所办事。开设“新时代大讲堂”业务培训平台，制定社保接续、信访办件、优抚评残等培训专题12个，邀请党校名师、科室骨干、基层干部开展授课讲座活动10余次，推进区、街道（镇）、社区（村）三级退役军人事务工作队伍业务培训常态化、全覆盖，提升业务能力和服务水平。坚持将新时代“枫桥经验”融入服务站建设，做到“一街一特色、一站一典型”，打造示范型退役军人服务中心（站）8家。在东塘街道政院社区退役军人服务站建立国防教育基地。联合社会组织，重点打造“政府主导——社会组织（公益基金）规范运营——拥军企业积极参与”三位一体服务模式的退役军人服务站，涌现出侯家塘街道退役军人服务站等全国标杆创建单位（全市4家）。在全区摸排疫情防控、热心公益、家庭美德、爱岗敬业等方面先进典型30余人并建立资源库。大力宣传徐佐林、李剑川、王润虎、黄芳等先进典型事迹，浓厚崇军拥军氛围，用先进带出“后劲”，引导建立老首长工作室、“红管家”、红袖章等10余支退役军人志愿服务队伍，积极参与地方建设和基层治理。 （陈 灿）

【服务保障】 2020年，雨花区巩固提高优抚水平，发放优抚经费，新增各类享受政府抚恤补助待遇的优抚对象18人。有序开展“清明”网上祭扫。引导退役军人“归队、归位、归心”，接转退役军人党员组织关系。为现役军人上门送达立功受奖喜报，发放奖励金。颁发中国人民志愿军抗美援朝出国作战70周年纪念章51枚，悬挂光荣牌新增291块。设立帮扶解困资金，按照“一人一策、精准帮扶”原则，为困难退役军人解决生活、就业、医疗、养老、住房等方面的实际困难。为全区享受政府抚恤补助的七至十级无工作残疾军人、三属、在乡复员军人、带病回乡退伍军人等优抚对象在意外伤害和重大疾病方面购买补充医疗保险。专门聘请1名法律顾问，为服务对象在劳动争议、社保接续等方面提供法律咨询。部分退役士兵社保接续办结率95%。发放各项军休经费，进一步完善军休社会化服务。接收营职以下及专业技术干部、转业士官、随军随调家属、军队自主择业干部、退役士兵和士官。在役士兵优待金和退役士兵待安排工作期间补助待遇落实率均为100%。妥善处理2008—2012年无编安置随军随调家属遗留问题。开展“返乡第一面”活动，为退役士兵举行“回家”欢迎仪式。探索建立退役军人“全周期”“一站式”服务模式，联合辖区优质企业，为转业士官和退役士兵开展岗前适应性培训和举办现场招聘会，实现80人就业，20人创业，符合政府安排工作的转业士官代表赠送锦旗致谢区退役军人事务局“心系转业士官、解惑无微不至、真情服务保障、搭建军转桥梁”。解决下岗（失业）转业志愿兵和转业士官再就业和生活困难。为伤残人员收集新证换发资料。

与中国邮政银行、建设银行等单位签订战略合作协议，为退役军人就业创业提供低息贷款。举办10余场专场招聘会，提供就业岗位。引导广大退役军人积极支援一线疫情防控，退役军人响应号召组建134支志愿服务队，捐款15.96万元，捐助价值8万余元的口罩、酒精等防疫物资，涌现出社区书记黄芳、“爱心妈妈”曹薇、“逆行夫妻”李鸥和廖丽玲、雨花城管医护党员志愿者突击队等抗疫先进典型和群体。

走访慰问4户湖北抗疫一线医护人员家属。制定区16条工作考核细则和常态化联系退役军人制度，着力为现役和退役军人妥善解决子女入学、住房医疗、困难救助等问题。湖南省喜达屋物业服务有限公司、同升街道洪塘社区党支部书记唐宏伟分别获评全市退役军人“双带双促”活动先进单位、先进个人。

（陈 灿）

2020年9月4日，雨花区退役军人“载誉还乡”欢迎仪式 （陈 灿 供图）

【社保工作】 2020年，雨花区按时完成社保接续，以张贴公告、电话短信、上门送达补缴告知书等通知方式，补缴社保，初审完成率、养老核查完成率、医疗核查完成率、达到退休条件人员医疗补缴办结率、养老补缴办结率均实现100%。成功救助因病、重大变故、自然灾害导致长期生活困难的退役军人30名。常态化联系退役军人区级结成27对，街道（镇）结成300余对。

（陈　灿）

【退役军人适应性培训】 11月5—6日，由雨花区退役军人事务局主办、长沙市退役军人就业创业促进会承办的2020年度退役军人适应性培训，在长沙红星国际大酒店开班，旨在搭建退役军人就业创业服务平台，为退役军人走出营门走向市场提供“一站式”服务。长沙市退役军人服务中心职业培训部副部长唐胜，雨花区退役军人事务局党组成员、副局长周果平等出席开班仪式。市退役军人事务局就业创业处负责人、职业规划资深导师、优秀退役军人代表分别授课，为退役军人提供就业创业政策解读、职业规划和自我评测、优秀简历撰写和面试技巧讲解及实操等专业知识培训。德邦物流、和立东升、雨花区农商银行等一批企业面向退役军人现场招聘。50余名退役军人参加培训。（陈　灿）

【双拥文化步道】 5月底，由雨花区人民政府和国防科大前沿交叉学科学院共同打造的芙蓉路（国防科大段）景观提质改造工程完成验收，雨花区新添一条“双拥”文化步道。该项目于2018年初研究规划，步道位于雨花区芙蓉中路三段205号沿线，西邻芙蓉路，南临黄土岭路，东面和北面临国防科大大院，用地面积2.4万平方米。道旁由105块浮雕组成的拥军文化长廊，长廊中每块仿紫铜浮雕长2米、宽0.9米，镶嵌在通透式围墙上。从秋收起义、三湾改编、四渡赤水，到平型关大捷以及辽沈、淮海、平津三大战役等，呈现中国革命波澜壮阔的历程。浮雕长廊展现神舟五号遨游太空、汶川救援、辽宁舰入列等场景，彰显子弟兵们在新时代的奉献与作为，体现“拥军优属、拥政爱民”的优良传统。

（陈　灿）

【送立功喜报】 6月5日，雨花区人武部政治委员胡斌，区退役军人事务局副局长周果平及相关街道负责人，将荣立二等功的喜报及奖励金送到3名现役军人李文江、王一粟和杨黎家中，向家属致以热烈祝贺，并为家属披上绶带；其间，交谈了解家属工作、生活、身体状况及军人在部队的服役情况，感谢家属为部队培养、输送优秀人才，为国防和军队建设作出突出贡献，真诚希望家属继续支持、鼓励军人扎根军营、再立新功。（陈　灿）

【省退役军人事务厅督查调研】 3月13日，省退役军人事务厅党组书记、厅长唐勇一行督查调研雨花区新冠肺炎疫情防控和退役军人事务工作，查看区退役军人服务中心业务受理流程、线上办理情况及相关台账。长沙市委常委、长沙警备区政治委员曹友华，市政府副市长唐向阳陪同调研。唐勇要求，要按照“基层基础基本建设年”要求，以点带面发挥街道（乡镇）、社区（村）服务站作用，推广“枫桥经验”，建立健全常态化走访、全面联系制度；要建好用好信息化平台，推动退役军人建档立卡、数据共享、动态更新等，精准精细地记录好军人退役以后的荣誉、进步、成绩；要充分发挥退役军人事务部门职能优势，依托基层服务站，鼓励退役军人参与全面建成小康社会、扶贫攻坚等中心工作。（陈　灿）

【省委督查调研区退役军人事务工作】 12月18日，湖南省委退役军人事务工作领导小组第五督查调研组组长，省退役军人事务厅党组成员、副厅长周笑春一行调研雨花区。周笑春一行先后到侯家塘街道退役军人服务站、东塘街道政院社区退役军人服务站、井湾子街道三湘社区退役军人服务站、井湾子街道退役军人服务站、区退役军人事务局，通过实地查看、询问交流等方式，了解雨花区贯彻落实有关文件精神、推进服务保障体系建设、社保接续、常态化联系退役军人、信访矛盾攻坚化解等重点工作落实情况，听取对编制退役军人服务和保障“十四五”规划的意见和建议。周笑春认为，雨花区政治站位高、保障措施强、特色经验多、工作效果好。他强调，要进一步推动退役军人事务工作落地落实，提高政治站位；充分利用编制“十四五”规划的契机，更加科学、精准地谋划好退役军人事务工作；要在顶层设计层面加强指导，有关单位要从各自职能出发更好地支持配合发挥作用；加强部门联动，形成工作合力，开展各项服务保障工作，提升广大退役军人的幸福感和尊崇感。市退役军人事务局党组书记、局长柴爱华，区委常委、常务副区长龚畅，区退役军人事务局党组书记、局长潘武参加调研。（陈　灿）

医疗保障

【概况】长沙市雨花区医疗保障局（简称“区医保局”）为正科级行政部门，负责辖区内医疗保险、生育保险、医疗救助、医疗保障基金监管等方面的工作。下设二级机构长沙市雨花区医疗保障事务中心。

2020年，雨花区医疗保障工作坚持以服务人民健康为中心，在全力抗击新冠肺炎疫情、脱贫攻坚检查、基本实现全民医保，落实各项医保待遇，重拳打击欺诈骗保等方面取得新成绩。探索第三方“专业监管团”“医保大课堂”立体化宣传、精神障碍患者医疗救助“联动服务”机制、“容缺候补制”等多领域取得创新性成果。

（何　静）

【医保工作】 2020年，雨花区城乡居民参加医疗保险人数93.96万人，参保率98%以上，基本实现全民医保。承接市一级医药机构医疗生育费用审核职能，审核数据17万余条，办结医疗保障待遇5459笔，医保基金支付7468.63万元；新增“两病”（高血压、糖尿病）门诊用药保障，保障高血压患者6885人，糖尿病患者1645人；持续推进异地就医联网直接结算，办理异地就医备案3600人，异地就医联网直接结算1185人，报销医疗费391万余元；全面开展家庭医生签约、一般诊疗费结算，支付2019年度家庭医生签约金额近16万元；落实退役军人和公务员待遇；落实公务员医保铺底11344人，划拨铺底资金6518万元；落实基层干部纳入健康体检工作，为全区公务员、事业编制人员、村（社区）

工作人员、编外合同制人员等2万余名干部职工健康保驾护航。（何 静）

【帮扶救助】 2020年，雨花区医疗保障局完成医疗救助1037人次，发放救助资金534.85万元。通过线下支付的方式，对县域外就医困难群众按医疗救助标准进行医后救助，专门申请2020年专项补助经费63565元，将原来报销比例不到40%提升到70%左右，减轻群众就医负担。完成医疗帮扶958户，发放帮扶资金392.92万元，把党和政府的温暖送到群众心坎上。开展健康扶贫，全区10351名特殊困难人员，参保率、财政补贴率均为100%。退还贫困人口自行参保90人次，退费金额13865元。健康扶贫"一站式"结算住院1867人次，医疗总费用1167.68万元，医疗费用报销总金额1086.2万元，报销比例93.02%。迎接国务院、省级两次脱贫攻坚大普查，入户登记指标达标率、贫困户满意率均为100%。

（何 静）

【政务服务】 2020年，雨花区医疗保障局严格落实"一件事一次办"工作要求，15项经办业务实现全程网上办理，4项高频政务服务事项下沉社区（村）办理，办事大厅结算时限由原来60个工作日缩短到30个工作日，提高工作效率；推进"放管服"工作，增设2个"一窗通办"综合窗口，及时公开各类政务信息20条，及时处理区长信箱、"12345"市民热线工单共计1065件，办结率、满意率均为100%，并作为全区典型代表发言；探索试行"容缺候补制"，群众提交申报材料中非关键性材料存在缺失时，可先行申请容缺受理，并在承诺期限内通过邮寄补齐资料，实现"最多跑一次"。（何 静）

【基金监管】 2020年，雨花区医疗保障局与辖区内307家医药机构审核签订"医疗保障服务协议"。5月，组织9名专家对2家医院现场考评，设立最高10万元举报奖励专项资金，发放7万份"打击欺诈骗保"海报，制定"记分管理办法"，并将记分考核结果与保证金预留比例和兑付挂钩。集中3个月组织"专业监管团"进行现场监督检查，查处违规行为65条，医院主动退回医保基金131万元，系统审核拒付60余万元，现场监管追回122万元，总计313万元，守住了老百姓的"救命钱"。（何 静）

民族宗教事务

【概况】 长沙市雨花区区民族宗教事务局（简称"区民宗局"），为区政府工作部门，负责管理全区民族宗教事务，归口区委统战部管理，下设公益一类事业单位区少数民族群众服务中心。

2020年，区民宗局全面贯彻落实党的民族宗教方针政策，依法管理民族宗教事务，深化民族团结进步教育，加强各民族交往交流交融；坚持我国宗教的中国化方向，引导宗教与社会主义社会相适应；全面落实疫情防控各项措施，有效维护全区民族宗教领域的和谐稳定，被人力资源社会保障部和国家民族事务委员会联合表彰为第四届全国民委系统先进集体。

（吴文静）

【民族工作】 2020年，雨花区加强引领，巩固民族团结局面。结合传统节日和疫情防控，走访慰问少数民族困难群众30余名。加强与区教育局沟通协调，协助解决22名少数民族经商务工人员子女入学问题；发挥少数民族群众健康便民服务点作用，免费体检新疆籍务工人员100余名；落实民族政策规定，审核普通高校招生享受民族优惠政策考生资格185名，审核公民变更民族成分8例。开展少数民族流动人口和清真门店信息摸底。牛角塘社区、井湘社区实施网格管理、实现"双服务"，相互嵌入式社区环境构建成效明显。高桥大市场以"民族之家"为载体，完善"党建+服务+管理"工作模式，持续提升少数民族务工经商人员服务管理水平。推动民族团结进步创建工作，枯园小学顺利通过全市民族团结进步创建示范单位验收并被评为优秀示范单位，接受全市民族团结进步创建互观互检观摩。中央统战部、国家民委、省民宗委领导调研考察雨花区城市民族工作，给予高度评价。省委统战部3次推介雨花区城市民族工作。区民宗局党组书记、局长冯粤，井湾子街道派出所副所长曾庆军被评为湖南省第七届民族团结进步模范个人。（吴文静）

【宗教工作】 2020年，雨花区为维护宗教领域和谐稳定，开展"五进五好"（中共十九大精神、国旗国歌、社会主义核心价值观、政策法规、中华优秀传统文化进宗教活动场所，宗教教职人员努力做到政治品格好、守法遵规好、文明友善好、传承文化好、服务社会好）主题实践活动，投入2万余元推进宗教场所"文化书屋"建设，区民宗局班子成员多次到场所调研，完成首次"五好书屋"评定。加强思想引领，与8名宗教界代表人士深入谈心，引导他们继承发扬爱国爱教传统，在经济文化建设中发挥积极作用。丰田古寺住持释圣源被评为长沙市"五进五好"先进个人。严把人员进出关、活动审批关和财务制度关，规范宗教活动场所管理。开展宗教领域安全体检，每季度排查场所消防安全、人员安全、活动安全情况，全面摸清安全隐患底数。联合区委政法委、区公安分局等单位开展"安全生产月"活动，组织安全知识培训和消防应急演练；推进宗教活动场所消防专项整治和标准化建设工作，投入近2万元为丰田古寺建立微型消防站。依托"一单四制"制度，推进清泉寺危房排危工作，完成绿心禁开区项目准入。（吴文静）

【统一战线（民族宗教）工作会议】 2020年4月10日，雨花区全区统一战线（民族宗教）工作会议召开。会议传达学习全国、全省、全市统战部部长（民宗委主任、民宗局长）会议和市委统战部宗教工作专题会议精神，传达学习区委常委会、区委统战工作领导小组会议精神，总结2019年工作，分析研判全区宗教领域意识形态，部署2020年工作。区政府副区长、致公党区工委主委易静要求，继续做好民族宗教领域疫情防控工作，抓好学习教育强化理论武装，加强服务管理促进民族团结，坚持依法治理维护宗教领域安全稳定。区委常委、统战部部长成钢强调，要突出抓“和谐”、保稳定，进一步落实责任、健全机制、强化举措，着重抓好宗教和民族工作，努力维护统战领域意识形态安全。区人大常委会副主任、民建区工委主委莫志刚出席会议。区委统战部系统各单位成员，区统一战线和民族宗教工作领导小组的成员单位负责人，各民主党派区工委主委、区知联会会长，各街道（镇）统战委员，特邀代表及区党外人士服务中心成员参加会议。（吴文静）

【驻区高校职校民族宗教工作联席会议】 2020 年 10 月 16 日，雨花区在长沙商贸旅游职业技术学院召开驻区高校职校民族宗教工作联席会议。长沙商贸旅游职业技术学院党委书记袁义和致辞，指出，民族宗教工作事关祖国的未来、民族的未来和青年大学生的未来，必须认真贯彻落实党的民族宗教工作政策，为高等职业教育发展汇聚强大正能量。区民宗局集中传达学习民族宗教政策和相关文件精神，分析研判当前高校职校民族宗教工作形势，并提出下一步工作建议。长沙环境保护职业技术学院和湖南省有色金属中等专业学校介绍经验，雨花亭街道和同升街道表态发言。雨花区委常委、统战部部长成钢强调，要进一步做好新形势下高校职校民族宗教工作，统一思想，提高政治站位，深刻理解高校职校民族宗教工作的特殊重要性，不断提高政治警觉性，切实提高工作前瞻性；做实工作，确保取得效果，关键是工作基础要夯实、工作机制要务实、工作举措要落实，不断筑牢高校职校安全防线和师生安全底线；责任上肩，凝聚工作合力，高校职校要主动落实主体责任，区直部门要积极落实主管责任，街道社区要全面落实属地管理责任，齐心协力为学校创造和谐的教学环境，为雨花区营造良好的发展环境。13 所驻区高校职校分管统战工作的班子成员及专干，区委统战部、区公安分局、区民宗局以及有关街道（镇）和社区（村）相关负责人参加会议。（吴文静）

【民族宗教政策法规宣传】 2020 年 7 月 11 日，雨花区委统战部、区民宗局在长沙航空职业技术学院，举办首场民族宗教政策法规宣传“进高校（职校）、进社区”活动。区民宗局党组副书记、副局长谢锋宣讲民族政策并部署有关工作，副局长李雄以《加强宗教理论政策学习，提升宗教领域工作能力》为题进行辅导授课。局党组书记、局长冯粤受区委常委、统战部部长成钢委托，强调，要牢牢把握意识形态工作责任制的总体原则，落实党管意识形态责任，街道（镇）、社区（村）属地管理责任和高校职校主体责任，牢牢守住意识形态校园阵地；要加强学习，不断提升民族宗教工作能力；要加强工作研究，发现新情况、思考新问题、研究新方法。长沙航空职业技术学院教职人员，驻区高校职校统战工作负责人，各街镇统战委员、统战专干，高校职校所在社区负责人 120 人参加宣传活动。（吴文静）

【走访调研驻区高校职校】 2020 年 6 月 30 日至 7 月 3 日，雨花区委统战部会同区民宗局，分组走访调研驻区 13 所高校职校，向驻区高校职校宣讲中共民族政策、宗教工作基本方针和习近平总书记关于民族宗教工作的重要论述；了解高校职校关于做好民族宗教工作的基本情况和当前存在的主要问题；征求召开驻区高校职校与当地党委政府民族宗教工作联席会议和举办相关法规政策宣传活动的意见建议，加强区直有关部门、街道（镇）、社区与驻区高校职校的协调联系，指导高校职校深入贯彻中共民族宗教政策，完善民族宗教工作机制，落实高校职校意识形态工作主体责任，筑牢高校职校意识形态前沿阵地。驻区高校职校所属街道（镇）统战委员、社区书记参加。（吴文静）

【民族理论政策暨业务培训班】 2020 年 10 月 16 日，雨花区井湾子街道在井湘社区举办全区民族政策理论暨业务培训班，提升基层工作人员的理论素养和工作水平。培训班邀请长沙市民宗局副调研员赵萍以“党的民族政策理论和城市民族工作分析”为题授课。赵萍重点解读习近平总书记关于民族工作的重要论述和中共民族政策，剖析城市民族工作的特点、难点，解答困扰基层民族工作的实践难题，提出“抓认识、抓根本、抓源流、抓服务、抓管理”的“五抓”工作重点和“工作程序化、机制联动化、过程透明化”的“三化”工作法则，为基层做好新时期民族工作奠定理论基础。雨花区民宗局全体干部，各街镇统战委员、专干，民族工作重点社区社区书记及驻区高校职校统战工作干事等参加培训。（吴文静）

【校园民族政策常识培训】 2020 年 10 月 23 日，雨花区桔园小学开展民族

2020 年 10 月 16 日，雨花区民族理论政策暨业务工作培训班（吴文静 供图）

政策常识暨民族工作业务培训，学校30名余教师及10余名家长代表参加。长沙市民宗局四级调研员、全国民族团结进步先进个人赵萍以渊博的知识和通俗的语言，深入浅出地介绍党的民族政策、民族概况、各民族风土人情等内容，现场展示民族服饰。赵萍认为，在小学生世界观价值观人生观形成时期，把民族团结的种子植入心灵，对铸牢中华民族共同体意识具有十分深远的意义。（吴文静）

【民族团结进步创建验收】2020年11月20日，长沙市民宗局党组成员、副局长张晓鸣，长沙市民宗局民族处处长李斌指导并验收雨花区桔园小学民族团结进步创建工作。张晓鸣一行现场查看学校民族团结进步主题墙、主题雕塑、民族文化长廊、茶艺文化室、民族文化图书角等特色阵地。桔园小学校长仰慧从建立一支创建工作队伍、打造一批民族团结教育阵地、开展一组民族团结主题活动、学习一门民族体育艺术项目、牵手一所民族地区薄弱学校、走访一批少数民族学生家庭6个方面详细汇报学校民族团结进步创建工作开展情况。张晓鸣认为，桔园小学传承和发扬民族优秀传统文化，将民族团结进步教育融入教育教学过程，校园里处处体现民族团结良好氛围。要进一步加强党对民族工作的领导，深化民族团结进步教育，在学生世界观、价值观、人生观具体形成之前，让民族团结的种子在心灵生根发芽，真正铸牢中华民族共同体意识。雨花区民宗局、砂子塘街道、桔园社区主要负责人陪同验收。（吴文静）

【民族联谊活动】2020年11月29日，湖南高桥大市场举办第九届“情暖民族心”民族联谊活动。雨花区政府副区长易静指出希望全区上下进一步提高政治站位，全面贯彻落实党的民族政策，促进各民族和睦相处、和衷共济、和谐发展，为建设财富、品质、幸福雨花贡献更多的智慧与力量。高桥大市场“民族之家”对市场内少数民族经商务工人员子女颁发奖学金、助学金，建立“爱心助学”长效制度；高桥大市场社区、“民族之家”联合长沙农商行天翼支行现场签约，推出暖心的“民族团结贷”，帮助市场内少数民族经营户渡过疫情后的经营困境。对市场内近两年来结婚、生子的少数民族同胞进行慰问，对在新冠肺炎疫情防控工作中勇于奉献、传递温暖的“抗疫标兵”进行表彰。活动各环节之间穿插各具特色的民族歌舞表演，桔园小学校长仰慧（苗族）献唱《爱我中华》，将活动推向高潮。长沙市民宗局党组书记、局长罗伟肯定雨花区和高桥大市场开展民族团结进步创建工作取得的成绩，他指出，高桥大市场作为全国著名的商贸流通市场，要进一步深入学习贯彻习近平总书记关于民族团结的重要讲话精神，积极发挥好在民族团结进步活动中的“窗口”作用，推进民族团结进步创建工作，构筑各民族共有精神家园，把“民族之家”打造成为各民族同胞共同团结奋斗，共同繁荣发展的重要平台。长沙市委统战部、市民宗局、雨花区委统战部、区政府办、区民宗局、高桥街道、高桥大市场社区、桔园小学、高桥大市场股份有限公司、长沙农村商业银行相关负责人，高桥大市场经营户、务工人员和员工代表100余人参加联谊活动。（吴文静）

【市民宗局调研民族团结进步创建工作】2020年6月17日，长沙市民宗局党组成员、副局长彭晓军，民族处处长李斌调研指导雨花区民族团结进步创建工作，参观桔园小学民族工作阵地，感受校园民族文化宣传氛围，研讨创建工作，听取学校少数民族师生情况和民族团结进步教育开展情况介绍，区民宗局党组书记、局长冯粤，党组副书记、副局长谢锋补充汇报。李斌指导学校开展民族团结进步创建工作。彭晓军认为学校民族团结进步教育有阵地、有内容，宣传氛围浓厚。彭晓军指出，学校要坚持育人育德，把加强青少年的爱国主义教育摆在更加突出的位置；要以“三个离不开”“五个认同”等内容为重点，将民族团结进步教育融入学校教育教学全过程，铸牢中华民族共同体意识，为实现中国梦凝聚强大的青春能量。（吴文静）

【省民宗委调研城市民族工作】2020年10月21日，湖南民宗委党组书记、主任向恩明调研长沙市城市民族工作，现场考察雨花区左家塘街道牛角塘社区、雨花区高桥大市场股份有限公司民族工作阵地，了解基层工作实际，提出指导性意见和建议；座谈听取长沙市和雨花区民族团结进步创建和少数民族流动人口服务管理工作情况汇报，提出相关工作意见和建议。向恩明要求，要健全机制体制，针对少数民族流动人口涌入城市的客观需求，研究制定行之有效的管理制度和管理办法；要做实精准服务，依托少数民族群众服务站、法律援助中心、民族联谊会等平台，着力解决好少数民族流动人口就学就医就业等民生问题；要创新管理模式，推动将民族工作纳入社区网格化管理，促进民族工作触角进一步向基层延伸，同时调动各族群众积极性，积极参与经济文化建设；要讲好团结故事，把党的民族政策、先进模范事迹、创建工作经验加以宣传，唱响民族团结主旋律，在全社会营造民族团结良好氛围。（吴文静）

【学习交流】2020年5月15日，天心区、岳麓区、望城区民宗局到雨花区左家塘街道牛角塘社区、高桥大市场“民族之家”考察学习民族团结进步创建工作。考察团一行参观社区和企业的民族工作阵地、观看创建工作宣传片、听取创建工作情况介绍，学习民族团结进步创建工作牛角塘社区“三融模式”、高桥大市场民族之家“党建+服务+管理”模式，交流民族团结进步创建工作经验，贯彻落实《关于全面深入持久开展民族团结进步创建工作铸牢中华民族共同体意识的意见》，推进民族工作。6月2日，开福区民宗局局长彭超一行考察左家塘街道牛角塘社区民族工作，参观社区七彩民族风情街、民族文化墙、民和亭等特色阵地，听取社区基本情况、社区民族团结进步创建工作开展情况介绍。彭超认为，牛角塘社区在做实做细民族工作方面探索出一些好经验、好做法，值得学习借鉴。雨花区民宗局党组书记、局长冯粤表示，全面深入持久开展民族团结进步创建工作具有深远意义，希望雨花区和各兄弟区县能多搭建沟通交流平台，进一步交流经验，取长补短，共同探索新时代民族团结进步创建工作的新路径，不断开创民族工作新局面。（吴文静）

【慰问少数民族困难群众】 2020年1月14日，雨花区政府副区长易静率区民宗局、高桥街道及高桥大市场相关负责人慰问高桥大市场少数民族困难群众，祝福新春。易静一行询问困难群众的生活状况，耐心听取诉求，深入了解家庭致贫的原因。易静指出，区委、区政府高度重视民族工作，始终关心少数民族群众的工作和生活，通过积极做好各项服务，推动党的民族政策和民生保障制度落到实处。鼓励困难群众坚定信心，在党委政府和企业的关心帮助下，早日改变生活困境，在雨花区这个大家庭中安居乐业、幸福生活。少数民族群众表示，感谢各级领导关心关怀，他们一定会保持乐观心态，辛勤工作，通过自身努力，把生活过好，不辜负党和政府的期待。6月18日，雨花区民宗局党组副书记、副局长谢锋带队走访少数民族困难群众，开展端午节慰问，了解部分清真门店的经营状况，鼓励经营户树立信心、踏实工作，顺利渡过眼前困境，提高安全意识，做好各项疫情防控工作。6月19日，雨花区民宗局机关党支部开展"浓情端午进社区"主题党日活动，全局党员干部在支部书记王海军的带领下来到群众工作联点社区砂子塘街道野坡社区走访慰问困难群众。（吴文静）

【免费体检活动】 2020年7月29—30日，新疆驻湘工作组、雨花区委统战部、雨花区民宗局、井湾子街道井湘社区联合信睦新一代门诊开展"民族团结一家亲，免费健康体检筛查活动"，100余名新疆籍务工人员参加。新疆驻湘工作组党委书记、组长石建询问新疆籍务工人员的身体情况和生活状况，勉励他们与各族群众和睦相处，积极促进各民族交往交流交融。区委常委、统战部部长成钢表示将与驻湘工作组进一步加强交流合作，共创新时代民族团结工作新格局。

（吴文静）

【宗教工作纳入绩效考核】 2020年，雨花区将宗教政策法规纳入党委（党组）理论学习中心组学习内容、党校主体班教学内容，将宗教工作纳入区对镇（街道）、（社区）绩效考核。4月8日，雨花区2019年度镇（街道）和区属党（工）委、党组书记抓基层党建暨落实意识形态工作责任制述职评议会议召开，首次将宗教工作纳入述职评议内容。13个镇（街道）党工委书记、7个部门党委（党组）书记做抓基层党建和落实意识形态工作现场述职，区委书记张敏逐一进行点评，强调要切实强化党建引领，进一步夯实基层基础，落实宗教工作三级网络两级责任，确保宗教领域意识形态安全稳定；要继续加强对宗教界人士的政治引领和对宗教思想阵地的管控，抵御和防范宗教向校园渗透。

（吴文静）

【宗教领域疫情防控】 2020年，雨花区下发《关于暂停开放宗教、民间信仰活动场所的紧急通知》，全区71处场所全部暂停开放，做好宗教活动场所、教职人员防控和信教群众宣传引导等工作，确保场所的和谐稳定和教职人员的生命安全。落实宗教工作"三级网络两级责任制"，压实宗教领域疫情防控工作的属地责任。强化宣传动员，编印"123"（1个温馨提示、2个暂停通知、3个典型案例）告知书，引导群众树牢安全意识。区、街镇、社区（村）三级联动，张贴关停告示100余份，转发信息1000余条。宗教活动场所解除"两个暂停"后，坚持每月对场所疫情防控工作进行2次全面督查，并适时赠送场所需求的口罩、酒精等物资。宗教界人士充分发扬爱国爱教、扶危济困的优良传统，募集善款3.2万元，以实际行动参与疫情防控工作。区政协委员、长沙市丰田古寺住持释圣源代表场所向三湘社区、桔园社区基层疫情防控人员和部分少数民族经商户捐赠口罩2000个，助力疫情防控工作。（吴文静）

【安全宣传与管理】 2020年，雨花区严格履行党委政府属地管理责任、部门监管责任、宗教活动场所主体责任，推动宗教工作"三级网络两级责任制"有效落实。区民宗局成立平安单位创建工作领导小组，各宗教活动场所成立安全管理小组，推动安全生产第一责任人责任上肩。开展"安全宣传进宗教领域"活动，结合特殊节日、特定时期，各宗教活动场所采取悬挂安全宣传横幅、叫响安全宣传小喇叭等形式，广泛宣传，提供全民安全意识，提升安全治理氛围。开展"安全培训进宗教领域"活动，采取"请人讲、内部传、互助学"等方式，定期组织安全培训，铺导传授安全生产知识和技能，增强安全教育实效。各宗教活动场所和民间信仰场所普遍建立安全领导、消防安全、食品安全、人员安全、财务安全、活动安全和安全检查等制度。实行"制度上墙"，明确制度工作要求，明确责任到岗到人。落实宗教旅领域安全稳定排查治理"一单四制"制度，持续跟踪反馈、追责问效，使安全生产"制度入脑"。治理任务实行交办制、台账制、销号制、通报制管理，促使"制度落地"，确保隐患及时治理到位。街道（镇）、社区（村）落实属地管理责任，坚持对宗教活动场所建筑、消防、饮食、活动安全进行日常监管排查。区民宗局承担监管责任，指导和监督场所所在人员进出、活动审批、财务管理等方面严格把关，国防管理，确保全区宗教活动场所的安全稳定。（吴文静）

【宗教领域安全生产月活动】 2020年6月，雨花区组织开展宗教领域"安全生产月"活动。6月11日，区民宗局在区委统战部的指导下，联合区委政法委、区应急管理局、区公安分局，在长沙市丰田古寺召开宗教领域"安全生产月"暨"平安寺庙"创建工作布置会，区民宗局党组书记、局长冯粤作动员讲话并部署工作，副局长李雄进行安全培训。与会人员现场观看灭火器讲解示范，体验灭火器操作，参加消防应急演练。6月16日，李雄到长沙市清泉寺、丰田古寺、团头河聚会点进行安全生产检查和端午节慰问。6月18日，区委统战部常务副部长李芳，区政府办公室副主任黄桦，区民宗局党组书记、局长冯粤，副局长李雄到长沙市大安寺进行安全生产检查和端午节慰问。6月19日，区民宗局到潭阳战白龙王庙和川河占白龙王庙开展安全生产检查工作。“安全生产月”活动期间，开展安全生产检查，通过查阅资料和现场检查，了解场所安全组织建设、安全制度、消防安全、突发事件应急预案，特别是疫情防控和场所恢复对外开放准备工作等方面的情况，对检查中发现的安全隐患现场提出整改意见，并签订安全生产和应急救援体检表。（吴文静）

【宗教活动场所安全检查】 2020年1月14—19日，雨花区委常委、统战部部长成钢和区民宗局、相关街道主要负责人，检查长沙市清泉寺、大安寺、丰田古寺、团头河聚会点安全生产工作。成钢一行逐一仔细检查各场所建筑安全、消防及取暖安全、宗教活动安全、人员安全、食品安全等事项，询问了解岁末年初的生产工作安排，要求各场所压实安全责任，加强日常管理，及时整治隐患，落实安全防范措施，确保场所的安全稳定。4月28日，长沙市民宗局党组成员、副局长张晓鸣调研清泉寺安全工作，实地查看清泉寺的危房现状，了解近期场所管理、人员生产生活和危房排危推进等情况，听取雨花区民族宗教工作铺排和当前工作推进情况汇报。张晓鸣强调，做好安全生产工作，宗教工作部门要承担好监管责任，场所负责人要履行好主体责任，街道（镇）、社区（村）要落实好属地管理责任。9月1日，雨花区民宗局副局长李雄带队到所属宗教活动场所检查“中元节”期间禁燃限放和“五进五好”星级自评工作。检查组现场检查清泉寺、大安寺禁燃限放、疫情防控落实和场所“五进五好”星级自评工作情况，对检查中发现的问题逐一提出整改要求。9月24日，张晓鸣带队检查大安寺安全生产工作，逐一检查大安寺消防安全、人员安全、食品安全等，并就检查发现的问题提出整改建议。张晓鸣强调，民宗部门要第一时间下达问题整改通知书，街镇、社区切实落实好属地管理责任，确保隐患问题及时整改到位，维护好宗教活动场所人员、财产和活动安全。张晓鸣与场所教职人员、骨干信众进行交谈，致以节日的问候。9月28日，区民宗局党组书记、局长冯粤带队到长沙市清泉寺、大安寺、丰田古寺、团头河聚会点开展开展“深化走访、深入宣讲、深度谈心”活动，进行中秋、国庆节安全生产检查暨中秋慰问，督导检查各宗教活动场所安全生产工作、扫黑除恶排查工作，签订安全生产和应急救援体检表，对检查中发现的安全隐患现场提出整改意见。12月10日，张晓鸣一行检查雨花区宗教活动场所安全工作，实地检查清泉寺、丰田古寺房屋安全、消防安全、场所管理、人员生活等情况，了解清泉寺危房排危工作进展，强调区民宗局要承担好监管责任，街道（镇）、社区（村）落实好属地管理责任，场所负责人履行好主体责任，加强场所安全隐患排查，特别是加大雨雪天气安全防护，确保场所和谐稳定。12月，雨花区开展宗教领域安全生产大排查，以街（镇）全面检查、区民宗局重点督查的方式排查宗教活动场所4个、民间信仰场所65个。排查突出场所建筑安全、消防安全、疫情防控等，对排查整治情况建立台账、立查立改，逐项销号清零，健全宗教（民间信仰）活动场所建筑安全、消防安全的长效机制，提升安全管理水平。根据《雨花区宗教（民间信仰）活动场所消防安全专项整治三年行动实施方案》，完成丰田古寺微型消防站建设。（吴文静）

【区人大听取全区宗教工作情况汇报】 2020年5月27日，雨花区第五届人大常委会第55次主任会议专题听取全区宗教工作情况汇报。主任会议成员一行实地查看长沙市大安寺和清泉寺，了解2处宗教活动场所的管理情况。听取区民宗局党组书记、局长冯粤受区政府委托所作的工作情况汇报和同升街道宗教工作情况汇报，区政府副区长易静作补充发言，区人大相关专委会主任委员和民侨外委兼职委员发表意见，人大常委会领导分别进行点评并提出建议。会议认为，区政府及区民宗局高度重视宗教工作，始终坚持我国宗教中国化方向，认真贯彻落实中共宗教工作基本方针，依法依规加强宗教事务管理，确保全区宗教领域的和谐稳定。区委常委、统战部部长成钢要求，要在强化思想引领、增强责任意识、夯实基层基础上持续发力，全面提高宗教工作水平。会议强调，要提高政治站位，用心学习领会贯彻习近平总书记和中共中央关于宗教工作的一系列决策部署，牢牢把握宗教工作的正确方向；要加强依法管理，认真贯彻落实宗教政策法规，加大宗教工作“三支队伍”的培训力度，提升依法管理宗教事务的能力；要提升服务水平，深化对宗教界人士的思想引领，压实责任抓好基层宗教工作，加强统筹协调和综合治理，帮助解决有关实际问题。区人大常委会副主任谢爱龙、杨平、杨仕斌，区人大常委会办公室主任，区人大民侨外委、教科文卫委主任委员，区人大民侨外委兼职委员代表，区委统战部、区民宗局以及同升街道相关负责人参加会议。（吴文静）

【慰问宗教界代表人士】 2020年1月14日，雨花区委常委、统战部部长成钢到率区委统战部、区民宗局、同升街道相关负责人慰问长沙市清泉寺宗教代表人士，祝福新春。成钢一行与场所教职人员交谈，了解场所管理、人员生活、活动开展等方面情况和存在的困难，并提醒场所排查安全隐患，提前做好各类防护措施，确保场所和谐稳定。成钢表示，宗教界要进一步加强自身建设，团结带领场所教职人员和广大信教群众，为雨花区和谐稳定发展做出新的更大贡献。（吴文静）

【宗教活动场所星级评定工作】 2020年9月10日，区民宗局会同跳马镇、同升街道成立评审组，对长沙市清泉寺、大安寺、丰田古寺、团头河聚会点开展“五进五好”主题实践活动星级初评工作。评审组严格按照长族宗函〔2020〕3号《关于印发〈“五进五好”主题实践活动市级评分细则〉（试行）的通知》文件精神，按照评分细则，对各宗教活动场所星级等次自评资料逐一核查核实，公平公正评分，并对评审中发现的问题提出改进意见。10月22日，长沙市民宗局宗教处处长黄鸣强到雨花区开展“五进五好”主题实践活动星级评定复审工作，区民宗局和跳马镇相关负责人一同参加。黄鸣强一行实地查看丰田古寺、大安寺近期场所管理、生产生活、疫情防控等情况，听取区民宗局党组副书记、副局长王海军雨花区宗教活动场所“五进五好”主题活动星级评定工作情况汇报。（吴文静）

【向宗教活动场所赠书活动】2020年11月9日，雨花区在长沙市大安寺举办向宗教活动场所赠书仪式，向长沙市清泉寺、长沙市大安寺、长沙市丰田古寺、团头河聚会点赠送价值近2万元书籍，内容涉及国家政策法规、优秀传统文化、宗教文化、扫黑除恶等多个方面，推进宗教领域“五进五好”主题实践活动，加强宗教活动场所“文化书屋”建设。大安寺住持释悟心代表各宗教活动场所感谢区委、区政府对宗教界人士的关心关爱，表示作为场所负责人，一定以身作则，模范带头，带领教职人员和信众开展好“五进五好”主题实践活动。区政府副区长易静强调，中华优秀传统文化博大精深，值得好好学习，宗教活动场所要坚持宗教中国化方向，依托“文化书屋”开展形式多样的学习活动；要以社会主义核心价值观和中华优秀文化为引领，将优秀传统文化融入讲经讲义中，使宗教文化和传统文化相辅相成、融合发展。区政府办、区民宗局、跳马镇、同升街道相关负责人，各宗教活动场所负责人参加活动。（吴文静）

2020年11月9日，雨花区向宗教活动场所赠书仪式（吴文静 供图）

【市委统战部调研宗教工作】2020年12月8日，长沙市委统战部副部长刘佳勇一行调研雨花区宗教工作，实地查看跳马镇石燕湖村、丰田古寺，询问了解宗教活动开展、宗教场所建设管理等情况。刘佳勇肯定雨花区在宗教事务管理所做的工作，强调要进一步提高政治站位，广泛学习宣传党的宗教政策法规，主动践行社会主义核心价值观，健康有序地开展宗教活动，要进一步推进宗教活动场所管理法制化、规范化、制度化，防止宗教商业化。雨花区委统战部、区民宗局及跳马镇等相关负责人陪同调研。（吴文静）

【宗教工作调度会】2020年12月10日，雨花区宗教工作调度会暨意识形态工作分析研判会召开。会议部署宗教专项行动、宗教（民间信仰）活动场所安全暨疫情防控大排查、宗教（民间信仰）活动场所消防安全专项整治三年行动等工作，分析研判宗教领域意识形态形势。区民宗局党组书记、局长冯粤主持会议。区政府副区长易静强调，要提高政治站位，认清形势；要深抓真改，深入彻底；要压实责任，常态长效，维护宗教领域和谐稳定。区委统战部副部长谢锋受区委常委、统战部部长成钢委托，提出工作要求。区委统战部、区委网信办、团区委、区公安分局、区教育局、区民宗局、区妇联相关领导，各街（镇）统战委员参加会议。（吴文静）

乡镇·街道

跳马镇

【概况】 长沙市雨花区跳马镇地处长株潭三市结合部，浏阳河从其北部蜿蜒而过，东与浏阳市柏加镇、株洲市云田镇相邻，西与雨花区同升街道、天心区暮云街道相接，南与湘潭市昭山示范区、株洲轨道交通产业园毗邻，北邻长沙雨花经济开发区、长沙县黄兴镇，是长株潭两型社会综合配套改革试验区核心区域。镇域东西最大距离17千米，南北最大距离23千米，纳入生态绿心保护区面积172平方千米，占全镇总面积的97%，占全市生态绿心区面积的56%，占长株潭绿心保护区面积的33%。享有全国花木之乡、省级百里花木走廊、国家级生态乡镇、长沙市首届“魅力乡镇”等称号。全镇总面积183平方千米。2020年，跳马镇辖跳马、关刀新、杨林新、复兴、三仙岭、石桥、喜雨、团然、冬斯港、白竹、石燕湖、新田、田心桥13个村，金屏、斑竹塘2个社区，423个村民小组，户籍总户数20364户，总人口69352人，其中男性人口34132人，女性人口35220人。镇政府所在地在斑竹塘社区。

2020年，跳马镇围绕“决胜脱贫攻坚，提速乡村振兴”工作目标，同心协力、攻坚克难，统筹推进疫情防控和经济社会发展，全面完成全年既定目标任务。获“雨花区2020年度安全生产和应急管理工作优秀单位”等荣誉，成功创建雨花区零上访、零事故、零发案村（社区）13个。（刘希贤）

【镇域经济】 2020年，雨花区跳马镇完成财政总收入实现9672万元，完成社会固定资产投资20.5亿元，实现规模工业总产值19828万元，服务业营业收入24459万元。提档升级花卉苗木产业，园林企业、苗木合作社等400余家，苗木从业人员5万余人，苗木品种百余个。花卉苗木种植面积约8700公顷，洞株公路两厢精品园年销售额超15亿元，村民收入明显增加。湖南星沙农商银行跳马支行年末存款余额20亿元，贷款余额6亿元，年款利息收入余额3000万元，经营收入完成9000万元，信贷基础客户300户。长沙农商银行跳马支行存款余额41790.88万元。对公存款账户261户，金额12583万元，占比30.10%；储蓄存款账户25155户，金额29200.93万元，占比69.89%，其中个人定期存款21621.5万元，占比74.03%；各项贷款35142.82万元，其中法人贷款客户23户，金额29041万元，零售贷款客户199户，金额6101.82万元。利息收入854.62万元，利息支出1082.21万元。长沙农商银行杨林支行各项存款余额4625万元，其中储蓄存款3651万元，对公存款552万元，各项存款日均4204万元；各项贷款余额2429万元，贷款户数45户，较年初增加16户；企业版手机银行新增2户，个人版手机银行新增65户，ETC新增49户。长沙农商银行冬斯港支行存款余额为1.16亿元，较年初净增3900万元，增幅28.37%，较上年同期增长6300万元。其中对公存款1300万元，较年初增长1200万元，零售存款1.03亿元，较年初增长2700万元，较上年同期增长6300万元；贷款余额1257万元，较年初增加1111万元。其中零售贷款余额增加206万元，对公贷款余额增加905万元。（刘希贤）

【乡村振兴】 2020年，雨花区跳马镇稳步实施乡村振兴，加快推进农村现代化、新型城镇化。所有行政村生活垃圾得到有效治理，垃圾分类减量和资源化利用实现全覆盖，农村垃圾分类减量覆盖率100%。三仙岭村被评为“长沙市卫生村”。开展“美丽屋场”创建，石燕湖村磨石塘组成功创建“长沙市美丽屋场”，团然村双丰组、喜雨村六合庄组被评为“长沙市四星美丽屋场”。推进农村人居环境整治，开展厕所革命，完成6730座改厕任务。联合区交通运输局等8个职能部门重点对白竹片区进行综合整治。推进小微水体治理，新田村小微水体管护示范片区顺利通过验收。创新实施花卉苗木精细化种植、专业化经营模式，申报“一县一特”特色产业8户，发展形成育景山庄、乐多园艺等众多龙头苗木企业。打造石燕湖村曹家冲、新田村天石山庄周边、金屏社区圭塘河引水工程3个民宿示范片区，助推民宿产业向品牌化、规模化方向发展，

2020 年 10 月 23 日，雨花区园艺技能人才比武大赛　　（刘希贤　供图）

促进村民持续增收。曹家冲民宿片区初具规模，自主经营的民宿平均每户增收 30 万余元，集体直接创收 30 余万元。金屏社区引进龙头企业与专业人才，引导社区居民进行产业升级；以圭塘河引水渠为依托，鼓励沿线居民将现有住宅进行特色改造，形成绿色产业和生态旅游相结合的民宿片区，带领社区居民创收致富，推动乡村振兴。新田村北冲组、石燕湖村梨子塘组、樟皮塘组接入自来水惠及人口近 500 人；喜雨村仙姑井完工，总投资约 24 万元，受益人口约 800 人；复兴村寺门前组投资 4 万余元解决本组及邻近组 45 户 350 余人喝水的问题；杨林新村投资 10 万元帮助流沙塘组及贺家垅组 65 户 350 余人喝上放心水。完善“一备二劝三追四评五公开”（实行红白喜事备案登记制度、移风易俗劝导队上门劝导、全程追踪服务、开展典型评议、公开公示典型）工作机制，树立文明新风。疫情防控期间，16 支移风易俗志愿服务队劝导村民取消红白喜事 600 余起。新田村被评为“全国文明村镇”，金屏社区被评为“长沙市文明社区”，跳马村被评为“雨花区文明村”。（刘希贤）

【城乡建设】 2020 年，雨花区跳马镇实施集体土地拆迁项目 17 个，征地约 70.5 公顷，需拆迁房屋 98 户；需完成拆迁项目 12 个，征地 46.6 公顷，需拆迁房屋 37 户。完成房屋签约 25 户，拆除倒地 26 户，侯照路、柳树塘路、杨子路、物流云 7 号地、兴有家园、环保大道东延线 6 个集体土地项目结算交地。国有土地拆迁项目 6 个，占地面积 3.19 公顷，涉及征收企业 4 家，征收房屋面积 23142.39 平方米。完成云昊机械、赛特气体 2 家单位的拆除腾地，确保环保大道东延线、红星大市场二期及侯照路 3 个项目的腾地清零；佳宴食品厂位于川河路项目、杨子路项目和黄梅冲 3 个项目的中心处，正味食品厂位于川河路项目中，2 家企业绝大部分都包含于川河路项目中，会议明确 2 家企业按整体代征的模式进行拆迁，因川河路项目涉及 2 家被征收单位资金未到位，未能签订拆迁协议。安置地建设主要包括白竹安置地一期、白竹安置地二期、跳马安置地、喜雨安置地，占地约 10 公顷，需安置拆迁户约 300 户。2019 年“6·21”水毁、国土地质灾害 11 处受灾点治理项目完成竣工验收。洞株公路快速化改造完工，村民出行更加快捷便利。推进道路美化、亮化工程，完成村组级公路硬化及提质改造 56.8 千米；推进暮石路等提质改造项目扫尾工作。推进“大战一百天，实现双过半”百日竞赛，积极对接电网“630 攻坚”、红星全球农批中心等重大项目，红星全球农批中心开业准备工作完成。拓展企业投资潜能，全镇共有规模以上企业 11 家，在库投资项目 9 个，其中 5000 万元以上的项目 6 个，5000 万元以下的项目 3 个，投资金额 20.8 亿元。（刘希贤）

【城乡管理】 2020 年，雨花区跳马镇开展露天焚烧、户外广告、“牛皮癣”、流动摊点、店外经营、校园周边、农贸市场周边、集镇、马路市场等多项整治行动 150 余次，查处各类违法行为 368 起、实施行政处罚 80 起。通过教育与处罚相结合的原则，采取疏堵结合的办法，有效引导摊贩进店经营、规范年迈老人自产自销经营。处置城管督办单 7 份，国土交办事项 6 处，拆除违章建筑 13 处，处理“12345”市民投诉工单 48 处；协调、配合办理渣土类案件 51 件、垃圾焚烧类案件 3 件；调查第 22 期、23 期卫星图斑 1069 处；佳兆业装修报备查勘 70 余户，现场查看各村报备遮阳棚、杂屋 128 户。每天做好斑竹塘集镇、石燕湖大道、佳兆业商铺、洞株路沿线巡查、整治，数字化、网格化案卷上报、处置工作，对全镇 14 家燃气经营站点对照标燃气安全准进行检查，巡查和整治马路市场，监督管理村民建房，对新增广告牌审批、监督，出动人员对投诉事项协调。跳马城管中队配合镇政府拆除违章建筑 8 处，面积 1198 平方米。受理各类信访投诉 81 件，办结率 100%，市民满意率 97%。（刘希贤）

【生态保护】 2020 年，雨花区跳马镇全面加强生态保护，焕发绿色跳马的新风采。全镇 18 个矿山矿坑有 11 个项目（涉及 13 个矿山矿坑）获批绿心准入，其中龟坡片石场率先完成复绿，相关经验做法被湖南经视、《湖南日报》等媒体专题报道。推进长江经济带废弃露天矿山生态修复工作，全面完成 8 个露天矿山修复任务，通过市、区自然资源管理部门核查验收。加强退出工业用地处置，严格落实工作责任，配合推动用地处理和资金筹集工作，150.33 公顷退出工业用地处理取得突破性进展，占总用地处理任务的 73.45%。将“蓝天保卫战”、农村生活污水治理等生态污染防治工作放在重要位置，对 14 个村（社区）的农村生活污水无害化处置情况进行摸底，立案违规运输渣土案件 51 起，处罚露天焚烧案件 3 起。（刘希贤）

【社会治理】 2020年，跳马镇强化法治建设宣传，深化普法依法治理，充分利用机关例会、“4·15”国家安全教育日 、“6·26”禁毒宣传日等宣传纪念日及“宪法宣传周”“农村法治宣传月”等专题活动，在乡村集市等人流量大的场所广泛宣传宪法和法律，采用横幅、标语、图版、街头咨询服务等人民群众喜闻乐见的形式宣传普及法律法规，带动全镇干部群众尊法学法守法用法，开展各类普法宣传活动15场次，教育覆盖面近6000人次。完善“大调解、大防控”机制，夯实平安建设的法治根基，各级调解组织调处纠纷100件，涉及金额406万元。落实企业安全生产主体责任，对辖区内49家烟花爆竹门店、141家绿心退出企业仓储、6家加油站、15家重点监管规模企业、14所学校等进行全面摸排检查，执法检查企业门店242家次，排查安全隐患27处，均整改到位；党政领导带队检查214家次，排查隐患84处，整改到位80处；各行业（领域）开展各项安全生产日常检查1156次，排查隐患101处，整改到位97处，纳入“一单四制”隐患2个。严格开展消防综合治理，组建6人森林消防水车队伍和52人兼职森林消防队伍，确保森林防火安全。开展交通问题顽瘴痼疾集中整治，规范和整治赶集点10个，取缔马路市场2个，完成农村道路隐患点整治266处。石燕湖村被评为“长沙市交通安全宣传示范村”。跳马派出所接处警1896起。受理治安案件189起，办结47起，立刑事案件162起，破案49起，抓获违法犯罪嫌疑人75名，其中刑事拘留32人，行政处罚43人，毒品案件惩处20人，其中社区戒毒2人，强制戒毒12人，行政处罚2人，移交起诉毒品犯罪嫌疑人4人。跳马司法所接收社区服刑人员281人，解除矫正252人，在册人数29人，其中缓刑28人，因怀孕暂予监外执行1人，无一例脱管、漏管案件。跳马法庭新收案件415件，结案416件。法庭及时妥善化解多起涉疫案件；继续强化环资案件审判工作，通过非讼方式妥善化解鑫旺采石场水土治理、三仙岭村水毁农田修复、石燕湖村流转土地退还等环资案件。区法院两个“一站式”工作站进驻跳马，挂牌于镇司法所与田心桥村委，开展诉源治理，就地化解纠纷，助力乡村振兴。（刘希贤）

【民生事业】 2020年，跳马镇提档升级服务品质，促进更高质量和更有温度的共建共享。推行基层网格化管理，划分93个网格，全年处理案件2284件。开展春节走访慰问活动，召开座谈会，发放慰问金30万元；开展“八一”座谈会，发放慰问金34.78万元，发放纪念品1633份。对全镇459名享受待遇的退役人员全部进行人脸识别认证，新增带病回乡退役军人5人，新增60岁以上农村籍享受补助退役军人20人，按季度发放各类优抚对象生活补助以及物价补贴。医疗补差资料报送45人次，特殊困难援助报送3人，优抚帮扶解困30人4.1万元。为每位重点优抚人员购买一份意外伤害保险。发放中国人民志愿军抗美援朝出国作战70周年纪念章2枚。全镇留守儿童10人，困境儿童156人，事实无人抚养儿童5人；各村（社区）均建设儿童之家，关爱留守儿童和困境儿童。居家养老服务中心9所，为全镇1万余名老年人提供日间照料、午间休息、休闲娱乐和有氧健身活动，提高老年人的生活质量，田心桥村被评为“健康养老”先进单位。按月申报、发放高龄老人生活补贴，高龄津贴覆盖率100%。落实各项社会保障政策，享受低保463户869人，其中建档立卡享受低保182户375人；发放低保金额424741元，人均月低保金488.77元。特困供养388户399人（含集中供养63人）；其中建档立卡特困供养18户22人；发放特困供养金额33.72万元，特困供养每人每月845元。帮扶城市特殊困难群体108户，帮扶金额28.28万元。其中医疗帮扶46户，帮扶资金19.7万元；基本生活帮扶59户，帮扶金额7.67万元；急难帮扶2户，帮扶金额7800元。残疾人家庭无障碍改造16户，向残疾人发放辅具61件，向符合条件的5个残疾人发放创业补贴。残疾人兜底保障发放126人30.24万元。残疾人及残疾人子女发放助学补贴46人。联合爱尔眼科医院，博雅眼科医院开展光明光爱行动，免费为白内障患者进行手术治疗。残疾人动态更新录入1283户，实现实时数据更新。提升困难人群“造血”功能，开设技能培训班9期，培训人数450余人，SYB创业班三期88人。新增城镇就业192人，农村劳动力转移就业和创业人数202人。离校大学生172人，实名制登记就业服务率100%，就业率99.42%。失业登记270人，“311”就业服务（为有就业意愿的贫困劳动者推荐3次合适的岗位信息、提供1次职业指导、提供1次免费技能培训，并对推荐不成功的学员加强职业指导）率100%。购买城乡居民医疗保险人数41147人（其中包含低保、五保、精准扶贫对象、重度残疾共计2285人）；城乡居民养老保险缴费人数21082人，缴费439.16万元。异地住院报销105次，医疗保险信息修改673人次。申请丧葬补助金414人次，补助金额129.17万元。临时救助250人次70.84万元，医疗救助289人次246.01万元，分散供养人员护理补贴269人次23.84万元。2020年末，跳马镇有中学1所，小学14所，15所幼儿园，中小学在岗教职员工395人，幼师职工238人。中学生1400余人、小学生人数3969人，幼儿2049人。跳马镇投资600万余元，对全镇中小学校进行标准化建设。注重学生话剧、体育、剪纸、书法、美术、社团等兴趣的特长生培养。适龄儿童入学率保持100%，辍学率为零；小学升学率100%，入学率100%，中学巩固率100%，初中生毕业率100%。石燕湖中学被评为长沙市文明校园；学校千人足球操获雨花区阳光体育“大课间”评选特等奖，被推送至长沙市参加市级评选，湖南教育电视台专题报道；九年级学生钱晨曦代表雨花区参加长沙市“最美中学（职）生”评选，被评为“2020年度长沙市最美十佳中学生”；湖南省教育信息技术研究课题《班级网络空间在初中语文学科中的教学应用研究》成功结题；市级家长学校教育课题——《城乡结合部初中特殊群体学生家庭教育研究与实践》，取得中期成效。佳兆、金屏、石燕湖3所小学成功申报“全国足球示范学校”，跳马、团然、复兴3所小学被评为市劳动实践基地。凌利萍、周巍获雨花区教育系统微课教学比赛一等奖，张亮获三等奖。冯念担任省电教馆“一师一优课一课一名师”省级优课小学科学学科评委。周巍、肖英、黄智获得雨花区英语风采赛优秀指导奖，邹晓华、周戭、杜赛军获得学区“爱阅读善表达”学生语文素养大赛优秀指导奖。邹华群、凌利萍、黄维、张铁梅、沈红、张亮、邹丹、邹晓华、肖英、唐娇玲、周双、余小妹、杜赛军、毛洁获得学区教学能手称号，毛洁、姜明红、李畅、何家怡获得学区教学先进个人称号，周双、邹晓华获得学区教研积极分子称号，沈红、凌利萍获得学区教研先进个人称号。李畅2篇论文获教师教育学会二等奖。做好开学疫情防控工作督查和验收，全部学校复学。清理整治无证培训机构，督促1家培训机构顺利办理教育办学许可证，其余的培训学校，下发整改通知书，并且监督其进行安全整改，及时办证。规范幼儿园管理，为4所幼儿园办理教育办学许可证。清理核实对全镇2014—2020年教育补助对象245人查漏补缺，全部追补到位，实现清零。开展送戏下乡文艺演出4场，按要求对网吧、娱乐场所、文具店、书店、石燕湖景区、山水印象旅行社进行逐周逐月检查，规范文娱场所、旅游行业的安全管理。加强全镇32处文物点的专人守护，重点部位镇文物保护专干每天巡查2~3次；组织文物巡查人员参加区文物所业务知识培训1次；对文物点监控设备维修4次，加强文物点监控设备的支持保障，确保文物安全。提质改造综合文化站室外设施，完善文化站室外功能布局。完善文体基础设施，篮球场水泥场地改造为悬浮地板，安装新拦网，对舞台背景板进行艺术画装修；增设文体小铜人6个；在广场上新增4个乒乓球台及2个羽毛球桩。石燕湖登山步道及三仙岭村健身路径安装到位。开展“9·26”世界避孕日宣传服务活动、开展跳马镇“湖南药具志愿服务”活动，使用药具人数4506人。办理生育服务证和再生育证372本，出生人口459人，其中男孩257人，女孩202人；一孩193人，二孩及以上266人，政策生育率99.13%。农村奖扶对象1295人，新增128人，计划生育特扶对象71人，新增4人。城镇独生子女父母奖励198人，独生子女保健费发放1181人。各类奖扶对象上报准确率100%。为14周岁以下并领取独生子女保健费对象赠送计生家庭意外险1181人。为14位享受计划生育特殊家庭重大疾病住院护理补贴对象发放补贴1.12万元。新增办理公共场所卫生许可证12家，其中旅馆1家、美容店1家、理发店10家，从业人员健康证持证率95%以上，各项管理制度上墙率95%以上。全镇开展卫健宣传教育活动36场，发放各类健康宣传折页5600份，在镇、村（社区）两级设立健康教育宣传栏16个，每两个月更新健康宣传栏内容。开展两次无偿献血活动，291名干部群众参加。开展孕前免费优生健康检查，推进“两癌”检查、老年人体检工作。开展孕前免费优生健康送检368人次，35~64岁“两癌”筛查1330人次，产筛检查396人次，老年人体检6187人次。为80岁以上老年人、三无人员、优抚人员、低保人员、失独人员赠送“福寿安康”保险2093人。对15个村卫生室31个医疗机构进行拉网式监督检查，规范医疗秩序。对11家职业卫生健康单位摸底排查，职业健康监督覆盖率100%。春秋两季开学后对全镇大、中、小学幼儿园（24家）开展学校拉网式监督执法检查，检查学校的传染病管理、新生预防接种、学校卫生、生活饮用水等方面，下达“卫生监督意见书”20份，学校整改率100%。2020年建档立卡贫困户1025人，361户。所有建档立卡贫困户均完成家庭医生签约，其中新签30人；全镇5个家庭医生签约服务团队为每户贫困户完成家庭医生上门随访服务4次。慢病患者466人，全部发放健康教育处方，做好处方解读，免费进行健康体检。为全镇2018年起，在县域内定点医院住院治疗且未能享受健康扶贫“一站式”结算服务的建档立卡贫困户11人，兜底补助1.14万元。为5名建档立卡贫困户申请湖南省红十字人道救助金，每人5000元；为6名建档立卡贫困户申请友阿救助金，每人1000元；提交8名建档立卡贫困户申请友阿救助金相关材料。黄兴医院（跳马中心卫生院）门诊量业务总收入3182万元，同比增长17.2%。门诊就诊188910人次，较上年同比增长26.1%，住院7143人次，较上年增长10%。打造特色项目，新开设盆地产后康复中心，胃肠镜室、住院综合三科，满足群众多元化的就医需求。（刘希贤）

【基层党建】2020年，雨花区跳马镇加强党建引领作用的发挥，有计划、分层次、高质量开展党员集中轮训，将基层党组织党员教育与乡村振兴、扫黑除恶、脱贫攻坚等中心工作相结合，在疫情防控、脱贫攻坚等重点工作中发挥党组织的战斗堡垒作用和党员的先锋模范作用。加强党员教育，组织开展“党员先锋工程”大培训和党员冬春训，实现农村党员教育全覆盖。落实好换届选举工作要求，围绕学历、年龄“一升一降”顺利完成全镇完成14个村（社区）的党组织换届工作，开展村（居）民委员会换届工作。推进“三零”社区（村）建设，成功创建“三零”社区（村）13个，推广长沙智慧党建平台，全面落实基层公共服务（一门式）全覆盖。坚持党对意识形态工作的领导，意识形态工作纳入年终绩效考核，与中心工作同研究、同部署、同推进。开展党委理论学习中心组学习12次，举办意识形态培训班2期，增强干部职工的政治素养和意识形态工作能力。全面开展网络意识形态管理工作，做好疫情防控、脱贫攻坚等重要工作的舆情管控，维护网络意识形态安全。贯彻落实党风廉政建设责任制，加强和改进党的作风建设，促进党员干部廉洁从政，召开党风廉政建设工作专题会议5次，在全镇疫情防控、精准扶贫、人居环境整治等中心工作推进会议中反复强调紧紧扭住反对“四风”，经常性组织机关党员干部学习廉政文件法规、通报典型案例，真正把廉政建设和改进作风落实到日常工作。（刘希贤）

【疫情防控】2020年，雨花区跳马镇发动全镇200余名机关干部和700余名党群志愿者迅速深入一线参与群防群控，构建镇、村（社区）常态化疫情防控机制，实现全年全镇零病例发生。1月26日（正月初二）率先在全市设置湖北籍滞留在长人员定点酒店（天赐园酒店），该做法被中央电视台《朝闻天下》《新闻直播间》等媒体报道推介。出动疫情防控宣传车100台次，发放宣传册（单）10万份，悬挂横幅100条，张贴宣传标语400条，张贴海报1500张。发放口罩68055只，手套2400双，红外线测温仪82只，防护服50套，75%消毒酒精1500升，84消毒液1800升。加大特殊场所、特殊人群排查管控力度，开展核酸检测，杜绝新冠肺炎疫情的扩散。主动抓实复工复产复学工作，石燕湖景区安全有序开园，辖区27所大中小学及幼儿园顺利复课。选派10人增援火车南站疫情防控，落实闭环管理。（刘希贤）

【脱贫攻坚】 2020年，雨花区跳马镇完成39户51人的脱贫任务，实现建档立卡贫困户361户1025人全部达到“一超过两不愁，义务教育、基本医疗、住房安全、饮水安全有保障”的脱贫标准，实现全面脱贫。以入户登记主要指标达标率、贫困户满意率、省级事后质量抽查合格率“三个100%”高质量完成国务院脱贫攻坚普查，以帮扶措施、政策落实、资料完善“三个100%”顺利通过省级考核验收。深化产业扶贫、就业扶贫等举措，项目库立项173个，其中申报镇级产业项目1个、村级产业项目23个，涉及迷迭香种植、容器苗、家禽养殖等产业，投入扶贫资金456.9余万元。及时跟踪更新357人贫困劳动力就业情况，开发公益性岗位22个，建设扶贫车间5个，疫情期间为贫困劳动力设置临时性公益岗位105个，“一对一、点对点”为贫困户定制15个优质就业岗位，发放贫困劳动力就业交通补贴3批次195人6.02万元、职业培训补贴88人次4.6万元、培训生活费补助38人次0.7万元。建档立卡贫困户残疾人224人，其中62人享受残疾人兜底保障补贴每月200元；完成无障碍改造的建档立卡残疾户15户；追补38名残疾家庭学生补助资金24.6万元；享受康复服务辅具82人；享受残疾人机动轮椅车燃油补贴1人；办理残疾人公交爱心卡147人；享受残疾人创业扶持2人。建档立卡享受低保379人，每月保障金额近21万元，人均每月补差546元；特困21人，保障金额1.88万元，人均每月补差897元。完成近20千米组级及入户道路硬化，涉及贫困户156户，实现建档立卡贫困户道路全部硬化到家。建档立卡户义务教育阶段辍学人数为零，对全镇建档立卡贫困户2014年至2020年期间在读的241名学生进行4次全面摸排，摸排出131名学生教育补助未到位，追补教育补助22.13万元全部发放到位。加强“一站式结算”政策宣传，对没有到定点医院住院的建档立卡人员，按照医疗救助的标准进行补助，补助金额48145元。对全镇所有6类人员进行房屋安全性鉴定，将住危房且符合农村危房改造政策的农户全部纳入农村危房改造。对364户建档立卡贫困户房屋安全性进行逐户核验，建立台账并录入全国脱贫攻坚住房安全有保障核验系统，确保贫困户住房信息户户可查、户户有保障。通过就近打井、明井改造等方式，解决192户贫困户取水不便、水质不佳、季节性缺水等安全饮水问题(其中建档立卡户110户，档外户82户)，全镇建档立卡贫困户饮水全部达到安全评价标准等级。高质量完成366户贫困户的入户调查和14个村（社区）的行政村普查。户表中面访户数363户（自答346户，代答17户）、电话访问1户，自然减少户2户，所有特殊情况户均有详细说明资料，流程操作规范；被访户配合程度很高，10个有关“两不愁三保障”主要指标均没有问题，被访户认同“总体生产生活状况明显改善”100%。（刘希贤）

【村（社区）换届工作】 2020年11—12月，雨花区跳马镇组织开展村（社区）换届选举工作。通过摸底审计确保严格、分析研判确保准确、动员培训确保及时、前期准备确保落地的“四确保”做好前期准备，完成党员“一推”、党工委“二推”及人员联审考察工作“三到位”的党组织人选推荐，12月22—23日，除三仙岭村外，14个村（社区）完成党组织换届选举工作，委员均高票当选。党总支委员人数总数70人，其中女性20人，大专以上学历53人，较换届前新增26人，平均年龄45.4岁，较换届前下降6.1岁，其中35岁以下委员有13人（含6名新进“两委”人员），实现年龄学历“一降一升”的目标。总支书记到龄调整1人，自愿离任1人，新当选2人。12月17日，启动村（居）民委员会选举工作，完成村（居）民代表推选、选举委员会推选、选举办法制定、选民登记、酝酿提名候选人等相关工作。选民登记50848人，分组公示到位。酝酿提名候选人87人（女性30人）。经区换届办批复同意，三仙岭村另选时间进行换届。（刘希贤）

【农业农村工作】 2020年，雨花区跳马镇完成14个改制村的集体经济产权制度改革工作，土地确权完成农户信息确定1.8万户，土地外业调查4394.39公顷，与农户签订合同1.8万份，颁发证书17447份。接受土地纠纷调解32次，成功调解30次，调解成功率94%，2起纠纷移交至法院。召开镇非洲猪瘟防控及畜禽退养禁养工作专题会议，召开饲养10头猪以上的饲养户60人，生猪贩运户15人，生猪经纪人15人，屠宰户30户专题会议，介绍非洲猪瘟发病症状及危害，介绍防控知识；每村（社区）召开3次以上村、组干部非洲猪瘟防控专题会，讲解非洲猪瘟症状及防控措施和防控知识；镇每天出动宣传车60台次，村每天出动宣传车近3000台次，悬挂宣传横幅120条，发放《关于严禁用泔水餐厨垃圾饲喂牲猪告知书》《非洲猪瘟防控知识手册》等宣传资料近6万份；签订“非洲猪瘟防控暨畜禽退养承诺书”2600份，明确专门防控责任人17人，其中镇2人，每村（社区）各1人；严格盘查，严格消毒，不放任何1头牲猪、1滴泔水、1包动物蛋白饲料入跳马。对全镇饲养户下发严禁生猪流动、严禁私屠乱宰、严禁泔水喂猪、严禁动物饲料喂养明白书，并签字签收备案。上报非洲猪瘟防控信息1000余条，镇包村，村包组，组包户建立多个微信群，广泛宣传非洲猪瘟防控知识，交流防控措施。下放非洲猪瘟防控消毒药10吨，对生猪养殖户平均连续消毒7天，一般农户消毒1天，一天保证2次以上。每村明确一个专门生猪发病、屠宰的排查员，对镇域内4570头存栏牲猪每天进行地毯式排查，发现可疑情况迅速报防疫员，发现超标养殖户的坚决予以劝退及执法工作。镇花卉苗木协会牵头对现有花卉苗木库存情况进行全面盘点，为政府采购提供参考，启动跳马花木之乡网站的提质升级建设；组织花木专家、种植大户等进行研讨，研究制定花卉苗木产业精细化种植、专业化经营模式方案；组织育景山庄、求实苗木等单位引进新品种（如珍珠红保健植物等）、精雕旧品种（如裸根树等）。协同市、区林业部门做好实地确认。举办园艺技能比武大赛，推动花卉苗木升级。开展现代农庄调研，重点扶持辰午山庄、天石山庄、天赐园、育景山庄等现代农庄发展，组织申报上级项目资金，组织相互学习和外出考察学习，提质改造现代都市农业设施；组织生态较好的村观摩学习都市农业公园发展模式，对蔬菜、水产专业大户和合作社进行技能培训，积极申报财政奖补，打造都市农业发展特色集群。完成农户种植农作物和双季稻种植情况核实和上报。做好“松线虫”防治工作，组织人员在田心桥、新田等村人工砍伐、打药剿灭“加拿大一枝黄花”等有害生物工作。巡查秸秆焚烧工作，处罚违章焚烧农户3户，制止违章焚烧80余起，并拍照留档纳入村级目标管理考核。开展花卉、苗木、蔬菜、蜂蜜及水产养殖等涉农行业利润偏低、发展不旺的调研工作，建设加强培训及加大财政资补措施。组织村民开展花卉苗木、蔬菜种植、蜜蜂养殖等职业技能培训。（刘希贤）

【林业工作】2020年，雨花区跳马镇组织全面采伐清理枯死松树、集中下山焚烧、粉碎处理、树桩施药密封填埋等松材线虫病除治工作，做好疫木的埋兜、清枝、销毁等旁站式监督管理工作。开展松材线虫病秋季普查，控制疫木流通，严厉打击非法调运松木的不法行为。加强森林资源保护，加强专业护林员队伍的管理，组织护林员进行全方位森林资源保护巡查，及时发现和打击违法行为，保护森林资源安全。开展雨花区生态建设项目，复兴村竹围子约7公顷森林提质改造完成建设，并且通过市林业局验收。指导对芦荻塘片石场、新旺片石场、楠木坡、五桂塘采石场、冬斯港矽砂矿等多个废弃矿山矿洞复绿工作，加强日常监督、建立巡查台账等。完成对石燕湖省级森林公园自然保护地摸底调查和评估论证工作。加强对临时占用林地的日常巡护、监管和到期后复绿的技术指导，做到“用完即绿”，达到有效控制水土流失，改善地质、生态环境，着力推进绿色发展的要求。森林防火纳入绩效考核内容，明确责任体系，严格奖惩机制。开展森林防火宣传，出动防火宣传车1200余次（含村级），悬挂横幅600余条（含村级）。加强森林防火值班制度监管，各村（社区）招聘一位专职护林员每天在本村辖区内巡查，各村（社区）实行24小时值班制度，有火情及时上报；镇统一采购鲜花2万朵，发动各村（社区），各守山路口，在春节及清明节期间全面实行“鲜花兑鞭炮”活动，杜绝火灾；组建6人专职森林消防队伍和52人的兼职森林消防队伍，专职森林消防队每周定期演练，兼职森林消防队每月组织定期演练，全镇无火灾。开展森林防火实体消防演练。对石燕湖公园、动物展演、生态养殖场等6个野生动物驯养、展演场所进行密切监管，督促消毒，每日做好检查记录，确保疫情期间野生动物与外界的“零”接触。加强对石燕湖公园的安全生产、有害生物防治进行系统的调查摸底造册建档，防止有害生物的传播，开展加拿大一枝黄花系统清理防治和生产圃地系统检疫调查。严格按照《跳马镇公益林专职护林巡防员聘用合同》聘用专职护林巡防员，护林员队伍由6个人增加到15个人，加大违规野外火源管控力度，加强森林林防火队伍建设和管理。调处林地林权纠纷9宗。做好跳马林业站“一站式、全程代理服务”窗口建设工作，进一步完善窗口服务制度，提升“一站式、全程代理服务”窗口的服务水平。

（刘希贤）

【邮政电信】2020年，雨花区跳马邮政支局邮政服务网点3个，网点员工20人，其中投递员5人，投递专用车辆5台，个人单边投递平均20千米以上，投递快递包裹与特快专递400万件。全面走访行政村，宣传金融知识，开展平常函件及报纸杂志均按要求投递到客户，普惠金融让农户受益活动。团然邮政网点搬迁新装升级。投递党报党刊27万份。跳马镇电信局建设电信社会渠道12个，特设10人专业维护班组，进行全镇网络安全保障；与跳马派出所共同推进“美丽乡村，平安乡镇”，以监控进村进户做好联防联控群防群控，新增500个视频监控上云点位。完成收入1608万元，完成杆线迁改、升高131处，优化整体线路37千米，无线信号优化5处，配合美丽乡村整改机箱、机柜、配套设施49个，优化曙光村沿河杆线路，增加防汛视频监控点，优化提升区域内用户实际宽带速率3711户。中国邮政储蓄银行跳马支行网点实现收入700万元，居民个人存款揽收1亿元，居民个人理财业务办理5000万元，保险出单2000万元。（刘希贤）

【供电工作】2020年，雨花区跳马镇新增公变30台，完成售电量6072.91万千瓦时，电费回收率100%；高压线损率2.92%，低压线损率4.26%，较上年下降0.59%；同期线损合格率与上年同期相比提升6.56%；采集成功率99.98%以上。全年10千伏线路跳闸9次，比上年同期减少5次，百公里跳闸率2.88次。（刘希贤）

【新田村上榜全国文明村镇】新田村地处长沙市雨花区跳马镇西南端，南与湘潭市昭山镇毗邻，东临石燕湖生态旅游公园，市级暮石公路贯穿全村，交通便利。辖区总面积10.48平方千米，基本农田266.7公顷，农户1113户，总人口4263人，辖26个村民小组。2020年11月，新田村入选全国文明村镇。（刘希贤）

【大安寺改造工程竣工】大安寺座落在雨花区跳马镇金屏社区天山鲤鱼塘，寺院原建设（二层念佛堂、宿舍、斋堂）

因年久失修，地基下沉，墙体开裂，经上级有关部门进行鉴定为D级危房。2018年5月，开始对原危房建筑拆除。拆除后对侧边的山坡进行护坡加固及原基础进行垫高，修建排水渠道，并对道路重新修改。2018年12月1日，地藏殿、弥陀殿、藏经阁及宿舍楼在原旧址上进行奠基仪式，2019年6月，进行开工重建，12月底主体峻工，地藏殿、弥陀殿、藏经阁及宿舍楼主体占地面积890平方米。2020年初，该寺为地藏殿、弥陀殿、藏经阁及宿舍楼开始装修，塑佛像，添置供桌、法器等及殿外石栏杆的修建。6月开始对前坪进行整坪硬化，铺贴麻石，建围墙、山门，并对寺内寺外的绿化工程进行完善。7月，大安寺地藏殿、弥陀殿、藏经阁及宿舍楼工程历经2年时间全面竣工。大安寺对地藏殿、弥陀殿、藏经阁及宿舍楼工程投资650万余元。（刘希贤）

雨花亭街道

【概况】 长沙市雨花区雨花亭街道地处雨花区“腹地开发”和长株潭三市融城的前沿阵地，北起南二环、劳动东路，西至韶山南路，南抵香樟路，东临万家丽路，是城区建设改造的攻坚区域。2020年，街道辖曲塘、雨新路、路桥、正圆、新星、自然岭、华云、雅塘村、香南郡、麻塘桥社区、雨花亭11个社区，井塘社区筹委会1个社区筹委会，自然、石马2个集体资产管理委员会，辖区面积8平方千米，常住人口近9万人，有政府机关、企事业、驻区单位2000余家。（姚园园）

【街域经济】 2020年，雨花区雨花亭街道实现固定资产投资61亿元，全年新增限上单位13家，完成限额以上社会消费品零售总额8.7亿元。新培育重点税源2家，新引进4家，其中中城投第九集团有限公司全口径税收贡献2000万元。新增限上单位6家，新增认定高新技术企业9家，各项经济指标平稳有序发展，百日竞赛取得全区第三名。疫情期间，帮扶旭辉雨花郡等重点项目，解决农民宿舍、高压杆线迁移等困难问题20余个。帮扶华润翡翠府、世贸璀璨等7个重大项目顺利复工。街道规模以上、高新技术及税收规模百万级以上的企业复工率均为100%。在建项目11个，五江·碧桂园、世茂璀璨、高峰璟麟府、旭辉雨花郡等项目均开始销售，圭塘河城市双修海绵公园项目顺利推进。逐步形成以西南向（韶山路—香樟路）楼宇经济带为龙头，东北向（二环线—劳动路—万家丽路）腹地开发为中心的“一街双向”发展格局。（姚园园）

【城建城管】 2020年，雨花区雨花亭街道征拆项目10个。大吉门窗厂宿舍棚改项目占地0.53公顷，涉征房屋面积5500平方米，住户86户，涉及住宅3栋86户，全面腾房清零，实现正式交地；汽车制造厂宿舍棚改项目占地0.61公顷，涉及住宅7栋154户，除6号栋因安全问题未拆除外，其余均拆除清零，处于交地准备阶段。雅塘冲路（东段）国有土地项目占地约0.2公顷，涉及住宅3栋36户及城东供电局树木岭供电站部分区域，发布1–3公告，完成评估机构选定、上户评估等前期准备工作。完成城投R22号地块项目的征拆工作，拆除私房11栋，腾地0.46公顷；完成中城苑扩征项目的征拆工作，拆除私房8栋，腾地0.74公顷；完成环线小学项目的征拆工作，拆除私房40栋，腾地2.97公顷。完成石马雅苑保障住房（一期）第一批分房工作，安置房源464套，安置人口950人。完成自然村洞井路（自然村段）、雅塘冲路（自然村段）、长沙市儿童福利院、地铁4号线4个项目结算，结算交地4公顷，保障项目的顺利建设。加速推进石马三期项目的签约工作，项目涉及28户，签约22户，签约率近80%。全面做好航空路小学的征拆前期工作，雅塘二期启动征拆。推进井塘“城中村”改造扫尾项目，整村扫尾的81栋完成98%。雅塘冲路东段（自然村）项目，用时31天51户签约清零，创造雅塘片区征拆新速度。严格落实城市网格化管理，强化日常巡查、整治，推进城市管理工作常态化、长效化。处置城管数字化平台市级平台案卷5600余条、区级平台案卷5000余条，结案率100%。打好垃圾分类持久战，以服务外包的形式引进第三方收运公司，提升专业垃圾分类队伍力量。新增有害垃圾收集点1个，可回收驿站1个，改造垃圾收集点2个。推进网格化工作改革和“12345”市民热线工作。完成阵地建设、网格划分、制度设置、人员配备、宣传发动等任务，处理“12345”市民热线工单2788件，满意度超过98%。完成老旧小区居民家庭餐厨油烟治理任务，4000余户居民解决油烟困扰。对辖区落实挥发性

2020年4月28日，建设中的海绵公园（姚园园 供图）

有机物管控，14家企业布设监控仪38个，监控安装率居全区前列。配合做好省环保督察“回头看”工作，交办件全部按时办结。（姚园园）

【社会治理】 2020年，雨花区雨花亭街道开展“领导接访下访，推动矛盾化解”攻坚年活动，实行党政领导坐班接访制，对接访群众做到能解决的，现场通过沟通进行解决；对于复杂、历史遗留的问题，由党政班子集体研究、分析症结，根据信访人个案制定具体化解方案，集全街之力攻坚化解。街道司法调解委员会调解矛盾纠纷170起，涉及金额1982.75万元。通过老兵联络站，解决老兵个案10余个。以“情感感化、依法治访”为抓手，有效化解个人信访案件8件。及时防范处置五江天街、湘水一城、龙吉湾等群体性事件10余起。成功化解因拆迁纠纷引发的信访积案2起。历时8个月，协助职能部门妥善解决“绿雅园居民出行难”群体性事件，街道负责人多次对小区周边环境现场查勘，召开协商会10余次，与居民进行沟通、分析，商讨解决措施，在多方努力下，最终决定从龙骧巴士维修厂借道解决居民出行难问题。建立健全覆盖全街重点部位、重点对象的安全巡查整改网络，形成“大安全”格局，实现对生产经营单位和安全隐患的常态化管控。强化多部门联动工作制，开展联合执法18次，收缴销毁烟花300余件，盘鞭8件，条鞭8件。加大隐患排查力度，排查整改隐患176处，严防重大安全事故发生。地质灾害预警治理，做到宣教、巡查、防范、处置“四到位”，及时勘察处理地质灾害险情9处，对林机院隐患护坡、雅塘村隐患护坡进行应急抢险处置，提高地质灾害防御能力。华云社区被评为2020年度全国综合减灾示范社区。（姚园园）

【民生事业】 2020年，雨花区雨花亭街道推进“最多跑一次改革”“互联网+政务”等工作，设置AB岗、配备人员到位、组织集中学习，全面提升政务服务办事效率。开展技能培训班5期，培训190余人。设立就业服务窗口和就业服务热线，多渠道搭建用人单位与求职者双方桥梁，实现城镇就业人数1848人，成为2020年雨花区唯一“省级充分就业街道”。落实惠民资金政策，完成惠民项目6个，结算金额18.7万元。以“文化渗透”为总揽，开展“送戏下乡”“百村千场文化进万家”等各类文化活动，丰富居民精神食粮。推进社区教育事业发展格局，构建全民终身教育体系，华云社区被评选为长沙市2020度示范性社区学习中心、示范性基层“扫黄打非”工作站。开展农贸市场疫情防控督导检查300余次，开展冷冻冷链食品等专项整治行动200余次，集中组织冷冻冷链食品经营户、餐饮单位人员核酸检测400余人，维护好疫情防控期间市场秩序。开展全面打击传销摸排行动100余次，捣毁传销窝点17个，遣散涉传人员50余人。网格式摸底走访街域困难群众2934户，帮扶172户，帮扶金额40万余元。优先对因疫情感染隔离导致家庭困难的老弱病残，及时提供救助服务，保障好困难群众基本生活。帮助癌症患者、智障人士等各类弱势群体，开展多角度的梯级救助，受帮扶群众赠送锦旗6面。作为雨花区“范本街道”，接受省级调研，街道社会救助站被评价为“乘风破浪姐姐团队”，全区各类大型活动做经验分享推广。全方位整治通程宿舍、建行宿舍、机场厂宿舍等老旧小区。正圆社区接受国检测评。（姚园园）

【基层党建】 2020年，雨花区雨花亭街道坚持党建引领为基本思路，夯实基层党组织建设完善和落实党建工作责任体系，凝聚力量筑牢党支部战斗堡垒。街道党工委坚持把学习摆在首位，开展集中学习10余次。全面深化党支部“五化”建设，率全区之先制定《雨花亭街道“五化”指导手册》，将“标准化+党建”理念引入党建工作中，全街70个党支部全部达“五化”标准，达标率100%。开展“居民零上访、安全零事故、治安零发案”“三零”社区创建工作，各社区全部达到“三零”标准，《长沙晚报》以《激活“红细胞”，绘就幸福底色》为题专题报道。围绕规范党建基础、创新创优工作、提升放大效能三条主线，全面推广智慧党建平台，推动平台无缝对接基层党建工作各个传统领域，确保党员队伍分析、党员教育管理等日常工作常态化、规范化。按照党员入党政治思想、培养选拔、考核公示“三达标”要求，发展党员20名。树牢“突出政治标准、注重面向基层、注重实干实绩”的用人导向，注重在疫情防控和重大任务等大考期间对干部的考察，推选20名基层社区人员参加公务员考试，1名大办主任被提拔为副科级领导干部。开展“党员集中轮训工程”，制定《雨花亭街道2020—2023年党员教育培训实施计划》；年内采取普遍培训、兜底培训的方式，进行集中培训4次，培训党员550名。清查党员违法违纪行为，党纪、政务处分违纪违法党员8名；将纪律建设贯穿到党员日常管理中，对检查发现的作风和违纪问题，综合运用警示教育、通报、提醒谈话等方式，将问责的板子打下去，将纪律和规矩的红线立起来。开展专项督查10余次，上报问题线索10条，提醒谈话2人，诫勉谈话1人。成立社区（筹）换届工作领导小组，对12个社区（筹资委）班子及班子成员进行综合分析考察，形成书面报告，为换届选举提供依据；做好进退留转思想工作，谈话310余人次，确保转得顺心，退得安心；从源头上把关，联合公安、纪检等7个部门，对118名提名候选人严格按照《社区（村）换届“两委”成员联审要求》中“十不选”进行联合初审；社区党组织换届选举委员60人，其中35岁以下25人，占41.7%；35岁以上35人，占58.3%，形成老中青梯次配备，良性循环的社工队伍。严格按照国有企业退休党员移交工作要求，对街域内56家国有企业703名退休党员进行逐一核实，接收国有企业退休党员370名。在接收退休党员较多的社区成立国企离退休党支部，派出联络员，实行一对一服务。

（姚园园）

【疫情防控】 2020年，雨花区雨花亭街道严格按照各级疫情防控指挥部的工作要求，精准做好疫情监测、排查登记、人员隔离等相关工作，建立“一人一档”信息台账制度。创新“出入通行证”，实行社区“巡逻小组”动态监测制，保障人民群众健康，维护正常生产生活秩序。坚持防疫正面宣传，抓好意识形态工作，通过宣传横幅、流动广播等形式倡导群众科学防疫。摸排并核查各类信息3145条，隔离密切接触人员90人，核查对接发热及其他病例19人。（姚园园）

【脱贫攻坚】 2020年，雨花区雨花亭街道深化党建引领，扶贫与扶智相结合，投入对口扶贫经费20万元，结对帮扶跳马镇关刀新村建档立卡贫困户34户98人决战决胜脱贫攻坚，确保“两不愁三保障”的同时，做到卫生健康、教育、就业、消费等扶贫多措并举，聚焦脱贫质量和全面小康，人均年纯收入2.2万余元，全部高质量、高水平脱贫。作为对口帮扶单位，完成国家脱贫攻坚普查，取得入户登记主要指标达标率、贫困户满意率、省级事后质量抽查合格率3个100%。（姚园园）

【百日竞赛】 2020年，雨花区雨花亭街道推进百日竞赛。由街道主要领导带队，分组集中走访辖区内22家企业，全面了解企业复工复产和防疫情况。紧抓竞赛期间各项指标，落实竞赛考评要求，确保重大项目投资、商贸社零等各项指标顺利完成。成立企业复工复产工作专班，向企业派驻指导员，推动企业有序复工复产。帮扶华润翡翠府、世贸璀璨等7个重大项目顺利复工，重大项目开工率100%。街道规模以上、高新技术及税收规模百万级以上的企业复工率均达100%。新培育重点税源2家，新引进4家，其中中城投第九集团有限公司全口径税收贡献2000万元。雨花亭街道获得百日竞赛活动第三名。（姚园园）

【雅塘冲路东段项目签约清零】 雨花区雅塘片区雅塘冲路东段为省市重点工程，是新《中华人民共和国土地法》正式实施后，雅塘片区启动的第一个征拆项目。项目横跨1个村7个组，涉及房屋51栋。2020年8月，长沙市政府立项，要求11月完成征拆，项目面临新土地政策、新征地程序、征拆环境异常复杂等诸多困难。街道实行挂图作战，采用“名单挂上墙、签约画红旗”的工作方式，对各项目征拆进展、人员力量铺排逐项分解细化，确保责任细分到人，落实情况到天。强化入户沟通，征拆人员多次上门做政策宣讲和思想工作，开展近千次协谈，为项目签约奠定基础。项目从10月23日正式启动签约，用时31天，51栋230人全部签约清零，腾地3.42公顷，实现新政策迅速落地，创造雅塘片区征拆新速度。（姚园园）

高桥街道

【概况】 长沙市雨花区高桥街道位于雨花区东北部，东临浏阳河支流圭塘河，南接劳动东路，西靠京广铁路，北至人民东路，总面积4.71平方千米。高桥街道下辖高桥、友谊2个集体资产管理委员会，火焰、金环、怡园、高桥大市场、五一、永定、永祥、鑫华8个社区居民委员会，省邮政局、长沙海关等驻街单位28家，有高桥大市场、高建市场、高桥汽配城等综合（专业）型市场8个。2020年，总人口83081人，其中，常住人口30565人，流动人口52516人。

2020年，高桥街道被评为全省计划生育基层群众自治先进集体、2020年度全省优秀内部审计项目二等奖、长沙市第四次全国经济普查先进集体、2020年度全市优秀内部审计项目二等奖、2017年至2019年长沙市内部审计先进集体称号。永祥社区获评省级示范儿童之家，怡园社区获评市级精品和谐示范社区。（黄 磊）

【街域经济】 2020年，雨花区高桥街道完成社会固定投资38.58亿元，同比增长64.65%，限额以上社会消费品零售额53.79亿元，同比增长13.94%，完成规模以上营利性服务业营业收入10.41亿元，完成企业研发费用3095.5万元。在疫情防控的大环境下，全街各项经济指标基本保持稳中向好，其中社会消费品零售额、外贸等经济指标为全区做出重大贡献。着力抓好自贸区建设，9月，中国（湖南）自由贸易试验区获批，高桥大市场正式纳入中国（湖南）自由贸易试验区长沙片区，承担着打造中非经贸深度合作先行区的重任。9月24日，顺利完成揭牌仪式。项目一期出口产品集聚区建成运营，二期启动建设，非洲可可贸易中心建成开业，营业额8.8亿元。帮扶企业发展、项目建设，为企业排忧解难，协调解决国欣·向荣府社区用房、学校用地置换，高桥大市场自贸区场馆建设外围环境整治、交通秩序维护等问题，营造优质营商环境。碧桂园时代广场、宝能公馆、湘林·熙水豪庭、正荣悦玺、新城新世界四期等产业项目建设进展顺利，国欣·向荣府项目启动建设，实现开盘预售。开展“万商联动·振业兴市”、首届“夜星城”消费节系列活动，吸引来自福建等地10余家茶企签约，高桥大市场夜市被评为全市“最美夜购示范街区”。新建天翼生鲜、和财生鲜店（唐人神）2家社区菜店。完成街道第三届商会换届选举工作，湖南华晨投资集团董事长邹厚军当选新一届商会会长。全面完成全国第七次人口普查工作，完成45262户共115693人的普查录入工作。（黄 磊）

【城建城管】 2020年，雨花区高桥街道完成友谊村新世界项目22栋房屋、高桥村湘林项目2栋房屋的拆迁，完成地面附着物的拆除和结算交地。石坝路（二环线—政修路）拆除合法房屋6栋，完成道路建设，实现通车，高桥街道结束历时25年之久的集体土地征地拆迁历程。长沙市第二十六中学改扩建项目完成原教学楼、原友谊小学教师宿舍楼的拆迁腾地。投入经费约180万元，完成友兴家园农贸市场、五一生鲜市场周边环境微改造项目；打通石坝路历时11年的“断头路”瓶颈，与新建紫薇路、政修路构筑起友谊片区交通微循环路网。联合高桥供电所，协调将高桥老壹号小区、五一ABEFG区、火焰12区等老旧小区纳入城市电网改造，总投入1000万余元。完成电网“630攻坚”年度任务和5G基站建设任务4个。圭塘河劳动路北提升泵站完成建设并投入使用。地铁5号线开通后新增高桥南、高桥北2个地铁出入站口，4条地铁线路10个地铁口纳入街道“15分钟生活圈”。城市管理工作考核综合成绩位居全区一类。街道巡查员主动上报案卷11804件（含环保类115条）并及时有效处置，结案率100%，处理市区城管数字化案卷11558条，结案率100%。审批门店广告牌218块，拆除违规户外广告招牌196块2013平方米；拆除新建在建违章建筑24处近600平方米，及时管控并制止违章建筑16处。处置和拆除100余个。开展“蓝天保卫战”主题宣传活动16次，“三级执法两级巡查”行动12次。及时处置环保督察“天天在线”交办问题30件，其中主办件14件、协办件16件。在区生态环保督察“天天在线”通报的问题清单中，高桥街道无重点件、重复件。开展“蓝天保卫战”专项整治60次，执法巡查出动5196人次，整治问题91起。各社区用活用好惠民资金，有针对性地解决好老百姓家门口设施破损、管道堵塞、油烟排放等问题。开展市容环境大整治，守护“蓝天”“碧水”，全年空气优良率排名全区第四。探索生活垃圾源头分类新模式，华雅花园小区打造为全区生活垃圾源头分类示范小区，分类投放准确率99.9%。（黄　磊）

【社会治理】 2020年，雨花区高桥街道坚持和发展新时代“枫桥经验”，构建疫情防控联防联控、群防群控、智防智控的工作格局。街道综治中心、新疆籍务工经商人员管理服务站作为全省的示范点，迎接中央政法委、中央统战部的专项督查调研，获得高度评价，获评长沙市2020年度政法工作红旗单位。街道以人口普查为契机，完成建筑物标绘1471个，摸底清查341个普查小区45262户115693人的基本信息。探索创新县域“警务+”，试行“一呼百应”综治平台，怡园、大市场、永定3个社区成功获评“三零社区”称号。坚持每周街道党政负责人带队深入联点社区开展安全生产“零点行动”52次，组织安全培训和应急疏散演练44场，印制宣传手册、扇子、文化衫等宣传资料6万余份，连续四年无安全生产责任事故。率全国、全省之先挂牌成立“一站式多元解纷和一站式诉讼服务”工作站，调处各类矛盾纠纷17件，涉及金额467.64万余元，调处成功率100%。接待来访来信130批550人次，无新增信访个案。街道食安办和市场监管所受理和办结投诉举报5561件，占全区总数六分之一。处理“12345”市民服务热线工单2241件，满意率98.52%。全面深化“一件事一次办”改革，受理各类事项2020余件，受理消费者投诉举报、来信等3860件。（黄　磊）

【民生事业】 2020年，雨花区高桥街道加大对跳马镇石燕湖村脱贫攻坚帮扶力度，对32户建立问题台账，逐一销号清零，圆满完成考核任务。省消费扶贫示范中心建成开园，成功引进全省51个贫困县农产品展示馆入驻，打造消费扶贫新地标。开展精准帮困，发放“五帮扶”对象152人次帮扶金49.79万元。申报社保补贴274人，发放补贴1368493.1元，街道慈善基金发放4批7人20.2万元。五一小学、周南雨花中学、美联枫树山小学改扩建工程顺利推进。加大对无证幼儿园清理整顿，10家无证园均按时按要求关停或整改到位。建立居民健康档案68065人，家庭医生签约2800余人，孕产妇健康管理921人，65岁以上老年人健康管理2141人。（黄　磊）

2020年9月，中国（湖南）自贸试验区长沙片区高桥大市场（颜新武　摄）

【基层党建】 2020年，雨花区高桥街道举办党员集中轮训20场次，培训党员2500余人；推广“街镇吹哨、部门报到”工作机制，协同解决餐饮多、油烟治理难度大民生问题；推动“三零”社区建设，怡园社区成功打造“一呼百应”智慧党建平台。深化小区党建引领小区治理，探索创新小区“一支三会”新模式，成功调处车辆乱停、绿化改造、垃圾分类等小区治理难题。巩固“不忘初心、牢记使命”主题教育成果，开展“党旗辉映网格行”党员志愿活动，认领志愿服务项目22个，738名党员签订认领志愿服务岗位承诺书，开展志愿服务136场次。通过微信、短信平台组织“高桥街道抗疫一线最美志愿者风采展示”等活动，树立榜样力量。开展社区“两委”班子综合分析，全面调整优化社区班子结构，8个社区党组织换届选举工作。（黄　磊）

【疫情防控】 2020年，雨花区高桥街道从除夕夜（1月24日）的第一次紧急调度会议开始，街道、社区（集资委）、派出所、卫生服务中心的党员、干部、干警和工作人员一起，连续60余天无休奋战，累计“以房查人”排查52106户、86119人，管理服务“四包一”对象2039人，处理大数据1050条，累计核酸检测3612人。高桥大市场等13个大小市场群错峰开市，助力1003家企业、5408家个体商户、27607名员工复工复产。组建稳定市场秩序综合执法队，联合开展执法检查行动46次，出动执法人员320人次，立案查处哄抬物价、销售假口罩、假消毒液等违法案件32件，罚款29.8万元，其中10万元以上大要案件2件。督促各大市场主体为5000余名商户减免租金总额近6000万元。落实外防输入要求，街道辖区内两所酒店承接境外返长人员4批次806人。全街16个集中连片农安小区、8个开放型无物业小区实现严格管控。全年开展对辖区内市场、商超、冷链企业专项疫情防控督查检查56次，接收区防指紧急协查通报3批次，均在第一时间处理到位。全街未发生一例新冠肺炎疫情确诊病例、疑似病例和感染病例。街道工委开展“抗疫一线最美志愿者风采展示”“党旗辉映网格行”党员志愿服务等活动，深度挖掘、集中展示防疫期间涌现出的感人事迹，传递榜样力量，引领更多的党员积极参与志愿者活动，全街748名党员认领志愿服务岗位，开展志愿服务136场次，充分发挥党员先锋模范作用，“志愿红”成为群众心中的温暖底色。（黄　磊）

【街域征拆扫尾清零】雨花区石坝路自2009年立项启动，西段（政修路—二环线）的拆迁腾地工作一直以来都是制约该道路建设的重点、难点问题，2020年，在“百日征拆大会战”中，高桥街道提前40天完成征拆腾地，历时11年的断头路全线拉通。全面完成高桥集资委、友谊集资委拆迁项目扫尾清零，历时25年之久集体土地征地拆迁历史结束，友谊三期安置小区项目开工建设。实现群众居住环境极大改善，为推动街域建设发展提供坚实保障。（黄　磊）

【“一站式”多元解纷工作站】2020年4月23日，雨花区高桥街道率先成立“一站式”多元解纷工作站，让群众在家门口就能得到多元调解＋品质诉服＋速裁快审的“一站式”服务。11月，中央政法委、省、市、区相关负责人一行调研督导高桥街道政法工作，现场查看综治网格中心、“一站式”多元解纷工作站、公共法律服务工作站、《政法工作条例》落实等情况，得到中央政法委、省、市、区各级负责人的高度评价和首肯。高桥街道获长沙市2020年度政法工作红旗单位。

【中部（国际）农博园消费扶贫】2020年，雨花区高桥街道从财政投入、人力保障、政策协调等各方面倾力扶持中部（国际）农博园建设。引进全省51个贫困县农产品展示馆入驻，电商销售扶贫产品30亿元，销售业绩超千万元的展示馆近20个，成为湖南省消费扶贫示范中心，在全省扶贫项目中起到示范引领作用，得到国务院扶贫办领导，湖南省委副书记乌兰，省政府副省长隋忠诚，长沙市委副书记、市长郑建新等各级领导高度评价和多次现场考察指导。（黄　磊）

左家塘街道

【概况】雨花区左家塘街道地处雨花区北部，系长沙市城区面积最大的街道。街道辖赤岗、长钢、曹家坡、长岭、阿弥岭、桂花、官塘冲、嘉园、红花坡、湖橡、荷叶塘、牛角塘、曙光、树木岭、车站南路、长铁、狮子山、王公塘、窑岭、营山巷、左家塘21个社区，总面积7.8平方千米。人口将近18万人（包含常住、寄住和流动人口），居民户数70112户。有开放式小区130余个，物业小区76个（专业物业68个）。

2020年，左家塘街道紧扣“攻坚发展难点，展示街域形象”工作主题，统筹疫情防控和经济社会发展大局，干在实处、走在前列，全力战胜各种风险挑战。街道被评为长沙市2019年垃圾分类百日劳动竞赛活动先进单位、2019年度全市综治工作考核优秀等次乡镇。街道财政所被评为省级星级乡镇财政所。（陈晓芳）

【街域经济】2020年，雨花区左家塘街道完成财政总收入5.89亿元，实现其他营利性服务业收入增速17.5%，超过指导性目标13个百分点，全年软件规模以上企业营业收入较上年增长131.38%，新增1家营业收入首次突破2000万元的龙头骨干企业——湖南博创信息科技有限公司。做好重点项目招商引资落地服务工作，协助辖区重点商务楼宇汇财中心引进41家公司入驻。劳动东路两厢棚改A地块（省建材公房65户）8月24日启动签约，10月7日完成签约清零。劳动东路两厢棚改BCD地块完成私房签约、腾房清零。王公塘棚改项目（二期）125户签约122户，完成签约备案率97.6%。高兴路（赤熙路）项目破土动工，地铁3号线桂花路站投入使用，配合地铁6号线施工。专门成立优化营商环境工作领导小组，实行领导帮扶责任制和帮扶联络员制度，全天候、全方位受理企业诉求帮助企业解决证照、资金等问题。协调帮助重点企业人保财险长沙分公司、恒丰银行长沙分行、长房地铁银座项目解决困难问题，协助长沙市规划勘测设计研究院、长沙市规划设计院有限责任公司、长城人寿保险股份有限公司湖南分公司等20余家符合政策条件的企业申报区促进区域经济发展奖励扶持资金。（陈晓芳）

【城建城管】2020年，雨花区左家塘街道城管数字平台受理各类案件15279件，拆除违规广告招牌1254处，结案率和整改率每月都达到100%。拆除历史违章956平方米，制止新增违法建筑3处，基本实现新增违法建筑“零增长”的目标。整治乱堆乱放18处，清除清洗外墙乱贴乱画56处，修补外墙24处，美化改造围墙围挡4处。实施微桂花、赤新农贸市场周边改造，全面提质改造桂花社区、华达家园、锻压宿舍等老旧小区，全年开展环保联合执法69次，完成裸土覆盖6000余平方米，建筑工地全面落实工地扬尘污染防治要求。新增安装餐饮门店油烟净化器37台，完成低氮锅炉改造5台，全部通过验收。处理环保督察“天天在线”交办件8宗，协办件11宗，整改率100%。全面铺排垃圾分类硬件设施提标工作，通过引导居民，源头混投现象逐步减少。生活垃圾总量从1月4510吨下降至12月3309.68吨，厨余垃圾占比从1月5.17%提升至12月16.65%，全街垃圾分类工作成效明显。（陈晓芳）

【社会治理】2020年，雨花区左家塘街道突出抓好“三零”社区创建和平安街道建设，不断提升人民群众的安全感、幸福感。化解信访矛盾纠纷，做好信访工作。加强矛盾纠纷排查和化解，确保矛盾纠纷不出街道。成功化解“四重攻坚”积案4起，派专人专组参与“国金所”处置工作，矛盾得到有效化解；清除危险隐患137处。检查企业144家，当场处罚11家，罚款1.4万元，责令整改33家，约谈企业负责人11次。通过创新党建引领网格化治理工作模式，将全街划分为23个网格，121个网格单元，办结案件22588件；打造“窑岭社区网格庭院议事”“营山巷社区网格邻里亲协商议事会”等特色工作。核查办结扫黑除恶线索6条，中央、省、市、区交办的扫黑问题线索核查全部清零。组织开展禁毒宣传活动10余场，联合左家塘派出所对辖区220余家宾馆、旅店、娱乐场所负责人开展禁毒知识培训，组织300人次参观长沙市雨花区禁毒教育基地。76名社区戒毒康复人员按时报到接受社区戒毒康复，解除戒毒康复14人。（陈晓芳）

【民生事业】 2020年，雨花区左家塘街道新增城镇就业人数994人，灵活就业人员养老、医疗保险新参保561人，新建阿弥岭社区居家养老服务中心，依法依规依程序使用社区惠民资金。春节期间，发放特困人群物资890份，发放雷锋超市慈善物资283份，为9名低保尿毒症患者申请援助金4.32万元，慈善助学帮扶14人。街道做好教育相关工作，赤岗社区、桂花社区被评为“2020年雨花区社区教育先进单位”，赤岗社区刘德尧获“长沙市百姓学习之星”称号。全年召集清理无证工作调度会3次，开展校外培训机构专项整治行动6次，约谈校外培训机构20人，对校外培训机构下达整改（停办）通知书8份，查处有证培训机构超前教学1起，整治关停无证培训机构1家。规范物业管理，指导小区业委会参与小区事务管理，现场接待业主咨询、投诉及矛盾协调120余起，参与小区应急维修外勘、验收工作40余次，处理相关“12345”热线、市长信箱700余单，处理率100%，满意率98%。接受文明创建国检测评。承办市、区级精神文明创建活动12次，中国文明网上稿5篇，阿弥岭社区成功申报长沙市新时代文明实践站示范站点，牛角塘社区获得雨花区文明实践站示范点，段辉群入选“全国巾帼志愿者十大感动人物”称号，孙家闯获“长沙市最美逆行志愿者”称号。刘娟娟家庭被评为第十二届“全国五好家庭”，狮子山社区被评为“2020年长沙市示范妇女儿童之家”，黄玲荣被评为“长沙市三八红旗手”，赤岗社区、窑岭社区被评为雨花区“健康养老”先进单位。完成帮扶田心桥村脱贫攻坚工作任务。选派街道干部赵子春开展桑植县对口帮扶工作，其所在的长沙市雨花区对口帮扶桑植县、龙山县石牌镇精准扶贫工作组被推荐为全国脱贫攻坚总结先进集体。（陈晓芳）

【基层党建】 2020年，雨花区左家塘街道全面加强基层党建工作，全街党支部“五化”创建率100%，牛角塘社区退休第一党支部获评市、区两级“五化”离退休干部党组织示范点。推进党员分类管理工作，以小区党建、庭院党建、项目党建、志愿服务等为抓手，完善多方联动的居民自治机制。组织社区“书记沙龙”，开展“三零”社区创建工作交流、互评工作。21个社区全部完成党组织换届选举，推选出班子成员105名，社区党组织委员得票率平均数近90%。依法依规依程序推进居委会换届选举各项工作。在中央及省、市、区主流媒体刊登宣传报道500余条，展示街域形象。街道党工委领导班子把意识形态学习作为重点，全年开展集体学习12次，邀请专家讲座2次。全街党员除特殊党员外，“学习强国”APP基本做到党员100%覆盖。利用街道公众号“实力魅力左家塘”，明确舆论导向，推送312条，其中原创内容150条，正面典型宣传引导82条。召开街道“两新”党组织书记、街道内设机构负责人述职评议大会和街属党组织书记履行基层党建工作责任述职测评大会，总结、点评基层党组织工作。召开街道“不忘初心、牢记使命”主题教育总结大会，巩固主题教育成果。组织机关、社区开展警示教育活动，开展廉政谈话提醒，落实廉政责任。（陈晓芳）

【疫情防控】 2020年，雨花区左家塘街道推广使用腾讯文档自动收集居民健康信息，基本实现左家塘街道21个社区、247个物业小区、开放小区全覆盖。开展地毯式新冠肺炎疫情防控摸排，落实“以房查人”，通过敲门入户、电话调查等方式，对全街6.1万户16.7万人开展详细摸排3轮；严格落实从中风险地区、高风险地区和境外入湘人员数据收集，并录入返（来）长人员核查系统，录入数据2986条，核酸检测2211人次。做好重点人员的“四包一”（民警、医护人员、专干、社区干部4人一组保障1名接触者）工作，隔离2390人次，切断病毒传播途径。发放“致广大居民朋友的一封信”以及相关防护知识宣传手册20万份，利用小喇叭、微信群等形式进行常态化防控。成立街道“百日竞赛”活动组织领导小组，建立日调度、周讲评、月评比工作机制，发扬“店小二”精神，坚持防疫、复工复产两手抓，街道党政班子、驻企联络员对辖区内80余家规模企业、重大项目、税收重点企业

2020年3月30日，“百日征拆大会战”左家塘战场工作推进会（陈晓芳　供图）

进行集中走访，指导企业有序复工复产，圆满完成竞赛活动的各项工作任务。（陈晓芳）

【征拆工作推进】2020年3月30日，雨花区左家塘街道“百日征拆大会战”左家塘战场工作推进会召开。街道工委书记周建雄主持会议。街道党工委副书记、办事处主任聂文涛结合全街征地拆迁实际情况和大会战活动要求，分析研判发展形势，对活动期间抓好征拆工作进行再部署、再动员，确保实现“双过半”，赢得“双胜利”。区政府副区长吴平辉结合“百日竞赛”活动，对街道征拆工作提出具体要求。（陈晓芳）

【移风易俗宣传活动】2020年4月2日，雨花区左家塘街道荷叶塘社区党委组织开展“推进移风易俗·树立文明新风”宣传活动。现场悬挂横幅8条，发动志愿者沿街发放“移风易俗倡议书”156份，进入老年活动中心发放《移风易俗树新风》宣传册200余份，号召居民清明祭祀时不燃放鞭炮、焚香烧纸，避免火灾，提倡用鲜花祭祀、植树祭祀、网上祭祀等健康时尚的方式祭奠、缅怀亲人，宣传倡导喜事新办、丧事简办、好事多办、反对铺张浪费、反对婚丧大操大办等。（陈晓芳）

【“书记沙龙”活动】2020年7月17日，雨花区左家塘街道党工委在湖南教育出版社15楼会议室举办2020年第一期“书记沙龙”活动，助推“三零社区”建设。21个社区党组织书记现场接受街道工委书记、党政负责人，相关大办主任、兼职委员、社区书记的评议。“三零社区”两连冠的长岭、长铁、王公塘和嘉园讲述经验，为社区发展作出重要贡献的“兼职委员”、长郡雨花外国语左家塘学校党支部书记陈民介绍辖区单位的共同参与创建的做法。营山巷、长岭、左家塘、长铁、窑岭、王公塘6名社区党组织书记被评为“三零社区”创建能手。（陈晓芳）

【安全生产宣传】2020年1月13日，雨花区左家塘街道赤岗社区党委联合长沙市普消消防宣传服务中心开展“强化安全发展观念、提升全民安全素质”消防安全普及专题讲座活动。5月21日，窑岭社区召开安全生产月培训专题讲座，辖区重点行业的单位、酒店、门店负责人和小区楼栋长等参与培训；湖橡社区邀请长沙市普消消防安全宣传服务中心教官，对社区工作人员、辖区单位门店负责人、物业公司负责人以及楼栋长进行消防安全知识培训。6月12日，左家塘街道“消除事故隐患，筑牢安全防线”安全生产月主题活动在鸿铭第二小学举行。街道联合学校和辖区单位举办紧急疏散、应急处置演练等安全生产系列活动，引导辖区单位、企业牢固树立安全生产“红线意识”和“底线思维”，推动辖区安全生产健康有序发展。通过开展应急演练，进一步加强学校安全工作，普及消防安全常识，增强师生安全意识，提高自护自救能力和疏散逃生的技能。（陈晓芳）

【社区换届业务培训】2020年12月9日，雨花区左家塘街道召开社区“两委”换届选举业务培训会。街道办事处党工委委员、副主任余勇峰主持会议。左家塘街道党工委委员、组织委员苏继纯宣读《左家塘街道社区党组织和居民委员会换届选举工作方案（草案）》，传达全区“两委”换届工作会议精神，部署街道社区“两委”换届工作。街道党工委委员、纪工委书记王炯提出换届选举纪律要求。街道党工委班子成员、各大办负责人、21个社区“两委”成员、党建指导员参加会议。（陈晓芳）

【环保业务培训】2020年5月21日，雨花区左家塘街道召开环保业务培训会，快速推进左家塘街道固定污染源排污许可清理整顿和排污许可发证登记工作。街道环保站工作人员传达关于固定污染源排污许可发证登记工作的总要求，重点强调做好环境污染防治和排污许可登记的重要意义。第三方审核技术单位工作人员对辖区企业进行培训，讲解办理排污许可证所需的材料、流程、平台操作等内容，现场答疑企业人员提出的问题。街道36家企业负责人参加培训。（陈晓芳）

【教育实践活动】2020年8月12日，雨花区左家塘街道窑岭社区蒲公英教育成长基地开展“感恩你我·夏送清凉”教育实践活动，青少年志愿者们在社区党员的带领下走上街头，为辖区沿线的环卫工人、交警、保安和马路志愿者们送上凉茶和绿豆粥，为高温中一线工作者送去夏日的清凉，让孩子们学会感恩、体会生活不易。（陈晓芳）

【志愿服务活动】2020年1月14日，雨花区左家塘街道长钢社区党委联合辖区托星舞蹈学校志愿服务团队开展“爱护环境，人人有责，垃圾分类，人人有责”寒假社会实践活动，50余名孩子和20余名家长参加。12月10日，左家塘街道“弘扬志愿服务精神·点亮星城温暖微光”学雷锋志愿服务文化节活动在桂花公园举行。活动在桂花树小学学生带来的经典合唱曲目《学习雷锋好榜样》中拉开帷幕。与会领导、志愿者、现场群众等在垃圾分类签名墙上签名，表示对垃圾分类行动的支持，承诺从自己做起、从现在做起，做改善环境的先行者和保护环境的践行者。启动志愿市集，书法艺术家、口腔保健员、防疫宣传员等，提供宣传和义诊等多项便民服务。（陈晓芳）

【“临时妈妈”曹微】曹微，雨花区左家塘街道区域建设服务办主任。2020年1月26日（大年初二），接到上级要求通知后，军人出身的曹微马上驱车从外地赶回街道，开始昼夜不分的抗疫防疫工作。2月2日，街道1户从武汉返长的家庭中4个大人先后出现发烧、咳嗽现象，被陆续确诊为新冠肺炎疫情并住院。家中的2名孩子多次核酸检测结果均为阴性，但同样需要居家隔离。在长铁社区参加疫情防控的曹微毫不犹豫地报名，从2月4日开始，成为2个小孩子的“临时妈妈”，曹微每天穿着厚厚的防护服为2个孩子量体温、监测健康情况，无微不至地照顾生活，带他们绘画、跳舞、上网课、做广播体操，在她精心陪伴下，2个孩子顺利度过隔离期。（陈晓芳）

侯家塘街道

【概况】 雨花区侯家塘街道东起韶山北路，南至劳动西路，西到芙蓉中路，北抵人民中路，总面积1.78平方千米。街道辖梓园、湘农桥、电院、枫树岸、韶山路、活力、麻园湾、广济桥、廖家湾、侯家塘、水院、泉塘12个社区，常住人口7万余人，流动人口近3万人。

2020年，侯家塘街道克服新冠肺炎疫情影响，坚持党建引领、创新社会治理、提升城市品质、激发城市活力、改善民生福祉，街域经济社会各项事业再上新台阶。街道被明确为省委组织部基层党建工作联系点，省委常委、组织部部长王少峰给予基层党建工作高度评价。全省民政工作标准化在街道试点推行。街退役军人服务站建设和运营情况，得到省退役军人事务厅充分肯定，被评为全国乡镇（街道）示范型退役军人服务站模范标杆单位；长沙市委副书记、市长郑建新履新后首站调研湘农桥社区督导疫情防控，高度评价街道社区防疫工作。韶山路社区“六微”小区治理模式、侯家塘社区“红管家”治理经验成功入选长沙市“城市社区提质提档典型个案100例”。（杨梦婷）

【街域经济】 2020年，雨花区侯家塘街道完成其他营利性服务业收入44亿元，同比增速50.44%。完成固投2亿元、社会消费品零售总额（限上）17亿元。新增“四上”单位9家，新增企业429户，其中注册资金500万元以上企业84户。实行班子成员“一对一”走访帮扶重点企业，支持企业积极应对疫情影响。联合税务、工商等部门对大财门、汇富中心等4栋重点楼宇开展税源清查，完成异地税源转化5家，引进长效税源湖南电力工程咨询有限公司和湖南经研电力设计有限公司。停滞10余年的东上一品二期项目主体竣工，开盘销售。配合小林子冲棚改项目招商对接，加速跟进地块招拍挂。“中华老字号”品牌——中国照相馆华中区域品牌首店落户侯家塘街道。新入驻软件和信息技术服务企业1家。新增认定高新技术企业12家，同比增长58%。（杨梦婷）

【城建城管】 2020年，雨花区侯家塘街道依法依规开展拆违攻坚，用时2个月，内城区集中成片面积最大、情况最复杂、多年想拆而未拆的省儿童医院周边1200平方米历史违法建筑全部“清零”倒地，整个项目无一例强拆、无一人上访，创造内城区集中拆违的新纪录，获市优化办通报表扬；完成地铁6号线省歌舞剧院征拆工作。启动麻园湾巷社区综合整治，对5户私房进行权证查找、防空洞检测和告知书发放等工作，省商务厅宿舍4栋危房加固完成立项。推进既有多层住宅电梯加装工作，安装电梯39台，完成率130%，位列全区第一。采取错时、延时巡查和定人、定岗值守等手段常态整治长塘里农贸市场市容秩序、省儿童医院周边交通问题顽瘴痼疾，执法整治750余次，立案120余起。社区垃圾分类100%全覆盖，厨余垃圾占生活垃圾比重12%。侯家塘社区作为雨花区唯一代表接受市文明创建入户调查模拟测评，获市、区文明办肯定；广济桥社区创建市级新时代文明实践站；街道所有文明创建测评点位全面到位，接受长沙市蝉联全国文明城市测评。省环保督察“回头看”反馈4起案件，全部整改办结。完成锅炉低氮改造9家26台、老旧小区餐厨油烟治理300余台，空气质量优良率81.61%。（杨梦婷）

【社会治理】 2020年，雨花区侯家塘街道以“三零”街道、“三零”社区创建为工作目标，确保辖区人民安居乐业、社会安定有序。全面推行网格化管理，12个社区划分为59个单元网格，组建“1+4”网格员队伍，形成巡派办闭环处置机制，围绕城市管理、文明创建、“蓝天保卫战”等中心工作处置问题25517件，广济桥社区接受全区网格化工作首次观摩。推进安全隐患专项整治，领导干部带队检查240余次，隐患整改100余处，摸底排查56个物业小区消防隐患，施画消防通道标识标线60余个，稳妥处置红旗区4片15栋护坡渗水、地质中学斜坡灾害治理。省级挂牌督办的梓园大厦和市级挂牌督办的雨花大厦消防隐患整改通过验收并顺利摘牌。开展食品安全示范城市创建，食品安全满意度、创建知晓率排名靠前。深化“红袖章”平安志愿者作用，开展“扫黑除恶”专项斗争，组织社区戒毒（康复）人员开展集中毛发取样检测。辖区刑事发案率同比下降8.58%，连续10余年蝉联长沙市社会管理综合治理（先进）红旗单位。（杨梦婷）

【民生事业】 2020年，雨花区侯家塘街道推进基层公共服务一门式受理，40项高频事项“一网通办”，实现基层公共服务（一门式）覆盖率100%。促进多渠道就业创业，城镇新增就业1295人，失业再就业328人，困难人员再就业146人；联合多部门督促落实东上一品项目欠薪；对258户城市特困难群体开展“五帮扶”，发放帮扶资金58万余元；深化“幸福家园”关怀项目，为113户181人计生特殊家庭提供优质服务；对原红旗大队退养人员医保实行经费全额补贴，并常态纳入为民办实事工作中。落实“六级、五有”要求，打造长沙市首家一站式退役军人就业创业服务中心，街道退役军人服务保障经验在全市推广。整合学校安保、民警、志愿者力量组建“大护学岗”，整治校外培训机构，取缔关停无证办学机构3家，协助查实在职在编教师有偿补课1起。无偿献血420人次。（杨梦婷）

【基层党建】 2020年，雨花区侯家塘街道深化党建工作阵地建设、组织生活、党员行为标准，推动政治引领、服务为民、党员带头示范化；打造品牌单位、品牌个人品牌化。作为全区社区“两委”换届选举工作试点单位，依法依规依程序，严格按照时间节点，倒排工作进度，顺利完成“两委”换届选举工作，“一肩挑”比例100%，为全区“两委”换届工作提供可复制可推广的经验。抓好人才队伍建设，1名社区书记招录为事业编制人员，1名事业编干部考录为公务员；考察选拔6名在疫情防控一线表现特别突出、符合员额准入条件的社区工作人员纳入员额管理，动态建立21名社区后备干部队伍；公开招聘事业编制工作人员5名，街道雇员6名。加大正风肃纪力度，

11个社区接受区委第十轮和第十一轮政治巡察。召开党组织书记抓党建工作述职评议会，落实基层党建工作责任。召开党风廉政建设专题研究会，举行党员干部警示教育会，开展“以案促改”廉政教育。（杨梦婷）

【工作务虚会】 2020年1月14日，雨花区侯家塘街道2020年工作务虚会召开，“众筹”2020年发展“金点子”。街道各内设机构挖掘现存问题，提出改进举措，制定未来目标的角度出发，提出做好2020年街道各条线工作新思路、新举措。12个社区分别就创新基层治理、健全垃圾分类机制、挖掘推广社区品牌、抓实惠民工程、共建共治共享等关键问题发言、论“虚”求“实”，共谋发展。街道党工委副书记、办事处主任刘助斌调度岁末年初要统筹推进的做好总结提炼2019年成绩不足、谋划2020年工作思路、全力对接区对街绩效考核、始终不忘安全生产、切实做好信访维稳、真情做好走访慰问、确保落实垃圾分类、务实举办迎新春群众性活动、开展禁放烟花爆竹宣传、持续加强作风建设10项重点工作。街道党工委书记王青春强调，大办主任、副主任对社区提出工作要求，社区提出困难和建议，相对应的部门要认领抓落实；要相互学习，吸收借鉴好做法，开创工作新局面；要进一步深入思考，开拓创新，科学精准谋划好2020年工作。（杨梦婷）

【疫情防控工作培训会】 2020年2月14日，雨花区侯家塘街道召开疫情防控工作集中抽调人员动员培训会。街道工委书记王青春介绍街道防疫工作基本情况。会议对区教育局55名集中抽调人员进行业务培训和工作分工。区委常委、组织部部长龚畅强调，人员要快速下沉、快速到位、快速履职、快速落实，确保早发现、早报告、早隔离、早治疗；全面从严管控，严格落实小区隔断措施，排除所有隐患，确保所有小区出入口管到位、起作用、不乱进；强化社企联合，驻企防疫联络员要积极履职，严格按照“十二条”“八个是否”要求，推动企业防控与社区防控无缝对接，帮扶企业有序复工复产；最广泛地发动社会各界力量和全街志愿者参与疫情防控，建立起疫情防控的人民防线；所有党政领导干部要靠前指挥，所有工作人员要进社区全面排查，确保走遍每一个网格、每一个小区、每一个楼栋、每一户人家；细致做好居民群众的服务保障工作。侯家塘街道各社区书记参加动员培训会。（杨梦婷）

【文明城市测评工作推进会】 2020年8月10日，侯家塘街道召开2020年全国文明城市测评工作推进会，街道文明创建工作分管领导，街道工委委员、纪工委书记高稳固主持会议，传达区文明委会议精神，要求各大办、各社区按照会议指示，做好对标、对表、对清单完成分解任务“三对照”；落实把好责任人任务关、业务关、指导关“三把关”；强化一把手责任、行业分管责任、文明线指导责任“三责任”；坚持反对形式主义、官僚主义、经验主义“三反对”；严守禁止弄虚作假、禁止网络传播“两禁止”。高稳固强调，全街文明创建工作要任务认领到位、专人负责到位、资料基本到位。各大办、各社区对照文明创建测评分解表，就任务落实依次进行表态发言。街道工委委员、组织委员、宣传委员田莺就资料留存提出建议，提议建好QQ工作群，便于文档、图片等资料线上共享。街道工委委员杨建立强调，街道创建办注意统筹把关；各大办注意机构改革前后分工的调整变化。街道工委副书记、办事处主任刘助斌强调，认真认准到位，拿准要求，摸清思路，街道创建办要注意统筹、衔接；对标对表到位，各大办、各社区要认真落实分解任务，按时报送。注重资料的日常存档、归整。落细落实到位，实事求是，符合逻辑，不出差错，做到经办人把关，街道创建办把关，区创建办把关“三把关”。（杨梦婷）

【侯家塘街道基层治理网格化工作】 2020年4月29日，雨花区侯家塘街道组织相关人员到天心区金盆岭街道天剑社区参观学习网格化工作，参观天剑社区网格化数字平台建设和巡查问题、办理问题情况展示及水工南湖路网格、扫把塘红石咀网格等各类活动阵地。天剑社区党委书记黄文 霞向侯家塘街道介绍天剑社区网格化运作及党群志愿服务等工作相关情况。 金盆岭街道党工委委员、人大工委主任陈秋良主持网格化工作交流会。中共十八大代表、原社区党委书记张国庆分享天剑社区抓网格化工作的成功经验。 金盆岭街道介绍街道的经验，提出提升优化网格化工 作的建议。侯家塘街道党工委委员、人大工委主任喻伯正认为，金盆岭街道和天剑社区的网格化工作对侯家塘街道网格化工作具有好的借鉴作用。廖家湾、梓园社区等社区书记作交流发

2020年10月30日，侯家塘街道基层治理网格化工作第三季度讲评会
（杨梦婷 供图）

言。6月4日，侯家塘街道基层治理网格化工作推进会召开。街道党政班子成员，各大办主任、副主任，社区书记、主任以及专职网格员、专职巡查员100余人参会。会议下发工作实施方案等文件。喻伯正介绍基层治理网格化工作的基本情况，安排部署网格化工作。街道党工委副书记、政协联络处主任陈勇解读侯家塘街道基层治理网格化工作方案，街道工委副书记、人武部部长杨勇宣布街道干部联点安排。街道党工委书记王青春讲话。区网格化综合服务中心主任黄利萍就网格化业务进行培训。10月30日，侯家塘街道基层治理网格化工作第三季度讲评会召开，街道党工委副书记、办事处主任刘助斌主持会议。街道党政班子成员、各大办负责人、社区书记、社区专职网格员以及专职巡查员共70余人参加会议。广济桥社区以作"小网格搭起志愿服务大平台"发言，廖家湾社区作"以网格党建，构建治理大磁场"发言。街道党工委副书记杨勇宣读《2020年侯家塘街道基层治理网格化工作社区考评细则（试行）》；街道党工委副书记、政协联络处负责人陈勇通报各社区第三季度考核结果。喻伯正重点分析工作中存在的问题和产生原因，以问题清单形式将社区的工作开展情况交办给社区书记。刘助斌强调，要以党建引领为抓手，以网格 化工作为平台，助力"蓝天保卫战"、省级环保督察"回头看"、"三零社区" 创建、人口普查和社区换届等中心工作全面推进。王青春强调，要以居民诉求为切入点，深入调查社情民意，化解矛盾于网格内；要充分发挥志愿者、楼栋长、在职党员、辖区单位、物业公司的力量，共同参与社区自治管理。（杨梦婷）

【国家安全教育】2020年4月15日，雨花区侯家塘街道开展国家安全教育活动，以第五个"国家安全教育日"为契机，用实际行动唤醒人民群众的国家安全意识，营造出良好的国家安全宣传教育氛围。各社区制作国家安全宣传板报，张贴国家安全宣传海报，大型显示屏滚动播放国家安全宣传视频，宣传国家安全。长沙市第十一中学组织《中华人民共和国国家安全法》进行法治学习。（杨梦婷）

【《社区矫正法》宣传】2020年5月，雨花区侯家塘街道开展为期1个月的集中宣传活动，宣传贯彻即将施行的《中华人民共和国社区矫正法》。司法所组织街道各社区制作宣传专栏，在社区居民楼群悬挂宣传标语，将《中华人民共和国社区矫正法》送入街道居民群众中，让群众了解社区矫正制度，提高对社区矫正工作的认识与参与，营造全社会理解支持社区矫正工作的良好氛围。（杨梦婷）

【全国"两会"精神宣讲活动】2020年6月5日，雨花区侯家塘街道举办全国"两会"精神专题宣讲暨"雨花时代先声"宣讲活动，长沙市委党校校部成员、副教授徐少兵授课，从"两会"概况、报告内容、精神落实33版块解读2020年全国"两会"精神，观"两会"、听政音、探前路。街道党政领导、社区党组织书记和主任、街道全体机关干部100余人参加会议。（杨梦婷）

【防电信诈骗法治宣传】2020年5月至6月上旬，雨花区侯家塘司法所、侯家塘街道各社区平安志愿者开展"普及防骗知识提高防范意识"宣传教育活动，遏制利用互联网和电信渠道实施诈骗犯罪活动高发势头，提高广大居民识骗防骗的意识和能力，预防和减少网络电信诈骗案件地发生。工作人员及志愿者深入辖区人员密集地、老年活动室、便利店、居民家中发放防范电信诈骗宣传单和宣传手册，向居民宣传网络中奖、虚假信息诈骗、网络中奖诈骗、编造亲朋事故诈骗等一系列网络电信诈骗的特点、作案手段和防范要点。提示公众防范电信诈骗做到不轻信、不透露、不转账，共同构筑防范诈骗的防线，并告知发现疑问或发觉被骗一定要及时拨打110向警方咨询、报警，并迅速终止交易、保存涉案证据。（杨梦婷）

【《民法典》讲座】2020年6月17日，雨花区侯家塘街道举办《中华人民共和国民法典》（简称"《民法典》"）及疫情期间所引起的相关常见法律问题的讲座。湖南通程律师事务所律师李思洋结合新颁布的《民法典》中的物权编、合同编及侵权责任编集中对疫情期间遇到的常见法律问题进行相关的法律解读。讲座设置问卷调查和法律解答环节，解答中小企业代表、居民疫情期间遇到的相关问题。（杨梦婷）

【区委政法委调研街道政法工作】2020年7月2日，雨花区委常委、政法委书记王明玖率队调研侯家塘街道政法工作。街道工委副书记、政协联络处负责人陈勇简要汇报，全街综治工作在平安上出实招，110非警务警情机制分流有效；在法治上见实效，引进专业律所坐镇调解；在防控上用实策，以人为本、以情治访。侯家塘派出所所长李成从全面提升风险防控能力、全面提升主责主业能力、全面加强队伍建设能力3个方面汇报派出所在预防、排查、打击中的工作成效；司法所所长杨柳汇报联动式纠纷调解、特殊人群管控、公共法律服务推进等工作。街道工委书记王青春从强化责任意识，处早处小，敢担当、不推诿；强化协同意识，联防联控，全街一盘棋；强化创新意识，破解中心城区治理难题；强化服务意识，在涉众问题、物业纠纷、改制遗留矛盾、流动人口管控等问题中，预防到位、关怀到位，尽职尽责将政法综治工作落到实处4个方面，介绍全街综治强化工作理念。区委政法委政工室主任余奕、办公室主任龚洁颖就加强沟通共享、提炼经验做法、重视宣传推介等提出合理化建议。区委政法委副书记乔雪峰要求，进一步强化党工委领导，巩固辖区稳定大局；进一步加深协作配合，形成职能办所合力；进一步发动各方力量，化解风险隐患。区委政法委副书记陈大勇要求，加强楼宇管控，预估潜在风险；加强共建共治共享，联动辖区单位、企业优势；抓好扫黑除恶，固本强基，探索常态化机制。王明玖强调，认真领会政法工作相关指示精神，街道、社区干部既要埋头做事，也要抬头看路；深刻分析研判当前形势，应对好因经济下行带来的矛盾多发；充分发挥基层战斗堡垒作用，提升基层治理能力；加强基层自治，提升自治能力；加强法治宣传，浓厚法治氛围；加强道德引领，弘扬传播正能量；加强矛盾纠纷排查化解，促进社会和谐稳定；加强打击力度，有效震慑犯罪；加强群防群治，提升群众的安全感和满意度。（杨梦婷）

【区委组织部调研基层党建工作】 2020年10月13日，雨花区委常委、组织部部长李颖，常务副部长李杏仁，副部长、离退休干部党工委书记（兼）蒋多利，副部长、区委两新工委书记、区委基层党建办主任（兼）肖瑞等一行调研侯家塘街道基层党建工作。李颖一行实地走访电院社区，考察中天枫景5栋架空层打造的红枫党建品牌、社区“一站式”服务中心，了解社区“四位一体”小区治理、国企退休党员移交等情况。座谈听取街道党工委书记王青春汇报街道整体工作情况和组织工作开展情况，其他班子成员补充发言，具体指导部署基层党建、人才队伍、班子建设、绩效考核等相关工作。李颖强调，全力以赴抓好基层党建工作，在全市、全省乃至全国做好表率，抓出品牌、抓出特色、抓出成效；持之以恒抓好干部队伍建设，班子成员要敢于担当，着力提升解决实际问题的能力，要严管厚爱、选齐配强中层干部，注重培养年轻干部，激发干部干事创业的活力与合力。（杨梦婷）

【入党积极分子培训班】 2020年9月26—27日，雨花区侯家塘街道举办2020年入党积极分子暨党员轮训培训班。150名入党积极分子、社区党员、“两新”组织党员参加培训。街道工委委员、组织委员田莺作开班动员，强调强化政治意识，深刻认识培训的重要意义；端正学习态度，确保学有所获；践行理论成果，做到知行合一”；要求全体学员强化思想认识，端正入党动机，提升道德素质，以培训为契机，自觉对标共产党员的标准要求，不断充实自己、完善自己、提升自己。区委党校教师李德贵讲授《中国共产党的光辉历程及伟大成就》，鼓励全体学员总结历史经验，把握历史规律，增强开拓进取的勇气和力量；区委党校教师杨维讲授《不忘初心、牢记使命，激励中国共产党人不断前进的根本动力》，鼓励全体学员不忘来时路，从党的光辉历史中汲取力量前行；区委组织部组织科副科长王海燕进行《新党章重点解读》培训，结合工作实际解读《中国共产党章程》。进行入党积极分子考试，测试内容包括党的知识考查和结合自身成长的自主答题。（杨梦婷）

【社区换届工作培训会】 2020年9月29日，雨花区侯家塘街道召开社区“两委”换届选举工作动员暨培训会。街道工委委员、组宣委员田莺主持会议，部署街道社区党组织换届选举工作；街道工委副书记、政协联络处主任陈勇宣读《关于成立雨花区侯家塘街道社区党组织和居民委员会换届选举工作领导小组的通知》；街道工委委员、纪工委书记高稳固宣读《雨花区侯家塘街道社区“两委”换届选举工作纪律要求》；街道人大工委副主任周湘玉部署社区居委会换届选举工作。区委组织部副部长、区两新工委书记、区委基层党建办主任肖瑞明确“严密组织、严格程序、严肃纪律”的三“严”要求，提出要做到认清换届意义、认清风险隐患、认清责任压力“三个认清”，选情分析到位、程序把关到位、贯彻组织意图到位“三个到位”，确保换届选得顺、选得好。街道党工委书记王青春强调，社区“两委”换届工作时间紧、要求高、任务重，要切实提高政治站位，增强做好换届选举工作的责任感、使命感；要扎实有序推进换届，保障选举平稳有序；要全面落实配套工作，加强组织领导，落实工作职责，加强宣传引导，营造良好氛围，加强协调配合，形成工作合力。街道全体党政班子成员、社区书记主任、街道业务指导组成员、社区“两委”换届选举业务专干100余人参会。（杨梦婷）

【开宇大厦业委会选举】 2020年8月，雨花区侯家塘街道侯家塘社区按照《湖南省物业管理条例》《湖南省业主大会和业主委员会指导细则》规定，成立开宇大厦业委会筹备小组，多次召开筹备组会议，起草《开宇大厦业主大会议事规则（草案）》和《开宇大厦小区业主管理规约（草案）》，并按程序进行公示。8月13日，筹备组牵头召开开宇大厦业主大会，采取大会集中投票和定点、上门投票相结合的方式，广泛征求居民意见，充分发扬民主精神，把业主委员会的成立工作当做大事来抓，维护好广大业主的合法利益。8月20日，在侯家塘街道纪工委、党政办的监督指导下，侯家塘社区协助辖区开宇大厦业委会筹备组，通过现场公开唱票、计票和监票工作，选举产生开宇大厦业主委员会委员9名，为小区的自治管理奠定良好的基础。（杨梦婷）

【市台办公室调研指导涉台教育工作】 2020年11月26日，中共长沙市委台湾工作办公室四级调研员聂精沛、市委台办宣传处处长李薇指导雨花区市级涉台教育基地工作，参观免费帮助异地就医的白血病患儿的机构侯家塘街道廖家湾社区麦当劳叔叔之家，听取麦当劳叔叔之家的设计风格介绍和开展涉台志愿服务工作情况汇报；听取廖家湾社区2020年度的涉台教育工作汇报。聂精沛肯定廖家湾社区市级涉台教育基地工作润物无声有温度、活动丰富有效果、品牌创新有促进；指导社区开展涉台教育工作，强调涉台教育工作要作为促进社区治理的元素，起到凝聚人心的作用，使广大居民参与到社区治理中，使居民形成促进两岸和谐的合力，使大家有信心、有责任完成祖国统一的大业。要充分利用好、盘活好社区资源，使工作做得更好；要进一步突出主题，让主题更亮，做好宣传、策划；要使工作进一步融合，用力融入涉台教育主题；要进一步学习积累涉台教育知识。雨花区委办副主任李敏、区委办外事和港澳台事务科科长丁雨晨，街道工委委员、人大工委主任喻伯正陪同调研。（杨梦婷）

【调解邻里纠纷】 湘农桥社区22栋因地理位置特殊，1单元每一层只有1户住户，2单元、3单元、4单元每层

2户住户。在加装电梯建设时，1单元住户所分摊的电梯建设费用相对于其他单元高出一倍。顶层住户对建设单位、分摊比例与另外5户住户产生意见分歧，多次协商无果，加装电梯事项被迫停滞。2020年5月22日，1单元住户居民代表寻求网格管理员帮助。网格管理员接到求助后，详细了解加装电梯所引发的居民矛盾，安抚好居民情绪，第一时间向社区党支部汇报。社区网格长分别约谈利益诉求的双方，梳理好问题争论的核心点，与驻社区律师沟通，寻求法律上的支持。社区党总支“吹哨”召集业委会、居民代表、单位后勤负责人、律师、电梯安装单位代表等召开加装电梯协调会。5月25日，矛盾双方到社区调解室沟通电梯安装问题，通过多方共同的努力，最终确定安装时间推进计划：双方推荐的专业设计院出图纸，根据图纸，双方推荐的电梯公司进行现场议标，确定电梯施工单位，社区作为见证。

（杨梦婷）

砂子塘街道

【概况】 长沙市雨花区砂子塘街道地处东塘商圈东南角，沿韶山路和劳动路成扇形打开，直至环线，辖区内有曙光南路、韶山南路、劳动东路、新建东路、赤黄路“三横二纵”五条主次干道，有长沙卷烟厂、沃尔玛、中医药大学等驻街单位60余家。2020年，街道辖砂子塘、桔园、茶园坡、白沙、金地、金科园、梨子山、野坡8个社区居委会，其中单位型社区2个、纯居民社区6个。面积2.6平方千米。人口74724人，其中常住人口62066人、流动人口12658人。

2020年，砂子塘街道以党建引领社会治理体系和治理能力现代化建设，紧盯“砂子塘·幸福家”建设目标砥砺前行，完成各项工作任务。

（朱青梅）

2020年6月2日下午，砂子塘街道绩效考核工作讲评会　（朱青梅　供图）

【街域经济】 2020年，雨花区砂子塘街道完成全社会固定资产投资9.82亿元。完成社会消费品零售总额47亿元，同比增速21.8%。营利性服务业营业收入完成4.8亿元，同比增长2.83%。外商投资471万美元。搭建优化营商环境专项工作班子，建立企业联系机制，组织“同心同行”商务沙龙活动，为企业协调解决复工复产政策支持，协商万博汇·云谷和潇影大厦主动向商户减免租金240万余元，协调长沙银行韶山路支行向7家中小微企业发放低息贷款等系列问题。建立街道、楼宇、物业公司三级联动服务机制，协助万博汇二期、顺天国际金融中心进行招商，新增软件信息企业89家，消化楼宇库存面积9800余平方米，其中引进亿元项目1个（长沙熙康）。

（朱青梅）

【城建城管】 2020年，雨花区砂子塘街道完成拆控违工作任务，无新增违章建筑。推进雅塘片区建设，做好车站南路砂子塘段征拆各项工作和建设服务工作。拆除昌永物流仓库，并完成租地工作，推进车站南路匝道建设。配合做好顺特变压器厂调规入窗工作。启动洞井路旁建丰公寓北侧通道拓宽工程，全面回应民生诉求。派单处置市区数字化案卷10.7万条，出动730人次，出动车辆146车次，处罚违规行为89起，罚款金额2.26万元。做好垃圾分类工作，上门入户宣传3万余户，发放资料4万余份，组织讲座50余次，粘贴楼栋宣传栏1500余块，制作宣传橱窗120块；完善硬件设施，继续投放垃圾分类桶和宣传牌，发放分类垃圾袋。收缴燃煤180千克，煤炉2个，完成辖区内锅炉改造项目。黄土裸露绿网覆盖800平方米。制定存量餐饮单位引导退出或转型经营工作方案，处置“12345”市民热线案卷437件，处置“天天在线”和街道环保投诉热线件，整改率100%。打造环保特色品牌，联合白沙卷烟厂深化“环境日”互动宣传模式，创建茶园坡和梨子山2个“绿色社区”，全街空气质量优良率81%。针对市容秩序、楼栋牛皮癣、市政设施损坏、绿化带垃圾等顽疾，制定长效整治方案，自行发现、整改各类问题500余个，完成全国文明指数测评迎检任务。

（朱青梅）

【社会治理】 2020年，雨花区砂子塘街道推进落实“最多跑一次”工作，梳理政务服务“一口”受理模式，完成服务窗口亲民化改造，受理办件8667件，接待咨询5655件、5760人，录入信息2537件，社会事务实现全街通办，基层服务实现减负增效。深化网格化管理模式，加强网格管理中心建设，完善升级管理系统，整合网格力量，将全街各项工作全部纳入网格派单调度，推行“周调度、月讲评、季考核”模式，实现基层管理的提质增效。疫情期间导入最新全员人口数据4.3万人，导入重点人员信息6296人。网格中心下派任务3491件，完成网格自巡自办案件17696件，使派单系统成为街道工作调度的核心平台。

办理“12345”工单1273件，工单满意率98%。坚持民主协商，开展议事协商1083起、联动协商205起、听证协商1起，解决部分小区停车管理、砂子塘社区道路微循环改造、居民水电改造等系列问题300余件，处理结果满意率100%。组织家政服务、心理抚慰、物质慰问、儿童教育、环保宣传、政策宣讲等各类服务活动100余场。创新平安楼宇创建机制，探索“警务+网格、警务+专业、警务+科技”模式。推进扫黑除恶工作，走访门店1900余家，企事业单位150余家，清查酒店宾馆60余家、网吧30余家、麻将馆100余家，发放宣传资料2万余份，印发调查问卷5000余份。投入10万余元，改善湖南中医药大学附属第一医院的物防、技防设施和宣传设施。优质服务退役军人，组织红色学习2次，投入帮扶困难军人对象资金12万元。组织单位和企业代表专题培训2次，开展现场观摩1次，组织应急演练1次。对辖区内57家企业开展行政执法检查75次，下达责令限期整改指令书68份，行政简易处罚企业9家。专项整治“三合一”场所、楼栋内电动车充电等，开展行业专项整治6次，联合执法8次。推进交通顽瘴痼疾整治工作，金科园社区被评为市级文明交通示范单位；组织执法检查96次，排查隐患300余起，整改隐患点20余个，解决砂子塘社区消防通道不畅、东塘1号工地危墙、南华物流公司危墙等重大隐患。12名机关干部通过省司法厅组织的行政执法考试。设立砂子塘路食品安全城市创建宣传长廊。全年无食药品安全事故发生，未发生一起重大刑事案件、群体性事件。（朱青梅）

【民生事业】 2019年，雨花区砂子塘街道完成金科园、白沙“三供一业”移交和改造，落实金科园社区阵地、居家养老中心、金科园停车场等建设工程。完成阳光锦城小区物业管理和服务标准化建设。指导小区群众新成立业主委员会3个，打造党建引领示范型小区8个。整治砂子塘小学、稻田中学、桔园小学等学校周边环境和相关教育机构，净化校园周边环境。推进“家庭健康促进”工程，联合中医附一组织“治未病”和“名医进社区”系列活动。坚持“就业创业联姻会”品牌，实现城镇新增就业1204人，失业人员再就业420人，举办SYB创业、网络创业、模拟创业培训班3个。完成高校毕业生就业调查166人，发放就业失业登记证354本；关心低收入人群，新增低保户26户，发放资金217.7万元，临时救助55户，医疗救助130人次，精神病人药物救助344人次，处理预警信息133条，特困人群社会救助应保尽保。全年共分3批次，帮扶困难对象506人，慰问135人，发放帮扶资金41.6万元。在完善金地社区居家养老中心服务模式的基础上，新增面积600平方米、医养融合的金科园社区居家养老中心。（朱青梅）

2020年10月26日，金科园社区和润居家养老服务中心（仇宁钰 摄）

【基层党建】 2020年，雨花区砂子塘街道推行“书记项目”工程解决民生问题，打造金科园社区“金色誓言”党员教育品牌、金地社区“金色驿站”党群服务品牌等8个项目。完成机构调整，出台街道和社区工作人员管理办法，完善绩效考核体系，中央组织部副部长、中编办主任周祖翼一行调研指导。巩固区域化党建成果，与8家大工委单位和29家大党委单位建立区域化党建联盟，打造“名老中医进社区”“帮基金”等系列共建品牌；成立以湖南中医药大学第一附属医院援鄂返湘医护人员为主体的“援鄂英雄初心讲习团”，邀请医护人员开展宣讲。全街小区党支部44个、“两新”党组织20个，全部实现“五化”创建达标。作为社区“两委”换届选举试点街道，把好“纪律、程序、质量”关口，完成“两委”换届工作。依托大数据落实党员分类工作，创新党员“1+N”教育方法，在抓好“三会一课”的基础上，创新N种教育方式。深化党组织牵头搭建“议事协商会、联动协商会、听证协商会”三级平台，按照“确定议题、审查议题、公示议题、协商、备案、结果公示”六步工作法，依托网格化管理，“建家、护家、议家事”，动态处理民生事项和矛盾纠纷的“三级六步家协商”品牌，构建“一核多元融合共治”的小区治理格局，该工作法被评为全省首批优秀社区工作法。成立街道社会组织党支部，完成“三基”基地（社会组织培育基地、党建基地、服务基地“三位一体”综合基地）建设试点。实现社会组织和“两新”党建工作融合发展。深化“四微共享”工程，通过党员上门入户开展群众工作，收集群众微心愿200余条、微实事16个。建立潇影大厦红色党建联盟，探索潇影大厦“1+2+N”楼宇党建工作模式，通过建立楼宇企业“需求、资源、项目”清单，打造楼宇党建示范标杆。开展庆“七一”活动，学习习近平讲话精神，重温入党誓词，用“齐唱红歌、观看红色电影”等形式，激发党员寻初心、守初心、践初心，为“砂子塘·幸福家”的建设贡献党员力量。强化宣传报道，市级及以上新闻报道220余篇，其中新华网、新

华社等中央级媒体23篇，全街未发生一起因舆情导致的群体性事件。（朱青梅）

【社区换届工作】2020年9月21日，雨花区砂子塘街道成立社区党组织和居民委员会换届选举工作领导小组，领导小组下设2个办公室和7个工作组。9月22日，向区委常委、组织部部长李颖汇报“两委”班子配备情况。9月28日，召开社区“两委”换届选举工作动员暨培训会。会议宣读《关于成立砂子塘街道社区党组织和居民委员会换届选举工作领导小组的通知》和《关于严肃社区“两委”换届选举工作纪律的通知》，部署安排社区党组织和社区居民委员会换届选举工作。10月1—8日国庆假期，街道、8个社区取消休假，走访党员居民代表，宣传社区党组织书记主任“一肩挑”政策，听取党员居民意见建议，及时掌握影响选情因素，为社区“两委”换届选举合法有序开展奠定思想基础。10月16日，街道召开社区“两委”换届选举工作调度会，对“两委”换届工作再部署、再强调。10月20—21日，完成党组织的换届选举。该次换届选举党员平均参选率91%，新一届党组织班子得票率90%以上，书记的得票率98%，党组织班子平均年龄42.35岁，35岁以下的干部26人，占比38%。社区专职工作人员占比提高到75%，大专及以上学历50人，其中研究生学历4人。16个社区后备干部中，表现特别突出的8个受到重用，其中3个选拔为书记人选、5个选拔为副书记。10月27日，区委组织部、区民政局组成社区“两委”换届选举试点工作业务指导组，调研街道社区党组织和居民委员会换届选举试点工作情况。11月24—25日，完成居委会的换届选举。新的社区主职平均年龄从44岁下降到37岁，“两委”班子成员全部为大专以上文化，8位后备干部得到提拔重用。新一届社区“两委”班子结构更趋合理，实现选出忠诚担当好头雁、堪当重任好班子、拼搏奋进好气象、风清气正好生态、干群齐心好局面的“五好”目标。街道社区“两委”换届选举工作完成。（朱青梅）

【党员教育创新】2020年，雨花区砂子塘街道创新党员教育形式，通过社会组织益心益德公益服务中心，整合湖南大学等优质理论团队力量，通过把课堂教学和实践教学有机结合，推动思政课改革创新，实现校地合作新型学习模式，构建“基层党员学政治理论，高校学子学基层知识；做新时代理论教育的宣讲员，做坚定初心使命的践行者”的“双学双做”体系，定期主动上门向年老体弱党员、“两新”组织党员等主动上门开展双向教育双向学习的党员教育活动，真正实现党员教育全覆盖。9月28日，“双学双做”湖大学子进社区党员教育送学上门活动，在街道8个社区同步启动，湖南大学马克思主义学院组建由5位博士生、5位硕士生组成的志愿宣讲团，为16名年老体弱、行动不便、身患重病的党员提供送学上门服务。10月22日，区委常委、组织部部长李颖，组织部常务副部长李杏仁一行实地调研街道基层党建工作，肯定街道“基层党建引领社区治理”方面所做的工作。10月29日举办第二期“湖大学子进社区、党员教育送上门”活动。湖南大学马克思主义学院的10位学生党员到街道各个社区老党员的家中，向他们介绍习近平总书记到岳麓书院考察行程及讲话精神，分享作为湖大学子的喜悦心情，解读近期中共中央颁发的政策制度文件，听老党员们讲述自己的初心故事与心路历程。11月25日，举办第三期“双学双做”送学上门活动。40余名来自湖南大学马克思主义学院博士宣讲团成员，走进街道楼宇商圈，结合中共十九届五中全会精神，为“两新”组织党员带来理论宣讲。观看红色电影《半条棉被》、潇湘电影集团宣传片《不到潇湘岂有诗》、参观潇影文化展厅，了解潇湘电影集团的发展历程和所获荣誉。12月下旬，举办第四期“双学双做”送学上门活动。湖南大学马克思主义学院博士宣讲团成员为砂子塘街道基层党组织党员、入党积极分子等700余人上党课，与基层党员重温习近平总书记湖南考察调研重要讲话精神，讲述湖湘“经世致用”精神的一脉相承，讲述中国共产党“实事求是”思想路线的发展历程，结合基层实际解读中共十九届五中全会精神，重温党章党规，坚定共产党员初心，在情境党课中带领党员游览社区马克思主义文化公园、重温入党誓词，讲述社区为什么更要讲马克思主义。（朱青梅）

【“三零”社区创建】2020年，雨花区砂子塘街道坚持党建引领，把城市社区党建作为贯穿基层治理的一条红线，创新社会管理，推行民情“大走访”工作，推行领导干部联点机制，将党的领导向小区延伸，向物业覆盖，有效推行社区党组织领导下的居民自治，有效解决城市居民关切的一系列问题和常见“痛点”，创建梨子山社区、金科园社区、金地社区、桔园社区、茶园坡社区、白沙社区6个零上访、零事故、零发案的“三零”社区，创建成功率75%。（朱青梅）

【疫情防控工作调度会】2020年2月14日，雨花区砂子塘街道召开新冠肺炎疫情防控工作调度会。会议传达区防控指挥部会议精神，通报全街疫情防控形势，安排部署当前重点任务。会议强调，务必按照区防控指挥部要求，对全街疫情防控工作再加压、上紧、从严，切实做到“力量下沉到位”“工作包干到位”“人员履职到位”“督查督办到位”。区人武部政委胡斌，区统计局党组书记、局长、区防疫联络第六组总联络人刘波，街道全体党政班子成员参会。6月16日，砂子塘街道召开社区警务工作调度会暨疫情防控工作调度会。会议传达区社区（村）警务工作会议和区疫情防控第116次工作调度会精神，铺排部署警务工作，通报近期疫情。（朱青梅）

【潇影大厦党建创新】雨花区砂子塘街道潇影大厦是集影视、教育、信息于一体的文创产业总部大厦，入驻潇湘电影集团等企业27家。2020年，潇影大厦楼宇党委下辖13个党组织，党员128名。潇影大厦楼宇党委实行“1+2+N”楼宇党建工作模式，通过“双向进入、交叉兼职、选派聘用”等方式选优选强党委班子，建强楼宇党委“一核心”，打造潇影大厦党群服务中心和红色影视文化教育基地“两个阵地”，为企业、党群实施多元化“N服务”，将楼宇“经济高地”打造成“党建高地”。依托独有的潇湘电影集团“红色文化”特色，砂子塘街道与潇影集团共建“潇影艺术小镇”红色影视文化教育打卡点，开展“红色潇湘露天电影节”“我的电影党课”系列活动打造湖南省首个楼宇“红色文化教育高地”。楼宇党委被评为长沙市“两新”组织“两争一创”先进基层党组织。（朱青梅）

【基层党组织书记述职评议】 2020年1月10日，雨花区砂子塘街道举行基层党组织书记述职评议会暨四季度网格工作点评会。会议由街道党工委副书记、办事处主任苏波主持。10位基层党组织书记对党建工作和意识形态工作履职情况进行现场述职，与会人员对述职人员履行党建工作责任制情况进行现场测评。街道办事处副主任谭琰通报四季度网格化考核工作。街道党工委书记刘燕妮点评述职情况，强调要重点抓好“党建引领”和“网格管理”工作。街道全体班子成员、两代表一委员和街道大工委成员单位代表，社区党组织书记、机关（总）支部书记、机关大办主任、副主任及党员代表，社区主任、公共服务中心主任、社区党组织副书记、党建专干参加会议。（朱青梅）

【政协工作部署会】 2020年4月17日，雨花区砂子塘街道召开政协工作部署会。街道政协联络处主任鲁伏华传达省、市、区政协有关文件精神，铺排近期政协工作。委员们讨论交流双助双行动、委员工作室值班日制度、真情五助、基层民情协商、提案和社情民意、委员述职考核等工作。委员汤艳辉提出双助双行动开展、基层民情协商的主题选取等问题的建议。委员陈蓉围绕打赢精准扶贫攻坚战，提出“百人研学，千人梦想”公益计划。委员祝健群倡导，充分利用砂子塘政协联络处教育界别委员集中，教育资源特别丰富的优势，成立公益扶贫助学联盟，林洁、钱粮、谭琰等委员表示，将利用自身的技术特长和资源优势，全力加入扶贫攻坚、真情五助活动。（朱青梅）

【垃圾分类工作会议】 2020年5月7日，雨花区砂子塘街道召开垃圾分类专项工作调度会。街道党工委书记刘燕妮主持会议，各社区书记发表现场参观牛婆塘、浦园社区垃圾分类工作学习感言。6月17日，街道人大工委组织辖区人大代表廖海涛、谢海波、李付林、黄治平专项调研评议垃圾分类工作，代表们采取现场查看、听取情况介绍等形式，了解垃圾分类工作开展情况，评议街道垃圾分类设施投放、宣传氛围营造、垃圾分类处置等工作。根据现场调研情况进行座谈，代表们根据调研情况，结合所思所想，从加强家庭源头控制、加大积分兑奖、规范奖励举措等方面，提出街道垃圾分类工作意见。街道人大工委主任朱海波、办事处副主任陈伟、人大工委副主任李杏红参与调研。7月15日，金科园社区组织辖区党员、楼栋长、督导员召开居民家庭厨余垃圾源头分类推进会，以期更好地引导居民家庭厨余垃圾分类投放。会议宣讲最新垃圾分类的政策、厨余垃圾分类小知识及社区针对居民家庭需求定制的厨余垃圾兑换方案，提高居民群众对垃圾分类的认识及正确掌握垃圾分类的方法，营造良好的宣传学习氛围，带动居民积极性，提高社区居民家庭源头分类实效。（朱青梅）

【安全生产工作会议】 2020年12月4日，雨花区砂子塘街道组织召开冬春季节安全生产及火灾防控工作部署会，会议传达近期省、市、区相关文件精神，部署冬春季节安全生产及火灾防控工作。各大办主任、各社区书记及安全员、派出所消防工作负责人、市场监管所负责人，30余人参加会议。（朱青梅）

【安全生产专项整治三年行动工作会议】 2020年9月3日，雨花区砂子塘街道组织召开安全生产专项整治三年行动工作推进会。会议传达全国、省、市安全生产专项整治三年行动实施计划和雨花区委、区政府的决策部署，安排和部署安全生产专项整治三年行动。街道工委书记刘燕妮强调，要做到“认识到位、部署到位、责任到位、效果到位”，提供推动全街经济社会高质量发展的平安稳定环境。街道全体党政领导，各大办主任、副主任，各社区书记、主任，社区安全专干，辖区企业负责人100余人参加会议。12月15日，砂子塘街道组织召开安全生产专项整治三年行动工作部署会，会议传达雨花区安全生产大会暨三年行动会议精神，强调安全生产专项整治三年行动是做好安全生产工作的重要抓手和载体，辖区各企业、安监中心、各社区要积极履职，勇于担当，把安全生产专项整治三年行动向纵深推进，要研究部署到位、责任落实到位、严格整治到位、督查调度到位。会议部署冬春季节安全生产及火灾防范工作、学习与宣传普及《中华人民共和国安全生产法》，表彰在安全生产知识竞赛中取得佳绩的优秀个人。街道应急线全体工作人员、各社区安全专干，以及辖区内70家重点企业或经营单位主要负责人参加。（朱青梅）

【全国“两会”精神宣讲】 2020年6月10日，雨花区砂子塘街道举办全国“两会”精神宣讲会。长沙市委宣讲团成员、市委宣传部宣讲处副教授梁海刚授课，课程分为“百年未有之大变局”“特殊时期的特别关注”“在危机中育新机，于变局中开新局”3个部分，重点围绕“新冠肺炎疫情防控”“今年经济社会发展目标”“脱贫攻坚”“全面建成小康社会”“民法典草案”“民生保障”“外部环境应对”7大看点进行解读，引用习近平“一分部署，九分落实”的讲话结束授课，号召大家要抓好落实，以实际行动全面贯彻全国“两会”精神。（朱青梅）

【校园反恐防暴演练】 2020年6月18日，雨花区砂子塘街道在雨花区教育局第一幼儿园开展校园反恐防暴演练和暴力违法犯罪警情现场处置训练，检验辖区校园门卫岗的护学效果，提高值班警组处置突发暴力事件能力。砂子塘派出所值班警组、街道公共安全办相关负责人，以及幼儿园护学安

保力量参与演练和培训。（朱青梅）

【禁毒宣传】 2020年6月28日，由长沙市总工会、长沙市禁毒办主办，雨花区总工会、雨花区禁毒办、砂子塘街道承办的“健康人生，绿色无毒”暨砂子塘街道禁毒志愿服务队授旗活动在凯德广场举行，开展禁毒宣传工作，增强居民识毒、防毒和拒毒的意识和能力，营造全民禁毒的浓厚氛围。市总工会党组成员、副主席黄渐坤，市禁毒办重点整治处处长曾星奇，市总工会宣教文体部部长周婷，区政府办副主任、禁毒办副主任董玲玲，区总工会党组成员、副主席谭洪波，砂子塘派出所副所长易浩参加活动。（朱青梅）

【暑期观影社会实践活动】 2020年8月13—20日，雨花区砂子塘街道党工委、湖南大学马克思主义学院、益心益德公益服务中心联合主办的“观红色经典·树心中榜样”青少年暑期红色观影社会实践活动在街道社会组织“三基”基地举行。辖区内中小学生参加。活动期间，湖南大学马克思主义学院的硕士研究生每天为“10后”萌娃们精选1部影片进行播放。通过组织观看经典红色电影让孩子们认识、崇尚和学习英雄，让英雄的浩然正气和民族大义成为他们的精神引领和价值导向。（朱青梅）

【入党积极分子培训班】 2020年6月30日，砂子塘街道党工委举办2020年入党积极分子培训班。长沙市委十九届四中全会宣讲团成员、市委党校马列教研部教师贺先国、湖南中医药大学第一附属医院神经内科的护士长涂丽为75名入党积极分子讲授入党第一课，夯实思想根基，为基层党组织培养素质过硬的“后备军”。（朱青梅）

【茶园坡社区志愿服务活动】 2020年10月25日，砂子塘街道茶园坡社区联合青穗青少年公益发展中心、市公安局食药环支队、长沙民政职业技术学院艺术学院共同开展“老墙添新衣，共绘靓丽茶园坡”主题活动，美化社区环境，推动垃圾分类工作。长沙民政职业技术学院艺术学院的20余名志愿者将一幅幅以垃圾分类为主要内容的图画展现在社区的老旧墙壁、老旧变电箱上。活动提升社区文化氛围，提高社区居民的生活环境质量，推动营造美丽、文明、和谐的社区环境，赢得社区居民的广泛赞誉。（朱青梅）

【党建知识抢答赛】2020年7月28日，长沙卷烟厂“和+共享小镇”“守初心、担使命”党建知识抢答赛在长烟家属小区高层片区前坪举行。活动以启动“和+共享小镇1.0版”基层治理模式为契机，由白沙社区党支部、离退休党支部、后勤服务部党支部、“和+共享小镇”项目组联合主办，长沙市嘉沙实业有限公司承办。该活动以居民为主体，党建为引领，共同庆祝中国共产党成立99周年，守初心担使命，践行“和+模式”，弘扬革命精神，坚定理想信念，构建“和+共享小镇1.0”基层治理模式，营造和谐生态社区氛围，增强社区居民的安全感、获得感、幸福感。（朱青梅）

【生活垃圾分类示范社区创建】 2020年，雨花区砂子塘街道白沙社区坚持党建引领，推动社区垃圾分类工作常态化。依托“网格党建”，建立“社区党总支—小区党支部—片长—栋长”管理模式，整合多方力量，通过投放各类垃圾分类宣传板、改换“两分类”的垃圾桶、入户分发垃圾桶、制定垃圾回收制度等硬件基础设施和垃圾分类工作机制的完善，以居民家庭源头分类为切入点，实行网格化管理，制订“居民家庭源头分类示范小区和示范楼栋”创建工作方案，争创“市级垃圾分类示范社区”。开展“集中收湿垃圾兑换物资”主题活动，创建高层小区垃圾分类示范小区；组建志愿服务小分队，定地点、定时间、定工具，开展“每户每天一袋厨余垃圾”集中投放积分兑换活动，创建上王家冲小区垃圾分类示范小区。2020年12月，白沙社区被评为市级生活垃圾分类示范社区。（朱青梅）

【老年教育基地创建】 2020年，雨花区砂子塘街道金地社区首批市级老年教育基层教学点、社区老党员之家坚持“党建引领、政治立校”，进一步增强学员“四个意识”，坚定“四个自信”，做到“两个维护”，在社区党组织的统一领导下建立功能型党组织或临时党组织，组织开展主题党日等党建活动，设置党建主题宣传栏，高度重视意识形态工作，树立正确舆论导向。办学和教学，真正实现老有所爱、老有所学、老有所乐、老有所为，在本地区起到示范和带动作用，在当地产生社会影响，得到有关媒体的宣传报道。10月14日，长沙市社区大学党委书记林涛一行到雨花区开展长沙市第五批示范性社区学习中心及全市第四批老年教育基地考察评审，金地社区获“长沙市老年教育基地”称号。（朱青梅）

【老党员之家示范点创建】 2020年，雨花区砂子塘街道金科园社区围绕“党建引领”“精致生活”和“幸福营造”，着力提升党建引领下的社区现代化治理水平和居民自治能力。以一个党员的新时代长征路为主题，打造“金色誓言我成长”党员教育管理品牌；精细设置治安巡逻、矛盾调解等志愿服务岗位13个，通过开展“我是网格党员，我为‘三零’社区建设领岗”活动，发动党员主动领岗，并亮岗在服务区域，多种途径宣传先进典型，把党员队伍打造为社区治理的“好帮手”，服务居民的“常备军”；依托“三供一业”移交，由街道和中冶长天共同出资，改造社区闲置的楼房，建成社区的居家养老服务中心，并引导居民各方参与自治，打造家门口的微型养老游乐园，整合文体骨干力量，组建书法班、舞蹈队等文体队5支，依托党群服务中心阵地开展常态化的文化活动，融洽邻里感情，提升居民的文明素养。2020年11月，金科园社区被评为2020年长沙市离退休干部“美在金秋”老党员之家示范点。（朱青梅）

【省民政厅调研居家养老服务工作】 2020年10月26日，湖南省民政厅党组书记曹忠平、副厅长蒋建华一行调研雨花区社区居家养老服务工作。曹忠平一行查看金科园社区活动室、休息室、棋牌室、志愿服务加油站等基础设施情况，询问老人的生活、娱乐情况，听取相关负责人关于居家养老、日间照料等工作汇报，肯定街道通过有效吸纳社会组织的方式，将社会资源融入社区居家养老服务中，提升社区养老服务实力的做法。曹忠平强调，要不断完善养老服务体系，提高养老服务水平，做好关爱老年人各项工作，努力为老年人安享晚年创造条件，让每一位老人都能够老有所养、老有所乐、老有所学、老有所为。

（朱青梅）

【市老干局调研老年教育工作】 2020年7月2日，长沙市委组织部副部长、老干局局长罗玉环调研雨花区党建引领老年教育工作，实地走访街道金地社区和润居家养老服务中心、快乐老人大学阵地、老年户外活动中心，了解了老年教育基层教学点运行情况，对党建引领老年教育工作给予充分肯定，鼓励教学点继续深化平台载体优势，丰富老人精神文化生活，引导老人量力参与到社区治理。雨花区委常委、组织部部长龚畅等陪同调研。

（朱青梅）

【市民政局调研基层公共服务工作】 2020年3月30日，长沙市民政局局长陈昌佳、市民政局基政处处长高晓玉一行调研雨花区砂子塘街道基层公共服务"一门式"全覆盖工作。参观街道政务服务中心大厅，听取工作人员对政务服务中心各项业务办理的介绍，重点了解基层公共服务"一门式"全覆盖建设工作开展情况。雨花区民政局党组书记、局长章波，雨花区政府副调研员孙夙，街道党工委书记刘燕妮陪同。（朱青梅）

【区领导调研督导砂子塘街道】 2020年1月14日，雨花区委常委、统战部部长成钢，区人装部政委胡斌，区政协副主席周凌云一行督导砂子塘街道安全生产工作，检查湖南中医药大学第一附属医院制剂中心、制氧中心、锅炉房等安全生产重点部位、点位，指示要切实把安全工作抓紧、抓好、抓到位；上门入户慰问困难群众。街道党工委书记刘燕妮，党工委副书记、办事处主任苏波全程陪同。4月6日，区政府副区长刘江红带队检查指导稻田中学复学复课工作，查看学校体温监测点、食堂等，重点检查学校在新学期开始前各项内部安全防范工作、安保力量配备、防疫物资储备和校园安防设备的使用情况等。刘江红要求，要及时整改检查中发现的问题，认真履行安全职责，加大隐患自查自改力度，加强"人防、物防、技防"的检查、更新与维护，确保安防设施有效使用，全力保障复学复课后全校师生的生命财产安全。9月14日，区委常委、区委宣传部部长余宏卿现场督查砂子塘街道文明创建工作，检查砂子塘小学、中医附一沿线及周边环境、潇影集团及友谊商场的宣传氛围及外围环境，以及砂子塘社区阵地的宣传氛围、志愿服务、阵地外围环境等情况。余宏卿强调，要抓好环境整治、抓好秩序整治、抓好企业主体责任。砂子塘街道工委书记刘燕妮、办事处主任李勇、组宣委员井璟参与督查。（朱青梅）

【冷库冷链食品检查】 2020年11月10日，雨花区疫情防控领导小组组长陈良红，区政府办副主任万多，区卫健局党组书记、局长周宏伟，区疾控中心主任周建湘一行到砂子塘街道开展冷库冷链食品全覆盖检查。检查组一行通过实地检查、查阅台账、询问情况等方式，重点对沃尔玛超市冷库主体责任落实情况，冷链食品经营户查验进口水产品和畜禽产品入境货物检验检疫证明、海关报关单、核酸检测证明，生肉产品"两证一报告"等情况进行全面检查，全面规范租赁冷库冷链食品经营户的信息台账，出入库人员信息登记，冷库冷链食品装卸搬运人员出入库管理制度，进一步完善入库产品进货查验制度、冷库场所内外环境消毒制度。（朱青梅）

【暖心"520"】 2020年5月20日，长沙市新绿社会工作服务中心、砂子塘街道、砂子塘街道金科园社区、金科园社区和润养老中心共同协作，邀请金科园社区老人们齐聚和润养老中心，欢度"520"，鼓励疫情后老人逐渐走出家门走进社区，融入社区大家庭，为老人的晚年生活增添更多的欢笑，在社区内广泛传递孝文化。（朱青梅）

东塘街道

【概况】 长沙市雨花区东塘街道地处东塘广场西南角，四周韶山路、劳动路、芙蓉路、二环线环绕，新建西路、雨花路贯穿其中，三横四纵的道路网格初步形成，交通便利。2020年，街道辖东塘、省人大、枫树山、牛婆塘、芙蓉南路、浦沅、华银园、政院、新雨、七里庙10个社区居委会。面积2.4平方千米。常住人口4万余人、流动人口近2万人。办公地点设在雨花区新建西路188号。

2020年，东塘街紧扣"聚焦发展，奋力攻坚"工作主题，围绕"六争六比"攻坚活动，齐抓疫情防控和经济社会发展，街域经济社会各项事业再上新台阶。推进基层公共服务（一门式）全覆盖，深化网上办、就近办、减证办、帮代办，优环境，化风险，实现稳中求进的经济运行。营造文明有序的街域环境，推进新时代文明实践所、站、基地建设，成功打造浦沅社区"四季歌"新时代文明实践示范站、和润养护院新时代文明实践基地2个市级示范点和政院社区区级示范点，浦沅社区未成年人健康心理辅导站被评为市级示范站，政院社区综合文化服务中心被推选为区级优秀综合文化服务中心。浦沅社区被评为省级文明社区。打造政院"国是家"、牛婆塘"和为贵"、枫树山"孝为先"、新雨"廉为要"等多个主题文化社区，在省人大社区开设"好人讲堂"，邀请全国文明家庭、全国最美家庭代表开讲好故事，弘扬正能量。街道工作被主流媒体报道400余次，通过舆情报送研判系统报送省内舆情信息近1200条。街道工委书记黄金被评为"湖南巾帼建功标兵"；辖区党员志愿者罗志红等35人因积极参与疫情防控，被评为"湖南好人"。

（宋彧颖）

【街域经济】 2020年，雨花区东塘街道全街上下争当"店小二"，一手抓疫情防控，一手抓复工复产。建立入企帮扶机制，开展“政策宣讲进楼宇”“人才招聘会”“消费节活动”“夜间经济座谈”“奋战60天打赢攻坚战”等活动刺激经济回暖。全年社会固定资产完成15.09亿元。社会零售消费品销售总额（限上）完成9.25亿元。规模以上营利性服务业完成17.06亿元。新增及引进重点软件和信息类企业67家、“四上”企业10家，认定高新技术企业12家。培育商会大厦税收超亿元楼宇，鑫融国际、中机、神农、大华4栋税收超千万元商务楼，新增培育建鸿达兴业IEC税收超3亿元楼宇，并成功签约兴业银行湖南总部、超五星级酒店JW万豪酒店等总部企业，为楼宇发展注入强劲动力。完成招商去库存19210平方米。湖南商会大厦被评为“长沙市重点楼宇”。有序推进新里程国贸中心、金色蓝庭等项目建设。高质量完成第七次全国人口普查工作，创建省级统计示范单位。

（宋彧颖）

【城建城管】 2020年，雨花区东塘街道斥资600万余元打造全市首条中心城区最长的军民融合文化步道——政院社区芙蓉中路文化步道。有序实施53个惠民资金项目，提质改造省人大机关宿舍楼、工人文化宫宿舍楼，完成马家冲农贸市场周边微改造项目，老旧小区加装电梯23台。新里程国贸中心、新里程广场、尚鼎国际、金色蓝庭、JW万豪酒店等项目建设稳步按进度推进；时代云来项目如期开工。配合区工信局建立5G站点及“630”工程建设，完善与升级新基础设施。环保工作实现“零负面清单”“零重复类投诉案卷”，中央、省级环保督察案件整改全部完成，处置“天天在线”投诉案件4件，积累一定的环保问题治理的工作经验。处理华狮棚改项目大面积黄土裸露问题，覆盖裸露黄土约5.3公顷。推进散煤整治清零行动，经过前期摸排整治，组织相关部门不定期对老旧社区、农贸市场开展专项整治行动，开展综合执法1次，出动执法人数100余人次、执法检查对象200余个，收缴废旧煤炉2个；创建全市首个无燃煤散煤街道，打造新建西路绿色餐饮一条街。在牛婆塘小区和六都小区开展“每户每天一袋厨余垃圾”源头分类溯源试点，率先在全区完成社区垃圾分类全覆盖，率先构建厨余垃圾收运体系，全街厨余垃圾分类收运占比超15%。

（宋彧颖）

【社会治理】 2020年，雨花区东塘街道基层党建引领，全员参与，创新性地将网格治理融入基层治理中，斥资50万余元，建设网格化指挥调度中心，将社区单元网格细分微网格，社区网格10个，单元网格46个，微网格115个，单元网格铺排力量121人（不含执法网格员），发动并定位微网格志愿者201人，打造“零距离”服务管理模式。构建“街道网格—社区网格—单元网格—微网格”四级体系，形成街道网格、社区网格、单元网格和专职巡查员（专职网格员）自巡自办“四级闭环处置”闭环。发动辖区单位、社会组织、热心群众等共同参与网格治理。组建专门队伍，首创“党建+微网格”“四四三十工程”“四二一”工作法等治理模式，落实巡、派、办工作，采集上报案件15833件，马家冲小区停车位问题、枫树山小区停车位改造、浦沅小区儿童游乐场建设等一大批重点、难点问题得到解决。网格化工作获中组部调研肯定。经验在人民网、中新网、“学习强国”、“长沙观察”等宣传报道60余次。网格化民调工作排名全区第一。推行平安建设，着力开展整治“黄赌毒”“发卡招嫖”“新型网络犯罪”等问题专项整治行动，加大扫黑除恶、反电诈等宣传力度，发放宣传手册66128份，发送宣传短信12385条。有序推进“领导接访下访推动矛盾化解”攻坚年活动，受理调处社会矛盾纠纷218起，调解成功率100%，成功化解疫情防控期间华银园小区舆论风险、涉疫诉求减免租纠纷、“大都市地下商业街”“东塘百货交易大楼”纠纷。完成“两会”“国庆”“中共十九届五中全会”等特护期工作。推进扫黑除恶专项斗争，完成区扫黑办线索移交核实办理3件。

（宋彧颖）

【民生事业】 2020年，雨花区东塘街道以“雪中送炭”的态度做实做细民生实事，刷新居民的幸福指数。街道有备案社会组织82家，其中民非单位60家，各类社团22家；“春之润公益服务中心”和“朴智公益服务中心”办理注册。通过惠民资金购买社会组织服务项目8个，金牌帮女郎工作室通过雨花区公益创投项目配套资金完成“东塘街道社区文化课堂项目”的落地。践行“就业帮扶、走访慰问、热情接待、权益保障”工作方针，情系老兵、真情服务，组织人员参加退役军人暨随军随调家属专场招聘会2场，加强退役军人就业培训和高职扩招的宣传工作，帮扶失业退役军人再上岗，协助退役军人补缴社会保险，

2020年1月27日，雨花区政协调研东塘街道 （吴思瑶 摄）

做好重大节假日走访慰问工作春节走访慰问困难优抚对象154人，“八一”建军节走访慰问困难优抚对象202人。推进根治欠薪百日攻坚冬季专项行动，保障农民工劳动权益。将101户123人纳入最低生活保障，4户4人纳入特困供养保障，实现应保尽保。城市“五帮扶”（“急难、医疗、住房、就业、基本生活”帮扶）涉及对象531人，共发放帮扶资金535300元。为22名残疾人及其子女申请助学补助，为379名残疾人发放生活和护理补助。提质改造“透明厨房”75家，开展冷链食品、冷库管理风险排查专项行动，保障居民“舌尖上的安全”。完成4家居家养老服务中心、7个家庭医生工作室等公共服务体系建设。脱贫攻坚交出完美答卷。街道联点跳马镇杨林新村，抽调精干组建10个攻坚分队，脱产驻守杨林新村，与干部、贫困户同吃同住同劳动，聚焦“两不愁三保障”（到2020年稳定实现农村贫困人口不愁吃、不愁穿，农村贫困人口义务教育、基本医疗、住房安全有保障），践行“六个一”（搞一次生产劳动，打扫一次卫生，同吃一顿便饭，拉好一次家常，解决一个具体问题，完成一个微心愿）活动。调动企事业单位、人大代表、政协委员、社会组织联合开展教育、医疗、就业、产业等方面帮扶活动。新建硬化通户公路12段，为15户安装用水入户，为11户打深井解决季节性缺水问题。开展养殖产业帮扶，每户增加收入1.3万元左右；安排就业22人，每户至少增加收入1万元。帮助全村30户84人建档立卡贫困户全部脱贫，人均收入远超国家脱贫标准。扶贫工作得到国务院扶贫办普查组的肯定，群众满意率100%。（宋彧颖）

【基层党建】 2020年，雨花区东塘街道抓好意识形态工作管控，落实意识形态工作责任制、理论教育工作，开展理论中心组学习13次。推进区域化党建，创新思想联心、制度联体、队伍联建、资源联享、活动联办“六联”区域化党建机制，强化各领域党组织互联互动，区域化党建联盟单位20家，共建项目106项，联盟单位省人大机关在全国基层治理会议上推介东塘基层治理经验。全街54个党支部全部实现“五化”，打造浦沅社区、省人大社区2个市级基层党建示范点。完成社区党组织换届选举工作，选优配强“领头雁”。推进“零上访、零事故、零案件”“三零”建设，确保“身边事不出网格，小事不出社区，矛盾纠纷不上交”，连续2年蝉联全区“三零”街道。创新“三定四有”“六员四岗”党员分类管理法，获中组部调研肯定。持续深化“金领驿站”、“六色名片”、“5280”(我来帮您)党员服务自助餐等楼宇党建、小区党建品牌，提质升级“老口子”亲情服务队、“老首长”工作室、“金牌帮女郎”等社会组织，中江国际花城小区离退休党支部书记曹仕荣被评为长沙市“最美‘五老红’志愿者”。党建引领群团建设，被评为“全国巾帼文明岗”。坚持党建引领基层治理，突出重点，强化措施，持续加强“三零”社区建设，推行“一门式”服务，推进城市基层党建创新发展，提升城市基层治理能力水平，有效破解基层社会治理的突出问题，解决群众反映强烈的突出问题。基层社会治理工作经验被《中国组织人事报》《非公有制企业党建》等重点推介。（宋彧颖）

【疫情防控】 2020年，东塘街道65个党组织，1400余名党员，1月24日（大年三十）起加入疫情防控战斗，连续50余天不休。第一时间成立网格临时党支部，实行党员+网格员+居民代表“1+1+1”防控模式，发动辖区单位、物业、酒店、商场等联防联控、群防群治。在全区率先实施门岗“严控十条”，多元联合开展拉网式排查，开展5轮上门排查、6次敲门上户，完成辖区85个小区、26448户排查工作。建立门岗、酒店涉外防疫“日报告、日清查”制度，确保底数清、情况明。开展“门岗防疫竞赛活动”系列“组合拳”，党员干部、热心群众比干劲、比奉献。组织送温暖活动，把党和政府关怀一次次送到隔离群众家中，摸排困难家庭、孤寡老人等特殊群体情况，送菜送药送口罩。发放疫情期间临时性生活补贴165户6.6万元，保障困难群体基本生活。多载体构建“立体式”宣传网，自创自媒体平台打造“东东、糖糖话防疫”传播知识，发动老党员、老教授创作《狙击疫情三字经》，被区委宣传部采纳向社会推送；组织宣传车1541台次，发放宣传册43034份。《人民日报》、人民网、中新网等媒体对街道经验做法和暖人故事报道推介200余次。（宋彧颖）

【爱心“复学包”】 2020年，湖南省佛慈基金会联合长沙市红十字会发起“学雷锋社区陪伴——隔离病毒不隔爱非常帮助计划”。4月3日，湖南省佛慈基金会联合长沙市红十字会在东塘街道社会扶持中心，向长沙市残联捐赠500个防疫“复学包”，总价值6万元。每个包内含口罩20个、免洗手消毒液1瓶、酒精喷雾1瓶、高浓缩消毒片15片、教育指南1份以及慰问信1封。500个“复学包”在与仁与公益社工的支持下，由快递公司直接投递到受益家庭。（宋彧颖）

【爱心护考】 2020年7月7—9日，雨花区东塘街道组织党员干部、志愿者近300人，营造安静舒适的考试环境，为考生提供无微不至的爱心护考服务。省人大社区组织辖区单位、社区工作人员、新时代文明实践站志愿者共同开展高考静音行动，给考生无声支持。省人大机关主动关停空调泵房，大华宾馆停开食堂大风机，小区住户的房屋装修停止施工作业，跳广场舞、健身操的阿姨们自发地休息两日，响应路段交通管制，居民选择“公交+步行”的方式出行。省人大社区在靠近雅礼中学考点地段设置2个执勤点，安排志愿者全天候巡逻，并在停车处、保安亭设置“高考期间，请勿鸣笛”的提示标语牌，确保不产生噪声。牛婆塘社区党委联合长沙市公路管理养护中心党支部开展“助力高考，我们一直在”活动服务，党员、团员志愿者们在新建西路进行文明引导、秩序维护，搭建高考加油站，腾出中心六楼大型会议室给考生和考生家长休息。距离市二十一中考点不到50米的长沙市公路局停车坪车位供送考车辆免费停放。东塘社区发挥网格优势，发动网格长、网格员广泛宣传、错时巡逻、文明劝导，为考生营造“静音”环境。社区网格员在每个小区、每个工地张贴《关于“三考”期间的告知书》，共计发放500余份并在10余个小区业主群、网格居民群、微信朋友圈广泛转发；利用早晚上下班高峰期，网格员们在韶山路、新建路向过往车辆、行人宣传高考期间注意事项；针对辖区商铺多的特点，网格员们一家一家上门，要求商户不占道经营、不大声叫卖、不开放音响，一起为考生助力。

（宋彧颖）

【校园食品安全专题培训】 2020年7月1日，东塘街道枫树山社区党委联合雅礼中学举办雨花区时代先声之校园食品安全专题培训会。培训会讲解学校食堂食品安全管理、从业人员要求、原料管理、加工制作、清洗消毒及常见食物中毒防治等要求将食品安全有效贯穿于学校食堂原料采购、制作加工以及保鲜储存等过程；讲解《餐饮服务操作规范》有关条款，分析强调学校食堂饭菜加工的具体流程和注意事项。会议强调，学校要时刻绷紧食堂食品安全弦，认真落实食品安全主体责任。疫情期间，各学校食堂要严把采购关、严把加工关、严把健康关，对食堂设施设备进行一次全面的检修整改，确保高考工作顺利进行。

（宋彧颖）

【食品安全宣传周活动】 2020年6月22—28日，雨花区东塘街道开展“尚德守法，共治共享食品安全”食品安全宣传周系列活动，提高居民群众的食品安全科学素养，引导居民群众广泛参与，营造人人关心、人人重视的食品安全氛围。宣传周活动中，东塘街道组织开展“食品安全五进”、“校园食品安全宣传”“保健食品安全知识大宣传”等系列活动。食品安全志愿者走街串巷、登门入户，派发各类食安科普宣传资料、讲解相关食品科普知识和食品安全常识。辖区内电子屏全天滚动播放“共建食品安全城市，共享平安幸福长沙”“食品安全，人人有责”等宣传标语。街道及各社区的橱窗和专栏展示“食品安全宣传”专题展板25块；农贸市场、涉食门店、小区楼栋等公共区域张贴海报600余张；派发“野生毒蘑菇宣传手册”“致市民朋友的一封信”等宣传资料8000余份。开展街头宣传活动，通过现场讲解、播放宣传短片、知识问答等方式，零距离地宣传、普及食品安全知识，提升居民群众的知晓率和参与率。（宋彧颖）

【全国“两会”精神宣讲】 2020年6月16日，“雨花时代先声”宣讲活动东塘街道专场政院社区开讲。全国模范退役军人、湖南省国防教育讲师团专家教授、长沙市五老金牌讲师团讲师、“最美基层宣讲人”徐佐林为全体党员干部、社区居民宣讲全国“两会”精神。徐佐林以学习“两会”精神为切入点，解读《政府工作报告》，结合全球疫情复杂背景，从中国抗击疫情的角度解读当前国际形势，倡导全体党员认清形势和使命，进一步增强责任感、紧迫感和使命感。雨花时代先声东塘街道枫树山社区专场在雅礼中学报告厅举行，全国人大代表、雅礼中学校长刘维朝为枫树山社区党员、在职党员、居民群众以及雅礼中学师生宣讲全国“两会”精神。刘维朝介绍大会概况，讲述大会“坚持党的全面领导，彰显制度优势；坚持心系人民，为民履职尽责；坚持依法治国，健全法律制度；坚持底线思维，直面风险挑战；坚持守正创新，严格纪律规矩”的鲜明特点，准确传达习近平在“两会”期间发表的重要讲话精神，传达《政府工作报告》精神，重点讲解《政府工作报告》中关于教育的内容。刘维朝强调，所有教育工作者要积极承担起“推动教育公平发展和质量提升、坚持立德树人、加强教师队伍建设”等任务。（宋彧颖）

【禁毒宣传活动】 2020年6月22日，雨花区东塘街道浦沅社区“携手禁毒·构筑青春”宣传教育活动砂子塘小学第六都校区举行。东塘派出所民警向学生分发“禁毒手册”100余份、禁毒宣传资料80余份，宣讲国际禁毒日的意义和由来，介绍奶茶、糖果、邮票等几种有可能出现在孩子们身边的新型毒品，转授防范毒品的措施，让孩子们提高警惕，抵制诱惑，尽量避免受到毒品的侵害。活动组建的“禁毒妈妈队”，由妈妈当好宣传员，向家庭的每位成员及周围的家庭和群众，讲述毒品的危害，扩大禁毒宣传范围，让更多的家庭参与禁毒宣传，远离毒品。6月23日，东塘街道“健康人生，绿色无毒——你我同参与，共创无毒家园”禁毒宣传活动在芙蓉南路社区新芙蓉之都前坪广场举行，纪念第33个国际禁毒日，提高居民识毒、防毒、拒毒意识。现场设置禁毒宣传台，摆放宣传展板10余块，禁毒志愿者向过往居民发放禁毒宣传资料3000余份。东塘派出所民警介绍毒品的成分、类别、吸毒带来的危害等知识，讲述毒品防控的严峻形势。穿插禁毒知识问答，以寓教于乐的形式让禁毒知识入脑入心。禁毒志愿者组成“蓝丝带”服务队，宣誓承诺“抵制毒品从我做起，从我家做起”，开展禁毒宣传。

（宋彧颖）

【禁毒宣传排查】 2020年12月7日，雨花区东塘街道禁毒办、东塘派出所、牛婆塘社区等多部门联合对辖区内重点场所进行禁毒和安全隐患排查，加大社区内禁毒宣传教育力度，提高社区居民识毒、防毒、拒毒意识，加强流动人口的管理，做好社区网格内重点场所的综合治理工作。禁毒专干和社区网格员深入辖区内的网吧、酒店开展禁毒及安全生产等排查工作，对辖区居民开展宣传教育工作，确保禁毒和安全防范无死角。巡查网吧1间，酒店房屋20余户，未发现房屋有涉嫌制毒、贩毒、吸毒行为。（宋彧颖）

【“禁食野生动物”宣传活动】 2020年12月15日，湖南省人大农业与农村委员会党支部、大华宾馆党总支与雨花区东塘街道省人大社区党总支联合开展“禁食野生动物，从我做起”在职党员进社区志愿服务活动。湖南省人大农业与农村委员会副主任委员、党支部书记刘慧雄宣读《“禁食野生动物、从我做起”倡议书》，参会人员在“保护野生动物，从我做起”签名墙上签名，承诺禁猎禁售禁食野味，为保护生态环境倡导健康生活贡献一份力量。与会人员共同学习《全国人

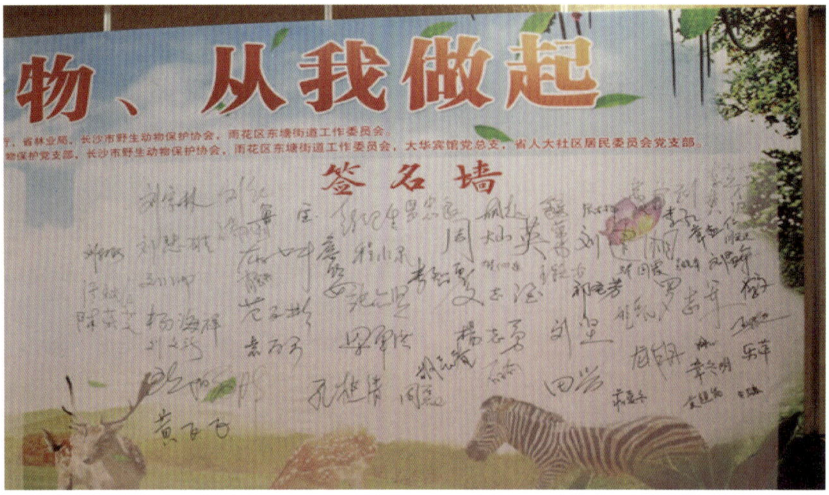

2020 年 12 月 15 日，东塘街道省人大社区“禁食野生动物，从我做起”宣传活动 （黄飞飞 摄）

民代表大会常务委员会关于全面禁止非法野生动物交易、革除滥食野生动物陋习、切实保障人民群众生命健康安全的决定》，观看禁食野生动物的相关视频。湖南省农业农村厅、湖南省林业局、长沙市野生动物保护协会的专业人员进行知识讲座。社区网格员、志愿者现场发放资料，宣传引导，推广使用公筷公勺、拒绝滥食野味、深化光盘行动。 （宋彧颖）

【食品安全宣传】 2020 年，雨花区东塘街道枫树山社区网格多举措开展宣传活动，做好辖区食品安全宣传工作，增强广大居民的食品安全意识和自我保护能力。社区通过微小网格在小区楼栋内、宣传栏里广泛张贴食品安全小常识；在微信群、QQ 群里不定期发送食品安全小知识。通过网格设立宣传台，向居民面对面宣传食品安全相关法律知识普及，解答居民各种关于食品安全方面的困惑。将食品安全工作融入社区网格化治理中，发挥网格员在食品安全政策宣传、隐患排查、信息上报、协助执法等方面的作用，筑牢食品安全。11 月 3 日，东塘街道枫树山社区在第一网格内开展食品安全宣传活动，普及食品科学知识，提高居民安全防范能力。社区网格员面对面向网格居民讲解食品安全知识，使网格居民，特别是老年人了解和懂得食物保存、预防食物、药物发霉变质等食品安全知识，加深对食品安全的理解。 （宋彧颖）

【医保缴费宣讲活动】 2020 年 12 月 30 日，雨花区东塘街道浦沅社区联合长沙银行开展医保缴费“双报到”宣讲活动，宣传新的社医保缴费方式，提醒居民及时缴费，以免影响城乡居民医保待遇。社区利用社区微信群、QQ 群，开展多方位宣传；设立专题宣传栏，张贴宣传画、宣传条幅，社区小广播，形成立体式的宣传格局；设立咨询台、摆放宣传展架，发放宣传册 100 余份，积极引导和激励居民及时参保、续保。长沙银行的工作人员为持卡居民直接在现场办理，全面及时地将医保政策宣传到社区居民群众中。爱尔眼科的专科医生为居民提供老年眼科保健服务，提升社区老年人眼科保健素养。 （宋彧颖）

【社区绿色生活节】2020 年 12 月 5 日，雨花区东塘街道枫树山社区举办“绿色生活节”活动，环保专家从源头减量、分类投放、分类收集、分类运输、分类处理等 10 个部分讲解《长沙市生活垃圾管理条例》内容，让居民们对相关规定熟知熟记，对照执行。表演环保情景剧，志愿者装扮成红、绿、棕、蓝四色垃圾桶，分别代表可回收垃圾、厨余垃圾、有害垃圾和其他垃圾，拿出废塑料品、废纸、菜叶、电池等物品，一一准确投放到桶中。用幽默的语言和诙谐的肢体动作，生动演示垃圾分类的正确方法。一群孩子拍手唱起社区原创的垃圾分类歌谣，吸引不少人现场学唱。 （宋彧颖）

【人才政策宣传】 2020 年 11 月 25 日，雨花区东塘街道工委调研芙蓉南路社区部分重点企业，开展人才政策宣传，扩大人才政策宣传率和覆盖率。实地走访湖南辰波建设有限公司、中原房地产代理有限公司、湖南腾马网络科技有限公司，与企业负责人和技术骨干面对面交流，了解企业生产经营情况、人才引进以及人才服务保障等情况，询问企业人才短缺需求、存在的困难和问题，倾听企业诉求和建议，向企业、人才宣传解读惠企惠才政策。12 月 2 日，东塘街道在浦沅社区举行优化营商环境暨人才政策宣讲进楼宇座谈会，精准对接企业需求，积极优化营商环境。雨花区工信局介绍《雨花区软件和信息技术服务业三年行动计划》，区人才队伍建设中心相关负责人解读长沙人才政策。湖南建鸿达房地产开发有限公司、长沙屈臣氏个人用品商店有限公司、湖南承希科技有限公司等企业代表发言，提出人才落户、税收优惠、楼宇经济打造、小微企业帮扶等方面问题和建议，相关职能部门逐一回应和解答。雨花区委组织部、区工信局、区现代服务业发展中心，东塘街道、东塘税务所等单位负责人以及东塘街道辖区 25 家企业负责人参加座谈。 （宋彧颖）

【垃圾分类服务宣传】 2020 年 9 月 18 日，湖南省人大环资委、省住建厅、省城乡建设协会 3 个单位党支部联合开展垃圾分类进省人大社区志愿服务宣传活动，营造推动垃圾分类成为社会新时尚的良好氛围。湖南省人大常委会副主任杨维刚强调，垃圾分类重在全社会共同行动。湖南省人大常委会副秘书长、办公厅主任程水泉宣读《垃圾分类倡议书》。出席活动的领导为垃圾分类“引领者”“践行者”“志愿者”“监督者”授旗，并率先在签名墙上签名。活动邀请专家讲解垃圾分类政策，分类投放、收集、运输、处理全程解析和常见误区。活动进行有奖知识问答和“光盘行动”等活动。湖南省人大环境与资源委员会主任委员文志强、省人大常委会副秘书长甘跃华，省住房和城乡建设厅党组成员、副厅长易小林参加活动。 （宋彧颖）

【小区电梯加装】 2020年，雨花区东塘街道省人大社区推进小区加装电梯工作，改善和提高既有多层住宅的使用功能。省人大社区成立小区加装电梯工作领导小组，通过发放摸底调查问卷深入小区进行摸底调查，宣讲相关政策法规。组织社区居民考察4家电梯公司的在建和建成的项目，联系电梯公司对居民楼栋进行现场勘查。沟通单位进行电梯加装前管网改造，出台电梯建设经费住户分摊指导意见，征求居民对电梯品牌选择、加装电梯工作中涉及的检测、设计、施工、监理单位的意见，依照加装电梯相关规定向规划、土地、建设、消防、技术监督等主管部门办理相关报批手续，调取每个楼栋的图纸进行具体研究，组织每栋居民召开业主大会，反复论证可行性方案。组织电梯品牌选择、签订合同和项目施工。符合加装电梯条件的楼栋20个单元全部完成电梯加装工作。 （宋彧颖）

【“三社联动”交流】 2020年10月22日，雨花区东塘街道举行“三社联动”交流签约会，建立完善以社区为平台，以社会组织为载体，以社工专业人才为支撑的创新社会治理模式，打通“三社联动”过程中的供需匹配障碍，强化资源整合联动，确保“三社联动”社区服务项目在社区落地生根。东塘街道辖区10个社区、10余家社会组织（社工机构）参与，现场签约社区惠民资金项目8个，签约资金30万余元。街道展示新引进的11个其他公益项目，涉及各级机构捐赠的公益资金138万余元，项目涵盖养老、助残、环保等多个领域。优善公益的专业社工分享实现社区融合、三社联动落地生根经验；长沙民政学院社工系教师刘战旗提出社会组织更贴近社区需求开展社会工作的建议与意见；与会各社会组织负责人讨论交流，为东塘街道社会组织工作发展献计献策。东塘街道工委书记黄金希望，各社区持续摸排居民群众实际需求，多方整合社区资源，进一步搭好平台、系好纽带；各社会组织进一步加强社工队伍建设，提升专业服务水平，让居民群众切实受惠；社区、社会组织、社工共同协调配合，更好地发挥志愿服务力量，提升基层治理水平，打造更有温度的幸福东塘。雨花区民政局党组书记、局长章波，东塘街道工委副书记、办事处主任胡开，街道工委委员、政协联络处主任宁世平等参加活动。 （宋彧颖）

【现场救护演练】 2020年11月23日，湖南省人大教科文卫党支部、省卫健委应急办党支部、省红十字会赈济救护部党支部、雨花区东塘街道省人大社区联合开展“现场救护进社区”志愿服务活动。中南大学湘雅医院急诊科室主任李湘民通过示范操作和现场演练等形式，讲解现场心肺复苏要点、气道异物梗阻的处理等知识，介绍“救命神器”AED（自动体外除颤器）的使用方法。网格员发放救护知识宣传手册和急救包等。通过培训，帮助社区网格员、党员群众、志愿者学习到实用有效的急救知识和急救技能，能够进行危急情况下自救和他救。湖南省人大常委会党组副书记、副主任王柯敏指出，现场救护与人民群众的健康息息相关，要通过现场救护知识进社区志愿服务活动营造全社会关注、全民参与的良好氛围。 （宋彧颖）

【打击“两非”宣传】2020年7月30日，雨花区东塘街道开展“关爱女孩，构建和谐”打击“两非”宣传活动，纪念“7·11”第31个世界人口日，引导居民树立正确的婚育观念，促进男女平等和社会文明进步。活动在长沙市歌舞剧院的小朋友带来的《司岗里》开场，举行形式多样、内容丰富的表演活动。布置宣传展板，开展义诊活动。设立人口和计划生育服务咨询处，发放宣传资料200份、避孕药具140余盒。该活动由雨花区卫生健康局、东塘街道办事处主办，东塘街道计生协会、东塘街道卫生服务中心承办，东塘街道牛婆塘社区、长沙市安贞医院以及老百姓集团百杏堂名医馆协办，100余人参加。 （宋彧颖）

【共建平安社区】 2020年10月29日，湖南省工商联机关、雨花区东塘街道浦沅社区开展打击非法集资、共建平安社区活动。在商会大厦楼宇里张贴打击非法集资的宣传单。湖南省工商联的机关职工干部在商会大厦1楼设立“湖南省工商业联合会网格志愿者服务站”，承诺参加社区开展的党建联盟、关爱社区留守儿童、垃圾分类、助力抗疫、扶贫帮困、维护公共秩序等志愿服务活动。联合社区开展丰富多彩的群众文化活动，让群众在网格志愿者的服务实践中感受到快乐、温暖，共创幸福、平安、和谐社区。 （宋彧颖）

【市委宣传部调研浦沅社区】 2020年8月4日，长沙市委宣传部副部长唐曙光，市文明办副主任丁德喜一行调研指导雨花区文明创建工作。调研组行考察雨花区东塘街道浦沅社区新时代文明实践站建设及志愿服务工作，感受社区全面提质提档新风貌；走访“四季歌”新风室、新时代文明实践站、“老口子”岗亭、丁秋林工作室、24小时自助书屋、和润养护院，听取社区扶贫帮困、志愿服务活动情况介绍。雨花区委常委、宣传部部长余宏卿等陪同调研。 （宋彧颖）

【雨花“菜长”】 雨花区东塘街道枫树山社区马家冲生鲜市场共有18位经营户，市场面积485平方米。2020年9月20日，提质改造的马家冲生鲜市场面貌一新，车位停车有序，快速检测室可抽检菜品；蔬菜、粮油、水果、肉类等区域，划分明确，种类齐全，整洁有序；摊位前，悬挂“诚信经营”的公示牌、营业执照、正规进货票据、生肉检验检疫合格证；经营户着装整洁得体。菜场内的经营户主动创新经营方式，经过商议，将市场内各摊主分为两人一组，各组轮流担任“菜长”，明确要求“菜长”必须文明有礼，志愿参与市场卫生保洁、文明行为、诚信经营等工作。 （宋彧颖）

圭塘街道

【概况】 长沙市雨花区圭塘街道东连京珠高速公路，南抵省森林植物园，西临京广铁路，北靠机场高速、高桥大市场。是雨花区政治、经济、文化中心，是长株潭经济一体化融城前沿阵地，又是中部地区崛起和长江经济带发展规划建设贯通湖南省南北经济走廊的中心地带。2020年，街道辖雨花家园、中南院、长重、劳动东路、圭塘、体院路、大塘、美林景园、景程、泰安、金福、升达、和润、广顺源社区14个社区，圭塘、月塘、大塘3个经济合作社。街道面积12.6平方千米，常住人口12.8万人，户籍人口8万余人，流动人口4万余人，法人单位1200家，个体户2300家，中央驻街单位8家，厅、处级驻街单位11家。

2020年，圭塘街道围绕“聚焦发展 奋力攻坚”的主题，推进特色“三街”建设，打造令行禁止、政通人和、优质高效、忠诚担当的政治要街；打造营商一流、商机蓬勃、产业兴旺、实力雄厚的经济强街；打造管理有序、生态优美、文明和谐、宜居宜业的品质新街。抓党建、促发展、提品质、惠民生、强治理、保安全、转作风，推动街道经济社会各项事业不断向前发展。（吴 伟）

【街域经济】 2020年，雨花区圭塘街道全社会固定资产投资同比增长27%；规上服务业营业收入同比增长19%；限上商贸销售总额同比增长6.5%；规模工业总产值同比增长35%，各项经济指标完成情况排名全区前列。铺排产业项目28个，新增引进平吉上城等亿元项目3个，产业项目总投资58.85亿元。企业（项目）帮扶落到实处，做好企业“保姆式”服务，解决项目困难问题40余个。帮助企业（项目）推动消费，依托商圈打造“圭塘嗨购节”，以节造势、以节兴市提振消费活力，“五一”期间吸引人流量47万人次，商品交易额超过3500万元。实现57家异地税源转化，税收增长百万元以上。成功引进长沙创元集团有限公司等6家重点税源企业，带来税收增长千万元以上。完成23家高新技术企业认定，申报项目扶持资金30万元；为39家企业申报46个年度政策奖励扶持项目，兑奖金额477.1万元。全面完成圭塘村、月塘村、大塘村的农村集体资产产权制度改革工作，“四坚持四把握”的经验做法获得长沙市农业农村局领导高度评价，作为湖南省农村集体产权制度改革的代表之一接受农业农村部的检查。（吴 伟）

【城建城管】 2020年，雨花区圭塘街道加速完成4个征拆项目，集体土地腾地33.8万平方米，拆除合法建筑6栋，国有土地拆除房屋面积3261.72平方米。历时5年的大塘安置地顺利完成腾地结算，林科北路、城投27号地按期腾地，确保项目顺利动工。以严格执法整治市容秩序，办理行政处罚案件115个。开展校园周边、农贸市场、主次干道以及背街小巷的整治工作。推进长重、铜铝材厂老旧小区改造工作，最大限度优化小区人居环境。每周开展一次“清洁长沙”行动，全面打造整洁清新的城市环境。聚焦“牛皮癣乱贴”“垃圾乱堆放”等老大难问题，落实日常巡查制度，清理卫生死角。推进垃圾分类，打造8个居民源头分类示范小区。运行网格化平台管理，实现“大事全网联动、小事一格解决”的城市管理新理念。发挥社区网格“哨口”作用，通过楼道、楼栋、楼宇、街巷门店协商，形成“四级吹哨应哨”机制。圭塘街道纳入雨花区网格化推进小区治理新模式试点，按照“巡查、上报、派单、办结”的统一标准和流程，在规定时间内准确回复，全街网格化结案率99.87%。（吴 伟）

【社会治理】 2020年，雨花区圭塘街道深化领导干部信访接待机制，高效高质解决韦博英语教育机构家长维权，平吉上苑、长房·半岛蓝湾交房等不稳定因素。30天内成功解决困扰多年的泰禹家园四期业主房产办证问题，湖南省矛盾纠纷多元化解办全省推广圭塘街道房地产领域遗留问题化解经验。坚守安全生产底线思维和红线意识，坚持行业大走访、安全大检查、隐患大排查、线索大摸排的工作日常性，持续巩固“零伤亡、零死亡、零事故”的成绩。全面整治京豪大厦安全隐患并启动办证工作，京豪大厦地下停车场4家违规出租企业全部搬走，负三楼以下已没有出租户，从源头保证生产安全。利璞大厦处遗问题进入市、区、街共同攻坚阶段。构建覆盖全街的“三防”网络，组建一支775人的“红袖章”巡逻队伍。完成特护期任务，刑事发案率与上年基本持平。重拳整治非法高利放贷，立案打击非法传销，打击传销窝点26处，驱离传销人员86人，解救20人。圭塘街道长重、美林景园、景程、体院路、中南院、雨花家园、劳动东路、金福8个社区被评为雨花区“三零”社区。（吴 伟）

【民生事业】 2020年，雨花区圭塘街道促进全街14个社区、62个项目、292.4万元惠民资金项目的备案和实施。社区养老服务中心数量稳居外街前列。发展教育事业，新增移交幼儿园4所，泰禹三小顺利开学，泰禹中学动工建设，组织美林景园社区学习中心成功申报长沙市示范学习中心。完成群众工作民生实事项目47个，完成圭塘村一小区40号栋4套房分房工作。“五帮扶”活动常态化开展，发放低保、特困供养资金、高龄老人生活津贴等各类慰问375万余元。8个“15分钟生活圈”项目全部完工。优良天气同比增长7个百分点，圭塘河水质创有监测记录以来最好水平。加强国防建设，街道被评为长沙市“基层人民武装部全面建设星级达标考核评定‘五星’单位”、雨花区“全民国防教育先进单位”。（吴 伟）

【基层党建】 2020年，雨花区圭塘街道工委理论学习中心组开展专题学习13次，开展每月主题党日活动、举办“头雁论坛”，全方位全覆盖学习贯彻习近平新时代中国特色社会主义思想，坚决推动各项决策部署在基层落地生根。开展习近平视察湖南工作时的重要指示精神系列学习，贯彻落实“三高四新”战略成为全街党员干部群众的广泛共识、坚定自觉。注重党内政治生活仪式感，严格落实“三会一课”、党员积分等工作。抓实意识形态责任制，加大对网络舆情的监控。推进全面从严治党向纵深发展，将政治建设考察延伸至17个社区（经济合作社），选优调配12名社区主职，推动基层党组织全面过硬。强化党建引领，深化“三零”社区（村）建设，完善“街道吹哨、部门报到”机制，持续加强机关党建、小区党建、楼宇党建、“两新”党建等，筑牢基层战斗堡垒。营造风清气正的政治生态，落实“三重一大”制度，和大办（中心）、社区（经济合作社）签订落实党风廉政建设责任书。整治形式主义、官僚主义等作风顽疾，开展叶某案警示教育和“以案促改”工作。（吴　伟）

【疫情防控】 2020年，雨花区圭塘街道将疫情防控作为政治任务抓紧抓实抓牢，把好“外防输入，内防反弹”的关键防线。全面摸排统计湖北返乡务工人员，及时报送“湖南省疫情防控筛查统计表”“武汉来（返）长人员管理与健康服务情况日报表”“长沙市重点人群隔离情况统计表”等各类表格。将汇总的数据按照管理权限分类录入“湖南省新型冠状病毒感染的肺炎疫情防控信息系统”，采集湖北信息2530人，其中武汉到湘人员289人，武汉返湘人员307人，湖北到湘1348人，湖北返湘557人，途经29人。采集涉外人员信息221人，其中境外到湘9人，境外返湘212人。返（到）长人员核查系统内的跨边界、跨境大数据按时按要求完成，做到日清日结。武汉接回10位已经结束集中隔离的密切接触者和已经治愈出院的新冠肺炎疫情感染者；安置转移重点人员100余人至指定隔离酒店，组织一线工作人员、医疗机构工作人员、相关密闭机构从业人员核酸检测2018人、检查辖区医疗机构、学校幼儿园、公共场所等重点场所400余次，对辖区内春季开学的1所普通高校、1所职高学校、6所中小学校、27所幼儿园进行卫生监督检查，全街78个小区、1324栋楼房、61580户住户实行最严密“五问一测一登记”，做到排查工作“清仓见底”，1252名“四包一”对象全部安全解除隔离，保障辖区群众的身体和生命安全。统筹疫情防控和复工复产，成立复工复产经济小组，下沉80余名“驻企联络员”到社区，出台《圭塘街道“大干一百天　实现双过半”竞赛活动的工作方案》，分类指导906家企业，1483家门店有序复工复产。街道主要领导带队走访项目，鼓励市场“抱团取暖”，政企“携手过冬”。千方百计想办法，召集500家商铺举办“圭塘嗨购节”，助力经济回暖。（吴　伟）

【百日竞赛】 2020年，雨花区圭塘街道助推项目建设，全面拉动区域消费，千方百计促进经济回暖。3月11日，圭塘街道党工委组织全体党政领导召开“大干一百天　实现双过半”竞赛活动工作推进会。街道党工委副书记、办事处主任刘明生主持会议，解读竞赛方案，阐述100天的奋战细节，明确街道围绕拆迁腾地促发展、项目服务稳产业、经济指标保增长3大块靶向发力，并定下“保二争一”、挺进全区竞赛第一方阵的工作目标。雨花区委常委、政法委书记王明玖肯定圭塘提出的竞赛目标，要求摸清底数，找准方向精准施策；集中精力，把握重点攻坚克难；协调各方，强化工作人员和项目方的交流沟通；确保效果，补齐短板弱项实现优中更优。区人大常委会副主任李劲松、区政协副主席廖云伟参加会议。6月18日，圭塘街道召开“大干一百天　实现双过半”拆迁任务百日攻坚工作推进会。会议就圭塘街道集体土地、国有土地拆迁的完成进度、下一步计划、遇到的困难、具体难点问题逐一进行讨论、研判和商定，对项目结算、违章建筑拆除、新动拆项目立项等具体工作进行调度。王明玖、李劲松、肖集林，以及区征地服务中心、区资规分局、区征收办、区城投公司、区教育局、区城管执法大队、圭塘街道办事处相关负责人参加会议。7月29日，雨竞组发〔2020〕2号文通报雨花区“大干一百天　实现双过半”竞赛活动考评结果，圭塘街道等5个单位被评为街道（镇）组优胜集体，其中圭塘街道排名第一位。（吴　伟）

【“红管家”党建品牌】 2020年，雨花区圭塘街道强化党建引领，打造多方共治的小区治理格局，深化“红管家”区域化党建特色品牌建设。根据小区治理中政治引领、管理约束、互助服务的需要，设置党的政策宣传员、社会治理指导员、造福群众服务员；将党的政策宣传员细分为党的政策宣讲岗、信息共享采集岗，将社区治理指导员细分为民主议事召集岗、排忧解难热心岗、矛盾问题化解岗，将造福群众服务员细分为邻里平安守望岗、先进文化践行岗、优美环境公益岗。通过“三员八岗”红管家工作模式，把党员“找出来”，全街所有社区（合作社）打造“红管家”工作室，按照“组织找党员、党员找组织”的模式，将小区离退休职工党员、下岗失业职工党员、年老体弱党员、流动党员、在职党员“五类党员”尽可能吸纳进“红管家”队伍，并设置“三员八岗”，组织党员选岗认岗；把党员“摆进来”，发动“红管家”灵敏获知群众需求，及时满足群众的需求，齐心协力解决小区小情大事，发挥党员参与基层治理的模范先锋作用，让党员“站出来”，在解决小区矛盾问题时，社区及小区党组织，随时安排“红管家”出面；让堡垒“立起来”，先实现小区党支部全覆盖，建立起“堡垒”，然后通过组建“红管家”工作室，形成大批党员积极活跃在小区治理各个岗位舞台的景象。在基层治理中形成“五类党员”带头，社区群众听党话、跟党走，党群共治手拉手的区域党建化工作格局。广大党员“红管家”在疫情防控、复工复产、“双过半”竞赛活动、网格化试点、文明创建迎国检、社区换届选举等工作中，均发挥党员模范先锋作用。1380名“红管家”主动作为，成立“红管家”疫情防控信息员队伍，在业主群正确发声，拿起小喇叭教育引导居民做到“三不两勤一戴”，积极参与“五问一测一登记”，成为下沉一线的“逆行者”，变身严防死守的“守护神”。7月3日，雨花区小区党建工作座谈会暨工作推进会在圭塘街道四楼会议室召开，圭塘街道自创品牌“红管家”被纳入2020年度雨花区“三零社区”创建标准，作为基层治理新模式在全区推广。9月18日，《长沙晚报》刊登《红色力量激活滨水街区——雨花区圭塘街道以党建引领基层治理创新，力促产业发展、品质提升、民生改善》的报道，对圭塘街道相关工作进行大篇幅报道。10月13日，长沙市委改革办专门就“红管家”工作到景程社区进行深度调研，并给予处分肯定。10月30日，《长沙改革交流》刊登《圭塘街道探索“红管家”基层治理模式》的经验材料，号召全市深改工作学习交流，并得到区长刘素月批示。（吴 伟）

【脱贫攻坚】雨花区圭塘街道于2017年8月开启对口扶贫跳马镇三仙岭村脱贫攻坚战。街道党工委始终坚持问题导向、目标导向、责任导向，与三仙岭党支部构筑扶贫坚强堡垒，坚持精神扶贫和物质扶贫双管齐下，实现从“精准扶贫”到“精准脱贫”再到“打赢脱贫攻坚战”。2017年，最初核定建档立卡户45户117人。2018年和2019年，2人（涉及2户）相继去世。2019年，经组织认定，7户17人因早已脱贫被清理出档。2020年5月，有建档立卡户36户98人（年内新出生1人，修正为99人），街道坚持思想扶贫、产业扶贫、精神扶贫，持续巩固扶贫成果。开展“六个一”活动，投入建设“美丽乡村”“美丽屋场”，推广容器苗种植和鸡苗养殖，36家建档立卡贫困户人均年纯收入达到17644.15元，较上年增长24.04%。其中有8户9人因病因残由政策兜底脱贫，全部实现“两不愁三保障”，剩余的28户90人全部通过扶志、扶产业脱贫，完成湖南省脱贫攻坚考核任务。容器苗项目获评“湖南省重点产业扶贫项目”。（吴 伟）

【“头雁论坛”平台】2020年，雨花区圭塘街道工委以“头雁论坛”为载体，以“内容精+形式活+重成效”为工作思路，抓好干部学习教育培训中心环节，加强社区党组织书记能力建设。1月8日，第一季度“头雁论坛”主题研讨大抓基层、大抓支部基层治理（社区治理、小区治理）。3月28日，第一季度第二期“头雁论坛”以会代训，传达雨花区第五届纪委全会会议精神、长沙市《关于推进城市基层党建重点工作的实施方案》；学习《中国共产党章程》《中国共产党支部工作条例》，重温基层党组织和党支部工作任务，解读2020年圭塘街道纪检监察工作要点、圭塘街道党建工作思路。5月15日，第二季度第一期“头雁论坛”总结基层党组织在疫情防控中发挥作用的好经验。5月20日，第二季度第二期“头雁论坛”传达雨花区组织工作暨“三零”社区（村）建设工作推进会会议精神，总结在“三零”社区创建过程中好的工作经验做法，研讨“三零”社区建设思路、重点举措。10月22日，第三季度“头雁论坛”研讨围绕巩固党建基础，开展党建创新，推动基层党建工作再上新台阶；解读《关于推行党建引领“街道吹哨、部门报到”工作实施方案（试行）》和《社区（经济合作社）主职履职用权主要风险提示清单》。12月3日，第四季度“头雁论坛”，观摩新城新世界小区B6栋小区党支部、红管家阵地和万佳惠商业连锁有限责任公司党支部阵地，研讨对“十四五”规划建议的认识；通报基层党建工作情况，安排近期重点工作。（吴 伟）

【共享党建活动基地】2020年7月1日，圭塘街道共享党建活动基地在长沙市雨花区圭塘河畔落成。活动基地以圭塘河畔“和+”共享图书馆为中心，向周围3千米延伸，以“和+”共享模式，推动基层党建互联共建。圭塘街道和润社区党支部与圭塘河周边湖南中烟公司、湖南省生态环境厅、湖南省地质勘测院、湖南煤田地质局等多家省、市企业单位实行组织共建共享，建立基层党组织和辖区单位之间“相互增能”的新型互动关系，基层党组织统筹资源一起用，统筹党建一起抓，统筹工作一起推，把基层党组织建设成为宣传党的主张、贯彻党的决定、领导基层治理、团结动员群众的坚强战斗堡垒。依托“共享党建基地”，实现群众需求与党员服务精准对接，通过发挥“党建+共享”的作用，搭建起党组织联系群众的连心桥。进一步培养、教育党员群众共同参与“事务共商”，紧密结合单位、党员、群众力量通过德治、法治达到“秩序共维”。（吴 伟）

【党建述职测评】2020年1月15日，雨花区圭塘街道召开2019年度基层党组织书记抓基层党建述职测评会，全面审核验收基层党组织书记2019年度履行党建工作主体责任情况。街道工委副书记，办事处主任刘明生主持会议，16名党组织书记述职，街道工委书记肖向东进行现场点评。（吴 伟）

【社区（村）换届工作】2020年12月9日，雨花区圭塘街道召开全街社区（村）换届选举工作动员会议，下发《圭塘街道社区党组织和居民委员会换届选举工作方案》，明确换届工作组织机构、工作步骤、时间安排等

2020年1月15日，圭塘街道2019年度基层党组织书记抓基层党建述职测评会
（吴 伟 供图）

内容，集中培训换届选举相关业务知识。年底，居委会换届选举工作进入选民登记阶段。（吴 伟）

【法治建设】2020年，雨花区圭塘街道法治建设工作领导小组调度法治政府建设工作10余次。构建街道司法所牵头，党政办、党建办、区域建设服务办、公共安全办等共同参与的工作格局，聘请4名律师作为街道常年法律顾问，专业指导具体事项。街道有公共法律服务工作站1个，公共法律服务工作点14个，为居民提供无偿法律咨询服务180余次。中心组带头学习贯彻习近平总书记全面依法治国新理念新思想新战略，集中学习《中华人民共和国宪法》等内容。49名在职在编干部在“如法网”学习“2020湖南省‘七五’普法读本”等内容，组织全街党纪法规在线知识测试，为大办、社区“12345热线”专干发放《中华人民共和国民法典》40本。开展“拥抱民法典，走进法治新时代”等社会法治宣传。重大行政决策均经过工委会或党政会共同讨论，明确街道本级167项服务清单和90项权责清单的法律依据等事项，常态化依法开展城管、安监、市监、卫健、教育等线重点执法活动，规范性文件均进行“三统一”并报送备案。调解化解各类社会矛盾纠纷284件，其中疑难复杂纠纷10余件，为群众挽回经济损失526万余元。（吴 伟）

【扫黑除恶专项斗争】2020年，雨花区圭塘街道推进扫黑除恶专项斗争工作，制定实施方案，明确工作领导、责任分工、综合保障等内容。将22个工程全部登记造册，检查、摸排各类建设场所950余次，娱乐服务场所68家。打击非法传销专项活动，查处传销窝点31处，遣散传销人员124人，解救10人。对辖区6所小学开展校园周边环境集中整治行动，整治安全隐患23条。每季度对各社区打击非法集资进行考核，开展1个月的集中打击活动。悬挂横幅1845条、电子显示屏滚动播放2000余次、发放宣传册91877本，小区宣传栏、宣传板全部包含扫黑除恶内容。在湖南航空职业技术学院、湖南体育职业学院等6所学校的开学典礼和军训期间，现场举办“扫黑除恶”大型宣传活动。基层创新品牌社区“小喇叭”、小区“红管家”和小区微信群，不间断开展扫黑除恶教育宣传。（吴 伟）

【禁毒法治宣传】2020年6月23日，雨花区圭塘街道“绿色无毒、健康人生——你我同参与共建无毒家园”主题禁毒宣传活动喜盈门·范城举行。活动以设点摆摊的形式，向居民群众发放图文并茂的禁毒宣传画册200余份，形象直观地介绍植物类新兴毒品、食品饮料类新兴毒品、胶囊及药片类新兴毒品、芬太尼类新兴毒品及其他类新兴毒品，向小朋友、青少年发放禁毒宣传卡通漫画《团团历险记》，展出禁毒宣传展板3块。（吴 伟）

【安全生产宣传】2020年6月17日，雨花区圭塘街道在一家大型企业内举行安全演练，300名企业员工在宿舍楼中展开火灾疏散逃生演练，2分钟便有序撤离至安全地带。现场通过展板宣传、发放安全宣传资料、设立安全生产宣传咨询点等方式，工作人员和企业员工有问有答，更有社会组织参与到全方位宣传安全知识过程中。（吴 伟）

【农村法治宣传】2020年5月26—28日，圭塘街道开展农村法治宣传教育活动，助力加强法治乡村建设，决战决胜脱贫攻坚，教育引导广大党员干部群众办事依法、遇事找法、解决问题用法、化解矛盾靠法，推进乡村治理体系和治理能力现代化。在月塘、大塘、圭塘3个村（经济合作社）群众聚居、人流密集的活动中心、广场摆摊设点，向过往群众发放《中华人民共和国宪法》《中华人民共和国社区矫正法》《扫黑除恶专项斗争应知应会宣传手册》《疫情下的法律知识》等与群众生活密切相关的法律法规宣传资料。圭塘司法所法治宣传小组到街边各门店、各户，向群众免费发放宣传资料，并解答法律咨询。活动共发放各类宣传资料600余册，提供咨询50余次。（吴 伟）

【区领导调研圭塘街道】2020年1月16日，雨花区委常委、政法委书记王明玖，区人大常委会副主任李劲松，区政协副主席廖云伟，区政府副调研员肖集林等一行调研圭塘街道经济社会发展工作。街道党工委书记肖向东汇报街道2019年工作完成情况和2020年工作思路。街道工委副书记、办事处主任刘明生重点汇报项目建设和拆迁工作的基本情况和个案问题。廖云伟指出，圭塘作为区治所在地街道，路网、学校等基础设施建设要主动对接，要在提升工作品质方面多下功夫，要发挥好人大、政协代表的作用。李劲松要求，街道要在党建引领、聚焦发展、奋力攻坚、建设特色“三街”方面进一步着力发力。王明玖强调，强化党建引领，做实“红管家”党建品牌；聚焦发展主线，做好规划设计、产业布局、帮扶项目建设、优化营商环境工作；创新社会管理，打造综治信访、安全生产方面的品牌；突出改善民生，提升群众的获得感、幸福感、安全感。9月27日，王明玖、李劲松、肖集林督导检查圭塘圭塘街道安全生产大检查大排查工作，现场检查红星天铂项目工地，听取项目负责人介绍工地情况，询问项目“一会三卡”制度落实情况和员工开展安全培训等情况，指导隐患整改工作，要求单位高度重视，以从根本上消除事故隐患。（吴 伟）

【人大代表调研垃圾分类工作】2020年6月4日，雨花区圭塘街道邀请辖区范围内市人大代表、区人大代表调研小区垃圾分类工作。代表们查看省环保厅宿舍“小蓝屋”、文化展厅和雨花家园小区垃圾分类集中收集点等，听取2个小区垃圾分类工作情况介绍。在雨花家园社区召开座谈会，听取街道垃圾分类工作情况汇报；反馈调研情况，提出工作建议。（吴 伟）

【红星·天铂项目】红星·天铂位于湘府东路与体院路交汇处东北角，东临京港澳高速，南靠湘府东路，西至体院路，北接杨子路，该地块系长沙市土地储备中心储备1号、2号用地，地处长沙高铁新城板块，总地价24.88

亿元，预计项目总投资约80亿元，分三期开发，项目占地26公顷，建筑面积约70万平方米，包含10万平方米集购物、餐饮、休闲、娱乐、生活、运动、儿童七大主题于一体的大型高端时尚体验型商业综合体爱情海购物公园、10万平方米高端公寓及写字楼，50万平方米品质住宅。2020年5月3日，红星·天铂项目营销中心开启，建筑面积98~120平方米纯板式品质华宅和建筑面积125~163平方米纯板式公园洋房正式面市。（吴　伟）

【雨花实验小学改扩建项目完成】 雨花区雨花实验小学改扩建工程项目位于长沙市雨花区体院路6号，包括新建教学楼A栋和老教学楼、暂不拆教学楼的装饰装修。2020年12月底，新教学楼A栋基础主体分部验收（建筑面积5563.80平方米），装饰装修工程基本完成；老教学楼、暂不拆教学楼进行装饰装修并交付使用。（吴　伟）

黎托街道

【概况】 长沙市雨花区黎托街道位于长沙高铁新城核心片区，是长沙东大门入城口，东面、北面为浏阳河环绕，南邻东山街道、圭塘街道，西与高桥街道隔圭塘河相望。沙湾路、京港澳高速、花侯路、雨花大道、长沙大道（机场高速）、劳动路、曲塘路构成四纵三横的交通主干道路网，区位优势明显。2020年，街道辖广益、东澜湾、体育新城、黎锦苑、幸福里、明城、阳河7个社区居委会，潭阳、川河、合丰、粟塘4个社区筹委会，花桥、大桥、平阳3个集体资产管理委员会。街道总面积15.5平方千米，辖区人口5.6万人，其中，常住人口3.5万人，流动人口2.1万人。

2020年，黎托街道围绕“聚焦发展，奋力攻坚”的工作主题，明确“决战决胜，奋力开创黎托建设发展崭新局面”的工作思路，顶住压力、迎难而上，全面科学统筹疫情防控和经济社会发展，实现经济向好、民生改善、社会和谐的目标。打响黎托街道拆迁清零攻坚战，“百日竞赛”争得先进，全年合法建筑签约278栋，拆除272栋，10个项目或地块清零腾地；两手抓牢安全与稳定，进一步巩固安全防线，信访积案化解取得突破；城市管理提质，城乡面貌发生改变，居民生活品质再上台阶；夯实基层党的建设，党建引领基层治理初显成效，打造批特色党建品牌。黎托街道被评为雨花区“百日竞赛”优胜集体、项目帮扶与红旗帮扶单位、城市管理工作先进单位、脱贫攻坚工作先进单位等。（陈　月）

【街域经济】 2020年，雨花区黎托街道全社会固定资产投资总额完成80.5亿元，其中，房地产投资完成58.5亿元，同比增长28%；城镇固定资产投资完成22亿元，同比增长15.8%。限额以上社会消费品零售总额完成16.9亿元；新增“四上”规模企业6家。引进重点税源企业1家，完成异地税源转化企业8家，世界500强企业区域性总部中铝国际南方工程有限公司，区级税收贡献135.68万元。面对疫情影响，区、街联合成立8个复工复产帮扶小组，下沉项目一线，督促、指导、帮助2144家企业复工复产；加大减税降费、专项帮扶等优惠政策宣传力度，分行业、分社区指导辖区30个项目建设施工单位严格做好防控措施，实现产业项目提前复工，明昇壹城、万科魅力之城、阳光城、东旭国际、浏阳河风光带花桥合丰段、川河段、南雅川河中学等一批重点骨干社会投资项目、重点政府投资项目先后复工。有在建产业项目12个，待建项目3个，其中市级重大产业项目6个。按照市、区两级“百日竞赛”工作要求，推进项目用地督搬督拆、地表附着物清零、协调处理矛盾。长郡明昇中学、花侯路小学、潭白北路、粟塘路、黎托北路、阳青东路等一批民生项目、基础设施项目开工建设。大桥两安用地有2宗商业用地，1宗由运达公司摘牌，项目总投资40亿元，已完成基坑建设，1宗由湖南江右置业有限公司摘牌，项目总投资22亿元，正在进行桩基施工。花桥两安用地由长沙德奥房地产开发有限公司摘牌开发，项目总投资13亿元，开始对外售楼。禧新城、花桥大厦启动建设。合丰两安用地由长沙旺江房地产开发有限公司摘牌，进场启动桩基工程。平阳安置地上报长沙市土地管理委员会。（陈　月）

【城建城管】 2020年，黎托街道全面攻坚征拆清零，加速片区建设，全年铺排拆迁项目17个，应腾地面积130.33公顷，应拆合法建筑402栋，合法建筑签约278栋，拆除272栋，黎托北路、粟塘路、阳青东路、潭白北路、椝梨水文站、片区3号地（粟塘）、片区2号地（花桥）、黎托中学（平阳）项目及地块合法建筑拆除清零腾地；片区8号、9号地项目合法建筑签约清零。另有3个扫尾项目拆除清零。全面提升城区品质，加强动态巡查、常态管控、长效提升，黎托城管工作半年度考核排名全区第一，年度考核为一类单位。提升市容秩序，完成省委交办立面清洗清除建筑物外立面乱象235处；开展乱摆乱设集中整治行动26次；拆除新建违建44处，约600平方米；整改沪昆铁路及武广高铁沿线11处隐患；集中执法整治82家物流门店“三合一”问题；省环保督查“回头看”期间，成为全区唯一“零投诉”的街道。150余次重大线路保障及迎检任务，做到“零失误”。近2万条数字化案卷，结案率和按期结案率均达到100%，做到“零扣分”。推进生活垃圾分类工作，建立排名评比、督查通报机制，更新两分类容器标识4000组，创建3个生活垃圾分类示范小区。落实常态化环保监管，强化源头管控确保问题不反弹，组织巡查执法行动138次；处置焚烧污染事件4件，渣土扬尘污染事件93起，扣车83台，罚款26.5万元；引导7家企业完成锅炉低氮改造24台；落实中央环保督察工作，在机场高速新华都万家城沿线设置噪声屏。落实河长制工作，配合完成区防汛抗旱指挥部在潭阳洲组织的2020年防汛应急演练；确保7月份汛期三级、四级响应和整个汛期度汛安全；开展集中打击非法捕捞、禁捕行动50余次，收缴非法捕捞工具30套。提升文明水准，完善新时代文明实践所、站建设，打造市、区示范站点，举办省、市文明创建活动3次。黎托

街道被评为全区城中村改造一类单位，被评为项目建设“百日竞赛”红旗单位。（陈 月）

【社会治理】2020年，雨花区黎托街道加强排查整治，确保街区平安。抓住安全宣教与安全监管，开展安全生产月系列宣传，承办区安全宣传咨询日活动、安全生产法宣传周活动。压实各级各类安全生产责任，检查生产经营单位1581家次，行政执法检查84家次，整治隐患74处，对16家企业单位罚款1.44万元。开展烟花爆竹和危化品领域排查20余次，“打非治违”行动6次，收缴各类烟花鞭炮151件（条）。对全街42个小区进行以“八清”为重点的消防安全隐患摸排，开展打通小区消防救援生命通道专项工作，举办消防安全宣教进小区活动12场次，组织消防应急演练32次。开展校园食品、保健食品等专项检查整治，成立冷链食品疫情防控工作专班。推进“四重攻坚”，党政班子成员包案负责，坚持“一案一策”“一案一个专班”妥善处置各类群体矛盾，对大桥半边户群体、粟塘农贸市场、茂华国际湘等涉及群众面广的问题，提前主动介入，积极组织民主协商，分类解决利益诉求。开展扫黑除恶、打击传销工作，组织各类宣传、专项排查、联合整治等20余次，开展4次涉传线索摸排活动，驱逐遣散传销团伙2个。加快推进县域警务建设，辖区刑事发案率明显下降。广益社区、黎锦苑社区和潭阳社区被评为雨花区“三零社区”。（陈 月）

【民生事业】2020年，雨花区黎托街道完成川河苑剩余房源分房，组织3154套房源集中交房。全年城镇新增就业1440人。对22家工地开展治欠保支专项督查，及时调解农民工工资纠纷52起，追回工资1000万余元。加强校外培训机构治理，取缔无证办学机构9家。社会保险、困难帮扶、卫计健康等工作有序推进。完善新社区软硬件配备，阳河、明城、幸福里3个新社区运转顺畅。推进物业管理改革，13个小区成立业委会，以京武浪琴山小区为示范推广住宅小区物业管理和服务标准化建设。深化网格化治理，完善“1+4”网格员队伍与“微网格”建设，采集处置18285条案件，结案率100%。强化政务服务，“一网通办”平台办件2010条。决胜脱贫攻坚，联点帮扶的新田村贫困户全部实现高标准脱贫。（陈 月）

【基层党建】2020年，雨花区黎托街道强化党建引领。全街成立小区党支部16个，运达小区党支部创新建立智慧党建模式，广益社区实现小区党支部全覆盖。培育壮大“两新”党组织，运达商圈楼宇党建逐步成熟。加强党性学习教育，开展党工委理论学习中心组学习12次，举办党员集中轮训班培训，开展理论微宣讲活动50余场。吹响全区“街镇吹哨、部门报到”第一哨，力促嘉华路、嘉兴路、嘉胜路环境提升。推进换届选举。对14个社区（筹委会）、集资委开展综合分析，为换届选举提供重要参考依据。探索党建引领下的多方联动治理体系，推广“党建＋网格化”管理，新成立小区党支部8个。广益社区实现党的组织全覆盖，9个小区党支部携手成立“红色议事厅”民主协商新载体，不定期邀请各方商议大事、实事、难事，解决三江花中城小区监控系统改造工程等民生实事27件。幸福里社区推出“双网双带”治理与服务模式，同步推进党组织与网格的微化、细化，以党员带网格、带社团，动员辖区单位、物业、社会组织、里长、楼栋长等自治力量，丰富居民精神文化活动，提升基层治理效能。东澜湾社区打造“党群E家”智慧党建，开发线上小区治理服务平台，建立社区居民大数据库，推行模块式清单服务；充分发挥党员人才优势，小区党支部与业委会、物业企业等“双向进入，交叉任职”。以清单式任务分解夯实党风廉政建设“两个责任”，党工委会议专题研究6次。紧盯疫情防控重点，抓住节假日“四风”问题易发节点，开展督查50余次。结合街道拆迁安置、“三资”管理等重点领域，开展廉政谈话与廉洁教育。严肃查处一批违法违纪案件，立案查处9件9人。将意识形态纳入党工委重要议程，召开专题调度会20余次，开展意识形态培训和调度会5次。积极挖掘各类先进典型，新闻媒体报道100余篇，省市媒体多次报道街道防疫工作等典型事迹。加强舆情处置，正面应对、处置化解网络舆情58件。（陈 月）

【疫情防控】2020年，雨花区黎托街道抓严抓细疫情防控，紧急铺排调度，1月27日（大年初三）街道、社区全员到岗，党政领导坐镇联点社区，社区“两委”蹲守一线，在全区率先把力量下沉，在全区率先封闭农安小区，在全区率先抢购防疫物资。黎托街道在《雨花区疫情防控工作报告》中，以总分88.46排名全区第一，并在多个单项中排名第一。坚持查人控人，全街42个居民小区，入户排查60057户。协调联动，紧急设立、有效保障雨花区花桥国防教育基地3号集中隔离点。坚守雨花收费站疫情检查监测点，成立全区首个疫情防控临时党支部，检查过往车辆7万余台次。坚持常态化防控不松懈，全面落地核实中高风险地区、境外等返长沙人员，建立台账、分类管理。摸排境外归国中国公民（含港澳台）459人，境外到长沙外籍人员36人，大数据核查4172条。发布防疫温馨提示24007份。全街常住人口35797人，健康码注册率97.24%。坚持督查指导生鲜冷链、重点行业领域疫情防控。（陈 月）

【百日竞赛】2020年，雨花区黎托街道抓好疫情防控，打响“百日大攻坚”。强势推进项目用地督搬督拆、地表附着物清零、协调处理矛盾，全年铺排拆迁项目17个，合法建筑签约273栋，拆除249栋。黎托北路、粟塘路、潭白北路、片区3号地、黎托中学5个项目，为省、市重点项目，雨花区百日大会战项目，共征地面积约9.9公顷，榘梨水文站项目征地约0.46公顷。黎托街道贯彻阳光拆迁政策，保障拆迁群众利益，深入细致做思想工作，讲政策、算细账、论得失、解心结，6个项目同步启动第一阶段签约，截至5月10日，完成53栋合法建筑签约，黎托北路、粟塘路、潭白北路、片区3号地、榘梨水文站5个项目签约清零，为重点道路项目施工建设提供有力保障。全力确保“两校五路”等18个重点项目施工环境，长郡明昇中学、花候小学、潭白北路、粟塘路、黎托北路、阳青东路等一批民生项目、基础设施项目开工建设。抢抓时机推进复工复产。8个帮扶小组下沉帮助指导辖区2144家企业或门店复工复产，加大减税降费、专项帮扶等优惠政策宣传力度。强化协调服务重大产业项目，优化营商环境，全街经济发展平稳复苏，固定资产投资总额全区第一。黎托街道被评为区“百日竞赛”优胜集体。（陈　月）

【脱贫攻坚】 雨花区黎托街道持之以恒奋战三年，自2017年5月联点跳马镇新田村开展精准扶贫，对口帮扶19户49名扶贫对象。坚持党政班子“一对一”联点帮扶，清楚每户家庭情况，厘清每户帮扶思路，打好产业扶贫、消费扶贫、教育扶贫等“组合拳”。发动辖区企业、社会力量参与扶贫，先后募集、自筹70万余元扶贫资金，累计消费扶贫12.7万余元，在社会扶贫网注册、帮扶资金投入、消费扶贫购买等多项工作完成上，稳居全区帮扶单位之首。2020年，实现联点贫困户人均收入18411元的高标准全部脱贫，代表湖南接受国家统计局视频连线，完成国检普查，湖南省实地考核和长沙市督导。黎托街道被评为雨花区脱贫攻坚工作先进集体。（陈　月）

【社区（筹委会）党组织换届】2020年，雨花区黎托街道做好各项准备工作，组织专门力量对11个社区（筹委会）深入开展调查摸底，做到“五个清楚”（基本情况清、党员群众思想状况清、村级班子现状清、影响换届选举因素清、村级换届经验教训清）。成立换届选举领导小组，建立党政班子成员联点指导负责制，由班子成员带领分管大办进驻社区指导、协助开展换届选举工作。街道、社区分级召开动员大会，统一思想行动；召开党小组会、党员代表会等，对党员逐一进行通知，确保党员知晓，保障党员民主权利。学习、严格执行各级文件要求，组织全街性换届选举培训会5次，成立专门业务指导组，向各社区（筹委会）印发操作手册，确保业务熟悉、流程规范；建立“三审”机制，严格把关核对各类文稿；对党员大会等关键节点进行预演排练，保证工作严谨有序。严肃选举纪律，下派风气监督组对各社区（筹委会）进行明察暗访，深入开展纪律教育，印发张贴“换届工作6条纪律禁令”，组织全体候选人预备人选集体谈话，签订纪律承诺书58份。12月23—24日，各社区（筹委会）组织召开党员大会，进行换届选举，全街11个社区（筹委会）党组织顺利完成换届选举，选优配强党组织班子，选举产生党组织委员58名。（陈　月）

【疫情防控临时党支部】 2020年1月26日，雨花区黎托街道联合区交通运输局、区卫生健康局、区交警大队、城管等部门在雨花收费站设置检查站，主要负责高速出入口设卡、严查严控过往车辆、防控发热病人、处置突发疫情事件等一线工作。1月30日，黎托街道在雨花收费站成立雨花区首个疫情防控临时党支部，做好新型冠状病毒感染的肺炎疫情防控工作，进一步统筹一线工作力量，充分发挥基层党组织战斗堡垒作用和共产党员先锋模范作用，凝心聚力，共克时艰，坚决打赢疫情阻击战。值守期间，100余名党员干部风雨无阻、夜以继日地坚守，劝返湖北到长沙车辆，检查过往车辆7万余台次。（陈　月）

2020年10月31日，黎托街道跳马镇新田村扶贫帮困活动　（陈　月　供图）

【新宇·川和苑保障住房交房】 2020年5月6日—30日，雨花区黎托街道开展新宇·川河苑集中交房工作，该小区位于雨花区红旗路以东、川河路以西、川河中学以南、片区9号地以北，由雨花城市建设投资集团有限公司开发建设，为黎托街道“103号令”拆迁对象的安置保障住房小区。该苑为高层住宅建筑，共有3154套房屋，涉及安置人口3700余人。为确保交房工作顺利进行，雨花城市建设投资集团有限公司组织区征收安置服务中心、施工单位、监理单位、黎托街道办事处、黎托派出所、相关社区等单位部门组成政策解释、宣传组织、现场接待、资料验证等12个工作小组，进驻安置房交房现场。各工作组通力合作、互相配合、责任到位、分工明确，确保交房稳妥有序。（陈　月）

【德奥·悦东方开盘】 2020年7月17日，长沙德奥房地产开发有限公司成功摘牌〔2020〕长沙市046号地块，该地块系雨花区黎托街道花桥两安用地。项目位于长沙市雨花区沙湾路与火焰路交汇处西北角，总占地面积87315.96平方米，总建筑面积373579.38平方米，总户数2260户。11月16日，德奥·悦东方成功实现首次开盘，首开售罄。（陈　月）

【育新第二小学开学】 2020年9月1日，长沙市雨花区育新第二小学建成开学，有11个教学班，27名教师，452名学生，其中包括一年级新生及接收原托溪小学的外来务工人员子女284人。育新二小位于雨花区黎托街道阳青东路，毗邻浏阳河风光带，是育新教育的第一所分校，由武广高铁新城投资配建，占地面积4公顷，设施齐全，环境优美，可容纳48个教学班，提供2400个优质学位。校内建有靖思楼、靖志楼、靖学楼、靖德楼4栋教学楼和靖轩体育馆。操场包括1个7人制足球场，2个完整的篮球场和4个篮球半场，以及300米环形跑道。（范嘉娜）

【构建小学春季开学立体防护网】 2020年，雨花区黎托街道持续抓好常态化疫情防控各项措施，围绕雨花区春季第三批（小学）开学，多方协同构建立体防护网。街道、社区、校园三方联动，认真查找、加固防控薄弱环节，全面摸排师生信息，不断细化防控、应急方案，教学安全、物资保障、宣传教育、校园周边等各方面工作，分工明确，各部门团结协作。多次组织工作调度会，反复强调要持续绷紧疫情防控这根弦，各校通过网络视频、复课指南手册等方式向广大师生宣传校园防疫知识，校园内宣传海报、宣传黑板报、宣传标语随处可见。联合教育、卫生健康、市场监管等部门对校园防控情况进行现场查看，给予针对性指导意见。组织辖区所有小学开展疫情防控实地演习活动，实地模拟教职工、学生入校、上课、课间操、就餐、放学等。加强校园周边综合治理，对校园周边门店进行安全检查，切实整治流动摊贩、违规占道经营等现象，加强校园周边交通疏导，安排专门力量负责开学当天校园周边秩序维护。（陈　月）

【诚信志愿服务活动】 2020年12月29日，雨花区黎托街道"志愿服务新实践 共建诚信新社区"新时代文明实践站"家校社"诚信志愿服务活动在雨花区明城社区枫树山明昇小学举办。活动表演开场舞《昇彩飞扬》、沙画节目《雨花"文明三新""家校社"诚信志愿服务》、情景剧《家校社携手共建诚信社区》、舞蹈《赶牲灵》、诵读节目《凌晨四点半的湘雅路》等节目，在由"全国道德模范"任菲莉领衔出演的情景剧《四季花相伴 生活满诗意》中落下帷幕。活动为明城社区、枫树山明昇小学颁发"雨花区诚信社区建设教育基地"牌匾。活动为长沙市首批专职"雷锋志愿者"颁发聘书。（陈　月）

【消防演练】 2020年6月16日，雨花区黎托街道举办全国安全宣传咨询日宣传活动，高桥消防救援站、黎托派出所、体育新城社区联合在黎托街道辖区保利MALL商场组织开展"消防疏散防恐防爆演练"。活动模拟演练商场发生火灾烟雾情况下的疏散逃生、持刀抢劫、救助伤员等应急处置。模拟演练现场，商场突发明火并产生大量烟雾，火势呈蔓延趋势，商场员工第一时间按下手动报警器并发出求救信号，商场救援队携带灭火器赶往现场，并立即向消防部门请求支援，及时疏散场内人员，商场救援队与消防工作人员协作灭火，消除火灾威胁。趁大量人员逃生避险的混乱状况，一楼金器店发生持刀抢劫，商场立即启动防恐防暴应急处置程序，同时拨打报警电话，防恐防暴处置组第一时间赶赴现场，与公安机关工作人员一起制服歹徒，成功化解险情，演练活动成功。消防指导员讲解及实际操作展示灭火器使用方法，现场近百家商户员工依次在消防指导员的引领下进行灭火实战演练。（陈　月）

【消防宣传】 2020年11月9日，雨花区黎托街道联合区消防救援大队、黎托派出所、东澜湾社区、湖南运达实业集团有限公司等单位在运达中央广场开展"关注消防、生命至上""119"消防宣传月活动，普及消防安全知识，提升广大人民群众的消防安全素质，推动辖区居民关心、重视、参与消防活动。展示消防知识展板4块；设立消防知识咨询台，摆有各种消防器材和消防宣传资料，消防志愿者向居民群众详细讲解预防火灾、遇到紧急情况处理、报警、消防器材使用等知识，发放宣传册800余份。高桥救援中队出动消防救援车辆2台，指导和协助运达中央广场组织大楼内的商贸公司开展应急逃生演练。现场参与活动1000余人。（陈　月）

【安全生产部署】 2020年12月9日，雨花区黎托街道组织安全生产工作部署会议召开，推进安全生产专项整治三年行动，确保春节前后安全稳定。会议组织学习《全省安全生产紧急视频会议精神》《当前全省安全生产形势通报》《在全市安全生产工作例会上的讲话》等文件精神，部署强调全街冬季安全生产大排查工作；解读《黎托街道2020年今冬明春火灾防控工作方案》，安排部署火灾防控工作。区消防救援大队参谋卢少华从高层建筑检查、消防通道安全检查、微型消防站建设、9类消防安全突出风险检查标准及方法等方面进行业务指导与培训。街道党工委副书记、办事处主任段灿军强调，要守住安全生产底线工作，提高政治站位；各行业部门、行政执法部门、社区网格力量要协调联动形成合力，把力量发动起来；增强宣传教育；抓好安全生产大排查工作，责任与任务要落实到各个单位、重点部位；确保整改闭环，各单位要制定工作方案，明确责任人员，确保工作效果。黎托派出所及相关驻街站所队负责人，街道各大办主任及安全专干，各社区（筹委会）、集资委主任及安全专干，派出所户籍民警参加会议。（陈　月）

【新闻宣传研修】 2020年，雨花区黎托街道成立"金钥匙"新闻宣传研修班，秉着提升基层工作人员综合素质的开班宗旨，通过精品培训与实践活动的主要形式，按照端正态度和主动参与的基本要求，通过新闻研修班"金钥匙"，打开"金笔杆""金点子""金话筒""金镜头"4个素质提升之门，培养一支综合素质高的宣传队伍。拟每月围绕4个主题开展1~2次活动，组建学员"学雷锋·金钥匙"服务队，开展理论宣讲、经典诵读、摄影摄像、活动策划等志愿服务活动。12月28日，黎托街道首堂"金钥匙"新闻宣传研修班课程——手机摄影知识讲座在街道开讲。湖南省摄协事理、省摄协培训中心执行校长刘永新授课。刘永新从手机性能、拍照模式、拍摄技巧、题材选择、图片选取等方面对摄影知识进行讲解，同时结合实例，带领学员现场进行实际操作。街道、社区“金钥匙”新闻宣传研修班的专职学员、特邀学员，以及网格巡查员、其他摄影爱好者50余人参加。（陈　月）

洞井街道

【概况】 长沙市雨花区洞井街道是长株潭“两型社会”建设的前沿阵地、“生态绿心”区域和三市一体化的“功能纽带”，东连武广新城，西通湘江生态产业经济带，北融红星商圈，南接雨花经济开发区，是长沙新南城的东南门户，雨花区新的增长极，区位优势得天独厚；京港澳高速、万家丽路、韶山路、绕城高速、时代阳光大道、湘府路“三纵三横”的路网覆盖全街，长株潭城际铁路在辖区设置汽车南站、湘府路两个站点，地铁5号线经辖区，综合交通体系成型；全域青山绿水环绕，坐拥省森林植物园，圭塘河风光带。街道辖区总面积22.3平方千米，2020年，街道辖高升、新城、商贸城、丰园、新裕、湘天、植物园、南庭、龙庭、歇马亭、星苑、天际岭、仙岭、天华荟14个社区，牛头、洞井、桃花、和平、鄱阳5个社区筹委会，天华、板塘2个经济合作社。有商住小区96个。总人口22万余人。辖区有长沙汽车南站、洞井商贸城、红星糖酒城、雨花五金机电大市场、长沙设备交易中心等流动人口密集的大型场所。

2020年，洞井街道围绕“强化党建引领，深耕基层治理，推进高质量发展”工作主题和“全面建设实力美丽幸福新洞井”工作目标，攻坚克难，奋力作为，积极克服新冠肺炎疫情带来的不利影响，完成各项目标任务。街道被评为长沙市综治红旗等次街道。丰园社区被评为湖南省两型示范单位、长沙市和谐社区示范精品社区，获评长沙市学雷锋志愿服务项目大赛银奖；天际岭社区被评为长沙市两型示范单位；高升社区被评为长沙市开放式社区物业服务工作示范社区。丰园社区专职工作人员易丹丹被评为全国民政系统抗击新冠肺炎疫情优秀城乡社区工作者。（石梦霞）

【街域经济】 2020年，雨花区洞井街道完成财税收入11.56亿元、固定资产投资60.88亿元、社会消费品零售总额7.84亿元、营利性服务业收入完成8.17亿元。全街产业项目20个，其中市重点项目2个。实行联点领导负责制，全体党政班子成员联点项目、企业，全面走访，专题调度，解决企业困难问题28件。恒大金融广场、中海珑庭、长房明宸府、湘府熙园等重点项目建设顺利推进。通过驻企帮扶、困难化解、政策兑现等措施，推动企业复工复产，在全区“大干一百天　实现双过半”竞赛活动中获评优胜单位。新增规模以上企业13家，新引进重点税源单位1家，转化异地纳税单位52家。高升社区复地星光天地成为“夜经济”消费新的主力军。电网“630攻坚”项目完成4个高压塔基建设、洞井110千伏变电站工程以及李洞、高升、荷叶冲变电站选址工作；完成5G基站选址建设任务、第七次全国人口普查及鄱阳、牛头2个农贸市场“微改造”；打击传销、非法集资等违法犯罪行为，防范化解金融风险。（石梦霞）

【城建城管】 2020年，雨花区洞井街道助力推进红星片区城市更新，润置雨花房地产开发有限公司与天华村签约“红星项目首开区天华村片区合作开发协议”，华润万象生活、华润康养签订产业进驻意向书。裕天国际商汇中心及板塘储备地代拆项目实现拆迁清零，城投6号地、城投12号地、板塘储备地、鄱阳生产安置用地实现清表腾地；高升路项目完成结算交地；豹塘路、双塘路、林科路（北）项目进场施工。维护好地铁5号线、湘府路快速化改造、先锋路等重大项目的施工环境。完成高铁、高速沿线环境整治任务。空气质量优良天数263天。依法处置违规燃放烟花爆竹、焚烧垃圾行为7起。开展省植物园和汽车南站周边环境综合整治、重点开展洞井路交通问题顽瘴痼疾整治。落实“河长制”要求，加强圭塘河流域综合治理，发现并整改问题33个，确保年均水质达到Ⅳ类标准，禁捕工作常态开展；拆除违法建（构）筑物11150平方米；办理各类行政处罚案件372起；受理并办结环保督察件56起；签订“长沙市门前市容环境卫生责任书”2008家，处置数字化案卷13811件；各物业小区已实现垃圾分类全覆盖。科学划定网格21个，立案25195件，全部办结完毕。（石梦霞）

【社会治理】 2020年，雨花区洞井街道探索新时期城市基层社会治理的方式和路径，靶向聚焦社区，全面推动共建共治共享社区网格治理新格局。开展城乡社区治理创新培育，探索形成“五聚”（聚共识、聚人心、聚智慧、聚力量、聚正气）“四方五共”（政府、群众、企业、社会一起共商、共识、共建、共享、共担）“四社联动”(社区、社会组织、社工、社会力量)等基层治理工作法。坚持党建引领基层网格化治理，成立基层网格化治理领导小组，把网格化工作作为街道党工委会议研究事项。加大“街道吹哨、部门报到”工作机制推广力度，落实组长吹哨、人员应哨的工作模式。按照“街巷定界、规模适度、无缝覆盖”的原则，科学合理划分网格、配齐人员，探索形成“一格一长一队伍”网格管理工作方法。辖区21个社区网格、162个单元网格，街道选优配强专职网格巡查员队伍，各社区“1+4”的网格人员架构全部形成，并投入到网格工作中。突出抓好“三零”社区创建和平安街道建设，综治民调排名全区第二，成功创建“三零”社区11个。党政班子成员带队认真开展化解突出信访问题“百日攻坚”活动，15起重点信访问题和矛盾纠纷化解、稳控到位，妥善处理不稳定事件111起。检查安全生产1280次，督促责任单位对检查发现的问题及时整改到位；开展防灾减灾、消防演练、宣教培训活动85场；推进标准化班组创建28家；组织三年专项整治，开展“打非治违”行动24次，行政处罚2.4万元；开展智慧安全、智慧消防推广，为老弱病残、独居老人、贫困低保户等重点人群安装独立式烟感火灾探测报警器76个。推进新时代县域警务工作，洞井社区筹委会通过“平安智慧视频”平台建设，安装高清可通话摄像头268个，刑事发案率大幅下降，助力案件侦破效率提升、矛盾纠纷有效解决。探索“表明身份、集中人员、现场取证、谈话笔录、认领资料、训诫教育、查封房屋”的打击整治传销“七步工作法”等有力措施，组建专门打传队伍，组织开展打击整治传销行动41次，清查涉传窝点45个，训诫清退涉传人员162人。（石梦霞）

【民生事业】 2020年，雨花区洞井街道严格落实疫情防控责任，通过上门入户、电话联系等方式，排查房屋99475户。常态排查冷链物流仓库等重点场所，严格落实重点人群分级分类管控措施。安排6名工作人员脱产驻点、筹集30万元专项经费支持跳马镇冬斯港村精准扶贫工作，21户58人全部脱贫，在迎接国务院脱贫攻坚普查中，建档立卡户的满意度100%。帮扶城市特殊困难群体8批5项157人，发放救助帮扶资金49.2万元。登记失业人员就业人数600人，困难人员再就业275人；新增城镇就业1400人，新参保灵活就业人员养老、医疗保险1338人；居民医保缴费人数25542人，城乡基本养老保险缴费金额109万元。大病救助45人253566元；临时救助16人17万余元；发放居民低保2804户3982人227万元，发放特困居民低保484户408990元，处理低保疑似违规预警信息120条。完成免费孕前优生检测156对，适龄妇女“两癌”筛查820人；完成六项奖扶对象资格审查1731人次，发放各类扶助金170万余元，完成37户计划生育家庭特别扶助家庭家庭医生签约。发放困难残疾人生活补贴1901人次228120元，重度残疾人护理补贴1744人次139520元。新建植物园社区等4个居家养老服务中心。调处农民工维权纠纷23起，追回拖欠工资156万元。指导3个小区依法依规依程序完成业委会换届选举，2个小区新成立业委会，4个小区推进业委会换届选举，引导推荐符合条件的社区“两委”成员、党员通过法定程序进入业委会。桃花苑安置19套房屋15户28人；发放延期过渡费26.66万元。指导洞井社区筹委会分配房屋34套、安置65人，郡阳社区筹委会分配房屋12套、安置17人。推进牛头社区筹委会等单位的“两安”项目建设，启动郡阳生产安置地开发建设，指导桃花社区筹委会启动“两安”用地招商。牛头社区筹委会和桃花社区筹委会“60号令”拆迁农民的医社保问题得到有效解决。新增公办幼儿园12所，其中开园4所，签订委托公办协议8所。2家无证培训机构处置到位。完成文明创建迎国检各项目标任务。承办市、区级活动9场。丰园社区“星星点灯”文明实践项目，在全市学雷锋志愿服务文化节中获得银奖。全街各社区筹委会均纳入城中村改造范围，天华、板塘2个单位实现社企分离。省植物园免费开放，汽车南站综合交通枢纽、地铁5号线投入使用，居民生活更加幸福便捷。街道新时代文明实践所下设20个文明实践站，有注册志愿者1000人，积极传播新思想、弘扬新风尚、推动新实践，成为全区唯一的市级新时代文明实践所。丰园社区“星星点灯”作为新时代文明实践站特色品牌，成为全区唯一进入市级复赛并获得银奖的项目。（石梦霞）

【基层党建】 2020年，雨花区洞井街道全面加强基层党建和人才工作，落实“不忘初心、牢记使命”主题教育制度，党员分类管理制度全面推行，“五化党支部”建设实现100%；落实“街乡吹哨、部门报道”制度，促推郡阳生活安置项目完成、生产安置项目启动；举办4期党员轮训。全面摸排五类人才共49人，打造高升金典楼宇人才服务站。社区“两委”换届选举平稳推进，依法依规依程序完成19个社区（筹委会）“两委”换届选举，选出“两委”班子156人。接受市委第五提级交叉巡察组的巡察，对巡察组指出的问题立行立改，落实到位；配合区委巡察组完成12个社区（筹委会）的巡察工作，督促及时整改问题，形成长效机制。开展疫情防控、换届选举等作风纪律专项监督60余次，运用监督执纪“四种形态”，开展提醒谈话450余人次。处置信访件18件。完成506名监察对象的信息采集。处理问题线索9件，处分党员干部6人，给予开除党籍处分2人。开展党工委中心组理论学习16次，组织中共十九届五中全会精神等内容宣讲23次，选拔1名优秀干部参加湖南省学习达人挑战赛。聘请26名宣讲员组建“雨花时代先声”理论宣讲队伍，开展宣讲活动52场。建立健全意识形态工作责任制，监测互联网舆情869条，妥善处置舆情112起，在主流媒体刊登宣传报道178条。主办会办建议、提案7件，代表、委员的满意度100%。组织人大代表开展社区公共服务情况调研、垃圾分类专项评议。组织政协委员就助残、助学等工作，进行民情走访，广泛听取和收集群众建议。公开政府信息151条，处理批示批办件18件，领导信箱投诉件166件。市民服务热线工单3700件，按时办结率100%，回访满意率98.1%。“最多跑一次”改革实现一次办事项95%，网上办事项100%，优化帮代办服务。（石梦霞）

【党建述职】 2020年1月10日，雨花区洞井街道2019年度社区（筹委会）党组织书记履行基层党建和意识形态工作责任述职评议大会召开。街道党工委副书记、人大工委主任文健雄主持会议，领学中组部最新印发的《党委（党组）书记抓基层党建工作述职评议考核办法（试行）》，并要求各社区（筹委会）书记会后组织党员干部集中学习，在工作中积极落实党建重点工作任务，推进基层党组织建设，加强党支部建设和党员队伍建设。20位社区（筹委会）党组织书记从2019年党组织书记抓党建工作落实情况、履行抓意识形态责任情况和党风廉政建设主体情况、2018年度党建工作问题整改情况、当前党建工作问题与不足及2020年工作举措5个方面一一进行述职，总结2019年履职情况，直面问题，找准症结，明确工作方向和整改措施，接受“随堂考试”，抽取1道理论知识进行问答，全面检测党组织“领头雁”的理论及业务水平。参会人员进行现场民主测评。街道党工委书记张小军对各社区（筹委会）书记述职情况逐一进行点评。街道全体党政班子成员、大办（中心）主任、社区（筹委会）党组织书记、主任及

党建专干、基层党建办全体成员共计90余人参加此次会议。（石梦霞）

【中共十九届五中全会精神宣讲】2020年12月16日，雨花区洞井街道组织全体机关党员干部、各社区（筹委会）书记、宣传专干开展中共十九届五中全会精神宣讲活动，引导广大党员干部群众把思想和行动统一到全会精神上来，凝聚力量落实好全会确定的各项任务。长沙市委党校副教授徐少兵从背景意义，指导方针、目标任务和战略举措，如何将精神落到实处3个方面向大家阐释中共十九届五中全会精神的内涵和意义，宣讲《关于制定国民经济和社会发展第十四个五年规划和二〇三五年远景目标的建议》的重大战略意义。洞井街道党工委书记张小军以《推动党的十九届五中全会精神落地生根》为题讲党课，结合全街的工作实际，从抓好学习传达领会精神实质、深入结合实际严格贯彻落实、聚焦党的领导加强自身建设3个方面宣讲中共十九届五中全会精神，要求全体干部对标任务目标，全力以赴抓好“六保”“六稳”任务落实，确保常态化疫情防控和经济社会发展取得双胜利，完成好年度目标任务，认真谋划好长期发展规划，推动中共十九届五中全会精神落地生根，全面建设实力美丽幸福新洞井。

（石梦霞）

【城中村改造考核验收】2020年1月7日，长沙市人居环境局联合雨花区人居环境局考核验收洞井街道鄱阳村城中村改造工作。考核组现场观摩项目；听取洞井街道汇报鄱阳村在整村拆迁清零、村民生活安置、生产项目开发建设等方面的工作情况，鄱阳村从“有形改造成城区，无形改造变股民，发展经济奔小康”等方面作工作汇报；查阅台账资料。鄱阳村城中村改造工作获得考核组高度好评。（石梦霞）

【裕天项目集中签约】裕天项目是雨花区“三定三抓”重点帮扶项目及红星片区城市更新考核项目，涉及洞井村生产安置地16号栋，拆迁户数9户。该项目关系群众生活安置的重点民生项目，其建设将带动周边配套设施的完善及经济发展，意义重大。2020年，洞井街道按照“百日征拆大会战”工作要求，集中力量，全力攻坚，迅速行动，全面铺排。拆迁指挥部以党员示范为引领，加强征拆力量，宣传和解释拆迁政策、倾听拆迁群众的心声，实行“每日一碰头、每周一调度”的工作方式，做细做实拆迁宣传工作。坚持联动合作，与区征地服务中心、区资规分局等部门紧密配合，与村、组紧密联系、并肩作战，及时掌握和解决拆迁过程中遇到的困难和问题。指挥部充分利用宣传栏、发放征拆政策宣传手册、上门入户宣传等方式有针对性地开展阳光征拆政策的宣传工作，主动为群众做好拆迁服务工作，保障拆迁群众的合法利益。4月14日，裕天项目进行集中签约，项目内9户拆迁户全部签约，提前完成该项目原定6月实现签约清零的任务。（石梦霞）

【合作开发】2020年6月28日，润置雨花公司和天华村正式签署“红星片区城市更新项目首开区天华村片区合作开发协议”，签约合作开发圭塘河植物园段以东及韶山路以西区域红星片区首开区，启动首开区拆迁和开发建设，同步推进圭塘河植物园段规划审批和治理改造。长沙市明确该项目定位“城市更新”和“城市双修”试点示范区，是全市首个城市更新和双修试点示范区。（石梦霞）

【“家国红”百姓春节联欢会】2020年1月10日，长沙市“我们的节日·春节”主题教育实践活动暨“家国红”百姓春节联欢会在长沙市田汉大剧院上演。活动由长沙市文明办指导，洞井街道、雨花亭街道执行。联欢会分为“小家幸福”“社区和谐”“祖国繁盛”3个篇章。其中，小品《到底丢在哪》告诉大家如何正确进行垃圾分类，倡导居民共建城市文明。数百名草根“民星”齐聚一堂，小品、歌舞、戏曲等节目轮番上演，演绎百姓的身边人、身边事，为大家奉上一场“百姓演、百姓看、百姓乐”的“新春礼包”。

（石梦霞）

【“七送”主题活动】2020年1月17日，长沙市“崇德向善迎新春 红红火火过大年”暨“迎新春送吉祥”学雷锋志愿服务“七送”（送春联、送灯谜、送图书、送演出、送非遗、送法律、送健康）主题活动在雨花区洞井街道丰园社区举行，活动由长沙市文明办主办，洞井街道协办，旨在传承和发挥优秀的“年文化”，营造欢乐、祥和、文明的节日气氛，满足市民群众对文化生活的新需求、新期待，提升居民群众的文化获得感、幸福感，丰富广大市民的精神文化生活；弘扬学雷锋的志愿服务精神，倡导移风易俗新风。

2020年1月17日，洞井街道“三零”创建工作会议（石梦霞 摄）

现场分设演绎区、年味区、健康咨询区、趣味运动区和宣传区5个活动区，社区100余名党员志愿者在各个活动区开展志愿服务。（石梦霞）

【骑行智跑活动】2020年6月16日，雨花区洞井街道组织开展“安全出行·平安你我”骑行智跑活动。25位骑士穿着贴有“消除事故隐患 筑牢安全防线”等安全宣传标语的衣服，头戴头盔进行道路交通安全及安全生产月知识骑行宣传，深入辖区沿街门面、居民小区等场所开展“七进”，发放安全宣传手册共计200余份，全面宣传关于交通安全、消防安全、安全生产、食品安全等安全知识。（石梦霞）

【安全生产宣传活动】2020年6月24日，雨花区洞井街道在高升社区开展2020年安全生产月主题宣传活动，社区20位志愿者集体宣读安全倡议书，倡议辖区各生产经营单位、居民群众铭记安全倡议，遵守安全制度，防范于未然。活动围绕“消除事故隐患，筑牢安全防线”主题，设置咨询台10余个，发放宣传资料4000余份；举行事故案例警示学习、安全知识答题互动，解答生活、生产安全问题，全面宣传安全生产法律法规、预防火灾风险等安全知识。展示微型消防站队伍、开展疏散灭火演练，较短时间内有序完成消防力量调派增援、被困人员安全撤离、着火点总攻、余火清理等工作。通过活动，进一步树牢安全发展理念，压实安全生产责任，有效增强应对和防范各类安全生产事故的能力。

（石梦霞）

【灭火技能大比武】2020年12月3日，雨花区洞井街道以第4个《中华人民共和国安全生产法》宣传周为契机联合雨花区应急管理局、区消防救援大队、洞井派出所举办“关注消防、生命至上”社区微型消防站灭火技能大比武活动。比武根据实战需要和季节特点设置原地着装、两盘水带连接出水操、40米灭火折返跑接力、200米物资疏散接力4个项目，展现辖区微型消防队伍过硬的业务技能。通过大比武活动，进一步明确“消除火灾隐患、构建平安家园、提升自防自救、护卫和谐洞井”的工作目标，提高辖区各微型消防站消防员的安全应急意识，提升社区微型消防站义务消防队员的理论、体能、技能素质，全面增强辖区单位应对火灾时的组织、配合、处置和协调能力，推进洞井街道社区微型消防站建设。20支社区微型消防站（含消防志愿者队伍）、120余名队员参加比赛。辖区单位、社区400余人参加。（石梦霞）

【安全生产专项整治三年行动推进会】2020年8月31日，雨花区洞井街道召开安全生产专项整治三年行动推进会。会议传达全国、省、市、区安全生产会议精神，安排部署近期安全生产工作，明确安全生产工作目标，提出树牢安全理念、注重工作实效、建立长效机制的工作原则。会议要求，进一步强化全街消防安全意识，加强安全工作联动，做好消防安全宣传、加强整改等工作，最大限度消除火灾隐患；填报安全生产专项整治三年行动“一情况两清单”（工作开展情况，问题隐患清单、制度措施清单）任务，强化隐患排查和整改落实，重大安全隐患实行清单制、交办制、台账制、销号制、通报制“一单四制”管理，开展隐患整改“回头看”，防止隐患反弹，做到隐患发现一个、整改一个、巩固一个；突出问题导向，补齐工作责任、人员管理、调度督查执法约谈、宣传引导等短板问题。（石梦霞）

【“街道吹哨、部门报道”问题解决工作推进会】2020年，雨花区洞井街道以办好群众家门口的事为目标，以不断创新街道体制机制为突破口，做好“吹哨人”，从“对口吹哨”到“集体报到”，让各类城市管理力量在街道综合下沉、力量聚合，推进项目建设。7月14日，街道组织区民政局、区司法局、区人防办、区农业农村局、区城管执法局、区信访局、区法院、市自然资源和规划局雨花分局、雨花经开区等单位，开展“街道吹哨、部门报道”问题解决工作推进会，研究鄱阳社区筹委会生活、生产安置项目推进过程中重点、难点问题，参会各部门建言献策，达成共识，认为解决项目推进过程中遇到的红线边界、楼隔墙外移、垃圾站建设等问题，要多听取居民建议，各类信息要公开透明，各区直部门各司其职，从业务、政策上给予鄱阳相应的支持。（石梦霞）

【省政府调研残疾人工作】2020年10月19日，湖南省政府副省长朱忠明调研雨花区残疾人工作，了解残疾人相关政策落实和城市无障碍环境建设情况。朱忠明考察洞井街道丰园社区无障碍改造家庭建设、社区公共无障碍设施建设和社区公共服务中心帮扶残疾人就业等有关情况，召开座谈会，广泛听取意见建议。朱忠明强调，要加快推进残疾人相关政策落实和城市无障碍环境建设工作；围绕工作中的短板弱项，着力推动解决一批以前想解决而未能解决的重点难点问题；要主动谋划、深入研究无障碍环境建设工作，尽快纳入“十四五”经济社会发展规划和国土空间、信息化建设等专项规划中来。（石梦霞）

【省禁毒办调研社区戒毒工作】2020年8月11日，湖南省禁毒办常务副主任、省公安厅禁毒总队总队长赵江文等一行10余人调研雨花区社区戒毒工作，考察洞井街道社区戒毒（康复）中心运作情况以及创建全国禁毒示范城市工作情况，与雨花区禁毒委副主任、区政府副区长、区公安分局局长黄健元交换开展社区戒毒（康复）工作意见。赵江文表示，洞井街道社区戒毒（康复）中心运作的模式和机制具有很高的实际操作性，并提出进一步改进的指导性建议。（石梦霞）

【市委巡察动员】2020年9月18日，长沙市委第五提级交叉巡察组进驻洞井街道，开始为期2个月左右的常规巡查。巡察洞井街道党工委工作动员会在洞井街道6楼会议室召开。会议指出，此次巡察的主要任务是坚持以习近平新时代中国特色社会主义思想为指导，认真贯彻全国巡视工作会议、全省巡视巡察工作会议精神，积极践行初心使命，把“两个维护”作为根本任务，聚焦贯彻落实中共理论路线方针政策和中共中央、省委、市委重大决策部署情况；聚焦群众身边腐败问题和不正之风情况；聚焦党组织领导班子和干部队伍建设情况，开展政治监督。市委第五提级交叉巡察组组长陈智恺、副组长李国栋及全体组员，洞井街道党工委全体领导班子成员、在职在编干部、下一级党组织领导班子主要负责人、离退休老干部等参加会议。洞井街道党工委书记张小军主持会议并作表态发言。（石梦霞）

【市委组织部调研基层党建】2020年4月29日，长沙市委常委、市委组织部部长张宏益调研雨花区基层党建工作。张宏益一行参观洞井街道丰园社区社区“一站式”服务平台，听取社区综合服务窗口工作人员讲解办事流程，与工作人员交流减少办理环节、提高服务效率等问题，对基层窗口工作人员近期的工作和生活状况表达关心；与社区书记交谈社区基层党建工作和党员分类管理情况，肯定丰园社区党建引领基层社会治理的“四社联动”模式。雨花区委常委、组织部部长龚畅、洞井街道党工委书记张小军等陪同调研。（石梦霞）

【省植物园免费开放】2020年1月1日，湖南省森林植物园“省市共建，免费开放”启动仪式举行。省政府副省长陈文浩宣布活动正式启动并致辞，省林业局党组书记、局长胡长清，长沙市委副书记、市长、湖南湘江新区党工委书记胡忠雄，市委常委、市委秘书长廖建华参加启动仪式。陈文浩在致辞中表示，近年来，省委、省政府深入贯彻习近平生态文明思想，坚持生态优先、绿色发展，全面推进生态强省建设，施行“省市共建免费开放”，既符合国家政策方针，又符合人民需求。根据安排，省植物园将加快景区科学定位，进一步优化功能，加大收集保存珍稀濒危植物力度，强化科研科普功能。稳步提升园区生态质量，更新提质园内管理服务等基础设施建设。（石梦霞）

【长沙汽车南站试运营】2020年1月1日，长沙汽车南站综合交通枢纽试运营开业仪式举行。长沙市委副书记、市长、湖南湘江新区党工委书记胡忠雄出席并宣布试运营开业。市委常委、市委秘书长廖建华主持。原在长沙汽车南站过渡站发班的客运车辆、始发的公交车辆，均搬迁至长沙汽车南站综合交通枢纽（龙骧·汇金时代）始发。胡忠雄一行深入汽车南站综合交通枢纽售票大厅、候车大厅等地，体验新推出的市际临时班车服务，详细了解客运安全保障等相关情况。胡忠雄要求要严格压实客运场所安全生产的主体责任和监督责任，深入排查治理各类安全隐患，提升人员安全生产意识和技能，切实提供优质服务，确保人民群众安全出行、便捷出行。

（石梦霞）

【长沙京师律师大厦挂牌】2020年8月22日，长沙京师律师大厦正式挂牌成立。京师律师大厦创造性地设计出24小时专业图书馆，打造以法律书籍为核心的知识场所，将专业化作为律所发展的核心，该大厦包括党建活动室、模拟法庭、一站式服务大厅、多功能会议室及报告厅、律师休闲功能区、母婴室、工会活动室等区域。作为京师在湖南省设立的第一家分所，极大增强京师在我国中部地区，法律资源的整合能力和品牌影响力，对于京师全国法律服务网络战略布局具有重要意义。（石梦霞）

【复地星光天地开业】2020年10月1日，复地星光天地开业。复地星光天地聚焦城市社交生活需求，主打“南城24小时社交生活首选地”概念，以时尚潮流零售品牌、酒吧、餐饮、儿童教育等丰富的业态及多元的文化体验场景形成24小时不打烊的商业布局，携手德思勤、高升星光天地，打造出长沙南城首个24小时全开放街区商业。活动由长沙市商务局、雨花区政府主办，雨花区商务局、洞井街道办事处、井湾子街道办事处承办，区委副书记、区长刘素月出席活动，副区长易静致辞。（石梦霞）

【交流学习】2020年4月15日，株洲市云田镇到雨花区洞井街道考察交流，学习农民生产安置用地开发建设及村级集体经济经营发展工作经验。考察团实地参观鄱阳村红星美凯龙、高升村复地星光城市综合体、高升金典商务楼宇、和平高层生产安置小区等，详细了解各村农民生产安置和村级集体经济经营发展现状和基本情况，座谈交流农民生产安置用地开发建设及村级集体经济经营发展的基本情况、主要做法、困难和问题等，探讨农民生产安置用地、开发建设村级集体经济经营发展等问题。考察团表示，进一步保持沟通联系，加强交流，助推云田镇农民生产安置用地开发建设及村级集体经济经营发展再上新台阶。

（石梦霞）

井湾子街道

【概况】长沙市雨花区井湾子街道东临圭塘河，西靠韶山路，南至红星美凯龙，北抵香樟路，地理位置优越，扼据长沙东南门户，紧邻湖南省政府新址，距高铁长沙南站6千米、距长沙黄花国际机场25千米，长株潭轻轨、长沙地铁纵贯其间。2020年，街道下辖冯家冲、赤岗岭、三湘、香樟路、德馨园、井湾子、融城苑、红星村、农博、井湘、井圭路、井巷、井旺、湘莲、金盾15个社区，辖区面积9.8平方千米。常住人口近11万人。办公地点设在雨花区井湾路与洞井路交汇处东南角（湖南省煤炭科学研究所院内）。

2020年，井湾子街道围绕“聚焦发展，奋力攻坚”工作主题，以“强党建、化积案、争一流”为工作目标，全力攻坚、连续作战，加力加压、久久为功，交出全年工作的优异答卷。被评为雨花区“2020年生活垃圾分类示范街道”“2020年度乡镇街道统计站目标管理综合考评一类单位”“生态环境保护（“蓝天保卫战”）考核一等单位”；获得“2020年度全省优秀内部审计项目一等奖”。（王诗雨）

【街域经济】2020年，雨花区井湾子街道克服疫情影响，“四上”企业92家、纳税千万元级企业19家全部实现复工。

实现固定资产投资额19亿元；服务业实现10.9亿元，同比增长7.94%；社会消费品零售总额完成40亿元；规模工业总产值实现1.8亿元；新增6000万元以上产业项目3个。挖掘异地税源企业103家；新增软件信息行业企业51家；新增房产清查15万余平方米，清查入驻企业1026家。（王诗雨）

【城建城管】 2020年，雨花区井湾子街道推进步步高星城天地、万科金色麦田等重点项目。完成全街老旧小区、闲置土地摸底工作，建立老旧小区、闲置土地台账，完成德生源农贸市场改造、景湾小区老旧小区改造项目。红星村社区综合文化服务中心、井吐社区金马伦万境幼儿园以及湘莲社区莲湖大厦垃圾站3个项目完成验收。完成省机械化项目西地块一期的扫尾腾地工作，省机械化棚改项目二期148户、三期153户全部实现签约，是全区第一个签约清零的棚改项目，是区唯一一个完成“百日竞赛”棚改项目。投入240万余元，完成阳光在线小区地基下沉、护坡开裂安全隐患整治，三湘小区幼儿园围墙整治、鸳鸯楼护坡加固，香樟家园小区安防设备安装，8个社区电动车集中充电规范点施工等。以国控子站为核心，将全街划分为核心、重点、延伸3个区域，实施分级分类管控，开展垃圾堆物、裸露黄土、露天焚烧、油烟超标、散煤燃烧治理工作，宣传工作，交办工作“511”重点工作整治攻坚战。移送大气污染违法行为4件。日常巡查发现燃煤作业4起；露天焚烧问题28起，协助专项整治5次，查处露天烧烤31起，油烟违规排放问题42起，露天焊接喷漆37起，开展自巡自办21起。办结环保督察主办件6件，处置环保“天天在线”清单57件；在国控子站周边老旧小区安装家庭油烟净化器2904台；巡查各高危污染场所40余次，覆盖裸露黄土3030余平方米；全方位整治规范红星步步高夜市、红星建材交易中心夜市、雨花非遗馆、向阳商业街、莲湖建材市场早夜市规范点；利用城管数字化平台，实时监测38家大型餐饮门店油烟排放情况；迎新路“绿色餐饮示范街”创建成功。清理堆物100余车、牛皮癣200余处、清洗建筑立面10余处、紧密对接共享单车公司、督促并协助维护秩序约1万余台；在洞井路安装U形杆1600根；取缔建设北路露天垃圾站2个；硬化莲湖汽配城南侧面积约2000平方米。全年城管数字化结案率和按期结案率均达到100%。对垃圾分类工作不予配合的物业和门店进行一次约谈，二次整改，三次处罚，处罚物业公司4家、个人8名。“零冲突”拆除计划内、外违章建筑20880平方米。处理“12345”市民热线投诉案卷1589件。制定《生活垃圾分类集中攻坚行动方案》《垃圾分类示范小区创建方案》，对88个小区新采购四分类桶子281组、四分类收集点宣传橱窗88块，发放标准垃圾桶1141套，安装指示牌1141个。完成设置大件垃圾、建筑垃圾存放点30处，实现辖区内88个生活小区湿垃圾分投分运覆盖率100%。每个社区重点打造1个示范小区，逐一抓好工作落实，确保居民知晓率、参与率、投放准确率全面达标。街道重点打造华盛世纪小区，制作并投入使用宣传栏18块、电梯宣传103块、刀旗广告112块、垃圾脚踩开盖94套、新垃圾桶93套；完成“干、湿”投放点底座更换66个，集中集成点改造3个（大件1个、装修2个）、标准四分类3个；拖运垃圾10车、硬化地面200平方米；印制入户宣传资料5000份。（王诗雨）

【社会治理】 2020年，雨花区井湾子街道创新方法全力化解，实现信访积案“减存量，控增量”。严格落实领导包案和“五包一”措施，加大奖惩激励，推动积案化解。在区协调领导小组的调度下，持续抓好融程花园酒店业主产权证办理、红星美凯龙合同续签问题。接待来访群体66批次，召开约谈、协调会32次，调解矛盾纠纷56起，完成网上信访系统交办信访件120件，办结率100%，化解信访积案1起。司法所调解各类纠纷331件，调解成功率98%，履行率100%；开展专项排查30余次，为群众挽回经济损失400万余元。持续扫黑除恶，结合疫情防控多轮“敲门行动”，摸排涉黑涉恶涉乱线索28条，核查办结28条。挂牌成立街道“一站式”工作站，受理案件816件，调解成功312件，涉及标的额超4650万元。抓牢安全生产，安全检查常态化，排查检查企业门店1744家次，排查安全隐患174处，下达责令整改文书36份，实施经济处罚17起，罚款1.7万元，移交严重违法违规案件2起，警示约谈60人。保障食品安全，推进学校“明厨亮灶”改造，建设学校单位食堂视频厨房，实现市区监管平台对接率100%；开展冯家冲农贸市场、德生源农贸市场集中整治，拆除违规挡棚30余个，取缔违规摊点100余个；街道食安工作获得全区8月、9月两个月度第一。抓实退役军人服务，实现再就业帮扶2人，办理社保续缴40余人，悬挂光荣牌2238块。重拳打击传销，对辖区流动人口、出租屋、宾馆酒店等会议经营场所进行摸底排查，登记流动人口信息8458条，出租房屋数3045户，会议酒店12家，开展打传行动7次，捣毁窝点8个，粘贴封条8张，教导劝返传销人员26人。（王诗雨）

【民生事业】 2020年，雨花区井湾子街道有序推进社区换届选举工作，指导15个社区严格依法依规依程序完成第十届居委会换届选举工作，实现社区书记、主任“一肩挑”。全面落实城市特殊困难群体帮扶政策，摸排各类特殊困难群体2112户，帮扶227户，帮扶资金52.78万元，解决部分困难人员的燃眉之急。做好创业就业工作，组织参加第四届“中国创翼”创业创新大赛，获雨花区唯一选拔赛“优秀组织奖”；指导7家优秀初创企业申报创新创业带动就业项目；组织失业人员技能提升培训班9期，培训失业人员782人次。开展“根治欠薪百日攻坚冬季专项行动”，成功协调疫情期间的劳动人事争议3起，为金色麦田项目9名农民工追讨欠薪7.9万元；2个新开工项目，按要求开设农民工工资专用账户。摸排帮扶特殊困难群体227户，帮扶资金52.7万元；慰问困难户889户，发放慰问金49.16万元；发放城市低保1257户99万元；发放特困供养106户9.8万元。新建井巷、香樟路、德馨园3家居家养老服务中心；新建金马伦万境水岸幼儿园、莲湖大厦垃圾站、红星村社区综合文化活动中心等民生项目；完成冯家冲农贸市场提质改造；推进老旧小区电梯加装，报审安装13台。完成NIPT检测976人，产筛848人，新筛977人，耳聋基因976人，0~6岁儿童眼保健3770人，“两癌”筛查1600余人，孕前优生检查150对，围绝经期取环47人，为30余对不孕症夫妇发放爱心助孕卡。街道总出生1069人，其中常住人口出生803人，符合政策生育802人；流入人口出生266人，符合政策生育率262人，符合政策生育率99.53%。办理一孩生育服务登记484本、二孩生育服务登记534本、办理再生育18本、不符合法定条件妊娠14周以上施行终止妊娠手术证明3个。办理老年人优待证101本。计划生育家庭特别扶助对象147人，发放金额160.52万元；计划生育家庭特别扶助发放老年护理补贴对象83人，发放金额19.92万元；计划生育家庭特别扶助（失独）对象医疗补助70人，发放金额7万元；农村部分计划生育奖励扶助对象46人，发放金额44160元：独生子女保健费对象932人，发放金额21.76万元，城市低保户部分计划生育家庭奖励扶助对象12人，发放金额0.72万元。城镇独生子女父母奖励人数6242人，2020年新增奖扶人员235人，政策奖励扶助政策到位率100%。处理违反计划生育法规线索17条，计生法规立案率100%；对违法对象进行现场笔录调查5例。（王诗雨）

【基层党建】 2020年，雨花区井湾子街道紧紧抓牢“强党建、化积案、争一流”主线，推动实现党建工作基础提质、规范提高、品牌提升。新增井巷社区党组织和三湘社区第一离退休支部2个市级示范支部，“五化”达标实现全覆盖。探索“小区党建+社区网格”基层治理模式，推动形成井巷社区“3313”治理经验、融城苑社区“五位一体、四方联动”小区治理模式、井湘社区“我是单元长”、德馨园社区“好人一条街”、红星村社区“红星向党·共享发展”等一批群众认可度高、全省叫得响的党建品牌和“井湾样本”。《人民日报》头版、央视财经频道等央媒报道街道党建引领基层治理事迹，“学习强国”学习平台专题推介融城苑社区、井巷社区基层治理经验，《长沙党建》专题推介井巷、融城苑、红星村3个社区党建引领基层治理经验。井巷社区探索党建引领“3313”基层治理模式，推出“志愿红”“事务蓝”“环保绿”党员分类志愿服务，社区治理经验获《长沙组工通讯》推介，并作为雨花区唯一社区入选“长沙市攻坚克难案例”。党员分类管理试点初见成效，井巷社区被确定为市委组织部联点单位，接受中组部组织一局皮仄郑、省委组织部部长王少峰、市委组织部部长张宏益带队观摩指导并获肯定。实施“红色领航、红色堡垒、红色先锋、红色星火”4大行动，开展理论中心组学习12次，组织“雨花时代先声”宣讲活动30场，举办入党积极分子培训班3期，发展党员18名，吸收入党积极分子100名，发动2126名党员防疫捐款22.4万元。对疫情防控表现突出的4名社区工作人员优先纳入员额管理，将28名社区专职工作者晋升等级年限缩短1年。（王诗雨）

【疫情防控】 2020年，雨花区井湾子街道第一时间成立疫情防控工作领导小组，构建“一把体温枪六个三”的井湾子立体防疫网络。配备72把体温枪，大喇叭10余套，小喇叭146个。组织510名党员到社区报到，发动900名物业工作人员，325名社区志愿者参加抗疫工作。协助解决中建五局援建雷神山医院400余名工人，五矿二十三冶武汉公司88名员工返长的隔离安置问题。坚持依法防控、科学防治、精准施策，加强重点人群、场所管控，全面落实各项疫情防控措施，处理大数据8014条。街道“新型冠状病毒感染的肺炎疫情防控信息系统”数据登记上报情况3081人。实施集中隔离212人，“四包一”1437人。发放中药粉剂639份；组织对武汉到长沙的256人、境外到长沙的170人、对辖区内特殊行业的635名从业人员进行核酸检测，检测结果均为阴性，确保街道无一例新冠肺炎疫情患者，实现零失误、零疑似、零确诊“三零”目标。（王诗雨）

【脱贫攻坚】 2020年，雨花区井湾子街道抓实联点跳马镇喜雨村精准扶贫工作。划分13个具体联点工作小组，抓好贫困户建档立卡、信息采集、公示、录入等工作，全面落实“六个一”活动内容。针对建档立卡24户贫困户的实际情况和发展需求，因户、因地制宜制定养蜂、苗木种植等产业扶贫，养蜂23户69箱，苗木种植2900余株。解决道路硬化、房屋整修、护坡巩固等实际困难16个，完成净水器、热水

2020年1月27日，井湾子街道疫情防控宣传（王诗雨 供图）

器安装、购买电动轮椅等微心愿20个。街道联点扶贫工作顺利通过国家和省考核验收。（王诗雨）

【春节期间重点工作布置会】 2020年1月22日，雨花区井湾子街道召开2020年春节期间重点工作布置会。会议由街道党工委书记龙峥嵘主持，全体党政班子成员，各大办（中心）主任、副主任，各社区主职参加会议。会议传达各级安全生产工作会议精神，布置全街安全生产工作。各分管领导安排部署对值班值守、党风廉政建设、禁燃禁放、垃圾分类、应对极端天气等重点工作。街道党工委副书记、办事处主任陈建良传达中央、省、市、区系列会议精神，强调冬季传染病防控、安全生产、值班备勤、作风建设等工作。党工委书记龙峥嵘要求，坚持精准谋划，贯彻落实上级精神；坚持发展为要，抓好重点工作不放松；坚持稳定为基，确保安全有序；坚持民生为本，做好慰问、帮扶救助等工作；坚持廉洁自律，杜绝“节日腐败”。（王诗雨）

【劳动节前工作布置会】 2020年4月30日，雨花区井湾子街道在井巷社区召开“五一”节前工作布置会。会议由街道党工委副书记、办事处主任陈建良主持。会议集中学习区疫情防控、安全生产、城市管理、“蓝天保卫战”工作调度会议精神，传达4月29日中央政治局常务委员会议精神和省、市相关会议精神，各分管领导就当前重点工作进行阶段总结和再安排部署。会议强调，毫不放松抓牢疫情防控，继续做好“六查”工作，严格“两码”查验，做到精准管控；抓牢安全生产，加大顽瘴痼疾整治力度，落实隐患排查和各项安全保障措施；抓城市管理，全力营造优良出行环境，做好“蓝天保卫战”、垃圾分类、文明创建等工作，展示良好井湾形象；强化应急值守，严格落实节假日值班值守制度。党工委书记龙峥嵘要求，利用节假日剖析检视找差距，及时进行阶段性总结，做到下一步工作有的放矢助跑加速；狠抓落实，压实责任，街社联动，在落实落细上有新招、实招、硬招；廉政过节，值班备勤站好岗，清正廉洁守纪律。（王诗雨）

【公益捐书活动】 2020年1月，雨花区井湾子街道融城苑社区将万象美域小区闲置破烂的架空层，改造成精致精美的小区阅览室“初心书苑”。发出“捐书筑梦”爱心倡议，倡议居民捐赠手中闲置的书籍，节约资源实现共享，循环利用书籍传播知识，开阔居民阅读视野，满足孩子们在书海中畅游的梦想。爱心捐书公益活动持续到寒假结束，捐赠的图书全部送往“初心书苑”，供居民、孩子们阅读。（王诗雨）

【社区垃圾分类宣传】 2020年1月9日，雨花区井湾子街道井巷社区联合邻帮一号通邻帮公益、四有公益，雅境中学50名青少年学生，开展以“绿色生活在涌动·三色马甲齐行动”为主题的垃圾分类宣传活动。身着红色马甲的社区志愿服务队，开展平常卫生清理、巡逻。身着蓝色马甲的志愿者为居民物业服务。通过暑假垃圾分类知识教育培训的雅境中学的50名学生，经过寒假的再次培训后正式上岗，成为井巷社区第一批垃圾分类指导员，身着绿色马甲开展垃圾分类宣传和指导志愿服务。红马甲、蓝马甲、绿马甲，不同的志愿者共同为居民提供零距离服务。（王诗雨）

【安全大课堂】 2020年1月18日，雨花区井湾子街道红星村社区开设“安全大课堂”，传播安全知识，让居民进一步了解安全的重要性，树立安全自我防范意识，提高应急技能。消防专家现场教学常见逃生绳、防烟面罩等应急装备的使用，指点居民操作；新奥燃气工作人员讲授燃气安全知识，讲解快速、准确、预防性地分析燃气泄漏原因，以及采取相应的对策及时预防和控制发生安全事故，保障群众生命财产安全。（王诗雨）

【德馨帮扶爱心年货节】 2020年1月18日，“精准扶贫进社区·连线桑植红土地”德馨帮扶第四届爱心年货节在雨花区井湾子街道德馨园社区商业街“好人好店一条街”举行，活动现场连线桑植县贫困山区，采用线上预定、线下领取的形式，采购桑植绿色、原生态的特产，增加贫困地区家庭收入，助力精准扶贫。销售桑植古法红糖400千克、手工糍粑250千克、腊香肠40千克，趴趴鱼、五倍子蜂蜜等若干。爱心年货节成本由组织方承担，所有利润均归属贫困村民。

【捐赠“墙上米粉”】 2020年1月19日，雨花区井湾子街道党工委书记龙峥嵘，党工委副书记、办事处主任陈建良携街道全体党政领导在德馨园社区“中国好人”刘国兴“好人多粉店”开展“礼遇中国好人，捐赠墙上米粉”活动，街道党政领导以个人名义捐赠“墙上米粉”810碗，价值8100元，免费供应孤寡老人、留守儿童、困难户等享用。旨在通过领导以身作则，礼遇中国好人，弘扬社会正能量，号召更多的人参与爱心公益，让文明的雨露滋润社会。（王诗雨）

【井湾子街道做好疫情防控宣传保障工作】 2020年1月，雨花区井湾子街道在全街区域内开展新型冠状病毒感染的肺炎辨别、个人卫生防护、防控注意事项等知识科普宣传，减少人员流动，严防疫情蔓延。街道根据疫情态势，结合街道实际，录制《关于全民动员防治防控新型冠状病毒感染的肺炎倡议书》和《新型冠状病毒感染的肺炎防控知识》等防控知识宣传音频，组织2台流动宣传车，在全街辖区内在主要交通干道、重点场所、人口流动密集等地方进行定点不间断播放宣传，宣讲疫情防控知识，筑牢群众自我防护意识。将宣传音频下发各社区，动员社区物业公司、辖区单位、小区业主委员会、雷锋志愿者以及楼栋长等志愿服务人员，利用便携式小喇叭，在小区内进行播放；利用社区广播系统在早中晚3个黄金时间段进行循环播放，反复宣传和强调，做到家喻户晓。便携式小喇叭、车载流动喇叭、社区广播大喇叭“三个喇叭”每天播放各种防控疫情资讯以及疫情防范知识，把中央和省、区、市的决策部署以及科学防控常识，不间断地送到居民群众中间，打通防控疫情信息的“最后一米”。围绕保民生、保供应、保安全多次专题部署和紧急调度好新型冠状病毒肺炎疫情防控，做好疫情防控后勤保障工作。强化防控检查工作力度，对已开市的3个市场、4家大型超市和50余家药店等进行“拉网式”巡查。做好活畜交易和宰杀市场的关停工作及市场生猪鲜肉的检疫查验工作，确保肉类食品安全可靠。对药店、农贸市场、大型超市哄抬物价、囤货居奇等行为实施“零容忍”。井湾子街道协调电力、供气、自来水公司，做好疫情期间电力等重要生产要素保障。安排专业队伍对社区卫生服务中心、医院等重点场所的电力线路、重要设备进行巡视检查，助力疫情防控工作的顺利开展。确保一线人员安全。在街道和社区办公区设立体温监测处15个，监测身体健康状况。机关、社区食堂严格执行分餐制，避免人员交叉感染。多方调配口罩、消毒液、体温枪、手持扩音器等物资充实到各社区，让一线人员工作有保障。

（王诗雨）

【服务援建者】 2020年1月31日，中建五局派员援建武汉火神山医院、雷神山医院。雨花区在长沙建筑工程学院开辟集中医学观察点，井湾子街道、井湾子派出所等部门主动承接，细致做好隔离观察和安全防护工作，按照防疫要求，以高质高效的医疗服务和后勤服务为他们提供保障。2月6日，第一批41名援建者入驻集中医学观察点，3月5日，最后一批13名参建者走出隔离区，中建五局返回长沙的8批次427名援建者安全通过隔离医学观察期，“零确诊、零疑似”，平安回家。（王诗雨）

【爱心捐赠】 2020年2月9日，浏阳河酒厂捐赠一批75%医用酒精给雨花区井湾子街道赤岗岭社区，主要投入到各个小区、困难特殊人群、基层工作人员等疫情防控一线。2月15日，井圭路社区居民微信群，下起“红包雨”，居民主动捐款1.68万元通过长沙市慈善基金会爱心渠道捐赠给武汉人民。2月22日，德善堂国医馆熬制中药包1560包送到井湾子街道湘莲社区，为社区抗疫添砖加瓦。红星村社区尹家岸组居民严强主动到社区捐献口罩500个。3月1日，莲湖实业党总支设立3个捐赠点开展爱心募捐活动，募集爱心款76810元；雨花区人大代表陈小娟自费购买90份中药和一批新鲜蔬菜送到井旺社区，支持工作人员和志愿者。3月9日，佳卉建设工程有限公司董事长陈义向井湾子街道融城苑社区爱心捐赠口罩1.2万个、喷雾酒精1200瓶、消毒液40桶等防疫物资，助力社区防疫一线工作者、志愿者和居民开展疫情防控工作。（王诗雨）

【助力复工复产】 2020年4月16日，雨花区井湾子街道举办复工复产企业安全生产专家培训会。长沙市市应急管理局专家授课，围绕当前疫情防控和安全生产形势，重点阐述企业、单位严格落实主体责任，统筹抓好防疫和生产发展，解读企业落实复工复产后安全措施以及复工安全检查等内容；安排部署近期安全生产重点工作。辖区社区主职、安全专干、企业负责人80余人参加。（王诗雨）

【老旧小区改造】 雨花区井湾子街道井圭路社区景湾小区是2003年建设完成的经济适用房小区，分为东、西两大区，有居民楼42栋、106个单元，常住人口4000人。随着城市建设步伐加快，老旧小区基础设施损坏严重、住宅建筑老化、居住环境不佳等问题日益凸显，居民改造意愿强烈。2019年9月，景湾小区列入雨花区社区环境综合提质改造工程，动工改造。2020年4月21日复工。改造主要包括对部分楼栋立面进行整治，对排水网管堵点进行改造；对社区道路进行提质改造，增宽主干道，适当增加停车位，改善社区交通循环；对社区绿化进行提质，完善社区基础设施等。2020年9月，景湾小区提质改造完工。

（王诗雨）

【依法取缔违规小作坊】 2020年4月29日，雨花区井湾子街道执法人员对辖区内德生源农贸市场及周边商铺进行日常检查，发现一家卤菜店，该店卫生环境较差，气味刺鼻。在详细检查之后，核实该店证照不全，不符合卫生标准，当即责令停止经营，依法取缔关闭。（王诗雨）

【棚改项目清零】 湖南省机械化施工公司片区西地块东至洞井路，南至井湾路，西至中建桂苑，北至红星村，处于井圭路小学正对面。该片区为省机械化施工公司宿舍，片区内房屋因年久失修，大多是危房、陈旧房，亟待改造，且市政网管破损，基础设施落后。2020年3月30日，雨花区井湾子街道发布省机械化西地块（二期）征收五公告，街道工作人员通过细致入微的工作，对住户上门宣讲政策，耐心地帮助群众算好“经济账”“发展账”，全心全意服务群众，最终赢得了群众的信服和配合，使项目成功清零。5月28日，随着最后一户在征收补偿协议上签字，井湾子街道省机械化棚改项目西地块（二期）签约工作正式“清零”，这是雨花区2020年首个清零的棚改项目。（王诗雨）

【区领导调研督导井湾子街道】 2020年5月29日，雨花区委副书记、区长刘素月调研督导井湾子街道棚改、基层治理、信访矛盾化解、扶贫攻坚、扫黑除恶、疫情防控等工作。刘素月一行实地查看省机械化项目，听取街道负责人对省机械项目西地块一期、二期签约清零情况及三期工作进展情况的汇报；实地考察井湘社区华盛纪新城小区小区停车情况，听取社区、物业汇报停车划线及管理，提出加强管理指导意见；实地走访红星村社区，调研街道扫黑除恶工作开展情况。座谈沟通对接相关问题，探讨部分具体事宜。刘素月强调，要持续发力“百日竞赛”，提前做好配合区网格化治理系统改革的工作多管齐下化解信访矛盾问题，积聚力量抓好脱贫攻坚工作，重点做到“人、账、卷、实”相符，抓好产业扶贫和就业扶贫，切实提高人民群众满意度。要坚持抓好疫情防控常态化工作，重点关注安全生产问题，加大安全生产排查、整改，持续推进扫黑除恶、“蓝天保卫战”和垃圾分类等工作。（王诗雨）

【网格化工作推进会】 2020年6月5日，雨花区井湾子街道召开网格化工作推进会暨网格化助力“蓝天保卫战”工作业务培训会，提升各网格工作人员的工作能力与业务水平，为网格化助力“蓝天保卫战”工作提供有力的技术支撑，推进网格化工作实施。会议传达学习相关会议精神，就“蓝天保卫战”十大专项整治事项及常态化巡查工作进行解读和安排部署，技术人员对雨花区“网格通”APP和网格化平台的操作使用进行讲解培训，并现场答疑解难。会议要求，学好文件、吃透精神，清楚网格化工作的原则与定位，精通平台业务；用好队伍，统一思想，形成合力，认真思考如何通过平台帮助解决问题，真正做到“干部服务在网格、问题解决在网格、群众满意在网格”，完善好各项管理制度；坚持中心工作不动摇，解决网格内各类问题，推进街道基层治理网格化工作再上新台阶。（王诗雨）

【“一盔一带”宣传整治】 2020年，雨花区井湾子街道联合交警部门多措并举，开展“一盔一带”宣传整治。从社区卡口，学校门口，单位、企业入口，重点路口入手，因地制宜“对症下药”，狠抓交通安全，安全头盔佩戴率迅速提升，确保群众交通出行安全。各个物业小区，张贴醒目的“一盔一带”宣传海报，“小喇叭”循环播放提醒市民出行戴好头盔、系好安全带宣传语音。车辆出入口设立劝导点，开展社区非机动车驾驶人基础信息登记管理并做好交通安全宣传。各学校门口，每逢上学、放学高峰期，志愿者护航队准时在各学校门口“上岗”值守，开展交通安全劝导行动；通过召开校园安全主题班会、发送《致家长一封信》等形式，争取广大家长的支持和配合。（王诗雨）

【全国“两会”精神宣讲】2020年6月，雨花区井湾子街道组织全街干部群众开展学习，掀起学习“两会”、宣传“两会”的热潮。融城苑社区老党员、“党员360”志愿服务队队员许德荣等志愿者拓展新的服务领域，办起“社区广场微课堂”，讲述“两会”精神，用“小明的一生”讲解《中华人民共和国民法典》；开展睦邻融合、文明创建、垃圾分类、困难帮扶等方面志愿服务活动。井湘社区党总支书记许各从习近平总书记四次“下团组”、政府工作报告等方面向居民传递“两会”好声音。井巷社区党总支采取集中培训宣讲员、宣讲员再入户宣讲的方式，为社区年龄偏大、行动不便的30余名老党员送学上门；井旺社区宣讲员走进辖区企业，利用工作间隙，宣传党的利企政策。三湘社区党委与辖区单位开展支部共建、结对联盟活动，共同研讨交流学习心得；红星村社区开展“两会”精神宣讲暨“雨花时代先声”进商场活动。（王诗雨）

【平安大礼包】 2020年6月16日，雨花区井湾子街道联合红星村社区、红星实业集团有限公司、井湾子国际家居广场、红星大市场在井湾子平价家具城前坪开展安全生产宣传咨询服务，引导居民“学安全、讲安全”。道路两厢摆满消防知识展板、停放消防车。发放宣传手册讲解安全知识，居民排队到展台签到，领取平安礼包1份。（王诗雨）

【帮扶慰问活动】2020年6月18日，雨花区井湾子街道组织17名区政协委员到跳马镇喜雨村，开展走访慰问活动，了解生产、生活困难，收集社情民意，宣传全国“两会”精神，推进乡村振兴，助力脱贫攻坚。7月7日，中国致公党湖南省委员会、井湾子街道湘莲社区党总支、长沙银行湘府路支行、莲湖实业等一行人到跳马镇喜雨村，组织开展“凝心聚力、致力帮扶”走访慰问活动。慰问人员和24户建档立卡贫困户召开座谈会面对面交流谈心，了解近期的生活生产、家庭经济收入、子女教育、医疗保障等情况以及身体状况，宣传党和政府的扶贫政策，并送上米、油、面及洗衣机等慰问物资。慰问人员实地了解部分贫困户实际住房、饮水及苗木种植销售等情况。（王诗雨）

【红星村社区送戏下乡】 2020年7月12日，雨花区井湾子街道红星村社区联合长沙市湘剧保护传承中心开展“我们的中国梦·文化进万家”送戏下乡惠民活动，用居民群众喜闻乐见的方式，进一步打通公共文化服务的“最后一公里”，真正做到把公共文化资源送到百姓身边，让广大群众在家门口就能欣赏到精彩的文艺演出，在潜移默化中提高群众的思想素质和文化素质。社区工作人员将印有消防安全、垃圾分类的环保袋送给现场群众后，一台由大货车改成的流动舞台上，表演花鼓戏《补锅》、川剧绝活《变脸》、《唢呐独奏》、《器乐联奏》等深得中老年居民喜爱的节目。（王诗雨）

【网格化监管环保】2020年，雨花区井湾子街道充分发挥网格化工作优势，助力“蓝天保卫战”。开展常态化巡查，“锁源头”“去污点”，把环保问题消灭在萌芽状态。针对建筑工地、拆迁区域、砂石厂等场所，网格巡查员发现产生尘土源头，立即督促整改。对不听劝阻者，拍照上传至平台，蓝大办随即启用应急机制处置，严格督促各工地在工地入口设置车辆冲洗装置，采取洒水喷淋、水炮喷雾措施，最大限度地避免各类污染的产生。6月，开展网格化助力“蓝天保卫战”行动，巡查各高危污染场所40余次，裸露黄土覆盖1000余平方米；巡查发现燃煤作业3起，露天焚烧生活垃圾及杂草落叶问题8起，协助专项整治3次，查处露天烧烤20起，油烟违规排放问题7起，露天焊接、喷漆各1起，开展自巡自办20余起；督促商铺安装油烟净化器7台。（王诗雨）

【夏季臭氧防控宣传】 2020年7月，雨花区井湾子街道开展夏季臭氧防控宣传，发放《“蓝天保卫战”臭氧防控指南》500余份，送至辖区各汽修门店、施工工地、加油站等行业企业负责人手中。社区巡查员到汽修门店宣传“蓝天保卫战”臭氧防控指南，并告知相关注意事项。开展公益讲座、社会实践、展板宣传等活动20余次。鼓励市民选择公共交通方式出行，优先选择购买绿色环保标志家装产品，正确使用空调等；积极举报偷排大气污染物、露天焚烧垃圾等违法行为，号召全民参与臭氧污染防控行动，确保臭氧污染浓度有效削减。成立一支10人巡查队伍，巡查员携带“义诊”体检单和便携式仪器设备上门“问诊”，重点就企业VOCs产生点、废气收集系统、配套末端治理设施运行状况进行检查，提出相应的整改方案，对拒不整改的企业上报相关部门严格执法。

（王诗雨）

【安全生产会议】 2020年8月5日，雨花区井湾子街道召开专门会议，对当前疫情防控、安全生产等工作进行再部署、再落实。会议指出，要抓紧抓实抓细常态化防控具体工作，把责任压紧压实，把防控网织密织牢，不断巩固疫情防控持续向好态势；要紧盯农贸市场、冷链行业，突出做好商场、影院等密集场所防控监测；要持续加大宣传力度，引导群众增强防护意识。会议传达“7·31”全国安全生产电视电话会议精神。会议强调，疫情防控不能松劲，安全生产弦要绷得更紧，对渣土运输、消防安全、道路交通、商贸住宅等重点领域，认真查找薄弱环节，完善各类安全防护措施，加强安全监管和日常巡查，坚决堵住安全漏洞。会议总结上半年安全生产工作，具体部署疫情防控等相关工作。在家班子成员，街道安委会成员，大办主任、副主任，社区主职，安全专干参加会议。

（王诗雨）

【专题读书班】 2020年9月8日，井湾子街道党工委理论学习中心组专题读书班举办，研读《习近平谈治国理政》（第三卷），深入学习领会中共十九大以来习近平总书记在领导推进新时代治国理政实践中发表的一系列重要论述。街道党工委书记龙峥嵘带头领学原文，畅谈学习体会，提出学习要求，其他班子成员分别领学部分篇目、逐人交流发言。结合工作实际和重点，抓住关键，查摆问题，触及思想，既有原汁原味的系统学习，又有针对问题的深入思考，将理论与实践高度统一。读书班聚焦区委、区政府中心工作、重大决策部署、社会热点难点问题等进行调查研究，及时反映重要思想理论动态，提出有价值的对策建议；结合“雨花时代先声”宣讲活动，推行和坚持领导干部进企业、进社区，带头讲党课，在基层掀起《习近平谈治国理政》第三卷的学习热潮。

（王诗雨）

【红色家风宣传】 2020年9月12日，“少年颂歌赞祖国 红色家风代代传”红色家风传承和弘扬进社区活动在雨花区井湾子街道红星村社区举行。经过推荐和选拔，红星村社区的19组选手登台献艺。他们或勤奋好学、乐于助人，传承勤勉好家风；或多才多艺、热心公益，传承助人好家风；或自强不息、孝老爱亲，传承孝顺好家风；或爱家爱国，立志高远，传承爱国报国好家风。活动穿插急救、党建、网络安全、食品安全、人口普查知识等有奖问答环节，与观众互动。长沙爱尔眼科医院、长沙正和骨科医院的党员志愿服务队和优儿帮公益组织现场为居民提供免费义诊和健康咨询。

（王诗雨）

【网络安全宣传活动】 2020年9月，雨花区井湾子街道开展国家网络安全宣传周系列活动，增强干部群众网络安全自我保护意识，弘扬文明上网、守法上网的良好风尚。街道各大办公室对网络安全保密防护、应用系统、涉密人员管理进行全面自查，强化网络安全责任，提升网络安全防护能力。金盾社区工作人员集中观看网络安全和保密工作教育视频，学习了解日常工作、生活中可能存在的网络安全隐患和泄密情况，提升网络安全保密意识。井巷社区“三色马甲”志愿者用真实案例向广大居民宣传防止个人信息泄露相关知识和技巧、家庭网络安全防护知识等内容，提高社区居民网络安全意识，增强识别和应对网络风险的能力。农博社区举行网络安全专题宣讲。

（王诗雨）

【校园体检】 2020年10月16日，雨花区红星实验小学开展健康体检进校园活动。湖南省儿童医院医疗组专家对学生开展五官科、内外科等多个项目的检查，了解和问诊学生既往病史、近期有无发热咳嗽、心理压力等情况，逐人建立健康档案，对体检结果进行大数据分析，针对学生的身体状况提出合理有效的建议。医疗组宣传新冠肺炎疫情的防控措施和日常防护中的注意事项，规范指导做好日常消杀及校内管理等，引导全体师生掌握正确的防护方法，提升自我防护能力。

（王诗雨）

【理论宣讲巡讲】 2020年10月22日，“雨花时代先声”理论宣讲巡讲活动井湾子街道专场举行。雨花区委党校教师杨维以《长征路上的小麻雀》为题，讲述长沙辣妹子、原中央纪委委员、第五届全国政协常委，著名外交家、革命家张闻天夫人刘英的故事，宣讲长征精神。宣讲团成员任月小典以《“典”亮法治新征程》为题，介绍《中华人民共和国民法典》诞生的重大意义及主要内容；长沙市两型社会建设服务中心谭精华民解读日常生活中的垃圾分类，讲解新颁发的《长沙市生活垃圾分类管理条例》对居民生活的影响。（王诗雨）

【志愿医疗服务】 2020年10月23日，井湾子街道冯家冲社区红十字会联合井湾子街道社区卫生服务中心在社区前坪开展“生命之约·大爱传递”主题宣传活动，弘扬“人道、博爱、奉献”的红十字精神。工作人员发放宣传资料，宣传无偿献血、造血干细胞捐献、应急救护等知识，提高居民的知晓率。志愿者开展义诊、健康咨询等活动。现场设置造血干细胞捐献、人体器官捐献志愿登记咨询处，接受市民了解咨询。（王诗雨）

【志愿健康服务】 雨花区井湾子街道红星村新时代文明实践站把辖区党组织汇聚到网格中，把网格内各类资源整合形成合力，通过雨花区新时代文明实践建设平台，实行群众“点单”，志愿者“接单”，不断增强民众的幸福感、获得感和安全感。2020年10月27日，红星村新时代文明实践站在红星村御溪国际5栋党员活动中心开展健康志愿服务活动，仁和社区卫生服务中心、正和骨科医院、唯尔耳鼻喉医院的医护志愿者为居民测量血压、血糖，发放高血压、糖尿病防治手册。志愿者给老人送去抗高血压的常规药，并做血常规、腹部B超、心电图、口腔、视力、肝肾功能检查等。长沙市委党校接单参与活动，全程做好服务保障工作。近百名老人参与活动。（王诗雨）

【药学服务】 2020年10月28日，雨花区井湘社区党总支、井湘社区新时代文明实践站、井湘社区计生协会联合中南大学湘雅二医院药剂科党支部、湖南省药学会、湘雅二医院药疗小组开展“关注合理用药·药护一同行动”药学服务进社区志愿服务活动，通过讲课、咨询和赠药等志愿服务形式，保障患者用药安全、有效、经济、适宜，提高社区居民健康素养。参加武汉一线抗疫的医生范晓及参与隔离病房的护士长周雯讲解新冠肺炎疫情防控知识及合理科学用药；专家讲授慢性病管理及药物治疗方案调整，接受高血压、冠心病、哮喘、慢性阻塞性肺疾病和糖尿病等常见慢性疾病用药咨询；现场进行血压和血糖检测。赠送家庭消毒、家庭常备药品等。雨花区税务局井湾子分局参与志愿服务活动。

（王诗雨）

【雨花区软件人才政策大讲堂】 2020年10月29日，“才聚雨花·智赢未来”雨花区软件人才政策大讲堂在德思勤会议中心举行。区委组织部、区工业和信息化局、区市场监督管理局相关负责人解读长沙人才新政、软件信息产业政策及《关于加强雨花区软件和信息技术服务业专业技术人才的暂行办法》、知识产权对软件企业的重要性等一系列扶持举措，现场面对面答疑解惑企业和人才特别关心的政策落地、申请方式、资格条件等，将政策精准送进楼宇、送进企业、送给人才。活动由区委组织部、区工业和信息化局、区知识产权局联合主办，井湾子街道、湖南德思勤投资有限公司、井湾子街道（德思勤）楼宇人才服务站承办，全区近百家软件和信息技术服务企业代表参会。（王诗雨）

【禁毒宣传教育】 2020年11月5日，雨花区井湾子街道禁毒办联合金盾社区工作人员，在长沙市环境保护技术职业学院，为千余名大一新生举办禁毒宣传讲座，增强大学新生识毒、防毒、拒毒的法制意识和自我保护观念。宣讲从“辨识毒品”“知晓危害”“防毒拒毒”和“做好当代大学生”4个方面进行讲解。现场设置服务咨询台和毒品预防知识展板，介绍毒品的常见种类和基本性状和危害。设置有奖问答环节，活跃现场氛围。11月6日，井旺社区组织社区党员、居民群众到禁毒教育基地实地参观学习，看毒情形势、毒品危害、认识毒品、预防毒品、以案说法、综合治理等展区，了解毒品的本质、毒品给自己、家庭、人类和社会带来的危害，提高社区党员、居民群众识毒、防毒、拒毒的意识和能力。11月13日，井湘社区组织“520”帮帮志愿者队开展“健康人生 绿色无毒”银发先锋禁毒宣传讲座活动，“520”帮帮志愿者队队长刘顺长作为银发先锋志愿者，从毒品的种类、毒品的危害、拒绝毒品等向辖区居民宣传禁毒知识。社区工作人员向居民发放禁毒宣传手册，观看禁毒宣传视频，提醒居民加强家庭禁毒宣传教育。11月18日，井圭路社区联合湖南科技职业学院组织学生代表到雨花区禁毒教育基地参观学习，通过图片展示、案例讲解、观看录像等形式，学习禁毒工作政策法规以及防毒、拒毒的基本知识。11月19日，三湘社区组织辖区40余名网格员到湖南康达自愿戒毒中心参观学习，听取讲解员介绍全国禁毒工作开展情况、讲解鸦片、海洛因、冰毒、K粉、摇头丸等传统毒品和新型毒品，观看禁毒教育图片和宣传影片，了解到毒品的危害。12月2日，井湘社区以国家宪法日暨“宪法宣传周”启动仪式为有利契机，联合井湾子派出所户籍民警对辖区网吧、宾馆、美发店等娱乐场所逐一进行走访巡查，共同开展禁毒宣传教育活动。户籍民警和社区禁毒专干、网格员通过入店巡查禁毒宣传资料的张贴情况，讲解并宣传禁毒知识，引导辖区娱乐场所参与禁毒示范城市创建活动，指导场所从业人员关注“湖南禁毒”微信公众号，学习应知应会题库并参加第三届“我是答题王”活动；信息比对疑似人员，对禁毒宣传相关内容查漏补缺；提醒各场所负责人及工作人员积极配合做好禁毒工作，共同维护和谐稳定的社会环境。（王诗雨）

【人防宣传活动】 2020年11月17日，雨花区住建局（区人防办）、井湾子街道、长沙市民众应急服务中心联合在井湾子街道农博社区联合举办“人民防空为人民，铸就坚不可摧的护民之盾”人防宣传教育活动，增强居民国防观念、防空防灾意识，提高居民的公共安全意识和应对突发事件的能力。工作人员发放防空基础知识宣传册，播放人防系列电影科教片《居安思危 备战人防》，社区志愿者解答群众疑问。指导员现场操作演示，向居民传授预防与避险、自救与互救的基本技能，讲解基本逃生手段和防护措施，宣传人防政策法规，普及防空防灾知识；群众实际学习操作心肺复苏、逃生绳结等救护技能。（王诗雨）

【中共十九届五中全会精神宣讲】 2020年12月3日，雨花区井湾子街道井湘社区举办“讴歌新时代，奋斗向未来”宣传贯彻中共十九届五中全会的文艺演出。会场悬挂“学习宣传党的十九届五中全会精神，全面实现两个一百年远景奋斗目标”的大红横幅。社区居民自编自演独唱、五重唱、小组唱等14个节目。活动由雨花区委宣传部、区文学联合会主办，井湾子街道办事处、井湘社区党总支、雨花区“开心之佳”艺术团承办。（王诗雨）

【街道商会换届】 2020年11月10日，雨花区井湾子街道商会换届选举大会召开。会议组织学习习近平关于新时代民营经济统战工作的系列重要讲话精神，听取审议上届理事会工作报告，表决通过本届商会章程，选举产生新一届理事会、监事会领导班子。街道负责人与企业代表交流，讨论疫情影响之下凝心聚力、克难攻坚，更好发挥商会作用，提升精准服务水平等问题。（王诗雨）

【冷链食品安全监管】 2020年12月25日，雨花区开展红星大市场进口冷链食品清查行动，确保疫情防控常态化工作落到实处。检查组分工协作，对红星大市场内的冷库和进口食品，严格落实进货查验，建立食品安全追溯体系；同时加强环境卫生防护和从业人员健康管理，督促接触进口冷链食品的工作人员戴口罩、测体温、做好储存场所清洁消毒工作，严格落实疫情防控措施。检查低温冻库商户31户，有进口冻货销售商户23户，其中3户商户因索证索票不到位，现场无法提供“四证”（报关单、检验检疫证明、核酸检测阴性报告和消毒证明），执法人员依法进行查封处置。（王诗雨）

【“国庆面”】 2020年10月1日，第五届全国道德模范提名奖孟繁英、中国好人、长沙市道德模范游端霞、中国好人肖卓作、长沙好人龚剑新、全省疫情防控先进志愿者高慧明等道德模范、各级好人、优秀志愿者们集聚中国好人刘国兴“好人多粉店”。中国好人刘国兴为大家送上免费的“国庆面”，大家同吃国庆面，举着国旗合唱《我和我的祖国》，一起为祖国庆生。（王诗雨）

东山街道

【概况】 长沙市雨花区东山街道地处长沙东南部，北起劳动路，西靠京港澳高速，东到浏阳河，南邻绕城高速，是高铁会展新城的核心区域。劳动东路、新花侯路、香樟东路、曲塘路、北支路、南支路、杜花路以及下穿京珠高速路等形成方格网状城市交通路网系统，武广、沪昆、渝厦3条高铁交汇，“五纵八横”路网贯穿全境。2020年，街道辖东山镇、南雅、黎郡、黎雅、东恒、高铁新城6个社区，边山、侯照2个社区筹委会长托、黎托、渔场、东山4个经济合作社。街域总面积13.6平方千米，常住人口2.2万人，流动人口2.9万人。辖区内有雨花区合丰堤委会、星辰农电公司城区分公司雨东供电所、雨花区黎托邮电所、长沙市南雅中学、长沙市雅礼雨花中学、黎郡小学、雨花区农村合作银行社武广支行、东山街道动物防疫站、东山街道社区卫生服务中心、长沙东广建筑工程有限公司、湖南东山建筑工程有限公司12家企事业单位。

2020年，东山街道围绕建设财富、品质、幸福“三个雨花”的战略部署，突出“一核双擎三治”（即坚持党建引领这个核心，打造提升基层党组织和党员队伍活力新引擎、驱动经济社会加速发展新引擎，推动实现基层自治、法治、德治深度融合），大力弘扬忠诚、团结、为民、拼搏的“东山精神”，全力推进开放、高效、品质、幸福东山“四个新城”建设，忠诚团结、为民拼搏，完成全年各项目标任务。

（胡　琼）

【街域经济】 2020年，雨花区东山街道完成全社会固定资产投资53亿元（其中房地产投资29亿元），同比下降14%；实现限额以上社会消费品零售总额50053万元，同比增长108%；其他营利性服务业营业收入13006万元，同比下降7%；规模工业总产值2.6亿元，同比增长2%。5家企业进入全区税收排名前100名。新增“四上”企业4家。新增入库固定资产投资项目14个，浏阳河文创基地成功落地，盒马鲜生长沙运营中心摘牌拿地，恒大都汇商业广场开工建设，成功引进全街第一家全国总部企业湖南雨帆嘈淢，长沙城际空间站等6个社会投资项目纳入市重大项目库。完成45个建安项目纳税清理，转化异地税源6家。开展项目帮扶，走访项目20余次，收集项目问题15个，保障恒大都汇商业广场开工建设、佳兆业云顶都汇顺利施工。助力新基建，协助5个5G机房、4个变电站规划选址，2个5G机房建设完成；协调铁塔用地用电事宜；配合电网改造。保障长沙市重大项目集中开竣工仪式。为美的置业广场、长沙城际空间站、浏阳河国际文化科创基地、恒大都汇商业广场销售提供服务。宣传、组织企业申报各类扶持政策20余种，5家企业获得金融支持，17家单位申报就业补贴。维护经济秩序，开展打击非法集资集中宣传活动3次；全面排查非法传销活动，组织打击行动5次，核查传销线索8条。维护施工环境，解决村民阻工问题，保障5G机房施工。创建“两型”社会，参与市级两型创建，开展节能宣传周和低碳日活动；指导企业申报分布式能源专项资金、节能专项资金、清洁低碳技术推广试点项目省级资金。顺应“放管服”改革，为单位开办、项目落地提供服务。构建亲清政商关系，指导东山商会完成换届选举。（胡　琼）

【城建城管】 2020年，雨花区东山街道以党建引领阳光征拆，通过党组织引领拆、党小组长带头拆、党员干部率先拆，实现拆得快、拆得稳、拆得好。清零腾地项目（地块）16个，签约324户，签约278栋，拆除277栋，侯照两安用地、片区26号地、31号地、33号地、34号地，城投21号地、4号地等16个项目清零交地，腾地119.77公顷。安全拆除片区5号地隶属黎明渔场社区3栋房屋。“630”百日征拆大会战项目实现签约全面清零。协议签订数、拆除数和项目完成数均排全区第一。联合区城投公司组织侯照、边山、长托、东山、黎托5个社区（存）开展多余保障住房处置（回购）工作。经拆迁对象自愿申请，社区、街道等部门收集前期回购资料94户122人，9420平方米，其中，农业指标8760平方米，半边户指标620平方米，世居非农40平方米。联合区征地服务中心、区卫健局、区资规分局等单位对支路15、支路16、官寺冲路等项目进行保障住房申购资格联合会审，审核43户、138人，其中纯农户131人、半边户6人、世居非农1人、独生子女证11本。处置市、区、网格通数字城管案卷1.6万余条；处置露天烧烤和焚烧垃圾案卷40余条；市级案卷按时完成结案率100%；区级及网格通案卷按时完成结案率99%以上，处置“12345”投诉案件及上级督办等案件130余条，投诉及上级督办按时结案率为100%，“12345”投诉群众回访满意率97%。

（胡　琼）

【民生事业】 2020年，雨花区东山街道惠民资金项目17个，使用资金1299571.5元。落实城市困难群体帮扶工作，帮扶困难群体195户，其中本市户籍160户，非本市户籍35户，发放帮扶资金 44.08 万元。春节慰问 143 户，发放慰问金 7.06 万元、慰问物资 240 份。低保特困对象 194 户，发放低保金 172.44 万元。保障性住房低收入认定 7 户，为困难家庭中患有特大疾病的 28 人申请办理医疗救助 17 万余元。为困难群众 45 人申请临时救助，发放救助金额 20.9 万元。办理灵活就业困难人员社会保险补贴 183 人 46.46 万元。实现城镇居民医疗保险缴费 6648 人，缴费金 163.08 万元。城镇新增就业人数 400 人、失业人员再就业人数 531 人、就业困难人员就业 413 人，高校离校未就业大学生 146 人，就业服务率 100%，就业率 99.24%；落实创业就业政策，助力困难群众创业就业，创业培训 70 人，职业技能培训 150 人；举办招聘会 2 场，103 名失业人员实现再就业。湖南笙牛安全科技有限责任公司和长沙乐享星城餐饮有限公司申请长沙市创新创业带动就业示范项目；办理"就业创业证"381 本，补贴就业困难人员灵活就业 666 人 46.46 万元。征地农民纳入项目 3 个，涉及人数 39 人。办理退休人员 70 人，退休存款更换 523 人，丧葬费办理 47 人，城居养老新参保 33 人，城居全覆盖摸底调查 2298 人。企业退休社会化管理认证 3238 人。接收国企、省企退休人数 112 人，实现应保尽保。受理劳动争议案件 51 起，成功调解 32 起，为农民工追回各类款项达 680 万余元。享受困难残疾人生活补贴残疾人 119 人、享受重度残疾人护理补贴残疾人 107 人，做到及时申报，应补尽补；为 7 户低收入残疾人家庭成功申请长沙市非定向公租房。提供居民社会工作服务 1000 人次，其中青少年 500 名，中老年人 350 名，街道社工站通过链接爱心企业和社会组织募集资金或物资，为留守儿童以及困境儿童提供优质资源，汇聚社会爱心力量，募集社会资金，帮扶慰问困难家庭 60 余户，为服务对象提供专业服务 60 余场次。慰问困境老人 35 人，捐赠爱心物资 0.9 万元；慰问困境儿童 40 人，捐赠爱心物资 1.5 万余元，直接服务人群 55 人，间接受益人群 120 余人。疫情防控有力有效，辖区未出现 1 例本土感染病例。优化政务服务，办结事项 325 件，一网通办结率 100%。完成高铁新城、东恒社区阵地建设，推行"一门式"服务，实现 40 项高频政务服务在社区直接受理。"一圈两场三道"建设持续推进，指导建成农贸市场 1 个。黎托两安留地招商顺利推进，东山、渔场 2 公顷奖励生产发展用地启动合作开发。20 户对口帮扶贫困户实现脱贫。发放退役军人抚恤金 29 万余元。网格化信息平台上报案件 14228 件，结案率 99.8%，解决民生实事、疑难案件 26 件。

（胡　琼）

【社会治理】 2020 年，雨花区东山街道出动 3500 余人次进行劝离规范流动摊贩、店外经营等 4600 余次，收缴讳规灯箱广告招牌 800 余块。配合执法中队对 27 个严重影响市容市貌的违法行为进行处罚，共处罚金 1.05 万元。拆除东山大厦、吾悦广场等大型违规道旗、广告招牌 60 余块，清理牛皮癣 4800 余处；规范并维修工地围挡及围挡破损 160 余处。每周五开展全街卫生大扫除，出动 3800 余人次，动用铲车、挖机、垃圾运输车辆等机械设备 650 余台，清理积存垃圾、堆物等 800 余处，1900 余吨。出动洒水车 320 余台次清洗路面 175 千米。新增园林绿化面积 4.4 公顷，提前完成全年的园林绿化任务。规范店外经营 2700 余起，对"门前三包"不到位的门店进行温馨提示 400 余次，及时整改率 98%；移交执法队处罚 32 起，共处罚金 1.26 万元。配合东山执法中队查处渣土违规案件 71 起，暂扣车辆并移交执法处罚 56 余起，共处罚金 28.5 万元。拆除绿地之窗等新建违章 4 处 100 余平方米，对星光名座、海王加气混凝土制造有限公司、太和园商住楼等建筑进行立案查处。拆除历史违章建筑 28 处 9590 余平方米，实现全年新建违章建筑零增长。

（胡　琼）

【基层党建】 2020 年，雨花区东山街道动员街道下沉干部、社区干部职工坚守履职，要求党员当先锋、打头阵，发动党员、"三长"、物业、居民代表等 700 余名志愿者参与群防群控，未出现 1 例本土感染病例。坚持党建引领"三零"社区建设，制定《东山街道深入推进"居民零上访、安全零事故、治安零发案"社区（村）建设实施方案》，明确创建目标要求。组织召开"三零"社区（村）创建工作推进会，压实工作责任，营造浓厚的创建氛围。组织召开"三零"社区（村）建设工作半年度讲评会，全面总结上半年创建经验和存在的问题，进一步明确下半年工作任务和努力方向。南雅社区抓住"三个关键"（抓住关键人、理顺关键事、管好关键处），实现"三大转变"创建工作经验获"长沙党建"公众号推荐报道。指导帮助南雅社区党支部擦亮"君师里"党建文化品牌，引导基层各党组织培育和深耕党建品牌。配合区联点东山街道的 6 名县级领导，对照基层党组织软弱涣散问题情形，通过采取听取汇报、座谈交流、谈话了解、查阅资料、检查验证等方式，对街属 8 个社区（筹委会）基层党组织进行新一轮的逐一走访排查，东山街道无软弱涣散党组织。指导帮助湖南闪耀体育文化有限公司党支部和湖南东山建筑工程有限公司联合支部两个"两新"党组织，发挥运用企业优势特点，进一步提升组织建设水平；走访长沙高铁吾悦广场、高铁南站易登车公司，共商筹建非公企业党组织事宜。加强干部队伍建设，对 12 个社区（筹委会、经济合作社）开展政治建设考察。常态化督导检查各党支部规范执行"三会一课"制度和开展"主题党日"活动情况，规范基层组织生活秩序；开展"讲忠诚、重执行""讲担当、甘奉献""讲纪律、守规矩"三部曲专题教育；邀请市委党校教授曹习华讲党课。开展"东山论建"——基层党组织书记论坛活动 2 期，组织各基层党组织书记在南雅社区、融城苑社区现场观摩学习；利用"七一"时期，开展庆祝中国共产党成立 99 周年"五个一"系列活动，激发广大党员干部团结干事活力。完善"四类党员"兜底管理工作，对全街 768 名直管党员、530 名在职党员、1 名流动党员、2 名离退休党员"四类党员"兜底管理工作，开展"在职党员进社区"活动，使在职党员主动亮出身份，积极参与社区组织活动和志愿活动。规范新发展党员 15 人。

（胡　琼）

【东山论建】 2020年，雨花区东山街道举办“东山论建”活动。“东山论建”是东山街道创新形式、丰富内容，以学习交流为载体，以共同提高党组织书记、党务工作者党性修养、业务水平为目的开展的基层党组织书记论坛活动。论坛以“经验共享、问题共解、互相促进”为宗旨，以“书记”讲给“书记”听、“书记”跟着“书记”学为基本方式，围绕基层党的组织建设、党建引领基层治理，组织开展学习观摩、主题演讲、业务学习和交流讨论，让“典型性经验”转化为“普遍性做法”，6月10日，“东山论建”首次开讲。基层党组织书记们实地观摩南雅社区党群活动中心，围绕社会治理工作中取得的经验、存在的难点和疑点开展讨论，交流打造基层党组织党建品牌，精耕细作“一社一品”的具体思路和做法，在交流讨论中经验共享、问题共解、互相促进。10月28日，“东山论建”第二期开讲。东山街道组织到融城苑社区实地观摩，聚焦发挥党组织战斗堡垒作用，强化社会基层治理，就实际工作中取得的经验、存在的难点和疑点，进行交流；研讨强化党建引领，做好“融”文章。探索街道4平方千米的区域纳入湖南自贸区的范畴后的自贸区党建工作。（胡 琼）

【安全生产工作】 2020年，雨花区东山街道抓实安全生产宣教工作，举办各类安全生产专题培训25场，组织观看典型事故案例剖析警示教育片13场，开展安全知识竞赛、网络微课堂、微电影等活动15场，印制安全宣传资料3万余份，发放安全宣传纸杯12万只；组织开展各级应急演练46次（含企业单位），提高从业人员和居民的安全意识和应急处置能力。组织开展“疫情期间企业复工复产”“持续推动企业落实安全生产主体责任”“安全生产标准化班组建设”“安全生产宣传七进”“专项整治三年行动”“安全生产月”“防灾减灾救灾”“有限空间作业”及重要时段的安全生产工作“大排查、大体检、大整治”活动。出动安全生产检查人员984人次，监督执法检查企事业单位和场所931家，排查安全隐患126处、排查重大隐患4处，均整改完毕，取缔非法违法生产经营单位2家，开展计划执法检查118次，行政处罚26起，罚款2.6万元。组织领导干部带队检查安全生产工作132次，社区书记、主任带队检查安全生产工作240次。（胡 琼）

【安全生产会议】 2020年1月3日，雨花区东山街道召开岁末年初安全生产工作会议，传达学习《中共湖南省委办公厅、湖南省人民政府办公厅关于做好2020年元旦春节期间有关工作的通知》的文件精神；部署岁末年初、“两节两会”期间应急管理和安全生产工作；调度安全生产集中整治行动。会议要求，认清形势，增强做好岁末年初应急管理和安全生产工作的责任感、紧迫感；抓实抓细，扎实推进安全生产集中整治行动，加强隐患排查与治理；明确责任，做好岁末年初、“两节两会”期间应急值守，切实防范安全事故发生。会议强调，思想上要高度重视，克服麻痹大意，抓实当前安全生产集中整治行动；严格按照时间节点，对标对框完善工作资料；加大隐患整治力度和事故防控力度，加强应急信息报送制度，确保岁末年初和“两节两会”期间辖区持续安全稳定。

1月15日，东山街道召开安全生产工作会议，传达学习雨花区冬春消防专项整治调度会议精神，部署今冬明春消防安全工作、森林防火工作；再调度安全生产集中整治行动、岁末年初和两节两会期间应急管理以及安全生产宣传教育工作。会议要求，继续结合“集中整治行动”，做好辖区安全生产及消防工作；深入开展安全隐患排查工作，加强对电动自行车、电缆井安全隐患的排查和日常管理，继续落实推进辖区高层建筑和出租房隐患综合治理工作，持续开展人员密集场所安全隐患排查；各行业监管部门和各社区（筹委会、经济合作社）要继续督促相关单位对交办督改隐患的整治；做好2020年安全生产和消防安全责任书和承诺书的签订工作，就2020年安全生产和应急管理提出初步的工作思路。会议强调，各部门和社区思想要高度统一、职责明确，做好各项安全隐患的排查和治理工作；多措并举，通过多样化的管理和不同形式的整改，确保辖区安全生产形势平稳；各部门、社区等相关职能部门要加强联动，形成合力，持续推进辖区安全生产和消防隐患的治理工作；多维宣传，通过不同渠道的宣传让辖区居民群众了解安全相关知识，提高居民安全意识，从而更好地开展今冬明春安全生产和消防安全工作；多搞演练，加强单位应对突发事件的处置能力和居民逃生能力。

4月15日，东山街道召开安全生产工作调度会，传达学习4月10日全国安全生产电视电话会议精神，下发《2020年东山街道安全生产工作要点》《东山街道安全生产委员会工作规则》2个文件，安排部署有限空间、粉尘防爆、“厂中厂，园中园”、动火作业4类高风险工贸行业领域的安全生产专项整治工作，通报各行业监管部门和各社区（筹委会、经济合作社）资料报送情况。会议强调，要抓好防疫工作和安全生产工作，尤其是抓好企业生产安全、项目安全、消防安全以及防汛安全等具体工作，全力强化事故防控，全力保障安全。结合当前工作，进一步完善工作资料，确保资料按时、按质报送到位。结合安全生产工作要点，各行业监管部门和各社区（筹委会、经济合作社）要把安全生产工作全面夯实到位，确保全街安全形势持续稳定。

7月27日，东山街道组织党政领导班子成员、各大办主任、各社区（筹委会、经济合作社）书记召开安全生产工作调度会议。会议通报近期辖区安全生产工作情况，部署和调度下一步安全生产工作。会议要求，加强领导，落实责任，按照“党政同责、一岗双责”“管行业必须管安全”和“属地管理”的原则，加强思想认识，切实履行安全生产工作职责；全面落实安全生产责任制，集中组织人员对辖区内重点企业、学校、在建工地、消防、交通运输等重点行业和场所进行全面的安全生产隐患排查，并对排查出的隐患严厉督促被检查单位限期做好整改，同时要举一反三；开展集中执法整治行动，防范安全事故发生。会议强调，思想上要高度重视安全生产工作，工作要扎实；全力防范，排查整改，针对重点问题要集中开会，集中整顿，集中整改；全街要共同参与，群防群治，严格落实安全责任；落实值班，加强值守，严格执行24小时值班制度，在遇有重大突发事件或事故时，及时妥善处置，全力确保街道辖区安全稳定。

8月31日，东山街道召开安全生产专项整治三年行动工作推进会，安排部署安全生产专项整治三年行动。传达近期全国、省、市、区安全生产会议精神，安排部署近期安全生产工作。会议要求，加强学习，深入学习习近平总书记关于安全生产重要论述，将宣传贯彻习近平总书记关于安全生产重要论述纳入下半年党工委中心组学习中；压实责任，严格落实“党政同责、一岗双责、齐抓共管、失职追责”和“三个必须”工作要求，由党政领导亲自调度、带队检查、督促整改，开展应急演练；抓好落实，各部门单位要抓重点难点，明确责任人，把夯实企业主体责任贯穿始终，把风险隐患排查治理贯穿始终，把严格监管执法贯穿始终。会议强调，高度重视，把思想和行动统一到习近平总书记重要指示精神和党中央、国务院、省、市、区决策部署上，严格落实安全生产各项工作部署；严格举措，各部门、各社区（筹委会、经济合作社）要建立安全生产专项整治行动实施方案，对各自区域内重点场所、重点环节、重点部位进行分析、排查和整治，做到防患于未然；确保安全，要制定应对措施和预判机制，并全力做好防范准备工作，切实保障辖区人民群众的生命和财产安全。（胡 琼）

【安全生产活动】2020年1月3日，雨花区东山街道黎郡社区开展安全生产和消防知识进小区宣传活动，在熙春园小区居民活动广场举行“加强安全法治 保障安全生产”文艺会演，围绕“关注消防、平安你好”主题，通过居民群众喜闻乐见的形式，现场表演一系列歌舞、小品、太极拳、诗朗诵等群众性节目，穿插消防知识问答，播放火灾警示纪录片——《痛思》，开展专场安全讲座，学习防火、灭火、自救等消防知识，提高对火灾危害的认识、对火灾等紧急突发灾害的自救逃生技能以及应对紧急突发事件的心理素质。发放消防宣传手册200余份。1月8日，东山街道应急执法人员成功查获一辆非法加油车，及时消除一起重大安全事故隐患。1月13日，东山街道开展打击非法销售烟花爆竹专项行动，对烟花爆竹非法经营行为“零容忍”，做到发现一起、查处一起、打击一起，有效遏制非法经营烟花爆竹的安全隐患。5月27日，雨花区市场监督管理局局长王金山、副局长李志忠带队专项督导东山街道辖区学校（幼儿园）食品工作。5月29日，东山街道召开工作会议，部署食品安全大排查大整治百日行动暨创建国家食品安全示范城市“回头看”工作。7月21日，东山街道联合长南派出所，高铁工务段等部门共计60余人，专项整治高铁沿线周边，确保京广、沪昆高铁运行安全畅通。（胡 琼）

【消防宣传】2020年11月9日，雨花区东山街道东恒社区联合恒大绿洲、恒大国际广场物业公司，组织辖区各企业单位、志愿网格员、居民群众开展“关注消防、生命至上”安全生产培训暨消防应急演练活动。湖南省普消消防设备咨询有限公司教官结合近期安全、消防事故经典案例，理论联系实际，深入浅出地讲解遵守安全生产规章制度和操作规程、违规责任以及风险类型、有效构建双重预防机制等方面知识，传授处置各类突发事件技能，有效普及安全基本常识、强化安全生产红线意识；讲解防范日常工作和生活中的致灾因素、灾后正确报警、火灾类型及对应的灭火器具等基本消防安全常识。现场详解灭火器使用方法、防毒面具佩戴、水带和水枪使用，进行灭火演练，提高群众的安全意识、防灾避险和应急自救处置能力。（胡 琼）

【《安全生产法》宣传周活动】2020年，雨花区东山街道以每年全国《中华人民共和国安全生产法》宣传周为契机，组织开展安全生产法律法规宣讲、安全生产执法自查、警示教育和集中宣传咨询等活动，全面营造安全生产遵法、学法、守法、用法的浓厚氛围，推进全街道安全生产水平再上新台阶。12月7日，东山街道开展《中华人民共和国安全生产法》宣传周宣讲活动，雨花区应急管理局科长陈长志围绕国家关于安全生产的大政方针、基本思路和机制，讲解《中华人民共和国安全生产法》《中华人民共和国安全生产法（修正草案）》，增强安全法制意识，强化安全发展观念，推进“企业落实安全生产主体责任”。街道安委会成员单位、辖区生产经营单位负责人和安全负责人等300余人参加。（胡 琼）

【安全宣传咨询日活动】2020年6月16日，东山街道举办“安全宣传月”安全宣传咨询日活动。启动仪式在爵士舞《Jazz Show》中拉开序幕。街道党工委副书记、办事处主任、安委会主任苏波在启动仪式上致辞，辖区交警中队负责人上台宣读“安全出行倡议书”。街道党工委书记周少敏讲话，并赠送电动车骑行代表头盔，宣布骑行活动正式开始。周少敏强调，要紧紧围绕“消除事故隐患，筑牢安全防线”主题，突出重点行业、重点领域、重点地区和重点企业，开展消防大演练进社区、安全知识趣味抢答、“安全生产大家谈”云课堂、企业安全生产主题竞赛和评选活动等一系列活动，努力营造全民“讲安全、重安全、懂安全”的良好氛围。120余名骑行人员跟随交警从东山街道前坪出发，围绕花侯路、长托路主干道等人群流动较多区域骑行，倡导市民增强安全意识，平安出行，低碳生活。街道在绿地之窗商业广场悬挂宣传横幅，设立咨询服务台，发放有关安全的宣传资料，普及安全知识，现场与60家企业代表和200余名群众进行“面对面、零距离、互动式”的现场咨询服务。活动通过现场体验、模拟演练、咨询讲解等方式，分别进行应急救援演练、初期火灾扑救、职业健康、燃气安全使用、特种设备安全管理等方面的演练和培训，并向过往群众发放安全知识宣传单和宣传品，解答群众关于安全的各类疑问。现场设置“应急救援器材展示处”、智慧用电系统、智慧烟感设备展示区，

2020 年 6 月 16 日，东山街道安全宣传咨询日活动　（胡琼 摄）

供过往群众了解，实现火灾隐患早发现、早预警、早治理，提高人民群众对于突发事件的应急避险能力。活动发放各类宣传资料 6000 余份，安全宣传纸杯 15 万个，接受群众咨询 200 余次，制作宣传横幅 150 条、宣传展板 40 块，出动宣传车 2 台。结合各类安全生产典型事故案例，以丰富多样的形式向群众宣传各类安全知识，警示居民注意身边的危险，提高安全意识和防范技能。东山街道党政领导、机关干部、各社区（筹委会、经济合作社），以及辖区内企业代表及群众近 500 人参加活动。（胡 琼）

【平安建设宣传】 2020 年，雨花区东山街道将传统节日和主题宣传活动相结合，通过文艺演出、专题讲座、上门宣传等形式给居民群众普及平安建设的知识，在欢乐的节日氛围里，更加贴近了民心，通过问卷的反馈，走进群众的生活，针对群众反映的拆迁安置、小区停车、社区治安等问题，联点领导和社区干部以聊家常的方式仔细答复和记录，得到群众的点赞和支持。充分发动社区综治主任、“红袖章”志愿者、网格员、楼栋长等力量积极宣传平安创建工作，在社区、小区、广场、门店、楼栋，总有穿着“红马甲”、戴着志愿者袖章宣传的身影。同时，通过文艺会演、悬挂横幅、摆放展板、宣传橱窗等形式，收到寓教于乐，“入耳入脑”的宣传效果。开展社区宣传和街道集中式宣传，通过流动宣传车、社区电子显示屏、商业门店的音响、小区“红袖章”“小喇叭”温馨提醒等形式宣传民调和平安创建的知识，吸引社区众多群众关注和相关咨询。通过“声音”和图像的扩散加大宣传活动的宽度和深度。6 月 16 日，东山街道在绿地之窗商业广场开展平安建设集中宣传活动。现场分发禁毒、国安、网上信访、扫黑除恶、电信网络诈骗、民调、平安建设等宣传资料，宣传平安知识，开展民调问卷答题等活动，提高居民治安防范意识和自我防范能力。发放宣传材料 2000 余份，平安宣传扇子 500 余把，平安环保袋 2000 余个，通过集中宣传活动，提高群众对“平安建设”活动的认识，提升群众参与平安建设的积极性，营造良好的维护社会稳定氛围。（胡 琼）

【征拆工作推进会】 2020 年 3 月 18 日，雨花区东山街道召开 2020 年征拆工作推进会。街道办事处主任苏波主持会议。街道党工委委员、人大工委主任张浩宣读街道 2020 年征拆工作方案，分析当前形势，明确工作人员调配、任务分工落实、项目腾地时间铺排等工作。各涉拆社区（筹委会、经济合作社）书记表示，将坚持公平公正，严格政策标准，扎实做好拆迁工作，共绘东山美好蓝图。街道党工委书记周少敏要求，高度统一思想，坚定信心，团结一心，坚决不打折扣受领任务；一鼓作气，精准施策，按时间节点倒排任务，全面推进，按照统一模式、统一调度、分村破局、分批推进的征拆思路开展工作；强化调度，强化宣传，压实好责任，形成合力，确保拆得下、拆得稳、拆得好，充分调动一切资源，齐心合力，以决战决胜的姿态，以务实的作风和扎实的成效，交出一份满意答卷。区政府副调研员易云和提出统一思想、坚定信心，统一政策，坚持原则，统一步调、坚持推进，统一力量，坚强堡垒“四统四坚”要求。市武广公司副总经理吴斌飞，区征地服务中心副主任柏贞柱，区资规分局拆迁事务所所长张程浩，街道全体党政班子成员、区直部门抽调干部以及全体参拆干部参加会议。（胡 琼）

【新春游园】 2020 年 1 月 8 日，雨花区东山街道开展“崇德向善迎新春·红红火火过大年”全民健身学雷锋志愿服务活动暨新春游园会活动，辖区群众、群众和部分党员干部等 200 余人参加。体育舞蹈《Nobody》拉开活动的序幕，在互动节目《健康拍拍操》中新春游园会开始。游园会分年俗坊、快乐营、健身房、美食荟 4 个区域，居民群众玩游戏、猜灯谜，免费领取现场书法家们题的春联；吃饺子、棉花糖等美食；打球、跳绳锻炼身体。志愿者们现场倡议，引导大家养成坚持锻炼身体的习惯，弘扬节俭传统，过一个文明、欢乐喜庆的春节。（胡 琼）

【重阳节活动】 2020 年 10 月 24 日，雨花区东山街道黎明渔场经济合作社在洋湖水街举办第四届“幸福重阳、久久重阳”主题活动，社区网格员、志愿网格员与老人们欢聚一堂，共度重阳佳节。社区文艺积极分子自发组织编排表演社区广场舞《欢歌中国梦》、老年艺术团大合唱《歌颂祖国》等节目，社区安排花鼓戏、变脸、杂技、二人转、小品等老人们喜爱的节目，穿插党建、三减三健、消防知识、禁毒、人社政策等有奖知识抢答和幸运大抽奖等环节。东山街道党工委副书记陈朔、人大工委副主任龚雅丽、党政班子成员熊婷婷，长沙农商银行武广支行行长伍月红、社区网格长李晓红等出席活动。（胡 琼）

【社区文艺演出】 2020年11月29日，雨花区东山街道东恒社区联合芒果天天乐以及辖区绿之恋舞蹈队在恒大绿洲南门举办“爱要久久 温暖新城”的社区天天乐文艺演出。表演小区居民自排自演的广场舞、太极、柔力球、旗袍秀，《夫妻故事讲述》、朗诵、花鼓戏选段等节目，合唱《我爱你中国》。（胡 琼）

【基层党建工作推进会】 2020年4月10日，东山街道组织召开基层党建工作暨“三零”社区（村）创建工作推进会，部署2020年街道基层党建工作重点任务及“三零”社区（村）创建工作。相关分管领导就“安全零事故”“治安零发案”“居民零上访”3项创建工作提出指导意见；12个社区（筹委会、经济合作社）的党组织书记就确保完成2020年“三零”社区（村）创建目标任务逐一进行表态发言。街道党工委书记周少敏强调，要围绕2020年工作总体思路和目标，进一步提高政治站位、强化务实举措、严密组织领导，以更深的认识、更高的水平、更大的力度推进基层党建工作和“三零”社区（村）建设工作。街道全体党政领导、机关各大办主任，东山派出所全体班子成员、联点户籍民警，东山司法所所长，各社区（筹委会、经济合作社）党组织书记、主任、组织委员、综治专干及安全专干共110余人参加会议。7月31日，东山街道组织召开半年度党建工作推进暨“三零”社区（村）创建工作讲评会。会议总结上半年基层党建工作成绩亮点，部署下一步工作重点任务；2名社区（筹委会）党组织书记就“三零”社区（村）创建工作做经验介绍；总结讲评全街“居民零上访”“安全零事故”“治安零发案”创建工作。街道党工委书记周少敏从“‘一分为二’看形势，认识要再提升”“‘一刻不停’抓推进，措施要再务实”“‘一以贯之’促落实，责任要再强化”3个方面，部署安排，全面推进下半年基层党建工作和“三零”社区（村）建设工作，强调要在党建引领“三零”社区（村）创建上求创新、树品牌、见成效，号召大家凝聚“东山精神”，奋力实现全街“三零”社区（村）创建工作年度目标任务。街道全体党政领导，东山派出所全体班子成员及联点户籍民警，东山司法所所长，街道各大办主任，各社区（筹委会、经济合作社）党组织书记、主任及组织委员、党建专干、综治专干、安全专干参加会议。（胡 琼）

【人才政策宣讲会】 2020年12月14日，雨花区东山街道召开“乘自贸区建设东风，筑巢引凤助力东山崛起”人才政策宣讲会，贯彻落实人才战略，加大人才政策的宣传力度，提高人才政策的知晓率，推动人才政策在东山街道落地见效。街道党工委书记周少敏致辞，提出“把握主心骨，提升理念引人才”“搭好供需桥，街企共建育人才”“念好服务经，营造氛围留人才”3方面具体要求。企业代表钟炜做企业抓住发展机遇、引进人才、培养人才、留住人才交流发言。雨花区人才队伍建设工作中心副主任周舟宣讲人才政策，解读省、市、区的人才政策。街道全体党政班子成员、街道全体机关干部职工、社区（筹委会）经济合作社书记、人才专干、辖区150家企业负责人共300余人参会。（胡 琼）

【爱国卫生月活动】 2020年4月26—27日，雨花区东山街道黎郡社区组织开展“防疫有我 爱卫同行”第32个爱国卫生月活动，营造全面打赢新冠肺炎疫情阻击战的良好环境。社区工作人员、党员志愿者悬挂横幅、发放疫情防治、健康素养、卫生习惯宣传资料，开展宣传，普及和卫生相关知识，倡导居民从自我做起，积极参与疫情防治志愿服务工作，摒弃不卫生的生活习惯，大力倡导合理膳食、适量运动、戒烟限酒、心理平衡的健康生活方式，提高广大群众的身体素质和健康水平；物业工作人员全面、彻底、不留死角集中清理小区内地面、垃圾桶周边以及卫生死角等重点区域，对小区各楼栋楼梯道、居民活动场所、垃圾桶等区域进行全面消杀。（胡 琼）

【东山街道基层治理网格化工作】 2020年，雨花区东山街道贯彻落实中共十九届四中全会“推进国家治理体系和治理能力现代化”精神，全面加快推进基层治理网格化工作开展。街道成立基层治理网格化工作领导小组，制定工作推进方案。以党建为引领，以群众需求为导向，将辖区内12个社区划分为30个网格单元，通过抓机制、强领导，抓体系、强基础，抓队伍、强合力，抓重点、强实效的“四抓四强”工作举措，快速推进基层治理“一张网”全覆盖，力促“小事不出网格，大事不出社区，难事不出街道”，有效提升基层治理精准化水平，解决民生难题和疑难案件40余项。3月30日，东山街道组织召开基层治理网格化工作专题会议。会议传达学习《关于调整雨花区基层治理网格化工作领导小组和雨花区双拥工作领导小组的通知》《雨花区基层治理网格化工作联席会议制度》《雨花区基层治理网格化工作绩效考核办法》《雨花区将群众工作与网格化建设相融合的工作方案》《雨花区基层治理网格化工作队伍培训制度》《雨花区专职巡查员管理办法》《雨花区网格员巡查走访制度》《雨花区网格化工作信息公示制度》8个文件，并要求各社区（筹委会、经济合作社）层层传达学习，进一步统一思想，提高认识；安排与部署推进网格化工作。会议指出，全街上下要高度重视，提高站位，以服务人民群众为网格化工作的根本出发点和落脚点，加大网格化工作宣传力度，扩大群众知晓度，让群众在网格化工作中拥有更多的获得感、幸福感和安全感；要围绕网格化治理工作要求和部署，逐步建立健全相关工作机制，加快推进网格化工作进度；要结合当前社区疫情防控工作开展，进一步深化和完善网格治理工作，为扎实推进基层治理网格化奠定坚实基础。4月15日，东山街道组织各社区（筹委会、经济合作社）专职网格员召开基层治理网格化工作推进会议。街道网格化综合服务中心采取以会代训的形式，对各社区（筹委会、经济合作社）专职网格员进行基础培训，介绍基层治理网格化工作的基本情况、前期所做的工作以及具体操作指南，进一步统一思想，提高各社区对网格化工作的认识和理解，安排与部署近期网格化工作。会议要求，进一步改变工作理念和工作思想，改进工作作风，切实掌握辖区基本数据，将网格化工作全面夯实到位。实现网格化工作由“简”向“全”转变，实现闭环联动运行；由“虚”向“实”转变，确保责任压实和落实；由“散”向“精”转变，实现公共资源高效整合；由“弱”向“强”转变，让党组织在网格中发挥“领头雁”作用；由“堵”向“畅”转变，打通服务群众“最后一公里”。各社区（筹委会、经济合作社）要高度重视，提高站位，推动网格化运行机制尽快落地。要解放思想，突破原有工作惯性，因地制宜，整合资源，确保网格划分科学合理、有序推进。要全面统筹谋划，强化业务培训，加大宣传力度，在社区开展推进网格化工作宣传，引导辖区群众积极支持并参与基层治理网格化，为提高网格化工作效能、提升社会治理水平夯实基础。4月29日，东山街道组织召开基层治理网格化工作大会，采取以会代训的形式，由街道网格化综合服务中心工作人员进行网格化专题培训，进一步统一思想，提高认识。会议传达近期全区网格化工作相关精神，解读学习《东山街道基层治理网格化工作实施方案》，安排与部署相关工作。街道党工委副书记、办事处主任苏波指出，要充分发挥好党建引领作用，加强网格党建。各级各部门要统筹安排好人员、队伍、机制、投入等相关保障，突出重点、把握关键，开拓创新、扎实工作，全力推动街道网格化工作深入开展、取得实效。街道党工委书记、基层治理网格化工作领导小组主任周少敏要求，提高站位，思想上更加重视，要把网格化工作作为强化基层治理的有效抓手，统筹协调、全面推进；抓住关键，措施上更加务实，提升网格员综合业务技能，打造过硬网格员队伍；加快推进，保障上更加有力，要建立健全组织领导机制，加大网格化工作宣传力度，建立健全考核奖惩机制，促进工作落实，为打造“四个新城”夯基垒台、保驾护航。全体党政班子成员、街道机关全体工作人员、驻街站所队负责人、城管执法队员，各社区（筹委会、经济合作社）“两委”成员等120余人参会。5月28日，周少敏、苏波带队，全体党政领导、各大办主任，各社区（筹委会、经济合作社）书记、主任、专职网格员、专职巡查员组成的观摩学习团一行80余人，到岳麓区望城坡街道学习交流网格化管理工作。东山街道观摩学习团通过实地参观网格化指挥中心、现场听取讲解、参观阵地建设、提问式学习交流，深入了解望城坡街道网格化管理模式、流程运行机制及平台建设等情况。听取望城坡街道介绍网格化工作的主要做法和成效，现场学习探讨平台录入、考核办法及人员配备等问题。7月2日，东山街道召开网格化工作调度会。会议通报网格化工作开展情况，传达区网格化会议精神，安排和布置下一步网格化工作；讲解和培训指导环境保护和城市管理类事项以及《省委交办城市管理重点问题集中攻坚行动方案》事项清单；解读《2020年雨花区文明创建“6+1”专项整治百日行动“实施方案”》，剖析街道文明创建7大专项整治行动事项清单、责任清单；对各专职巡查员、专职网格员上报的案件提出具体要求。会议强调，高度重视，提高站位，推动网格化工作顺利开展；加强联系，形成合力，各社区（筹委会、经济合作社）与各部门之间、专职网格员与巡查员之间要加强工作联系与配合，确保案件处置及时有效；抓住重点，有序推进，对省委交办事项和“百日行动”事项要重点关注、重点巡查、重点采集，及时上报、及时处置，确实解决问题；落实制度，确保实效，严格落实好网格化工作制度，网格长坚持每周网格一督查、一调度，确保每周网格问题清零常态化。7月23日，雨花区网格化中心主任黄利萍一行到东山街道调研指导网格化工作，听取街道网格化工作开展情况及存在的问题专题汇报和党建引领网格化工作特色项目介绍。黄利萍提出，结合街情实际，进一步提炼出具有东山特色的党建引领网格化特色项目，让项目真正落实落地；充分利用现有资源，动员一切力量，将辖区单位工作人员吸纳到社区网格中，参与到网格化管理与服务，实现共驻共建、资源共享；坚持“一盘棋”思想，加强统筹协调，打造具有东山特色的基层治理网格化亮点工程。12月17日，东山街道贯彻落实区网格化会议精神，全面助力网格化中心工作，针对安全、消防、治安类问题，加强日常巡查、问题采集、快速处置，加大宣传力度，确保辖区网格内安全稳定。各社区（筹委会）网格长带队，联合相关责任部门对辖区内酒店、门店、幼儿园、商场、在建工地等领域安全生产进行全方位排查，对检查出来的问题进行督促整改，同时提醒辖区单位做到安全用电用气，严格按照冬季用气用电安全制度落实到位，充分发挥网格长核心作用。各社区（筹委会）网格员“化身”为安全员，开展下户走访，深入单元网格发放《安全用气、幸福万家》《安全知与行》等宣传材料2000余份，利用宣传栏、电子显示屏、海报、微信群、宣传车等手段进行宣传，提升网格内居民日常安全防护意识。运用“巡办分离”机制，重点巡查安全、消防、治安类问题，尤其加大用火、用电、用气安全问题的巡查，对检查出的安全隐患坚决督促整改到位，维护群众生命财产安全。上报安全、消防类案件141条，立案136件，结案136件，结案率为100%。（胡　琼）

同升街道

【概况】 长沙市雨花区同升街道地处长沙市东南角，东与跳马镇接壤，西南与天心区大托镇为邻，北邻洞井街道，绕城高速、京珠高速、武广高铁、沪昆高铁从中穿过，拥有李家塘、绕城互通和万家丽路3个入城口，是长株潭一体化的“桥头堡”和两型社会建设的核心区域，总面积23.3平方千米，是雨花区面积最大的街道。2020年，街道辖白田、洪塘、金井3个社区筹委会，景环、同升湖、古樟树、联盟、新聚园、仙姑岭6个社区，户籍人口2.2万余人，流动人口2.3万余人。

2020年，同升街道紧扣“聚焦发展、奋力攻坚”工作主题，克服新冠肺炎疫情和经济下行带来的诸多挑战，实现党建引领有高度、区域发展有速度、环境优化有力度、辖区保障有厚度、民生福祉有温度、廉政建设有实度的工作目标，在大考之年交出优异答卷。街道被评为全市安全生产示范街道、全市信访“三无”街道，百日竞赛活动排名全区一类，辖区桃阳苑小区、金汇园小区被评为垃圾分类市级示范单位。（陈　岚）

【街域经济】 2020年，雨花区同升街道完成社会消费品零售总额54.3亿元，同比增长12.35%；固定资产投资完成26.27亿元；营利性服务业增速6.81%，世界500强企业北京航天控制仪器研究所入驻康庭园。新增月营业收入首次破亿元企业2家，新增特一级建筑业、规模服务业10家。开展“百日竞赛”活动，排名全区一类。打造“黄谷路汽车消费节”节会品牌，拉动汽车消费，举办“约惠春天·嗨购雨花”第七届雨花区黄谷路汽车消费节，推出6大主题活动，吸引24家汽车4S店参与，销售汽车7190辆车，销售总金额15.17亿元，同比增长6%。（陈　岚）

【城建城管】 2020年，雨花区同升街道成立项目帮扶组，解决绿地新都会农民工工资拖欠，中建璟和城临时民工生活区迁移，中建凤凰台、绿地新都会、奥园誉景华府销售等一系列问题，推进项目加快建设，顺利交付。强化网格化管理，数字化市平台受理案卷5005条，区平台受理案卷4664条。坚持全天候、全方位监管，定期开展建筑立面、广告招牌、渣土运输、马路市场、违法建设等问题专项整治，重点对同升湖山庄、白竹水乡、碧桂园南城首府等别墅小区开展违建专项整治，拆除违建39处，面积3631平方米，劝导流动摊贩及店外经营310余次，打造桃阳美食广场、云冷一号夜市规范点。完成同升白田变电站等3个项目的结算交地，启动城投16号地和白竹安置用地项目，电力改造“630”攻坚项目建设取得阶段成果。加快推进新兴村经济合作社回报楼宇、白田社区筹委会7.2公顷两安用地筹划招商宣传，推动合作开发项目的落地与建设。坚持铁腕控尘、从严控烧，责令整改扬尘问题115个，覆盖裸露黄土2.8万平方米，新增绿地7.5公顷（长沙屿），新增油烟净化器11台，实现燃煤全面清零。区蓝天办交办的16个环境污染问题，“天天在线”投诉的19个环境类问题全部整改到位。（陈　岚）

【社会治理】 2020年，雨花区同升街道健全三级网格化监管机制，强化安全生产主体责任和“党政同责，一岗双责”责任落实，推进安全生产三年行动进度，行业主管领导牵头对辖区重点行业、场所展开安全隐患排查，排查安全隐患137余处，闭环整改117处，警示约谈企业单位12家，取缔非法生产经营建设单位2家、查处非法撬装加油点1处。利用辖区职教城优势，创新宣教模式，送宣传入企入户，开展各类大中型宣教和演练活动35场，实现宣传全覆盖和居民小区、中型企业的安全培训全覆盖。连续四次被评为全市安全生产模范街道。加强社会面的防控和网络舆情监控，推进扫黑除恶专项斗争，做好重点来信来访、息诉息访工作，成功化解洪塘邹某新医疗纠纷案、省“四重攻坚”谢某强案并结案。落实禁毒、人民调解工作，推进矛盾纠纷“大调处”联动工作机制，调处各类矛盾纠纷47起，挽回各类经济损失近千万元。推进街域网格化管理精细化服务，及时巡查处置，维护辖区稳定，被评为全市信访“三无”街道。创新仙姑岭社区“四和五美”社区理念，深化“雨滴儿”“微爱”社会组织品牌。完善政务服务事项，“互联网+政务服务”一体化平台清单填报率和发布率实现100%。40项高频政务服务事项清单录入一网通办系统，社区可直接办结事项达到8项，街道政务服务平台受理业务4963件，办结率100%，未出现过红黄牌事件。

（陈　岚）

【民生事业】 2020年，雨花区同升街道全面开展创业就业帮扶、劳动保障监察、居家养老服务等工作，新聚园、联盟、景环、古樟树、同升湖5个居家养老服务中心上线运营。新建嘉华城人工智能与传感器停车场（1320个停车位）、誉景华府停车场（569个停车位）并投入使用。持续关爱特殊家庭，发放计生奖扶资金37万余元。实行同升困难“五帮扶”，帮扶各类对象251户，帮扶金额63万余元；救助低保对象648户817人，发放低保金约45万元。承办长沙市《国家体育锻炼标准》达标测试雨花区站活动，倡导科学健身意识；组队参加“健康雨花”篮球、乒乓球比赛活动，推动全民健身事业

2020年6月18日，同升街道“低碳健步行　共护圭塘河”健步活动（陈岚　供图）

发展；开展第五届“乡情文化节”，打造特色文化品牌，开展文化活动15场。开办同升特色文化馆，配合区教育局认真完成辖区中小学校、幼儿园的复课工作。抓好公办幼儿园学位建设，新增公办园4所，新增学位800余个。开展专项整治，培训机构办证1所、取缔无证机构1所；对存在重大安全隐患的幼儿园，下达停办通知书11份，关停1所，引导1所转为公办园教学点。结合文明创建工作，开展万婴汇金城幼儿园地基安全隐患整治、砂子塘嘉和小学周边的圭塘河沿岸安全警示标志设置的综合整治工作；发动做好“文明在楼道”“牛皮癣”等专项整治行动，提高居民知晓率和满意度；全年开展市级活动1次、区级活动5次，丰富居民的精神文明生活。确定区直、街道群众工作联点领导和联点干部56名，走访群众1265人次，召开联席会议22次，收集解决群众切实关心的民生问题124件，群工站解决群众反映问题115件，化解矛盾纠纷91件。灵活就业社会保险参保缴费实现“就近办”，办理业务236件。（陈　岚）

【基层党建】 2020年，雨花区同升街道制定《同升街道组织工作及基层党建工作要点》，深化推进“三零”社区创建，狠抓“五化”支部建设，40个党支部全部实现“五化”达标，建立小区党支部8个，实现应建尽建。坚持管党治党，全面加强党的建设和干部作风建设，注重在疫情防控和应急处突等一线锻炼干部，全面推行党员积分管理，党员分类管理全覆盖。完成社区（筹）党组织换届选举，41名新一届社区（筹）党组织委员会书记、副书记、委员高票当选。选优配强社区班子；建强党组织书记队伍，6个社区（筹）书记、主任实现“一肩挑”，做好2021年换届人选准备及提名工作，完成社区（筹）“两委”班子综合分析工作。推选同升街道仙姑岭社区居民方荣国为第一季度长沙助人为乐好人，利用区政府官网推送工作动态211条，在《湖南日报》等主流媒体上稿100余篇，成立50人理论宣讲团，开展宣讲活动35次。上报雨花区“标杆引领”党组织创建对象6家，全面落实“非公”企业“两个覆盖”，新成立“非公”党组织2家，打造黄谷路汽车6S街区商圈党建品牌，力争辖区内。串联红一方面军前总委指挥部遗址、金井红色阵地、晓光工匠学院等10处红色资源，手绘红色景点地图，打造“星火之路”红色教育路线，邀请园区、辖区企业、党建联盟单位首次体验。狠抓党风廉政建设，立案9件，处分5人，调整不胜任岗位人员2人次。严作风强纪律，队伍建设不断加强，基层干部素质进一步提升，全年领导班子率先垂范，未出现违法违纪行为。办理信访15件。针对区委巡察组对我街道4个社区党组织在巡察中发现的122个巡察问题，认真做好整改。全力配合巡察组从2020年10月20日至11月19日对白田社区筹委会、仙姑岭社区开展巡察。（陈　岚）

【疫情防控】 2020年，雨花区同升街道第一时间做好疫情防控工作，建立常态化疫情防控机制，形成“街道、社区、小区（物业）纵向管理+各大办、驻街站（队、所）、学校等单位横向防控”工作模式，优化宣传、摸排、服务等方式，设置12名网格长，12名专职网格员、74名志愿网格员，创新推出“以房查人”“社区防疫攻坚小分队”等举措，加强冷冻冷链食品监管，严防输入性疫情，发放“致居民一封信”、“告知书”、宣传海报等30万余份，动态摸排出租屋4万余套、酒店宾馆80余家，健康码推广使用12万余人次，排查大数据近5000人次，集中隔离443人，居家隔离1651人，核酸检测1.11万余人次，对货物、食品、环境进行核酸检测1300余次。深入抓好文旅市场防疫，对全街11家网吧、10个公共文化场馆、6个农家书屋、81家宾馆旅店严格管控。全街未出现本地确诊病例。（陈　岚）

【党建述职】 2020年1月13日，雨花区同升街道组织召开2019年度基层党组织书记履行基层党建及意识形态工作责任述职测评会。会议由街道党工委副书记、办事处主任邓星主持。评议会突出“短、精、细、实”的特点，以确保党建述职的质量和效果，14位基层党组织书记坚持问题导向，述职汇报2019年度基层党建及意识形态工作责任情况及所做的工作，总结上一年度工作成绩、分析存在的问题，研究下一步加强和改进的对策措施，更好地推动街道工作。街道党工委书记刘昌军对各党组织书记抓基层党建及意识形态工作情况进行逐一点评。参会人员根据现场述职汇报以及平时掌握的日常工作情况填写测评表。通过述职评议查摆出街道基层党支部普遍存在着“重形式、轻实效”、部分党员作用发挥不明显、党员的政治敏锐性不强、教育工作不深入、党组织书记能力提升力度不够、“全面从严治党”方面欠佳、创新意识不强、与群众沟通交流不足等问题。刘昌军要求，要夯实工作基础，把抓基层打基础作为长远之计和固本之策，按照规定程序开展好各项基础性工作，增强党组织的战斗堡垒作用；要加强队伍建设，重点抓好基层党组织书记这支带头人队伍，增强各级党组织书记履行党建工作责任制的“第一责任人”责任意识；要挖掘党建品牌，各基层党组织在不断夯实基础的同时，要充分发挥主观能动性，结合实际挖掘自身优势特色和创新塑造亮点品牌；要加强作风建设，抓廉政建设、抓作风建设、抓素质提升、抓班子优化；要狠抓安全稳定。街道全体党政班子成员、各大办主任、副主任、“两代表一委员”、各社区（筹委会）“两委”成员、党员代表、村（居）民代表200余人参加会议。（陈　岚）

【走学式党课】 雨花区同升街道依托红色资源，推动区域化党建共建，持续激发基层治理活力，将辖内的红色革命遗址、社区红色阵地以及工业走廊串珠成链，从红军攻打长沙纪念园、红一方面军总前委指挥部遗址，到介绍长沙南城最早成立的党组织“南塘党支部”的红色故事室，从金井社区红色文化阵地到晓光工匠学院，组成情景式“星火之路”红色教育路线。2020年7月1日，“星火之路”红色文化线路正式亮相。雨花经开区和雨花区同升街道共推“走学式”特殊党课，组织党员参观，感悟历史回响，线感受奋斗力量。举行区域化党建联盟会议，从助力企业发展到帮解小区民生难题，联盟单位认领共建实事项目，为家园和美出力。（陈　岚）

【垃圾分类讲评】 2020年1月7日，雨花区同升街道组织开展生活垃圾分类现场观摩活动。观摩组实地查看碧桂园南城首府、景环小区、湘水郡、粟塘小区等4个物业小区及新兴小区、桃阳小区、金井小区、白田佳苑4个农安小区，听取小区物业负责人介绍小区垃圾分类工作进展、取得的效果及存在的问题。观摩人员对小区逐一进行打分评比。在新兴社区筹委会召开观摩讲评会，部署下一阶段垃圾分类工作；街道党工委副书记、办事处主任邓星当场宣布观摩活动评比结果，提出垃圾分类工作具体要求。街道党工委书记刘昌军希望，提升街道垃圾分类工作整体水平，促使2020年垃圾分类工作进入规范化、常态化轨道，让环境更整洁，雨花更美。（陈　岚）

【社区网络春晚】 2020年1月8日，雨花区同升街道在新聚园社区举办党建引领 微爱同行 梦想启航”社区网络春晚活动，社区志愿者自编自排自演，表演腰鼓、舞蹈、独唱、大合唱、小品、朗诵等节目；设置游艺有奖区，邀请小区的书法爱好者现场写春联和“福”字，开展“套圈”、“瞎子敲锣”、“垃圾分类有奖竞答”、拍抖音小视频送新春祝福比赛等互动游艺。街道开展法治宣传活动，增强群众安全意识和防范意识，提高抵御毒品、诈骗等能力。现场展出展板4块、宣传横幅4条、易拉宝6个，发放环保袋800个、扫黑除恶宣传册800份、禁毒宣传册600份、防电信诈骗宣传页600份、反奸防谍知识手册500本、《中华人民共和国国家安全法》《中华人民共和国反间谍法》500本，解答群众咨询问题80人次。（陈　岚）

【社会居家养老服务项目签约】 2020年3月14日，雨花区同升街道联盟社区引入社会组织承接社区居家养老服务项目签约仪式在社区二楼会议室举行。联盟社区公共服务中心主任黄粤函和长沙永济健康服务有限责任公司社会工作部主任黄奇签署社区居家养老服务中心运营合作协议，长沙永济健康服务有限责任公司及旗下医疗机构和社工服务中心，以联盟社区居家养老服务中心为基点，为社区老年人实现“老有所养、老有所医、老有所教、老有所学、老有所为、老有所乐”创造良好的生活环境，提高社区老年人生活幸福感。协议约定服务内容、双方权利与义务、费用结算与支付方式等，明确居家养老服务项目主要在社区居家养老服务中心开展，服务范围暂时为联盟社区60周岁及以上老人。（陈　岚）

【食品安全主题宣传】 2020年3月24日，同升街道开展春夏季节食品安全主题宣传活动。街道食安办工作人员在农贸市场、进山口、餐饮门店、单位食堂、农安小区等重点区域，通过悬挂宣传横幅、警示牌、发放宣传折页以及群发微信链接等方式宣传解读毒蘑菇、野菜等食用相关知识，提升居民防范意识，筑牢食品安全防线，消除食品安全隐患。社区食安工作人员向老年人讲解食品安全知识，提高老年人食品安全意识和食品安全自我保护意识。（陈　岚）

【禁毒宣传知识讲座】 2020年4月16日，雨花区同升街道为辖区居民和正在执行社戒社康的吸毒人员开展禁毒宣传知识讲座，提高群众的识毒、防毒意识，增强居民参与禁毒的自觉性和主动性。湖南康达自愿戒毒中心任景春近距离向居民展示不同种类的毒品和吸毒工具模型；通过PPT的形式介绍毒品的种类、特征及毒品危害，告诫群众自觉远离毒品、珍爱生命。讲座严格按照防疫要求组织，采用间隔式入座，人员进场前均进行信息登记和体温测量，以及相关的消毒工作。（陈　岚）

【统战知识讲座】 2020年12月9日，雨花区同升街道白田社区开展统战知识进社区宣讲活动，增强社区居民群众的民族团结意识，提高辖区内居民对社区统战工作的知晓率。社区设置社区统战工作展板、发放宣传资料，利用全国第七次人口普查的入户大走访机会，详细了解辖区内少数民族、台胞、台属等情况，进行摸底造册。社区书记邹志勇讲解民族工作面临的形势、党的宗教理论和政策、做好基层民族宗教工作的方法。（陈　岚）

【平安建设宣传】 2020年4月26日，雨花区同升街道在粟塘小区开展平安建设宣传进社区活动，宣传与群众生产生活密切相关的法律法规知识和安全防范知识。内容涵盖扫黑除恶专项斗争、禁毒、铁路护路、防电信诈骗、防偷盗、普法等，号召广大居民群众更进一步地重视法治，崇尚科学，远离毒品，珍爱生命以及法律维权等重要知识。提醒广大居民群众注重安全防范意识，预防各类违法犯罪行为，保障自身和家人的生命财产安全。现场设立宣传咨询服务台，悬挂宣传条幅2条，摆放易拉宝3个，发放各类宣传资料1000余份、环保袋1500余个、扇子800余个，受教育群众达1500余人。（陈　岚）

【消防宣传车宣教】 2020年5月30日，雨花区同升街道在新聚园社区粟塘小区篮球场举办雨花区首场“消防宣传车社区巡回宣传活动”，增强辖区商业门店业主和物业员工应对突发火灾的处理能力，提升居民群众的消防安全意识和火灾逃生技能，为同升街道新聚园社区的营造平安、稳定的消防安全环境。雨花区消防救援大队5名消防指战员，以大队消防车为载体，向居民群众介绍消防车辆和装备器材的功能、水带的连接方法、防毒面具的佩戴方法等。现场设立咨询台发放消防安全应急知识宣传资料，举行实例授课，针对春夏季居民住宅火灾暴露出的家庭违规用火用电、电动车违规停放充电、居民逃生自救能力不足等进行讲解居民防火常识和自防、自救、逃生技能，介绍家庭油锅起火防范的小技巧。分火灾逃生演练区、汽车自燃讲解区、家庭火灾自救区3个板块，开展户外现场演练。（陈　岚）

【计生知识宣传】2020年12月7日，雨花区同升街道白田社区筹委会开展计划生育知识宣传活动。悬挂海报；讲解优生优育、避孕节育和生殖健康等知识，解答群众关于免费孕前优生健康检查、叶酸服用、免费避孕药具禁忌证等相关问题；健康咨询台，接受健康咨询20余人次；发放计生政策、生殖健康、避孕药具知识等宣传资料200余份，发放避孕套100余盒，药具健康包20余个。（陈 岚）

【第七届黄谷路汽车消费节】2020年，雨花区举办为期3个月的“约惠春天·嗨购雨花”第七届雨花区黄谷路汽车消费节，开展“情系雨花，我为黄谷路点赞”“爱心雨花，保养防疫送不停”“嗨购雨花，45万豪礼送不停”“惠聚雨花，汽车团购嘉年华”“魅力雨花，唱响中国好声音”等活动。3月20日，在湖南省森林植物园举办“云上雨花 名花名车大联展”活动，启动第七届雨花区黄谷路汽车消费节，汽车消费节推出“网红＋汽车专业主持”直播看车的活动，9家4S店推出汽车特供车型，进行活动现场直播，让疫情期间无法出远门的消费者了解汽车消费节。长沙市人大常委会党组书记、主任谢卫东，雨花区委副书记、区长刘素月等市、区领导出席联展活动。消费节期间，同升街道黄谷路17家4S店企业、相邻街道7家4S店参与其中；每家4S店推出特惠车型直接降价让利，提供15万元购车补贴抽奖活动、45万元商场、超市和餐饮消费券等豪礼，提供医护工作者购车额外特惠，销售7190辆车，销售金额15.17亿元，为推动同升街道社零发展提供坚实基础。6月20日，第七届雨花区黄谷路汽车消费节落幕。（陈 岚）

【胡衡华督访信访工作】2020年4月17日，湖南省委常委、长沙市委书记胡衡华，长沙市委常委、市委秘书长廖建华等下沉督访雨花区同升街道，面对面听取来访诉求，点对点推动问题解决。胡衡华强调，要坚持以人民为中心，换位思考、将心比心，带着责任、带着感情做好信访工作，把矛盾化解在基层、解决在萌芽状态。胡衡华向信访群众代表了解情况，记录具体诉求，召集与会的区县、相关市直部门负责人现场研究解决措施。会议指出，要加快推进产权证办理工作，切实保护人民群众的合法权益。会议明确解决问题的责任主体、工作专班和办理期限。胡衡华强调，全市各级各部门要践行民本思维，把老百姓的利益摆在第一位，把工作做在平时、做在前头，推进源头治访；压实属地责任，落实基层信访长效机制，在处早处小上下功夫，防止小问题拖成大问题、老问题衍生新问题；坚持领导带头，深入开展“领导接访下访推动矛盾化解”攻坚年活动，推动各级领导干部主动约访、带案下访、上门走访，真正把群众上访变成干部下访、把被动接访变成主动下访；提高工作水平，加强基层党建，深化社区治理，守住稳定底线，防控各类风险，不断提高做好新时代群众工作的能力与水平。（陈 岚）

【德江县考察云冷1号】2020年12月19日，贵州省铜仁市德江县委书记商友江率县委、县人大、县政府及相关部门、主要乡镇等有关单位负责人到长沙市雨花区同升街道考察云冷1号，参观云冷冷链仓储及交易中心，全面介绍了项目概况、园区布局以及运营情况。同升街道党工委书记刘昌军简要介绍同升街道的经济建设发展情况，推介国内冷链行业云冷模式。（陈 岚）

【智慧健身房开放】2020年6月14日，同升街道仙姑岭社区智慧健身房向市民开放，可24小时自助锻炼，刷脸进入锻炼，每月收费25元，开创“全民健身”新路径。（陈 岚）

【冷冻冷链食品专项整治】2020年11月25日，雨花区同升街道制定《同升街道冷库及冷链食品质量安全专项整治工作方案》，规范冷藏冷冻食品经营管理，进一步强化常态化疫情防控措施和食品安全保障，开展冷冻冷链食品专项整治行动。全面排查各类自建冷库及提供冷冻冷藏贮存服务业务的中小型冷库底数，建立工作台账，督促指导冷链食品经营企业落实进口和非进口冷链食品分库存放，落实预防性消毒，督促市场开办者、食品经营者索取消毒单位出具的进口冷链食品货物已经消毒证明。强化对食品生产经营企业进口冷链食品的追溯管理，建立商品进销台账，依法查处来源不明的进口冷链。重点整治湖南红星冷冻食品有限公司，湖南云冷冷链股份有限公司，各社（筹）辖区内各类自建冷库及提供冷冻冷藏贮存服务业务的中小型冷库，冷链市场周边，物流停车场等区域。利用横幅、巡逻车、巡查小组围绕冷链食品专项整治行动部署、执法成效、处罚措施等进行宣传报道，引导群众不购买非法进口冷链食品，正确选购冷链食品，积极发动群众积极举报违法线索，营造“不想卖、不能卖、不敢卖”非法冷链食品的氛围。杜绝走私贩私场外交易行为。分阶段开展专项整治行动。11月25日至12月10日，开展进口冷链食品安全监管和疫情防控工作检查，重点检查进口冷链食品的库存、销售和使用情况，并对周边小区的零散自建冷库进行全面摸底建档。加大疫情防控、食品安全管理的宣传力度，督促各冷链食品经营单位开展自查自纠。12月4日至年底，执法检查查冷链食品经营单位疫情、食品安全管理工作情况，指导、督促各冷链食品经营单位落实“人”“货”“场”疫情防控措施；严厉打击违规交易和走私贩私行为。全面梳理总结专项整治工作。探索建立完善监管长效机制，常态化管控冷库及冷链食品，全面提高监管水平。（陈 岚）

人　物

人物简介

【全国抗击新冠肺炎疫情先进个人　安志】　土家族，1984年10月出生，湖南慈利人，中共党员，2006年参加公安工作，现为长沙市公安局雨花分局刑事侦查大队副大队长。从警15年来，他始终冲锋在刑侦一线，无私无畏、敢打敢拼，为保护人民群众生命财产安全与犯罪分子顽强斗争，累计抓获各类违法犯罪嫌疑人1000余人，破获各类刑事案件2000余起，为人民群众挽回经济损失500余万元。因工作成绩突出，先后获评中央文明办“中国好人”“全国最美基层民警”“全国优秀人民警察”等荣誉称号；荣立个人二等功1次，三等功和嘉奖多次。

2020年1月，安志办理长沙市首起涉嫌过失以危险方法危害公共安全罪的案件。犯罪嫌疑人唐某元是确诊的新冠肺炎疫情患者，因故意隐瞒行程致使7名家人陆续感染并被确诊为新冠肺炎。为迅速查明传染源和确诊患者相关活动轨迹，安志不顾被感染的风险，带队去到集中隔离点与确诊患者及其家属（密切接触者）面对面开展询问取证，还原其近10余天活动轨迹，为指挥部决策提供重要依据支撑。相关部门对近百名接触者采取隔离措施，切实阻断传播渠道，保护人民群众健康安全。2月初，安志牵头办理一住户被盗财物20余万元案件，及时抓获确诊为新冠肺炎的盗窃嫌疑人金某合等3人，有效切除病毒传播链条。2020年被评为“全国抗击新冠肺炎疫情先进个人”，2020年9月8日，安志在人民大会堂接受国家表彰。（李　波）

【全国抗击新冠肺炎疫情优秀城乡社区工作者　易丹丹】　女，1991年5月出生，湖南长沙人，中共党员，本科学历，雨花区洞井街道丰园社区专职工作人员。

抗击新冠肺炎疫情期间，易丹丹担任七里香榭小区及廉租房网格长，通过电话、微信、上门等方式及时了解群众生活状况，长期蹲点廉租房，联点武汉返长人员，带医生上门给居家隔离对象量体温，做核酸检测，送生活物资，完成对丰畅苑廉租房494户居民及七里香榭小区645户居民疫情摸排工作。工作中，易丹丹用信念、责任、奉献、坚韧、热枕、耐心、细致为社区500余户低保困难居民、100余户残障特殊群体筑起一道健康安全防线，赢得困难居民一致的喜爱，在疫情防控工作中，她为社区实现无一感染、无一确诊、无一病例作出奉献。2020年12月，被评为“全国抗击新冠肺炎疫情优秀城乡社区工作者”。

（石梦霞）

【全国劳动模范　邹毅】　1988年8月出生，2010年12月入党，雨花区跳马镇金屏社区土塘寺组人，本科学历，国家数控车高级技师，国家高级考评员，株洲市九方装备股份月限公司立车班班长，中国劳动关系学院劳模学院2020级劳模本科班学生。2014年“湖南省最美班组长”“湖南省五一劳动奖章”获得者，2015年湖南省劳动模范，2017年“湖南省五四青年奖章”获得者，2020年全国劳动模范。

邹毅撰写技术论文10余篇，多次在国家级、省级刊物发表并获奖；参与编写和主编技术书籍12本，是国家“车工”“焊工”“铣工”“数控车工”等题库开发和培训教材的编委会成员。参与省市技能鉴定中心指派的技能鉴定考评工作，累计考评学员800余名，是最年轻的国家数控车高级技师和高级考评员之一。他负责和组织企业技术攻关项目300余项，获得以技术装备和新工艺方法的国家级专利18项，为企业创造经济效益达5000余万元。他创立的“邹毅先进操作法”成为公司数控车操作工艺标准并获公司“优秀成果奖”。邹毅劳模工作室完成公司技术攻关60余项，设备攻关40余项和30余项新产品的技术攻关，被评为“湖南省示范劳模创新工作室”“湖南省工人先锋号”“技能大师工作室”“全国模范职工小家”。他先后对766人次员工进行技能辅导，帮助35名中级技工晋升高级，帮助20名高

级技工考取技师职称。（刘希贤）

【湖南省劳动模范　单丹】 1969年10月出生，湖南湘潭人，长沙市比亚迪汽车有限公司19事业部高级整车检测员。单丹多次被公司授予“最佳员工”“年度精英”等称号，2013年长沙市雨花区劳动模范、2014年长沙市劳动模范，2020年被评为湖南省劳动模范。

2009年，单丹进入比亚迪工作。当时比亚迪客车公司刚成立，正在组建阶段，没有检测员，没有完备的检测线，作为有着多年检测经历的“老资历”，单丹担起重整检测线的重任，他将原来美的公司遗留下来搁置的检测线设备全面现场清理，并联系生产厂家对检测设备进行维修、保养，短短的2个月内，客车检测线就投入正常使用。工作中，单丹坚持“勤”字为先的原则，凭借自己认真的学习和勤恳的钻研，在短短时间内便熟悉掌握各类汽车的结构、性能、以及相关汽车标准和检测设备，在客车投入生产的初期阶段，他既充当底盘检验员、整车检验员，又兼车辆检测员。2018年，长沙比亚迪公司接受智利政府100辆K9纯电动大巴订单。单丹担负驻厂检测任务，每天吃住都在生产线上，尽管任务繁重，但是他不放过任何一个细节，发现生产过程中十大批量问题，将隐患扼杀在出厂前，有效减少后期返工和售后服务。2019年，比亚迪专用车工厂接到深圳3000辆渣土车的生产任务。当时，场地和人员严重不足，原有的检测模式根本无法在3个月内完成3000辆的检测任务，单丹根据自己的经验迅速调整工厂原有的检验模式，在寻求其他工厂支援的同时，以身作则带领团队人员每天工作14个小时，将检验能力由每月150辆提升到1200辆，顺利完成生产任务。单丹深深体会到确保产品一致性的重要，他先后编写《产品测试流程和指南》《整车检验规范》《整车路试规范》《产品考核管理条例》《检测线的检测流程》《检测线设备验收管理规定》等相关规范，保障车辆检测的规范化，为车辆生产保驾护航。他到每个新建大巴工厂培训指导检测人员，为工厂培养大批优秀的试车员和检测线管理人员。30年如一日，单丹专注车辆检测，把每一件平凡的事情做好，他是车间专业技术领域的“领头雁”，同行中当之无愧的“火车头”。（张　乐）

【湖南省劳动模范　罗跃】 1970年1月出生，湖南长沙人，MBA学历，经济师，中共党员。1990年11月至1992年10月，担任长沙市红星村团支部书记。1992年10月至1995年10月，任红星村村委会委员、治保主任。1995年10月至2014年10月，任红星村村委会主任、党委副书记。2006年至2014年10月，任红星实业集团有限公司副董事长、总经理。2014年10月起，任雨花区井湾子街道红星村社区党委第一书记，红星实业集团有限公司党委书记、董事长。1997年当选雨花区人大代表，2012年当选长沙市人大代表，任长沙市第十四届、十五届人大财政经济委员会委员至今。

20多年来，罗跃和班子成员一道，团结带领广大干部群众强党建、纯民风、抓经济、促发展，提出“强三、优二、引一”“四轮齐转”“三个转变、四个结合、五个拓展”等发展战略，致力于打造“实力红星、品质红星、幸福红星”，全力推动“红星商圈”和区域经济发展，逐步形成“党建引领、公司运作、社区管理、居民参与”四位一体发展的红星模式。截至2017年，红星村集体经济规模突破100亿元，年利润及缴税双双过亿元，村民人均年纯收入达10万元，成为名副其实的“三湘第一村”。村集体企业红星实业集团有限公司，获评“农业产业化国家重点龙头企业”“首届长沙市民营企业创新成长力100强”“长沙市五一劳动奖状”等荣誉，形成具有竞争力的企业品牌与显著成绩。罗跃从事基层工作28年，为区域发展、乡村振兴、产业增效、精准扶贫等做出积极贡献。先后获得省委组织部“‘百姓心中好村官’提名奖”“长沙市优秀人大代表”“区经济建设先进个人”“区安全生产工作先进个人”“区优秀企业家”“区优秀共产党员”“区劳动模范”“区攻坚克难突击手”等省、市、区级荣誉10余项。2018年入选“长沙市改革开放40年杰出民营企业家”，荣膺“2018中国果业年度人物”“中国农产品流通改革开放40年突出贡献奖”；个人事迹在湖南经视《千里共湘江》系列中予以专题报道，被省委组织部收入《红星云》视频学习资料。2019年，红星农副产品大市场跻身“中国商品市场综合百强”，红星商圈以“融城新枢纽”之势快速崛起。罗跃获湖南省五一劳动奖章。2020年，罗跃始终坚守岗位、靠前指挥，带领红星农副产品大市场、红星冷链交易市场有序组织复工复产。3月9日，红星农副产品大市场、红星冷链（湖南）股份有限公司“两湖一家亲·星暖湘鄂情”“两湖抗疫特别通道”项目正式启动。罗跃打造“两湖抗疫特别通道”，架起湖北和湖南的“民生”之桥，保障湖北基本农副产品供应，稳定湖北的“米袋子”“菜篮子”和“果盘子”，解决湘鄂两省的农产品滞销难题，推动消费升级，为夺取两省疫情防控和实现经济社会发展目标“双胜利”打下坚实基础。两湖抗疫特别通道项目主要设有红星优品荟小程序电商、红星农产品智能物流共配平台、红冷电商平台，方便湖北企业、客商第一时间了解供需信息和价格行情，实现在线交易，降低疫情防控风险，实现双赢。罗跃组织13家子（分）公司、10个组级公司专门组建“红星抗疫志愿者联盟”，在疫情防控、保供稳价、畅通合作工作中发挥积极作用。红星实业集团以36.55亿元年营业收入居2020湖南企业100强第96位、2020湖南服务业企业第36位。2020年11月，罗跃被授予湖南省劳动模范称号。

（张　乐）

人物表

表 1　　雨花区 2020 年湖南省新冠肺炎疫情防控先进个人名单

序　号	姓　名	性别	单位及职务
1	周宏伟	女	雨花区卫生健康局党组书记、局长
2	周晓州	男	比亚迪集团湖南地区总负责人、长沙市比亚迪汽车有限公司党委书记
3	黄　芳	女	雨花区东山街道高铁新城社区党支部书记
4	莫　波	女	雨花区雨花亭街道社区卫生服务中心主任，主管护师
5	何　韬	男	雨花区疾病预防控制中心副主任，医师
6	周志彬	男	雨花区高桥街道社区卫生服务中心主治医师

表 2　　雨花区 2020 年度“长沙市三八红旗手”名单

序　号	姓　名	单位及职务
1	莫　波	雨花区雨花亭街道社区卫生服务中心主任，主管护师
2	黄　玲	雨花区左家塘街道窑岭社区党支部书记
3	胡　蓉	雨花区疾病预防控制中心传染病防治兼卫生应急办科长

表 3　　雨花区长沙市 2020 年“十行状元”名单

序　号	姓　名	行　业	单　位
1	张向波	钳工	湖南晓光汽车模具有限公司钳调科
2	黄　军	工业机器人设计	中烟物流技术有限责任公司研发部
3	吴才松	工业机器人设计	中烟物流技术有限责任公司研发部
4	张　翔	维修电工	湖南中烟工业有限责任公司长沙卷烟厂卷包车间

表 4　　雨花区长沙市 2020 年“百优工匠”名单

序　号	姓　名	工　种	单　位
1	唐博杰	钳工	湖南晓光汽车模具有限公司钳调科
2	曾腾飞	钳工	湖南晓光汽车模具有限公司小机加科
3	谢　翔	钳工	湖南晓光汽车模具有限公司钳调科
4	刘银辉	工业机器人设计	长沙长泰智能装备有限公司智能装备事业部
5	庄海龙	工业机器人设计	长沙长泰智能装备有限公司人工智能研究部
6	向　洋	维修电工	湖南中烟工业有限责任公司长沙卷烟厂卷包车间
7	谷　垒	维修电工	湖南中烟工业有限责任公司长沙卷烟厂制丝车间
8	罗贝尔	维修电工	湖南中烟工业有限责任公司长沙卷烟厂制丝车间
9	戴元海	维修电工	湖南中烟工业有限责任公司长沙卷烟厂卷包车间
10	毛逢春	维修电工	湖南晓光汽车模具有限公司焊接科
11	方维书	汽车发动机维修	湖南申奥汽车维修服务有限公司机电维修车间
12	郑金华	钢筋工	湖南农力建筑工程管理有限公司工程部

表 5　　雨花区 2020 年长沙市高技能领军人才、劳模工匠师徒结对活动优秀师徒名单

序　号	师傅姓名	徒弟姓名	单 位
1	诸爱峰	张　利	雨花区三之三托斯卡纳幼儿园
2	毛逢春	张海兵	湖南晓光汽车模具有限公司
3	喻树洪	雷国星	湖南中烟长沙卷烟厂

（张　乐）

统计资料

表 6　　2020 年雨花区行政区域一览表

指标	单位	社区居民委员会	社区筹委会	行政村
总计	个	134	15	13
雨花亭街道办事处	个	11	1	0
高桥街道办事处	个	8	0	0
左家塘街道办事处	个	21	0	0
侯家塘街道办事处	个	12	0	0
砂子塘街道办事处	个	8	0	0
东塘街道办事处	个	10	0	0
圭塘街道办事处	个	14	0	0
黎托街道办事处	个	7	4	0
洞井街道办事处	个	14	5	0
井湾子街道办事处	个	15	0	0
东山街道办事处	个	6	2	0
同升街道办事处	个	6	3	0
跳马镇	个	2	0	13

表 7　　2020 年雨花区经济社会发展主要指标情况表

指标	单 位	2020 年	2019 年	增长（%）
土地面积	平方千米	292.20	292.20	-
年末总人口（户籍人口）	人	758967	738450	2.5
男	人	370961	362318	2.4
女	人	388906	376132	3.4
城镇人口	人	719155	697730	3.1
地区生产总值	亿元	2193.24	2075.77	4.5
第一产业	亿元	5.45	5.35	-0.4
第二产业	亿元	1210.22	1118.90	4.6
工业	亿元	802.44	785.18	3.0
规模工业总产值	亿元	670.4	652.71	5.4
建筑业	亿元	409.06	334.98	8.7
第三产业	亿元	977.57	951.51	4.3
交通运输、仓储邮政业	亿元	60.33	64.43	-3.6

续表 7　　2020 年雨花区经济社会发展主要指标情况表

指标	单 位	2020 年	2019 年	增长（%）
批发业	亿元	69.58	70.49	-1.0
零售业	亿元	105.46	101.61	-1.0
住宿业	亿元	9.91	16.19	-14.6
餐饮业	亿元	20.80	19.84	-7.8
金融业	亿元	151.54	140.38	8.5
房地产业	亿元	108.18	116.42	1.9
房地产开业（K 门类）	亿元	77.60	90.68	-0.9
自有房地产经营活动	亿元	30.57	25.73	5.0
其他服务业	亿元	450.27	420.68	6.7
营利性服务业	亿元	287.49	205.70	9.0
非营利性服务业	亿元	162.78	214.97	-2.8
农林牧副渔总产值	亿元	8.49	8.33	0.19
农业	亿元	7.63	7.65	-0.1
粮食产量	吨	1889	1935	-2.36
科学技术支出	亿元	1.37	1.67	-18.0
认定国家级企业（集团）技术中心	家	0	0	-
省部级以上科技成果	项	45	36	25.0
签订产学研技术合同	项	582	571	1.9
专利申请	件	4940	4889	1.0
授权专利	件	3995	2845	39.0
年技术市场成交合作合同金额	亿元	62.38	48.08	29.7
产学研科技人员服务企业人数	人	13356	13210	1.1
国有企事业单位各类专业技术人员	人	13188	12905	2.2
科研院所服务人员	人	8668	8637	0.4
企业科技服务人员	人	4520	4211	7.3
人均水资源	立方米	1532	1466	4.5
平均年降水量	毫米	1620	1588	2.0
总用水量	亿立方米	1466	448	-5.8
人均用水量	立方米	1588	44.47	-2.9
森林覆盖率	%	44.59	44.58	0.02
完成造林面积	公顷	0	3	-
年末实有封山（沙）育林面积	公顷	4500	4400	2.3
开工水利工程	处	32	72	-55.6
水利工程投入资金	万元	2400	9200	-73.9
水利工程完成土石方	万立方米	8	22	-63.6
园内企业个数	个	1022	925	10.5
园内企业产值	亿元	410	380	7.9
新签约企业数	个	94	87	8.0
合同签约总额	万元	107345	98241	9.3
登记个体工商户个数	个	12850	12101	6.2
新登记企企业户数	个	13004	12418	4.7
新修市政道路	千米	4.25	6.02	-29.5
基础设施投资总额	万元	42980	36924	16.4
维修路面及人行道	万平方米	15.2	20.90	-27.3
计划投资立项数	个	167	215	-22.3

续表 7

2020 年雨花区经济社会发展主要指标情况表

指标	单 位	2020 年	2019 年	增长（%）
备案数	个	258	180	43.3
计划立项总额	亿元	101.03	67.60	49.5
备案总额	亿元	758.29	706.50	7.3
新改建村组公路	千米	56.87	41.1	38.4
年末实有道路长度	千米	343	343	–
年末实有道路面积	万平方米	209	209	–
社区改造	个	1	8	-87.5
拆违面积	万平方米	6.35	12.46	-49.0

表 8

2020 年雨花区财政收支情况表

指标	单位	2020 年	2019 年	同比增长（%）
一般公共预算收入	万元	1628397	1581313	3.0
上划中央两税	万元	101383	95856	5.8
地方一般公共预算收入	万元	651125	613618	6.1
收入总计	万元	752508	709474	6.1
地方一般公共预算支出	万元	1063812	946087	16.1
支出总计	万元	1672211	1187805	40.78

表 9

2020 年雨花区招商引资情况表

指标	单位	2020 年	2019 年	同比增长（%）
进出口总值	万美元	262110	195030	34.4
出口	万美元	–	182920	–
进口	万美元	–	12110	–
一般贸易	万美元	–	126015	–
加工贸易	万美元	–	1870	–
当年新签项目（合同）个数	个	5	5	–
实际利用外资金额	万美元	89454	81280	10.1
外商直接投资额	万美元	1614	2611	-38.18
实际引进省外境内资金	亿元	200.5	170.90	17.32

表 10

2020 年雨花区教育事业基本情况表

指标	单位	2020 年	2019 年	同比增长（%）
普通中学学校数	所	4	4	–
普通高中在校生	人	4449	4195	6.1
普通初中学校数	所	15	15	–
普通初中在校生	人	22866	21674	5.5
小学学校数	所	75	72	4.2
小学在校学生数	人	94034	88243	6.6
幼儿园数	所	266	228	16.7
幼儿园在园幼儿	人	52858	40170	31.6
教职工数	人	7736	6572	17.7
小学生初中入学率	%	100	100	–
高中阶段毛入学率	%	100	100	–
义务教育阶段合格学校建设	所	2	2	–

表 11　　2020 年雨花区文化体育旅游事业基本情况表

指　标	单位	2020 年	2019 年	同比增长（%）
艺术表演团体	个	131	17	-23.5
文化馆	个	1	1	-
公共图书馆	个	1	1	-
图书分馆	个	11	11	-
体育场地	万平方米	283	265	6.6
体育场地	个	1189	1004	18.4
全区全民健身运动参加人数	万人	56.7	60.9	-6.9
全区开展全民健身项目	项次	27	34	-20.6
旅游业总收入（人民币）	亿元	332.34	394.40	-15.7
国内旅游收入（人民币）	亿元	331.91	386.02	-14.0
旅行社总数	个	92	73	26.0
星级饭店总数	个	6	8	-25.0
其中：五星级	个	1	1	-
四星级	个	2	3	-33.3
三星级	个	3	4	-25.0
二星级	个	0	0	-
星级饭店客房总数	间	1376	1702	-19.2

表 12　　2020 年雨花区卫生事业基本情况表

指标	单位	2020 年	2019 年	同比增长（%）
卫生机构数	个	666	612	8.8
医院、卫生院	个	54	55	-1.8
妇幼保健院（所、站）（区内发证）	个	1	1	-
专科疾病防治院（所、站）（区内发证）	个	0	0	-
医院、卫生院床位数（区内发证）	张	1431	1510	-5.2
卫生技术人员	人	19562	18831	3.9
执业医师和执业助理医师（区内发证）	人	2722	2623	3.8
注册护士（区内发证）	人	3494	3261	7.1
疾病预防控制中心（防疫站）（区内发证）	个	1	1	-
疾病预防控制中心（防疫站）卫生技术人员	人	51	42	24.4
卫生监督检验机构（区级）	个	1	1	-
卫生监督检验机构卫生技术人员（区内发证）	人	22	24	-8.3
社区卫生服务中心	个	11	11	-
社区卫生服务中心床位数	张	585	607	-5.6
社区卫生服务中心卫生技术人员	人	630	628	0.3

表 13　　2020 年雨花区环境卫生事业基本情况表

指标	单位	2020 年	2019 年	同比增长（%）
收运垃圾	万吨	46.99	47.39	-0.8
清扫街道	万平方米	984	971	1.4
保洁从业人数	人	2013	2002	0.5
垃圾运输车	辆	136	149	-8.7
扫路车	辆	47	50	-.6.0
洒水车	辆	203	194	4.6

续表 13 2020 年雨花区环境卫生事业基本情况表

指标	单位	2020 年	2019 年	同比增长（%）
公共厕所	座	80	80	-2.4
本年新建	座	5	3	-66.7
垃圾站	个	135	137	-1.5
本年新建	个	2	2	-

表 14 2020 年雨花区园林绿化基本情况表

指标	单位	2020 年	2019 年	同比增长（%）
园林绿化覆盖面积	万平方米	3781.46	3705.19	2.1
绿化覆盖率	%	45	44.09	2.1
绿地面积	万平方米	3437.69	3368.35	2.1
新增绿地面积	万平方米	69.34	903.35	-92.3
绿地率	%	40.91	40.09	2.0
公共绿地面积	万平方米	2102.87	2080.67	1.1
公园个数	个	52	51	2.0
公园面积	万平方米	356.53	354.33	0.6

表 15 2020 年雨花区环境保护基本情况表

指标	单位	2020 年	2019 年	同比增长（%）
工业废水排放总量	万吨	126.66	110.63	14.5
工业废气排放总量	万标立方米	200828	268704	-25.3
工业固体废物产生量	万吨	5.72	6.71	-14.8
工业固体废物综合利用率	%	100	100	-
水质满足Ⅲ类标准的断面比例	%	100	100	-
水质满足Ⅳ类标准的断面比例	%	-	-	-
空气质量达到二级标准的城市（区）	个	0	0	-
烟尘控制区	个	5	5	-
烟尘控制面积	平方千米	47.6	47.6	-
区域环境噪声功能达到二级标准的城市（区）	个	1	1	-
环境噪声控制区	个	5	5	-
环境噪声控制面积	平米千米	29	29	-
全省已批准国家生态示范区个数	个	1	1	-

表 16 2020 年雨花区劳动就业和社会保障情况表

指标	单位	2020 年	2019 年	同比增长（%）
城镇新增就业人员	人	14734	16294	-9.6
城镇登记失业人员	人	8818	5229	68.6
城镇登记失业率	%	3.4	2.06	65.0
安排下岗失业人员再就业	人	8019	6538	22.7
大龄就业困难对象再就业	人	4200	2535	65.7
下岗失业人员再就业培训	人	741	367	101.9
农村富余劳动力转移就业增加人数	人	202	210	-3.8
农村劳动力转移培训	人	2356	1410	67.1
年末企业职工参加基本养老保险人数	人	289928	230063	26.0
在职人员	人	268006	209309	28.0

续表 16　　2020 年雨花区劳动就业和社会保障情况表

指标	单位	2020 年	2019 年	同比增长（%）
退休人员	人	21922	20754	5.6
年末城乡居民基本养老保险投保人数	人	69564	65635	6.0
年末参加工伤保险职工人数	人	235290	180026	32.3
年末参加失业保险职工人数	人	200940	156068	28.8
年末领取失业保险金职工人数	人	3169	3013	5.2
年末参加生育保险职工人数	人	252511	235163	7.4

表 17　　2020 年雨花区人事工作基本情况表

指标	单位	2020 年	2019 年	同比增长（%）
各类专业技术人员总计	人	4937	4917	6.9
工程技术人员	人	36	37	-2.7
农业技术人员	人	8	8	-
卫生技术人员	人	270	240	12.5
教学人员	人	4596	4347	5.7
会计人员	人	18	17	5.9
经济人员	人	9	7	28.6
各类专业技术人员构成				5.6
工程技术人员	%	0.73	0.8	8.8
农业技术人员	%	0.16	0.17	-5.9
卫生技术人员	%	5.47	5.20	5.2
教学人员	%	93.09	94.15	-1.1
会计人员	%	0.36	0.37	-2.7
经济人员	%	0.18	0.15	20.0

表 18　　2020 年雨花区民政工作及社会救助情况表

指标	单位	2020 年	2019 年	同比增长（%）
登记结婚数	对	5005	5042	-0.7
登记离婚数	对	2990	2869	4.2
各类收养性社会福利单位床位数	张	1595	1484	7.5
各类收养性社会福利单位收养人员数	人	1165	1095	6.4
城镇各种社区服务设施	个	1027	1027	-
财政预算安排“低保”资金（区级）	万元	1000	1800	-44.4
社会救济总人数	人	5139	5049	1.8
居民最低生活保障人数	人	4573	4491	1.8
特困供养人数	人	566	558	1.4
综合性社区服务中心	个	134	134	-
接受社会捐赠资金	万元	362.13	161.93	123.6
直接接收社会捐赠	万元	362.13	161.93	123.6
销售社会福利彩票	万元	767.5	6141.4	-87.5
筹集社会福利资金	万元	38.38	307.07	-87.5

表 19

2020 年雨花区档案事业与馆藏情况表

指标	单位	2020 年	2019 年	同比增长（%）
机构数	个	1	1	–
专（兼）职工作人员	人	14	14	–
馆藏档案				
全宗	个	133	126	5.6
案卷	卷	59601	59601	–
录音、录像、影片	盘	155	155	–
照片	张	6691	6476	3.3
资料数量	册	4220	4220	–
利用人数	人次	2347	2077	–13.1
利用档案	卷次	3568	3527	1.2
利用资料	册次	0	19	–100.0
利用档案资料	页	22000	20000	10.0
公开出版	种	1	1	–
公开出版字数	万字	111	103.9	6.8
内部参考	种	0	1	–100.0
内部参考字数	万字	0	24.7	–100.0

表 20

2020 年雨花区城乡一体化城镇住户收支情况表

项目	单位	附加单位	2020 年	2019 年	增幅（%）
调查户月数	户		1080	1080	–
可支配收入	元	人	62403	59375	5.1
消费性支出	元	人	48746	49202	–0.9
恩格尔系数	%	–	26	25.0	–
家庭总收入	元	人	68080	63845	6.6
可支配收入	元	人	62403	59375	5.1
工资性收入	元	人	33350	31335	6.4
经营净收入	元	人	8753	8932	–2.0
财产净收入	元	人	5320	5230	1.7
转移净收入	元	人	14980	13878	7.9
家庭人均总支出	元	人	64306	64844	–0.8
消费性支出	元	人	48746	49202	–0.9
食品烟酒	元	人	12836	12336	3.9
衣着	元	人	2959	3006	–1.5
居住	元	人	9180	9338	–1.7
生活用品及服务	元	人	6034	6304	–4.3
交通和通讯	元	人	4382	4489	–2.4
教育文化娱乐服务	元	人	8821	9137	–5.3
医疗保健	元	人	3654	3643	5.5
其他用品和服务	元	人	880	930	–5.3
财产性支出	元	人	–	–	–
转移性支出	元	人	3853	3704	4.0
购置资产及非经常性转移支出	元	人	6219	4479	38.8
生产经营费用支出	元	人	–	–	–
部分商业保险支出	元	人	561	452	24.0
借贷性支出	元	人	3707	6637	44.1

续表 20　　2020 年雨花区城乡一体化城镇住户收支情况表

项目	单位	附加单位	2020 年	2019 年	增幅（%）
主要消费品拥有量	–	–	–	–	–
汽车	辆	百户	64	64	–
助力车	辆	百户	26	19	35.3
洗衣机	台	百户	107	106	1.1
电冰箱	台	百户	103	102	1.1
彩色电视机	台	百户	123	123	–
家用电脑	台	百户	118	117	1.0
摄像机	架	百户	–	–	–
微波炉	台	百户	–	62	–
空调器	台	百户	278	268	3.7
淋浴热水器	台	百户	100	99	1.1
消毒碗柜	台	百户	–	–	–
健身器材	套	百户	19	19	–
固定电话	部	百户	17	16	7.1
移动电话	部	百户	262	263	–0.4
接入互联网的移动电话	部	百户	258	248	4.0
接入有线电视网络的电视机	台	百户	–	–	–
接入互联网的计算机	台	百户	114	114	–
住房情况	–	–	=	–	–
家庭居住人口	人	户	3	3	–
现住房总建筑面积	平方米	人	35	34	1.0

附　　录

贯彻三高四新战略　打造全国一流强区 为全面建设现代化长沙贡献更大力量

——在区委五届二十五次全体（扩大）会议上的讲话

区委书记　张　敏

（2020 年 12 月 17 日）

同志们：

今天会议的主要任务是，深入贯彻习近平总书记视察湖南重要讲话精神，全面落实党的十九届五中全会精神以及党中央和省委、市委决策部署，总结 2020 年及“十三五”发展主要成绩，分析当前形势，部署下阶段工作，奋力开启全面建设社会主义现代化强区新征程。

下面，我受区委常委会委托，向大会报告工作。

一、认真总结 2020 年及“十三五”发展主要成绩，提振精气神，鼓足“十四五”发展的决心干劲

过去的2020年是极不平凡的一年，面对突如其来的新冠肺炎疫情，区委常委会坚决贯彻中央和省、市决策部署，统筹推进疫情防控和经济社会发展各项工作，在大战大考中交出了优异的雨花答卷。重点抓了十件大事：一是推动学习贯彻习近平新时代中国特色社会主义思想走深走实。区委常委会先后 19 次、区委理论学习中心组先后 14 次学习习近平新时代中国特色社会主义思想、习近平总书记视察湖南重要讲话精神和党的十九届五中全会精神。引领全区上下学习《习近平谈治国理政》（第三卷）。按照总书记“三高地、四个新、五项重点任务”的重要指示，区委制定贯彻实施意见，确保落实落地。二是全力以赴打赢疫情防控人民战争、总体战、阻击战。牢牢守住高铁南站，确保外防输入最关键防线不漏一人；对全区 63.4 万套房屋零遗漏排查；在全市率先设置定点酒店、率先推广核酸检测、率先推行中药预防、率先创造条件保障企业原材料供应、率先为湖北保供生鲜物资；做好国际包机入境隔离、市场生鲜冷链监测等工作，复工复产复市复学走在全市前列，区防指获评全省抗击疫情先进集体。在这场惊心动魄的抗疫斗争中，广大医务工作者和党员干部群众舍身忘我、冲锋在前，彰显了新时代共产党人的政治本色和雨花人民的团结力量。三是以超常力度开展“大干一百天　实现双过半”竞赛活动。坚持战时思维、战时状态、战时干劲，打破按部就班和一般程序化推进，面对困难不舍昼夜攻坚，获评全市优胜集体。四是全力做好省委城市基层党建联系点各项工作。贯彻落实省委城市基层党建“1+5”文件要求，出台进一步加强城市基层党建工作的十条措施，推动落实落地。省委组织部少峰部长亲自联点雨花，给予高度肯定。五是交出脱贫攻坚的满意答卷。作为全市唯一区（县、市）迎接国务院脱贫攻坚普查，入户登记主要指标达标率、贫困户满意率、省级事后质量抽查合格率均为 100%。六是高质量发展领先中部城区。推动质量变革、动力变革、效率变革，城区高质量发展跻身全国百强区第 20 位，排名中部城区第一。七是深入推进“领导接访下访推动矛盾化解”攻坚年活动。52 名县级领导带案下访，推动化解了 42 件重点信访件。全国“两会”、党的十九届五中全会期间进京非访实现“零登记”。八是成功纳入湖南自贸区长沙片区。高桥区块中非经贸深度合作先行区建设取得初步成效，高铁新城区块获批国际文化科创基地，将打造成为高水平对外开放平台。九是完成第七次人口普查任务。完成普查登记、抽样调查、质量核验工作。十是迎接中央和省、市重点工作的督促检查。接受中央政法委贯彻落实《中国共产党政法工作条例》督查，落实国务院第七次大督查、省级环保督察“回头看”等，各项工作得到了好的评价。

一年来，区委常委会统筹全区改革发展稳定工作全局，主要做了七个方面工作：

1. 加快推进区域经济高质量发展。预计全年完成GDP2120亿元、增长3.5%；完成地方一般公共预算收入63.7亿元、增长3.81%；固投增长6%左右；经济运行企稳向好。加快产业转型升级，深耕“一主一特”产业链，新能源汽车及零配件产业链产值增长6%；人工智能及机器人产业链产值增长28%，长步道机器视觉光电产业生产基地竣工投产。制定软件业发展三年行动计划，推动软件经济、工业经济、楼宇经济融合发展。新增“四上”企业120家，完成智能制造试点企业技术改造12家，认定高新技术企业173家，和顺石油、宇新能源成功上市。着力扩大有效投资，完成13个国有土地项目、37个集体土地项目征拆清零。完成市重大项目投资310亿元、占年度计划137%。先锋路等10条市政道路竣工并交付使用。完成4845个5G基站建设，37个电网“630攻坚”项目按时序进度完成。开展片区招商、产业链招商，浏阳河国际文化科创基地等项目实现落地。持续推动消费升级，开展“万商联动·振业兴市”消费活动，推出“嗨购雨花”线上平台。县级领导联点帮扶外贸企业，进出口总额增长23.5%。承办第22届中部农博会。湖南消费扶贫示范中心正式开馆。不断优化营商环境，推行企业开办“线上线下”双通道改革和企业注销改革，常态化开展企业（项目）服务日，雨花市场主体总量和每万人拥有量持续领跑全省。

2. 狠抓高铁红星雅塘等片区开发建设。区委常委挂帅开展片区竞赛。高铁片区开展十大攻坚行动，加快推进44个新建（续建）项目，吾悦广场建成营业，绿地城际空间站等项目加快建设。红星片区首开区拆迁腾地、合作开发有序实施；步步高星城天地建设稳步推进。雅塘片区雅塘冲路、车站南路即将拉通，石马文化公园基本完工，项目开发稳步推进。此外，电商物流园加快发展，红星全球农批中心一期即将投入运营。

3. 全力打好“三大攻坚战”。风险防控方面，强化政府债务风险防控，风险等级处于绿色安全区域；加快推进国有平台公司市场化转型；做好金融、社会等领域风险防控工作。脱贫攻坚方面，深化产业扶贫、就业扶贫等举措，建档立卡贫困户361户1025人全部脱贫；以产业扶持为重点开展对口帮扶，携手奔小康工作走在省市前列。污染防治方面，持续推进蓝天碧水净土保卫战，全区空气质量优良率达87.4%，浏阳河水质稳定达到Ⅲ类标准、圭塘河年度水质首次达到Ⅲ类标准，井塘海绵示范公园建设加快推进，完成跳马6个矿洞整治工作。

4. 切实改善民生和维护社会稳定。落实就业优先政策，新增就业1.46万人。深入推进社会保障体系建设，扎实开展城市困难群体帮扶。新建（扩建）学校及幼儿园12所，新增学（园）位9000个。省森林植物园免费对外开放。稳步推进棚户区改造、城中村改造、老旧小区改造、一圈两场三道建设，深入推进城市管理网格化。实施农村改厕6730个，全面完成农村人居环境整治三年行动计划。全力推进县域警务工作，对街镇、社区（村）开展风险评估，完善退役军人服务保障体系，扎实做好安全生产、信访维稳、扫黑除恶、食品药品监管、禁毒、综治等工作，社会大局和谐稳定。

5. 不断发展社会主义民主政治。区委定期听取区人大常委会、区政协和“一府两院”党组工作报告。支持区人大及其常委会依法履职，行使决定权、监督权和任免权，围绕社区公共服务等开展专题询问。支持区政协开展政治协商、民主监督和参政议政，开展区域应急救援能力等专题协商。扎实做好民主党派、工商联、无党派人士、民族宗教界人士、新的社会阶层人士等统一战线工作。统筹抓好工会、共青团、侨联、科协、妇联、残联等群团工作。用心用情做好新时代老干工作。全面落实党管武装政治责任，推动军民融合深度发展。

6. 切实加强宣传思想文化工作。落实意识形态工作责任制，创新重大舆情协调处置机制。加强党对网信工作的领导，确保网络意识形态领域安全。深入推进区融媒体中心建设。加快发展新型文化企业、文化业态、文化消费。全国政协专题协商会现场连线雨花非遗馆，非遗文化的传承保护得到高度评价。扎实抓好全国文明城市测评工作，为长沙顺利迎接国检作出了贡献。

7. 纵深推进全面从严治党。持续深化政治巡察和政治建设考察，将政治建设考察延伸至社区（村）。强化党建引领，深化“三零”社区（村）建设，完善“街镇吹哨、部门报到”机制，持续加强机关党建、小区党建、楼宇党建、“两新”党建等，筑牢基层战斗堡垒。落实新时期好干部标准，推进公务员职务与职级并行，加大社区（村）干部、年轻干部培养选拔力度。持续整治形式主义、官僚主义，开展叶某案警示教育和“以案促改”工作，今年以来查处违反中央八项规定精神问题27起，运用监督执纪“四种形态”处理193人次。

同志们，2020年各项任务的完成，实现了“十三五”圆满收官。五年来，全区上下紧紧围绕建设财富品质幸福雨花目标，真抓实干、奋勇拼搏，取得了务实成效、实现了跨越发展。

——五年来，我们聚焦发展第一要务，实现了综合实力的跨越提升。GDP在全省率先迈上2000亿元台阶，年均增长8.5%；城镇居民人均可支配收入年均增长8%。综合实力跨进全国30强，城区高质量发展、工业实力跻身全国20强，排名中部城区第一，雨花经济发展实现了从省、市率先到中部领先的跨越。

——五年来，我们加快推进转型升级，形成了特色鲜明的产业体系。“一主一特”等先进制造业蓬勃发展，雨花经开区综合评价多年位列省级园区第一；高铁新城、长沙创新设计产业园、德思勤商务区成为全省服务业示范集聚区，培育税收过亿楼宇19栋；烟草业、建筑业等健康发展；软件业、文旅产业快速成长；中非经贸博览会、中部农博会影响力持续扩大，雨花产业转型迈出了稳健有力的步伐。

——五年来，我们持续攻坚片区开发，打造了动能强劲的新增长极。全面接管负责高铁片区开发建设，完成土地征拆9000余亩，其中2017年仅用4个月实现潭阳洲3000亩的征拆清零；产业项目、片区综合治理等全面铺开，窗口形象全面提升。红星片区西北角德思勤城市综合广场率先运营，东北角步步高星城天地加快建设，与华润合作就西南和东南片进行滚动开发，长沙南部城市新商圈初具雏形。雅塘片区洞井路、曙光路实现通车，基础配套基本完成，产业导入正在加快实施，雨花腹地开发取得实质成效。

——五年来，我们精细实施城市建管，推动了人居环境的精彩蝶变。地铁1号、3号、4号、5号线以及长株潭城际铁路、磁浮快线开通运营，湘府路快速路、洞株快速路竣工通车，汽车南站综合枢纽投入使用，交通枢纽优势进一步凸显。城市有机更新取得务实成效。实施圭塘河、浏阳河（雨花段）全流域综合整治，推进跳马美丽乡村建设，雨花城乡品质形象持续彰显。

——五年来，我们致力增进民生福祉，回应了人民群众的美好期待。积极应对2017年和2019年夏季洪水、2018年初冰雪等自然灾害，保障了人民群众生命财产安全。尽力而为、量力而行，统筹推进教育文化、卫生健康、住房保障等工作。获评“全国师德养成教育示范区”“全国健康促进示范区”“全国养老服务示范区”“全国和谐社区建设示范区”等荣誉，人民群众在改革发展中得到了更多实惠。

——五年来，我们切实强化党建引领，凝聚了团结干事的浓厚氛围。开展“两学一做”学习教育、“不忘初心、牢记使命”主题教育。接受省委政治建设考察和全面巡视，得到了政治生态良好的评价。牢牢抓住基层党建工作的“牛鼻子”，基层党组织战斗堡垒作用和党员先锋模范作用充分发挥。推进党风廉政建设和反腐败斗争，营造了风清气正的良好政治生态。

同志们，成绩来之不易，奋斗充满艰辛。雨花这些年取得的优异成绩，既是党中央和省委、市委坚强领导的结果，也是全区上下齐心协力、共同奋斗的结果。在此，我谨代表区委常委会，向关心、支持和参与雨花改革发展的全体区委委员、老领导、老同志，以及全区广大党员干部群众表示衷心的感谢并致以崇高的敬意！

在总结工作的同时，区委常委会深入分析工作中存在的不足，主要体现在：产业转型升级压力较大，培育更多新的经济增长点势在必行；片区开发建设有待进一步提速；保障和改善民生还有大量工作要做，满足群众对美好生活的向往还要持续努力；基层社会治理在制度机制和方法举措上还要突破创新；干部敢于直面矛盾、善于解决问题的意识和能力还有待提高，等等。对此，区委常委会将采取有力措施，切实加以解决。

二、深入贯彻“三高四新”战略，立足新阶段，抢抓“十四五”发展的战略机遇

“十四五”时期是我国在全面建成小康社会、实现第一个百年奋斗目标之后，乘势而上开启全面建设社会主义现代化国家新征程、向第二个百年奋斗目标进军的第一个五年，也是雨花贯彻“三高四新”战略，开启全面建设全国一流社会主义现代化强区的重要阶段。我们要切实增强机遇意识和风险意识，保持战略定力，发扬斗争精神，准确识变、科学应变、主动求变，推动雨花发展再上新的台阶。

一是要站位全局看雨花，抢抓发展战略机遇。当前国内国外发展环境面临深刻复杂变化，从外部看，当今世界正经历百年未有之大变局，新冠肺炎疫情影响广泛深远，经济全球化遭遇逆流，世界进入动荡变革期；从内部看，我国已转向高质量发展阶段，制度优势显著，治理效能提升，经济长期向好，物质基础雄厚，人力资源丰富，市场空间广阔，发展韧性强劲，社会大局稳定，继续发展具有多方面优势和条件。我们要站位全局，深入贯彻“三高四新”战略，深度融入长江经济带、中部地区崛起战略，全面落实省委长株潭一体化部署，应对挑战，抓住机遇，赢得发展优势。

二是要对标先进看雨花，找准发展目标定位。雨花干部历来敢闯敢试、敢于担当。要把每一项工作，都放在全市、全省、中部乃至全国的格局中力争一流。从全市来看，各区（县市）你追我赶、竞争激烈，我们必须加压奋进，继续走在前列；从全省来看，GDP在全省各区（县市）率先突破2000亿元，但产业发展优势还不够明显，必须找到更多增长点，扩大领先优势；从中部来看，武汉、郑州等城区发展势头强劲，必须保持不进则退的紧迫感，做到持续领跑；从全国来看，与沿海发达城区相比还有不小差距，要敢于争先、奋力拼搏，打造全国一流强区。

三是要立足自身看雨花，厚植发展先发优势。今后5年，是雨花优势潜力集中释放的5年。一是区位交通、产业集聚、生态资源等优势叠加，提供了发展支撑。二是高铁、红星、雅塘三大片区在多年攻坚中取得突破，形成了新的增长极。三是成功纳入自贸区，迎来了对外开放的重大机遇。四是经过这次疫情大考，广大党员干部大局意识、干事能力得到进一步锤炼，这是我们最大的信心所在。我们坚信，只要我们保持工作的闯劲和韧劲，集中精力干好干成一批大事要事，雨花发展必将开创新局面、迈上新台阶。

基于以上分析，未来五年全区经济社会发展的指导思想是：高举中国特色社会主义伟大旗帜，深入贯彻党的十九大和十九届二中、三中、四中、五中全会精神，坚持以习近平新时代中国特色社会主义思想为指导，全面落实习近平总书记对湖南工作系列重要讲话指示精神，统筹推进“五位一体”总体布局，协调推进“四个全面”战略布局，坚定不移贯彻新发展理念，坚持稳中求进工作总基调，以推动高质量发展为主题，以深化供给侧结构性改革为主线，以改革创新为根本动力，以满足人民日益增长的美好生活需要为根本目的，统筹发展和安全，推进区域治理体系和治理能力现代化，贯彻“三高四新”战略，打造全国一流强区，为全面建设社会主义现代化长沙贡献更大力量。

区委提出“打造全国一流强区”奋斗目标，是在“建设财富品质幸福雨花”的基础上进一步深化和提升，一脉相承、一以贯之，以更广内涵、更高目标、更实路径全面推进社会主义现代化建设。未来五年主要目标是：

一是打造立足一流争先进位的实力之区。现代化经济体系不断完善，经济发展质量全面提升，地区生产总值突破3000亿元，主要经济指标持续走在中部城区前列，综合实力、城区高质量发展等在全国百强区排名中实现争先进位。

二是打造产业项目更具支撑的活力之区。聚焦“一主一特”产业链，打造全国新能源汽车及零配件产业、人工智能及机器人产业重要集聚区，在长沙建设先进制造业高地中彰显担当。以金融服务、现代商贸物流、软件信息服务、文化创意为主导，实现现代服务业集群化、高端化发展。推动建筑业等优势产业走向世界舞台。

三是打造开放格局加快形成的先行之区。自贸区建设深入推进，成为长沙对外开放的先行者，高铁新城区块打造成为省会城市商务客厅和现代服务业集聚新区，高桥区块打造成为中非经贸深度合作先行区。推动电商物流园高质量发展，建设成为全市重要的综合物流枢纽。

四是打造城乡面貌精致精美的品质之区。高铁、红星、雅塘重点片区开发建设取得全面突破。城市功能和品质显著提升，新型智慧化城区建设取得实效，城市管理更加精细精美。长株潭绿心得到进一步保护，全域旅游稳步推进，跳马更加生态、更具魅力。

五是打造群众满意平安稳定的幸福之区。优质均衡的公共服务体系更加完善，城镇居民人均可支配收入稳步增长。教育、卫生健康、养老、文化等全面发展，基层治理水平不断提高，共建共治共享的社会治理新格局基本形成。

三、全力以赴抓好明年经济社会发展各项工作，勇当排头兵，实现“十四五”发展的精彩开局

明年是实施“十四五”规划的开局之年，也是现代化建设进程中具有特殊重要性的一年，做好全年各项工作意义深远，责任重大。区委确定2021年全区工作的指导思想是：贯彻落实党的十九大和十九届二中、三中、四中、五中全会精神，深入贯彻习近平新时代中国特色社会主义思想和习近平总书记对湖南工作系列重要讲话指示精神，坚决落实党中央和省委、市委决策部署，坚持稳中求进工作总基调，坚持高质量发展，巩固拓展疫情防控和经济社会发展成果，继续做好“六稳”工作、落实“六保”任务，主动服务以国内大循环为主体、国内国际双循环相互促进的新发展格局，围绕“聚焦新战略、勇当排头兵”工作主题，开启全面建设全国一流社会主义现代化强区新征程，确保实现“十四五”的良好开局，以优异成绩庆祝中国共产党成立100周年。

区委确定“聚焦新战略、勇当排头兵”工作主题，一方面要在发展战略、发展目标和发展重点上，始终聚焦“三高四新”战略，全面对标对表，全力抓好落实落地。要紧盯先进制造业、科技创新、改革开放三个高地全面发力。同时推进经济高质量发展，推进农业农村现代化，着力提升城乡品质形象，打造更加均衡更加普惠的民生。另一方面要进一步明确雨花定位，发挥雨花优势，强化雨花担当。既要在长沙和湖南的现代化建设中，持续走在前列，勇当经济社会发展的排头兵，彰显省会中心城区更大担当；更要放眼中部乃至全国，对标先进，加快发展，打造全国一流的现代化强区。

主要预期目标：地区生产总值增长5.5%左右（不含中烟增长7.5%左右）；地方一般公共预算收入增长4%以上；固定资产投资增长8%以上；限上社会消费品零售总额增长8%以上；城镇居民人均可支配收入增长6.5%以上；城镇登记失业率控制在4%以内；节能减排等约束性指标全面完成。

基于以上目标任务，着重推进以下几项重点工作：

一是推动先进制造业发展。聚焦“一主一特”产业链，持续推进建链补链延链强链，培育主导企业和核心零部件企业，形成“核心＋配套”的产业链条，提升产业链现代化水平。围绕龙头项目抓配套项目、补位项目、支撑项目的引进落地，推动大族智控、博众精工、汇川技术等企业（项目）引进落地，培育更多顶天立地的大企业和“专精特新”小巨人。强化在建项目全过程管理，推动比亚迪商用车总部、大族激光二期、可孚医疗新基地、长步道新基地等投产达效。深入推进国家绿色示范园区建设，加快打造湖南省工业互联网APP平台、湖南省创新创业示范基地平台，推动科技、人才、技术向园区集聚。加快园区腾笼换鸟，推进“飞地园区”建设，进一步扩展园区发展空间。

二是加快推进科技创新。做好企业转型创新，强化企业创新主体地位，加强关键核心技术攻关，提高企业创新研发能力。抓好企业“入规、升高、上市、扩面”工作，培育更多高新技术企业、科技型企业。加快创新载体建设，立足软件业“一带一基地”布局，打造一批创新应用场景，推动更多软件企业和技术人才落户雨花。紧盯商贸物流、现代金融、文化创意等现代服务业，推动新的增长点向高铁、红星和雅塘片区聚集。健全创新体制机制，加强与科研院所、高校对接，建立结对合作长效机制。加大对企业研发项目、技术攻关、成果转化的扶持力度，完善人才管理、服务和激励机制，激发创新活力。

三是打造对外开放高地。聚焦国内国际双循环，促进内需外需、进口出口协调发展，打造对外开放高地。积极融入开放格局，主动融入“一带一路”、中部地区崛起、长江经济带等国家战略，积极参与产业链供应链合作。深度融入长株潭一体化、长沙东部开放型经济走廊建设。加快推进自贸区建设，先行先试，推动96项承接改革任务、5项全国首创性改革事项落实落地。高桥区块深入推进中非经贸合作示范园二期建设，加快龙头企业引进、服务平台建设、贸易模式创新等；高铁新城区块在现代物流、国际商贸、跨境金融、文化创意等领域实现有力突破。依托经开区打造自贸协同产业园。积极对接省内其他市场，推动“湘品出湘”、走向世界。着力提升开放水平，高水平做好引进来走出去文章，支持优势产业和龙头企业参与国际竞争与合作。

四是增强经济发展动能。牢牢把握扩大内需战略基点，全方位发掘和释放发展潜力。持续攻坚片区开发，高铁片区要加快项目建设，加快产业导入，加大片区整治力度，提升站区管理水平。红星片区要加快完成天华地块挂牌出让，推动步步高星城天地购物中心建成开业。雅塘片区要加快完成征拆项目清零、基础设施配套，推进产业项目开发建设。同时，要统筹推进电商物流园稳步发展。持续抓好项目建设，全面铺排省、市、区重点项目，加快推进一批基础设施项目和民生项目。持续推动消费升级，紧盯高桥、红星两大市场，东塘、德思勤、吾悦广场等商圈，步步高、盒马鲜生等企业，升温传统消费，壮大新型消费。持续优化营商环境，对标国际国内一流标准，深化“放管服”改革，持续深入推进企业开办和注销改革，加强市场信用体系建设，让企业和群众有更多获得感。

五是提升城乡品质功能。深入推进精美城市建设，按照“四精五有”要求，统筹推进棚户区改造、城中村改造、老旧社区改造等。加快5G基站、人工智能、工业互联网、智慧交通等新型基础设施建设。打赢蓝天碧水净土保卫战。持续深化农村“五治”工作和人居环境整治，建设美丽乡村。不断提升精细管理水平，将城市管理、生态环保等事项纳入网格化综合服务平台，提升网格化管理水平。深化校园周边、背街小巷、农贸市场等综合整治，开展渣土扬尘、夜市规范等专项整治，加强市政设施管护，推动城乡品质持续提升。

六是构建均衡普惠民生。加快健全多层次社会保障体系，加大对困难群体、特殊人员的保障和帮扶力度。落实就业优先政策，做好高校毕业生、退役军人、农民工、贫困人口等群体就业工作。推进学校建设三年行动计划，扩大优质教育资源覆盖面。加快推进基层医疗卫生机构标准化和规范化建设，进一步提升基层医疗卫生服务能力。

七是推动基层治理现代化。突出示范带动，持续推进“三零”社区（村）建设，抓实抓好“街镇吹哨、部门报到”工作，形成常态长效机制。完善治理体系，健全党组织领导的自治、法治、德治相结合的城乡基层治理体系，发挥群团组织和社会组织在社会治理中的作用，畅通群众参与社会治理的途径。夯实基层基础，加强城乡社区（村）治理和服务体系建设，完善社区（村）服务群众功能，提高乡村治理效能，提升城市居民小区现代化治理和物业管理水平。守牢安全底线，牢固树立大安全理念，推动扫黑除恶常态化，深入推进县域警务工作，扎实做好信访维稳工作，有效防范政府性债务、安全生产、社会稳定等各类风险，建设更高水平的平安雨花。

同时，要慎终如始抓好常态化疫情防控工作。紧绷“外防输入、内防反弹”这根弦，坚持人物同防，加强境外和国内中高风险地区来长人员的排查和管控，加强高铁南站、商场超市、农贸市场、宾馆酒店等场所监测，落实防控措施。抓好进口冷链食品、农产品、水产品市场流通环节管控，防范疫情输入风险。健全重大疫情防控和公共卫生应急管理体系，提升应对突发公共卫生事件的能力水平。深化爱国卫生运动，引导全社会增强防控意识、提升健康素养水平，构筑疫情防控大防线。

四、驰而不息推进全面从严治党，坚持严要求，为“十四五”发展提供坚强的组织保障

一是要坚持党的全面领导。始终把政治建设摆在首位，深入贯彻习近平新时代中国特色社会主义思想以及习近平总书记视察湖南重要讲话精神，进一步树牢“四个意识”、坚定“四个自信”、做到“两个维护”，坚决推动中央、省、市各项决策部署落实落地。深化政治巡察和政治建设考察机制，进一步严肃党内政治生活。区委将切实发挥总揽全局、协调各方作用，支持和保证区人大及其常委会依法履行职权；支持区“一府两院”依法行政、公正司法；支持区政协履行政治协商民主监督参政议政职责；抓好宣传思想、意识形态、统一战线、党管武装等工作；支持群团组织发挥作用，在全区上下营造团结干事的浓厚氛围。

二是要建强基层战斗堡垒。扎实做好省委城市基层党建联系点各项工作，抓好阵地建设、队伍建设、职能职权、经费保障、服务群众等，推动基层党组织全面过硬。统筹做好区、镇、社区（村）换届工作，确保程序严格、纪律严明，风清气正。提升商圈党建、楼宇党建、“两新”党建、机关党建、小区党建等质量，做实区域化党建，充分发挥基层党组织战斗堡垒作用和党员先锋模范作用。

三是要锤炼过硬干部队伍。贯彻落实新时代党的组织路线，严格落实干部选拔任用制度和好干部标准，严把政治关、廉洁关、素质能力关，推动形成能者上、优者奖、庸者下、劣者汰的正确导向。加强干部学习教育，提高干部的政治能力、调查研究能力、科学决策能力、改革攻坚能力、应急处突能力、群众工作能力、抓落实能力。完善综合考核评价机制，健全容错纠错和关爱帮扶机制，为担当者担当。加强年轻干部的培养，推动在摸爬滚打中增长才干，在层层历练中积累经验。

四是要营造良好政治生态。坚持党要管党、全面从严治党，推动“两个责任”和“一岗双责”有效落实。严格落实中央八项规定及其实施细则，坚决整治形式主义、官僚主义，巩固拓展作风建设成效。抓好监督执纪“四种形态”的运用，强化审计监督，用纪律管住大多数；保持惩治腐败高压态势，构建不敢腐不能腐不想腐的长效机制，营造山清水秀的政治生态。

同志们！雨花发展站在了新的历史起点上，蓝图已绘就，奋进正当时！让我们更加紧密地团结在以习近平同志为核心的党中央周围，贯彻“三高四新”战略，打造全国一流强区，为全面建设社会主义现代化长沙贡献更大力量，以优异成绩庆祝中国共产党成立100周年！

长沙市雨花区人民代表大会常务委员会工作报告

——在长沙市雨花区第五届人民代表大会第五次会议上

区人大常委会主任　龚景顺

（2020年12月26日）

各位代表：

我受区五届人大常委会委托，向大会报告工作，请予审议。

2020年的主要工作

2020年，是决胜全面小康的关键之年，是“十三五”规划的收官之年。面对错综复杂的国际形势、新冠肺炎疫情的严重冲击、艰巨繁重的改革发展任务，区人大常委会坚持以习近平新时代中国特色社会主义思想为指导，在区委的坚强领导下，准确识变、科学应变、主动求变，果断调整思路、突出履职重点，各项工作取得了新进展、新突破、新成效。全年共召开主任会议17次、常委会议9次，作出决议决定11项，任免工作人员158人次，开展专项工作评议1次、专题询问1次，组织视察和调研12次，圆满完成了区五届人大四次会议确定的目标任务，为高质量建设财富品质幸福雨花作出了新贡献。

一、坚持高站位强化政治建设，党的领导作用全面加强

常委会坚持提高站位，始终牢记人大是党领导下的重要政治机关定位，切实担负起推进人大工作和建设的政治责任、组织责任、领导责任，自觉将党的领导贯穿于人大工作和建设的全过程各方面。

1. 以理论武装保持政治坚定。健全常委会党组成员、常委会组成人员、机关干部的联动学习制度，制定年度学习计划，开展集体学习活动9次，重点学习了习近平总书记关于脱贫攻坚、全面小康、统筹疫情防控和经济社会发展等重要论述。第一时间召开党组扩大会议，传达学习习近平总书记在湖南考察时的系列重要讲话指示精神。党的十九届五中全会胜利召开后，在全区人大系统掀起学习贯彻全会精神的新高潮，用新蓝图、新论断、新目标统领人大工作，提振精气神。常委会通过这些系统全面的理论学习，进一步增强了“四个意识”、坚定了“四个自信”、做到了“两个维护”。

2. 以行动自觉落实党的部署。全面学习贯彻党的十九届四中全会精神，把《中共中央关于坚持和完善中国特色社会主义制度，推进国家治理体系和治理能力现代化若干重大问题的决定》落实到监督工作中，用法治方式推动区域治理现代化。以叶某案为镜鉴组织机关干部开展警示教育和“以案促改”工作，召开专题民主生活会，查找整改班子问题12个、个人问题42个，达到了汲取教训、正风肃纪的目的。坚持以政治建设为统领，自觉接受区委的领导，坚持重大事项请示报告制度，第一时间贯彻落实区委的重要文件精神、重大部署、重点工作，凝聚起推动雨花高质量发展的强大合力。

3. 以参与抗疫彰显忠诚担当。面对突如其来的新冠肺炎疫情，落实党中央和区委关于做好疫情防控的部署，常委会正副主任从大年初二起靠前指挥在联点街道，机关干部全部下沉到联点社区，助力疫情防控和企业复工复产。在全区开展《中华人民共和国野生动物保护法》《中华人民共和国动物防疫法》《中华人民共和国传染病防治法》《突发公共卫生事件应急条例》的执法检查，督促政府及其有关单位切断传染源，提升应急指挥组织能力，打赢疫情防控人民战争、总体战、阻击战。调研长沙火车南站地区综合管理工作，督促落实常态化疫情防控，确保旅客出行安全。

二、坚持高质量开展精准监督，推动改革发展保障有力

常委会坚持以全面建成小康社会和区域治理为主线，开展精准监督、有效监督，落实党中央关于改革发展的部署，确保宪法法律的有效实施，持续增强人民群众的幸福感、获得感、安全感。

1. 着力推动经济高质量发展。围绕优化营商环境，听取全区市场监管工作汇报，调研企业开办流程和“一件事一次办”改革情况，要求区市场监管局主动适应经济发展新形势，充分激发市场主体活力。围绕推动夜间经济发展，主任会议成员赴天心区、芙蓉区考察，调研高桥商圈、红星商圈，召开夜间经济座谈会，督促政府将发展夜间经济纳入我区“十四五”规划。围绕促进项目建设，主任会议成员视察林科路、中城苑、雨花市民之家、红星全球农批中心等项目，督促加快建设进度，发挥重大项目对经济复苏、企稳回升的带动作用。围绕强化税收征管工作，听取区税务局关于税收和征管工作汇报，督促扛起落实疫情防控税收政策的政治责任，加大减税降费政策的宣传和落实力度，切实为中小企业纾难解困。围绕推动产业发展，调研文化创意产业发展情况，并提出建议意见。围绕助力城市品质提升，听取区人民政府关于旧城改造的议案，作出《批准将雨花农村商业银行洞井支行办公楼及其职工宿舍旧城改造项目纳入区国民经济和社会发展计划报告的决议》，支持改善群众居住条件。

2. 着力深化财政预算监督。常委会完善预算联网监督系统功能，率全省之先出台预算联网监督数据分析报告制度，通过精准的数据分析，对政府财政预算执行情况提出专业的审议审查建议，实现大数据监督成果的有效运用。听取审议预算执行、调整、决算等报告，针对复杂多变的国际环境和新冠肺炎疫情的不利影响，督促政府科学安排和规范使用特殊抗疫中央直达资金，加大对基本民生和重点项目支出力度，做好“六稳”工作、落实“六保”任务。首次听取审议全区企业国有资产管理情况的专项报告，审查全区国有资产管理情况的综合报告，真正实现预算审查的全口径，摸清了国有资产的“家底”。听取区人民政府关于《2019年度区本级预算执行和其他财政收支审计查出问题整改工作情况汇报》，组织对16个整改单位开展满意度测评，督促审计查出问题应改尽改，维护《中华人民共和国预算法》《中华人民共和国监督法》《中华人民共和国审计法》的权威。

3. 着力推进“三大攻坚战”。聚焦助力打赢脱贫攻坚战，听取全区脱贫攻坚工作汇报，督促政府落实“两不愁、三保障”和高质量脱贫工作，接续推进脱贫攻坚与乡村振兴有效衔接。紧扣助力打赢污染防治攻坚战，听取2019年度全区生态环境保护工作报告，推动我区持续改善生态环境。垃圾分类是习近平总书记亲自谋划、亲自倡导、亲自推动的大事要事。常委会落实中央关于“长沙要于2020年底前实行生活垃圾强制分类”的部署，在走访46个部门街镇社区、收集52个问题的基础上，于9月底召开生活垃圾分类专项工作评议大会。调查报告指出，我区生活垃圾分类工作存在乱投混投混运、基础设施亟待完善、社会合力没有形成等问题，提出源头减量、全程管控、共治共享等建议。随后，组织90名区人大代表和人民群众，对区城管局等13个部门开展评议和满意度测评，凝聚代表和群众的智慧力量，推动垃圾分类工作法治化规范化科学化。盯紧助力防范化解重大风险，听取全区债务工作情况汇报，推动政府完善债务管控机制，妥善处置隐性债务，增强防范抵御风险能力。

4. 着力保障改善民生。视察区园林中心工作，要求更好提供人民满意的绿色福利。调研农村人居环境整治工作，助力改善农村群众生活环境。深度跟踪教育专项工作评议有关问题的整改落实情况，督促校园周边安全、队伍建设、基础设施建设等问题逐步有效解决。调研全区医疗保障工作，提出深化改革、强化监管、提升服务水平的建议。听取区交通运输局工作汇报，针对农村公路管养难问题，向政府提出《关于区交通运输局申请成立农村公路建养中心的交办意见》。区人民政府高度重视，成立区农村公路建养中心。指导跳马镇人大成功开展民生实事项目代表票决制，老百姓从6件候选项目中投票选取5件交政府办理，实现从“为民作主”到“由民作主”的转变。

5. 着力推进基层治理。贯彻十九届四中全会关于推进国家治理体系和治理能力现代化的部署，常委会于10月底成功开展社区公共服务工作专题询问。会前，发放电子问卷1146份，召开座谈会23场次，收集问题64个；会上，部分常委会委员和区人大代表提出解决社区运转经费困难、强化物业管理、为社区减负等16个问题，13个部门一把手应询作答，共同推动解决社区公共服务存在的深层次体制机制问题。民族和宗教工作，事关国家统一、民族团结、社会稳定。主任会议成员赴汝城县、桂东县，开展“民族团结进步行”活动；常委会听取全区宗教工作汇报，督促政府全面落实宗教政策法规，提升依法管理服务能力。开展“司法公正长沙·雨花行”活动，配合市人大常委会开展《台湾同胞投资保护法》等7部法律的执法检查或立法调研，审查规范性文件10件，营造良好的法治环境；听取网信、机关事务、全民健身、公共法律服务、退役军人事务、刑事司法活动法律监督、推进一站式多元解纷和诉讼服务体系建设等工作汇报，督促“一府两院”依法行政、公正司法，推动形成共建共治共享的区域治理新格局。

三、坚持高标准做好服务保障，代表主体作用更好发挥

常委会从“尊重代表的权利就是尊重人民的权利，保障代表依法履职就是保证人民当家作主”的高度，加强代表工作制度机制建设，高标准做好服务保障工作，最大限度发挥代表主体作用。

1. 注重保障引领代表履职。组织75名市、区两级人大代表，分三批次赴深圳人大干部培训中心、全国人大会议中心、深圳大学参加业务学习培训，进一步提升了人大代表履职能力。下发《关于组织区、镇人大代表开展“三讲三做当表率”活动[①]的通知》，引领人大代表争做坚守初心、推动发展、服务人民的表率。组织市、区两级人大代表分别听取市、区“一府两院”年中工作情况通报，保障人大代表的知情权知政权。评选2020年度优秀人大代表、优秀建议议案，向《人民之友》、长沙电视台等媒体推介一批优秀的人大代表，激发了人大代表履职的主动性积极性创造性。

2. 注重组织开展代表活动。组织各级人大代表投身疫情防控和复工复产，捐款捐物达480余万元。组织省人大代表长沙第一组代表，考察雨花非遗馆、沙湾公园等项目；配合长株潭三市人大代表视察湘江保护和治理“一号重点工程”；组织市人大代表雨花联组调研公共卫生应急管理建设情况；指导全区13个人大代表小组开展活动54次。邀请区人大代表列席人大常委会会议，参加工作评议、专题询问、执法检查等监督工作达200余人次。组织86名市、区人大代表分别向原选举单位和原选区选民述职，实现市、区两级人大代表述职的全覆盖。全区13个街镇人大代表活动室正常运行，共接待选民1525人次、解决问题343个。

3. 注重督促办理代表建议。区五届人大四次会议共收到立案件1件、建议件93件。常委会推行“领衔督办、重点交办、跟踪查办”工作机制，督促代表建议抓好落实，进一步提升建议办理质量。如针对代表提出的《关于加强跳马道路交通建设管理，解决交通顽疾问题的议案》，政府投资1.4亿元，对跳马镇境内7条约54公里的主要道路进行提质改造，解决跳马片区群众出行难问题；针对代表提出的《关于关注校园周边出行安全，修建黎郡小学人行天桥的建议》，督促人行天桥抓紧施工，目前主体工程已经完成；东塘街道马家冲小区停车位由原来的170个增加到280个，香樟路至体院北路口车道划分得到调整优化，解决了一批群众关注的“急难愁盼”问题。

四、坚持高要求加强自身建设，依法履职水平实现提升

常委会始终坚持高要求加强自身建设，提升政治能力、突出制度规范、树立良好形象，在精神上保持一线状态，在实践中发挥一线担当，为依法高效行使职权奠定了坚实基础。

1. 突出党建引领作用。加强区人大常委会党组的领导，召开党组会议8次，研究“三重一大”事项，发挥了党组把方向、管大局、保落实的作用。抓实机关党支部工作，开展学习活动9次、主题党日活动12次，用党史、新中国史教育党员干部不忘初心、牢记使命。组织机关干部开展“4·20”廉政专题教育、廉政书法比赛，以喜闻乐见的形式将《关于新形势下党内政治生活的若干准则》《中国共产党廉洁自律准则》等党纪党规入脑入心。落实党风廉政建设工作责任制，整治不担当不作为不廉洁问题，驰而不息纠“四风”、正作风。

2. 突出制度规范作用。《宪法修正案》将党的十九大确立的重大方针政策、指导思想上升为国家法律，确立监察委员会作为国家机构的法律地位。常委会与时俱进修订《长沙市雨花区人民代表大会常务委员会制度汇编》，完善制度23项、新增制度1项，将区监察委员会纳入监督对象，落实了党中央和《宪法修正案》的新要求。落实常态化学习制度，邀请上级领导、专家教授宣讲《推进新时代社会治理创新》《2020年全国“两会”精神》，解读《中华人民共和国民法典》《十九届四中全会精神》《十九届五中全会精神》，开展“学习强国”积分评比，提升常委会组成人员和人大干部的履职水平。

3. 突出内外联动作用。选派20多名人大干部参加省、市人大常委会举办的业务培训，承办全市人大民侨外委联系交流会议，接待黄山市休宁县、绵阳市涪城区、衡水市桃城区、长沙市岳麓区等兄弟单位来区的考察交流。组织机关干部到左家塘街道湖橡社区开展联点帮扶，到长沙市希望之家脊髓损伤者服务中心开展学雷锋志愿服务活动。《专题询问聚焦防汛救灾难题》《让人大工作插上“互联网”的翅膀》分别获得第30届湖南人大新闻奖、2020年度全省人大制度理论研讨征文奖，《人民之友》《长沙人大》采用稿件9篇。召开2020年度街镇人大工作联系会议，指导推动基层人大工作取得新业绩。

各位代表！区人大常委会2020年工作取得的良好成绩，得益于区委的正确领导，得益于全体区人大代表和人大工作者的辛勤努力，得益于“一府一委两院”的密切配合，得益于全区人民和社会各界的关心支持。在此，我谨代表区人大常委会，向大家表示衷心的感谢和崇高的敬意！

在总结成绩的同时，我们也清醒地认识到，常委会工作还存在一些不足和薄弱环节，比如对法律法规实施情况的监督还不够多，监督支持改革开放和高质量发展的力度还需加大，履职规范化建设有待进一步加强，等等。我们将虚心听取意见建议，自觉接受监督，认真加以改进。

2021年的主要任务

2021年，是中国共产党成立100周年，是地方国家机关的换届之年，是“十四五”规划实施的开局之年。区人大常委会工作的总体思路是：高举中国特色社会主义伟大旗帜，深入贯彻党的十九大和十九届二中、三中、四中、五中全会精神，坚持以习近平新时代中国特色社会主义思想为指导，深入落实习近平总书记对湖南工作系列重要讲话指示精神，在区委的坚强领导下，坚定不移走中国特色社会主义法治道路，充分发挥人大职能作用和独特优势，持续推动人大工作高质量发展，汇聚“十四五”时期发展的磅礴力量，为开启打造全国一流的社会主义现代化强区新征程提供坚强有力的法治保障。

一、全面贯彻新战略新部署，在对标对表中提升政治站位

党的十九届五中全会擘画了中国未来发展的宏伟蓝图，为做好新时代人大工作提供了根本遵循。常委会将自觉对标对表十九届五中全会确定的新战略新部署，牢牢把握人大工作正确的政治方向。

1. 要始终坚持党的领导。把深入学习贯彻习近平总书记最新讲话精神、习近平总书记对湖南工作系列重要讲话指示精神、习近平总书记关于人民代表大会制度的重要论述结合起来、贯通起来，持续推动新思想往深里走、往实里走、往心里走。全面贯彻党的基本理论、基本路线、基本方略，及时把“党言党语”转化为“法言法语”，将党的主张通过法定程序转化为全区人民的共同意志。贯彻省委十一届第十二次和区委五届第二十五次全会精神，特别是要围绕区委全会确定的“聚焦新战略、勇当排头兵”工作主题，创造性地做好监督工作，更好助力经济社会发展和改革攻坚任务。

2. 要坚决贯彻全会精神。把学习贯彻党的十九届五中全会精神作为今后一个时期的重大政治任务，深刻领会把握2035年远景目标和“十四五”时期的指导思想、遵循原则、主要目标、战略举措，结合审议通过的雨花区“十四五”规划纲要，坚定不移走中国特色社会主义法治道路，为“十四五”时期的雨花高质量发展提供法治支撑。重点要依法行使决定权、监督权、任免权，督促政府转变职能，落实新发展理念，加快建设现代化经济体系，全面推进乡村振兴，实现更高质量、更可持续的发展；监督“一府一委两院”提高基层治理水平，实现民主法治更加健全，社会公平正义进一步彰显；

落实以人民为中心的发展思想，保障人民合法权益，改善人民生活品质，促进人的全面发展和社会全面进步。

3. 要圆满完成换届选举。地方国家机关换届选举，是明年全区政治生活中的一件大事，在选出区人大代表的基础上，将召开区六届人大一次会议，选举产生新一届区人大常委会组成人员、“一府一委两院”领导和部分市人大代表。常委会将按照市委、区委统一部署，严格落实责任，统筹安排，精心组织，认真细致地做好每一个环节的工作，确保换届选举不折不扣贯彻市委和区委意图、体现人民意志。严格依法办事，充分发扬民主，从严把好政治关、廉洁关、法律关、程序关，选出政治素质好、群众公信度高、履职能力强的新一届人大代表和地方国家机关工作人员。坚持教育在先、警示在先、预防在先，严肃换届纪律，筑牢思想防线，严守廉洁底线，确保换届选举风清气正、圆满成功。

二、主动谋求新担当新作为，在区域治理中强化制度保障

常委会始终围绕服从建设社会主义现代化国家这一战略部署、服务雨花发展大局、保障人民权益，主动谋求新担当新作为，为实现雨花“十四五”时期经济社会高质量发展提供制度保障。

1. 用心用力推动改革发展。落实“三高四新”战略[②]，听取雨花经开区工作汇报，督促以园区为主战场，打造先进制造业高地；调研全区科技工作，推动科技创新，打造科技创新高地；听取外事工作汇报，支持政府抢抓获批湖南自贸试验区的机遇，将高桥区块打造成为中非经贸深度合作先行区，将高铁新城区块打造成为省会城市商务客厅和现代服务业集聚新区，打造内陆地区改革开放高地。支持雅塘等片区开发，听取全域旅游工作汇报，助力打造新的区域发展增长极。听取区行政审批服务局工作汇报，督促持续优化营商环境。落实新修订的《预算法实施条例》，加强财政预算审查监督，听取国有资产管理和审计查出问题整改情况报告，建立全面规范、公开透明的现代预算制度，保障经济社会的健康发展。

2. 用心用力推进依法治区。贯彻中央全面依法治国工作会议精神，深入开展“司法公正长沙·雨花行”活动，推进基层治理体系和治理能力现代化。配合上级人大常委会开展执法检查和立法调研，对垃圾分类专项工作评议整改落实情况开展“回头看”，推动《长沙市生活垃圾管理条例》全面实施。调研物业小区业主委员会成立情况，依法规范物业管理活动，减少物业矛盾纠纷。开展《中华人民共和国档案法》贯彻实施情况的执法检查，推动有效保护和利用档案，服务雨花经济社会发展。办理好涉法涉诉信访案件，切实维护当事人合法权益。加强规范性文件备案审查，维护法制统一和权威。开展《中华人民共和国民法典》贯彻实施和“八五”普法情况的调研，维护人民群众合法权益，营造尊法、学法、守法、用法的社会氛围。

3. 用心用力保障人民权益。听取区环境卫生维护中心、市政设施维护中心工作汇报，支持改善群众生产生活环境。督促社区公共服务专题询问有关整改问题的落实，为居民提供更安全更便利更高效的服务环境。强力推进污染防治攻坚战，全力守护雨花蓝天绿水青山。听取乡村振兴工作情况汇报，调研美丽屋场建设，全面推进乡村振兴，加快实现农业农村现代化。视察农村公路养护工作情况，督促区农村公路建养中心落实责任，进一步改善群众出行条件。视察区人力资源和社会保障局工作，推动就业创业服务，提升社会保障水平。调研居家养老工作，督促提高居家养老服务质量和水平。持续开展“民族团结进步行”等活动，推动各民族大团结大发展大繁荣。

三、积极回应新定位新使命，在完善机制中彰显代表作用

常委会始终把握建设代表机关的新定位新使命，健全完善工作机制，搭建履职平台，拓展代表工作的广度和深度，充分发挥人大代表在人民代表大会制度体系中的主体作用。

1. 强化代表服务保障机制。落实《长沙市关于组织全市各级人大代表开展“三讲三做当表率”活动的通知》，引导人大代表积极投身雨花乃至全市高质量发展的伟大实践。继续落实上级文件要求，举办人大代表履职能力提升班，高质量完成本届人大代表的学习培训任务。制定科学合理的培训计划，举办新一届人大代表的初任培训，为召开区六届人大一次会议做好准备。坚持人大代表列席人大常委会会议制度，探索建立公民旁听人大常委会会议制度，扩大人大代表和公民的有序政治参与。继续向新闻媒体推荐一批人大代表的先进事迹，深入开展优秀人大代表、优秀建议议案评选活动，形成比学赶超、创先争优的履职氛围。

2. 强化代表履职活动机制。落实习近平总书记在基层代表座谈会上提出“人大代表要更加密切联系群众”的要求，通过强化“双联”活动等方式，把群众的所思所想所盼反映上来，把党中央和区委的声音传递下去。把人大代表的监督履职与全区中心工作结合起来、与常委会重点工作结合起来、与机关自身建设结合起来，使代表监督履职更显活力更有成效。落实区人大预算审查监督、国有资产监督联系代表的工作机制，扩大人大代表对常委会工作参与的广度和深度。组织区人大代表视察全区重点工程建设情况，助力重点工程早开工早投产早见效。落实省、市、区人大代表小组活动有关办法，探索建立专业代表小组，创新活动方式载体，增强代表小组活动实效。

3. 强化代表建议督办机制。在召开人民代表大会之前，组织人大代表视察调研，深入了解全区经济社会发展情况，听取民声反映民意凝聚民智。加强代表建议议案撰写的学习培训，帮助代表掌握中央和地方党委重大决策部署，指导代表撰写高质量的建议议案。建立“五抓四督三公开”机制[③]，听取建议议案办理情况汇报，进一步提升代表建议议案办理质量。完善代表建议议案办理反馈和评价机制，探索引入第三方评估机制，努力形成区和街镇两级联动、人大代表与承办单位互动的办理工作新格局，以实实在在的成效取信于民。

四、认真落实新指示新要求，在强基固本中增强整体实效

常委会认真落实习近平总书记在地方人大设立常委会40周年上作出“增强常委会工作整体实效”的新指示新要求，持之以恒加强自身建设，讲政治、循法治、增合力，推动工作整体实效迈上新台阶。

1. 进一步加强政治建设。以庆祝中国共产党成立100周年为契机，从党的光辉历史中汲取砥砺奋进的精神力量，扎实推进地方国家权力机关思想政治和作风建设。贯彻《中国共产党党员权利保障工作条例》，加强和改进区人大常委会党组工作，充分发挥党组织的战斗堡垒作用和党员先锋模范作用。利用湖南丰富的红色资源和革命故事开展党性教育，激励人大干部传承红色基因、奋发有为。落实党风廉政建设工作责任制，严格执行中央八项规定及其实施细则精神，深入整治形式主义、官僚主义。支持派驻纪检监察组开展工作，一体推进不敢腐、不能腐、不想腐的体制机制建设，涵养风清气正的政治生态。

2. 进一步提升履职能力。加强履职规范化建设，推动工作理念、制度机制和方式方法与时俱进，善于用法治思维和法治方式谋划推动人大工作。严格执行常委会议事规则，科学统筹安排会议议题和审议方式，提高常委会审议质量。加强区人大专门委员会的专业能力建设，提升服务保障的专业水平。开展人大制度理论研究，及时将好做法总结上升为制度机制，促进人大工作守正创新。站稳群众立场，践行群众路线，自觉把问计于民、问需于民、问效于民贯穿于依法履职的全过程。

3. 进一步凝聚工作合力。加强机关工会工作，组织开展丰富多彩的文体活动。举办全区人大系统气排球比赛，增强人大工作的活力和凝聚力。定期召开人大工作联系会议，加强对基层人大工作的领导指导。贯彻《湖南省乡镇人民代表大会工作条例》，督促乡镇人大规范工作制度、组织建设、会议程序，提升乡镇人大工作水平。落实全市人大新闻舆论工作会议精神，加强新闻舆论工作，让根本政治制度深入人心。健全与“一府一委两院”的统筹协调机制，强化上下级人大的联系和协同，密切与兄弟单位的交流，进一步提升常委会工作整体效能。

各位代表，躬逢“两个一百年”的历史交汇期，投身现代化建设的盛世伟业，是我们这一代人的幸运和荣光。让我们更加紧密地团结在以习近平同志为核心的党中央周围，在区委的坚强领导下，只争朝夕、不负韶华、拼搏奋斗，为打造全国一流的社会主义现代化强区贡献人大智慧和力量！

名词解释

①“三讲三做当表率”活动：指的是讲政治、做坚守初心的表率；讲担当、做推动高质量发展的表率；讲奉献、做服务人民群众的表率。

②“三高四新”战略：“三高”指的是国家重要先进制造业高地、具有核心竞争力的科技创新高地、内陆地区改革开放高地；“四新”指的是在推动高质量发展上闯出新路子、在构建新发展格局中展现新作为、在推动中部地区崛起和长江经济带发展中彰显新担当、奋力谱写新时代坚持和发展中国特色社会主义的湖南新篇章。

③“五抓四督三公开”机制：“五抓”指的是抓建议质量、抓责任落实、抓交办环节、抓办理过程、抓结果反馈；“四督”指的是领导牵头督办、专委领衔督办、重点建议督办、全程跟踪督办；“三公开”指的是建议内容公开、办理程序公开、办理结果公开。

政府工作报告

——在长沙市雨花区第五届人民代表大会第五次会议上

区委副书记、区长　刘素月

（2020年12月27日）

各位代表：

现在，我代表区人民政府向大会报告工作，请连同《雨花区国民经济和社会发展第十四个五年规划纲要（草案）》一并审议，并请各位政协委员和其他列席人员提出意见。

一、2020年及“十三五”工作回顾

2020年是极不寻常、极不平凡的一年。面对新冠肺炎疫情和经济下行带来的诸多挑战，我们坚持以习近平新时代中国特色社会主义思想为指导，在省委省政府、市委市政府和区委的坚强领导下，在区人大、区政协的监督支持下，紧扣“聚焦发展，奋力攻坚”工作主题，勠力同心，担当作为，砥砺奋进，在大考之年交出了优异的雨花答卷。

——抗击新冠肺炎疫情取得重大成果。坚决打好疫情防控人民战争、总体战、阻击战，区防控指挥部精准指挥、科学调度，各级各部门闻令而动、服从指挥，广大党员干部舍身忘我、冲锋在前，医务工作者白衣为甲、逆行出征，基层工作者向险而行、日夜值守，各企业、公益组织、志愿者真情相助、慷慨解囊，构筑了风雨同舟、守望相助的坚固防线。雨花区连续10个月无新增本土确诊病例，区防控指挥部荣获省抗击新冠肺炎疫情先进集体。

——百日竞赛赛出雨花实力。全区上下心往一处想、劲往一处使，全力以赴投身全市“大干一百天　实现双过半”竞赛，以战时思维、超常举措推动复工复产，打出了驻企帮扶、解困纾难、兑现政策的“组合拳”，形成了“比学赶超、大干快上”的浓厚氛围，确保了“四上”企业在短短两个月内复工复产达98%以上，主要经济指标顶住下行压力复苏回暖。雨花区在激烈竞争中脱颖而出，一举斩获全市“优胜集体”。

——综合竞争力跻身国内一流行列。地区生产总值突破2000亿元后再攀新高，预计达2120亿元，增长3.5%；完成地方一般公共预算收入64.5亿元，增长5.1%；城镇居民人均可支配收入6.3万元，增长6%。工信部发布，高质量发展位列全国百强区第20位，位居中部地区第一。

——脱贫攻坚交出高质量答卷。建档立卡贫困户361户1025人全部脱贫。雨花区代表湖南迎接国务院脱贫攻坚普查，实现入户登记主要指标达标率、贫困户满意率、省级事后质量抽查合格率三个100%。圆满完成省脱贫攻坚考核任务。对口帮扶取得扎实成效，连续两年获省“携手奔小康先进单位”。

——开放发展跃上新平台。高桥、高铁新城区块成功纳入中国（湖南）自由贸易试验区长沙片区，承担建设中非经贸深度合作先行区和内陆地区高端现代服务业集聚区重任。中非经贸合作示范园一期投入使用。全区外贸进出口增长23.5%，其中市场采购贸易方式试点出口额有望突破10亿美元。对外开放向更深层次、更高水平迈进。

——优化营商环境迈出新步伐。企业开办速度达到沿海发达地区水平，企业注销改革走在全省前列。和顺石油、宇新能源成功上市，新增“四上”企业120家。市场主体总量达19.2万户，每万人拥有市场主体2007户，位居中部地区第一。

——碧水保卫战再创历史佳绩。浏阳河雨花段水质保持Ⅲ类标准。圭塘河在去年年均水质达到Ⅳ类标准的基础上，今年达到Ⅲ类标准，创有监测记录以来最好水平。

——民生实事办好办实。备受关注的“菜篮子”工程——红星农副产品全球采购中心一期即将开业。川河苑、中城苑、自然苑、黎锦苑等保障性住房交房3600余套，一大批被征地农民喜迁新居。长重小区、卫技新村等一批群众期盼的老旧小区完成改造，育新二小、泰禹三小等一批群众关心的学校完成建设，区少儿图书馆等一批群众期待的公共文化设施投入使用，人民群众的幸福感在家门口升级。

一年来，我们主要做了以下工作：

（一）加快产业转型升级，发展质量稳步提升。新能源汽车及零配件产业链产值增长6%。人工智能及机器人产业链产值增长28%。长步道机器视觉光电产业生产基地竣工投产，大族激光二期、可孚医疗二期等项目加快建设，完成智能制造试点企业技术改造12家，引进新松机器人华中区域总部等“一主一特”产业链项目27个。雨花经开区获评国家绿色工业园区，综合评价位居全省省级园区前列。运达中央广场、商会大厦纳入长沙市特色楼宇和重点楼宇，引进中国照相馆等品牌首店20余个，楼宇去库存18万平方米。推动“软件业再出发”，新入驻软件和信息技术服务企业1800

余家。扎实开展“万商联动·振业兴市”系列消费活动，汽车、商超等消费持续回暖。促进跳马花卉苗木产业与文旅、康养深度融合发展，石燕湖村、新田村、金屏社区三个民宿示范片初具规模。

（二）大力推进开放创新，发展动力持续增强。改革开放深入推进。积极融入“一带一路”、长江经济带、粤港澳大湾区等战略，引进三类500强企业投资项目13个、亿元项目30个。自贸试验区建设初见成效，中非经贸合作研究会、跨境人民币中心等服务平台启动运营，中非可可、咖啡、坚果交易中心建成开业，营业额达8.8亿元。自贸试验区工作经验在全省推介。营商环境进一步优化。率先推行企业开办双通道“即办”改革，实现线上即传即办、线下2小时办结。率先探索企业注销改革，实现“简易注销全程网办、一次都不跑；普通注销一窗通办、最多跑一次”。率先实施水电气“一张表单+联合踏勘”审批改革，探索工程项目审批承诺制、容缺制，有力保障项目建设加速推进。24小时政务自助服务厅投入使用。创新驱动持续加强。全社会研发经费投入增长31.8%。完成技术合同交易额60亿元，增长24.9%。全省唯　家区县级技术合同认定登记点落户雨花。2家企业获批省级工程研究中心，省、市科技创新平台达63个。授权发明专利378件，新认定高新技术企业170家，累计达405家。

（三）坚决打赢三大攻坚战，发展基础得到夯实。脱贫攻坚圆满收官。“两不愁三保障”全面落实，保障水平位居全省前列。发展民宿旅游、苗木种植等产业帮扶项目24个，就业帮扶200余人。建立“1+3”精准帮扶工作机制，有力保障高质量、可持续脱贫。湖南消费扶贫示范中心正式开馆。生态治理持续发力。省环保督察“回头看”交办问题整改基本完成。严格落实“六控十严禁”，完成169台锅炉低氮改造、1.7万户餐厨油烟净化治理等项目，空气质量位居中心城区前列。完成时代阳光大道北幅截污干管扩容、石碑大港片区截污干管改造等工程，井塘海绵示范公园即将完成主体建设，51号、53号和石坝路排口启动智慧化改造。重点水域禁捕工作常态开展。违法用地整改强力推进，长江经济带废弃露天矿山生态修复项目全部完成，发放生态补偿资金1000余万元。深入推进农村“五治”，无害化厕所改造6730座，农村垃圾分类减量村覆盖率100%，新田村小微水体管护示范片完成建设。风险防控有力有效。平台公司整合转型加快推进，政府债务规模逐步压减，风险等级处于绿色安全区域。坚决打击非法集资、传销、电信网络诈骗等违法犯罪行为，化解非法集资积案4起，捣毁涉传窝点4个，破获电信网络诈骗案593起。

（四）切实优化人居环境，发展面貌持续改善。城市建设加速推进。开展片区建设竞赛活动，组织百日征拆大会战，38个集体土地项目拆除清零，13个国有土地项目签约清零。高铁片区浏阳河国际文化科创基地加快建设，黎托生态公园、浏阳河风光带建设进展顺利。电商物流园骨干路网基本贯通，盒马鲜生、东百集团等12家总部企业项目加快建设。红星片区首开区与省植物园总规优化提升，步步高星城天地项目快速推进，复地星光天地商业街开业运营。雅塘片区石马文化公园基本建成，雅塘冲路、车站南路即将竣工，市儿童福利院完成主体建设。南部融城片区洞株路快速化改造竣工通车，时代阳光大道东延线、雨花大道即将通车，完成绿心地区退出工业企业用地处置2195亩。电网“630攻坚”三年行动圆满完成。建成5G基站4845个。城市品质日益提升。紫薇路、石坝路、官寺冲路等10条市政道路竣工通车，花侯路、长沙大道、劳动西路等道路空间品质提升项目加快实施，洞井路人行天桥、航空职院地下通道等过街设施投入使用。打造“一圈两场三道”升级版，新建15分钟生活圈项目28个。老旧小区加装电梯200余台。完成赤新、五一等10个农贸市场周边街区“微改造”。完成桂花公园提质改造。城市管理更加精细。扎实开展城市体检，市政管网排水检测全部完成，主次干道路面隐患排查基本完成。深入推进户外广告、农贸市场、渣土运输、违法建设等领域专项整治，办理行政执法案件4000余起。依托城管数字化平台整改问题13万余个。高铁、高速沿线环境整治任务全部完成，普铁沿线环境整治有力推进。深入推进垃圾分类，抓实前端分流，完善分类设施，严格分收分运，垃圾分类效果走在全市前列。

（五）突出改善民生福祉，发展成果普惠共享。疫情防控常抓不懈。落实高铁南站防控措施，守住长沙“外防输入”重要防线。抓实社区常态化疫情防控，累计排查房屋63.4万套，管控重点地区来（返）长人员1.58万人、境外来（返）长人员4390人，核酸筛查16.8万人，免费发放中药近10万份。圆满完成境外包机接机5趟975人，妥善安置湖北滞留长沙人员，为长沙参与雷神山医院援建人员提供集中医学观察服务。扎实开展冷链食品市场专项整治，开展执法检查496次，立案查处8起。民生事业协调发展。新增城镇就业1.47万人。城乡低保救助、特困供养、临时救助、城市特殊困难群体帮扶等工作扎实开展。退役军人服务保障体系不断健全，建成退役军人服务中心（站）176个。新（扩）建小学、幼儿园12所，新增学（园）位9000个。新建养老机构2家、社区居家养老服务中心22个。家庭医生社区工作室达54个。成功举办全民健身文化旅游节、“飞梦雨花”艺术节、“书香雨花”读书节等文旅活动。雨花非遗品牌影响日益扩大，全国政协专题协商会现场连线雨花非遗馆，对非遗文化传承保护给予高度评价。社会大局和谐稳定。全面推行网格化管理，组建“1+4”网格员队伍，形成巡派办闭环处置机制，围绕城市管理、文明创建、“蓝天保卫战”等中心工作处置问题20万余个。扎实做好信访维稳工作，落实领导带案下访、定期接访，化解重点信访件42件。加快房产办证遗留问题处置，泰禹家园等项目办证成效明显。全面开展建筑工地、交通运输、特种设备等领域安全生产排查整治，安全生产形势持续稳定。国家食品安全示范城市创建强力推进，获评全省食品安全工作先进单位。全面推进新时代县域警务工作，深入开展扫黑除恶专项斗争，积极创建禁毒示范城市，刑事发案率连续五年下降。

（六）全面加强自身建设，发展保障更加有力。严格落实区政府党组理论学习中心组学习制度，认真学习贯彻党的十九届五中全会、习近平总书记考察湖南重要讲话等精神，推动习近平新时代中国特色社会主义思想往深里走、往心里走、往实里走。主动接受人大法律监督和政协民主监督，办理人大代表建议和政协委员提案170件，办复率100%。加强审计监督，58个一级预算部门实现审计全覆盖。健全政府信息发布制度，切实保障人民群众的知情权、参与权、监督权。深入推进法治政府建设，落实重大行政决策合法性审查制度，审查政府文件、合同222件。全面落实行政执法公示、执法全过程记录、重大执法决定法制审核“三项制度”，推动严格规范、公正文明执法。完成“七五”普法总结验收。严格落实政府系统党风廉政建设责任制，切实履行“一岗双责”，出台国有企业资金、资产、资源管理和违规经营投资责任追究暂行办法等制度，进一步织密制度的笼子，严防廉政风险，树立了清正廉洁的良好形象。

同时，第七次全国人口普查基本完成。国防动员和后备力量建设得到加强。民族宗教、人防、爱卫、机关事务管理等工作成效明显；工会、共青团、妇联、工商联、残联、科协、红十字会、计生协会、老干、老龄、关工委等组织作用有力发挥。

各位代表！2020年各项工作任务的完成，为“十三五”规划画上了圆满句号。五年以来，全区上下紧紧围绕建设财富品质幸福雨花奋斗目标，凝心聚力，开拓进取，经济社会发展取得了重大成就，书写了无愧于时代的辉煌篇章。

——这五年，综合实力大步跨越。地区生产总值在全省率先突破2000亿元大关，稳居中部省会城区第一。税收占财政收入比重提高8.8个百分点。三次产业结构进一步优化，服务业占比提升8.9个百分点。亿元楼宇达19栋。新能源汽车及零配件产业链、人工智能及机器人产业链产值年均增长20%、23%。城区高质量发展跻身全国20强。雨花经济发展实现了从省、市率先到中部领先的历史跨越，向建设更高质量的全国现代化强区迈进。

——这五年，城乡面貌显著变化。高铁南站东广场、汽车南站综合交通枢纽投入使用，城际铁路、磁浮和地铁1、3、4、5号线开通运营，万家丽路、湘府路完成快速化改造，曙光路、洞井路等一批主干道竣工通车，现代立体交通网络基本成形，交通枢纽地位更加凸显。传统商圈加速蝶变，东塘商圈焕发新的活力，高桥商圈迎来二次腾飞，红星商圈成为长沙南城新增长极；高铁、雅塘等重点片区一年一个样、五年大变样。雨花经开区实力和形象双提升，一座绿色生态的制造业新城正在崛起。跳马绿心保护卓有成效，退出绿心地区工业企业155家，全域旅游来势喜人。省植物园免费向市民开放。圭塘河风光带成为亮丽名片。雨花的天更蓝了、水更绿了、环境更宜居了，一幅精美城区、美丽乡村的画卷正徐徐展开。

——这五年，改革开放取得突破。新一轮政府机构改革顺利完成，政府运转更加务实、高效、有序。农村集体产权制度改革盘活了集体资产资源，激发了集体经济活力。企业开办、注销等“放管服”改革催生出强大发展动能。“三零”社区（村）建设、社区减负增效等基层治理改革大胆探索，提升了基层治理水平。社区居家养老服务、医联体建设等民生改革稳步实施，为人民群众带来更多便利和实惠。高铁南站综合治理联勤联动改革持续深化，成为全国社会治安综合治理标杆。市场采购贸易方式试点试出了新经验，自贸试验区建设探索了新模式。中非经贸博览会、中国中部（湖南）农博会品牌影响力日益扩大，29家世界500强企业、32家央企抢滩入驻。雨花对外开放的广度和深度不断拓展。

——这五年，民生事业全面发展。新增财力80%以上用于改善民生，城镇居民人均可支配收入年均增长8%，人民群众的生活更加殷实。新增城镇就业7.7万人。城乡养老、医疗保险基本实现全覆盖，分层分类的社会救助体系更加健全。建成保障性住房125万平方米，1.1万被征地群众实现“安居梦”。新增学（园）位4.6万个，义务教育大班额全面消除，孩子们享受到了更加优质均衡的教育。社区（村）公共文化阵地和健身设施实现全覆盖，人民群众的文化生活更加丰富。社区卫生服务站、村卫生室服务水平进一步提升，老百姓看病更加方便快捷。先后荣获全国社会救助标准化示范单位、全国师德养成教育示范区、全国在线教育创新应用示范区、全国健康促进区、全国妇幼健康优质服务示范区、全国慢性病综合防控示范区等荣誉。科学应对2017年超历史特大洪水、2018年低温冰雪、2019年强降雨、2020年新冠肺炎疫情，有力保障了人民群众生命财产安全。雨花区连续十三年保持全省“平安区县”称号，社会大局和谐稳定，人民群众安居乐业。

各位代表！却顾所来径，豪情满胸怀。过去五年，我们用汗水浇灌收获，用实干成就梦想。成绩的取得，是省委省政府、市委市政府和区委坚强领导的结果，是区人大、区政协监督支持的结果，是全区上下齐心协力、攻坚克难、努力奋斗的结果。在此，我代表区人民政府，向在各个岗位辛勤劳动、无私奉献的雨花人民，向给予区政府工作大力支持的各民主党派、工商联、无党派人士、人民团体、驻区单位，向各位人大代表、政协委员、老领导、老同志和社会各界人士，表示衷心感谢，并致以崇高敬意！

在看到成绩的同时，我们也清醒认识到，雨花发展还存在一些不足，主要体现在：在推动新旧动能转换、实现高质量发展上还需下更大功夫；营商环境与沿海发达地区相比还有较大提升空间；生态治理的任务仍然繁重；疫情暴露出的应急管理、公共卫生等方面短板亟需补齐；安全稳定等方面风险仍需警钟长鸣；基层治理体系和治理能力现代化水平与新时代要求还有一定差距，作风建设有待进一步加强。对此，我们将高度重视，采取有效措施，切实加以解决。

二、“十四五”发展基本思路和重点任务

各位代表！“十四五”时期是我国在全面建成小康社会、实现第一个

百年奋斗目标之后，乘势而上开启全面建设社会主义现代化国家新征程、向第二个百年奋斗目标进军的第一个五年，也是雨花贯彻“三高四新”战略，开启打造全国一流现代化强区的重要阶段。区政府根据《中共长沙市雨花区委关于制定雨花区国民经济和社会发展第十四个五年规划和二〇三五年远景目标的建议》，编制了《长沙市雨花区国民经济和社会发展第十四个五年规划纲要（草案）》。

“十四五”时期，全区经济社会发展指导思想是：坚持以习近平新时代中国特色社会主义思想为指导，全面贯彻党的十九大和十九届二中、三中、四中、五中全会精神，坚决落实习近平总书记关于湖南工作系列重要讲话指示精神和中央、省、市决策部署，坚持稳中求进工作总基调，立足新发展阶段，贯彻新发展理念，构建新发展格局，以推动高质量发展为主题，以深化供给侧结构性改革为主线，以改革创新为根本动力，以满足人民日益增长的美好生活需要为根本目的，坚持扩大内需战略基点，坚持系统观念和底线思维，更好统筹发展和安全，坚持精准施策，扎实做好“六稳”工作、全面落实“六保”任务，巩固疫情防控和经济社会发展成果，贯彻“三高四新”战略，打造全国一流强区，为全面建设现代化长沙贡献更大力量。

主要预期目标是：地区生产总值年均增长5.5%以上，地方一般公共预算收入年均增长4%以上，社会消费品零售总额年均增长5.5%以上，固定资产投资年均增长6%以上，城镇居民人均可支配收入年均增长6%以上，城镇登记失业率控制在4%以内。

——打造立足一流争先进位的实力之区。坚持质量第一、效益优先，实现区域可持续、高质量发展，增长潜力充分发挥，经济结构更加优化，产业迈向中高端，创新能力显著提升，现代经济体系基本建成。到2025年，地区生产总值突破3000亿元。综合实力、高质量发展指标在全国百强区排名中争先进位，进入全国一流强区前列。

——打造产业项目更具支撑的活力之区。构建“三区五组团”发展格局，引进培育一批产业带动强、支撑作用大、创新活力足的产业项目，形成多点支撑、融合发展的现代化产业体系。现代服务业发展区，重点引导现代商贸、研发设计、现代物流、现代金融、文化创意等业态集聚发展。先进制造业集聚区，深耕“一主一特”产业链，重点聚焦建设全球最大的新能源汽车及零部件产业基地、国家人工智能产业示范园区。生态绿色发展示范区，重点发展生态康养、休闲旅游、体育健身等产业，打造服务长株潭乃至全省的文旅康养中心。

——打造开放格局加快形成的先行之区。勇当自贸试验区建设先行者，立足全国首个承载中非经贸战略任务的区块定位，先行先试探索中非贸易新模式，为国家推进中非经贸发展贡献力量。勇当湖南对接粤港澳大湾区领头雁，发挥雨花区位、交通、产业、生态优势，充分把握大湾区建设机遇和溢出效应，在产业发展、科技创新、城市建设等领域主动对接合作，为湖南提高对外开放水平彰显担当。勇当长株潭区域一体化发展排头兵，在产业发展、生态保护、乡村振兴等方面加强与株洲、湘潭合作，建设长株潭一体化发展的样板区。以更大范围更宽领域、更深层次对外开放，构建国内国际双循环相互促进的新发展格局。

——打造城乡面貌精致精美的品质之区。把“四精五有”理念贯穿城市规划、建设、管理全过程，着力实现“精准规划、精美建设、精致管理、精明增长”，建成更加“有颜值、有气质、有内涵、有格调、有品位”的品质雨花。基本完成老旧小区、棚户区、城中村改造，让老城区旧貌换新颜。高起点、高标准建设重点片区，打造现代化、国际化新城。加快跳马乡村振兴，建成长株潭融城绿心花园。充分运用网格化、信息化、智慧化手段推进城市管理，建设新型智慧化城区。

——打造群众满意平安稳定的幸福之区。坚持以人民为中心的发展思想，不断提升基本公共服务水平，到2025年居民人均可支配收入达8.4万元以上。多层次社会保障体系更加完善，城乡居民就业更加充分。教育、医疗、文化、旅游、体育、养老等社会事业全面进步，教育强区、健康雨花、书香雨花、非遗雨花的品牌影响力不断扩大。维护安全稳定的体制机制不断健全，基层治理水平不断提升，基本实现区域社会治理现代化，共建共治共享的治理新格局基本形成。

三、2021年重点工作

2021年是建党100周年，也是“十四五”规划的开局之年。做好全年各项工作意义深远、责任重大。我们要紧紧围绕“聚焦新战略，勇当排头兵”工作主题，开启全面建设全国一流现代化强区新征程，确保实现“十四五”良好开局。全区经济社会发展的主要预期目标是：地区生产总值增长5.5%以上；地方一般公共预算收入增长4%以上；固定资产投资增长6%以上；社会消费品零售总额增长4%以上；城镇居民人均可支配收入增长6.5%以上；城镇登记失业率控制在4%以内；制造业增加值、产业投资、数字经济、税收占比等高质量发展指标稳步提升；节能减排等约束性指标全面完成。为实现上述目标，重点抓好五个方面工作：

（一）着力在产业转型升级上取得更大突破。以先进制造业为主攻方向，做强二产。推动比亚迪商用车总部项目建设，完成比亚迪“三电合一”智能工厂升级改造，实现晓光模具智能工厂投产达效，力争新能源汽车及零配件产业完成产值360亿元。实现大族、可孚、申亿新基地竣工投产，实现新松机器人华中区域总部基地投产达效。深耕长步道、唐智科技、中南智能等行业细分领域龙头企业，加强核心技术攻关，突破一批“卡脖子”技术，持续培育一批专精特新“单项冠军”和行业“小巨人”企业。促进软件业和制造业深度融合，推动一批智能化工厂示范项目和示范应用场景落地。支持湖南中烟转型升级，培育创新发展新动力。引导建筑业健康发展，支持中建五局、五矿二十三冶等企业拓展国内外市场，鼓励行业龙头与本地中小建筑企业共生共荣、协同发展。以现代服务业为主攻方向，做优三产。聚焦新产业、新业态、新模式、新技术，推动生产性服务业向专业化和价值链高端延伸、生活性服务业向高品质和多样化升级。壮大发展现代商贸，推动东塘、高桥、红星商圈转型升级，形成消费新热点。创新发展现代物流，围绕“总部+主导产业+电商物流”的全产业链定位，紧盯生鲜和快消品领域引进一批总部型企业，加快盒马鲜生、东百集团等新零售总部企业基地建设。着力发展研发设计，服务好中国能建湖南院、中国电建中南院、中机国际工程设计研究院等大型设计机构，支持开拓更大市场。做大做强现代金融，支持交通银行、华融湘江银行、恒丰银行等金融机构深耕本地市场。集聚发展现代楼宇，持续培育重点楼宇、特色楼宇，引导总部经济、数字经济、文化创意等高端业态向楼宇集聚。以生态农业为主攻方向，做精一产。带着责任、带着感情，用更大力度、更高要求推进乡村振兴。引导花卉苗木企业和农户走高端化、精品化路子，重点向洞株公路、双溪港沿线集聚发展，逐步构建集种植、研发、观赏、交易于一体的现代花卉苗木产业链，助推花卉苗木产业焕发新活力。以《长株潭城市群生态绿心地区建设项目准入暂行管理办法》出台为契机，充分挖掘生态、文化等优势资源，打造一批精品旅游示范村和民宿特色项目，完善乡村公路、停车等配套设施，加快跳马全域旅游发展。

（二）着力在开放创新上拓展更大空间。争当建设自贸试验区标杆。高桥区块推动出台中非经贸支持政策，加大中非经贸课题攻关，加快中非经贸合作示范园二期建设，引进一批中非贸易龙头企业，推动市场采购、一般贸易、跨境电商、易货贸易融合发展，逐步扩大对非贸易额，形成对非贸易新模式。高铁新城区块协调推进长沙高铁南站货运中心建设，推动高铁客货运分流，探索开行稳定的货运专列，不断提高货运吞吐量。推动自贸试验区与雨花经开区、红星大市场协同发展。争当优化营商环境样板。对标世界银行和国家营商环境评价指标体系，围绕市场主体全生命周期，在企业开办注销、工程项目审批、水电气、纳税等方面推出更多针对性改革措施，不断提升政务服务水平。开展水电气综合窗2.0版改革，进一步减环节、减材料、降成本，审批时限压缩至3个工作日以内。深化“双随机、一公开”监管。常态开展企业（项目）服务日，着力帮助企业解决融资、招工、手续办理、要素保障等难题。争当创新驱动发展先锋。培育创新龙头，加大高新技术企业培育力度，发掘、推荐、认定一批高新技术企业。搭建科技创新平台，发挥创新设计战略联盟牵头作用，推动企业协同创新，共建重点实验室和技术创新中心。强化产学研深度融合，加速科技成果转化应用。重点支持雨花经开区打造湖南机械基础零部件创新中心。支持小微企业创新创业，培育一批“双创”示范基地。激发人才创新活力，引进培育更多的创新型、应用型、技能型人才。实施质量强区战略，加强知识产权保护和运用。

（三）着力在城市品质上实现更大提升。坚持精准规划。按照覆盖全面、精准精细的要求，全面完成本轮国土空间总体规划，构建规划“一张图”，用高水平规划引导高质量建设。优化提升高铁、雅塘、红星片区规划，科学编制跳马镇村规划，加快金屏、黎托南片规划落地。组建城市建设专家顾问团，建立建筑设计方案评审制度，从城市天际线、色彩、风格、公共设施布局等方面整体把控，把精准规划设计落实到每一个细节。坚持精美建设。弘扬工匠精神，下足绣花功夫，从建筑风貌、整体空间、细节品质等方面入手，推进精美雨花建设。抓好城投16号地、高铁片区1号地等40个集体土地扫尾清零，加快完成省机械化三期、王公塘二期等棚改地块扫尾清零，启动劳动东路E地块征拆，为项目建设腾出空间。加快高铁片区浏阳河国际文化科创基地、绿地城际空间站建设，实现浏阳河风光带、黎托生态公园竣工开放。完成红星片区首开区一期地块出让，完成洞井路（湘府路至植物园路段）提质改造，推动首开区二期征地拆迁，持续开展植物园周边整治，实现步步高星城天地购物中心开业运营。全面启动雅塘片区二期征拆腾地和开发建设，实现雅塘冲路、车站南路建成通车、石马文化公园开园。加快红旗路南延线、林科路北、川河路等道路建设，启动林科路南、香松路东、荷叶冲路西等道路建设。加快智慧电网、5G基站等新基建建设。坚持精致管理。完成高铁南站西广场、花侯路、长沙大道等城市管理品质提升任务，切实提高绿化、亮化、彩化水平。聚焦市容环境秩序短板，强力推进建筑立面、广告招牌、渣土运输、马路市场、违法建设、铁路沿线等专项整治，深化火车南站、汽车南站、商圈广场、主次干道、背街小巷、城郊结合部等区域综合治理，让城市更加干净、整洁、有序。持续推进垃圾分类，完善小区垃圾分类设施，做好大件、装修、园林、有害垃圾和可回收物分类减量。加快已建成未移交道路移交，实现管理无死角、全覆盖。坚持精明增长。在老旧小区、棚户区改造中落实“四增两减”要求，不断提升城市承载能力。充分发挥市场主体作用，吸引多元化投资主体，加快红星片区、湖橡小区等城市更新，推进桂花小区提质改造。坚持产城融合、教城融合、医城融合，促进城市资源结构有序重组和效益最大化。

（四）着力在生态建设上展现更大作为。深入推进碧水保卫战。启动新一轮圭塘河流域综合整治，统筹推动水安全、水环境、水资源、水景观四位一体水生态建设，实现井塘海绵示范公园建成开园，完成花桥污水处理厂三期建设，完成51号、53号、石坝路等排口治理，启动省植物园段综合治理，启动湘府路北、建设路、香樟路南排口改造。浏阳河雨花段、圭塘河水质年均值稳定达到Ⅲ类标准。扎实开展“蓝天保卫战”。严格落实“六控十严禁”，完善分析研判、科学调度、快速响应工作机制，重点抓好挥发性有机物、工地扬尘、机动车尾气、餐饮油烟、露天焚烧等污染源精细化治理，努力实现PM2.5、臭氧浓度“双控双减”。严格保护跳马生态绿心。严控违法建设行为，严格规范矿山矿洞生态修复项目管理，加快退出工业企业用地处置，完善生态保护补偿机制。解决群众身边环境污染问题。认真分析市民热线反映较多的垃圾异味、噪音扰民等问题，举一反三、源头治理，满足群众对高质量环境的需求。

（五）着力在民生改善上取得更大成效。落实常态化疫情防控。扎实抓好高铁南站疫情防控，深入开展冷链食品市场专项整治行动。落实境外和国内中高风险地区来长人员排查和管控、重点人群核酸检测、基层医疗机构规范管理等措施；加强社区小区、商场超市、宾馆酒店、电影院等重点区域防控；深化爱国卫生运动，有序安排疫苗接种，增强全社会防控意识，构筑疫情防控人民防线。巩固拓展脱贫攻坚成果。保持现有帮扶政策、资金支持、帮扶力量总体稳定。健全防止返贫监测帮扶机制，加强动态跟踪帮扶。持续做好产业、就业和消费扶贫，实现巩固拓展脱贫攻坚成果与乡村振兴有效衔接。兜牢民生保障底线。促进被征地农民、高校毕业生、退役军人等重点群体就业，新增城镇就业 1.46 万人以上。推动社保融资用地指标落地，加快中城苑、东升家园、自然苑等项目建设。健全社会救助体系，提高城乡低保、特困供养、残疾人救助标准。持续抓好孤寡老人、困境儿童、残疾人、流浪乞讨人员等城市困难群体帮扶。加快发展社会事业。新（改）建川河学校、燕子岭小学、井圭路小学等 5 所中小学校，新增学位 7400 个，提升普惠园办学水平。推出吉联小学、万境水岸小学等一批新教育集团品牌，高质量完成全国义务教育优质均衡区发展评估。加快推进长沙国际体育中心建设，提质改造基层公共文化阵地和健身设施，开展庆祝建党 100 周年系列群众文艺活动。完善公共卫生和疾控体系，提高应对突发重大公共卫生事件的能力。加快砂子塘街道社区卫生服务中心搬迁，不断提高社区卫生服务站、村卫生室服务水平。深化全国居家和社区养老服务改革试点，大力推广医养结合模式，完成 2 家养老机构、10 个居家养老服务中心建设。提升社会治理水平。全面纵深推进网格化治理，将更多事项纳入网格。完善“三零”社区（村）建设评价体系，提高“三零”社区（村）建设水平。抓好国家食品安全示范城市创建及省级食品安全示范区验收，加强农贸市场及周边管理，守卫“舌尖上的安全”。深入开展安全生产专项整治三年行动，持续开展交通问题顽瘴痼疾集中整治，坚决遏制较大以上事故发生。扎实做好信访维稳工作，努力将矛盾纠纷化解在萌芽状态。以市域社会治理现代化试点为抓手，深化新时代县域警务工作，不断完善社会治安防控体系。扎实开展整治突出毒品问题三年行动，严厉打击各类违法犯罪行为，建设更高水平的平安雨花。

四、努力建设人民满意的服务型政府

各位代表！一代人有一代人的使命，一代人有一代人的担当。站在“两个一百年”交汇的新起点，开启建设全国一流现代化强区新征程，做好 2021 年各项工作，需要顺应新形势新任务新要求，不断提升治理能力现代化水平，努力建设人民满意的服务型政府。

加强政治建设。深学笃用习近平新时代中国特色社会主义思想，深刻把握习近平总书记考察湖南重要讲话精神，始终坚定正确的政治方向，牢固树立“四个意识”，坚定“四个自信”，自觉把“两个维护”落实到行动上、体现在工作中。坚决贯彻中央、省、市和区委的决策部署，破除本位主义，提高政治站位，自觉从政治上看问题、定政策、干工作，确保政令畅通、令行禁止。民心是最大的政治，始终树牢宗旨意识，站稳群众立场，践行初心使命。

加强法治建设。深入开展法治政府建设示范城市创建，全面对标法治政府建设指标体系，确保创建走在前列。全面开展“八五”普法，政府工作人员带头学法尊法守法用法，不断提升依法决策、依法行政的能力和水平。深化综合行政执法改革，严格执行行政执法“三项制度”。落实行政机关负责人出庭应诉制度。完善政府法律顾问制度。自觉接受人大法律监督、政协民主监督，落实重大决策事项向人大报告、向政协通报制度，不断提高建议、提案的办理质量。

加强能力建设。拓宽国际视野，加强国际经贸等知识学习，通晓国际规则，熟悉国际法律，提高对外籍人员服务和管理能力。践行工匠精神，拒绝差不多、过得去，更加聚焦细节、提升标准，更加注重工作质量，更加注重发展品质。增强效能意识，下好先手棋、打好主动仗，时不我待、只争朝夕，一步领先、步步领先。提升资源整合能力，善于争取政策机遇，善于争取各方支持，善于组织发动群众，形成推动雨花高质量发展的强大合力。

加强廉政建设。严格落实全面从严治党主体责任，切实强化重点领域关键环节权力运行监督制约，进一步加强政府采购和招投标管理，强化区属国有企业监管，规范政府投资项目管理。严防行政审批、行政执法等领域的不正之风。推进巡视巡察、审计查出问题整改工作制度化。坚持量入为出、精打细算，严控“三公”经费和一般性支出，把每一分钱都用在“刀刃”上，树立廉洁奉公、勤勉尽责的政府形象。

各位代表！蓝图已绘就，奋进正当时。让我们更加紧密地团结在以习近平同志为核心的党中央周围，在省委省政府、市委市政府和区委的坚强领导下，贯彻“三高四新”战略，打造全国一流强区，为全面建设现代化长沙贡献更大力量，以优异成绩庆祝中国共产党成立 100 周年！

名词解释

1.“四上”企业：规模以上工业企业、资质等级建筑业企业、限额以上批零住餐企业、国家重点服务业企业。

2. 一主一特：雨花经开区重点发展的新能源汽车及零配件主导产业、人工智能及机器人特色产业。

3. 两不愁三保障：“两不愁”即农村贫困人口不愁吃、不愁穿；“三保障”即保障农村贫困人口义务教育、基本医疗和住房安全。

4.“1+3”精准帮扶工作机制：1 个街道（镇）+ 1 个企业 + 1 个社会组织参与跳马镇 1 个村（社区）脱贫攻坚。

5. 六控十严禁：“六控”即控尘、控车、控排、控烧、控煤、控油；“十严禁”即严禁渣土车、混凝土搅拌车、运砂车等各类车辆带泥上路，严禁违法倾倒渣土，严禁工地裸露黄土，严禁重污染天气下土石方施工，严禁燃烧散煤，严禁露天焚烧垃圾，严禁露天烧烤，严禁露天焚烧秸秆，严禁拖拉机等高排放车辆进城，严禁在禁燃区域、时段燃放烟花爆竹。

6. 五治：治厕、治垃圾、治房、治水、治风。

7.“630 攻坚”三年行动：从 2017 年 6 月 30 日起，计划用三年时间，建成一批、开工一批、储备一批电网工程项目，实现城区电网充分保障、园区电网适度超前、农村电网安全稳定。

8. 一圈两场三道：“一圈”即 15 分钟生活圈；“两场”即停车场、农贸市场；“三道”即人行道、自行车道、历史文化步道。

9.“1+4”网格员队伍：网格长、专职巡查员、专职网格员、执法网格员、志愿网格员。

10.“三零”社区（村）：零上访、零事故、零发案的社区（村）。

11.“三高四新”战略：着力打造国家重要先进制造业、具有核心竞争力的科技创新、内陆地区改革开放的高地，在推动高质量发展上闯出新路子、在构建新发展格局中展现新作为、在推动中部地区崛起和长江经济带发展中彰显新担当、奋力谱写新时代坚持和发展中国特色社会主义的湖南新篇章。

12. 六稳：稳就业、稳金融、稳外贸、稳外资、稳投资、稳预期。

13. 六保：保居民就业、保基本民生、保市场主体、保粮食能源安全、保产业链供应链稳定、保基层运转。

14. 三区五组团：“三区”即现代服务业发展区、先进制造业集聚区、生态绿色发展示范区；“五组团”即高铁、红星、雅塘、高桥、跳马组团。

15. 双随机、一公开：在监管过程中随机抽取检查对象，随机选派执法检查人员，抽查情况及查处结果及时向社会公开。

16. 规划“一张图”：以自然资源调查监测数据为基础，建立全国统一的国土空间基础信息平台，并以信息平台为底板，结合各级各类国土空间规划编制，逐步形成全国国土空间规划“一张图”，推进政府部门之间的数据共享以及政府与社会之间的信息交互。

17. 四增两减：“四增”即增加公共绿地、增加公共空间、增加配套设施、增加支路网密度；“两减”即减少居住人口密度、减少开发强度。

凝心聚力　奋发作为
为助力打造全国一流强区再作新贡献
——在政协长沙市雨花区第五届委员会第五次会议上

区政协主席　冯聪龙

（2020年12月26日）

各位委员，同志们：

我受政协长沙市雨花区第五届委员会常务委员会委托，向大会报告工作，请予审议，并请政协之友和列席的同志提出意见。

2020年：同心共筑雨花梦

2020年是决战脱贫攻坚、决胜全面建成小康社会之年，也是“十三五”规划收官之年。政协长沙市雨花区委员会坚持以习近平新时代中国特色社会主义思想为指导，深入贯彻党中央和省、市、区委决策部署，围绕“聚焦发展，奋力攻坚”工作主题，干在实处，走在前列，认真履行政治协商、民主监督和参政议政职能，坚持建言资政、凝聚共识双向发力，为财富品质幸福雨花建设作出了新的贡献。一年来，政协工作呈现出十大亮点：一是全国政协专题协商会现场连线雨花非遗馆，委员履职实践基地雨花非遗馆作为全国政协“推动中华优秀传统文化进课本、进课堂、进校园”专题协商会的远程连线会场，非遗文化的传承保护获得全国政协主席汪洋同志高度评价，央视新闻联播专题报道。二是区政协重点工作经验在全国推介，区政协持续助力基层治理和乡村振兴，改善民生、社会治理、法制建设等工作经验在全国地方政协社法委工作座谈会上交流。三是区政协委员有关对策建议被全国政协采纳，王东华、钟智宏等委员关于《公职人员政务处分法》的修改意见、疫情期间帮助留学生渡过难关、改进对70周岁以上违反治安管理行为人处罚的建议等多篇社情民意被全国政协采用。四是区政协党组作为长沙市唯一区（县市）代表参加省政协党建工作座谈会，围绕“以党建引领推动政协工作高质量发展”主题作交流发言。五是持续围绕“蓝天保卫战”开展民主评议，连续三年邀请省、市、区政协委员就“蓝天保卫战”工作进行民主评议，受到全国省市政协的关注和肯定。六是高水平高质量推进民主协商，政协委员朱鸿雁所在吉联小学开展省政协“体验协商民主，做时代主人”协商民主活动，获得省政协主席李微微同志高度评价。七是着力打造“和”系列智慧委员工作室品牌，金牌帮女郎陈旭委员工作室获评全省示范性政协委员工作室。八是积极投身抗击新冠肺炎疫情斗争，全区政协系统和广大政协委员助力疫情防控、复工复产，风雨同舟、守望相助，捐款捐物560多万元，以实际行动展现了责任担当。九是助力决战决胜脱贫攻坚，全区政协系统组织动员广大政协委员，组建扶贫队伍，开展帮扶行动，捐赠物资近700万元，区政协常委刘雄获评全省政协扶贫行动先进个人，先进事迹编入省政协《亲历扶贫》一书。十是涌现了一批先进集体和先进个人，包括跳马镇等6个“三好”政协工作联络处、蔡明远等22名“六优”政协委员、1个委员优秀履职实践基地（雨花非遗馆）、圭塘街道“和+”共享等16个“五佳”智慧委员工作室、邓子云等9名优秀社情民意个人、《关于加强我区中小学生应急救护能力培训的建议》等8篇优秀提案、区教育局等10个“真情五助”先进集体、鲁红院等31名“真情五助”先进个人，以及东塘街道等13个民主评议“蓝天保卫战”工作先进集体、林中胜等70名先进个人。

习近平总书记在中央政协工作会议暨庆祝中国人民政治协商会议成立70周年大会上，首次明确提出人民政协要通过有效工作，努力成为坚持和加强党对各项工作领导的重要阵地、用党的创新理论团结教育引导各族各界代表人士的重要平台、在共同思想政治基础上化解矛盾和凝聚共识的重要渠道。我们努力推进基层政协工作高质量发展，把“三个重要”任务落到实处，取得了较好成绩。

一、坚持把党的领导落实到履职全过程，强化自身建设，“重要阵地”更加牢固

一是坚定政治站位。始终遵循“中国共产党的领导是全体中国人民的共同选择，是成立政协时的初心所在，是人民政协事业发展进步的根本保证”，始终把坚持党的领导贯穿到政协工作全过程。区政协党组严格执行重大事项请示报告制度，定期向区委报告工作，区委高度重视政协工作，区委常委会多次专题研究、给予支持。创新形成“区政协党组＋机关党支部＋街镇活动组＋临时党支部”工作体系，实现党的组织对党员委员的全覆盖、党的工作对政协委员的全覆盖。不断完善委员履职考评等制度，创新履职举措，分类分层级实行委员年度述职，常委向政协常委会述职，其他委员向街道（镇）政协工作联络处委员会议述职。

二是把牢政治方向。坚持党的创新理论武装，着力加强政治、思想、组织、作风建设，把学习贯彻习近平新时代中国特色社会主义思想作为首要政治任务，召开4次政协常委会议专题学习习近平总书记视察湖南时的重要讲话精神、《习近平谈治国理政》第三卷，通过政协党组理论学习中心组示范学、主席会议集体学、政协常委专题学、选派委员培训学、全体委员集中学、机关党员带头学等，推动学习走深走实。以"红心向党·务实为民·助力雨花"为主题，赴韶山、陈树湘纪念馆等地开展委员革命传统教育，邀请委员参加主题党日活动、中心组学习，依托政协云平台、委员读书会、政协之友沙龙等，"线上+线下"提升委员履职"四种能力"（政治把握能力、调查研究能力、联系群众能力、合作共事能力）。

三是担起政治责任。紧扣全区中心工作，区政协党组成员、主席会议成员、全体机关党员干部和驻街道（镇）政协委员积极参加南部融城绿心片区规划和产业发展以及高铁新城、红星、雅塘片区项目拆迁建设、招商引资，全方位参与安全生产、文明创建、联点帮扶等工作，助推雨花经济社会高质量发展。面对突如其来的新冠肺炎疫情，全区政协系统用实际行动落实习近平总书记和党中央要求，主席会议成员、机关干部迅速反应，与区委政府同频共振，主动担责；各街道（镇）政协工作联络处负责人立足街道社区，坚守一线；郭贵雄、彭拥军、李仁杰等200多名委员想方设法购买募集口罩、酒精、手套等一线紧缺防疫物资；泰阳医药、振兴中药、元亨科技、咿呀实业、养天和大药房、华晨集团等100多家委员企业和单位在稳产稳岗、保障供应、帮扶群众等方面作出了积极贡献；各界别、政协之友和市慈善基金会、市红十字会志愿服务中心、巾帼志愿者、益友会等一大批社会公益组织以实际行动积极响应号召，共同担起社会责任、凝聚抗疫合力。

二、坚持把担当作为体现在履职第一线，深化凝心聚力，"重要平台"更加宽广

一是委员驻室服务创造新亮点。全区18个"和"系列智慧委员工作室探索线下、线上联动履职，不断拓展履职的宽度和深度，提升了履职频率，成为群众身边的"解忧便利店"。委员驻室制度进一步完善，主席会议成员带头深入社区，省、市、区政协委员积极参与，轮流驻室值班，收集民情、调研座谈等，界别特色日益凸显，三级联动走深走实。和享、和馨智慧委员工作室服务基层治理、开展特色帮扶，周湘玉、仓萍等委员助力社区居家养老、美丽乡村建设。陈军、李炎辉、朱移生委员参与政协云线上工作室值班，就改革完善公共卫生防控体系、企业营商环境、企业法律治理与增强文化自信等主题在线答疑并分享雨花经验。一批委员获评"雨花阅读推广形象代言人""全国助人为乐好人"等，社会影响不断扩大。

二是基层民情协商取得新成效。按照"协商于民、协商为民"的宗旨，各街道（镇）政协工作联络处结合工作实际，精心选择创建一流非公党建品牌、助推绿心产业发展、社区公园建设、农安小区排污、樱园北门建设等16个主题开展线下民情热点难题协商，有效助推了浦沅小区加装电梯、井巷社区安装电动车充电桩、砂子塘社区禁止不文明养犬、茶园坡社区啤酒公寓水改、全州药业及花卉市场路段桥梁修建等一批民生问题的解决。针对城南路水管严重渗水、盛世华章小区门口流水成河等突发情况，委员线上反映，部门迅速联动解决。委员与部门单位坚持应点协商、应症协商、应时协商，及时回应群众呼声。

三是"真情五助+"彰显新作为。联合区人社局、区妇联、团区委、区残联等开展"真情五助+"活动60多场次，捐款捐物300多万元。在"真情五助+春风行动"中，比亚迪、梓红酒家、成中和服饰等委员企业积极提供就业岗位，蔡鑫莹委员企业云畅网络科技有限公司搭建"湘就业"线上平台，链接工作岗位9100多个，吸引2万多人在线参与，上千人达成就业意向。各街道（镇）政协工作联络处与群英会等社会组织积极开展"真情五助+关爱女孩守望未来"活动，在腾讯平台获数万人点赞。真情五助+温暖雨花、春蕾助学、爱心1+1、湘西少年雨花行、同心助困·携手奔小康、助残脱贫·共享文明、以书为媒传递爱心、援鄂医行卡免费停车等活动引领着雨花公益新风尚。

四是助力脱贫攻坚贡献新力量。响应省政协"双助双行动"号召，全区政协系统组建66个帮扶小组深入跳马，结对66户建档立卡贫困户，从就业扶贫、产业扶贫、消费扶贫、教育扶贫入手，不断提升贫困家庭自我造血功能。龙燕、何新海等委员创办扶贫车间，为建档立卡贫困户提供就业机会；陈明、方文斌等委员帮助困难群众打开农产品、花卉苗木销路；吴尚、周建新、何凯、兰川烨、李万强等委员结对帮扶多名贫困学子完成学业；张福新、吴军、王青春、龚炜、李芳等委员为贫困家庭送去慰问物资和慰问金；李玉琴委员关爱跳马镇留守儿童，救助病重儿童；言海先、莫艳芝等委员多次购买扶贫产品；康静委员连续多年帮扶一户贫困户，通过解决住房、提供创业资金等方式，帮助该户村民脱贫致富。目前66户建档立卡贫困户已全部脱贫，在迎接国务院脱贫攻坚普查中，入户登记主要指标达标率、贫困户满意率、省级考核合格率均为100%。这是全区政协人用心用情、共同努力取得的成果。我们对口帮扶桑植和龙山，捐建3个同心绿色书屋（龙山县上母小学、桑植县谷罗山中心小学和实竹坪教学点），捐赠上万册图书和文体器材，结对帮扶困难学生50多名。周谊委员深入两地组织文旅产业扶贫调研，倡导传承红色基因，助推文旅发展。吴炜委员企业地腾勘查设计有限公司建立了对业务覆盖贫困地区一对一帮扶制度，每完成一个项目，都将项目款的3%捐给当地教育基金会，助力贫困学子。湖南和平体育、长沙和谐体育、湖南拓合广告传媒、长沙市众焱助学公益服务中心等委员企业、社会组织和砂子塘东澜湾小学等为贫困地区开展教育扶贫、特产品牌宣传，共同助力巩固脱贫攻坚成果。

三、坚持把双向发力贯穿于履职各环节，做实"商""融"文章，"重要渠道"更加通畅

一是重点协商精准务实。按“区委点题、政协做题”原则，选取提升区域应急救援能力建设作为今年重点协商课题，组建以委员为主体的课题组，邀请专家学者和党政部门负责人参加，通过座谈协商、实地调研、专家论证等方式，形成了《理顺基层应急管理体系，提升区域应急救援能力》的调研报告，提出了30条建议，区委主要领导亲自批示，推进协商成果高效转化。对历年重点课题“回头看”，助推成立全省首个劳动争议一站式调解工作室，调研成果再获省政协优秀调研报告二等奖。围绕医疗保障、园区经济发展、人居环境优化、法治政府建设、“河长制”责任落实等开展11次主席会议视察，围绕夜间经济、产教融合、村规民约助力基层治理等开展16次专委会专题调研，相关意见建议得到采纳。

二是提案工作成效显著。全年共征集提案126件，审查立案94件，委员对办理态度满意和基本满意率为100%，对办理结果满意和基本满意率为98.7%。提案协商基础进一步夯实。围绕委员提出的问题，引导相关单位与委员提前协商，鼓励各专委会、各界别、各联络处等结合履职过程中发现的热点、难点问题，找准角度，深入调研。充分发挥优秀提案引领作用，提案撰写质量 不断提高。提案协商机制进一步完善。区委区政府高度重视，充分协商立案交办，区政协持续深化督办促办，提案协商与专题协商、对口协商、界别协商有机融合。提案协商落实进一步推动。对《关于重振悠游小镇产业发展的建议》《关于加强我区中小学生应急救护能力培训的建议》和《关于加快推进跳马镇“五治”工作的建议》等重点提案开展专题协商。目前，跨木莲路人行天桥已获批立项，悠游小镇产业架构更加明晰；我区中小学校应急救护能力培训工作已实现“两个全覆盖”，惠及全区12万余名中小学生；跳马“五治”基础不断夯实，工作推进有条不紊。各专委会基础作用和界别独特作用进一步发挥，提案工作精品意识、质量意识、成果意识进一步强化，提案工作取得更大实效。

三是民主评议扎实有效。连续三年开展民主评议“蓝天保卫战”工作，评议主题不断深入。汇集各专委会、各街道（镇）政协工作联络处、政协委员、政协之友力量，邀请高校专家、环保企业，吸纳绿色湘军、善飞公益等10多家公益组织共同参与，参与范围不断扩大。通过专家联动、委员集中查看、网络现场测评等方式，运用无人机监测、“快闪”活动等新方法新手段，评议方式更加多样。省、市政协领导多次指导并给予充分肯定，各主流媒体多次报道。今年创新成立“雨花政协生态环境助力营”，举办委员助力“蓝天保卫战”分享会，开展构建实施“蓝天保卫战”精准管控制度体系建设民主测评，25个被评议单位接受省、市、区政协委员的现场讲评和线上测评，满意和基本满意率达到97.02%。三年扎实 助推“蓝天保卫战”重点件、重复件、反复件整改落实，共提出整改意见130多条，助推解决环境污染问题170多个。民主评议是拓宽基层政协民主监督的途径，也是提升民主监督实效的有效方法。我们坚持边调研边掌握问题，边协商边研究问题，边监督边解决问题，民主监督实现高效“闭环运行”。

四是线上履职多点发力。全年共收到委员社情民意信息98篇，向上报送96篇，吴建安、彭谱诚等委员关于大力发展共享网课促进教育公平、公积金增加冲还贷提取方式、帮助特种养殖产业渡过难关、紧急生产儿童医用口罩、在疫情中考察识别社区（村）换届人选、取消长株潭水上公交项目、改进账户管理等多篇社情民意信息被全国及省、市政协采用。创新“和协商”机制，委员关注的联圭路砂子塘嘉和小学段严重交通安全隐患等问题得到区政府主要领导批示，相关问题正在逐步解决。关于磁悬浮高铁携带喷雾规定与其他相关规定不兼容、逐步推行智慧灯杆多杆合一等60多条反映群众“急难愁盼”问题的网上微建议通过政协云平台相继得到转办落实。

五是基层工作亮点纷呈。跳马镇政协工作联络处聚焦绿心产业发展、基础设施建设、民生保障等主题，就乡村民宿、花卉苗木基地建设、石燕湖景区龙头项目等出谋划策，在规划、政策、产业、扶贫、治理等方面重点助力。砂子塘街道政协工作联络处发挥教育界别资源优势，通过远程共享优质教学资源，帮助龙山、桑植多所学校充实师资力量、提升师资水平，砂子塘小学、稻田中学40多名学生志愿者与龙山、桑植贫困学子结对助学。井湾子街道政协工作联络处联合社区打造了党建品牌“邻帮一号通”，开通24小时社区服务热线，为社区居民提供水电维修、管道疏通等便民服务，让居民“一次不用跑”，受益群众3000余人。左家塘街道政协工作联络处蒙正国、李建波等委员在阿弥岭社区举办“助残服务集市”，20余家企业为残障朋友量身打造了100个就业岗位，20余人达成工作意向。雨花亭街道政协工作联络处持续推进自然岭社区龙吉湾小区居民用电“专改公”项目，多次专题协商，在驻街政协委员、政协之友、小区居民和国网长沙供电公司的共同努力下顺利启动，惠及1870户10000余居民。高桥街道政协工作联络处率先发出做好“三个带头”抗击新冠肺炎疫情的倡议书，并持续组织驻街政协委员、政协之友和志愿者对辖区重点市场、重点单位进行宣传劝导，疫情防控工作取得实效。洞井街道政协工作联络处残联界别委员余其安牵头扶助25名残疾人就业，工商联界别委员丁艳华连续多年组织“送温暖、献爱心、湘西行”活动，捐资捐物35万元。各街道（镇）政协工作联络处真正成为委员联系服务群众的有效桥梁、助力基层社会治理的务实平台。

同时，广泛开展学习交流联谊活动，圆满承办长沙市第四届“同心杯”篮球赛。协同全国、省、市政协开展加强和改进基层政协工作课题调研、文史资料汇编等工作。与山东、四川、江苏、贵州、广西、辽宁、陕西等10多个省、市、区政协就征地拆迁、居家养老、基层治理、文化事业、对外贸易、儿童友好社区建设等深入交流学习，推动政协工作拓宽视野、提升水平，也广泛推介了雨花高质量发展的经验成果。

各位委员、同志们，以上成绩的

取得，都离不开省、市政协的有力指导、中共雨花区委的坚强领导，离不开区人大常委会、区人民政府和社会各界的大力支持，离不开各位老领导、老同志的共同关心，更离不开全区广大政协委员、政协之友和政协机关工作人员的共同努力。在此，我代表区政协常委会表示衷心的感谢，并致以崇高的敬意！

浩渺行无极，扬帆但信风。政协是我们共同履职奋斗的平台，在区委的坚强领导下，政协事业的发展需要每一位政协委员的乘风破浪、携手奋进。回顾一年的履职实践，我们深切体会到：第一，毫不动摇坚持党的领导，是人民政协事业高质量发展的根本保证；第二，财富品质幸福雨花的发展大局，是政协系统同心奋进的不竭动力；第三，持之以恒增进民生福祉，是政协委员履职尽责的初心使命；第四，坚持不懈加强自身建设，是发挥政协专门协商机构作用的重要保障。同时，我们也清醒地认识到一些不足，协商建言质量需进一步提升，履职成果转化需进一步提效，委员履职主动参与率需进一步提高，政协云平台履职需进一步提质等，都需切实加以改进。

2021年：携手奋进新时代

2021年是建党100周年，也是“十四五”规划的开局之年。2021年区政协工作总的指导思想是：贯彻落实党的十九大和十九届二中、三中、四中、五中全会精神，深入贯彻习近平新时代中国特色社会主义思想和习近平总书记对湖南工作系列重要讲话指示精神，坚决落实党中央和省、市、区委决策部署，围绕“贯彻三高四新战略、打造全国一流强区”奋斗目标，紧扣“聚焦新战略、勇当排头兵”工作主题，更好发挥人民政协专门协商机构作用，多献发展之策、多聚实干之力、多行惠民之举、多强履职之基，为全面建设社会主义现代化强区贡献更大政协力量。

一、切实提高政治站位，在牢牢把握正确政治方向上立场坚定

我们要始终坚持把中国共产党的领导作为最高政治原则和最大政治规矩，推动习近平总书记系列重要讲话精神往深里走、往心里走、往实里走。

一是加强党对政协工作的全面领导。始终把思想政治建设摆在首位，进一步树牢“四个意识”、坚定“四个自信”、做到“两个维护”，时刻在政治上、思想上、行动上同以习近平同志为核心的党中央保持高度一致。在区委的坚强领导下，切实落实党中央对人民政协工作的各项要求。

二是夯实基层党组织战斗堡垒。切实发挥区政协党组核心作用和主席会议、政协常委会集体领导作用，加强党建引领，推动各项工作全面加强、全面过硬。加强政协系统意识形态工作，抓实政协机关“五化”支部建设，不断激发党员委员所在单位、企业、社会组织党组织活力，充分发挥基层党组织战斗堡垒作用和党员先锋模范作用。

三是认真完成好换届工作任务。2021年是本届政协履职的最后一年，也是政协换届之年。要围绕习近平总书记提出的“懂政协、会协商、善议政，守纪律、讲规矩、重品行”要求，在中共雨花区委的领导下，会同相关部门，做好区政协换届相关工作。不断优化委员队伍，不断注入新的活力，奋力助推谱写新时代坚持和发展中国特色社会主义的雨花新篇章。

二、贯彻“三高四新”战略，在服务全区改革发展大局上主动作为

人心是最大的政治，共识是奋进的动力。我们要牢牢把握进入新发展阶段、贯彻新发展理念、构建新发展格局的要求，充分发挥人民政协“四个第一线”优势（凝心聚力第一线、决策咨询第一线、协商民主第一线、国家治理第一线），在服务实施“三高四新”战略中，坚持在建言资政和凝聚共识上双向发力，同举发展旗、同谋发展计、同干发展事。

一是以“一线思维”凝心聚力。区政协党组将肩负起实现党对人民政协领导的重大政治责任，打牢团结奋斗的共同思想政治基础。坚持“脚步为亲”，不断完善以自我教育自我提高为主旨的委员学习座谈走访制度，不断深化委员读书会和委员述职机制。探索专门委员会联系界别委员、委员联系界别群众制度，建立同党外知识分子、非公有制经济人士、新的社会阶层人士的沟通联络机制。纵深拓展线上、线下传播共识渠道，不断加强思想政治引领，广泛凝聚更大共识。

二是以“一线担当”助推发展。紧紧围绕区委提出的奋斗目标，为打造立足一流争先进位的实力之区、产业项目更具支撑的活力之区、开放格局加快形成的先行之区、城乡面貌精致精美的品质之区、群众满意平安稳定的幸福之区，为“十四五”发展精彩开局凝聚更强合力、贡献更多智慧。

三是以“一线作为”履职尽责。紧扣“聚焦新战略，勇当排头兵”工作主题，在产业发展、项目建设、自贸区建设、片区开发、生态环保、城市建管、社会治理、改善民生上展现更大担当和作为。不断提升政协工作质量和水平，确保政协工作走在前列、更加出彩。

三、全力聚焦主责主业，在发挥专门协商机构作用上务求实效

习近平总书记在湖南基层代表座谈会上强调，要更加聚焦人民群众普遍关心关注的民生问题，采取更有针对性的措施，一件一件抓落实，一年接着一年干，让人民群众获得感、幸福感、安全感更加充实、更有保障、更可持续。广大政协委员作为社会各界的代表，要不断增强责任担当，更好发挥自身在本职工作中的带头作用、政协工作中的主体作用、界别群众中的代表作用，坚持人民政协为人民，提高站位、找准定位、明确方位、有为有位。

一是提高政治协商精度，把促进民生改善作为基本出发点。聚焦跳马产业转型升级、长株潭绿心生态发展示范区建设，重点关注生态补偿机制、产业项目准入和人地规划指标优化、水环境综合治理、潭阳洲项目等问题，高度关注特色街区培育、应急平台建设，积极推进专题协商、界别协商、对口协商，构建宽领域、多层次、常态化协商格局。

二是拓展民主监督深度，把解决民生问题作为重要着力点。积极围绕贯彻落实党和国家重要决策部署情况开展民主监督，包括就业优先政策、社会保障体系、教育均衡发展、基本医疗卫生服务、巩固疫情防控和脱贫攻坚成果、高品质公共文化体育服务等普惠性、基础性、兜底性民生项目。围绕“蓝天保卫战”长效常态管理开展民主评议“回头看”，探索民主监督制度化建设。

三是增强参政议政效度，把增进民生福祉作为最终落脚点。围绕城市有机更新、新型智慧城市建设、基层社会治理创新等重点、热点问题开展调研，不断增强提案工作的科学性、预见性、主动性、创新性和实效性，对历年重点提案办理“回头看”，充分发挥社情民意“直通车”优势，持续推进“和协商”、政协云线上线下履职，促进参政议政成果高效转化。

四、始终坚持从严从实，在加强政协系统队伍建设上持续发力

全国政协主席汪洋同志要求，政协委员要强化责任肯担当，提高能力善担当，模范带头真担当，做到政治立场不含糊、政治原则不动摇，关键时刻靠得住、站得出、敢发声。我们要抓好抓优委员队伍和政协干部队伍建设，不断推进基层政协工作科学化、制度化、规范化。

一是不断提高履职水平。深入开展好“红心向党·务实为民·助力雨花”主题活动，不断夯实履职实践基地、学习培训基地建设。广大政协委员要坚持用党的先进理论武装头脑，多参加学习交流，多参谋民生改善，多出新方法新经验。继续开展“三好”“六优”“五佳”评选活动，更好发挥优秀基层政协组织和政协委员引领作用，树立政协队伍为民务实清廉好形象。

二是不断升级履职品牌。全区广大政协委员和政协之友都是有经验、有作为、有激情的政协履职老兵，要继续用好用实“和”系列智慧委员工作室、政协云等平台，为基层民情协商、“真情五助 +”、雨花政协读书会等履职品牌再添新彩，在更加广泛的团结合作和更加深入的协商议政过程中，不断增进政治认同、思想认同、理论认同、情感认同。

三是不断改进工作作风。持续加强政协机关干部队伍建设，持之以恒推进党风廉政建设。严格落实中央八项规定，严控“三公”经费和一般性支出，厉行节约，反对浪费，驰而不息纠“四风”，巩固拓展作风建设成效，进一步提振全区政协系统干部的精气神，进一步激发团结协作、干事创业热情。

各位委员、同志们，志合者，不以山海为远。让我们牢记习近平总书记的嘱托，在中共雨花区委的坚强领导下，立足新起点，迈出新步伐，展现新形象，凝心聚力、奋发作为，为财富品质幸福雨花高质量发展、打造全国一流强区再作新贡献！

2020年中共雨花区委雨发〔2020〕文件目录

▲雨发〔2020〕1号　关于巡视整改进展情况的通报

▲雨发〔2020〕2号　关于转发《长沙市雨花区第五届人民代表大会常务委员会2020年工作要点》的通知

▲雨发〔2020〕3号　关于转发《政协长沙市雨花区委员会2020年工作要点》的通知

▲雨发〔2020〕4号　关于废止和宣布失效一批区委党内规范性文件的决定

▲雨发〔2020〕5号　关于深入学习贯彻习近平总书记考察湖南重要讲话精神在奋力谱写新时代坚持和发展中国特色社会主义湖南新篇章中展现雨花担当作为的实施意见　（尹兰君）

2020年雨花区政府雨政发〔2020〕文件目录

▲1号　关于对2020年市《政府工作报告》涉区目标任务、区《政府工作报告》目标任务实施责任管理的通知(1月14日)

▲2号　关于《官寺冲路（香樟东路—杜花路）长托社区筹委会征地补偿安置方案》的批复(1月3日)

▲3号　关于《长沙市桂花坪路(万芙路—高升路）洞井社区筹委会征地补偿安置方案》的批复(1月3日)

▲4号　关于《长沙市流浪儿童保护教育中心（补征）边山社区筹委会征地补偿安置方案》的批复(1月3日)

▲5号　关于《长沙市流浪儿童保护教育中心（补征）侯照社区筹委会征地补偿安置方案》的批复(1月3日)

▲6号　关于《井塘村农民安置地（三）（城投22号地）项目井塘社区筹委会征地补偿安置方案》的批复(1月7日)

▲7号　关于《长沙市轨道交通4号线一期工程树木岭站附属项目自然社区筹委会征地补偿安置方案》的批复(1月17日)

▲8号关于《和平小学改扩建项目和平社区筹委会征地补偿安置方案》的批复(1月7日)

▲9号　关于2019年度促进区域产业发展政策兑现的决定（1月14日）

▲10号　关于长沙市雨花区消防救援大队2020年度消防监督检查计划的批复(1月14日)

▲11号　关于长沙市雨花区市场监督管理局2020年度安全生产监督检查工作计划的批复(1月23日)

▲12号　关于长沙市雨花区教育局2020年度安全生产监督检查计划的批复(1月22日)

▲13号　关于长沙市自然资源和规划局雨花分局2020年度安全生产监督检查计划的批复(1月22日)

▲14号　关于长沙市雨花区应急管理局2020年度安全生产监督检查计划的批复(1月22日)

▲15号　关于长沙市雨花区农业农村局2020年度安全生产监督检查计划的批复(1月22日)

▲16号　关于长沙市雨花区交通运输局2020年度安全生产监督检查计划的批复（1月22日）

▲17号　关于长沙市雨花区文化旅游体育局2020年度安全生产检查计划的批复（1月22日）

▲18号　关于长沙市雨花区发展和改革局2020年度能源安全工作监督检查计划的批复（1月22日）

▲19号　关于长沙市雨花区住房和城乡建设局2020年度安全生产监督检查计划的批复(1月22日)

▲20号　关于长沙市雨花区卫生健康局2020年度安全生产监督检查计划的批复(1月22日)

▲21号　关于对获得2019年度省政府真抓实干督查激励责任单位予以表扬的通报(2月12日)

▲22号　关于《环保大道东延线（振东路—红旗路，白竹、金屏村段）项目金屏社区征地补偿安置方案》的批复(2月29日)

▲23号　关于《环保大道东延线(振东路—红旗路，白竹、金屏村段）项目白竹村征地补偿安置方案》的批复(2月29日)

▲24号　关于《高升路(杉木冲路—时代阳光大道）项目洞井社区筹委会征地补偿安置方案》的批复（4月2日）

▲25号　关于黎托街道大桥二、三号安置小区进行城中村改造的批复（4月16日）

▲26号　关于对亚商国际、长沙仁和医院重大火灾隐患单位实行挂牌督办整改的通知（4月16日）

▲27号　关于将长沙市三力物业管理有限公司、长沙市雨花城投报建咨询有限公司、长沙市雨花农业综合开发有限公司变更为长沙市雨花国有资产经营集团有限公司全资子公司的批复（4月17日）

▲28号　关于调减长沙市雨花现代电子商务产业园道路基础设施建设PPP项目总投的批复（4月21日）

▲29号　关于《黎托片节约集约试点项目3号地（核心区）粟塘社区筹委会征地补偿安置方案》的批复（4月28日）

▲30号　关于《合丰路（合丰村安置地代征路幅）项目合丰社区筹委会征地补偿安置方案》的批复（5月11日）

▲31号　关于同意中城·丽景香山等11家单位延期整改重大火灾隐患的批复（5月11日）

▲32号　关于拆除东山大桥的批复（5月22日）

▲33号　关于《长沙市侯照路（柳树塘路—时代阳光大道）项目白竹村民委员会征地补偿安置方案》的批复(5月22日)

▲34号　关于《长沙市柳树塘路(红旗路—川河路）项目侯照社区筹委会征地补偿安置方案》的批复(5月22日)

▲35号　关于《黎托片节约集约试点项目32、33、34号地（支路16）边山社区筹委会征地补偿安置方案》的批复（5月22日）

▲36号　关于《长沙市柳树塘路(红旗路—川河路）项目白竹村民委员会

征地补偿安置方案》的批复(5月26日)

▲ 37号　关于《黎托片节约集约试点项目27号地(支路15)边山社区筹委会征地补偿安置方案》的批复(5月26日)

▲ 38号　关于拆除基督教福音堂的批复(6月12日)

▲ 39号　关于《长沙市林科路(湘府路—双塘路)月塘社区筹委会征地补偿安置方案》的批复(6月29日)

▲ 40号　关于对长沙市雨花区好客大酒店重大火灾隐患单位实行挂牌督办整改的通知(6月30日)

▲ 41号　关于《长沙市月塘村农民安置房(三)(城投25号地)项目月塘社区筹委会征地补偿安置方案》的批复(7月6日)

▲ 42号　关于《长沙县2008年度第十八批次建设项目(兴有家园)金屏社区筹委会征地补偿安置方案》的批复(7月6日)

▲ 43号　关于长沙晨曦渣土运输有限公司“4·8”道路运输事故调查报告的批复(7月14日)

▲ 44号　关于对长沙市雨花区蔡九海鲜经营部、融橙上品重大火灾隐患单位实行挂牌督办整改的通知(7月23日)

▲ 45号　关于同意对QQ生活馆重大火灾隐患进行摘牌的批复(7月23日)

▲ 46号　关于实施雨花区原国税局生活小区环境综合提质改造工程的通告(7月24日)

▲ 47号　关于《长沙市2017年度第五批次地块一(物流园仓储7号地)项目白竹村民委员会征地补偿安置方案》的批复(7月28日)

▲ 48号　关于湖南朝云渣土运输有限公司“5.1”道路运输事故调查报告的批复(8月3日)

▲ 49号　关于《黎托片节约集约试点项目3号地(核心区—粟塘小学)粟塘社区筹委会征地补偿安置方案》的批复(8月11日)

▲ 50号　关于《长沙市雨花区粟塘小区安居工程(零星用地)项目新兴社区筹委会征地补偿安置方案》的批复(8月12日)

▲ 51号　关于《长沙市2015年第二批次(石马社区统征地)一期项目石马社区筹委会征地补偿安置方案》的批复(8月12日)

▲ 52号　关于实施卫技新村等老旧小区改造工程的通告(8月15日)

▲ 53号　关于同意对雨花大厦、长沙探矿机械厂仓库等5家重大火灾隐患进行摘牌的批复(9月3日)

▲ 54号　关于对泊爱蓝湾小区、大为时代家园小区等4家重大火灾隐患单位实行挂牌督办整改的通知(9月3日)

▲ 55号　森林防火禁火通告(9月21日)

▲ 56号　关于《黎托片节约集约试点项目3号地(核心区)平阳社区筹委会征地补偿安置方案》的批复(9月29日)

▲ 57号　关于《黎托片节约集约试点项目3号地(核心区—粟塘小学)平阳社区筹委会征地补偿安置方案》的批复(9月29日)

▲ 58号　关于《长沙市杨子路(跳马镇界—时代阳光大道)项目白竹村民委员会征地补偿安置方案》的批复(10月19日)

▲ 59号　关于雨花区2020年度贫困退出的公告(11月6日)

▲ 60号　关于《黎托片节约集约试点项目8号地(核心区)川河社区筹委会征地补偿安置方案》的批复(11月10日)

▲ 61号　关于《黎托片节约集约试点项目9号地(核心区)川河社区筹委会征地补偿安置方案》的批复(11月10日)

▲ 62号　关于对长沙市雨花区暴雪网络会所重大火灾隐患单位实行挂牌督办整改的通知(11月11日)

▲ 63号　关于同意对长沙市雨花区二友网咖重大火灾隐患进行摘牌的批复(11月11日)

▲ 64号　关于黎托片节约集约试点项目31号地东山等四个社区筹委会征地补偿安置方案的批复(11月23日)

▲ 65号　关于雨花区“7.26”和“8·19”道路交通事故调查报告延期提交的批复(12月7日)

▲ 66号　关于同意长沙雨花经开开发建设有限公司不再承担政府融资职能的批复(12月11日)

▲ 67号　关于对枫丹雅苑等3家重大火灾隐患单位实行挂牌督办整改的通知(12月14日)

▲ 68号　关于长沙德兴渣土运输有限公司“5·2”道路运输事故调查报告的批复(12月15日)

▲ 69号　关于红星农副产品大市场水果交易市场搬迁工作的公告(12月26日)

▲ 70号　关于对2021年区《政府工作报告》目标任务实施责任管理的通知(12月28日)

表 21　　2020 年度雨花区优秀新闻稿件

序号	日期	报道媒体	标　题
1	2020 年 1 月 7 日	湖南电视台公共频道《帮女郎大视野》	长沙汽车南站综合交通枢纽：新增十几条公交线路，让乘客出行更方便
2	2020 年 1 月 9 日	长沙电视台政法频道《政法报道》	春运保平安 长沙南站地区开展联合反恐演练
3	2020 年 1 月 28 日	中央人民广播电台《中国之声》	记者探访长沙安置武汉旅客定点服务酒店 武汉人在长沙生活得如何？
4	2020 年 1 月 29 日	中央电视台新闻频道《朝闻天下》	抗击新型冠状病毒感染的肺炎疫情 征用 11 家酒店 安置湖北籍滞留人员
5	2020 年 2 月 5 日	红网	精准施策织密网——长沙雨花区全力抗击疫情扫描
6	2020 年 2 月 11 日	《人民日报》	坚决打赢疫情防控的人民战争总体战阻击战
7	2020 年 2 月 19 日	《光明日报》	战“疫”中的小事如此暖心（洞井街道高升社区送汤圆）
8	2020 年 3 月 7 日	“学习强国”全国平台推荐栏目	长沙市雨花区：“五不论防控”让“小巷总理”变身“前敌总指挥”
9	2020 年 3 月 31 日	《人民日报》	长沙企业开办再提速
10	2020 年 4 月 7 日	长沙电视台新闻频道《长沙新闻》	记者探访丨长沙市毕业年级学生复课首日：“回到校园太开心了”
11	2020 年 4 月 11 日	《经济日报》	在南方丘陵地区走出一条水生态建设新路——长沙做好“净水、安水、活水”文章
12	2020 年 4 月 15 日	香港商报网	长沙市雨花区：长沙的厚道 “雨与花”的温度
13	2020 年 4 月 17 日	湖南电视台都市频道《都市 1 时间》	长沙今年改造城镇老旧社区 100 个，雨花区 17 个老旧小区提质，改造房屋 270 余栋惠及上万户
14	2020 年 4 月 19 日	《湖南日报》	引进社会组织，打造网格平台，雨花区探索建立社会治理新机制——群策群力解民忧
15	2020 年 4 月 22 日	湖南电视台都市频道《都市 1 时间》	长沙雨花区首批“两个一站式”智能法庭投用
16	2020 年 4 月 22 日	中央电视台综合频道《新闻联播》	为基层降压减负，促干部担当作为（采访湖南长沙雨花区农业农村局副局长）
17	2020 年 4 月 30 日	《人民日报》	长沙请青少年建言献策，让孩子参与城市治理
18	2020 年 4 月 30 日	《经济日报》	安吉白茶跨省扶贫情况调查
19	2020 年 5 月 7 日	《人民日报》	人人都行动 家园更美好——全国地级以上文明城市深入开展爱国卫生运动掠影
20	2020 年 5 月 8 日	《光明日报》	长沙：以城护水 以水润城（含圭塘河治理）
21	2020 年 5 月 14 日	《人民日报》	节水有妙招 城市更美好
22	2020 年 6 月 17 日	《长沙晚报》	企业注销最多跑一次（在习近平新时代中国特色社会主义思想指引下——新时代新作为新篇章） 雨花区率先全省推出企业注销综合窗，实现环节、材料、时间“三减”，有效解决了市场准入容易退出难的问题
23	2020 年 6 月 18 日	《潇湘晨报》	感谢你们，救命恩人

续表 21

序号	日期	报道媒体	标　题
24	2020 年 6 月 27 日	《长沙晚报》	打开那“片”窗（大于一百天　实现双过半）
25	2020 年 7 月 20 日	湖南电视台都市频道《都市晚间》	湖南电影今起有序恢复开放，潇湘影城长沙东塘店，首场接纳 20 余名观众
26	2020 年 7 月 29 日	《人民日报》	老年人，如何更好融入智能生活（解码·缩小数字鸿沟）
27	2020 年 8 月 3 日	《长沙晚报》	万张照片里的圭塘河蝶变（走向我们的小康生活）市民刘科十年拍摄下长沙唯一城市内河的“逆袭”，见证雨花区城市有机更新的探索
28	2020 年 8 月 8 日	《湖南日报》	“三足”鼎立开新局——长沙市雨花区加快推进“三大片区”建设纪实
29	2020 年 8 月 9 日	湖南电视台经济频道《经视新闻》	搭建“桥梁”拓宽渠道，多措并举稳就业（报道雨花区井湾子街道）
30	2020 年 8 月 16 日	《经济日报》	闪闪的红星 闪亮的梦
31	2020 年 9 月 21 日	《香港经济导报》	大考之下大担当 蝶变彰显“雨花风度”
32	2020 年 9 月 24 日	湖南电视台公共频道《帮女郎大视野》	湖南自贸区正式获批：湖南高桥片区地标“闪亮登场”
33	2020 年 10 月 6 日	湖南电视台卫星频道《湖南新闻联播》	湖南着力打造具有核心竞争力的科技创新高地（报道湖南普斯赛特光电科技有限公司）
34	2020 年 10 月 7 日	《长沙晚报》	沧桑“圭”来展新颜（多彩长沙走新路·辉煌“十三五”）——“自驾游长沙 记者探河源”系列报道之五
35	2020 年 10 月 20 日	红网	视频丨网传“长沙 78 户别墅无人认领” 最新情况：66 户业主已找到
36	2020 年 10 月 20 日	《法治日报》	长沙雨花公安联合多部门开展“防骗反诈”宣讲进校园活动
37	2020 年 11 月 17 日	《香港商报》	中国作家行　宝地雨花频
38	2020 年 11 月 27 日	中央电视台综合频道《新闻联播》	全国政协召开网络议证远程协商会，围绕“推动中华优秀传统文化进课本、进课堂、进校园”协商议政（涉雨花非遗馆滩头木版年画创新课程）
39	2020 年 12 月 24 日	中央电视台新闻频道《朝闻天下》	全国夜间消费规模恢复到去年同期水平（涉雨花区德思勤 24 小时书店）
40	2020 年 12 月 25 日	《工人日报》	温暖执法，长沙市雨花区法院 4 年追薪换来多赢，职工“血汗钱”和企业“活命钱”，都要！
41	2020 年 12 月 26 日	《工人日报》	长沙一老龄化社区开办银发微信课堂三年，内容涵盖智能手机应用的方方面面【一起跨越“数字鸿沟”①】八旬老人也过上智能生活
42	2020 年 12 月 30 日	红网	雨花怒放！解读“中部第一强区”发展密码

索　引

说明：

一、本索引中文标目按首字汉语拼音顺序排列，首字母音序相同者，按第二音序排列，依次类推。数字开头的标目排在最前面。

二、类目、分目、人名作索引词的用黑体字标明。

三、索引词后的阿拉伯数字表示内容所在页码，拉丁字母 a、b、c 表示左、中、右栏。

四、“大事记”“统计资料”“附录”中内容未作索引。

数字

A

D

E

F

G

T

W

X

Y